Zukunftsorientierte Industriepolitik

Hohenheimer Volkswirtschaftliche Schriften

Band 46

PETER LANG
Frankfurt am Main · Berlin · Bern · Bruxelles · New York · Oxford · Wien

Guntram R. M. Hepperle

Zukunftsorientierte Industriepolitik

Möglichkeiten und Grenzen

PETER LANG
Frankfurt am Main · Berlin · Bern · Bruxelles · New York · Oxford · Wien

Bibliografische Information Der Deutschen Bibliothek
Die Deutsche Bibliothek verzeichnet diese Publikation in der Deutschen Nationalbibliografie; detaillierte bibliografische Daten sind im Internet über <http://dnb.ddb.de> abrufbar.

Zugl.: Hohenheim, Univ., Diss., 2003

D 100
ISSN 0721-3085
ISBN 3-631-51581-2

www.peterlang.de

Vorwort

> Ein jegliches hat seine Zeit und alles Vorhaben und der Himmel hat sein Stunde
> Prediger 3, 1

Wenn ein ein großes Projekt abgeschlossen wird, ist es an der Zeit, innezuhalten und denen zu danken, die zum Erfolg beigetragen haben.

An erster Stelle danke ich meinem Doktorvater, Prof. Dr. Harald Hagemann, der es mir durch seinen Einsatz erst ermöglicht hat, das Vorhaben zu einem Ende zu bringen. Darüber hinaus gilt ein besonderer Dank meinem Zweitgutachter, Prof. Dr. Klaus Herdzina, für die inhaltliche Unterstützung und die stets sehr angenehme Zusammenarbeit am Fachgebiet Wirtschaftstheorie II. Prof. Dr. Heinz-Peter Spahn danke ich für die Mitwirkung am Promotionsvorhaben und die Möglichkeit zur Mitarbeit am seinem Lehrstuhl.

Wesentliche Stütze während der Zeit an der Arbeit waren die Kollegen am Institut für Volkswirtschaftslehre an der Universität Hohenheim. Besonderer Dank gebührt Dr. Bernhard Holwegler, Dipl.oec. Markus Schreyer und Dr. Stephan Seiter. Sie waren mir – je auf ihre Art – eine besondere Hilfe. Weiterhin danke ich allen ehemaligen Kollegen des Instituts für anregende Diskussionen und sonstige Unterstützung. Namentlich möchte ich erwähnen Dr. Bettina Bonde, Christine Eisenbraun, Dipl.oec. Andreas Findeis, Dipl.oec. Stephanie Fleischmann, PD. Dr. Björn Frank, Dr. Thomas Keil, Dr. Karin Knottenbauer, Dr. Peter Kühnl, Dr. Antje Lechner, Prof. Dr. Gerhard Mauch, Dr. Jürgen Schechler, Prof. Dr. Hans-Michael Trautwein, Dipl.oec. Carsten Wander, sowie Frau Inge Huttenlocher und cand.oec. Rainer Berger stellvertretend für das 520G-Team.

Mit Unterstützung der
Stiftung
Landesbank Baden-Württemberg
LB≡BW

Ich danke der Stiftung Ausbildung, Fort- und Weiterbildung der Landesbank Baden-Württemberg, die mit einem großzügigen Druckkostenzuschuß die Veröffentlichung dieser Arbeit unterstützt hat.

Ein besonderer Dank gilt meinen Freunden, die mich während der langen Wegstrecke begleitet haben. Es war gut zu wissen, daß sie für mich da waren. Sie haben meine emotionalen Schwankungen klaglos ertragen und mir immer wieder neue Kraft gegeben.

Der größte Dank gebührt aber meinen Eltern. Ihre treue Unterstützung hat es erst ermöglicht, das Vorhaben überhaupt ins Auge zu fassen und erfolgreich zu Ende zu bringen.

Wiesbaden, Ostern 2004 Guntram R. M. Hepperle

Inhaltsverzeichnis

Abbildungsverzeichnis

Abkürzungsverzeichnis

ADSL	Asymmetric Digital Subscriber Line
ARPA	Advanced Research Projects Agency
AOL	America Online
BAe	British Aerospace
B2B	Business to business
B2C	Business to consumer
BBN	Bolt, Baranek and Newman
BDLI	Bundesverband der deutschen Luft- und Raumfahrtindustrie
BMBF	Bundesministerium für Bildung und Forschung
BMWI	Bundesministerium für Wirtschaft und Technologie
C2C	Consumer to consumer
CERN	Conseil Européen pour la Recherche Nucléaire
CIX	Commercial Internet Exchange
c.p.	ceteris paribus
DASA	DaimlerChrysler (Deutsche) Aerospace
DSL	Digital Subscriber Line
DE-CIX	Deutscher Commercial Internet Exchange
DNS	Domain Name System
DSL	Digital Subscriber Line
xDSL	verschiedene Varianten der DSL-Technologie
EADS	European Aeronautic Defence and Space Company
EEA	Einheitliche Europäische Akte
EnBW	Energie Baden-Württemberg
FTC	Federal Trade Commission
FTP	File Transfer Protocol
GATT	General Agreement on Tariffs and Trade
GFK	Gesellschaft für Konsumforschung
GHF	Großhandelsflatrate
GPRS	General Radio Packet Service
GPT	General Purpose Technology
GSM	Global System for Mobile Communication
GWB	Gesetz gegen Wettbewerbsbeschränkungen
ICANN	Internet Corporation for Assigned Numbers and Names
IE	Internet Explorer
IETF	Internet Engineering Task Force
IKT	Informations- und Kommunikationstechnologien
IMP	Interface Messsage Processor
IP	Internet Protocol
IPTO	Information Processing Techniques Office

ISBN	Internationale Standard Buch Nummer
ISDN	Integrated Services Digital Network
ISO	International Organization for Standardization
ISP	Internet Service Provider
KMU	Klein- und mittelständische Unternehmen
LAN	Local Area Network
LASU	Large Aircraft Sector Understanding
MAE	Metropolitan Area Ethernet
MBB	Messerschmitt-Bölkow-Blohm GmbH
MDD	McDonell-Douglas
MEB	Markteintrittsbarierre
MILNET	Military Net
MWK	Ministerium für Wissenschaft und Kunst Baden-Württemberg
MZS	Marktzutrittsschranke
NCSA	National Center for Supercomputer Applications
NSF	National Science Foundation
P2P	Peer – to – Peer
POI	Point of Interconnection
POTS	Plain Old Telephone Service
RAG	Ruhrkohle AG
RegTP	Regulierungsbehörde für Telekommunikation und Post
RFC	Request for Comment
SRI	Stanford Research Institute
TAL	Teilnehmeranschlußleitung
TCP	Transport Control Protocol
TLD	Top Level Domain
ccTLD	Country Code Top Level Domain
TNB	Teilnehmernetzbetreiber
UCLA	University of California, Los Angeles
UCSB	University of California, Santa Barbara
UMTS	Universal Mobile Telecommunication System
VDSL	Very High Data Rate Digital Subscriber Line
VNB	Verbindungsnetzbetreiber
W3C	World Wide Web Consortium
WIK	Wissenschaftliches Institut für Kommunikationsforschung
WLAN	Wireless Local Area Network
WTO	World Trade Organization
WWG	World Wide Grid
WWW	World Wide Web

1 Einleitung

1.1 Problemstellung und Zielsetzung

Kaum ein Begriff ist in der Wirtschaftswissenschaft so umstritten wie Industriepolitik. Schon seit jeher war sich die Wissenschaft in der Ablehnung industriepolitischer Eingriffe in den marktlichen Allokationsmechanismus weitgehend einig. Daneben gab es allerdings auch immer schon Ansätze, die die These vertraten, daß die Förderung einzelner Branchen im wirtschaftlichen Interesse eines Landes notwendig sei. Das Listsche Erziehungszollargument ist hierfür eines der frühesten und bekanntesten Beispiele.[1]

In neuerer Zeit hat sowohl in der öffentlichen politischen Diskussion als auch im wissenschaftlichen Diskurs das Konzept einer Industriepolitik wieder mehr an Bedeutung gewonnen. Anstöße für diese Entwicklung kamen von Seiten der europäischen Politik, entstanden durch die Schwierigkeiten mit dem wirtschaftlichen Aufbauprozeß in den Neuen Ländern und nicht zuletzt durch die Globalisierung.

Entscheidende Impulse für die industriepolitische Debatte in der Politik und der Wissenschaft gingen von der europäischen Ebene aus. In ihrem Grundsatzprogramm *Industriepolitik in einem offenen und wettbewerbsorientierten Umfeld*, das die Europäische Kommission 1990 veröffentlichte, stellte sie ihre Vision einer europäischen Industriepolitik vor. Im Maastrichter Vertrag von 1992 wurde Industriepolitik mit Artikel 3 als neues Tätigkeitsgebiet der Europäischen Union normiert. In ihrem 1993 veröffentlichten Weißbuch *Wachstum, Wettbewerbsfähigkeit, Beschäftigung – Herausforderungen der Gegenwart und Wege ins 21. Jahrhundert* hat schließlich die Europäische Kommission ihre Vorstellungen von einer europäischen Industriepolitik konkretisiert.

Der langsamer als erwartet vorangehende Angleichungsprozeß in der ehemaligen DDR hat das Thema auf der Ebene bundesdeutscher Wirtschaftspolitik virulent werden lassen. Entsprechende Konzepte gipfelten in der Zusage seitens der Politik, industrielle Kerne erhalten zu wollen. Um dem Osten eine Perspektive für die Zukunft zu eröffnen, müsse von der reinen marktwirtschaftlichen Lehre abgewichen werden.

Durch die Globalisierung wurden und werden die Wirtschaftspolitik und die Unternehmen vor ganz neue Herausforderungen gestellt. Die umfassende Debatte um den *Standort Deutschland* vor dem Hintergrund der verschärften

---

[1] Die wirtschaftspolitischen Ideen des Merkantilismus verfolgten eine ganz ähnliche Richtung, auch wenn es zur damaligen Zeit noch keine Industrie im heutigen Sinne gab.

Konkurrenzsituation vor allem mit den USA, aber auch mit Japan und den Tigerstaaten Südostasiens belegt diesen Sachverhalt. Dabei wird häufig argumentiert, daß das in (West-) Deutschland erreichte Wohlstandsniveau für breite Bevölkerungsschichten nur dann gehalten werden kann, wenn es der deutschen Wirtschaft gelingt, in den als Zukunftsbranchen betrachteten Hochtechnologiebereichen wie z.B. der Telekommunikation oder der Gentechnologie international einen führenden Platz einzunehmen. Ähnliches gilt für einen nachhaltigen Abbau der Arbeitslosigkeit. Eine ausschließliche Konzentration auf Lohnkostensenkungen werde diesen Zielsetzungen mittel- bis langfristig nicht gerecht. Deshalb wird eine industriepolitische Förderung der genannten Branchen als ein möglicher Lösungsansatz genannt und gefordert.

Die wissenschaftliche Diskussion um die Industriepolitik zeichnet sich vor allem durch zwei Mängel aus, die zu einem unbefriedigenden Stand der Debatte geführt haben, welcher eine vertiefte Auseinandersetzung mit dem Thema in dieser Arbeit notwendig macht. Zum einen ist die Debatte um die Industriepolitik häufig stark ideologisch geprägt. Die gegensätzlichen Positionen stehen sich dabei oft unversöhnlich gegenüber, so daß eine sachorientierte Auseinandersetzung mit dem Themenkomplex erschwert wird. Von ordoliberalen Ökonomen, die durch die Tradition der Freiburger Schule beeinflußt sind, wird Industriepolitik als unzulässiger Eingriff in den marktlichen Allokationsprozeß gänzlich abgelehnt und ihre Notwendigkeit verneint. Teilweise wird dabei industriepolitisches Handeln des Staates als Schritt auf dem Weg in die Zentralverwaltungswirtschaft betrachtet.[2] Dagegen stehen Vorstellungen am anderen Ende des Spektrums, die vom Staat verlangen, daß er – ähnlich wie es dem japanischen MITI unterstellt wird – eine führende Rolle bei der Zukunftsentwicklung der Wirtschaft zu übernehmen hat. Es wird von den industriepolitischen Entscheidungsträgern erwartet, daß sie – insbesondere im Zusammenhang mit der verschärften internationalen Konkurrenz – die Standortprobleme lösen. Solche praktisch-politischen Ansätze finden sich vor allem auf der europäischen Ebene und in den romanischen Ländern.

Zum anderen existiert bisher weder eine umfassende und allgemein anerkannte theoretische Begründung für die Notwendigkeit industriepolitischen Handelns noch ein Entwurf für die konkrete Ausformung praktischer Politik. Es gibt zwar eine Vielzahl einzelner Ansätze, z.B. im Rahmen der Neuen Wachstumstheorie und der Strategischen Handelspolitik. Auch wird zur Rechtfertigung bisweilen die Theorie des Marktversagens herangezogen. All diesen Theorieansätzen, die teilweise erst neueren Datums sind, ist jedoch gemein, daß sie noch nicht zu einem kohärenten Ansatz für die Industriepolitik geführt

[2] Gegenüber dem Verfasser äußerte ein Wissenschaftler vom Institut für Weltwirtschaft in Kiel, daß Industriepolitik ein Wort aus dem Giftschrank sei.

haben. Die Ursache liegt zum Teil auch darin, daß sich die Wissenschaft, wie bereits dargelegt, aus grundsätzlichen ordnungspolitischen Gründen überwiegend nicht mit einem möglichen Entwurf eines positiven, industriepolitischen Konzepts beschäftigt hat. Ergebnis ist die bekannte und politökonomisch leicht nachvollziehbare Praxis der Industriepolitik: Es werden nicht Politiken implementiert, die die gesamtwirtschaftliche Wohlfahrtssteigerung im Blick haben, sondern solche, für die am effizientesten Lobbyarbeit betrieben wird. Beispielhaft dafür steht die vorherrschende defensive Industriepolitik zur Förderung des Bergbaus, der Landwirtschaft und des Schiffbaus.

Aus dem Gesagten ergibt sich die Zielsetzung dieser Arbeit: die Entwicklung einer theoretisch fundierten industriepolitischen Konzeption, um eine rationale und zielgerichtete Handlungsweise in der politischen Praxis zu ermöglichen. Diese Dissertation leistet dazu einen Beitrag. Dabei wird von der Prämisse ausgegangen, daß es in der wirtschaftspolitischen Realität beinahe immer Politiken gibt, die die Industrie und ihre Entwicklung beeinflussen. Als Beispiel sei auf die USA verwiesen. Selbst in dem Land, das sich selber als Vertreter der freien Marktwirtschaft versteht, gehörte bzw. gehört Industriepolitik stets zum wirtschaftspolitischen Instrumentarium dazu, so die Förderprogramme von NASA und Pentagon. Das vom Präsidenten Reagan, der als Verfechter einer marktwirtschaftlichen, angebotsorientierten Position gilt, initiierte Programm „SDI" ist hierfür ein eindrucksvoller Beleg.

1.2 Gang der Untersuchung

Um eine industriepolitische Konzeption herauszuarbeiten, wird die folgende Vorgehensweise gewählt: Zunächst sind im Kapitel 2 die begrifflichen Grundlagen zu klären. Wie sich dort zeigen wird, ist das ein recht komplexes Unterfangen.

Im Kapitel 3 wird ein Überblick über die industriepolitische Praxis in Europa, in Deutschland und in den USA gegeben. Es wird deutlich, wieso diese Beispiele die relevanten für die Entwicklung einer industriepolitischen Konzeption sind.

Im nächsten Schritt werden exemplarisch zwei Politikfelder – der Airbus und das Internet – hinsichtlich ihrer Bedeutung für Industriepolitik eingehend untersucht. Beiden ist die Tatsache gemein, daß es sich jeweils um „Zukunftsindustrien" handelt. Anders als z.B. in der überwiegenden bundesdeutschen Praxis ist das Ziel in beiden Fällen nicht die Erhaltung alter Industrien oder die Verlangsamung des Strukturwandels. Vielmehr sollen Branchen gefördert werden, von denen erwartet wird, daß in ihnen zukünftige Wachstumspotentiale liegen.

Das Kapitel 4 beschäftigt sich mit dem Airbusprojekt. Es kann als industriepolitisches Beispiel par excellence betrachtet werden. In der Literatur entwikkelte sich an diesem Objekt immer wieder eine Debatte zur Sinnhaftigkeit von Industriepolitik. Die Förderung der Produktion von zivilen Großraumflugzeugen gehört in die Kategorie sektorspezifischer Industriepolitik, die gelegentlich auch als vertikal bezeichnet wird. Im Vordergrund der Politik steht die Unterstützung eines Sektors, einer spezifischen Industrie. Diese soll wegen seiner vermuteten besonderen Bedeutung gefördert werden, auch zu Lasten anderer Sektoren. Das Airbusbeispiel ist in diesem Zusammenhang vor allem deshalb sehr instruktiv, weil die Anfänge des Projektes jetzt mehr als 20 Jahre zurückliegen und deshalb ein Urteil über den Erfolg der Politik möglich ist. Daraus ergeben sich dann interessante Implikationen für die angestrebte grundsätzliche Konzeption.

Im Kapitel 5 wird dagegen ein Gebiet untersucht, das in gewisser Weise noch in seinen Anfängen steckt: das Internet. Anders als beim Airbus ist die Suche nach politischen Antworten auf die durch das Netz aufgeworfenen Herausforderungen noch längst nicht abgeschlossen. Es kann also eine Industriepolitik in der Entstehung beobachtet werden. Deshalb erfolgt im Rahmen dieser Arbeit im Vergleich zum Airbusprojekt eine umfangreichere Auseinandersetzung mit dem Internet. Anders als bei der Flugzeugindustrie müssen die theoretischen Grundlagen der Analyse aus einem größeren Fundus herausgearbeitet werden. Zudem erfordert die Untersuchung der industriepolitischen Implikationen eine weitergehende Betrachtung, da die politischen Handlungsoptionen in der Literatur noch strittig sind. Die Industriepolitik im Falle des Internets zeichnet sich darüber hinaus noch dadurch aus, daß sie als sektorübergreifend charakterisiert werden kann. In der Literatur findet sich für diese Art von Politik auch der Begriff horizontal. Ziel dabei ist nicht in erster Linie die Förderung einer einzelnen Industrie. Diese ist lediglich Mittel zum Zweck, um das Wachstumspotential der gesamten Volkswirtschaft zu erhöhen. Auch aus dieser Perspektive ergeben sich damit wichtige Implikationen für eine Grundkonzeption.

Im Kapitel 6 werden die verschiedenen Stränge aus den einzelnen Untersuchungen zusammengeführt. Das Ziel, das mit dieser Arbeit erreicht werden soll – die Entwicklung einer industriepolitischen Gesamtkonzeption – kann jetzt vor dem Hintergrund der dargestellten Analysen umgesetzt werden: Es wird eine theoretisch fundierte und an der wirtschaftspolitischen Praxis ausgerichtete Konzeption entwickelt. Dabei zeigt sich: Industriepolitik ist theoretisch rechtfertigbar und politisch umsetzbar. In diesem Zusammenhang werden aber auch die Grenzen von Industriepolitik deutlich. Das Schlußkapitel faßt die Ergebnisse der Arbeit zusammen.

2 *Begriffliche Grundlagen*

Der Terminus *Industriepolitik* gehört zu den schillerndsten der gesamten Nationalökonomie. Er wird in der aktuellen Literatur recht unterschiedlich und zum Teil auch kontrovers diskutiert. Es hat sich noch kein Konsens darüber gebildet, für welche Art von Wirtschaftspolitik es zweckmäßig ist, den Begriff zu verwenden. Die Debatte darüber ist häufig bereits durch die eigene Position der Autoren vorgeprägt. Die jeweils eigene Einschätzung industriepolitischer Optionen determiniert ex ante die begriffliche Erfassung des Themenkomplexes, so daß bereits vor der eigentlichen theoretischen Untersuchung des Sachverhalts die Möglichkeiten und Grenzen von Industriepolitik feststehen. Eindrückliches Beispiel hierfür sind die Autoren Berg und Schmidt. Sie definieren Industriepolitik ausschließlich als selektive Förderung einzelner Branchen.[1] Das Binnenmarktprogramm, das von der Europäischen Kommission als industriepolitische Maßnahme par excellence begriffen wurde, verweisen die Autoren dagegen aus definitorischen Zweckmäßigkeitsgründen in das Feld der Wachstumspolitik.[2] Damit ist klar, daß bereits im voraus die Industriepolitik der Europäischen Union als verzerrender Eingriff in die marktliche Allokation begriffen wird. Das als sinnvoll erachtete Binnenmarktprogramm ist keine Industriepolitik und kann deshalb nicht in die Beurteilung der politischen Praxis Europas einbezogen werden. Das macht deutlich, daß eine Definition auf dem Gebiet der Industriepolitik bereits inhaltliche Konsequenzen haben kann. Dieser Sachverhalt ist beim Versuch, begriffliche Grundlagen zu definieren, zu berücksichtigen.

Im einzelnen finden sich in der Literatur sowohl eine Unmenge an Klassifikationen bisheriger Definitionen als auch neue bzw. eigene Entwürfe der jeweiligen Autoren.[3] Die mithin knappste Kennzeichnung lautet, daß Industriepolitik „... die politische Steuerung der materiellen Produktion...“[4] sei. Allgemein anerkannt ist, daß der Ausgangspunkt für industriepolitisches Handeln der Strukturwandel ist. Die mit diesem verbundenen Friktionen geben Anlaß für wirtschaftspolitisches Eingreifen. Die Aufgabe besteht darin, den Strukturwandel in eine andere Richtung zu lenken, als unter reinen Marktbedingungen ein-

---

1 Vgl. Berg/Schmidt (1998, S. 853).

2 Vgl. ebenda, S. 911f.

3 Als Beispiele, ohne Anspruch auf Vollständigkeit, seien genannt: Brösse (1996, S. 12 – 15), Hauff (1991, S. 101 – 103), Huffschmid (1994, S. 36f.), Hummel (1993, S. 3f.), Kokalj/Albach (1987, S. 11 – 18), Oberender/Daumann (1995, S. 3 – 5) und Simons (1997, S. 8 – 19). Die im folgenden erörterten Definitionsvarianten beziehen sich auf diese Veröffentlichungen.

4 Huffschmid (1994, S. 36).

treten würde.[5] Darüber hinaus lassen sich zwei Ansätze bei der begrifflichen Erfassung von Industriepolitik unterscheiden. Der erste beschäftigt sich mit dem Begriffsinhalt, also mit dem Geltungsbereich von Industriepolitik. Beim zweiten stehen in Anlehnung an den traditionellen Ziel-Mittel-Ansatz der Wirtschaftspolitik der angestrebte Soll-Zustand und das zu dessen Erreichung notwendige Instrumentarium im Vordergrund.

Der Umfang des Begriffsinhalts wird je nach Autor recht unterschiedlich bestimmt. Die Bandbreite geht von Politikmaßnahmen, die direkt oder indirekt den industriellen Bereich der Wirtschaft betreffen, bis hin zu solchen, die sich im Sinne einer Industriestrukturpolitik auf einzelne Branchen oder gar einzelne Unternehmen im industriellen Sektor beschränken. Die weiteste Definition würde bedeuten, daß selbst Maßnahmen der Stabilisierungspolitik, die zweifellos auch Auswirkungen auf die Industrie haben, unter den Begriff zu subsumieren wären. Gleiches gilt für die Wechselkurspolitik. Weitere Abgrenzungsvorschläge beziehen sich auf einzelne Funktionen von Industrieunternehmen (Forschung und Entwicklung) oder auf eine Beschränkung auf bestimmte Regionen bzw. Unternehmensgrößen (Förderung klein- und mittelständischer Unternehmen [KMU]). Eng verbunden mit diesem Problemfeld ist die Frage der Abgrenzung der Industrie und das Verhältnis zu anderen Sektoren, insbesondere zum Dienstleistungsbereich. Industrie wird überwiegend in Anlehnung an die Wirtschaftsstatistik als nicht naturgebundene Güterproduktion verstanden. Eine Übertragung industriepolitischer Konzepte auf Dienstleistungen wird überwiegend abgelehnt. Begründet wird dies damit, daß Industriepolitik wegen der überragenden volkswirtschaftlichen und gesamtgesellschaftlichen Bedeutung der Industrie betrieben werde. Deshalb sei eine alleinige Konzentration auf die Industrie angebracht.[6]

Bei der Erfassung mit Hilfe von Ziel-Mittel-Kategorien geht es um die Klassifizierung von Industriepolitik. Damit wird in der Literatur das Ziel verfolgt, eine definitorische Abgrenzung verschiedener Arten von Industriepolitik vorzunehmen. Bei den Zielen findet sich die klassische Trias Erhaltung, Anpassung und Gestaltung. Neben diesen eher globalen gibt es auch spezifischere Vorstellungen: Förderung des Wirtschaftswachstums, „Verschiebung“ der Produktionsfunktion oder auch vor allem in jüngster Zeit Steigerung der internationalen

5 Diese Überlegungen zeigen, daß die Option, vollständig auf Industriepolitik zu verzichten, nicht existiert. Es ist kaum eine Situation in der Realität vorstellbar, in der es nur reine Marktbedingungen gibt. Es wird also immer Auswirkungen der (Wirtschafts-) Politik auf die "Industrie" geben. Vor diesem Hintergrund muß es Ziel einer "zukunftsorientierten Industriepolitik" sein, an bestimmten Kriterien orientierte und auf bewußt gewählte Ziele ausgerichtete Handlungsanleitungen zu entwickeln und umzusetzen.

6 Lediglich bei Hauff (1991, S. 102) wird der industrienahe Dienstleistungsbereich in den Rahmen der Industriepolitik mit aufgenommen.

Wettbewerbsfähigkeit. Zur Gliederung der Ziele wird häufig die Unterscheidung in defensive und offensive Industriepolitik vorgenommen. Unter ersterer Überschrift lassen sich all die Zielsetzungen subsumieren, die sich auf die Erhaltung alter oder in Not geratener Industrien beziehen („Krisenpolitik“[7]). Offensive Industriepolitik wird mit zukunfts- bzw. wachstumsorientierter Politik identifiziert. Instrumente bzw. Mittel werden in sektorale und horizontale unterschieden. Im ersten Fall geht es um Maßnahmen, die sich auf einzelne Branchen beziehen, im zweiten um solche, die die Industrie als Ganzes im Blick haben und zwischen einzelnen Sektoren nicht unterscheiden.[8, 9]

Dieser kleine *tour d'horizon* zeigt die ganze Bandbreite möglicher industriepolitischer Ansätze auf. Gleichzeitig wird klar, daß angesichts dieser begrifflichen Vielfalt in Theorie und Praxis von einem Konsens hinsichtlich der Möglichkeiten und Grenzen von Industriepolitik keineswegs ausgegangen werden kann. Um nun zu einer eigenen Definition zu gelangen, ist das eingangs aufgestellte Postulat der möglichst großen Offenheit, die eine zu frühe Festlegung des Inhalts durch Definitionen vermeidet, im Lichte des Literaturüberblicks nochmals zu analysieren.

In bezug auf den **Begriffsinhalt** bedeutet dies, daß die Beschränkung auf die nicht naturgebundene Güterproduktion nicht angemessen ist. Im Englischen, wo der Ansatz zuerst entwickelt wurde, lautet der Terminus *industrial policy. Industry* bezeichnet dabei anders als im deutschen Sprachgebrauch „Branchen“ und nicht den „sekundären Sektor“. In der heutigen (deutschen) Literatur wird die Konzentration auf den sekundären Sektor mit der herausragenden Bedeutung für die Wohlfahrt der jeweiligen Nation begründet.[10] Die Tatsache, daß Dienstleistungen im allgemeinen und industrienahe im besonderen immer mehr an Bedeutung gewinnen, läßt diese Argumentation als überholt erscheinen[11]. Gerade im Hinblick auf das aktuellste und drängendste Problem der Wirt-

---

7 Simons (1997, S. 19).

8 Dieser Punkt macht auch klar, daß sich die zwei Vorgehensweisen zur begrifflichen Erfassung von Industriepolitik – Umfang des Begriffinhalts vs. Ziel-Mittel-Ansatz – nicht widersprechen. Wenn einzelne Branchen zum Umfang der Politik gemacht werden, dann sind selbstverständlich sektorspezifische Maßnahmen das adäquate Instrumentarium.

9 Die Verwendung der Begriffe *horizontal* und *vertikal* im Zusammenhang mit Industriepolitik ist nicht unbedingt glücklich, werden sie doch in anderen Zusammenhängen (z.B. in der Wettbewerbspolitik bei der Charakterisierung von Unternehmenszusammenschlüssen) bereits verwendet und können insofern irreführend sein. Aus diesem Grunde scheint es zweckmäßiger, statt dessen von *sektorübergreifender* und *sektorspezifischer* Industriepolitik zu sprechen.

10 Vgl. z. B. Brösse (1996, S. 13f.).

11 Es ist bemerkenswert, daß Brösse (1996, S. 11f.) dieses Phänomen bei der Abgrenzung der Industrie als Sektor sehr bewußt wahrnimmt, aber den eigentlich logischen zweiten Schritt der Einbeziehung dieser Dienstleistungen nicht vollzieht.

schaftspolitik – die Arbeitslosigkeit – wird die Relevanz von hochwertigen und produktionsnahen Dienstleistungen deutlich. Arbeitsplätze werden, wenn überhaupt, in diesem Bereich geschaffen. Das bedeutet aber nicht, daß der Begriffsinhalt beliebig weit gefaßt werden kann. Ansonsten wird Industriepolitik zu einer Chiffre, die für alles steht und sich einer näheren inhaltlichen Überprüfung entzieht.

Dieser Gesichtspunkt ist bei den **Zielen** und den **Instrumenten** zu beachten. Die Ziele ergeben sich aus der übergeordneten Fragestellung der Arbeit. Zukunftsorientierte Industriepolitik bedeutet die Ausrichtung auf moderne Industrien und entsprechende Dienstleistungsbereiche. Aufgabe einer solchen Politik ist es, die Förderung alter Industrien abzubauen und Branchen mit Zukunftsperspektiven die besten Startbedingungen zu ermöglichen. Die Instrumente sind dabei nicht *a priori* festzulegen. Ein großes Problem in der aktuellen Debatte in der Literatur liegt darin, daß durch die Klassifizierung der Instrumente zumindest implizit schon im voraus eine wertende Vorauswahl bezüglich der zu implementierenden Politiken getroffen wird. Dagegen wird hier die Ansicht vertreten, daß eine konkrete Instrumentenwahl erst zum Schluß nach der Erörterung der theoretischen Rechtfertigbarkeit von Industriepolitik und der sich daran anschließenden Auswahl der relevanten Bereiche zu erfolgen hat. Dabei kommen dann sowohl branchenübergreifende Maßnahmen wie z.B. Infrastruktur- oder Humankapitalförderung als auch branchenspezifische Maßnahmen wie z.B. selektive F&E-Förderung grundsätzlich in Betracht.

3 Industriepolitik – ein historischer Überblick

Im folgenden wird nun ein Überblick über die Industriepolitiken verschiedener wirtschaftspolitischer Entscheidungsträger gegeben. An erster Stelle steht dabei das Handeln der Europäischen Union.[1] Das hat seinen Grund darin, daß die europäische Industriepolitik in der wissenschaftlichen Debatte im Fokus des Interesses steht. Die grundsätzlichen theoretischen Positionen wurden und werden an diesem Beispiel abgearbeitet. Zudem kann das industriepolitische Programm Brüssels als beispielgebend betrachtet werden. Spätestens seit dem Maastrichter Vertrag steht Industriepolitik im Zentrum europäischer Wirtschaftspolitik. Im nächsten Schritt wird dann auf die Praxis in Deutschland eingegangen. Dabei werden zwei Dinge deutlich: zum einen die bisherige Konzentration deutscher Politik auf alte Industrien und zum anderen die beginnende Hinwendung zu zukunftsorientierter Politik. Abschließend wird das amerikanische Beispiel dargestellt. Dies ist deshalb wichtig, weil hier liberale Rhetorik und gelegentlich merkantilistische Praxis in schroffem Gegensatz zueinander stehen. Zudem spielte bzw. spielt das Pentagon als industriepolitischer Akteur eine spezifische und singuläre Rolle.[2] Eine Zusammenfassung rundet das Kapitel ab.

Bevor auf die Details eingegangen wird, ist noch eine Bemerkung zur Auswahl der Untersuchungsobjekte angebracht. Fast noch aussagekräftiger als die betrachteten Länder bzw. Ländergruppen sind die Politikentwürfe, die in dieser Arbeit nicht berücksichtigt worden sind. An erster Stelle ist hier Japan zu nennen, daneben noch die sogenannten Tigerstaaten, allen voran Taiwan und Südkorea. Bis Anfang der 1990er Jahre galt Japan als *das* Vorbild schlechthin für eine erfolgreiche Wirtschaftspolitik und für einen gelungenen Aufholprozeß. Das deutsche Wirtschaftswunder war durch das japanische abgelöst worden. Verantwortlich gemacht hierfür wurde häufig das MITI und seine Industriepolitik.[3] Das Platzen der Spekulationsblase in Japan Anfang der 1990er Jahre und die bis heute nicht bereinigten Folgen haben dazu geführt, daß dieses Modell sein Ansehen vollständig eingebüßt hat. Japanische Industriepolitik gilt heute als beispielhaft bei der Organisation eines Aufholprozesses, bei der Bewältigung aktueller Strukturprobleme scheint sie weniger erfolgreich zu sein. Dar-

---

1 Im folgenden wird als Bezeichnung stets der Name *Europäische Union* verwendet, außer aus Gründen der historischen Notwendigkeit.

2 Das galt z.B. beim Flugzeugbau, wo mit Hilfe militärischer Beschaffungspolitik die Position auf dem Markt für zivile Flugzeuge gezielt und erfolgreich gefördert wurde. Die Details finden sich unten ab S. 55 im Kapitel 4 über das Airbusprojekt.

3 Geradezu klassisch hat dies Seitz (1992) formuliert. Er verglich die Politik Japans mit der der USA und Deutschlands und kam zu dem Schluß: „Die japanische Form der Marktwirtschaft ist offensichtlich dem amerikanischen und dem deutschen System überlegen." Ebenda, S. 234.

über hinaus kommt hinzu, daß die kulturellen Unterschiede zwischen Japan und dem Westen beträchtlich sind. Das gilt auch in ähnlichem Maße für Taiwan und Südkorea. Damit ist die Übertragbarkeit von politischen Konzepten auf westliche Gesellschaften stark eingeschränkt.[4] Deshalb werden diese Politiken hier nicht detaillierter untersucht. Eine ähnliche Debatte findet im übrigen momentan bei der Betrachtung des neuen wirtschaftspolitischen Leitbilds USA statt. Auch hier wird argumentiert, daß der europäische bzw. rheinische Kapitalismus sein eigenes Gepräge habe, dem nicht ohne weiteres ein angelsächsisches übergestülpt werden könne.[5]

3.1 Industriepolitik in Europa

Die Entwicklung der Industriepolitik der Europäischen Gemeinschaften läßt sich in drei Phasen unterteilen: Die erste Phase war die Zeit der Pariser Verträge, mit der 1952 die Europäische Gemeinschaft für Kohle und Stahl (EGKS) geschaffen wurde. Durch die Beschränkung auf eine Branche war diese Gemeinschaft von ihrer Ausrichtung her ein Instrument sektoraler Industriepolitik. Ihr folgten die Römischen Verträge mit der Gründung der Europäischen Wirtschaftsgemeinschaft (EWG) 1957.[6] In ihnen traten industriepolitische Überlegungen in den Hintergrund. Im Vordergrund stand vielmehr die Schaffung eines gemeinsamen Marktes und dabei insbesondere die Beseitigung von tarifären und nicht-tarifären Handelshemmnissen zwischen den Teilnehmerstaaten.[7] Mit dem Vertrag von Maastricht 1992 begann die dritte Phase. Er leitete einen neuen Abschnitt ein, da mit ihm erstmalig Industriepolitik als Aufgabe der neugeschaffenen Union aufgenommen wurde. Der Maastrichter Vertrag wurde zudem zum Auslöser für die bis heute immer noch anhaltende wissenschaftliche Debatte um das Thema Industriepolitik.

---

4 Das bedeutet natürlich nicht, daß man „von Japan" nichts lernen kann. Insbesondere Fertigungsmethoden in der Industrie haben zu Recht Widerhall und Anklang in den USA und Europa gefunden.

5 Dieser Aspekt scheint ein wichtiger zu sein, erinnert er doch an den Primat der Politik. Bei allem Streben nach wirtschaftlichen Erfolgen sollten die politischen und kulturellen Unterschiede zwischen den verschiedenen Gesellschaften nicht nivelliert werden. Die deutsche Gesellschaft verlöre sehr viel, wenn sie zu einem reinen Abbild der amerikanischen würde.

6 Im selben Jahr wurde auch die Europäische Atomgemeinschaft (EURATOM) gegründet. Diese erlangte in der Folgezeit aber nicht die Bedeutung der anderen Gemeinschaften. Auf sie braucht deshalb an dieser Stelle nicht näher eingegangen werden.

7 Die gemeinsame Agrarpolitik der Gemeinschaft ist natürlich eine sehr wichtige Ausnahme von diesem Prinzip.

3.1.1 Industriepolitik vor Maastricht

Ihren Ausgangspunkt nahm die europäische Industriepolitik mit der Gründung der EGKS im Jahre 1952.[8] Mit den Pariser Verträgen wurde zugleich erstmalig eine gemeinschaftliche europäische Politik initiiert. Die damals geschaffene Institution verfolgte ein doppeltes Ziel. Zum einen sollte die Bundesrepublik in den Westen integriert werden und gleichzeitig die deutsche Schwerindustrie einer gemeinschaftlichen europäischen Kontrolle unterworfen werden, v.a. um ein nochmaliges militärisches Erstarken Deutschlands zu verhindern. Zum anderen war sie eine Einrichtung zur Gestaltung sektoraler Industriepolitik. Die wirtschaftspolitische Zielsetzung bestand darin, die als für die Ökonomie grundlegend erachtete Versorgung mit Kohle und Stahl sicherzustellen. Beim Abschluß des Vertrages gingen die vertragschließenden Parteien von einer anhaltenden Unterversorgungskrise aus. Allerdings wurden auch bereits Vorkehrungen für den Fall in den Vertrag aufgenommen, daß es zu einem Nachfragemangel kommen sollte. Als ausführendes Organ der Gemeinschaft wurde die sogenannte *Hohe Behörde* installiert. Sie wurde mit weitreichenden Kompetenzen ausgestattet. Das zur Verfügung stehende Instrumentarium umfaßte die (Des-)Investitionsplanung, Produktionsquoten, (Mindest-)Preise und außenwirtschaftliche Protektion. Damit konnte die Behörde direkt in die Produktionsplanung der Unternehmen eingreifen und die Rolle des marktlichen Allokationsmechanismus übernehmen. Ihr standen somit alle Mittel einer Zentralverwaltungswirtschaft zur Verfügung, lediglich die Übernahme des Eigentums an den Produktionsmitteln war nicht vorgesehen. Die EGKS stellte mithin die umfassendste Form industriepolitischer Interventionen dar. Es handelte sich um sektorale Industriepolitik im weitestmöglichen Sinne. Von den Möglichkeiten wurde in der Folgezeit auch Gebrauch gemacht. Entgegen den ursprünglichen Erwartungen traten vor allem Absatzprobleme auf. Die Hohe Behörde bzw. später die Kommission benutzten ihre Instrumente vor allem dazu, den Strukturwandel in der Stahlbranche zu verlangsamen.[9] Industriepolitik wurde hier zum rückwärtsgewandten, strukturkonservierenden Politikansatz, der heute generell als exemplarisches Beispiel für Industriepolitik im allgemeinen gilt und dementsprechend kritisiert wird. Die Verantwortung für diese Art von Politik lag dabei nicht allein auf europäischer Ebene. Die Schwerindustrie genoß und genießt in den Nationalstaaten eine hohe Bedeutung, weshalb das strukturerhal-

---

[8] Geschichtliche Überblicke finden sich bei Berg/Schmidt (1998, S. 913 – 921), Brösse (1996, S. 306 – 309) sowie bei Collins (1990, S. 21 – 28). Auf der Homepage der EU findet sich ein sehr übersichtlicher chronologischer Überblick über die Geschichte. Vgl. Europäische Gemeinschaften (2002).

[9] Berg/Schmidt (1998, S. 913 – 916) bieten einen instruktiven Überblick über die Entwicklung der europäischen Stahlbranche und mögliche Ursachen für sich wiederholende Krisen.

tende Element zu gleichen Teilen von den nationalen Regierungen zu verantworten ist.

In der weiteren Geschichte der Entwicklung der europäischen Integration trat diese Art von Politik in den Hintergrund. Mit den Römischen Verträgen, die 1957 unterzeichnet wurden, wurden die Europäische Wirtschaftsgemeinschaft (EWG) und die Europäische Atomgemeinschaft (EURATOM) gegründet. Letztere stellte zwar auch eine Übung in sektoraler Industriepolitik dar, sie erlangte aber nie die Bedeutung der EGKS oder gar der EWG. Die EWG wurde zum Motor der europäischen Integration und zum Modell für die europäische Wirtschafts- und damit auch Industriepolitik.[10]

Das Ziel des EWG-Vertrags war die Errichtung eines Gemeinsamen Marktes.[11] Das Ziel wurde nicht sofort erreicht, letztlich gelang das erst mit dem Binnenmarktprogramm 1992. Am Anfang der EWG stand eine Zollunion mit einem gemeinsamen externen Zoll. Daneben sollten die innergemeinschaftlichen tarifären und nicht-tarifären Handelshemmnisse abgebaut werden. Am Ende der Entwicklung sollte ein an den Prinzipien des Wettbewerbs orientierter freier Handel mit Gütern und Dienstleistungen stehen. Diese Konzeption verdankte sich der wieder erstarkten Stellung Deutschlands, das wesentliche Vorstellungen der Idee der Sozialen Marktwirtschaft in die EWG einbringen konnte. Obwohl das Prinzip des Gemeinsamen Marktes, wie es in den Römischen Verträgen niedergelegt worden war, keine explizite industriepolitische Strategie vorsah, gab es doch erste Ansatzpunkte. Zum einen war dies die Beihilfenkontrolle, wie sie in Art. 92 EWGV geregelt wurde. Danach sind all die Subventionen untersagt, die den innergemeinschaftlichen Handel stören. Subventionen können als nichttarifäre Handelshemmnisse wirken, so daß die Gefahr eines Subventionswettlaufs zwischen den Mitgliedsstaaten besteht. Es ist offensichtlich, daß zu einem funktionierenden Binnenmarkt auch eine funktionierende Beihilfenkontrolle gehört. Allerdings hat die Kommission einen gewissen Auslegungsspielraum bei der Untersagung. Subventionen sind dann erlaubt, wenn sie dem Kohäsionsziel bzw. der Abwehr einer schweren wirtschaftlichen Störung in einem Mitgliedsstaat dienen. Eine solche Norm eignet sich außerordentlich gut dafür, sektorale Ausnahmen im Sinne einer strukturkonservierenden Industriepolitik zu implementieren. Das erklärt auch, warum es in der Kohle- und Stahlpolitik nie zu einem umfassenden Subventionsverbot kam. Zum anderen ist das Konzept eines gemeinsamen Marktes Industriepolitik im horizonta-

---

[10] Interessanterweise erwähnen Berg/Schmidt (1998, S. 911f.) in ihrem ansonsten guten Überblick das durch die EWG angestoßene Programm nicht in industriepolitischem Kontext. Das hat seine Ursache in der zu engen Begriffsdefinition, die nur selektive, sektorspezifische Maßnahmen umfaßt, für branchenübergreifende Programme wie das der Römischen Verträge aber keinen Platz hat. Vgl. ebenda, S. 853.

[11] Vgl. zum folgenden auch Swann (1992, S. 11 – 13).

len Sinne, also eine Industriepolitik, die die Industrie als Ganzes trifft und die auf die Stärkung ihrer (internationalen) Wettbewerbsfähigkeit durch die Intensivierung des Wettbewerbs aus ist. So verstanden liegt im Entwurf des Gemeinsamen Marktes bereits der Nukleus der später im Zusammenhang mit Maastricht entwickelten zukunftsorientierten Industriepolitik der Union.

Wesentlicher Bestandteil des EWG-Vertrags war auch die gemeinsame Agrarpolitik der Gemeinschaft. Obwohl sie keine Industriepolitik im klassischen Sinne darstellt, war sie doch beispielhaft für die sektorale Ausrichtung der europäischen Industriepolitik seit den Anfängen der Gemeinschaft bis zu den 1990er Jahren. So wendete sie sich einer schrumpfenden Branche zu, die aus gesamtwirtschaftlicher Sicht immer mehr an Bedeutung verlor, sie war also vergangenheitsorientiert. Gleichzeitig war bzw. ist die Agrarpolitik strukturkonservierend ausgerichtet. Das Ziel besteht darin, den Strukturwandel zu verlangsamen, wenn nicht sogar ganz aufzuhalten.[12]

In der Zeit nach den Römischen Verträgen entwickelte sich allmählich eine europäische Industriepolitik. Ein wichtiger Entwicklungsschritt auf dem Weg zum Vertrag von Maastricht war ein Memorandum der Europäischen Kommission zur europäischen Industriepolitik aus dem Jahre 1970.[13] Inhalt des Memorandums, das auf französische Initiative hin entstand, war die Frage der europäischen Wettbewerbsfähigkeit angesichts eines noch nicht vollendeten Binnenmarktes und eines vermuteten technologischen Rückstands gegenüber den USA.

Einen weiteren Entwicklungsschub für die Gemeinschaft bedeutete das *Binnenmarktprogramm.*[14] Es wurde mit dem 1985 vorgelegten und verabschiedeten Weißbuch „Vollendung des Binnenmarktes" initiiert.[15] Es war in erster Linie kein industriepolitisches Programm, aber es beinhaltete wesentliche industriepolitische Maßnahmen. Das Binnenmarktprogramm nahm die Grundidee der Römischen Verträge auf. Bis Ende 1992 sollte das Anliegen vom Beginn der EWG umgesetzt sein. Das Programm war die Reaktion auf die Stagflation der 1970er Jahre und auf die weithin verbreitete Ansicht von der Eurosklerose. Der ökonomische Hintergrund des Binnenmarktprogramms liegt im größeren Markt. Dieser ermöglicht die Ausnutzung von *economies of scale* und damit eine erhöhte Wettbewerbsfähigkeit der europäischen Industrie, gerade auch im Vergleich zu amerikanischen und japanischen Unternehmen. Im einzelnen wurden

---

[12] Dieses Problem wird mit der Aufnahme der mittel- und osteuropäischen Länder wieder an Bedeutung zunehmen und die Union vor große Herausforderungen stellen. Es wird darauf ankommen, die mittlerweile zukunftsorientierte Industriepolitik nicht wieder in die falsche Richtung umzulenken.

[13] Vgl. Europäische Kommission (1970).

[14] Vgl. Ehlermann (1994, S. 166f.).

[15] Vgl. Europäische Kommission (1985).

die folgenden Maßnahmen ergriffen: Harmonisierung technischer Normen und Vorschriften, einheitlicher europaweiter Rechtsschutz, Liberalisierung des öffentlichen Auftragswesens und Abbau innergemeinschaftlicher Handelsschranken, die es immer noch gab. Von besonderer Bedeutung ist in diesem Zusammenhang die Aufhebung von nationalen Monopolen wie z.B. im Post- und Telekommunikationsbereich, in der Stromwirtschaft und in verschiedenen Dienstleistungsbranchen. Das Binnenmarktprogramm führte abermals zu einer Intensivierung des innereuropäischen Wettbewerbs und hatte damit auch wieder Rückwirkungen auf die europäische Industrie.

Das Projekt des Binnenmarktes stellt für unseren Untersuchungsgegenstand ein interessantes Exempel dar, denn es kann als Paradebeispiel für nicht-sektorspezifische Industriepolitik betrachtet werden. Es handelte sich um Maßnahmen, die die Industrie als ganzes betrafen. Es wurde keine einzelne Branche herausgehoben, es fand mithin kein *targeting* statt. Die Zielsetzung war trotzdem genuin industriepolitisch: Es sollte die Wettbewerbsfähigkeit der europäischen Industrie erreicht bzw. verbessert werden.[16]

Weiterhin wirft die Debatte um diesen Punkt in der Literatur ein bezeichnendes Bild auf die jeweils vorgeprägten Standpunkte der Autoren. Brösse z.B., der der Industriepolitik grundsätzlich aufgeschlossen gegenübersteht, integriert das Binnenmarktprogramm in die Beschreibung europäischer Industriepolitik[17], wohingegen Berg und Schmidt dieses zwar auch diskutieren, es aber dann nicht für sinnvoll erachten, den Politikansatz des Programms unter den Oberbegriff der Industriepolitik zu subsumieren. Ihrer Meinung nach gehört es in das Feld der *Allgemeinen Wachstumspolitik.*[18] Wenn man dieser Argumentation folgt, dann ist klar, daß man mit dem Entwurf der europäischen Industriepolitik, wie er später im Vertrag von Maastricht kodifiziert wurde, nichts anfangen kann. Der positiv zu wertende Teil wird der Wachstumspolitik zugeordnet, der als negativ erkannte verbleibt unter dem Oberbegriff der Industriepolitik. Damit kann man die eigene ordnungspolitisch begründete Ablehnung von Industriepolitik aufrecht erhalten und dies auch noch mit Zweckmäßigkeitserwägungen bei der Begriffsabgrenzung untermauern.

Ein wichtiger Meilenstein in der industriepolitischen Entwicklung wurde die *Einheitliche Europäische Akte* (EEA), die 1986 verabschiedet wurde.[19] Mit ihr wurden erstmalig industriepolitische Aufgaben Bestandteil des europäischen Vertragswerks. In den neu hinzugefügten Artikeln 130 f) – q) wurden der

---

[16] Die Kommission betonte später, daß das Binnenmarktprogramm „... als eine industriepolitische Maßnahme par excellence betrachtet werden [kann].“ Europäische Kommission (1990, S. 16).

[17] Vgl. Brösse (1994, S. 307).

[18] Vgl. Berg/Schmidt (1998, S. 922 – 924).

[19] Vgl. Berg/Schmidt (1998, S. 918 – 920) und Brösse (1996, S. 307f.).

Gemeinschaft forschungspolitische Kompetenzen zugewiesen. Industriepolitik wurde Aufgabe der Gemeinschaft, auch wenn die explizite Kennzeichnung als solche fehlte. Damit war der Grundstein für die Entwicklung einer industriepolitischen Konzeption in den 1990er Jahren gelegt.

Im einzelnen legte die EEA fest, daß die Stärkung der wissenschaftlichen und technischen Grundlagen der europäischen Industrie sowie deren internationaler Wettbewerbsfähigkeit Ziel der Gemeinschaft sei. Es sollte dabei die Zusammenarbeit der Unternehmen im Bereich von Forschung und Entwicklung gefördert werden und die Technologiepolitik mit anderen Politiken der Gemeinschaft, insbesondere der Wettbewerbs- und Handelspolitik, verzahnt werden.[20] Um diese Ziele zu erreichen, sollten verschiedene Maßnahmen implementiert werden, unter anderem ein mehrjähriges Rahmenprogramm, das die Einzelmaßnahmen koordinieren sollte.[21] Die EEA kodifizierte also ein „klassisches" Programm der Technologieförderung, das sowohl branchenspezifische als auch branchenübergreifende Elemente enthielt. Leitendes Interesse dabei war, die Wettbewerbsfähigkeit der Industrie in Europa zu stärken, um die erwarteten positiven Effekte des Binnenmarktprogramms nutzen zu können.

3.1.2 Die europäische Industriepolitik seit Maastricht

Die Aufnahme eines industriepolitischen Artikels in den EG-Vertrag kann als Kulminationspunkt der industriepolitischen Debatte in der Europäischen Gemeinschaft interpretiert werden. Die Bestimmungen des Maastrichter Vertrags haben bei seiner Verabschiedung seinerzeit heftige Debatten in der Wissenschaft ausgelöst. Um die industriepolitische Konzeption der Union besser beurteilen zu können, wird zunächst die Entwicklung, die zur Aufnahme der Industriepolitik in den Vertrag führte, geschildert. Danach werden die relevanten Artikel des Vertrags erläutert. Im Anschluß daran wird auf die Zeit nach dem Vertragsabschluß eingegangen.

Der entscheidende Anstoß für das industriepolitische Gesamtkonzept lieferte die Mitteilung der Europäischen Kommission aus dem Jahr 1990 unter dem Titel: „Industriepolitik in einem offenen und wettbewerbsorientierten Umfeld: Ansätze für ein Gemeinschaftskonzept".[22] Sie stellte auf europäischer Ebene insofern eine Weiterentwicklung dar, als sie erstmalig einen Gesamtentwurf für Industriepolitik lieferte. Dieser war dadurch gekennzeichnet, daß er sich von der früheren, rückwärtsgewandten Politik abwandte und versuchte, ein Politikmo-

[20] Vgl. Art. 130f EWGV in der Ergänzung durch die EEA.
[21] Vgl. Art. 130i EWGV.
[22] Europäische Kommission (1990). Vgl. zum folgenden auch Berg/Schmidt (1998, S. 921 – 924) und Brösse (1996, S. 308f.).

dell zu entwickeln, das sich an der Zukunft und an der Wettbewerbsfähigkeit der europäischen Industrie orientierte. Der ehemalige Kommissar Bangemann, der damals maßgeblich an der Formulierung der europäischen Industriepolitik beteiligt war, drückte das folgendermaßen aus:

> „Eine interventionistische Industriepolitik alten Stils ist zum Scheitern verurteilt, nicht hingegen eine moderne wettbewerbsorientierte Industriepolitik, die sich den Weltmarkt zum Maßstab nimmt... [Industriepolitik] schafft Wettbewerb... eine Industriepolitik, die die produktive Basis der Volkswirtschaft stärkt und neue, innovative Impulse auslöst.“[23]

Das von der Kommission entwickelte Konzept erwies sich in der Folgezeit als prägend für die Industriepolitik in der Union und fand seinen Niederschlag im Maastrichter Vertrag. Deshalb wird an dieser Stelle ausführlicher darauf eingegangen.

Die Kommission beschreibt zutreffend die Wettbewerbssituation Europas. Durch die Globalisierung und die Beschleunigung der Produktlebenszyklen hat sich der Anpassungsdruck auf die europäische Industrie erhöht. In dieser Lage wird es Europa nur dann gelingen, den Lebensstandard zu halten und das Arbeitslosigkeitsproblem zu lösen, wenn sich ihre Industrie an die Spitze der technologischen Entwicklung stellt.[24] Das setzt voraus, daß sich die europäische Industrie einem permanenten Anpassungsprozeß unterzieht. Die Kommission sieht es als ihre zentrale Aufgabe an, diesen Prozeß zu fördern und zu forcieren. Dazu identifiziert sie drei Elemente, die umgesetzt werden müssen, damit dieser erfolgreich gelingen kann.

An erster Stelle stehen die *Voraussetzungen für den Anpassungsprozeß*. Zentrale Aufgabe ist dabei für die Kommission, ein wettbewerbsorientiertes Umfeld zu erhalten. Dabei hat sie vor allem die Fusions- und Subventionskontrolle im Blick. Daneben werden genannt:

- Stabile wirtschaftliche Rahmenbedingungen (vor allem ein günstiges Investitionsklima),
- ein hohes Bildungsniveau,
- die Kohäsion der Gemeinschaft und
- der Umweltschutz.

---

[23] Bangemann (1993, S. 27).

[24] Seit 1990 hat sich bis heute an dieser Situation grundsätzlich nichts geändert. War damals die Konkurrenz aus (Süd-)Ostasien im Hauptblickfeld, so sind es heute die USA, die nach den für sie erfolgreichen 1990er Jahren wieder der unumstritten führende Wirtschaftsraum sind. Der technologische Schwerpunkt liegt heute wie damals in den Informations- und Kommunikationstechnologien sowie in der Gen- und Biotechnologie.

Als zweites Element werden *Katalysatoren des Anpassungsprozesses* genannt. Damit sind marktliche Wettbewerbsprozesse gemeint, die dazu führen, daß die strukturelle Anpassung in Gang kommt. Die beiden Katalysatoren sind laut der Kommission der Binnenmarkt und ein offenes Außenhandelsregime. Der Binnenmarkt war – wie bereits erwähnt – aus Sicht der Kommission ein dezidiert industriepolitisches Unternehmen. Er hat den Wettbewerb intensiviert und damit die Wettbewerbsfähigkeit der europäischen Industrie erhöht. Dieselbe Erwartung wird an den Wettbewerb mit den anderen Wirtschaftsräumen der Welt geknüpft. Die protektionistische Unterstützung von sogenannten nationalen Champions in der Vergangenheit hat sich als kontraproduktiv erwiesen.

Schließlich gibt es noch *Akzeleratoren des Anpassungsprozesses*, die die Kommission unterstützen will, um das Ziel der Wettbewerbsfähigkeit zu erreichen. Die Beschleunigung soll gelingen durch eine Technologiepolitik der Gemeinschaft.[25] Deren Ziel ist es, eine größere Kooperation zwischen öffentlichen und privaten Forschungseinrichtungen im vorwettbewerblichen Bereich zu erreichen. Gleichzeitig soll eine schnellere Umsetzung von Erkenntnissen der Forschung erzielt werden, damit der Übergang von der Invention zur Innovation rascher erfolgen kann. Der europäischen Industriepolitik kommt dabei vor allem eine Informations- und Koordinationsaufgabe zu. Da kleine und mittlere Unternehmen für die innovatorische Dynamik einer Volkswirtschaft sehr wichtig sind, muß die Industriepolitik darauf aus sein, deren Rahmenbedingungen zu verbessern. Daneben ist die Humankapitalausstattung Europas von großer Bedeutung. Die beruflichen Qualifikationen sind zu einem entscheidenden Faktor der industriellen Wettbewerbsfähigkeit geworden. Zusätzlich sollen die Rahmenbedingungen für unternehmensnahe Dienstleistungen verbessert werden.

Mit dem Maastrichter Vertrag wurde die Industriepolitik zu einer der Aufgaben der Union. Dabei wurden im wesentlichen die Vorstellungen, wie sie die Kommission zuvor ausgearbeitet hatte, in den Vertragstext übernommen. Gemäß Art. 3 m) EGV hat die Gemeinschaft die Wettbewerbsfähigkeit der Industrie zu stärken. Gleichzeitig wurde auch das marktwirtschaftliche Prinzip in Verfassungsrang erhoben. Art. 3 g) EGV bestimmt ein System unverfälschten Wettbewerbs zur Grundlage der wirtschaftlichen Ordnung der Union. Damit geht die Europäische Union weiter als das deutsche Grundgesetz.

Im Artikel 157 EGV[26] wurden die industriepolitischen Aufgaben im einzelnen festgelegt. Ziel ist auch hier die Wettbewerbsfähigkeit der Industrie. Um

25 Die Kommission nennt bereits 1990 sehr weitsichtig die Informationstechnologien „Breitentechnologien“: „Es muß folglich klar erkannt werden, wie wichtig die Beherrschung der neuen *Breitentechnologien* [Hervorhebung des Autors] für die Wettbewerbsfähigkeit nahezu aller Wirtschaftsbereiche ist.“ Europäische Kommission (1990, S. 20). Die Grundidee der Kommission ist sehr nahe am Konzept der Mehrzwecktechnologien. Vgl. dazu unten ab S. 164.

diese zu erreichen, soll die Gemeinschaft dazu beitragen, daß sich die Industrie an die strukturellen Veränderungen besser anpaßt. Damit ist das Hauptanliegen der Mitteilung der Kommission von 1990 wieder aufgenommen. Daneben sollen Rahmenbedingungen – ein *Umfeld*, wie es im Vertrag heißt – geschaffen werden, damit sich die Unternehmen entwickeln können. Dabei werden die kleinen und mittleren Unternehmen gesondert erwähnt. Das Umfeld soll auch für die Zusammenarbeit aller Unternehmen zuträglich sein. Schließlich soll noch eine Forschungspolitik implementiert werden, die besser als zuvor der gesamten Industrie zugute kommt. Die weiteren Absätze des Artikels betreffen die Rolle der Kommission und der Mitgliedsstaaten sowie deren Zusammenarbeit bei der Umsetzung der Industriepolitik. Ganz im Sinne der Veröffentlichung der Kommission betont Artikel 157 die Bedeutung des Wettbewerbs. Grundlage für das industriepolitische Handeln ist ein System offener und wettbewerbsorientierter Märkte. Gleichzeitig wird betont, daß die Einführung der Industriepolitik keine Grundlage dafür bietet, Maßnahmen zu implementieren, die zu Wettbewerbsverzerrungen führen könnten. Die Bestimmungen des Vertrages stellen also eine Übernahme des zukunftsorientierten und wettbewerblichen industriepolitischen Konzepts der Kommission dar.

In der Folgezeit wurden auf Grundlage der neuen industriepolitischen Kompetenzen Programme veröffentlicht und Maßnahmen auf den Weg gebracht. An erster Stelle ist hierbei das 1993 veröffentlichte Weißbuch der Kommission mit dem Titel *Wachstum, Wettbewerbsfähigkeit, Beschäftigung – Herausforderungen der Gegenwart und Wege ins 21. Jahrhundert* zu nennen.[27] Darin konstatiert die Kommission als das große wirtschaftspolitische Problem der Gegenwart die Arbeitslosigkeit. Sie setzte sich zum Ziel, bis zum Ende des 20. Jahrhunderts 15 Mio. neue Arbeitsplätze zu schaffen. Diese Zahl wurde klar verfehlt, dennoch sind die vorgeschlagenen Maßnahmen beachtenswert, da sie eine umfassende Gesamtschau der wirtschaftspolitischen Handlungsoptionen darstellen. Neben industriepolitischen geht die Kommission auch auf makro- und beschäftigungspolitische Instrumente ein. Aus industriepolitischer Sicht steht wiederum die internationale Wettbewerbsfähigkeit im Vordergrund; einmal mehr wird dieses Feld thematisiert. Um diese zu erreichen, gilt es aus Sicht der Kommission, vier übergreifende Ziele zu verfolgen:

- verbesserte Anpassung der europäischen Industrie an die globalisierte Wettbewerbssituation;

---

[26] In der ursprünglichen Fassung des Maastrichter Vertrags war der industriepolitische Artikel der Artikel 130. Durch die Änderungen, wie sie mit dem Vertrag von Amsterdam übernommen wurden, bekam er die Nummer 157.

[27] Vgl. zum folgenden Europäische Kommission (1993), sowie Erber/Hagemann (2002c, S. 347 – 349) und Erber/Hagemann/Seiter (1998, S. 29 – 33).

- Ausnutzung der komparativen Vorteile Europas beim allmählichen Übergang zur Wissensgesellschaft;
- Förderung einer nachhaltigen Entwicklung der europäischen Industrie;
- Verringerung der zeitlichen Lücke zwischen Anpassungen auf der Angebotsseite einerseits und der Nachfrageseite andererseits.

Daneben wird erneut auch das Binnenmarktprogramm als wichtiges Instrument zur Erreichung der Wettbewerbsfähigkeit herausgestellt. Es muß vollendet und weiterentwickelt werden. Dazu gehört vor allem die Verbesserung des Umfelds für die Wirtschaft (allen voran durch intensiveren Wettbewerb) und die Schaffung transeuropäischer Netzwerke. Die Förderung der Entwicklung kleiner und mittlerer Unternehmen rundet das Binnenmarktprogramm ab.

Auf Basis dieser Überlegungen identifiziert die Kommission verschiedene Aufgabenfelder der europäischen Industriepolitik. Es gilt, transeuropäische Netzwerke zu etablieren. Diese stellen die infrastrukturellen Grundlagen des Binnenmarkts dar. Dazu gehören Verkehrs-, Energie- und Telekommunikationsnetze. Außerdem muß die Forschung und Entwicklung intensiviert werden. Hiervon gibt es zu wenig in Europa, die Koordination der verschiedenen Forschungsanstrengungen ist zudem zu gering und die Umsetzung in marktfähige Produkte erfolgt zu langsam. Schließlich gibt es einige Bereiche der Wirtschaft, die der besonderen Aufmerksamkeit bedürfen: der Informations- und Kommunikationstechnologiesektor, der Biotechnologiesektor und der audiovisuelle Sektor. Diese Zukunftstechnologien sollen produktivitätssteigernde Wirkungen für andere Branchen entfalten und gleichzeitig neue Märkte schaffen. So wird z.B. dem IKT-Sektor eine herausragende Bedeutung für die Wettbewerbsfähigkeit der europäischen Industrie auf dem Weg zur Informationsgesellschaft zugeschrieben.

Das Weißbuch wurde 1994 durch die Mitteilung der Kommission mit dem Titel *Eine Politik der industriellen Wettbewerbsfähigkeit für die Europäische Union* ergänzt.[28] Diese beruft sich ausdrücklich auf das Kommissionspapier von 1990, das die Grundlage für die jetzige Veröffentlichung darstellt. Ziel ist wiederum die Steigerung der internationalen Wettbewerbsfähigkeit, um dadurch zukunftsorientierte Arbeitsplätze zu gewinnen. Dabei werden vier Aktionsschwerpunkte genannt:

- Förderung der immateriellen Investitionen::
  Durch den Übergang zur Informations- und Wissensgesellschaft werden wissensbasierte Innovationen und der Humankapitalbestand einer Volkswirtschaft zu immer wichtigeren Determinanten der Wettbewerbsfähigkeit. Deshalb sind diese zu fördern.

---

[28] Vgl. hierzu Europäische Kommission (1994) und Erber/Hagemann (2002c, S. 349).

- Entwicklung der industriellen Zusammenarbeit:
  Um auf den regionalen Wachstumsmärkten präsent sein zu können, müssen die Industrieunternehmen der Union zusammenarbeiten. Das gilt insbesondere auf den Märkten Mittel- und Osteuropas, für die lateinamerikanischen Länder, die Mittelmeeranrainerstaaten sowie Ostasien. Ein Schwerpunkt liegt dabei auf dem Informationsaustausch zwischen den Unternehmen, vor allem zugunsten der KMU.
- Gewährleistung gleichberechtigter Wettbewerbsbedingungen
  Hier gibt es eine interne und eine externe Komponente. Die interne bezieht sich auf die Weiterentwicklung des Binnenmarkts. Der Wettbewerb soll hier intensiviert werden. Dazu ist ein weiterer Abbau von Subventionen notwendig. Nach außen geht es um eine faire Gestaltung des internationalen Wettbewerbs. Den GATT-Verhandlungen kommt dabei eine herausragende Bedeutung zu.
- Modernisierung staatlicher Eingriffe:
  Hierunter werden verschiedene Maßnahmen zur Verbesserung der Effizienz der öffentlichen Verwaltung subsumiert. Diese wird als unabdingbar betrachtet, um die Verbesserung der Wettbewerbsfähigkeit der Industrie zu erreichen.

Insgesamt zeigt sich damit eine weitgehende Übereinstimmung mit dem ursprünglichen Konzept der Kommission. Einzig die Entwicklung der industriellen Zusammenarbeit scheint eine Akzentverschiebung darzustellen. Falls diese Maßnahme bedeuten sollte, daß die Wettbewerbsintensität zwischen den europäischen Unternehmen reduziert werden soll – selbst wenn das nur für die Erschließung von Auslandsmärkten beabsichtigt ist –, dann läge darin ein Widerspruch zum ansonsten geäußerten Grundprinzip, den Wettbewerb stärken zu wollen. Allerdings zeigten sich im weiteren Verlauf der industriepolitischen Praxis keine Anzeichen für eine Änderung der Ausrichtung.

Im Zusammenhang mit der Neuformulierung der Industriepolitik zu Beginn der 1990er Jahre hat die Kommission auch verschiedene Branchenprogramme vorgelegt.[29] Unter anderem wurden die Elektronik- und Informatikindustrie, die Biotechnologieindustrie, die Luftfahrtindustrie, die Automobilindustrie und die Telekommunikationsgeräteindustrie untersucht. Trotz der Untersuchung einzelner Branchen wurde der von der Kommission entwickelte horizontale Ansatz nicht aufgegeben. In allen Berichten wird die Rolle des Binnenmarktes und die damit einhergehende Konkurrenz für die Entwicklung der Wettbewerbsfähigkeit der Branchen betont. Als industriepolitische Maßnahmen wurde vor allem die Förderung der F&E-Tätigkeit und der Humankapitalbildung vorgeschlagen.

---

[29] Vgl. Berg/Schmidt (1998, S. 927 – 929) und Ehlermann (1994, S. 119 – 121).

Gegen Ende der 1990er Jahre trat die Informationsgesellschaft in den Vordergrund der Überlegungen der europäischen Industriepolitik. Entsprechend der allgemeinen „Internethysterie" nahm sich auch die Kommission dieses Themas an. Allerdings kann sie für sich in Anspruch nehmen, darauf bereits zu Beginn der letzten Dekade des 20. Jahrhunderts hingewiesen zu haben. Insofern ist dieser Bereich für die Europäische Union und deren industriepolitische Entscheidungsträger nicht nur ein Modethema. Die Kommission weist in ihrer Mitteilung, die ihre strategischen Ziele für das Jahrfünft bis 2005 beschreibt, darauf hin, daß die europäische Wirtschaft dadurch global wettbewerbsfähig werden kann, daß sie den Übergang zur Wissensgesellschaft meistert und den Rückstand zu den USA im Bereich des elektronischen Handels aufholt.[30]

Ihren Niederschlag hat die Debatte um die Informationsgesellschaft in der sogenannten *eEurope* Initiative der Kommission gefunden. Darin werden Maßnahmen formuliert, wie Europa die digitale Revolution nutzen kann und dadurch an Wettbewerbsfähigkeit, Prosperität und Arbeitsplätzen gewinnen kann.[31] Ziel ist es, den zweiten wirtschaftlichen Quantensprung nach der Industriellen Revolution so zu nutzen, daß es sowohl aus wirtschaftlicher als auch aus sozialer Perspektive zu einer umfassenden Verbesserung für Europa kommt. Die Kommission formuliert das recht pathetisch:

> „Gerade jetzt hat die Union eine einzigartige Chance. In gemeinsamer partnerschaftlicher Aktion kann sie die Informationsgesellschaft nach unseren Werten, Grundsätzen und Stärken gestalten. Solche Chancen sind selten – nehmen wir sie wahr!"[32]

Damit ist ein sehr weiter Begriff der Industriepolitik erreicht. Die Kommission formuliert ihre eEurope-Initiative nicht unter dem Oberbegriff der Industriepolitik. Allerdings ist der wirtschaftspolitische Teil des Programms eine folgerichtige Weiterentwicklung der Überlegungen vom Beginn der 1990er Jahre. Wie damals ist das Ziel die Steigerung der Wettbewerbsfähigkeit der europäischen Industrie. Die Informations- und Kommunikationstechnologien (IKT), die der eEurope-Plan anspricht, eignen sich für eine sektorübergreifende Industriepolitik, wie sie von der Kommission bereits 1990 in ihrer grundlegenden Mitteilung erstmalig entwickelt wurde. Auch damals schon waren die Informationstechnologien als Breitentechnologien definiert worden. Damit kehrt die Kommission zu ihren Anfängen einer zukunftsorientierten Industriepolitik zurück.

---

[30] Vgl. Europäische Kommission (2000c, S. 5).

[31] Vgl. dazu Europäische Kommission (1999, 2000a und 2002a). Auf Details wird unten ab S. 241 und ab S. 256 eingegangen.

[32] Europäische Kommission (1999, S. 2).

3.1.3 Bewertung der europäischen Industriepolitik

Die Industriepolitik der europäischen Union ist vielfacher Kritik ausgesetzt worden. Der folgende kleine Literaturüberblick macht das deutlich. Der dezidiert sektorale und interventionistische Ansatz in der EGKS wurde dafür verantwortlich gemacht, daß die notwendigen Anpassungen in dieser Branche immer noch nicht umgesetzt wurden.[33] Mit der Einführung eines industriepolitischen Titels in das europäische Vertragswerk wurde die Kritik intensiviert und grundsätzlicher. Die gesamte Richtung der europäischen Integrationspolitik wurde in Frage gestellt.

Sehr prononciert hat dies Schmidt (1995) getan. Er konzentrierte sich bei seiner Untersuchung vor allem auf mögliche Zielkonflikte zwischen Industrie- und Wettbewerbspolitik, insbesondere im Zusammenhang mit der europäischen Fusionskontrolle. Er geht ausführlich auf die Problematik von Fusionen ein, untersucht ihre unterstellten Effizienzwirkungen und kommt dabei zum Ergebnis, daß die Gewinne aus Fusionen aus der Ausnutzung von *economies of scale and scope* empirisch von begrenzter Relevanz sind und häufig durch bürokratie- und größenbedingte Reibungs- und Effizienzverluste in negativer Weise überkompensiert werden. Vor diesem Hintergrund kritisiert er die Praxis der europäischen Fusionskontrolle als industriepolitisch motiviert und in ihren Auswirkungen wettbewerbsschädigend. Daneben setzt sich der Autor kritisch mit den Zielsetzungen europäischer Industriepolitik auseinander, wie sie im Artikel 157 EGV festgehalten sind: die Stärkung der wissenschaftlichen und technologischen Grundlagen der europäischen Industrie und die Erhöhung ihrer internationalen Wettbewerbsfähigkeit. Das Problem der Forschungsförderung liegt darin, daß eine erfolgreiche Politik ex ante Wissen voraussetzt, das im wettbewerblichen Entdeckungsverfahren jedoch erst ex post zur Verfügung steht. Es stellt sich also das grundsätzliche Informationsproblem. Bei der Frage der internationalen Wettbewerbsfähigkeit verweist der Autor richtigerweise auf die Determinanten, die Porter (1999) herausgearbeitet hat. Ein wichtiger Bestimmungsfaktor der Wettbewerbsfähigkeit einer Industrie ist ein intensiver Wettbewerb auf dem jeweiligen Heimatmarkt. Problematisch an Schmidts Kritik ist allerdings, daß er der europäischen Industriepolitik unterstellt, sie sähe einen Zielkonflikt zwischen wirksamem Wettbewerb und der internationalen Wettbewerbsfähigkeit eines Unternehmens bzw. einer gesamten Volkswirtschaft.[34] Weder in der Mitteilung von 1990 noch im Vertragstext findet sich dafür ein Anhaltspunkt. Vielmehr wird ausdrücklich – wie gezeigt[35] – auf die Bedeutung eines intensiven Wettbewerbs Wert gelegt und das Binnenmarktprogramm als Beispiel angeführt. Allerdings gab es in der Weiterentwicklung der

---

[33] Vgl. z.B. Berg/Schmidt (1998, S. 912 – 916).

[34] Vgl. Schmidt (1995, S. 976).

[35] Vgl. oben ab S. 15.

europäischen Industriepolitik durchaus auch Überlegungen, die Schmidts Befürchtungen bestätigen. So forderte das Weißbuch von 1993 die Intensivierung der industriellen Zusammenarbeit.[36] Falls damit beabsichtigt ist, verstärkt Großunternehmen, deren Zusammenarbeit oder Fusionen zu fördern – was zu einer Verminderung der Wettbewerbsintensität auf dem europäischen Binnenmarkt führen könnte –, ist dieser Ansatz aus den von Schmidt genannten Gründen und gemäß der ursprünglichen Konzeption der Kommission abzulehnen.[37]

Auch Berg und Schmidt setzten sich sehr kritisch mit der europäischen Industriepolitik auseinander. Die EGKS wird sehr negativ beurteilt, insbesondere die Handhabung der Stahlbranche.[38] Die immer noch nicht bewältigte Anpassungskrise wird ausführlich analysiert. Die Autoren kommen zu dem Schluß, daß die den Strukturwandel verzögernde Politik der Gemeinschaft eine der Hauptursachen für den Mißerfolg war. Die Stahlindustrie sei daher ein klassisches Beispiel für Politikversagen. Unternehmer- und Marktversagen werden zwar auch untersucht, aber als Grund für die Probleme letztlich doch ausgeschlossen. Auch die Neuorientierung der Politik seit Beginn der 1990er Jahre wird überwiegend negativ beurteilt.[39] Zwar werden auch Chancen gesehen, es überwiegen aber die Risiken. Vor allem sei zu befürchten, daß der sektorübergreifende Charakter der industriepolitischen Konzeption über kurz oder lang wieder gegenüber dem alten Ansatz der Intervention zugunsten einzelner Branchen an Einfluß verlieren wird.

Brösse bewertet die Theorie und Praxis der europäischen Industriepolitik differenzierter.[40] Er unterscheidet zwei Aspekte der europäischen Industriepolitik, die sektorübergreifende und die sektorspezifische. Sektorübergreifende Industriepolitik geschah bzw. geschieht in Europa vor allem durch das Binnenmarktprogramm sowie durch alle anderen Maßnahmen, die die Rahmenbedingungen der Industrie verbessern, vor allem durch die Gewährleistung eines wettbewerbsorientierten Umfelds. Die sektorspezifischen Maßnahmen beziehen sich auf Krisenbranchen, wie gezeigt vor allem im Bereich der Montanindustrie, aber auch in der Automobil- und Textilindustrie. Gleichzeitig erfolgt mittels der Forschungspolitik eine Förderung der sogenannten Zukunftsbranchen. Der sektorübergreifende Teil der Industriepolitik wird bejaht. Gleichzeitig wird konstatiert, daß seine Bedeutung im Vergleich zu den sektorspezifischen Maßnahmen zugenommen habe, weshalb die Industriepolitik der Union überwiegend positiv zu bewerten sei.

Auch der ehemalige Staatssekretär im Bundeswirtschaftsministerium, Otto Schlecht, kommt zu einem ausgewogenen Urteil über die Europäische Industrie-

---

[36] Vgl. S. 18.
[37] So auch Erber/Hagemann (2002c, S. 350).
[38] Vgl. Berg/Schmidt (1998, S. 913 – 916).
[39] Vgl. ebenda, S. 930 – 934.
[40] Vgl. Brösse (1996, S. 309 – 326).

politik.[41] Er betrachtet die Formulierungen und Aufgabenzuweisungen des Maastrichter Vertrags als Kompromiß zwischen eher ordnungspolitisch orientierten Industriepolitikern auf der einen und eher interventionistisch orientierten auf der anderen Seite. Die Konzeption der Industriepolitik, wie sie die Kommission 1990 mit ihrer Mitteilung vorgelegt hat, betrachtet Schlecht als Versöhnung zwischen Marktwirtschaft und Industriepolitik. Demzufolge liegt aus seiner Sicht die Aufgabe für den Staat darin, wettbewerbsfördernde Rahmenbedingungen zu gewährleisten, mit deren Hilfe sich die Industrie rasch an den Strukturwandel anpassen kann. Einer interventionistischen Politik, auch wenn sie sich auf Zukunftsbranchen richtet, erteilt er dagegen eine Absage.

Zusammenfassend läßt sich sagen, daß die Bewertung der europäischen Industriepolitik abwartend bis ablehnend ausfällt. Immerhin wird aber zumindest teilweise vermerkt, daß die Neuorientierung, die zu den Bestimmungen des Maastrichter Vertrags geführt hat, zu einem Wandel hin zu einer sektorübergreifenden, wachstumsorientierten Industriepolitik beigetragen hat. Allerdings ist umstritten, ob das lediglich kurzfristiger Natur ist, oder ob dahinter eine grundsätzliche Neuausrichtung steht. Insgesamt eher kritisch gesehen werden Maßnahmen, die auf die Förderung möglicher Zukunftsbranchen abzielen. Auch hier steht die Befürchtung im Vordergrund, daß letztlich nur anhaltender Subventionsbedarf produziert wird, sich die erhofften Breitenwirkungen aber nicht einstellen. Als Beleg für diese These wird die Geschichte der Airbusförderung herangezogen.[42] Es wird in Kapitel 4[43] zu untersuchen sein, ob dieses Urteil wirklich angemessen ist. Zudem wird in Kapitel 5[44] gezeigt, daß zumindest aus theoretischer Sicht die Konstellation einer sektorübergreifenden Politik, die als Grundlage die Förderung einer Allzwecktechnologie (einer *General Purpose Technology*) hat und die den von der Europäischen Kommission gestellten Anforderungen an eine „Zukunftsbranche“ genügt, begründbar ist. Das Urteil, daß die Förderung von Zukunftsbranchen grundsätzlich abzulehnen ist, ist damit zumindest voreilig.

3.2 Industriepolitik in Deutschland

Die Industriepolitik in Deutschland hat eine andere Entwicklung genommen. Aus der Perspektive der Ordnungspolitik Freiburger Provenienz wurde sie stets abgelehnt, in der Praxis aber trotzdem ausführlich eingesetzt. Das hatte zur Folge, daß es in der Bundesrepublik bis heute – im Gegensatz zur Europäischen

---

41 Vgl. Schlecht (1992).
42 Vgl. Berg/Schmidt (1998, S. 900 – 911) und Brösse (1996, S. 322).
43 Vgl. unten ab S. 55.
44 Vgl. unten ab S. 115.

Union – kein Gesamtkonzept für eine Industriepolitik gibt. Zudem hat der förderale Staatsaufbau dazu geführt, daß ein Nebeneinander verschiedener Landespolitiken existiert.

3.2.1 Geschichtlicher Überblick

Industriepolitik gibt es auch in Deutschland schon sehr lange.[45] Der Merkantilismus des 17. Jahrhunderts implementierte ein an der Erzielung eines Zahlungsbilanzüberschusses orientiertes Außenhandelsregime, das – im Positiven wie im Negativen – als Vorbild für moderne Konzeptionen dient. Auch wenn es damals noch keine Industrie im modernen Sinne gab, hat dieser Politikentwurf nachhaltige Auswirkungen bis heute gehabt.

Die liberale Reformpolitik Preußens unter Stein und Hardenberg sowie danach unter Beuthen entwickelte eine Form der Gewerbeförderung, die als Vorläufer nicht-sektoraler Industriepolitik bezeichnet werden kann. Dazu gehörte die Informationsbeschaffung durch staatliche Stellen ebenso wie die aktive Gestaltung von Rahmenbedingungen, so z.B. die Entwicklung des Kapitalmarktes oder des Patentwesens.

Im Zusammenhang mit der zunehmenden Industrialisierung entwickelte sich Deutschland ab dem Ende des 19. Jahrhunderts immer mehr zu einem Land der Kartelle. Diese besondere Form der Industriepolitik, die mehr auf die Zusammenarbeit der Unternehmen denn auf den Wettbewerb vertraut, wurde durch die beiden Kriege und die damit verbundenen Zwangsmaßnahmen noch verstärkt.[46]

Der Zweite Weltkrieg bedeutete für Deutschland auch wirtschaftlich einen tiefen Einschnitt.[47] Wegen der an den Notwendigkeiten der Kriegsführung orientierten Kommandowirtschaft, der Zerstörungen und der Reparationsleistungen wurde eine komplette Neuorientierung der Wirtschaftspolitik erforderlich. Die sich abzeichnende Teilung des Landes erhöhte den Anpassungsdruck. Die ersten Maßnahmen bestanden in der Wiederbelebung der Montanindustrie, die die Grundlage für die gesamte Wirtschaft – vor allem der Infrastruktur – darstellte. Gleichzeitig folgte mit der Währungsreform 1948 eine Grundentscheidung für die Soziale Marktwirtschaft als Wirtschaftsordnung in den drei westlichen Besatzungszonen, der späteren Bundesrepublik. Damit war festgelegt, daß Privateigentum und die Koordination der Wirtschaftspläne über den Marktmechanismus die zentralen Kennzeichen des Wirtschaftssystems sein sollten. Demzufolge war aus theoretischer Sicht kein Platz für strukturgestal-

---

45 Vgl. Brösse (1996, S. 4 – 9), der einen aufschlußreichen Überblick über die Geschichte gibt.

46 Vgl. Schmidt (1993, S. 148).

47 Vgl. zum folgenden Berg/Schmidt (1998, S. 880 – 887) und Kokalj/Albach (1987, S. 244 – 249).

tende Industriepolitik. Dementsprechend und im Gegensatz zur bisherigen deutschen Praxis wurde mit der Verabschiedung des Gesetzes gegen Wettbewerbsbeschränkungen (GWB) 1957 als dem *Grundgesetz der Sozialen Marktwirtschaft* das Wettbewerbsprinzip zur Grundlage aller Wirtschaftspolitik – auch der Industriepolitik – erhoben.

Damit war der Grundstein gelegt für einen beispiellosen Wachstumsprozeß, der später als *Wirtschaftswunder* bezeichnet wurde. Trotz der Entscheidung für die Soziale Marktwirtschaft gab es allerdings bereits zu Anfang – entgegen den theoretischen Grundlagen – Eingriffe in die marktliche Allokation und in das Strukturgefüge der Wirtschaft. Entsprechend den Erfordernissen der Nachkriegswirtschaft wurden teilweise umfassende Maßnahmen durchgeführt, die einer staatlichen Investitionslenkung sehr nahe kamen. Die Engpaßsektoren Montanindustrie, Eisenbahn und Energieversorgung waren dabei Adressaten dieser Politik. Ebenso war der Finanzsektor noch nicht liberalisiert, was Rückwirkungen auf die Kreditallokation auf die verschiedenen Industrieunternehmen hatte.

Nach und nach traten diese Maßnahmen allerdings in den Hintergrund; auf Grund des allgemeinen Wirtschaftswunders bestand keine Notwendigkeit zu sektoralen Eingriffen. Die wettbewerbspolitischen Ausnahmebereiche des GWB stellten allerdings einen bemerkenswerten Sonderfall dar.[48] Als einzige primäre industriepolitische Aktivität verblieb die Forschungsförderung. Einen Schwerpunkt bildete dabei die Förderung der zivilen Nutzung der Atomenergie. Hierfür waren gegen Ende der 1940er Jahre die Max-Planck- und die Fraunhofer Gesellschaft gegründet worden.

Ende der 1950er Jahre zeigten sich jedoch die ersten Probleme. Trotz anhaltenden Wachstums kam es zu strukturellen Ungleichgewichten. Es stellten sich Krisen im Bergbau und in der Bekleidungsindustrie ein. Während letztere dem marktlichen Anpassungsprozeß überlassen wurde, wurde der Bergbau zum Sinnbild für die strukturkonservierende, rückwärtsgewandte Industriepolitik (West-)Deutschlands. Zusammen mit der Landwirtschaft steht sie bis heute für die spezifische Gestaltung der deutschen Industriepolitik.[49]

---

[48] Aus heutiger Sicht ist es kaum noch nachvollziehbar, warum die Telekommunikationsbranche und der Verkehrsbereich erst so spät liberalisiert wurden.

[49] Audretsch (1991, S. 16) zeigt das Ausmaß der finanziellen Unterstützung (direkte Subventionen und Steuerbegünstigungen) verschiedener Branchen in Deutschland. Unter Einbeziehung der Zuschüsse der EU war die Landwirtschaft für den Zeitraum 1975 bis 1987 der größte Zuwendungsempfänger. Sie erhielt jeweils zwischen ca. 15 und 20% der finanziellen Unterstützung. Daneben waren der Wohnungsbau und die Eisenbahn die größten Empfänger, der Bergbau erreichte lediglich den vierten Platz.

Der Fall der Steinkohleförderung ist insofern bemerkenswert, als es seit dem Ende der 1950er Jahre bis heute nicht gelungen ist, den Strukturwandel abzuschließen. Vielmehr wurde er radikal verlangsamt. Wenn in Deutschland in der Wissenschaft eine ausgeprägte Aversion gegen jegliche Art von Industriepolitik vorhanden ist, dann liegt das nicht zuletzt an der Steinkohlepolitik. Ein etwas ausführlichere Untersuchung des Sachverhalts ist deshalb angebracht.[50] Die Ursachen der Probleme in der deutschen Steinkohlewirtschaft sind nicht nur in der Nachkriegspolitik zu suchen, sondern sie reichen zurück bis ins 19. Jahrhundert. 1893 war das Rheinisch-Westfälische Kohlesyndikat gegründet worden. Dieses Verkaufskartell hatte eine erhebliche Reduzierung der Wettbewerbsintensität in der Branche zur Folge, was dazu führte, daß schon zu diesem Zeitpunkt notwendige Investitionen in die Steigerung der Produktivität der Bergwerke unterblieb. Es zeigte sich, daß die Industriepolitik in Deutschland als dem Land der Kartelle nachhaltige Auswirkungen auf die Struktur einzelner Branchen hatte.

Nach dem Zweitem Weltkrieg wurde trotz der Dekartellierungspolitik der Alliierten die wettbewerbspolitische Sonderstellung des Steinkohlebergbaus beibehalten. Die Volkswirtschaft sollte mit preiswerter Energie versorgt werden; die Steinkohle wurde sowohl in Stromgewinnung als auch in der Stahlindustrie eingesetzt. Deshalb wurden durch den Staat Höchstpreise gesetzt, die unter den Kosten lagen. Die Folge war eine ständige Überschußnachfrage und eine damit einhergehende Knappheit. Die notwendigen Erweiterungsinvestitionen wurden durch staatliche Subventionen alimentiert. Im Jahr 1956 wurden die Preise dann freigegeben. Das führte erwartungsgemäß zu deren Anstieg. Damit wurde allerdings ein Substitutionswettbewerb zu Lasten der Steinkohle und zu Gunsten der Importkohle und des Heizöls in Gang gesetzt.[51] Die Wettbewerbsposition der alternativen Energiequellen wurde nach der Preisfreigabe nachhaltig verbessert, so daß es 1958 zu einer ersten Absatzkrise kam. Diese setzte eine Reihe von staatlichen Maßnahmen in Gang, die im Prinzip noch bis heute zum Einsatz kommen.

Dabei sind zwei Arten von Instrumenten zu unterscheiden: zum einen solche, die der Absatzförderung heimischer Kohle und der Zurückdrängung alternativer Energieträger dienen und zum andere solche, die das Ziel haben, die Produktionskapazitäten den veränderten Nachfragebedingungen anzupassen. Dazu gehören auch alle Aktivitäten, die der Produktivitätssteigerung dienen. Auf ersterem Gebiet war nur wenig Erfolg beschieden, da sich Erdöl sich als zu „gut" in der Energieerzeugung erwies. Die beiden ersten Verstromungsgesetze 1964 und 1965 änderten nichts am grundsätzlichen Problem der prinzipiellen Unterlegen-

[50] Vgl. zum folgenden Berg/Schmidt (1998, S. 887 – 893), Kokalj/Albach (1987, S. 260 – 270) und Simons (1997, S. 110 – 117).

[51] Das betraf sowohl die industrielle Verwendung der verschiedenen Energieträger als auch die private zum Betrieb der Heizungen.

heit der Kohle im Wettbewerb der Energieträger. Mit Hilfe der Gründung der Ruhrkohle AG (RAG) 1969 sollte das zweite Ziel erreicht werden. Sie war die bedeutendste von sechs sogenannten Gesamtgesellschaften, in denen alle Unternehmen der deutschen Bergbaugebiete zusammengefaßt wurden. Durch die höhere Unternehmensgröße sollten Größenvorteile realisiert werden; zudem sollten unrentable Zechen und Produktionsteile stillgelegt werden. Erstmalig wurde auch versucht, das regionalpolitische Problem, das die Kohlefrage noch viel problematischer machte, zu lösen. So war vorgesehen, gezielt alternative Industrien im Ruhrgebiet anzusiedeln, um Ersatzarbeitsplätze für die im Bergbau wegfallenden zu schaffen.

Die Unterstützung der heimischen Kohle wurde gleichwohl fortgesetzt. Mit dem 3. Verstromungsgesetz 1974 wurde der sogenannte Kohlepfennig eingeführt, eine spezielle Verbrauchsteuer, mit der die Herabsubventionierung der Kohlepreise auf das Weltmarktniveau finanziert wurde. OPEC I wurde auch hier – wie in vielen anderen Bereichen – zu einem wichtigen Ereignis. Mit einem Schlag gewann das Argument der Versorgungssicherheit an Gewicht. Die Steinkohle nahm als einzige heimische Energiequelle wieder an Bedeutung zu. Allerdings führte die parallel auftretende Krise in der Stahlbranche dazu, daß die dort abgesetzten Mengen zurückgingen.

Der Kohlepfennig wurde bis 1995 erhoben, danach wurde er infolge eines Urteils des Bundesverfassungsgerichts abgeschafft und durch Subventionen aus dem Bundeshaushalt ersetzt.[52] Die Zahl der Beschäftigten und der betriebenen Zechen nahm kontinuierlich ab. Der Höhepunkt der Beschäftigung lag 1956 bei fast 600.000; 2000 lag die Zahl noch bei 58.000.[53] Damit wird zur Zeit ein Arbeitsplatz im deutschen Steinkohlebergbau mit ca. 70.000 € jährlich gefördert. Die höchste Zahl der fördernden Bergwerke lag 1954 bei 183, im Jahr 2000 waren es noch 11.[54] Insofern wurde das Ziel, Produktion und Beschäftigung zu reduzieren, erreicht. Allerdings wird der Erfolg relativiert, wenn man ihn mit dem Beschäftigungsrückgang in anderen Branchen vergleicht: In der Elektrotechnik- und in der Elektronikindustrie ging die Zahl der Beschäftigten von 1990 bis 1995 um ca. 230.000 zurück, in der Automobilindustrie 1993 und 1994 um mehr als 130.000.[55] Dieser Vergleich macht deutlich, wie langsam der Beschäftigungsabbau im Vergleich zu anderen Branchen, die nicht von solchen besonderen staatlichen Schutzmaßnahmen profitieren konnten, ablief.

Die spezifische Förderung der Steinkohle ist im übrigen bis zum Jahr 2010 festgeschrieben worden. Der EU-Ministerrat hat eine Regelung getroffen, die es

---

[52] Der dafür verwendete Geldbetrag ist eindrucksvoll: Im Jahr 1978 betrug er 780 Mill. DM, 1995 6,1 Mrd. DM. Vgl. Simons (1997, S. 112).

[53] Vgl. Statistik der Kohlewirtschaft (2002a), Petersdorff (2002) spricht von aktuell etwas weniger als 50.000 Beschäftigten.

[54] Vgl. Statistik der Kohlewirtschaft (2002b).

[55] Vgl. Simons (1997, S. 116).

nationalen Regierungen ermöglicht, ihre Beihilfen bis mindestens 2010 weiterzuführen.[56] Damit ist davon auszugehen, daß die betriebene Politik des extrem verzögerten Strukturwandels mit einem sehr langsamen Abbau der Kapazitäten auch weiterhin fortgesetzt werden wird.

Insgesamt zeigt sich, daß aus ökonomischer Sicht die Industriepolitik gegenüber der deutschen Steinkohleindustrie als gescheitert betrachtet werden muß. Weder gelang es, eine international wettbewerbsfähige Industrie zu etablieren, noch gelang ein rascher Abbau der Kapazitäten auf ein der Nachfrage angemessenes Niveau. Damit wurden finanzielle Mittel gebunden, die nicht für andere Verwendungen zur Verfügung standen bzw. gegebenenfalls gar nicht hätten erhoben werden müssen. Die lange Dauer und das hohe Niveau läßt sich – ähnlich wie in der Landwirtschaft – nur aus politischen Gründen erklären. Durch die starke regionale Konzentration der Kohleförderung auf das Ruhrgebiet und das Saarland konnten die betroffenen Unternehmen und Gewerkschaften politische Unterstützung organisieren, um ihre Ziele durchzusetzen. Zusammen mit den jeweiligen Landesregierungen gelang es den Subventionsempfängern immer wieder, auf nationaler und europäischer Ebene ihre Forderungen durchzusetzen.[57]

Ende der 1960er Jahre begann sich das Wachstumstempo allmählich zu verlangsamen und auf einen „normalen" Pfad einzuschwenken. Damit begannen strukturelle Defizite deutlicher zu werden. Die erste Nachkriegsrezession 1967/68 wurde zu einem Wendepunkt in der Wirtschaftspolitik. Nicht nur wurden – im Vergleich zum westlichen Ausland verspätet – unter Wirtschaftsminister Karl Schiller Elemente keynesianischer Globalsteuerung in die wirtschaftspolitische Grundkonzeption integriert; zusätzlich wurde Strukturpolitik zu einem wichtigen wirtschaftspolitischen Instrument, mit dem die angesprochenen strukturellen Probleme bekämpft werden sollten.[58] Zudem änderten sich Anfang/Mitte der 1970er Jahre wichtige wirtschaftliche Parameter, die eine Strukturpolitik noch dringlicher erscheinen ließen. Das Ende des Bretton Woods Systems mit der Freigabe der Wechselkurse beseitigte den bisherigen Vorteil der Unterbewertung der DM für die Exportwirtschaft. Die erste Ölpreiskrise hatte ebenfalls

---

[56] Vgl. RAG (2002).

[57] Die politische Bedeutung des Ruhrgebiets bzw. Nordrhein-Westfalens für die politische Machtverteilung in der Bundesrepublik ist nicht zu überschätzen. Der Konrad Adenauer zugeschriebene Ausspruch „Wenn das Ruhrgebiet brennt, reicht das Wasser des ganzen Rheins nicht aus zum Löschen" drückt das recht anschaulich aus. Wenn man das parteipolitische Gegenstück – die Landwirtschaftspolitik – mit der Kohlepolitik vergleicht, wird deutlich, daß beide großen Volksparteien dieselbe defensive Industriepolitik betrieben bzw. betreiben. Zudem wird die jeweils andere Klientel auch nicht wesentlich „strenger" behandelt.

[58] Vgl. zum folgenden Berg/Schmidt (1998, S. 884 – 886), Kokalj/Albach (1987, S. 249 – 259) und Koopmann/Kreienbaum/Borrmann (1997, S. 40f.).

bedeutende strukturelle Rückwirkungen. Außerdem kam der Nachkriegsboom in der gesamten westlichen Welt zu seinem Ende.

Die Strukturpolitik wurde in drei Komponenten aufgeteilt: Es gab eine sektorale und eine regionale Strukturpolitik sowie die Mittelstandsförderung.[59] Strukturpolitik wurde dabei nicht als Industriepolitik konzipiert. Sie entfaltete gleichwohl industriepolitische Wirkungen insofern, als sie sowohl einzelne Branchen als auch die Industrie als Ganzes durch die gewählten Maßnahmen beeinflußte.[60] Alle drei Teilpolitiken wurden daran ausgerichtet, den Strukturwandel zu beeinflussen. Generell gilt, daß das eigentlich Aufgabe der Unternehmen ist. Durch entsprechende Gestaltung der Rahmenbedingungen sollte gewährleistet werden, daß strukturelle Anpassungen problemlos ablaufen können. Sollte es trotz dieser vorbeugenden Maßnahmen dazu kommen, daß sich auf Grund besonderer ökonomischer Entwicklungen, die zu umfassenden Veränderungen in einem Sektor führen, strukturelle Brüche einstellen, die zu unerwünschten volkswirtschaftlichen und sozialen Ergebnissen führen, dann waren Eingriffe der Strukturpolitik notwendig. Dabei kamen als grundsätzliche Möglichkeiten die Beschleunigung oder die Verlangsamung des Strukturwandels in Betracht. Strukturkonservierende Maßnahmen wurden grundsätzlich abgelehnt; langfristig war es das Ziel, daß lediglich marktfähige Strukturen erhalten blieben. Ähnlich waren die Zielsetzungen der regionalen Strukturpolitik. Um regionale Disparitäten abzubauen, sollten unterausgelastete Produktionsfaktoren peripherer Räume aktiviert werden. Auch hier kamen nur Beschleunigungs- und Verlangsamungsmaßnahmen in Betracht. Die Mittelstandsförderung schließlich wendete im wesentlichen die sektorale Strukturförderung auf die besonderen Bedürfnisse kleiner und mittlerer Unternehmen an.

In der Folgezeit traten zusätzliche Aufgaben in den Vordergrund der Strukturpolitik. Entgegen den ursprünglichen Absichten wurden bestimmte Strukturen nun doch erhalten, die Landwirtschafts- und die Kohlepolitik sind hierfür einschlägige Beispiele. Daneben wurde versucht, auf Zukunftsindustrien (*sunrise industries*) zu setzen. Neue Branchen sollten entstehen, um Ersatzarbeitsplätze für die sterbenden Industrien (*sunset industries*) zu schaffen. Dazu wurde die unternehmerische Forschungstätigkeit unterstützt, ebenso gezielt einzelne Zukunftsbranchen wie z.B. die Luftfahrt und die Kernenergie. Das finanzielle Ausmaß dieser Fördermaßnahmen blieb allerdings hinter dem der konservierenden Politik zurück. Diese Maßnahmen stellten insofern einen Richtungswechsel dar, als die Politik nicht mehr nur der Anpassung, sondern auch der Gestaltung von Strukturen diente.

---

[59] Die Darstellung der mit den Politiken ursprünglich verfolgten Ziele findet sich in Deutscher Bundestag (1968) und (1970).

[60] Vgl. auch Schmidt (1998, S. 199), der auf die Nähe von sektoraler Strukturpolitik und Industriepolitik verweist, wobei er richtigerweise betont, daß sich Industriepolitik nicht in Strukturpolitik erschöpft. Diese ist lediglich ein Teilbereich jener.

Mit Beginn der 1980er Jahre erfolgte eine erneute Akzentverschiebung in der deutschen Industriepolitik.[61] Jetzt trat wieder die Gestaltung der Rahmenbedingungen in den Vordergrund, Wirtschaftspolitik wurde wieder vorwiegend als Wachstumspolitik konzipiert. Gestaltende Struktur- bzw. Industriepolitik sollte wieder zurückgedrängt werden. Nach dem scheinbaren Scheitern der keynesianischen Globalsteuerung konzentrierte man sich auf die Angebotspolitik. Vor allem in der zweiten Hälfte der 1980er Jahre wurden Wachstumserfolge erzielt, ebenso gab es einen gewissen Rückgang der Arbeitslosigkeit.[62] Jedoch wurde das Ziel des umfassenden Subventionsabbaus nicht erreicht. Die Unterstützung bestimmter Branchen – so vor allem der Landwirtschaft und des Bergbaus – wurde kontinuierlich fortgeführt. Über unterschiedliche parteipolitische Prägungen verschiedener Regierungen hinweg blieb die Grundrichtung der defensiven Industriepolitik erhalten. Das Niveau der selektiven Fördermaßnahmen blieb auf konstant hohem Niveau. Ein signifikanter Rückgang der Subventionen wurde nicht erreicht.[63]

Allerdings gab es durchaus neue industriepolitische Akzente. Angestoßen durch entsprechende europäische Vorschriften – zunächst im Zusammenhang mit dem Binnenmarktprogramm und später auf Grund der industriepolitischen Konzeption ab dem Beginn der 1990er Jahre – wurden Deregulierungs- und Privatisierungsmaßnahmen in verschiedenen Branchen implementiert (z.B. Telekommunikation und Post, Energiewirtschaft, Eisenbahn). In diesen Sektoren wurden ehemals geschützte Monopole aufgehoben; zudem wurden öffentliche Unternehmen ganz oder zumindest teilweise in privates Eigentum überführt. Dies führte zusammen mit der Globalisierung zu einem zunehmenden Wettbewerb in diesen Branchen. An erster Stelle ist dabei die Telekommunikationsindustrie zu nennen. Hier wurde durch die verschiedenen Stufen der Postreform ein Anpassungsprozeß in Gang gesetzt, dessen Auswirkungen nicht zu unterschätzen sind. Deutschlands Telefonnetz wurde umfassend modernisiert. Damit wurde ermöglicht, daß Deutschland am Internetboom partizipieren konnte. Gleichzeitig stellten sich dank stark sinkender Preise erhebliche Wohlfahrtsgewinne für die Konsumenten ein. In der Elektrizitätswirtschaft wurde ein ähnli-

---

[61] Vgl. Erber/Hagemann (2002c, S. 350 – 354) und Koopmann/Kreienbaum/Borrmann (1997, S. 41 – 43).

[62] Was die Ursache des wirtschaftlichen Erfolgs war, bleibt in der Literatur umstritten. Berg/Schmidt (1998, S. 886f.) z.B. führen ihn auf die Erfolge der Angebotspolitik zurück. Anders als bei ihrer Analyse des „Wirtschaftswunders" der Nachkriegszeit (vgl. ebenda, S. 883 und 885) beziehen sie die reale Unterbewertung der DM im EWS nicht in ihre Überlegungen mit ein. Diese war jedoch mindestens im selben Ausmaß wie die Angebotspolitik für die wirtschaftlichen Erfolge in den 1980er Jahren verantwortlich. Fast scheint es so, daß gewisse theoretische Erwartungen und Vorstellung die Interpretation empirischer Daten ex ante determinieren.

[63] Berg/Schmidt (1998, S. 887) sprechen sogar von einem weiteren Anstieg des Subventionsniveaus.

cher Deregulierungsprozeß eingeleitet, dessen Auswirkungen aber weniger dramatisch waren als in der Telekommunikation. Beide Politikfelder stellen ein recht geglücktes Beispiel wettbewerbsorientierter Industriepolitik dar. Sowohl der konzeptionelle als auch der politisch-rechtliche Anstoß ging dabei von europäischer Ebene aus.

Bevor auf die Forschungsförderung eingegangen wird, ist noch auf eine Besonderheit deutscher Wirtschaftspolitik hinzuweisen, die gemeinhin nicht mit Industriepolitik in Verbindung gebracht wird: das duale Ausbildungssystem. Audretsch hat in einem umfangreichen Vergleich verschiedener industriepolitischer Konzepte in westlichen Industrienationen Kennzeichen erfolgreicher politischer Ansätze untersucht. Für Deutschland ergaben sich dabei bemerkenswerte Ergebnisse.[64] Die alte Bundesrepublik zeichnete sich durch Exporterfolge in Industrien aus, die zur mittleren Technologiekategorie gehören, z.B. im Maschinenbau und in der Automobilindustrie.[65] Diese Industrien waren die Träger des Wirtschaftswunders und sind bis heute das Rückgrat der deutschen Wirtschaft.[66] Voraussetzung für diesen Erfolg war der Einsatz qualifizierter Arbeit und der dazu notwendige Humankapitalbestand. Durch das Ausbildungssystem, das für eine sehr hohe Zahl qualifizierter Facharbeiter sorgte, wurden die hierfür notwendigen Investitionen getätigt. Hinzu kam ein System hoher sozialer Sicherheit und eine hohe Entlohnung für die in diesen Branchen tätigen Beschäftigten. Das führte dazu, daß den Unternehmen eine hochqualifizierte und motivierte Arbeitnehmerschaft zur Verfügung stand. Eine wichtige Rolle spielte beim Exporterfolg auch die Mittelstandsförderung. Der Mittelstand ist der Träger des Ausbildungssystems; zudem spielt er im Maschinenbau eine herausragende Rolle. Durch verschiedene Förderinstrumente, z.B. die der Kreditanstalt für Wiederaufbau (KfW), wurden u.a. die technologischen Fähigkeiten der KMU unterstützt. Audretsch sieht den deutschen Erfolg auf den Weltmärkten im wesentlichen durch diese Politiken bestimmt: Ausbildung eines qualifizierten Arbeitskräftepotentials und die Förderung der industriellen Infrastruktur. Diese indirekte Form der Industriepolitik beeinflußt die Produktionsfaktoren, die einem Land zur Verfügung stehen und die ihrerseits die Industrien bestimmen, in denen das Land dann einen komparativen Vorteil in der internationalen Arbeitsteilung besitzt.

---

64 Vgl. Audretsch (1991, S. 14 – 20).

65 Die deutsche Exportindustrie ist in diesen Bereichen nach wie vor erfolgreich. Allerdings haben sich durch den Strukturbruch der Deutschen Einheit Veränderungen ergeben, die es sinnvoll erscheinen lassen, die alte und neue Bundesrepublik getrennt zu betrachten.

66 „More than any of its EC counterparts, Japan, or the United States, West Germany thrives on the vitality of its moderate-technology industries..." Audretsch (1991, S. 17). So auch BMWi/BMBF (2002b, S. 7) und Koopmann/Kreienbaum/Borrmann (1997, S. 79 – 83).

Diese Analyse ist insofern instruktiv, als sie sowohl erklären kann, welche Faktoren für den Erfolg der deutschen Wirtschaft entscheidend waren, als auch mögliche Handlungsoptionen für die Zukunft aufzeigen kann. So ist das duale Ausbildungssystem nicht mehr so unumstritten, wie es in der Untersuchung von Audretsch noch war. Vor allem die mangelnde Flexibilität in bezug auf neue Berufe und Branchen wird ihm vorgeworfen. Hier liegt somit ein Ansatzpunkt für indirekte Industriepolitik. Darüber hinaus stellt sich die Frage, ob das Verlassen auf *medium tech-industries* für die Zukunft ausreichend sein wird und inwiefern aus der Vergangenheit Rückschlüsse für eine (indirekte) Industriepolitik zugunsten von *high tech-industries* gezogen werden können.

Neben den geschilderten Politiken war bereits seit den 1960er Jahren die Forschungs- und Technologiepolitik eines der zentralen Anwendungsfelder der Industriepolitik. Schon früh war man davon überzeugt, daß die Förderung von Investitionen in die Gewinnung neuen Wissens für die internationale Wettbewerbsfähigkeit entscheidend sei.[67] Seit jeher lag deshalb ein Schwerpunkt bundesdeutscher Industriepolitik auf der Förderung der Wissensgenerierung. Das gilt bis heute. Die ökonomische Rechtfertigung der Forschungsförderung liegt in den Externalitäten, die durch F&E-Investitionen erzeugt werden. Der Forscher kann nicht verhindern, daß sich andere Wirtschaftssubjekte die Erträge seiner Erfindungen aneignen. Private und soziale Grenzerträge divergieren, was ein suboptimales Forschungsniveau zur Folge hat. Staatliche Subventionen sollen helfen, diesen Mangel auszugleichen.[68]

Bei einer Analyse der tatsächlichen Förderung durch den Bund zeigen sich interessante Entwicklungslinien. Zwischen 1981 und 1995 blieb der Anteil staatlicher Ausgaben an den gesamten F&E-Investitionen recht konstant zwischen 35 und 40%, hingegen sank der Anteil staatlicher Zuschüsse zu privaten Ausgaben. Der Staat hat also sein Niveau an den gesamtwirtschaftlichen Forschungsausgaben gehalten, seine Kofinanzierung privater Aufwendungen allerdings reduziert. Die gesamtwirtschaftliche F&E-Intensität – gemessen am Anteil der Forschungsausgaben am BIP – erreichte dabei 1987 mit knapp 3% seinen Höhepunkt, bevor sie 1995 auf 2¼% zurückging. Seither hat sie sich wieder geringfügig auf 2½% erhöht, was allerdings nach wie vor einen teilweise erheblichen Rückstand gegenüber Ländern wie Schweden, Finnland, Japan oder den USA bedeutet.[69]

---

[67] Zunächst ging es (in den 1960er Jahren) um das Aufholen der technologischen Lücke zu den USA (vgl. Erber/Hagemann/Seiter [1998, S. 35]). Aktuell steht die Frage im Vordergrund, wie der Lebensstandard gehalten werden kann und wie neue, zukunftssichere Arbeitsplätze geschaffen werden können. Vgl. Koopmann/Kreienbaum/Borrmann (1997, S. 71).

[68] Vgl. Koopmann/Kreienbaum/Borrmann (1997, S. 73f.).

[69] Vgl. BMWi/BMBF (2002b, S. 7) und Vahs/Burmester (2002, S. 17).

Bei den Empfängern der öffentlichen Zuwendungen ergibt sich ein interessantes Bild. Hauptempfänger direkter Subventionen war bzw. ist die Luftfahrtindustrie; sie erhielt nahezu die Hälfte der Zahlungen. Hierbei spielt die Airbusförderung die entscheidende Rolle. Hervorzuheben ist, daß das Airbusprojekt neben den sogenannten sonstigen Dienstleistungen die einzige Empfängerbranche von F&E-Subventionen war, die überdurchschnittliche Wachstumsraten in bezug auf die Bruttowertschöpfung aufwies. Alle anderen Nutznießer (z.B. Energie- und Wasserversorgung, eisenschaffende Industrie oder Schiffbau) waren Branchen, die unterdurchschnittlich wuchsen oder sogar schrumpften.[70] Es wurde also Industrien geholfen, die stagnierten bzw. einen Kontraktionsprozeß durchliefen. Selbst in der Unterstützung von Forschung und Entwicklung erwies sich die deutsche Industriepolitik eher als konservierend denn als zukunftsgestaltend.[71]

Mit dem wirtschaftspolitischen „Schock" der deutschen Vereinigung wurde die Politik vor ganz neue Herausforderungen gestellt, auf die sie nicht vorbereitet war. Die Transformation einer Wirtschaft, die entsprechend dem Modell einer Zentralverwaltungswirtschaft organisiert war, hin zu einem an marktwirtschaftlichen Vorstellungen orientierten System, erwies sich als ein komplexes und langwieriges Unterfangen. Ähnlich wie bei den strukturpolitischen Maßnahmen der alten Bundesrepublik dominierten politische über ökonomische Erwägungen. Das manifestierte sich z.B. darin, daß die notwendigen Transferzahlungen überwiegend über den Kapitalmarkt finanziert wurden. Zudem wurden sie zu großen Teilen in konsumtive Verwendungen gelenkt. In der Industriepolitik verlegte man sich auf das Versprechen, die sogenannten industriellen Kerne Ostdeutschlands erhalten zu wollen.[72] Damit war man zumindest teilweise erfolgreich; so gelang es z.B. in Thüringen in der Region um die Stadt Jena, die dort ansässige optische Industrie zu erhalten und wettbewerbsfähig zu machen. Diese Politik entsprang allerdings nicht einer durchdachten Gesamtkonzeption, sondern eher einer improvisierten Entscheidung auf Grund politischer und sozialer Überlegungen.

In jüngerer Vergangenheit hat es weitere Akzentverschiebungen in der Industriepolitik gegeben.[73] Neben der bereits erwähnten Deregulierungspolitik, die neue Rahmenbedingungen für die Industrie schuf, wurde insofern ein neuer Schwerpunkt gesetzt, als jetzt vermehrt KMU in das Blickfeld der Politik rückten. Der Grund für diese Reorientierung war die Einsicht, daß der Mittelstand deutlich mehr Arbeitsplätze im Inland schuf als Großunternehmen. Ähnlich wie direkt nach dem Krieg und wie bei den ersten Strukturkrisen Ende der 1950er

[70] Vgl. Krakowski et al. (1992, S. 127).
[71] Vgl. Koopmann/Kreienbaum/Borrmann (1997, S. 74 – 77).
[72] Vgl. Berg/Schmidt (1998, S. 887).
[73] Vgl. Erber/Hagemann (2002c, S. 350 – 354).

Jahre wurde damit das Krisenphänomen Arbeitslosigkeit zum Auslöser für Änderungen in der Ausrichtung der Politik.

3.2.2 Aktuelle Entwicklungen der deutschen Industriepolitik

In Einklang mit der Entwicklung auf europäischer Ebene hat die Bundesregierung in der jüngsten Vergangenheit versucht, ein einheitliches Konzept zu erstellen. Dazu veröffentlichte sie im April 2002 eine Broschüre mit dem Titel „Innovationspolitik – Mehr Dynamik für zukunftsfähige Arbeitsplätze".[74] Darin werden verschiedene Teilpolitiken zusammengefaßt, die zum Ziel haben, durch die Gewinnung von günstigen Positionen in Zukunftsmärkten Arbeitsplätze zu schaffen. Der Wettbewerb in der globalisierten Wirtschaft wird als Innovationswettbewerb diagnostiziert. Nur wenn es gelingt, sich in diesem mit neuen Produkten an die Spitze zu setzen, kann es gelingen, das erreichte Wohlstandsniveau zu sichern und vor allem zukunftsfähige Arbeitsplätze zu schaffen. Wie schon bei den Veröffentlichungen der Europäischen Kommission zu diesem Thema ist das Problem der Massenarbeitslosigkeit das bestimmende Motiv.

Anders als der Titel indiziert, wird dabei ein umfassender Ansatz verfolgt, der über reine Forschungspolitik hinausgeht. Es werden verschiedene Teilbereiche angesprochen, die für erfolgreiche Innovationen und damit für die internationale Wettbewerbsfähigkeit notwendig sind. Im einzelnen sind das die folgenden:

1. Marktöffnungen als Auslöser für Innovationen:
   Als entscheidend für Innovationen und für die Wettbewerbsfähigkeit wird der Wettbewerb betrachtet. Im ausdrücklichen Rückgriff auf Schumpeters Konzeption innovativer Unternehmer wird die Liberalisierung von Gütermärkten im Inland und von Außenhandelsbeziehungen als grundlegende Voraussetzung von Innovationen bezeichnet. Die Märkte der Telekommunikation, Post und Energie werden als positive Beispiele für gelungene Liberalisierungen zitiert.

2. Humankapital:
   Dieser Punkt macht den umfassenden Charakter des Ansatzes der Bundesregierung deutlich. Für die internationale Wettbewerbsfähigkeit sind gut ausgebildete Menschen unabdingbar. Dabei wird das gesamte bildungspolitische Spektrum angesprochen. Das Schulsystem, die duale Ausbildung und das Hochschulwesen müssen verbessert werden. Insbesondere gibt es aus Sicht der Bundesregierung zu wenig Akademiker. Ein Schwerpunkt liegt deshalb auf der Verbesserung der Situation der Hochschulen. Sie sol-

[74] Vgl. BMWi/BMBF (2002b).

len zum einen attraktiver für internationale Spitzenkräfte der Forschung werden. Zum anderen sollen die Studienzeiten verkürzt werden.

3. Förderung unternehmerischer Selbständigkeit:
   Die Bundesregierung hält unternehmerische Persönlichkeiten für notwendig, um das innovative Potential ausnutzen zu können. Neue Unternehmen beschleunigen den Strukturwandel. Obwohl es in den Bereichen der Informations- und Kommunikationstechnologien sowie in der Biotechnologie aktuell viele Neugründungen gegeben hat, ist der Anteil der Selbständigen in Deutschland im internationalen Vergleich zu niedrig. Deshalb ist die Schaffung einer Selbständigenkultur Ziel der Politik. Dazu gehört das „Werben" für dieses Thema in der Schule ebenso wie die Implementierung von Strukturen, die Unternehmensgründungen aus der Universität heraus unterstützen. Weiterhin wird der Staat aktiv bei der finanziellen Unterstützung mittels Förderprogrammen.[75] Regionale Schwerpunkte werden in den Neuen Ländern gesetzt, sektorale bei der Biotechnologie und in der Multimediabranche.

4. Mittelstandsförderung:
   Die Unterstützung kleiner und mittlerer Unternehmen ist auf Grund der erhöhten Innovationsgeschwindigkeit notwendig. Die Produktlebenszyklen haben sich beschleunigt. Unternehmen können nur dann wettbewerbsfähig bleiben, wenn sie ständig in neue Produkte und Prozesse investieren. Vor allem beim Mittelstand ist hierbei ein Defizit zu konstatieren. Ihm fehlt es in weiten Teilen an einer sogenannten „Innovationskultur", also an einer systematischen Integration von Forschung und Entwicklung in den Unternehmensprozeß. Deshalb hat der Bund seine Mittelstandsförderung neu geordnet. Es gibt Programme für junge Technologieunternehmen; Forschungskooperationen zwischen KMU werden unterstützt. Zudem soll der Wissenstransfer zwischen Mittelständlern durch eine gezielte Innovationsberatung intensiviert werden. Daneben gibt es verschiedene einzelne, mittelstandsbezogene Programme. Deren Hauptaufgabe besteht zum einen darin, den Informationsaustausch zu verbessern (der Staat fungiert dabei als Informationsmoderator). Zum anderen sollen Netzwerke zwischen

[75] Der Neue Markt war dafür zunächst auch ein sehr erfolgreiches Beispiel. Die aktuelle Börsenlage hat diese Finanzierungsquelle allerdings zum Erliegen kommen lassen. In den USA haben neugegründete Unternehmen einen besseren Zugang zum Kapitalmarkt. Das dürfte einer der wichtigsten Gründe sein, warum amerikanische Unternehmen in den High-Tech-Branchen wettbewerbsfähiger sind als deutsche. Franzmeyer (1987, S. 46f.) betonte diesen amerikanischen Standortvorteil bereits vor dem Börsenboom der 1990er Jahre. Amerikanische Wagniskapitalgesellschaften wurden schon Ende der 1950er Jahre von der Regierung unterstützt. Vgl. auch Kokalj/Albach (1987, S. 156), die diese besondere Art der finanziellen Förderung als Teil der amerikanischen Mittelstandspolitik interpretieren.

Unternehmen und die Entstehung regionaler Kompetenzzentren gefördert werden.

5. Förderung der angewandten Forschung:
Unter der Prämisse, daß Forschung kein Selbstzweck ist, sondern letztlich den Zielen höheren Wachstums und der Schaffung von Arbeitsplätzen zu dienen hat, soll die Anwendungsbezogenheit der Forschung gefördert werden.[76] Damit wird zudem die Diffusionsgeschwindigkeit von technologischen Neuerungen erhöht. Auch staatlich geförderte Forschung ist heutzutage nicht mehr nur Grundlagenforschung. Diesen Sachverhalt gilt es aus Sicht der Bundesregierung weiter auszubauen. Hierzu ist es nötig, daß sowohl außeruniversitäre Institute als auch Hochschulen ihre Forschungsaktivitäten noch mehr als bisher an den Anforderungen des Wissenstransfers ausrichten. Dabei geht es sowohl um die Einwerbung von Drittmitteln aus der Wirtschaft (Institute) als auch um die bessere Verwertung von erzielten Ergebnissen durch Patente (Hochschulen). Um eine bessere Anwendungsorientierung zu erreichen, werden unter anderem folgende Maßnahmen vorgeschlagen: Universitäten sollen bei der Patentverwertung unterstützt werden. Dazu wurde das sogenannte Professorenprivileg abgeschafft. Zusätzlich sollen die Verwaltungen bei der Patentanmeldung unterstützt werden. Fachhochschulen sollen besonders gefördert werden. Ihre regionale Verwurzelung und Praxisorientierung prädestinieren sie für angewandte Forschung. An außeruniversitären Forschungseinrichtungen soll ebenfalls – wie bereits im Hochschulbereich – das Dienstrecht geändert werden. Dabei sind individuelle Anreize für den Ergebnistransfer in das Tarifrecht zu integrieren.

6. Förderung von Forschungskooperationen:
Technologische Probleme sind inzwischen so komplex, daß sie die Problemlösungskompetenz von einzelnen Unternehmen überfordern. Deshalb sind Kooperationen zwischen Unternehmen untereinander und mit der Wissenschaft unabdingbare Voraussetzungen für innovatorischen Erfolg. Die Zusammenarbeit mit Forschungseinrichtungen dient gleichzeitig auch der schnellen Diffusion von Forschungsergebnissen. Deutschlands Position ist nach Ansicht der Bundesregierung im internationalen Vergleich

[76] Daß Forschung letztlich der Gesellschaft zu dienen hat, die sie finanziert, dürfte außer Frage stehen. Allerdings wäre zu fragen, ob sich der Dienst ausschließlich in der Bereitstellung marktfähiger Produkte und Menschen erschöpft. Forschung sollte ebenso dazu beitragen, dem Erhalt und der Weiterentwicklung der Grundlagen der Gesellschaft zu dienen. Das ist eine eher langfristig orientierte Aufgabe, die nicht mit den Effizienzkriterien, wie sie in der angewandten Forschung benutzt werden, bewertet werden können. Aufgabe der Forschungspolitik sollte es stets sein, die notwendige Balance zwischen der Orientierung an den aktuellen Bedürfnissen des Marktes und den langfristigen Notwendigkeiten der Gesellschaft zu finden.

recht gut. Auf dieser Stellung ist aufzubauen. Deshalb unterstützt die Politik die Bildung branchenweiter Forschungsnetzwerke. Die Einbeziehung kleiner und mittlerer Unternehmen stellt dabei einen Schwerpunkt dar; besonders zukunftsrelevante Forschungs-themen einen weiteren.

7. Förderung regionaler Innovationscluster:
   Durch die ausgeprägt föderale Struktur der Bundesrepublik ist auch die Forschungsstruktur regional sehr stark diversifiziert. Dadurch ergibt sich im Vergleich zu anderen Staaten, die zentralistischer organisiert sind, der Vorteil, daß neue Technologien räumlich schneller diffundieren können.[77] Zudem können in verschiedenen Regionen unterschiedliche Technologien entwickelt werden. Zur regionalen kommt daher die inhaltliche Diversifikation hinzu. Da regionale Schwerpunkte häufig in der Frühphase von Innovationszyklen entstehen, hat sich die Forschungspolitik zunehmend der Förderung regionaler Kompetenzzentren zugewandt. Dabei stehen zum einen die Biotechnologie im Vordergrund, zum anderen die Neuen Länder. Dort erfolgt im Vergleich zum Westen ein größerer Anteil der Forschungs- und Entwicklungstätigkeit in KMU. Deshalb besteht dort besonderer Förderungsbedarf. Im Zusammenhang mit der Förderung regionaler Zentren scheint die Gemeinschaftsaufgabe *Verbesserung der regionalen Wirtschaftsstruktur* eine kleine Renaissance zu erleben. Besonders in den Neuen Ländern werden mit diesen Mitteln zunehmend auch Innovationsprojekte gefördert.

8. Förderung der Internationalisierung:
   Da die Globalisierung längst auch die Wissenschaft erfaßt hat, muß Forschung und Entwicklung internationalisiert werden, um im Innovationswettbewerb erfolgreich sein zu können. Deutschland ist nach Ansicht der Bundesregierung hier auf einem guten Weg. Sowohl die Unternehmen als auch die wissenschaftliche Forschung pflegen enge Kontakte zum Ausland. Der Mittelstand hat allerdings ein Defizit; hier ist die internationale Verflechtung noch zu gering. Deshalb liegt bei der Unterstützung von KMU ein Schwerpunkt. Dazu wird die Beschäftigung ausländischer Wissenschaftler ebenso wie die F&E-Kooperation mit ausländischen Partnern in Wirtschaft und Wissenschaft unterstützt. Die Forschungspolitik selbst bemüht sich auch um Internationalisierung. So werden die in die gleiche Richtung gerichteten Bemühungen der Europäischen Union für gut befunden und unterstützt. Zudem erfolgt eine bilaterale Zusammenarbeit mit anderen Staaten, allen voran mit den USA. Dieser Aspekt scheint sehr wichtig zu sein. Zukunftsorientierte Industrie- bzw. Forschungspolitik

[77] Eine ähnlich günstige Struktur findet sich nur noch in den USA. In Frankreich und in Großbritannien z.B. konzentriert sich dagegen die Forschung auf die Hauptstädte Paris und London.

> sollte darauf ausgerichtet sein, merkantilistische Züge zu vermeiden, um so möglichen handelspolitischen Auseinandersetzungen vorzubeugen. Internationale Zusammenarbeit mit dem wichtigsten Handelspartner ist dafür ein richtiges und wichtiges Mittel. Im Zusammenhang mit der Internationalisierung werden auch Elemente der Debatte, die um die Qualität des Standorts Deutschland geführt wird, aufgenommen. So werden Steuersenkungen ebenso erwähnt wie das gezielte Werben um ausländische Direktinvestitionen.[78]

Den Abschluß des innovationspolitischen Programms der Bundesregierung bildet die theoretische Fundierung zukunftsorientierter Politik. Es wird dabei auf die Kondratieff-Zyklen und die sie auslösenden Basisinnovationen hingewiesen. Demnach wird jeder größere Zeitabschnitt von einer revolutionären Technologie bestimmt. Derzeit seien dies die Informations- und Kommunikationstechnologien. Das Auslaufen ihres Wachstumspotentials wird für das laufende Jahrzehnt prognostiziert. Als Nachfolger werden die Bio- und Gentechnologie oder alternativ die Nanotechnologie[79] diskutiert. An dieser Unsicherheit zeige sich, daß die Zukunft nicht vorhersagbar sei, der Staat könne sich dieses Wissen nicht anmaßen. Auf der anderen Seite ergeben sich dennoch Aufgaben für die Wirtschaftspolitik. Während im zweiten, dritten und im vierten Kondratieff-Zyklus Deutschland noch zu den Pionieren gehört habe, sei es im vierten zurückgefallen. Um das für die Zukunft zu vermeiden, müsse sich die Wirtschaftspolitik mit den Zukunftsperspektiven befassen. Von der Bundesregierung werden dazu eine Vielzahl von Maßnahmen vorgeschlagen. So soll die Politik für die positive Einstellung der Bevölkerung gegenüber neuen Technologien werben. Ohne gesellschaftliche Akzeptanz werden sich keine umfassenden Innovationsprozesse implementieren lassen. Daneben werden Forschungsprojekte installiert, die die IKT und die Biotechnologie betreffen. Darüber hinaus ist ein sogenannter Forschungsdialog iniitiert worden, der Leitvisionen für mögliche Zukunftsperspektiven entwickeln soll. Damit übernimmt die Politik die Aufgabe eines Moderators, der Informationen bündelt und weiterleitet.

---

[78] An dieser Stelle wird klar, daß hinter dem vom BMWi und dem BMBF vorgelegten Papier Ansätze für ein umfassendes Konzept stehen. Die Standortdebatte ist sicherlich Teil *industriepolitischer* Überlegungen. Koopmann/Kreienbaum/Borrmann (1997, S. 72f.) verweisen auf die Bedeutung des Wettbewerbs von verschiedenen Standorten um die Attrahierung von F&E-Investitionen.

[79] Dabei handelt es sich um eine Technologie, mit der es möglich ist, Stoffe auf molekularer und atomarer Ebene zu bearbeiten. Sie bietet Anwendungsmöglichkeiten in einer Vielzahl von Bereichen, die mit der Bearbeitung von (Werk-)Stoffen zu tun haben.

3.2.3 Bewertung der deutschen Industriepolitik

Insgesamt zeigt sich seit den Anfängen bundesdeutscher Wirtschaftspolitik ein umfassender Wandel in den industriepolitischen Konzeptionen. Nachdem es zu Beginn auf Grund der Mangelsituation nach dem Krieg stärkere Eingriffe gab, zog sich die Industriepolitik mit dem Erfolg des Wirtschaftswunders auf eine recht niedrige Eingriffsintensität zurück. Dies gilt nicht für die Forschungsförderung und die wettbewerbspolitischen Ausnahmebereiche.

Mit dem Auftreten erster Strukturprobleme änderte sich das Bild. Jetzt wurde versucht, gestaltend in den Strukturwandel einzugreifen. Aus sozialen Gründen sollte der Strukturwandel abgebremst werden. Gleichzeitig sollte er dort beschleunigt werden, wo zukunftssichere Arbeitsplätze vermutet wurden. Der Erfolg dieser Maßnahmen war eher begrenzt. Wie oben dargestellt, wurden vor allem einzelne Sektoren vor dem Wettbewerb abgeschirmt; die Strukturpolitik war damit konservierend. Aus ökonomischer Sicht ist die Politik deshalb als Mißerfolg zu werten.[80] Es ist weder gelungen, überholte Strukturen durch neue zu ersetzen, noch schaffte man es, Industrien, die im Wettbewerb ins Hintertreffen geraten waren, wieder international wettbewerbsfähig zu machen. Aus sozialpolitischer Sicht ist die Politik jedoch anders zu bewerten: Der Strukturwandel wurde abgefedert. Es kam nicht zu sozialen Unruhen. Die etablierten Parteien, die diese Politik durchführten, blieben erfolgreich und dem Entstehen von Radikalismus wurde vorgebeugt.

Auf dem Gebiet der Forschungsförderung ergibt sich kein einheitliches Bild. Bei den geförderten Großprojekten gab es sowohl eindeutige Mißerfolge (z.B. Schneller Brüter) als auch eindeutige Erfolge (wie noch zu zeigen sein wird: Airbus).[81] Es wurde aber bereits darauf verwiesen, daß auch hier die defensive Ausrichtung im Vordergrund stand.[82] Ebenso ist die Bevorzugung von Großprojekten kritisch zu betrachten.

Seit einiger Zeit wird allerdings eine Neuorientierung der Industriepolitik durchgeführt. Im Einklang mit der Politik auf europäischer Ebene steht jetzt mehr die wettbewerbs- und zukunftsorientierte Politik im Vordergrund – zumindest was die öffentliche Kommunikation anbelangt. Positiv ist die zentrale Erkenntnis zu bewerten, daß Arbeitsplätze nur durch Wettbewerbsfähigkeit und durch auf die Zukunft gerichtete Innovationen geschaffen werden können. Folglich wird auf den Wettbewerb als Instrument zur Steigerung der innovativen

---

[80] Das Urteil in der Literatur ist hier eindeutig und einheitlich. Vgl. z.B. Berg/Schmidt (1998, S. 884 bzw. 887).

[81] Beim Transrapid ist noch kein abschließendes Urteil möglich. Dafür muß noch die Entwicklung bei den Exportprojekten in China und die der geplanten Metrorapidprojekte in Deutschland abgewartet werden.

[82] Vgl. oben S. 34.

Wettbewerbsfähigkeit gesetzt, defensive Maßnahmen treten in den Hintergrund.[83] Ein weiterer wichtiger Punkt ist die zumindest beabsichtigte Abkehr von Großprojekten hin zu einer breiten und auf die Bedürfnisse des Mittelstands ausgerichteten Politik.

Kritisch muß allerdings die Umsetzung der Politik betrachtet werden. Die Förderung der Steinkohle und der Landwirtschaft sind finanziell noch immer am umfangreichsten. In Zeiten knapper Kassen wird es notwendig sein, Haushaltsumschichtungen vorzunehmen, um die „Zukunftsinvestitionen" vornehmen zu können. Als Beispiel sei auf die Debatte über die Bildungspolitik (als Humankapitalförderung) im Nachhall der PISA-Studie verwiesen. Ähnliches gilt für die Reform des Dienstrechts für Hochschullehrer. Auch hier wird es nicht gelingen, mehr Leistung zu erzielen, ohne gleichzeitig mehr Geld aufzuwenden. Zu fragen wäre z.B. in diesem Zusammenhang, ob der Erlös der Versteigerung der UMTS-Lizenzen nicht sinnvollerweise zumindest teilweise in die Bildung investiert worden wäre.

Grundsätzlich bleibt das Problem, daß in Deutschland immer noch ein einheitliches Konzept für Industriepolitik fehlt. Das ausführlich besprochene Innovationskonzept der Bundesregierung liefert hierfür zumindest einen ersten Ansatzpunkt. Es fehlt aber weiterhin ein gesellschaftlicher Diskurs, der zu einem Konsens über die zu implementierende Politik führen würde. Es muß eine Einigung über das zukünftig neue Verhältnis von konservierender, rückwärtsgewandter und wachstums- und zukunftsorientierter Politik erzielt werden. Nur so können die notwendigen haushaltsrelevanten Entscheidungen getroffen werden. Industriepolitik in ihrer bisherigen Ausrichtung war in erster Linie Reaktion auf Krisenphänomene. Ebenso orientierte sie sich sehr stark an den Erfordernissen des politischen (Wahl-)Zyklus. Die aktuell durchgeführte Fortschreibung der Kohleförderung und das unverändert hohe Förderungsniveau für die Landwirtschaft indizieren, daß die Politik einen Richtungswechsel noch nicht im notwendigen Umfang durchgeführt hat. Der Wissenschaft ist dabei anzulasten, daß sie durch ihre bisherige umfassende und einhellige Ablehnung aller industriepolitischer Aktivitäten kaum dazu beigetragen hat, der Politik Hilfen für die Entwicklung einer echten Konzeption an die Hand zu geben.[84]

Eine Besonderheit ist die föderale Zergliederung der Industriepolitik in der Bundesrepublik. Auf Grund der Existenz der deutschen Länder gibt es nicht nur eine, sondern 17 Industriepolitiken. Beispielsweise fördert das Land Baden-Württemberg mit seiner Landesstiftung zukunftsorientierte Forschungsprojekte,

---

[83] Als Beleg für diese Einschätzung mag das oben im Abschnitt 3.2.2 vorgestellte Konzept des BMWi und BMBF dienen.

[84] Der Artikel von Erber/Hagemann (2002c) in einem Sammelband mit dem Titel *Neue Entwicklungen in der Wirtschaftswissenschaft* stellt einen Beitrag dar, diesem Mangel abzuhelfen.

z.B. in den Bereichen optische und Nanotechnologie.[85] Finanziert wird dies unter anderem aus der Veräußerung der Landesanteile an der Energie Baden-Württemberg AG (EnBW).[86] Die Akademie für Technikfolgenabschätzung untersucht im Auftrag des Landes ebenfalls mögliche Zukunftsbranchen und die daraus erwachsenden Implikationen für Politik und Gesellschaft. Ziel ist dabei vor allem auch, die Öffentlichkeit in die Diskussion einzubeziehen, um so einen Konsens über die Bewertung technologischer Optionen zu erzielen.[87] Auch Bayern ist im Bereich der Förderung von Zukunftsbranchen aktiv geworden. Der Freistaat hat dazu die „Offensive Zukunft Bayern“ ins Leben gerufen.[88] Ohne die Effizienz oder den Erfolg dieser Programme im einzelnen beurteilen zu wollen, wird dennoch deutlich, daß auch auf Ebene der Länder versucht wird, zukunftsorientierte Industriepolitik zu betreiben. Dafür werden zum Teil erhebliche Haushaltsmittel investiert.

Aus der föderalen Vielfalt ergeben sich sowohl Chancen als auch Probleme. Es besteht die Gefahr, daß es zu Doppelaktivitäten kommt. Auch können die Bundesländer bei der Anwerbung von Industrieansiedlungen gegenseitig in einen Subventionswettlauf eintreten, an dessen Ende nur die subventionierten Unternehmen als Gewinner feststehen. Darüber hinaus erschwert die notwendige Koordination der Aktivitäten der Länder die Erstellung eines einheitlichen Konzepts. Auf der anderen Seite kann der Konkurrenz zwischen den Ländern auch zu einem Ideenwettbewerb um die besten Politikentwürfe werden. Der Föderalismus kann hier seiner Funktion als Versuchslabor für politische Ansätze gerecht werden. Möglicherweise können erfolgreiche Modelle von der Länder- auf die Bundesebene übertragen werden.

3.3 Industriepolitik in den USA

Industriepolitik genießt in den USA generell wenig Ansehen, gilt sie doch als wettbewerbswidriger Eingriff in das Wirken des freien Marktes. Das fand auch in der theoretischen Auseinandersetzung seinen Niederschlag: Die herrschende Neoklassik lehnte ein Eingreifen des Staates in die Industrie und deren Strukturen ab. Die Politik ihrerseits bestritt, daß sie überhaupt industriepolitische Maßnahmen anwendete.[89] Diese Behauptung ist allerdings so nicht zutreffend, da sehr wohl Politiken implementiert wurden, die industriepolitische Wirkungen entfalteten. So wurde durch die großen (Forschungs-)Programme in der Rüstung und in der Raumfahrt Industriepolitik betrieben, auch wenn das pri-

[85] Vgl. Landesstiftung (2002).
[86] Vgl. Zorell (2002).
[87] Vgl. Akademie für Technikfolgenabschätzung (2002).
[88] Vgl. Bayerische Staatskanzlei (2002).
[89] Vgl. Erber/Hagemann/Seiter (1998, S. 14f.) und Gurbaxani (1996, S. 353).

märe Ziel die Stärkung der militärischen Macht der Vereinigten Staaten war.[90] Ein Beleg hierfür ist die Luftfahrzeugindustrie. Diese profitierte in hohem Maße von der Unterstützung durch das Pentagon. Insbesondere Boeing konnte u.a. dadurch seine herausragende Stellung auf dem Weltmarkt erringen.[91] Dieses enge Zusammenwirken von einzelnen Branchen und der Regierung war bzw. ist eine der wesentlichen Konstanten der amerikanischen Industriepolitik. Sie setzte sich, parallel zur angesprochenen Neuorientierung, bis in die 1980er Jahre mit Reagans SDI-Programm fort.

Das Problem dieser Politik war allerdings – und damit ergibt sich eine interessante Übereinstimmung zur Situation in Deutschland –, daß es kein umfassendes Konzept gab.[92] Vielmehr ergaben sich die industriepolitischen Wirkungen eher als Nebenprodukt der militärischen Beschaffungspolitik, wobei die Wirkungen sehr ausgeprägt und sehr sektorspezifisch waren.[93] Die Erstellung einer einheitlichen Politik wurde auch dadurch erschwert, daß es eine administrative Zersplitterung gab. Auf Grund der ablehnenden Haltung gegenüber jeder Art von Industriepolitik existierte keine zentrale Institution, die koordinierend hätte wirken können.[94]

Zudem gab es auch gelegentlich spezielle Sanierungshilfen für einzelne große Unternehmen, die in Schwierigkeiten geraten waren. Berühmtestes Beispiel war der Fall Chrysler. Die Firma erhielt 1979/80 eine Kreditgarantie in Höhe von 1,5 Mrd. $. Ähnliche Unterstützung erhielten noch Lockheed und General Dynamics. Die Hauptbegründung war jeweils die nationale Sicherheit, da die Unternehmen auch in der Rüstungsindustrie tätig waren. Daneben spielten aber auch die Wettbewerbsfähigkeit und Beschäftigungsaspekte eine Rolle.[95] Dabei handelte es sich um Ad-hoc-Maßnahmen mit hoher Eingriffsin-

---

[90] Vgl. Erber/Hagemann/Seiter (1998, S. 16). Interessanterweise ist das Internet, also die Technologie, die die wohl gegenwärtig bestimmende *General Purpose Technology* (GPT) ist, aus den Forschungsanstrengungen der Amerikaner im Kalten Krieg entstanden. Zur Geschichte des Internets vgl. unten ab S. 116 und zum Internet als GPT vgl. unten ausführlich den Abschnitt ab S. 163.

[91] Darauf wird weiter unten auf S. 90 nochmals eingegangen.

[92] Kokalj/Albach (1987, S. 137) können deshalb apodiktisch formulieren: „In den USA gibt es keine industriepolitische Konzeption."

[93] Vgl. Gurbaxani (1996, S. 364f.). Es ist durchaus möglich, daß dieses Modell der Industriepolitik mit dem „Krieg gegen den Terror" wiederbelebt werden wird. Kokalj/Albach (1987, S. 150 – 154) bescheinigen der militärischen Forschungs- bzw. Industriepolitik insofern Erfolge, als die geförderten Industrien (z.B. Luftfahrzeugindustrie und Kommunikationsindustrie) zu den erfolgreichsten Branchen der amerikanischen Wirtschaft gehörten bzw. gehören. Allerdings verweisen die beiden Autoren darauf, daß die indirekte Förderung von privaten F&E über Spill-overs aus dem militärischen Bereich kein kosteneffizientes Mittel gewesen sei. Zudem hätten die Potentiale der Externalitäten im Laufe der Zeit abgenommen. Vgl. dies., S. 164f.

[94] Vgl. Franzmeyer (1987, S. 29f.).

[95] Vgl. Franzmeyer (1987, S. 53) und Kokalj/Albach (1987, S. 161).

tensität, die dem Laissez-faire-Ideal zuwiderliefen. Diese defensive Politik wurde vor allem auf Grund des Einflusses von Lobbyorganisationen unternommen, was ihre sektorspezifischen Wirkungen nochmals verstärkte.[96]

Im Laufe der 1970er und 1980er Jahre wurde erstmalig eine explizite Debatte um eine Industriepolitik in den USA geführt. Auslöser hierfür war die Befürchtung einer Deindustrialisierung der amerikanischen Volkswirtschaft. Diese wurde in den 1990er Jahren durch die sogenannte New Economy abgelöst, wobei es der Politik gelang, eine neuartige, netzwerkorientierte Industriepolitik umzusetzen. Auf diese beiden Zeitabschnitte wird im folgenden eingegangen, bevor abschließend die Politik als Ganzes bewertet wird.

3.3.1 Deindustrialisierung – die industriepolitische Debatte der 1970er und 1980er Jahre

Auslöser für die erste „richtige" Debatte um ein industriepolitisches Konzept in den USA lieferten die wirtschaftlichen Verwerfungen, die nach dem Ende des Bretton Woods-Systems und nach den beiden Ölkrisen auftraten.[97] Die zeitgleich zunehmende Wettbewerbsfähigkeit sich entwickelnder Volkswirtschaften („Schwellenländer") ließ die Frage nach der Zukunft der amerikanischen Industrie aufkommen. Ähnlich wie in Europa und in Deutschland wurde die Debatte durch die Arbeitslosigkeit angestoßen. Es wurde befürchtet, daß es zu einer Deindustrialisierung kommen würde. Die Verlagerung größerer industrieller Produktionskapazitäten in die Schwellenländer wurde erwartet. Gleichzeitig nahm man an, daß im Dienstleistungsbereich keine ausreichende Anzahl von Ersatzarbeitsplätzen geschaffen werden würde. Vor diesem Hintergrund entwikkelte sich eine industriepolitische Debatte, bei der mit dem Verweis auf ausländische Vorbilder – insbesondere Japan – ein stärkeres Engagement des Staates gefordert wurde.

---

[96] Vgl. hierzu auch Kokalj/Albach (1987, S. 146), die der Politik einen Mißerfolg bescheinigen, da die dort angestrebte Steigerung der Wettbewerbsfähigkeit der protegierten Unternehmen nicht erreicht worden sei.

[97] Vgl. Gurbaxani (1996, S. 354 – 356), die darauf verweist, daß die Diskussion in mehreren Schüben ablief. Die wesentlichen Grundpositionen seien aber während der beiden Jahrzehnte gleich geblieben. Bei Franzmeyer (1987, S. 57 – 60) findet sich eine Darstellung der „zweiten Welle" der Debatte aus zeitgenössischer Sicht. Interessant ist dabei unter anderem der Vergleich amerikanischer mit deutschen und japanischen Managementleistungen. Vgl. ebenda, S. 59f. In der damaligen Debatte wurde als eine der Ursachen eingeschränkter amerikanischer Wettbewerbsfähigkeit die schlechte Managementpraxis diagnostiziert. Als Abhilfe wurde die Übernahme deutscher und japanischer Methoden empfohlen. Einmal mehr zeigt sich die Zeitbezogenheit wirtschaftstheoretischer und -politischer Debatten. Knapp 20 Jahre später lauten Diagnose und Empfehlung genau umgekehrt.

Die Debatte um die Deindustrialisierung und die deshalb geforderte Industriepolitik wurde sehr engagiert geführt. Im Wahlkampf Clintons gegen den Präsidenten Bush Senior erreichte sie den politischen Mainstream, da Clinton die Formulierung einer industriepolitischen Position zum Bestandteil seines wirtschaftspolitischen Wahlkampfs gemacht hatte. Im wesentlichen lassen sich vier bzw. fünf Grundpositionen der Diskussion unterscheiden:[98]

Die erste Gruppe der Gegner industriepolitischer Maßnahmen läßt sich in zwei Untergruppen unterteilen. Die eine bestritt, daß es ein Deindustrialisierungsproblem gab, die andere erkannte zwar dessen Existenz, verneinte aber die Möglichkeit, dies mittels Industriepolitik zu beheben. Vielmehr wurde die bisher durchgeführte unkoordinierte Politik für die Probleme des industriellen Sektors der amerikanischen Wirtschaft verantwortlich gemacht. Als Therapie wurde das Laissez-Faire-Konzept empfohlen. Der Staat habe sich aus der Wirtschaft so weit wie möglich herauszuhalten. Er müsse die Rahmenbedingungen setzen und die Angebotsbedingungen so gestalten, daß genügend Anreize entstehen, damit Investitionen rentabler werden. Diese Maßnahmen würden dazu führen, daß die Wettbewerbsfähigkeit wieder zunimmt. Gelegentlich wurde auch noch auf den hohen Dollar-Kurs, wie er zu Beginn der 1980er Jahre herrschte, als Ursache für die verringerte preisliche Wettbewerbsfähigkeit verwiesen. Entsprechende Wechselkurspolitik sollte hier hilfreicher sein als irgendeine Art der Industriepolitik.

Die Befürworter einer amerikanischen Industriepolitik lassen sich in drei Fraktionen unterteilen, wobei die Übergänge zwischen den verschiedenen „Lagern“ fließend sind.[99]

Die erste Gruppierung wird in der Literatur als „Atari-Democrats“[100] bezeichnet. Es handelte sich bei deren Vertretern vor allem um demokratische Politiker. Darunter fanden sich bedeutende Persönlichkeiten der Partei wie Gary Hart, Walter Mondale, Richard Gephardt, Leon Panetta oder Michael Dukakis.[101] Allen gemeinsam war die Überzeugung, daß der Staat bei der Förderung von High-Tech-Branchen eine Führungsrolle bzw. die Aufgabe des Beschleunigers der technologischen Entwicklung zu übernehmen hat. Der Staat sollte ein Konzept zur Förderung von Zukunftsbranchen (*sunrise industries*) vorlegen und sich von der Unterstützung alter, sterbender Industrien (*sunset industries*) abwenden. Als Mittel zur Förderung sollte die Forschungsförderung des Penta-

---

[98] Vgl. Erber/Hagemann/Seiter (1998, S. 14 – 16), Gurbaxani (1996, S. 356 – 364) und Kokalj/Albach (1987, S. 195 – 203). Die Autoren stimmen in ihrer Analyse der verschiedenen Positionen überein. Deshalb können ihre Ergebnisse direkt übernommen werden.

[99] Vgl. Gurbaxani (1996, S. 360f.).

[100] Gurbaxani (1996, S. 359).

[101] Es handelte sich also um das politische Establishment der Demokratischen Partei. Mit Ausnahme Leon Panettas, dem Stabschef der ersten Clinton-Administration, waren alle genannten Personen Präsidentschaftskandidaten bzw. Kandidaten bei den Vorwahlen der Demokraten.

gons gezielter eingesetzt werden oder ein neues Großprojekt, wie die Mondlandung in den 1960er Jahren, initiiert werden. Letztlich stellten diese Positionen einen Rückgriff auf die Vorstellungen und Politikansätze der ersten beiden Nachkriegsdekaden dar. Wie damals wurde davon ausgegangen, daß die mit der staatlich geförderten Forschung einhergehenden Spill-over-Effekte wesentliche Auswirkungen auf die Produktivität und Wettbewerbsfähigkeit der gesamten Industrie haben würden.[102] Interessanterweise war es der *Republikaner* Reagan, der durch seine großen Militärprogramme (z.B. die Strategic Defense Initiative – SDI) ziemlich präzise diese Art der Politik umsetzte.[103]

Die zweite Gruppe wollte die umfassendste Reform der amerikanischen Industriepolitik durchführen. Die politischen Institutionen sollten umfassend umgestaltet werden. Man orientierte sich dabei am Vorbild des japanischen MITI und dessen scheinbarem Erfolg. Ähnlich wie in Europa wurden mit dem MITI geradezu mythische Vorstellungen verknüpft. Es sei alleine verantwortlich für den japanischen Erfolg und bedrohe die amerikanische Vormachtstellung. Ausgangspunkt für diesen Vorschlag war die Einsicht, daß es in der amerikanischen Praxis zwar viele industriepolitische Maßnahmen gab, diese aber nicht auf einem Programm basierten, das auf einen gesellschaftlichen Konsens zurückging, sondern vielmehr Ergebnis der Aktivitäten verschiedener Lobbyorganisationen waren. Proponenten waren unter anderem der spätere Arbeitsminister der ersten Clinton-Regierung Robert Reich und der MIT-Ökonom Lester Thurow.[104] Dabei wurden die verschiedensten institutionellen Entwürfe diskutiert. So wurde vorgeschlagen, eine Behörde („National Industrial Development Board"[105]) zu schaffen, die keine direkten Einflußmöglichkeiten besitzt, sondern darauf ausgerichtet sein sollte, einen Konsens zwischen den beteiligten Parteien – Regierung, Wirtschaft und Gewerkschaften – zu erzielen. Eine weitergehende Idee sah vor, das amerikanische Gegenstück zum japanischen MITI auf Ebene

[102] Problematisch an dieser Position dürfte sein, daß das Ausmaß der Externalitäten – wie erwähnt – im Laufe der Zeit abgenommen hatte, da die technischen Anforderungen im zivilen und im militärischen Bereich stark divergierten. Ein Effekt, der sich auch bei der Förderung der amerikanischen Luftfahrtindustrie zeigte, die als erfolgreiches Beispiel für diese Art der Förderung gilt. Vgl. unten S. 90.

[103] Die Wirtschaftspolitik der Reagan-Administration ist in vielerlei Hinsicht bemerkenswert. Sie verknüpfte Angebots- und Nachfragepolitik miteinander. Neben den Deregulierungsmaßnahmen ist vor allem das Steuersenkungsprogramm hervorzuheben. Da die Staatsausgaben nicht im selbem Ausmaß gesenkt wurden, entstand ein großes Defizit, das im keynesianischen Sinne als Konjunkturprogramm wirkte. Wohl per Zufall gelang die Verbindung von nachfrage- und angebotsorientierter Politik, die als Erfolg charakterisiert werden kann. Es zeigt sich, daß die künstliche Trennung der beiden Seiten einer Volkswirtschaft den komplexen Wirkungszusammenhängen nicht gerecht wird.

[104] Reich betonte später in seiner Zeit als Arbeitsminister unter Clinton zusätzlich noch die Bedeutung des Humankapitalbestands für das Wachstum einer Volkswirtschaft. Vgl. Reich (1991).

[105] Kokalj/Albach (1987, S. 198).

der Bundesregierung ins Leben zu rufen. Dabei sollte die Forschung in Amerikas Industrie koordiniert und die einzuschlagende Richtung der technologischen Entwicklung von der Politik bestimmt werden. Die Etablierung einer Forschungsbank wurde ebenfalls diskutiert. Diese sollte an die Wiederaufbaubank, wie sie im *New Deal* konzipiert worden war, anknüpfen und durch die Vergabe von Geldern an Zukunftsindustrien gestaltend in die Industriestruktur eingreifen. Abgerundet wurden diese Überlegungen durch Vorschläge für die Behandlung von Industrien, die sich im Strukturwandel in einem kontraktiven Anpassungsprozeß befanden. Sowohl die geplante Schließung überschüssiger Kapazitäten als auch Beihilfen für F&E und für die Erringung neuer Marktnischen wurden als Möglichkeiten für industriepolitische Interventionen analysiert. Gegebenenfalls war man auch bereit, dafür Ausnahmebereiche im Wettbewerbsrecht zu schaffen.

Schlußendlich gab es eine Gruppe, die auf der längsten Tradition des amerikanischen Interventionismus fußte, die sogenannten „Protektionisten". Die Position der amerikanischen Wirtschaftspolitik zum Außenhandel schwankte im Laufe der Geschichte zwischen der weltweiten Propagierung des Prinzips des Freihandels auf der einen und des gezielten Einsatzes der ganzen Palette protektionistischer Maßnahmen auf der anderen Seite. Darin manifestiert sich die gesamte Bandbreite der amerikanischen Außenpolitik überhaupt: von der isolationistischen Beschränkung bis hin zur Übernahme der Rolle eines Weltpolizisten. Leitmotiv war dabei aber in allen Fällen die Verfolgung genuin amerikanischer Interessen. In bezug auf den Außenhandel propagierten die Protektionisten die Abkehr vom Paradigma des *free trade* hin zum *fair trade*. Das Ziel war nun nicht mehr der freie Austausch von Waren, sondern die Gewährleistung eines gleichberechtigten Zugangs zu den Heimatmärkten der Handelspartner. Insbesondere bei den Ländern, zu denen die Leistungsbilanz einen signifikant passiven Saldo aufwies, wurde versucht, über bilaterale Abkommen Marktzutritt zu erzielen. An erster Stelle ist dabei Japan zu nennen. Zusätzlich wurde hier auch noch erreicht, daß die japanische Automobilindustrie ein Selbstbeschränkungsabkommen abschloß. Dadurch wurde im weiteren Verlauf auch die Errichtung japanischer Produktionskapazitäten in den USA induziert.

Die vorstehenden Ausführungen machen deutlich, daß die Konzeption der Protektionisten bei der Implementierung am weitesten fortgeschritten war bzw. ist, was nicht zuletzt an der bereits etablierten Tradition dieser Politik liegt. Die anderen beiden Ansätze waren weniger erfolgreich, auch nach dem Amtsantritt Bill Clintons. Hierfür sind mehrere Ursachen zu identifizieren. Zum einen war die Übertragung des japanischen Vorbilds auf amerikanische Verhältnisse nicht ohne weiteres möglich. Die kulturellen Unterschiede sind doch erheblich. Zum anderen hat das japanische Modell seit dem Beginn der 1990er Jahre auf Grund der anhaltenden wirtschaftlichen Schwierigkeiten, in denen sich das Land befindet, stark an Attraktivität eingebüßt. Zudem erlebte die amerikanische Wirtschaft in den 1990er Jahren die längste Expansionsphase in Friedenszeiten, so daß der unmittelbare Problemlösungsdruck verschwand. Einmal mehr wurde deutlich, daß Industriepolitik bzw. Debatten um ihre mögliche Umsetzung ihre Ursache in wirtschaftlichen Krisen hat. Mit dem Verschwinden der Schwierigkeiten geht auch die Diskussion zurück.[106]

3.3.2 Netzwerkorientierte Industriepolitik – die New Economy der 1990er Jahre

Nach dem Abebben der industriepolitischen Auseinandersetzungen wurde während der 1990er Jahre die Debatte um die New Economy zum beherrschenden Thema des wissenschaftlichen Diskurses. Auch hier zeigten sich industriepolitische Motive, die an die horizontalen, zukunftsorientierten Entwürfe auf europäischer Ebene, die ungefähr zur selben Zeit entwickelt wurden, erinnern.

Ziel der amerikanischen Industriepolitik war es, durch die Öffnung und Privatisierung des Internets eine offene Informations- und Kommunikationsinfrastruktur zu schaffen, die Grundlage für weite Teile der Industrie werden sollte.[107] Die besondere Strategie der Politik bestand darin, ausgehend vom amerikanischen Internet ein weltweites Netzwerk zu schaffen. Die amerikanische Industrie, die in der Entwicklung an vorderster Front stand bzw. steht, sollte in die Lage versetzt werden, weltweite Netzwerkeffekte auszunutzen. Um das Ziel zu erreichen, unterstützte die amerikanische Regierung die offenen Standards des Internets.[108] Es wurde darauf verzichtet, direkte Vorteile aus dem Netzwerk zu ziehen, indem Eigentumsrechte nicht zum Tragen kamen. Vielmehr wurde die weltweite Verbreitung gefördert, damit ein wirklich globales Netzwerk entstehen konnte. Jedes Land konnte auf das Netz zugreifen, an ihm teilnehmen und es für die eigene Wirtschaft nutzen. Dadurch gelang der amerikanischen Politik ein Paradigmenwechsel. Industriepolitik wurde nicht mehr gegen andere Länder betrieben, sondern zusammen mit ihnen. Was z.B. in der Theorie der Strategischen Handelspolitik immer wieder als Problem auftrat – nämlich die Gefahr gegenseitiger Retorsionsmaßnahmen und eines damit einhergehenden Handelskriegs –, konnte hier vermieden werden. Die internationale Offenheit ermöglichte den Erfolg der Industriepolitik und trug damit auch zur langen Phase ökonomischer Prosperität in den 1990er Jahren bei. Allerdings ist diese

---

[106] Als Beleg für diese Beobachtung sei auf die Unterschiede in der Darstellung der amerikanischen Industriepolitik in Erber/Hagemann/Seiter (1998, S. 14f.) und Erber/Hagemann (2002c, S. 355 – 359) verwiesen. Im letztgenannten Artikel wird nur noch kurz auf die Diskussion in den 1980er Jahren eingegangen, die einzelnen Positionen werden nicht mehr *en detail* dargestellt. Das Hauptaugenmerk liegt auf der Debatte um die New Economy, was vor dem aktuellen wirtschaftspolitischen Hintergrund auch sachgemäß ist.

[107] Vgl. Erber/Hagemann (2002c, S. 356 – 359).

[108] Zu den offenen Standards des Internets und deren Entstehung vgl. unten S. 122.

neue Art der Industriepolitik, die als „netzwerkorientierte Industriepolitik“[109] bezeichnet werden kann, nicht so zu interpretieren, als sei darauf verzichtet worden, eigene Vorteile im internationalen Wettbewerb zu erringen. Vielmehr bestand das Kalkül der Politik sehr präzise darin, durch die Offenheit zusätzliche Marktchancen für die eigene Industrie zu erringen. Deshalb bemüht sich die amerikanische Politik auch darum, bei der Weiterentwicklung des Internets die Führungsrolle beizubehalten. Darüber hinaus hat die amerikanische Regierung trotz aller Internationalisierung nie aufgehört, die Administration des Internets zu dominieren, um gegebenenfalls eigene Interessen – auch gegen die ausländischen Partner – durchzusetzen: Dies stellt ein Problem dar, das in jüngster Zeit wieder akut geworden ist.[110]

Im Gegensatz zu den früher entwickelten industriepolitischen Ansätzen stellte die netzwerkorientierte Politik der 1990er Jahre ein Konzept dar, das von der Regierung zielgerichtet verfolgt wurde. Es ist nicht zufällig entstanden.[111] Gleichzeitig verließ man die sonst gültigen Muster der eigenen Politik: Weder unterstützte man eine alte, unter Druck geratene Industrie, noch versuchte man, indirekt über die Förderung eines (militärischen) Großprojekts ans Ziel zu kommen. Ebenso verzichtete man, wie bereits erwähnt, auf jegliche protektionistische Maßnahmen.

Mit dem Ende des Booms der 1990er Jahre trat die netzwerkorientierte Industriepolitik etwas in den Hintergrund. Es wird in Zukunft durchaus möglich sein, daß die bekannten Argumente aus den Debatten der 1970er und 1980er Jahre erneut auftauchen. Mit der neuen Administration unter Bush Junior zeichnet sich zumindest in Teilen ein entsprechender Richtungswechsel ab. So scheint die gesamte (Außen-)Politik wieder weniger multilateral zu werden. Spätestens seit dem 11. September 2001 wird die Eigenständigkeit der USA wieder stärker betont. Dieses Motiv der amerikanischen Außenpolitik war aber bereits davor deutlich geworden. Das hat wiederum Rückwirkungen auch auf die Industriepolitik. So stellen z.B. die Zölle zum Schutz der amerikanischen Stahlindustrie einen Rückgriff auf die erläuterte protektionistische Position dar.[112] Hier konnte nahtlos an die Konzeption der früheren Debatten angeknüpft werden. Es handelt sich bei dieser Maßnahme wieder in klassischer Art und Weise um einen selektiven industriepolitischen Ad-hoc-Eingriff zum Schutz einer Industrie, deren Wettbewerbsfähigkeit nicht mehr in vollem Umfang

[109] Erber/Hagemann (2002c, S. 357).

[110] Zum Konflikt um die Internetverwaltung und die Probleme bei der Wahrnehmung europäischer Interessen vgl. unten ab S. 260.

[111] Dem amerikanischen Vizepräsidenten Al Gore kam dabei eine besondere Rolle zu, auch wenn seine später geäußerte Behauptung, er habe das Internet erfunden, übertrieben erscheint.

[112] Vgl. Wintermann (2002).

gewährleistet ist. Ob die damit verbundenen Ziele wirklich erreicht werden, muß angesichts früherer Erfahrungen mit diesem Instrumentarium zumindest zweifelhaft bleiben. Die militärischen Herausforderungen, die die Regierung als Folge des „Krieges gegen Terror" auf sich zukommen sieht, werden auch dazu führen, daß wieder vermehrt Mittel in militärische F&E investiert werden.[113] Auch damit läge wieder eine Parallele zu früheren Beispielen vor. Ob sich dann allerdings möglicherweise Spill-over-Effekte einstellen werden, die im industriepolitischen Sinne wirken werden, wird sich erst zeigen müssen. Auf jeden Fall läßt sich konstatieren: Amerikanische Industriepolitik vollzieht sich wie seit jeher. Es gibt selektive Eingriffe, sowohl zum Schutz mutmaßlich notleidender Industrien als auch solche, die auf die militärische Forschungsförderung zurückgehen. Eine einheitliche Konzeption ist nach wie vor nicht implementiert worden. Der amerikanische Ansatz kann deshalb als eklektisch bezeichnet werden.

3.3.3 Bewertung der US-amerikanischen Industriepolitik

Die Industriepolitik der Vereinigten Staaten ist durch eine bemerkenswerte Konstanz gekennzeichnet. Die Motive der (außenwirtschaftlichen) Protektion von Branchen, die im internationalen Wettbewerb zurückgefallen sind, und der Forschungsförderung durch große Programme im Bereich des Militärs und der Luft- und Raumfahrt kehren immer wieder. Ebenso kann als dauerhaftes Merkmal festgestellt werden, daß es zu keinem Zeitpunkt ein durchformuliertes Konzept bzw. eine für die Implementierung zuständige Behörde gegeben hat. Einzig das Pentagon kann mit einer gewissen Berechtigung als industriepolitisches Ministerium bezeichnet werden. Allerdings war bzw. ist diese industriepolitische Funktion nur ungeplantes Nebenprodukt der militärischen Aufgaben des Verteidigungsministeriums. Industriepolitische Maßnahmen wurden häufig als Ad-hoc-Programme ergriffen, wobei Lobbyisten eine große Rolle spielten. Sie waren häufig Initialzünder zugunsten ihrer Branchen.[114] Eine Ausnahme von dieser eklektischen Praxis bildete die Phase der netzwerkorientierten Politik während der 1990er Jahre. Die sich bietende Gelegenheit durch die Globalisierung des Internets wurde genutzt, um eine zukunftsorientierte und offene, nichtmerkantilistische Politik zu betreiben.

---

[113] Vgl. Schmidt, U. (2002, S. 1). Nach dem Ende des kalten Krieges war erfolgreich eine Konversionspolitik durchgeführt worden, die einen historisch einmaligen Sonderfall der Industriepolitik darstellte. Vgl. Erber/Hagemann (2002c, S. 355). Es spricht einiges dafür, daß der Umwidmungsprozeß der amerikanischen Industrie auf Grund des Krieges gegen den Terrorismus zumindest teilweise wieder rückgängig gemacht wird.

[114] Vgl. Gurbaxani (1996, S. 370f.).

Die in den 1970er und 1980er Jahren diskutierten Modelle wurden in der praktischen Politik in unterschiedlicher Art und Weise implementiert. Die institutionelle Umgestaltung der amerikanischen Administration unterblieb; es gab kein amerikanisches MITI. Das hing sicher auch damit zusammen, daß die Krise Japans dessen Vorbildfunktion schwinden ließ. Die beiden anderen Ansätze der *Beschleuniger* und der *Protektionisten* wurden in größerem Umfang angewandt, was damit zusammenhing, daß sie an bereits vorhandene Traditionen anknüpfen konnten.

Auch die Industriepolitik der USA wird in der Literatur überwiegend kritisch diskutiert.[115] Dabei gibt es zwei Richtungen der Kritik. Die erste bemängelt den Ad-hoc-Charakter und die fehlende Konzeption. Die zweite argumentiert mit den „traditionellen" ordnungspolitischen Argumenten. An erster Stelle wird das Informationsproblem genannt. Warum soll der Staat besser über zukünftige Entwicklungen Bescheid wissen als die Industrie? Viele Eingriffe des Staates würden nur bürokratische Probleme schaffen und würden zudem einen Eingriff in den marktlichen Preisbildungsprozeß darstellen. Als Beispiel sei auf die Wirkungen der Außenwirtschaftsprotektion verwiesen. Darüber hinaus bestünde die Gefahr von Verdrängungs- und Mitnahmeeffekten. So könnten Forscher aus der Privatwirtschaft von staatlichen Forschungseinrichtungen abgeworben werden. Außerdem sei zu befürchten, daß Gelder der Forschungsförderung für solche Projekte ausgezahlt werden, die auch ohne öffentliche Unterstützung durchgeführt worden wären. Allerdings steht die grundsätzliche Kritik, die auf ordnungspolitischen Ideen fußt, vor dem Problem, daß selbst in dem Land der freien Marktwirtschaft Industriepolitik regelmäßig praktiziert wird.[116] Wie vor diesem Hintergrund die Forderung nach Verzicht auf Industriepolitik in der Praxis durchgesetzt werden soll, bleibt daher weiterhin offen.

3.4 Zusammenfassung

Die betrachteten industriepolitischen Ansätze haben ein hohes Maß an Übereinstimmung gezeigt. Ausgangspunkt war in allen drei Fällen die Unterstützung notleidender Branchen im Strukturwandel. Gleichzeitig wurde immer auch versucht, zukunftsorientierte Politik zu betreiben, in Deutschland z.B. durch die Forschungsförderung und durch die regionale und sektorale Strukturpolitik, in den USA durch die Großprogramme des Pentagons und der NASA.

---

[115] Vgl. z.B. die „ordnungspolitische Beurteilung" bei Gurbaxani (1996, S. 367 – 371).

[116] Vgl. Gurbaxani (1996, S. 369), die auf diesen Sachverhalt hinweist. Inwieweit die spezifisch deutsch geprägte *ordnungspolitische* Kritik in den USA verstanden würde, wäre eine Frage, die detaillierter untersucht werden müßte.

Bemerkenswert ist weiterhin, daß diese Ähnlichkeiten der Politiken vor dem Hintergrund ganz unterschiedlicher wirtschaftspolitischer Konzeptionen auftraten. So sind die Unterschiede zwischen der USA und Deutschland mit ihrer marktwirtschaftlichen bzw. ordnungspolitischen Fundierung auf der einen und der EU auf der anderen Seite mit dem vermeintlich größeren romanischen Einfluß geringer, als die Grundideen eigentlich indizieren. Das weist darauf hin, daß Industriepolitik in allen marktwirtschaftlich organisierten Gesellschaften stets Bestandteil des wirtschaftspolitischen Instrumentariums ist.

Im letzten Jahrzehnt des 20. Jahrhunderts war zudem eine Konvergenz der verschiedenen Politiken zu konstatieren. Sowohl der europäische Ansatz, der mit dem Kommissionspapier im Jahr 1990 seinen Ausgang nahm und später Teil des europäischen Vertragswerks wurde, als auch die amerikanische netzwerkorientierte Industriepolitik und nicht zuletzt auch die in der Veröffentlichung der Bundesregierung zur Innovationspolitik zum Ausdruck kommende neue Ausrichtung der deutschen Industriepolitik machen deutlich, daß sich die Schwerpunkte verschoben haben. Im Vordergrund steht jetzt die internationale Wettbewerbsfähigkeit, dabei wird die Zusammenarbeit mit anderen Ländern bzw. Ländergruppen propagiert. Merkantilistische Vorstellungen sind deutlich in den Hintergrund getreten. Industriepolitik soll die Gewinne aus der internationalen Arbeitsteilung, die potentiell von jedem genutzt werden können, ausbauen helfen. Natürlich wäre es naiv anzunehmen, daß die Konflikte zwischen den Handelspartnern damit quasi auf immer ad acta gelegt worden seien. Im Zweifelsfall wird immer noch den eigenen nationalen Interessen der Vorrang eingeräumt. Die jüngsten Entwicklungen in den USA deuten in diese Richtung. Dennoch kann festgehalten werden, daß die internationale Zusammenarbeit auf dem Gebiet der Industriepolitik ein höheres Niveau als zuvor erreicht hat.

Die Konvergenz der Politiken kommt allerdings auch darin zum Ausdruck, daß die Entwicklung einer Konzeption immer noch nicht abgeschlossen ist. Es wurde in keinem der betrachteten Länder bzw. der EU erreicht, einen gesamtgesellschaftlichen Konsens zu erzielen, der die Möglichkeiten und Grenzen von Industriepolitik abschließend regelt. Die EU kommt dem noch am nächsten. Ursächlich hierfür war bis dato sicherlich auch die grundsätzliche Kritik der Wissenschaft an jeder Art von Industriepolitik und die damit einhergehende Abstinenz bei ihrer Formulierung. Während die Berechtigung der Kritik in einzelnen Fällen nicht bestritten werden soll, stellt sich aber ein viel grundsätzlicheres Problem. Industriepolitik hat es immer gegeben, auch wenn sie gelegentlich unter anderem Namen firmierte. Selbst in dem Land, das am ehesten dem Ideal einer freien Marktwirtschaft nahe kommt – den USA – war Industriepolitik stets ein fester Bestandteil des wirtschaftspolitischen Instrumenteneinsatzes. Forderungen nach einer Abstinenz des Staates – seien sie aus theoretischer Sicht noch so gerechtfertigt – scheinen vor diesem Hintergrund nicht realitätskompatibel und für eine Ökonomik, die an Politikberatung interessiert ist, wenig hilfreich. Deshalb ist es notwendig, theoretisch fundierte Vorschläge für ein zukunftsorientiertes industriepolitisches Konzept zu machen. Um dieses Ziel zu erreichen werden im folgenden zunächst zwei Beispiele für praktische Industriepolitik eingehender untersucht. Das erste ist das Airbusprojekt. Es kann als Beispiel für sektorspezifische (im europäischen Sprachgebrauch vertikale) und wie sich zeigen wird erfolgreiche Politik dienen. Danach wird das Internet analysiert. Die Politik bezüglich des Internets stellt sektorübergreifende (horizontale) Industriepolitik dar. Auf der Grundlage der länder- bzw. ländergruppenspezifischen Analyse und der beiden ausführlichen Fallstudien können dann die Folgerungen für die Bausteine eines industriepolitischen Konzepts entwickelt werden.

4 *Fallstudie I – Das Projekt Airbus*

Durch den Programmstart der A 380 ist das Airbus-Projekt wieder ins öffentliche Bewußtsein gerückt. Zusammen mit der Fusion dreier der vier Airbus-Mütter *Aérospatiale Matra*, *Construcciones Aeronáuticas SA* (CASA) und *DaimlerChrysler Aerospace* (Dasa) zum neuen europäischen Luft- und Raumfahrtunternehmen *European Aeronautic Defence and Space Company* (EADS), deren Börsengang am 10. Juli 2000 und der Formierung der *Airbus Integrated Company* ist eine Entwicklung zum vorläufigen Abschluß gekommen, die in den 1960er Jahren begann.[1]

Ziel war es damals gewesen, den Rückstand Europas gegenüber den USA im zivilen Großflugzeugbau[2] aufzuholen. Es sollte die vermutete technologische Lücke geschlossen werden. Die Luftfahrtindustrie wurde als strategische Zukunftsbranche betrachtet: zum einen wegen der militärischen Relevanz, zum anderen wegen des Rückstands gegenüber den USA. Nicht zuletzt erhoffte man sich die Schaffung von Arbeitsplätzen in einem zukunftsorientierten Bereich, ein Anliegen, das seit den 1980er und 1990er Jahren auf Grund der verschärften Arbeitsmarktprobleme in Europa an Bedeutung hinzugewonnen hat. Aus diesen Gründen wurden erhebliche öffentliche Mittel in die Unterstützung der Entwicklung neuer Flugzeuge investiert. Das Airbus-Projekt wurde zu einem der größten Subventionsempfänger in Europa.

Aus theoretischer Sicht wurde der Airbus zu einem klassischen Fall sektorspezifischer Industriepolitik, zu deren Rechtfertigung Elemente der Theorie der Strategischen Handelspolitik herangezogen wurden. Deshalb ist das gesamte Projekt ein interessantes Beispiel für eine Untersuchung, die auf eine zukunftsorientierte industriepolitische Konzeption gerichtet ist. Es gelang mit Hilfe staatlicher Unterstützung, ein Unternehmen auf dem Weltmarkt zu etablieren, das zunächst technologisch, später auch wirtschaftlich wettbewerbsfähig gegenüber den amerikanischen Hauptkonkurrenten war. Die Entwicklung ist mittlerweile weitgehend abgeschlossen, so daß eine endgültige Wertung möglich scheint.

Aus dem Gesagten ergibt sich die Vorgehensweise in diesem Kapitel. Im ersten Schritt wird die historische Entwicklung des Airbus nachgezeichnet. Danach sind die theoretischen Grundlagen der industriepolitischen Förderung des Airbus zu untersuchen. Dabei werden verschiedene Varianten der Theorie der strategischen Handelspolitik analysiert. Darauf folgt die empirische Analyse des Markts für Großraumflugzeuge. Ein Überblick über die in der Literatur

---

1 Vgl. Bohne (2000) und Airbus (2002a).

2 Wie bei dieser Problemstellung in der Literatur üblich werden auch hier Flugzeuge ab einer Passagierzahl von ca. 100 in die Überlegungen mit einbezogen. In diesem Segment befinden sich die für unseren Zusammenhang relevanten Firmen (Airbus, Boeing und McDonnell-Douglas) bzw. Länder (USA und Europa).

durchgeführten Schätzungen der Wohlfahrtswirkungen der Airbusförderung rundet das Kapitel ab.

4.1 Die Geschichte des Airbus

Die Entwicklung des Konsortiums *Airbus Industrie* zur heutigen *Airbus Integrated Company* war ein langer, steiniger und auch spannender Weg[3]. Die indirekten Wurzeln liegen bereits in den 1950er Jahren: Das französisch-britische Gemeinschaftsprojekt eines Überschallflugzeugs, der Concorde, war der Hintergrund, vor dem die Umsetzung des Unternehmens Airbus ablief.[4] Mit der Concorde war es den Europäern gelungen, ein technisch hochwertiges Flugzeug zu entwickeln und herzustellen, das heute noch bei Air France und British Airways im Einsatz ist. Allerdings wurde sie nie ein kommerzieller Erfolg. Es wurden lediglich 9 Flugzeuge an die damals in Staatsbesitz befindlichen Fluggesellschaften verkauft, die restlichen sieben gebauten Einheiten fanden keinen Abnehmer. Die Projektkosten hatten sich auf 3 Milliarden £ betragen. Ursache für das wirtschaftliche Scheitern war die mangelnde Orientierung an den Wünschen der potentiellen Kunden. Das Flugzeug wurde entwickelt, ohne daß es dafür einen Kunden gab. Daneben führte die Organisation dazu, daß keinerlei Kostendisziplin herrschte, so daß die Entwicklungskosten auf das 75fache der ursprünglich geplanten Größenordnung anstiegen. Nicht zuletzt die nationalen Egoismen der beteiligten Länder Frankreich und Großbritannien hatten dazu entscheidend beigetragen. Durch die Doppelung von Fertigungskapazitäten wurde auf mögliche Kostenersparnisse verzichtet. Beim Airbus war man deshalb bemüht, Fehler dieser Art zu vermeiden.

In der ersten Hälfte der 1960er Jahre begannen die Entwicklungsarbeiten, die schließlich im Airbus mündeten. Verschiedene Konsortien legten Projektstudien für ein Flugzeug mittlerer Reichweite und mit einer Passagierkapazität von 200 – 300 vor.[5] Es wurde schnell deutlich, daß für die erfolgreiche Durchführung eines solchen Projekts staatliche Unterstützung nötig sein würde. Vertreter der deutschen, französischen und britischen Regierung einigten sich im September 1967 darauf, das Projekt zu fördern. Kurze Zeit später drohte das Projekt jedoch zu scheitern. Die beteiligten Firmen konnten sich nicht auf grundlegende technische Details einigen, so daß Großbritannien bereits 1969 wieder aus dem Projekt ausstieg. Die Ursache hierfür war die Festlegung auf eine technische Auslegung, die den Einsatz von Triebwerken des britischen Herstellers Rolls-

---

3 Vgl. zum folgenden Airbus (2002a), Berg/Schmidt (1998, S. 900 – 907) und Schmidt (1997, S. 150 – 159).

4 Vgl. Berg/Schmidt (1998, S. 897 – 900) und Schmidt (1997, S. 141 – 150).

5 Vgl. Bugos (1993, S. 74f.).

Royce zumindest vorübergehend ausschloß.[6] Frankreich und die Bundesrepublik hielten dennoch an dem Projekt fest. Am 29. Mai 1969 wurde ein entsprechendes Abkommen zwischen dem deutschen Wirtschaftsminister Karl Schiller und dem französischen Transportminister Jean Chamant unterzeichnet. An die Stelle der britischen Regierung trat das britische Unternehmen Hawker-Siddeley, das bereits zu Beginn der 1960er Jahre an den Machbarkeitsstudien beteiligt gewesen war. Am 18. Dezember 1970 schließlich wurden die Verhandlungen über die strukturelle Ausgestaltung abgeschlossen: Airbus Industrie wurde als Groupement d'Intérêt Économique (GIE) gegründet, eine erst seit 1967 geschaffene Rechtsform, die unabhängigen Partnern die gemeinsame Verfolgung wirtschaftlicher Ziele erlauben soll. Der GIE entspricht in weiten Teilen der deutschen Gesellschaft bürgerlichen Rechts. Dieses Konstrukt blieb für das Konsortium über lange Zeit erhalten und geriet später immer wieder in die Kritik, da es die produktionstechnische Effizienz reduzierte. In den Anfangsjahren allerdings war es ein probates Mittel, um die divergierenden nationalen Interessen miteinander zu vereinbaren. Außerdem wurde dadurch die Eingliederung neuer Mitglieder erleichtert. So trat bereits ein Jahr später, am 23. Dezember 1971, die spanische CASA dem Konsortium bei. Die niederländische Fokker (1970) und die belgische Belairbus (1979) wurden später assoziierte Mitglieder.

Das erste Flugzeug, das das neue Unternehmen entwickelte, war die A300B.[7] Es handelte sich dabei um ein Flugzeug mit einer mittleren Transportkapazität von 281 Passagieren und einer Reichweite von ca. 7.000 km. Die Absatzbemühungen kamen zunächst nur schleppend voran. Erst ein Jahr vor dem Erstflug, der am 28. Oktober 1972 stattfand, trafen die ersten Bestellungen ein, wobei die Abnehmer die Fluggesellschaften der am Konsortium beteiligten Länder waren.

OPEC I wurde zum Wendepunkt für Airbus. Der Anstieg der Kerosinpreise führte zunächst zu einem Einbruch der Nachfrage nach Flugzeugen. Das Projekt stand kurz vor dem Ende. Nach der Überwindung der allgemeinen Wirtschaftskrise setzte allerdings ein Nachfrageboom ein, da auf Grund der jetzt deutlich höheren Spritpreise viele Flugzeuge der bestehenden Flotten durch sparsamere Modelle ausgetauscht wurden. Von dieser Entwicklung konnte Airbus besonders profitieren. Die A300 erwies sich als sehr sparsames und ökonomisches Flugzeug, was jetzt zum erfolgreichen Verkaufsargument wurde. Die Zahl der Bestellungen nahm dadurch deutlich zu.

Der endgültige Durchbruch gelang 1978 mit der Gewinnung von *Eastern Airlines* als erstem amerikanischen Kunden; damit gelang der Zutritt auf den US-Markt. Dieser Abschluß wurde zu einem der berühmtesten „Deals“ in der

---

6 Vgl. ebenda, S. 77f.

7 Die A300B war ursprünglich der einzige Gründungszweck von Airbus Industrie, an eine Flugzeugfamilie war noch nicht gedacht worden.

Geschichte des Airbuskonsortiums.[8] *Eastern Airlines* hatte zuvor ein halbes Jahr lang vier Maschinen für 1 $ geleast, um das Flugzeug im Betrieb einer Belastungsprobe zu unterziehen. Nachdem diese erfolgreich abgeschlossen war, wurden 32 Flugzeuge bestellt. Die Finanzierungskonditionen waren für *Eastern* sehr günstig. So gewährten die europäischen Regierungen einen Kredit in Höhe von 250 Mio. $, Airbus stellte 96 Mio. $ an eigenem Geld zur Verfügung. Auch der amerikanische Triebwerkhersteller *General Electric* gab einen Kredit in Höhe von 45 Mio. $. Einen bemerkenswerten Beitrag leistete Airbus in Höhe von 500.000 $ zur Verstärkung der Landebahn des New Yorker Flughafens La Guardia, dem „Hub" von *Eastern*. Der zunehmende kommerzielle Erfolg weckte auch wieder das britische Interesse. Zum 1. Januar 1979 trat das Unternehmen Hawker Siddeley (später British Aerospace), das schon zuvor mit der Tragflächenproduktion und -entwicklung beteiligt gewesen war, dem Konsortium bei.

Der nächste bedeutende Schritt in der Entwicklung war der Wandel vom Anbieter eines Flugzeuges zum Konzern mit einer umfassenden Flugzeugfamilie. Zu Beginn hatte Airbus Aufträge verloren, weil Boeing auf Grund der eigenen Flugzeugfamilie erhebliche Vorteile für die Kunden bot. Die Kosten des Trainings des Flugpersonals und der Ersatzteilbeschaffung waren wesentlich niedriger. Zudem sind die Entwicklungskosten niedriger, wenn eine ganze Familie produziert wird. Darüber hinaus konnte Boeing im Vertrieb seine Stärken ausspielen. So machte das Unternehmen bei der Boeing 747 Preiszugeständnisse, um die Boeing 767 verkaufen zu können, die im Wettbewerb zur A300B stand. Deshalb bemühte sich Airbus, ein mit dem wichtigsten Wettbewerber vergleichbares Angebot zu entwickeln. Innerhalb von 15 Jahren gelang nach und nach die Besetzung aller wesentlichen Segmente. Das erfolgreichste Flugzeug der Europäer, die für Kurzstrecken konzipierte A320, startete 1988. Weitere fünf Jahre später, also 1993, konnte Airbus mit der Kombination A330/A340 auch den Langstreckenbereich bedienen. Das Großflugzeug A380 wird das Produktportfolio abrunden. Airbus ist damit in der Lage, über das gesamte Produktspektrum Boeing gegenüber als Wettbewerber aufzutreten. Die nachstehende Abbildung gibt einen Überblick über die aktuelle Flugzeugfamilie der Europäer.

---

[8] Vgl. hierzu auch McGuire (1997, S. 52 – 54).

Abb. 4.1: Die Airbusflugzeugfamilie

Flugzeugtyp	***Technische Charakteristika***	***Programmstart*[9]**
A300-600	**Transportkapazität:** 220 Passagiere **Reichweite:** 5.200 nautische Meilen	1983
A310	266 Passagiere 4.150 nautische Meilen	1984
A318	107 Passagiere 3.250 nautische Meilen	1999
A319	124 Passagiere 3.700 nautische Meilen	1993
A320	150 Passagiere 3.000 nautische Meilen	1984
A321	185 Passagiere 3.000 nautische Meilen	1989
A330-200	253 Passagiere 6.650 nautische Meilen	1995
A330-300	295 Passagiere 5.600 nautische Meilen	1987
A340-200	261 Passagiere 8.000 nautische Meilen	1987
A340-300	295 Passagiere 7.300 nautische Meilen	n.a.
A340-500	313 Passagiere 8.650 nautische Meilen	1997
A340-600	380 Passagiere 7.500 nautische Meilen	1997
A380	555 Passagiere 8.000 nautische Meilen	2000

[9] Die Jahresdaten kennzeichnen den Start des jeweiligen Programms. Sie gehen den zuvor genannten Daten der ersten Auslieferung jeweils um einige Jahre voraus.

Quelle: Eigene Darstellung, Herstellerangaben.

Ein weiterer wichtiger Schritt für Airbus wird die Entwicklung eines militärischen Standbeins sein. Für sieben europäische NATO-Staaten wird das Transportflugzeug A400M entwickelt und gebaut.[10] Unter der Voraussetzung, daß das Projekt wie geplant durchgeführt wird, könnte Airbus auf einem weiteren Feld das Vorbild Boeing nachahmen. Auch dieses Unternehmen ist im militärischen Bereich tätig: Die Subventionierung der amerikanischen Luftfahrtindustrie erfolgte insbesondere über den militärischen Teil.[11]

Der Erfolg von Airbus Industrie wäre ohne Subventionen bzw. öffentliche Unterstützungen nicht möglich gewesen. In Deutschland erfolgte die Förderung auf vielfältige Art und Weise.[12] So gab und gibt es Zuschüsse zur Finanzierung der Entwicklungskosten. Diese wurden zunächst als Kredite vergeben, später wurden sie auf bedingt rückzahlbare Zuschüsse umgestellt. Die Rückzahlungsverpflichtung wurde an den kommerziellen Erfolg der Flugzeuge geknüpft. Beide Formen der Unterstützung ermöglichten es den beteiligten Unternehmen, die Entwicklung bis zur Serienreife ohne eigene Kosten zu finanzieren. Die öffentliche (Vor-)Finanzierung der Entwicklungskosten ist fester Bestandteil des Airbusprojektes geblieben. Auch die jüngste Version, das bisher größte Flugzeug A380, erhält staatliche Zuwendungen.[13] Neben der Unterstützung der F&E-Kosten, die den wichtigsten Anteil der Subventionen ausmachten, gab es weitere Sonderformen der Förderung. So wurde die Herstellung des ersten Airbus von 1975 bis 1981 mit direkten Produktionsbeihilfen gefördert. Insgesamt wurden 741 Mio. DM gewährt. Das legt den Schluß nahe, daß die A300B ohne die Subventionen preislich überhaupt nicht wettbewerbsfähig gewesen wäre. Ein weiteres Subventionsinstrument für die gesamte Airbusfamilie waren die Beihilfen zur Absatzfinanzierung. Daneben wurden Bürgschaften bereitgestellt. Deren primäre Aufgabe bestand darin, die Entschuldung der deutschen Airbus GmbH herbeizuführen, um sie so für private Investoren attraktiv zu machen. Eine ganz besondere Art der Unterstützung war das Wechselkursschema, mit dem sich der Bund anläßlich der Übernahme von MBB durch Daimler-Benz dazu verpflichtete, das Wechselkursrisiko gegenüber dem Dollar zu übernehmen.[14]

---

[10] Vgl. Airbus Military Company (2002).

[11] Vgl. unten S. 90.

[12] Die Ursprünge der Förderung der deutschen Luft- und Raumfahrtindustrie reichen bis zu den Anfängen der 1960er Jahre zurück. Vgl. hierzu und zum folgenden Rosenthal (1993, S. 93 – 101) sowie Maenning/Hölzer (1999).

[13] Vgl. Bohne (2000).

[14] Dieses Schema wurde zu einem der größten Streitpunkte in der handelspolitischen Auseinandersetzung mit den USA. Zu den Details vgl. unten S. 100.

Bei dieser Übernahme zeigte sich zudem, daß die Bundesregierung gewillt war, das industriepolitische Anliegen ernst zunehmen. Trotz Untersagung durch das Bundeskartellamt wurde Daimler-Benz die Übernahme von MBB im Wege der Ministererlaubnis ermöglicht.[15] Der in diesem Fall bestehende Zielkonflikt zwischen Wettbewerbs- und Industriepolitik wurde zugunsten letzterer entschieden. Damit wurde eine Weichenstellung vorgenommen, die die weitere Entwicklung des Airbus entscheidend bestimmte. An einer einmal getroffenen Entscheidung über eine durchzuführende industriepolitische Maßnahme wurde festgehalten, auch gegen erheblichen Widerstand – ein für die zu entwickelnde industriepolitische Konzeption bemerkenswerter Sachverhalt.

Auch die Regierungen der anderen Airbus-Länder gewährten umfassende Unterstützungen, deren Schwerpunkt wie im deutschen Fall auf der Subventionierung der Entwicklungskosten lag. Frankreich und Großbritannien beteiligten sich zudem noch an der Unterstützung der Absatzfinanzierung. Zusätzlich wurde auch die EU bei der Subventionierung aktiv. Über die Rahmenprogramme II – IV förderte sie die europäische Luftfahrt von 1990 bis 2002 mit knapp 1,3 Mrd. ECU, wovon der größte Teil dem Airbusprojekt zugute gekommen sein dürfte.[16]

Zahlen bezüglich der exakten Höhe werden von den beteiligten Unternehmen bzw. von der jetzigen Airbus SAS nicht veröffentlicht.[17] Schätzungen unter Zuhilfenahme der genannten Daten gehen aber davon aus, daß von deutscher Seite Beiträge in Höhe von ca. 11 Mrd. DM (5,6 Mrd. €) gezahlt wurden.[18] Darin sind die Bürgschaften, die der Bund zugunsten der beteiligten Unternehmen übernommen hat, nicht eingeschlossen. Nach einer amerikanischen Studie erhielt das Projekt bis zum Beginn der 1990er Jahre insgesamt 26 Mrd. $.[19] Als weiteren Hinweis auf den Umfang des staatlichen Engagements kann die Tatsache dienen, daß die französische Regierung der *Aérospatiale* einen Kredit in Höhe von 60% der gesamten Kosten für das Projekt der A330/A340 zur Verfügung stellte. Dieser ist durch einen bestimmten Betrag pro verkauftem Flugzeug zurückzuzahlen. Erst ab einer Stückzahl von 700 ist er ganz getilgt.[20]

Die Subventionen werden von wissenschaftlicher Seite sehr kritisiert.[21] Vor allem wird bemängelt, daß sich der Subventionsbedarf perpetuiere und kein

---

[15] Vgl. Berg/Schmidt (1998, S. 905f.).

[16] Vgl. Maenning/Hölzer (1999, S. 193 – 198).

[17] Vgl. Maenning/Hölzer (1999, S. 191).

[18] Berg/Schmidt (1998, S. 907) und Rosenthal (1993, S. 121) nennen übereinstimmend diese Größenordnung. Maenning/Hölzer (1999, S. 191f.) verweisen darauf, daß diese Zahlen die Untergrenze der tatsächlichen Förderung darstellen. Nicht erfaßt werden z.B. Subventionen von Kommunen, in denen sich Produktionsstätten des Airbus befinden.

[19] Vgl. Berg/Schmidt (1998, S. 907).

[20] Vgl. McGuire (1997, 133f.). Ende Juni 2002 hatte Airbus 737 Bestellungen und 442 Auslieferungen. Vgl. Airbus (2002c).

Ende absehbar sei. Der Zeitpunkt, ab dem Airbus kommerziell auf eigenen Beinen stehe, sei noch unbestimmt.[22] Teilweise wird zwar der Rückgang der Subventionszahlungen eingeräumt, dieses aber nur als vorübergehendes Phänomen bezeichnet. In Zukunft sei mit weiteren Subventionen zu rechnen, so im Zusammenhang mit dem neuen Flugzeug A380.[23]

Das kritische Urteil über die Subventionen scheint zu einseitig zu sein, da eine generelle und dauerhafte Unwirtschaftlichkeit des Unternehmens Airbus nicht zu konstatieren ist. Das Segment der A300 ist zwar auch nach Aussagen von Airbusvertretern nicht profitabel geworden.[24] Allerdings handelte es sich bei diesem Modell um den Einstieg in den Markt, der mit Subventionen und Verlusten erkauft werden mußte. Angesichts der herausragenden Marktstellung von Boeing und zunächst auch noch von McDonald Douglas erscheint diese Strategie nachvollziehbar. Ein europäisches Unternehmen war darauf angewiesen, das erste Modell unter den Kosten zu verkaufen, um überhaupt Chancen auf dem Markt zu haben. Eine Beurteilung der langfristigen ökonomischen Profitabilität ist erst vor dem Hintergrund der weiteren Entwicklung der gesamten Flugzeugfamilie möglich. So war die A320 ein voller kommerzieller Erfolg: Die Subventionen der deutschen und britischen Partner sind zurückgezahlt. In Deutschland erfolgte die Tilgung durch zwei Einmalzahlungen, durch die die gesamten Ansprüche der Bundesregierung abgegolten wurden.[25] Bei der A330/A340 ist diese Schwelle ebenfalls in Sicht, auch dieses Projekt scheint ökonomisch erfolgreich gewesen zu sein. Die Zuschüsse zu den Entwicklungskosten sind 1996 ausgelaufen. Für das neue Großflugzeug A380 werden allerdings wiederum Subventionen gewährt.

Die Fundamentalkritik an den Subventionen erscheint aus dieser Sicht nicht berechtigt. Es ist nachvollziehbar, daß das erste Flugzeug zum Marktzutritt als Zuschußgeschäft konzipiert wurde. Die späteren Projekte haben sich als wirtschaftlich erfolgreicher erwiesen. Zudem legt das GATT-Abkommen von 1992 fest, daß nur maximal 1/3 der Entwicklungskosten als Subventionen gewährt werden dürfen. Damit ist eine Obergrenze für alle weiteren Vorhaben gewährleistet. Allerdings stellt sich die Frage, warum für zukünftige Projekte überhaupt weitere Subventionen gewährt werden sollen. Nachdem die

[21] Bei Rosenthal (1993, S. 107 – 111) findet sich eine weitere Form der – in diesem Fall marxistisch – inspirierten Kritik. Die Luft- und Raumfahrtindustrie wird als „staatsmonopolistische[r] Komplex“ (ebenda, S. 107) interpretiert. Staat und Großkapital arbeiten zusammen, um die Reproduktion des Großkapitals zu erreichen.

[22] Vgl. z. B. Berg/Schmidt (1998, S. 906f.).

[23] Vgl. Maenning/Hölzer (1999, S. 200).

[24] Vgl. McGuire (1997, S. 133f.): „... 'the breakeven point for the A300 is now infinity'.“

[25] Auskunft von David Voskuhl, EADS Airbus GmbH, Communications, Telefoninterview mit dem Verfasser am 31. August 2000. Vgl. zusätzlich Maenning/Hölzer (1999, S. 192, Fn. 14). Allerdings bleibt für die DASA eine dauerhafte Zinsersparnis von ca. 273 Mio. DM (139,6 Mio. €).

wirtschaftliche Leistungsfähigkeit des gesamten Unternehmens unter Beweis gestellt worden ist, sollte eine weitgehende Finanzierung über den Kapitalmarkt möglich sein. Ansonsten müßte die weitere staatliche Unterstützung mit Kapitalmarktunvollkommenheiten gerechtfertigt werden.[26] Der Börsengang der EADS stellt hierbei sicherlich den ersten Schritt dar, ebenso die Diversifizierung in den militärischen Bereich. Damit ist für das Unternehmen ein besserer Zugang zu den Kapitalmärkten möglich. Außerdem wird die einseitige Abhängigkeit der Erträge von der Passagierflugzeug-sparte reduziert. Damit sollte es möglich sein, die Entwicklung in stärkerem Maße selbst zu finanzieren.[27]

Umstritten ist in der Literatur ebenfalls, ob die Imitation der amerikanischen Strategie im militärischen Bereich richtig ist.[28] Ein wesentlicher Teil des Erfolgs der amerikanischen Politik machte die doppelte Nutzbarkeit neuer Technologien (*dual use*) sowohl im zivilen als auch im militärischen Bereich aus. Viele Erfindungen im militärischen Flugzeugbau konnten als *Spin-Off* im zivilen genutzt werden. Die technologische Entwicklung in den beiden Bereichen divergiert mittlerweile aber recht stark, so daß es fraglich ist, ob noch starke Verknüpfungen zwischen den verschiedenen Entwicklungslinien bestehen. Zudem sind die fiskalischen Kosten der Entwicklung und der Produktion der eigenen Flugzeuge deutlich höher als beispielsweise bei Erwerb eines alternativen russischen Modells, das zudem bereits produktionsreif ist. Vor diesem Hintergrund erscheint die Entscheidung für die A400M als eine politische, die zum Ziel hat, aus verteidigungspolitischen Gründen eine europäische Rüstungsindustrie zu schaffen bzw. zu unterstützen. Allerdings ergibt sich auch ein industriepolitischer Nebeneffekt. Das militärische Standbein wird die wirtschaftliche Leistungsfähigkeit des Unternehmens Airbus deutlich erhöhen und so dessen generelle Stellung auch auf dem Markt für zivile Flugzeuge stärken. Insofern spricht auch aus industriepolitischer Perspektive einiges für das Vorgehen der Europäer.

---

[26] Laut telefonischer Auskunft an den Verfasser von Herrn Kreipl, Absatzfinanzierung Airbus, Hamburg, am 12. September 2000 besteht die Notwendigkeit der staatlichen Unterstützung darin, daß damit eine Risikodiversifizierung und Zinsersparnis möglich wird, die sehr wichtig ist für das Gelingen eines Projektes. Implizit unterstellen die Akteure damit wohl Unvollkommenheiten auf dem Kapitalmarkt, wobei im Vordergrund die Zinsersparnisse stehen dürften, die einen Preisvorteil bewirken.

[27] Die Bedeutung und Höhe des Kapitalbedarfs kann als Marktzutrittsschranke interpretiert werden. Zu den Details vgl. unten S. 95.

[28] Vgl. z.B. Hornschild (2002). Wie er zutreffend feststellt, wurde bei der heftigen öffentlichen Debatte in Deutschland das Programm selbst nie in Frage gestellt. Es ging letztlich nur um die Frage der angemessenen Beteiligung des Parlaments an der Beschaffung. Der militär- und industriepolitische Aspekt scheint damit unstrittig zu sein.

Ein für den Erfolg des Airbuskonsortiums entscheidender Aspekt war dessen organisatorische Entwicklung. Zu Beginn war es ein loser Verbund von Unternehmen in Form eines französischen Groupement d'Intérêt Économique. Diese Organisationsform war anfangs gut geeignet, die bis dato unabhängigen Unternehmen miteinander zu koordinieren. Im einzelnen sah die Organisation wie folgt aus:[29] Die Produktionsabläufe liefen getrennt voneinander bei den einzelnen Partnern, Airbus Industrie selbst war nur ein Instrument zur Koordination der Geldflüsse zwischen Kunden und produzierenden Unternehmen sowie zur Vermarktung der Flugzeuge. Es gab eine regierungsübergreifende Kommission, die sich zweimal jährlich traf und über neue Projekte entschied. Der Aufsichtsrat überwachte die Ausführung dieser Beschlüsse, die Airbus Exekutiv-Agentur übernahm die genannten Koordinationsaufgaben. 1989 wurde die Organisation gestrafft: Es wurde ein *Board of Directors* eingeführt, der für das Tagesgeschäft verantwortlich war. Darüber hinaus wurde auch der Aufsichtsrat reorganisiert. Damit wurden die Fehler des Concorde-Projekts vermieden. Airbus war dadurch um einiges effizienter, was letztlich den Ausschlag dafür gab, daß sich – anders als beim Vorgänger – wirtschaftlicher Erfolg einstellte. Insbesondere die Tatsache, daß es keine Doppelungen in der Produktion mehr gab, sondern das Prinzip der Arbeitsteilung auch in der europäischen Flugzeugproduktion Einzug hielt, erwies sich als grundlegender Fortschritt. Zudem hatte in der europäischen Luftfahrtindustrie schon seit längerem ein weitreichender Konsolidierungsprozeß eingesetzt, der zu einem Produktivitätsanstieg beitrug.[30]

Allerdings entsprach diese organisatorische Konstruktion, die lange Zeit den Aufbau von Airbus Industrie bestimmte, langfristig nicht den Anforderungen des Wettbewerbs auf dem Weltmarkt. Probleme bestanden vor allem in der fehlenden Transparenz und in der immer noch zu niedrigen Effizienz.[31] Airbus veröffentlichte keine eigenen Jahresabschlüsse. Erträge und Verluste wurden den Mitgliedsunternehmen gemäß ihrem Kapitalanteil und nicht gemäß den tatsächlich entstandenen Kosten zugeordnet. Da die Partner keinen Einblick in die Bücher der anderen Unternehmen hatten, war die Erreichung kostenmäßiger Effizienz für das Konsortium als Ganzes trotz der erzielten Erfolge nur schwer möglich. Als problematisch erwies sich auch, daß Aufträge nicht in erster Linie nach Produktivitätsgesichtspunkten sondern vor allem nach Aspekten politischer Opportunität vergeben wurden, um Subventionen aus allen Partnerländern sicherzustellen. Die Aufteilung der Endfertigung auf die beiden Standorte Toulouse und Hamburg zog einen erhöhten logistischen Aufwand nach sich.[32] Auch

---

[29] Vgl. zum folgenden Schmidt (1997, S. 159 – 169).

[30] Bei Schmidt (1997, S. 163) findet sich eine Darstellung der Entwicklung der europäischen Industrie.

[31] Vgl. Berg/Schmidt (1998, S. 903) und Schmidt (1997, S.162 – 166).

[32] Die Tatsache, daß das neueste Modell, die A380, sowohl in Toulouse als auch in Hamburg ausgeliefert werden soll, spricht sehr dafür, daß dieses Problem auch zukünftig virulent

war das Beschaffungswesen nicht zentralisiert, so daß nicht alle Produktivitätsreserven ausgeschöpft werden konnten. Zudem waren die Lieferfristen zu lang.

Um die genannten Mängel zu beseitigen, wurde die europäische Luft- und Raumfahrtindustrie nochmals neu organisiert. Wesentlicher Baustein war die Gründung und der Börsengang der EADS am 10. Juli 2000. Damit kam der Konsolidierungsprozeß der Industrie zum Abschluß. Mit Ausnahme der *British Aerospace* (BAe) haben sich die wesentlichen Unternehmen im Flugzeugbausektor zusammengeschlossen. Damit war die Voraussetzung geschaffen, um auch das Airbusprojekt in ein richtiges Unternehmen zu überführen.[33] In Zukunft kann die Wettbewerbsfähigkeit gegenüber Boeing erhalten bzw. – wo noch nicht geschehen – erreicht werden. Der Programmstart der A380, mit dem in die letzte Monopoldomäne Boeings eingebrochen werden soll, und die Schaffung eines eigenen Unternehmens indizieren, daß das Ziel einer mit den Amerikanern gleichwertigen Flugzeugindustrie über 30 Jahre nach Gründung des gemeinsamen Projektes erreicht wurde.

4.2 Die theoretische Analyse – Rententransfer in einem engen Oligopol

Die theoretische Auseinandersetzung mit der Subventionierung des Airbusprojekts findet überwiegend auf der Grundlage der Theorie der Strategischen Handelspolitik statt. Diese hatte an den Schwächen der traditionellen Außenhandelstheorie angesetzt und die dort postulierte Optimalität des Freihandels in Frage gestellt. Insbesondere wurden Bedingungen abgeleitet, unter denen protektionistische Maßnahmen wohlfahrtssteigernd wirken. Ein Schwerpunkt der Debatte war dabei das Argument des Rententransfers, welches für die vorliegende Arbeit einschlägig ist: Der Markt für kommerzielle Großraumflugzeuge ist anbieterseitig ein enges Oligopol, auf dem wegen verschiedener Marktzutrittsschranken Extragewinne erwirtschaftet werden können. Um zu verhindern, daß diese Renten ausschließlich im Ausland anfallen, soll durch staatliche Unterstützungen ein einheimisches Angebot etabliert werden, das zumindest einen Teil der erwarteten Rente für die heimische Volkswirtschaft abschöpft. Dieser neue Ansatz ist in der Wissenschaft nicht unumstritten geblieben. Es wurde sowohl an den Prämissen als auch an den wirtschaftspolitischen Implikationen Kritik geübt. Die theoretische Debatte kann inzwischen als abge-

---

sein wird. Vgl. Bohne (2000). Es wird auch in Zukunft nicht zu erwarten sein, daß die Fertigung an einem Standort konzentriert wird. Die Subventionen, die Airbus weiterhin nachfragt, werden politisch nicht mehr vermittelbar sein, wenn damit nicht auch landeseigene Produktionsstätten verbunden sind.

[33] Die BAe hatte die Einigung auf ein Gemeinschaftsunternehmen sogar zur Voraussetzung für ihre Zustimmung zum Programmstart der A380 gemacht. Vgl. Bohne (2000).

schlossen betrachtet werden, so daß es möglich ist, die Ergebnisse der Theorie darzustellen.

Um die Bedeutung der Theorie der Strategischen Handelspolitik für das Airbusprojekt im speziellen und für die Entwicklung einer industriepolitischen Gesamtkonzeption im allgemeinen erfassen zu können, wird im folgenden ein Überblick über die theoretische Debatte geboten. Zunächst werden kurz die Ergebnisse der traditionellen Handelstheorie dargestellt, um darauf aufbauend die Besonderheit der „neuen" Theorie herausarbeiten zu können. Daran schließt sich die Kritik an der Theorie und ihren politischen Implikationen an, wie sie in der Literatur vorgebracht wurde.

4.2.1 Der Ausgangspunkt – die traditionelle Außenhandelstheorie

Der Beginn der traditionellen Außenhandelstheorie wird in der Regel mit der *Ricardianischen Theorie* der komparativen Kostenvorteile in Verbindung gebracht.[34] Ricardo entwickelte seine These am bekannten Beispiel der Wein- und Tuchproduktion in Portugal und in England.[35] In aller Kürze zusammengefaßt lautet Ricardos Argument folgendermaßen: Ausgehend von einem 2-Länder-2-Güter-1-Faktor-Modell, wobei Arbeit der einzige Produktionsfaktor ist, zeigt Ricardo, daß Außenhandel für beide Länder vorteilhaft ist, selbst wenn ein Land beide Güter günstiger produzieren kann. Die Voraussetzung für die Vorteilhaftigkeit der Aufnahme des Außenhandels ist, daß das Land, welches beide Güter billiger herstellt, bei einem Gut größere komparative Kostenvorteile hat als beim anderen. Die Spezialisierung der beteiligten Länder auf die beiden Güter erfolgt entsprechend der komparativen Kostenunterschiede. Das "billige" Land konzentriert sich auf das Gut, bei dem der relative Kostenunterschied größer ist. Das "teure" Land hingegen stellt das Produkt her, bei dem die relative Differenz geringer ist. Dabei spezialisieren sich beide *vollständig* auf „ihr" Gut. Für Ricardo lag die Ursache für die international unterschiedlichen Kostenstrukturen in langfristig divergierenden Produktionsfunktionen, welche ihrerseits auf voneinander abweichenden Produktionsbedingungen, beispielsweise auf die unterschiedliche Fruchtbarkeit der Böden oder auf unterschiedliche klimatische Bedingungen, zurückgeführt wurden.[36]

---

[34] Bereits Adam Smith hatte eine kostenorientierte Außenhandelstheorie entwickelt. Vgl. hierzu Myint (1977) und Staley (1992, S. 52f.). Allerdings konzentrierte er sich dabei auf absolute Kostenvorteile. Erst mit Ricardos "Entdeckung" der komparativen Kosten entstand die "moderne" Außenhandelstheorie.

[35] Vgl. zum folgenden Ricardo (1992, S. 77 – 93), sowie Bender (1992, S. 426 – 436), Blaug (1996, S. 118 – 123) und Siebert (1994, S. 29 – 37).

[36] Unter der Berücksichtigung der Annahme Ricardos, daß es in seinem Modell nur den einen Produktionsfaktor Arbeit gibt, haben die komparativen Vorteile ihre Ursache in den Unterschieden in der Arbeitsproduktivität. Vgl. Siebert (1994, S. 38).

Der Ansatz Ricardos wurde durch die Ideen von *Heckscher* und *Ohlin* weiterentwickelt.[37] Sie lieferten die Grundlage für das bis in die jüngere Gegenwart dominierende Erklärungsmuster der internationalen Arbeitsteilung. Auch hier wird die Entstehung des Außenhandels mit Hilfe von komparativen Kostenvorteilen erklärt. Im Gegensatz zur ricardianischen Modellwelt werden jetzt aber zwei Produktionsfaktoren unterstellt, es handelt sich also um ein 2-Länder-2-Güter-2-Faktoren-Modell. Die Güter, die in beiden Ländern hergestellt werden, werden hinsichtlich der Intensität der Faktornutzung in der Produktion unterschieden: Es gibt ein kapitalintensives und ein arbeitsintensives Gut. Bei Heckscher und Ohlin werden nun – im Gegensatz zu Ricardos international identischen Produktionsfunktionen[38] – die Unterschiede in der Ausstattung mit Kapital und Arbeit zu den entscheidenden Determinanten des Außenhandels. Sie stellen die Ursache für komparative Kostenvorteile dar. Die unterschiedliche Faktorreichlichkeit in den beiden Ländern führt zu unterschiedlichen Faktorkosten. Daraus ergeben sich komparative Kostenvorteile, da der reichlicher vorhandene Faktor relativ billiger, der knappere relativ teurer ist. Aus diesen Annahmen läßt sich das *Faktorproportionen-* bzw. *Heckscher-Ohlin-Theorem* ableiten: Jedes Land exportiert das Gut, das in der Herstellung den Faktor intensiver nutzt, der in diesem Land reichlicher vorhanden, also relativ billiger ist. Es kommt zu einer Ausweitung der Produktion dieses Gutes im Vergleich zur Autarkiesituation. Die Produktion des Gutes, bei dem ein komparativer Nachteil vorliegt, wird dagegen eingeschränkt. Dabei findet allerdings *keine* vollständige Spezialisierung statt. Jedes Land hat damit einen Export- und einen Importsubstitutionssektor.

Im Laufe der wissenschaftlichen Debatte über die Theorie von Heckscher und Ohlin wurden deren Aussagen verfeinert und weiterentwickelt. Im Mittelpunkt standen dabei die Anpassungsprozesse, die nach der Aufnahme von Außenhandel ablaufen. Dabei wurde vor allem die Frage diskutiert, wie sich die Güterpreise im Vergleich zur Autarkiesituation entwickeln und welche Rückwirkungen das auf die Faktorpreise hat. Nach der Aufnahme des Handels steigt der Weltmarktpreis des kapitalintensiven Gutes im kapitalreichen Land im Vergleich zur Autarkiesituation an, der Preis des arbeitsintensiven Gutes sinkt dagegen. Das umgekehrte Ergebnis tritt im arbeitsreichen Land ein. Gemäß dem *Stolper-Samuelson-Theorem* führt dies zu einem Anstieg des realen Preises des

---

37 Vgl. zum folgenden Bender (1992, S. 436 – 445), Ethier (1994, S. 106 – 109), Hahn (1993, S. 17f.), Hesse (1977, S. 376 – 380) und Siebert (1994, S. 46 – 69). Die Originalveröffentlichungen der beiden Autoren finden sich in Heckscher (1919), Ohlin (1924) und derselbe (1933). Englische Übersetzungen der beiden erstgenannten Werke sowie weitere Informationen zur Entstehungsgeschichte finden sich in Flam/Flanders (1991).

38 Es wird dabei eine traditionelle neoklassische, linear-homogene Produktionsfunktion unterstellt.

in jedem Land intensiver genutzten Faktors, der weniger genutzte Faktor verbilligt sich real. Es läßt sich nun zeigen, daß diese Preisanpassungsprozesse dazu führen, daß sich die realen Faktorpreise vollständig angleichen, auch wenn man vollkommene Faktorimmobilität unterstellt. Dies ist das *Faktorpreisausgleichstheorem*.

Aus diesem theoretischen Rahmen ergeben sich bestimmte empirisch überprüfbare Vorhersagen bezüglich der Entwicklung des Außenhandels. Zusammenfassend ist folgendes zu nennen: Handel ist zwischen den Ländern am ausgeprägtesten, die die größten Unterschiede zueinander aufweisen. Es treten spürbare Wirkungen auf die Einkommensverteilung auf: Der Faktor Arbeit im kapitalreichen Land hat Nachteile aus der Aufnahme von Außenhandel zu erwarten. Exportgüter sind vor allem solche Güter, die in der Produktion den reichlicher vorhandenen Faktor nutzen. Diese Voraussagen konnten empirisch nicht bestätigt werden. Tatsächlich ist der Welthandel am intensivsten zwischen den Industrienationen, die in ihrer Faktorausstattung ähnlich sind. Auch sind die Auswirkungen auf die Einkommensverteilung für den Faktor Arbeit nicht so eindeutig negativ. An diesen Beobachtungen setzte die kritische Auseinandersetzung mit den traditionellen Theorien an. Dabei entstanden neue Ansätze, die den bisher vorgegebenen Rahmen sprengten. Vor allem zwei Aspekte spielten dabei eine entscheidende Rolle. Zum einen findet der Welthandel zwischen ähnlichen Ländern mit ähnlichen Gütern und ähnlicher Faktorintensität statt (*intra-industry trade*). Zum anderen wird versucht, das der Heckscher-Ohlin-Theorie zugrunde liegende Modell der vollkommenen Konkurrenz durch realistischere Annahmen bezüglich des Wettbewerbsverhaltens abzulösen. Aus diesen Quellen speiste sich die Theorie der Strategischen Handelspolitik.[39]

4.2.2 Das Grundmodell – unvollkommene internationale Konkurrenz

Die Debatte, die durch die Strategische Handelspolitik ausgelöst wurde, kann inzwischen als abgeschlossen betrachtet werden. Die Details der Diskussion brauchen daher nicht ausführlich erörtert werden. Im folgenden werden deshalb lediglich die für die Frage nach den Gründen und der Sinnhaftigkeit der Förderung des Airbus wichtigen Ergebnisse dargestellt.[40]

Ausgangspunkt der Theorie der Strategischen Handelspolitik war die Aufgabe der Annahme vollständiger Konkurrenz in der klassisch-neoklassischen Handelstheorie. Statt dessen wurden aus der Industrieökonomik Konzepte unvollkom-

---

[39] Vgl. Hahn (1993, S. 17f.).

[40] Vgl. zum folgenden Bender (1994, insbesondere S. 21 – 44), sowie Bletschacher/Klodt (1992, insbesondere S. 6 – 22).

mener Konkurrenz übernommen. So wurde der Fall eines ausländischen Importmonopolisten analysiert. Brander und Spencer (1981) untersuchten die Möglichkeiten, die ein Land hat, durch Zölle die Renten, die ein ausländischer Monopolist abschöpft, zumindest teilweise ins Inland zu transferieren. Diese für das Inland wohlstandssteigernde Politik ist besonders dann erfolgreich, wenn der ausländische Monopolist mit inländischem Marktzutritt rechnen muß. Damit ist die Verbindung hergestellt zu den Modellen, die oligopolistischen Wettbewerb analysieren.

In dieser Untersuchung wird nur der Oligopolfall einer eingehenderen Untersuchung unterzogen. Beim Airbus ging es der Wirtschaftspolitik nie nur darum, lediglich Renten durch die Erhebung von Zöllen zu Lasten des ausländischen Monopolisten ins Inland umzuleiten. Stets stand die Etablierung eines heimischen, europäischen Unternehmens im Vordergrund.

Das Grundmodell beschreibt zwei Unternehmen aus verschiedenen Ländern, die sich in einer strategischen Interaktion zueinander befinden.[41] Die Güter, die sie produzieren, sind zwar nicht identisch, stehen aber trotzdem in einer Substitutionsbeziehung. Sie konkurrieren miteinander um Marktanteile in einem Drittland. Da die Unternehmen in einem technologieintensiven Bereich tätig sind, führen ihre F&E-Ausgaben dazu, daß ihre marginalen Kosten sinken, was wiederum dazu führt, daß ihr Marktanteil ansteigt. Das hat zur Folge, daß die Forschungs- und Entwicklungstätigkeit nicht mehr nur dazu eingesetzt wird, um die eigenen Kosten zu senken, sondern auch als strategisches Mittel, um einen Marktanteilsvorteil gegenüber dem Wettbewerber zu erringen. Der gesamte Produktionsprozeß stellt sich als zweistufiges Gleichgewicht dar. Zunächst wird von beiden Unternehmen ihr F&E-Niveau festgelegt. Dieses wird dann gegenseitig bekannt gegeben. Danach erfolgt die Festlegung der Ausbringungsmenge. Als grundlegende Verhaltensannahme wird Cournot-Mengenanpassung unterstellt. Das bedeutet, daß auf jeder Ebene die eigene F&E- bzw. Produktionsmenge unter Berücksichtigung der jeweiligen Aktivitäten des Wettbewerbers bestimmt wird, wobei davon ausgegangen wird, daß die eigenen Entscheidungen keine Rückwirkungen auf das Verhalten des anderen haben werden. Dabei kann gezeigt werden, daß der strategische Einsatz von F&E dazu führt, daß mehr in Forschung investiert wird, als dies der Fall wäre, wenn Forschungs- und Entwicklungsaufwendung lediglich nicht-strategisch, also nur zur Kostensenkung, eingesetzt worden wären. Graphisch läßt sich das mit dem Konzept der Reaktionskurven darstellen. Y_i stellt die Produktionsmenge des inländischen, Y_a die des ausländischen Unternehmens dar.

[41] Vgl. Brander/Spencer (1983) sowie Spencer/Brander (1983, S. 708 – 711).

Abb. 4.2: Strategische F&E

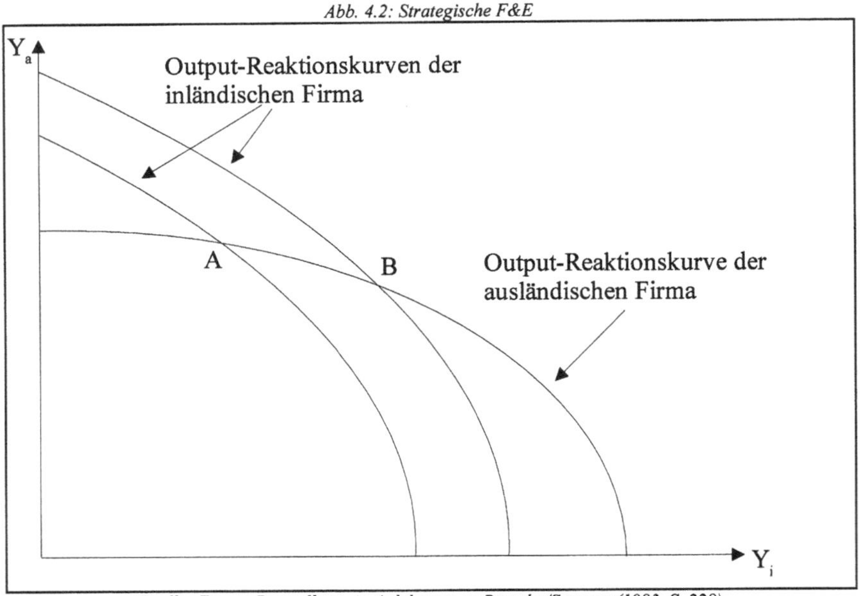

Quelle: Eigene Darstellung, in Anlehnung an Brander/Spencer (1983, S. 228).

Die Reaktionskurven stellen die Ausbringungsmengen dar, die von den konkurrierenden Unternehmen jeweils gewählt werden können in Abhängigkeit von der Ausbringungsmenge des Wettbewerbers. Darin kommt das Cournotsche Wettbewerbsverhalten zum Ausdruck: Der eigene Handlungsparameter wird unter Berücksichtigung der erwarteten Handlungen des anderen festgelegt. Das so ermittelte eigene optimale Verhalten hat dann keine Rückwirkungen auf das Verhalten des Gegenübers. Diese Verhaltensannahme gilt für beide Seiten. Ein Gleichgewicht stellt sich im Punkt A ein, dem Schnittpunkt der Reaktionskurven.

Wenn Forschungsaufwendungen strategisch eingesetzt werden, ergibt sich ein modifiziertes Bild. Die Unternehmen berücksichtigen nun, daß diese nicht nur ihre eigenen Kosten reduzieren, sondern auch positive Auswirkungen auf die Verteilung der Marktanteile haben. Das Ergebnis ist, daß nun mehr in Forschung und Entwicklung investiert wird, als dies unter reinen Kostengesichtspunkten der Fall gewesen wäre. Im Schaubild drückt sich das aus in der Rechtsverschiebung der Reaktionskurve. Das inländische Unternehmen innoviert und produziert mehr. Damit gelingt es, zu Lasten des ausländischen Unternehmens den Gewinn zu erhöhen. Im Schaubild liegt das neue Gleichgewicht im Punkt B. Da von Symmetrie zwischen den beteiligten Unternehmen ausgegangen wird, berücksichtig das Ausland diesen Sachverhalt nun ebenfalls und erhöht dementsprechend die eigenen Forschungsausgaben. Dadurch wird ein neues Gleichgewicht erreicht. Dieses stellt ein Nash-Gleichgewicht dar. Es kann gezeigt werden, daß es durch die folgenden Charakteristika gekennzeichnet ist, durch die es sich vom nicht-strategischen Gleichgewicht unterscheidet:[42]

- Die strategischen F&E-Ausgaben sind höher,
- beide Unternehmen produzieren mehr,
- die Preise sind niedriger und
- beide Firmen erzielen einen geringeren Gewinn.

Durch den strategischen Einsatz der Innovationstätigkeit stellen sich somit beide Unternehmen schlechter. Allerdings werden sie nicht darauf verzichten; es handelt sich um den klassischen Fall eines Gefangenendilemmas. Durch den einseitigen Verzicht auf strategisches Verhalten würde sich ein Unternehmen noch schlechter stellen. Kollusives Verhalten würde dagegen zur gemeinsamen Gewinnmaximierung führen. Dabei ergäbe sich dann auch wieder die bekannte Außenseiterproblematik.

Die Wohlfahrtswirkungen des strategischen Verhaltens sind a priori nicht eindeutig feststellbar. Der erhöhte, nicht kostenminimale Einsatz der F&E führt zu Wohlfahrtsverlusten, die niedrigeren Preise und der höhere Output bewirken dagegen gegenläufige Effekte. Das exakte Ergebnis ist nicht eindeutig bestimmbar. Unter Berücksichtigung mehrerer unterschiedlicher Parameter ist es wahrscheinlich, daß es in der Summe zu einem Anstieg der Wohlfahrt kommt. Strategische F&E ist also gesamtgesellschaftlich betrachtet positiv zu bewerten.[43]

4.2.3 Staatliche Handlungsoptionen

Auf Grund dieser Modellierung des strategischen Wettbewerbs zwischen zwei Unternehmen aus verschiedenen Ländern wird es für staatliche Instanzen möglich, wirtschaftspolitisch aktiv zu werden, um Renten aus dem Ausland ins Inland umzulenken. Voraussetzung hierfür ist zum einen die Existenz eines positiven Gewinns im strategischen Gleichgewicht, zum anderen die höhere Glaubwürdigkeit staatlichen Handelns. In der Literatur werden im einzelnen vor allem drei alternative Maßnahmenoptionen diskutiert, um das Ziel der Rentenumlenkung zu erreichen: F&E-Subventionen, Exportsubventionen und Erziehungszölle. Im folgenden wird auf die drei Möglichkeiten eingegangen.

---

[42] Vgl. Brander/Spencer (1983, S. 229f.).

[43] Vgl. ebenda, S. 230 – 232.

4.2.3.1 F&E-Subventionen

Als Ausgangslage dient hier das beschriebene Modell: Zwei Unternehmen konkurrieren mit Produkten, die nicht identisch sind, aber in einer Substitutionsbeziehung zueinander stehen, um Marktanteile in einem Drittland. Der Prozeß, in dem die Forschungsausgaben und die Produktionsmenge festgelegt werden, läuft entsprechend der obigen Darstellung ab.[44]

Die höhere Glaubwürdigkeit staatlicher Aktionen ist entscheidend dafür, daß das heimische Unternehmen in die Lage versetzt wird, höhere Marktanteile und Gewinne zu erringen, um so einen Rententransfer zu erreichen. Das Handeln der Regierung des subventionierenden Landes wird dann glaubwürdig sein, wenn es sich bereits vor der strategischen Interaktion der Wettbewerber zu einem bestimmten Subventionsniveau selbstverpflichten kann. An dieser Annahme hängt die Wirksamkeit der Strategischen Handelspolitik. Es spricht vieles dafür, daß dies in einem normalen Land für den Staat problemlos möglich ist.[45]

Unter diesen Voraussetzungen kann die Wirtschaftspolitik dem heimischen Unternehmen die Forschungstätigkeit subventionieren. Das wird zur Folge haben, daß der inländische Anbieter seine F&E-Tätigkeit ausweitet, der ausländische wird sie dagegen einschränken. Daraufhin wird der Marktanteil des geförderten Produzenten ansteigen, ebenso sein Profit. Beim ausländischen Unternehmen wird sich das Gegenteil einstellen: Er verliert Marktanteile und Gewinne. Das anvisierte Ziel ist erreicht, Extragewinne werden aus dem Ausland ins Inland transferiert. Durch die Subventionen erreicht das heimische Unternehmen die Position des Stackelbergführers. Dabei läßt sich zeigen, daß aus wohlfahrtstheoretischen Gesichtspunkten die optimale Subventionshöhe größer Null ist. Die umgeleiteten Renten übersteigen die fiskalischen Kosten der Subvention. Der positive Wohlfahrtseffekt tritt in Höhe der Differenz zwischen der Rentenumlenkung und der Subventionshöhe auf. Interventionen des Staates sind deshalb nicht nur möglich, sondern sie sind auch wohlfahrtssteigernd. Damit ist die Optimalität des Freihandels zumindest aus theoretischer Sicht widerlegt. Auch hier verdeutlicht eine Darstellung mit Reaktionskurven den Zusammenhang.

---

[44] Vgl. zum folgenden Spencer/Brander (1983, S. 711 – 715) und Bender (1994, S. 23 – 28).

[45] Spencer/Brander (1983, S. 711) verweisen darauf, daß in einer Bananenrepublik, in der der Staat willfähriger Erfüllungsgehilfe seiner Unternehmen ist, diese Voraussetzung nicht erfüllt ist. Eine gewisse Unabhängigkeit des Staates ist also notwendig.

Abb. 4.3: Optimale F&E-Subventionen

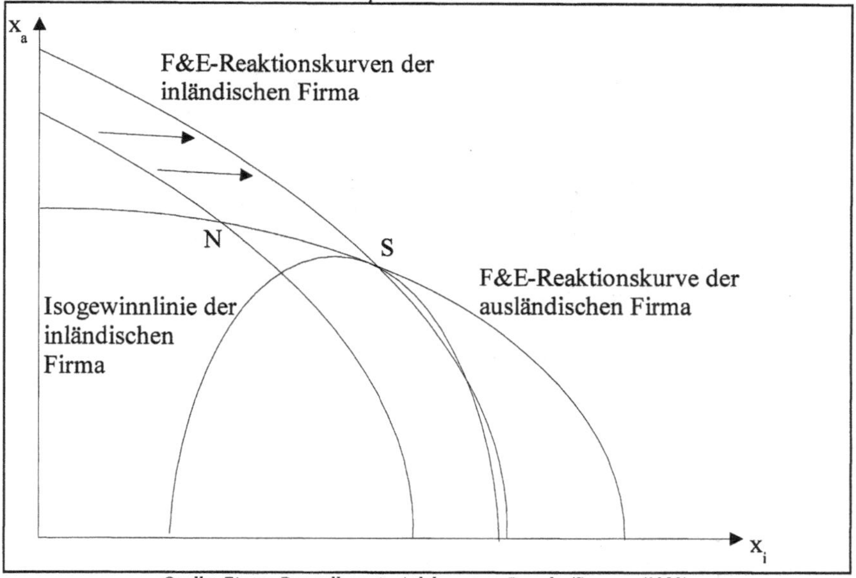

Quelle: Eigene Darstellung, in Anlehnung an Brander/Spencer (1983).

Die Reaktionskurven stellen jetzt die verschiedenen F&E-Aktivitätsniveaus der beiden Firmen (x_i und x_a) in Abhängigkeit der Forschungs- und Entwicklungstätigkeit der jeweils anderen Firma dar. Die Isogewinnlinie bezeichnet den Profit für das inländische Unternehmen. Je niedriger deren Verlauf ist, desto höher ist der Gewinn. Das Gewinnmaximum wird am Tangentialpunkt der Isogewinnkurve des inländischen mit der Reaktionskurve des ausländischen Anbieters erreicht.

Die Position des Stackelbergführers – im Schaubild Punkt S – kann das heimische Unternehmen nicht selbst erreichen; erst durch staatliche Unterstützung ist dies möglich. Dazu muß die Regierung keine weitergehenden Informationen besitzen als das Unternehmen. Der Erfolg dieser Vorgehensweise ist allein der höheren Glaubwürdigkeit des staatlichen Handelns geschuldet: Der Aktionsrahmen im strategischen Wettbewerb zwischen den beiden Unternehmen wird geändert. Auf Grund der Subventionen verschiebt sich für den Inländer die relevante Kostenstruktur. Eine Ausweitung der F&E-Ausgaben ist kompatibel mit dem zweistufigen Nash-Gleichgewicht, in welchem zunächst die F&E-Aktivität und dann der Output festgelegt werden.

4.2.3.2 Exportsubventionen

Als zweites wirtschaftspolitisches Mittel zur Gewinnung von Marktanteilen wurden Exportsubventionen diskutiert.[46] Die Analysenmethode entspricht weitgehend dem Fall der F&E-Subventionen. Es wird wieder von einer Situation ausgegangen, bei denen zwei Unternehmen aus zwei Ländern Güter produzieren, die in einem Drittland abgesetzt werden. In diesem Modell wird unterstellt, daß es sich um identische Güter handelt. Es herrscht wiederum unvollkommene Konkurrenz, die es beiden Firmen ermöglicht, positive Profite zu erwirtschaften. Beide Unternehmen bestimmen ihre Ausbringungsmenge in Abhängigkeit vom erwarteten Output des Wettbewerbers. Gemäß der Cournot-Annahme wird das eigene Verhalten keine Rückwirkungen auf das des Konkurrenten haben. Die Regierung des einen Landes kann nun per Stücksubvention die Produktion der heimischen Firma unterstützen. Der Erfolg hängt auch hier von der erhöhten Glaubwürdigkeit der Politik ab: Verspricht sie vor der Entscheidung über die zu wählende Produktionsmenge eine bestimmte Subvention, ändert sich für das Unternehmen der Rahmen, in dem das eigene Verhalten stattfindet. Die sich daraus ergebenden Effekte sind dann parallel zum Fall der Forschungsförderung zu sehen. Die Wettbewerbssituation kann wiederum mit Hilfe der Reaktionskurven der beteiligten Firmen verdeutlicht werden.

Eine Exportsubvention verschiebt in Abbildung 4.4 die Reaktionskurve des inländischen Unternehmens nach rechts. Statt des Gleichgewichtspunkts N im nicht-kooperativen Gleichgewicht wird jetzt der Punkt S, das Stackelberggleichgewicht, erreicht. Durch das staatliche Handeln gelingt es also auch hier wieder, den Marktanteil und den Gewinn des inländischen Unternehmens zu erhöhen. Der Gewinn des ausländischen Anbieters sinkt dagegen. Zudem geht der Weltmarktpreis des betrachteten Gutes zurück. Es werden also wieder Renten aus dem Ausland in das Inland transferiert. Auch hier kann gezeigt werden, daß der Nettoeffekt der Subvention aus wohlfahrtstheoretischer Sicht für das Inland positiv ist; durch die Exportförderung wird die inländische Wohlfahrt erhöht. Die optimale Subventionshöhe ist also größer Null. Die Wirtschaftspolitik hat folglich einen theoretisch begründbaren Anreiz, in die marktliche Ressourcenallokation einzugreifen.[47]

---

[46] Vgl. hierzu Brander/Spencer (1985, insbes. S. 83 – 90).

[47] Brander/Spencer (1985, S. 90 – 94) zeigen, daß der positive Wohlfahrtseffekt auch dann bleibt, wenn man die negativen Terms-of-Trade Effekte einer Subvention mit einbezieht. Damit wird deutlich, daß die Theorie der Strategischen Handelspolitik zu grundsätzlich anderen Ergebnissen kommt als die traditionelle Außenhandelstheorie.

Abb. 4.4: Exportsubventionen

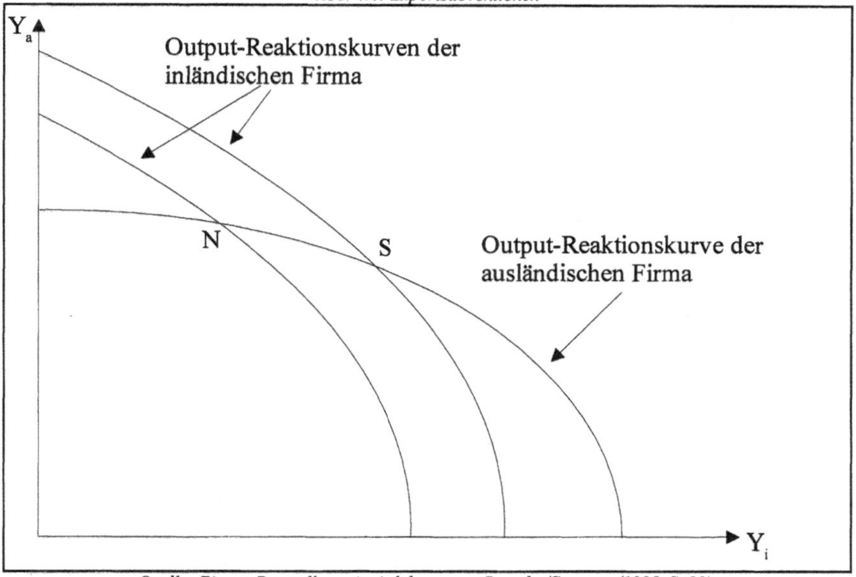

Quelle: Eigene Darstellung, in Anlehnung an Brander/Spencer (1985, S. 88).

Eine Besonderheit stellt sich für den Fall ein, daß das Modell um den strategischen Einsatz der Forschungs- und Entwicklungsaufwendungen der beteiligten Firmen erweitert wird.[48] Wenn dabei wieder Glaubwürdigkeit und Autonomie der Wirtschaftspolitik unterstellt wird, ergibt sich ein modifiziertes Ergebnis. Die optimale Lösung besteht jetzt darin, daß zusätzlich zur Exportsubvention eine Steuer auf Forschung und Entwicklung erhoben wird. Mit der Subvention wird der Rententransfer zu Lasten der ausländischen Firma erreicht. Die Steuer auf Forschungs- und Entwicklungstätigkeiten stellt die produktionsmäßige Effizienz wieder her. Ohne Steuern würden die Unternehmen zu viel in F&E investieren, als aus Kostengründen notwendig wäre. Durch die Steuer wird wieder das effiziente Niveau erreicht.

4.2.3.3 Erziehungszoll

Ein weiterer wichtiger Punkt in der Debatte ist die Wiederbelebung des klassischen Erziehungszollarguments im Kontext der Strategischen Handelspolitik.[49]

[48] Vgl. Spencer/Brander (1983, S. 716f.).

[49] Vgl. Brander (1986), Krugman (1984) und Bender (1994, S. 35 – 37). Die Idee des Erziehungszolls geht auf Friedrich List (1959) zurück, der das Konzept in seinem Werk *Das nationale System der politischen Ökonomie*, das 1841 erstmalig erschien, entwickelte.

Hier dient Protektion in Form von Beschränkungen des Zugangs eines ausländischen Anbieters zum heimischen Markt mittels tarifärer und nicht-tarifärer Handelshemmnisse der Exportförderung heimischer Anbieter. Das gilt prinzipiell sowohl für die erstmalige Etablierung eines inländischen Unternehmens als auch für den Transfer von Renten aus dem Ausland ins Inland. Brander bezeichnet diese Argumentationskette deshalb „*neo-infant-industry argument*".[50]

Der Modellaufbau ähnelt den bereits diskutierten. Es existieren wiederum zwei Unternehmen: ein inländisches und ein ausländisches. Beide produzieren Güter, die in einer Substitutionsbeziehung zueinander stehen. Der Wettbewerb findet auf verschiedenen segmentierten Märkten statt. Dabei wird nicht nur für ein Drittland produziert, sondern auch für die Heimatmärkte der beiden Unternehmen. In bezug auf die Produktionstechnologie werden statische Skalenerträge angenommen. Mit zunehmender Ausbringungsmenge sinken die (Grenz-)Kosten. Als Wettbewerbsverhalten wird ebenfalls Cournotmengenanpassung unterstellt. Dabei gibt es enge Wechselbeziehungen zwischen den einzelnen Größen: Die jeweiligen Grenzkosten der Unternehmen bestimmten deren Ausbringungsmenge, deren Marktanteil und deren Gewinn. Marktanteilsverschiebungen haben aber wegen der Annahme steigender Skalenerträge Rückwirkungen auf die Kosten. Damit ergibt sich ein inverser Zusammenhang zwischen den heimischen und ausländischen marginalen Kosten: Ein Anstieg der Grenzkosten im Ausland führt zum Rückgang der Grenzkosten im Inland und umgekehrt. Unter diesen Voraussetzungen stellt sich ein Gleichgewicht ein. Dieses kann durch staatliche Interventionen nachhaltig beeinflußt und zugunsten des heimischen Anbieters geändert werden.

Um dieses Ziel zu erreichen, schließt die Regierung die ausländische Firma aus dem Inlandsmarkt aus. Alternativ können auch Zölle oder Importquoten eingesetzt werden. Das Ergebnis, das sich dabei einstellt, ergibt sich aus den Annahmen des Modells. Die heimische Firma gewinnt im Inland Marktanteile hinzu. Das führt dazu, daß wegen der *economies of scale* ihre Kosten sinken. Damit verbessert sich die Wettbewerbssituation auf allen anderen Märkten, so daß auch Marktanteilszugewinne gelingen. Letztlich wird sich ein neues Gleichgewicht einstellen, das durch niedrigere Kosten, höhere Marktanteile und höhere Gewinne für das inländische Unternehmen gekennzeichnet ist. Das ausländische hat das exakte Gegenteil zu erdulden. Das folgende Schaubild verdeutlicht das Ergebnis. Der Ausgangspunkt in Abbildung 4.5 ist das nichtkooperative Gleichgewicht im Punkt N. Durch die Protektion verschieben sich die Reaktionskurven: Wegen niedriger Grenzkosten verschiebt sich die inländische Kurve nach außen, die ausländische wegen höher Grenzkosten nach innen. Als neues Gleichgewicht wird der Protektionspunkt P erreicht.

---

[50] Brander (1986, S. 33).

Abb. 4.5: Der Erziehungszoll

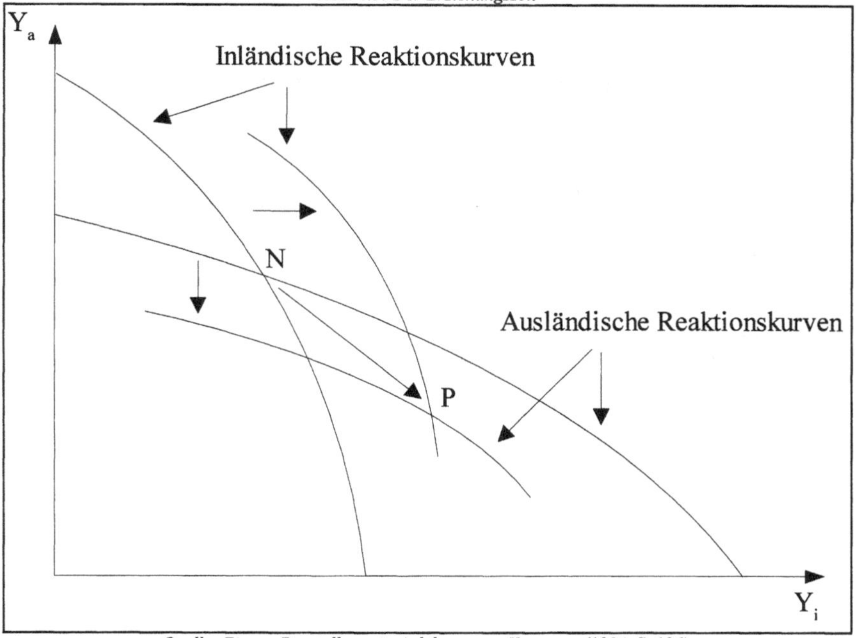

Quelle: Eigene Darstellung, in Anlehnung an Krugman (1984, S. 186).

Dieses neue Gleichgewicht stellt sich auf jedem Markt ein, auf dem die Unternehmen miteinander konkurrieren, mit Ausnahme des protegierten Heimatmarktes, denn hier ist der inländische Anbieter Monopolist. Das neue Gleichgewicht geht einher mit höheren Marktanteilen und Gewinnen für das inländische Unternehmen. Die Politik ist auch wohlfahrtssteigernd. Zwar erhöhen sich für die heimischen Konsumenten die Preise, was zu einem Rückgang der Konsumentenwohlfahrt führt. Dieser findet allerdings zu einem Großteil in Form eines Transfers zugunsten des inländischen Unternehmens statt. Dieses erzielt zudem auf allen anderen Märkten zusätzliche Gewinne. Deshalb ist der Nettowohlfahrtseffekt der Politik für das Inland positiv. Der Erfolg der protektionistischen Politik hängt von der Existenz von steigenden Skalenerträgen ab. Im Beispiel waren das statische. Es kann aber gezeigt werden, daß die Vorgehensweise auch bei dynamischen steigenden Skalenerträgen infolge von F&E oder durch Lerneffekte, die im Flugzeugbau eine besondere Rolle spielen, möglich ist.

4.2.4 Kritik

Diese Modelle sind einer vielfältigen Kritik ausgesetzt gewesen. Im Vordergrund stand dabei das Problem der richtigen Modellierung des Verhaltens der beteiligten Unternehmen und die dem Modell zugrunde liegende Marktstruktur. Daneben wurde auch grundsätzlichere Kritik geübt: Es wurden Fragen eines möglichen Handelskrieges und der negativen Auswirkungen staatlichen Handelns aufgeworfen.

4.2.4.1 Modellierung des Unternehmensverhaltens

In den diskutierten Modellen wurde stets Cournot-Verhalten unterstellt. Darauf ist jeweils ausführlich eingegangen worden. Diese Annahme ist allerdings nicht zwingend, vielmehr kann auch angenommen werden, daß das Wettbewerbsverhalten der Bertrand-Annahme entspricht.[51] In diesem Fall ist nicht mehr die Menge sondern der Preis der entscheidende Wettbewerbsfaktor. Die Unternehmen legen ihren gewinnmaximalen Preis unter Berücksichtigung der Handlungsweisen der Wettbewerber fest.

Das Wohlfahrtsoptimum wird hier durch eine Exportsteuer erreicht. Die Folge ist ein Rückgang der Exporte. Dadurch steigen die Preise an, was wiederum höhere Profite zur Folge hat. Das ausländische Unternehmen profitiert ebenfalls von dieser Politik. Dessen Gewinn steigt an, da es sowohl mehr absetzen kann als auch einen Preiserhöhungsspielraum hat. Die Ursache für den inländischen Wohlfahrtsgewinn ist jetzt nicht mehr ein Rententransfer zu Lasten des ausländischen Unternehmens, sondern ein Abschöpfen der Konsumentenrente im Drittland. Auch hier kann die optimale Lösung durch Reaktionskurven dargestellt werden. In Abb. 4.6 bezeichnen P_i bzw. P_a den Preis der inländischen bzw. der ausländischen Firma. Der Schnittpunkt B der Reaktionskurven liefert das Bertrandgleichgewicht. Die Isogewinnlinien stellen ein um so höheres Gewinniveau dar, je weiter sie von der Abszisse entfernt sind. Wenn nun der Staat eine Exportsteuer erhebt, dann verschiebt sich die Reaktionskurve nach rechts, der inländische Preis steigt an. Im Punkt S – dem Stackelberggleichgewicht – wird das Wohlfahrtsoptimum erreicht. Die Tangente an die Reaktionskurve des Auslands ergibt bei gegebenem Verhalten des ausländischen Unternehmens den höchstmöglichen Gewinn. Die Darstellung verdeutlicht, daß auch der Preis des fremden Anbieters ansteigt.

[51] Vgl. Bletschacher/Klodt (1992, S. 22 – 26), Bender (1994, S. 28 – 32) und Eaton/Grossman (1986, S. 391 – 396).

Abb. 4.6: Optimale Außenhandelspolitik bei Bertrand-Verhalten

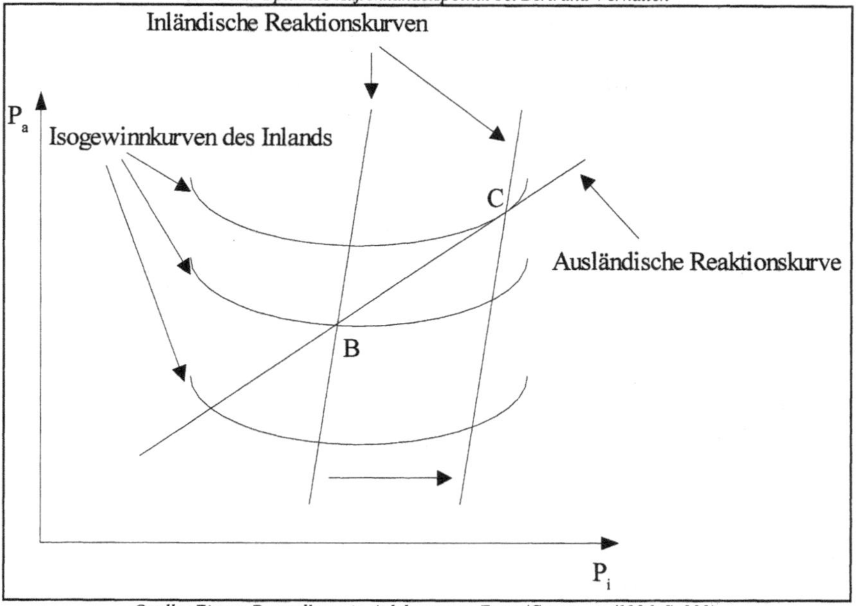

Quelle: Eigene Darstellung, in Anlehnung an Eaton/Grossman (1986, S. 393).

Das besondere dieser Konstellation liegt darin, daß zwischen In- und Ausland eine Interessenkongruenz vorliegt.[52] Es besteht – anders als bei Cournotverhalten – kein Gefangenendilemma. Vielmehr ergibt sich für beide Länder ein Anreiz, gleichgerichtet zu handeln und zu Lasten des dritten Landes bzw. des Rests der Welt die eigene Wohlfahrt zu erhöhen. Die Implikationen für die Handelspolitik sind demnach völlig anders.

4.2.4.2 Marktstruktur

Die Frage der Marktstruktur wurde ebenfalls erörtert.[53] In den oben vorgestellten Modellen wurde diese als gegeben betrachtet; die Zahl der Anbieter war exogen. Diese Annahme ist nur dann zutreffend, wenn es Markteintrittsbarrieren gibt. Wenn dagegen neue Unternehmen den Markt betreten, die Marktstruktur also nicht mehr als feste Größe vorgegeben ist, dann ändert sich das gesamte

---

[52] Vgl. Bender (1994, S. 39f.).

[53] Vgl. Bender (1994, S. 27) und Bletschacher/Klodt (1992, S. 31 – 39).

Bild. Der Modellaufbau und dessen Ergebnisse sehen dann vollständig anders aus:[54]

> „[One can] show that the case for an import tariff/export subsidy based on IRS [increasing returns to scale]/IC [imperfect competition] largely *collapses* when there is free entry of domestic and foreign firms..."[55]

Wenn freier Marktzutritt zugelassen wird, ändert sich das gesamte Kalkül. Die Voraussetzungen für wohlfahrtssteigernden Protektionismus sind dann weggefallen: Es gibt im langfristigen Gleichgewicht keine umzuverteilenden Profite mehr. Mögliche anfängliche Gewinne werden wegkonkurriert. Den Subventionskosten stehen dann keine Rentengewinne gegenüber. Zudem haben Exportsubventionen einen zusätzlichen nachteiligen Effekt. Sie führen zwar dazu, daß die inländische Produktionsmenge ansteigt; das geht aber einher mit Marktzutritten anderer Unternehmen. Neue heimische Unternehmen werden von den temporären Profiten angelockt. Durch diese sinkt die jeweilige unternehmensspezifische Produktionsmenge, so daß die Stückkosten ebenso wie die inländischen Preise ansteigen.[56] Bei Importzöllen ist das Ergebnis etwas anders: Hier ergibt sich der aus der traditionellen Außenhandelstheorie bekannte Terms-of-trade-Effekt. Die strategischen Auswirkungen, wie sie in den neueren Modellen diskutiert werden, bleiben aber aus. Weder werden Renten transferiert, noch Marktanteile umverteilt.

Diese Aussagen gelten für einen einheitlichen Weltmarkt. Bei Segmentierung des Marktes in einen inländischen und einen ausländischen Teil lassen sich dagegen auch für den Fall des freien Marktzutritts positive Wohlfahrtseffekte von Zöllen und Exportsubventionen nachweisen.[57]

Die Existenz von Marktzutrittsschranken ist entsprechend dieser Überlegungen entscheidend für die Möglichkeiten einer strategischen Handelspolitik. Vor allem die Frage, ob es Extraprofite gibt, die durch staatliches Handeln umverteilt werden können, ist für die Wirtschaftspolitik von zentraler Bedeutung. In der empirischen Analyse des Marktes für zivile Großraumflugzeuge wird darauf zurückzukommen sein.

---

[54] Beispiele für Modelle, die eine variable Anbieterzahl zulassen, sind Horstmann/Markusen (1986) und Venables (1985).

[55] Horstmann/Markusen (1986, S. 226), eigene Hervorhebung.

[56] Dementsprechend haben Horstmann/Markusen (1986, S. 1) den Titel ihres Artikels gewählt, der das Programm für ihren Ansatz darstellt: „Up the average cost curve: Inefficient entry and the new protectionism".

[57] Vgl. hierzu Venables (1985, S. 13 – 16).

4.2.4.3 Das Problem des Handelskriegs

Die Frage der Vergeltung bzw. eines möglichen „Handelskriegs" stand schon früh im Zentrum der Auseinandersetzung um die Theorie der Strategischen Handelspolitik.[58] Die in den ursprünglichen Ansätzen deduzierte Optimalität von protektionistischen Interventionen gilt nur unter der Annahme der außenwirtschaftspolitischen Abstinenz des anderen Landes. Der Rententransfer gelingt nur dann, wenn sich das Ausland selbst interventionistischer Aktivitäten enthält. Nutzt es hingegen dasselbe Instrumentarium, das ihm prinzipiell ebenfalls zur Verfügung steht, dann ändert sich der gesamte Ablauf des „Spiels". Der Anreiz zum wohlfahrtssteigernden Eingriff besteht für beide Regierungen. Demzufolge werden sie auch entsprechend aktiv werden. Die Frage, ob es sich hierbei um F&E- oder Exportsubventionen handelt, ist von untergeordneter Bedeutung. Die Cournot-Annahme wird auf das Handeln der Wirtschaftspolitik übertragen. Beide Regierungen legen das optimale Subventionsniveau in Abhängigkeit von dem des jeweils anderen Landes fest. Im Ergebnis wird das dazu führen, daß beide Seiten Subventionen gewähren. Wiederum entsteht ein Gefangenendilemma. Beide Länder würden sich besser stellen, wenn sie gemeinsam auf Subventionen verzichten würden, wohingegen der einseitige Verzicht zu einer Verschlechterung der Lage im Vergleich zur Subventionssituation führen würde. Deshalb ist die Subventionsgewährung die dominante Strategie; das entsprechende Nash-Gleichgewicht stellt sich dementsprechend ein. Diese staatlichen Handlungsweisen führen insgesamt zu einem negativen Wohlfahrtseffekt. Die Subventionen gleichen sich aus, ein Rentenumlenkungseffekt kann nicht stattfinden. Für beide Länder bleiben nur die Subventionskosten. Ein Ausweg aus dem Dilemma böte sich durch eine Verhandlungslösung der beteiligten Länder an. Um dem Außenseiterproblem zu entgehen – es besteht auch bei einer Einigung auf Freihandel ein Anreiz zum Verstoß gegen ein ausgehandeltes Abkommen – bietet es sich an, einen glaubwürdigen Sanktionsmechanismus zu etablieren. Die WTO versucht genau das umzusetzen.

Die Lage stellt sich anders dar, wenn die Verhaltensannahme geändert wird und Bertrand-Preisanpassung unterstellt wird. Dann herrscht Interessenkongruenz zwischen den exportierenden Staaten. Es besteht der Anreiz, ein Exportkartell zu bilden und gemeinsam zu Lasten des Rests der Welt Renten zugunsten der eigenen Unternehmen umzulenken. Damit ergibt sich für den Freihandel eine größere Gefahr, wenn sich zwei handelspolitisch wichtige Länder bzw. Ländergruppen zusammenschließen. Diese Überlegungen machen deutlich, daß die neue Theorie der Strategischen Handelspolitik durchaus geeignet ist, reale Phänomene des empirisch beobachtbaren Welthandels zu erklären.

---

[58] Vgl. zum folgenden als Überblick Bender (1994, S. 37 – 41). Das Problem handelspolitischer Auseinandersetzungen wurde von Brander/Spencer (1983, S. 714f.) und dies. (1985, S. 94 – 98) frühzeitig thematisiert.

4.2.4.4 Negative Effekte staatlichen Handelns

Durch staatliches Handeln entstehen nicht nur Vorteile für ein handelndes Land, sondern es können sich auch negative Auswirkungen ergeben, die die vermuteten Vorteile der wirtschaftspolitischen Interventionen überkompensieren können. Dieser Sachverhalt wird in der Literatur unter dem Stichwort des Staatsversagens diskutiert. Im wesentlichen kreist die Debatte dabei um mögliche *Verdrängungseffekte* und um das Problem des sogenannten *Rent-Seeking.*

- *Crowding-out*

Die bisher dargestellten Modelle zeichnen sich durch eine partialanalytische Betrachtungsweise aus. Sie beschränken sich in ihrer Untersuchung auf die Wirkungen, die staatliche Politik auf die direkt auf den relevanten Märkten agierenden Unternehmen hat. Rückwirkungen auf andere Bereiche der Volkswirtschaft, die nicht Adressat der Interventionen sind, wurden ausgeblendet. Um eine umfassende Wohlfahrtsanalyse durchführen zu können, ist diese Vorgehensweise selbstredend nicht ausreichend.

Die Finanzierungsseite der Subventionen, welche die heimischen Unternehmen fördern sollen, wird in den Modellen nicht berücksichtigt. Das ist dann zu rechtfertigen, wenn man unterstellt, daß der Staat die Mittel durch die Erhebung einer allokativ nicht verzerrenden Pauschalsteuer erhebt. Damit kann das Problem aus den Modellen ausgeschlossen werden. Sofern man diese für die politische Praxis wohl wenig realistische Variante verwirft, müssen andere Finanzierungsquellen und deren Wirkungen analysiert werden. In Frage kommen dabei alle anderen Steuerformen sowie die Finanzierung im Wege der Staatsverschuldung. Damit befindet man sich im Zentrum finanzwissenschaftlicher Debatten, die allerdings nicht spezifisch für industrie- oder außenhandelspolitisches Handeln des Staates sind, weshalb darauf an dieser Stelle nicht detaillierter eingegangen wird.

Ein weiterer *Crowding-out* Effekt ergibt sich, wenn die Spezifität von Produktionsfaktoren, die in oligopolistischen Industrien eingesetzt werden, berücksichtigt wird.[59] Wenn eine bestimmte Industrie gefördert wird, dann wird das zur Folge haben, daß Ressourcen aus nicht geförderten Industrien in diese umgeleitet werden. Sofern die Branchen, die Ressourcen abgeben, auch oligopolistisch strukturiert sind, wird die dort erwirtschaftete Rente zurückgehen, so daß dem Rentenzuwachs in der unterstützten Branche zumindest teilweise in anderen

---

[59] Vgl. Bletschacher/Klodt (1992, S. 26 – 28). Dixit/Grossman (1986) haben die Standardmodelle der Strategischen Handelspolitik um diesen Sachverhalt erweitert.

Branchen ein Rentenverlust gegenüber steht. Verschärft wird das Problem dann, wenn in den Industrien spezifische Faktoren eingesetzt werden, deren Angebot unelastisch ist. Der Wettbewerb um diese Faktoren wird deren Preis nach oben treiben.[60]

Dixit und Grossman (1986) untersuchen in ihrem Modell einen Sektor, in dem Wissenschaftler eingesetzt werden. In diesem Sektor gibt es verschiedene Industrien, die alle um das unelastische Angebot des Faktors Humankapital konkurrieren. Es werden dabei zwei Möglichkeiten der Förderung unterschieden, um Renten aus dem Ausland abzuschöpfen. Entweder können alle oder nur einzelne Branchen gefördert werden. Im ersten Fall wird es nur zu einem Anstieg des Preises für Humankapital kommen; eine Ausweitung der Produktion und damit eine Rentenumlenkung ist insgesamt wegen der Inelastizität des Angebots nicht möglich. Im Gegensatz dazu kann im zweiten Fall das gewünschte Ziel erreicht werden. Voraussetzung hierfür ist allerdings, daß es der Wirtschaftspolitik gelingt, jene Branchen zu identifizieren, die das größte Potential zur Rentenumlenkung haben. Dann wird der Rentengewinn, der durch die Ausweitung der Produktion der geförderten Industrien erreicht wird, größer sein als der Verlust, der sich durch die Outputreduktion in den nicht geförderten Branchen ergibt. Es ist offensichtlich, daß es für die Politik kaum möglich sein wird, die Informationen zu erlangen, die für diese spezifische Vorgehensweise notwendig sind.

Allerdings gibt es Effekte, die durch die Subventionspolitik ausgelöst werden, die ihre negativen Begleiterscheinungen zumindest abschwächen und so die Attraktivität der Strategischen Handelspolitik wieder etwas erhöhen. Das Problem, das im Modell für das *Crowding-out* verantwortlich ist, ist das unelastische Angebot an Wissenschaftlern. Dies führt zum Anstieg ihrer Entlohnung. Sofern das Angebot aber nicht mehr unelastisch ist, wird sich ein anderes Ergebnis einstellen. Die Erhöhung der Entlohnung macht Investitionen in Humankapital rentabler, es werden sich mehr niedrig qualifizierte Arbeiter zu höher qualifizierten weiterbilden. Zudem können ausländische Wissenschaftler durch die höheren Bezüge dazu veranlaßt werden, in das „Förderungsland“ auszuwandern. Damit wird Strategische Handelspolitik wieder eher möglich. Gegebenenfalls können diese Auswirkungen, die im Modell als endogene Effekte der Förderung dargestellt werden, bei politischen Maßnahmen ergänzend berücksichtigt werden.

[60] Vgl. Dixit/Grossman (1986. S. 234). Die Validität dieses Arguments hängt natürlich von der Annahme der Vollbeschäftigung bzw. -auslastung der fraglichen Faktoren ab; für hochqualifiziertes Humankapital eine durchaus wahrscheinliche Vermutung.

- *Rent-Seeking*

In den Modellen der Strategischen Handelspolitik war davon ausgegangen worden, daß die Initiative für wirtschaftspolitische Maßnahmen von der Regierung ausgeht. Sie legt an erster Stelle die Subventionen fest; daran paßt sich dann das geförderte Unternehmen an. Der zeitliche Vorrang des staatlichen Handelns war Voraussetzung für das Funktionieren des strategischen Aspektes der Politik. Die Reihenfolge kann aber auch umgekehrt werden. Nicht nur die Regierung, auch die Unternehmen wissen über die Marktsituation und über die der Politik zur Verfügung stehenden Instrumente Bescheid. Sie haben deshalb die Möglichkeit, auf das Verhalten der staatlichen Stellen Einfluß zu nehmen, um so rentenumlenkende Maßnahmen zu induzieren. Den Unternehmen stehen dabei grundsätzlich zwei Verhaltensoptionen zur Verfügung. Sie können ihr Verhalten am Markt strategisch so ausrichten, daß die Politik mit entsprechenden Subventionen reagiert. Oder sie können Interessengruppen (*Lobbys*) gründen, um auf diesem Wege eine ihnen wünschenswert erscheinende Politik zu erreichen.[61]

In beiden Fällen sind Konstellationen denkbar, bei denen sich durch die Kombination aus privatwirtschaftlichen Aktivitäten und staatlichem Handeln Ergebnisse einstellen, die zwar durch Gewinne für das Unternehmen gekennzeichnet, aber zugleich mit Wohlfahrtsverlusten für die gesamte fördernde Volkswirtschaft verbunden sind. Die Zielfunktionen der Unterstützung nachfragenden Unternehmen und der Volkswirtschaft divergieren: Für das Unternehmen steht nun die direkte Subvention zuzüglich dem indirekten Gewinn durch Rententransfer im Vordergrund, für die Volkswirtschaft als Ganzes nach wie vor der Nettowohlfahrtseffekt, der aus dem Rententransfer abzüglich der Subventionskosten besteht. Bei entsprechender Parameterwahl kann sich ein Ergebnis einstellen, bei dem die maximale „Rente“ des Unternehmens mit einem negativen gesamtwirtschaftlichen Wohlfahrtseffekt einhergeht.

---

[61] Vgl. Bletschacher/Klodt (1992, S. 43 – 52).

4.3 Die empirische Analyse - Der Markt für Großraumflugzeuge als enges Oligopol

Spätestens seit der Übernahme von McDonnell Douglas durch Boeing im Dezember 1996[62] stellt die Flugzeugindustrie fast das ideale Betätigungsfeld für Theoretiker der Strategischen Handelspolitik dar. Es gibt mit Boeing und Airbus zwei große Unternehmen, die für den Weltmarkt produzieren. Beide gehören zu Ländern bzw. Ländergruppen (USA sowie Europa), deren Regierungen die finanzielle Potenz und die politischen Möglichkeiten zur Unterstützung und Subventionierung haben.

Im folgenden wird nun zunächst ein Überblick über die aktuelle Situation auf dem Markt für Großraumflugzeuge gegeben. Dabei wird sich zeigen, daß es sich hierbei um ein oligopolistisches Duopol handelt, bei dem das Instrumentarium der Strategischen Handelspolitik grundsätzlich anwendbar ist. In den darauffolgenden Abschnitten wird der Frage nachgegangen, inwiefern die Kritikpunkte, die gegen die Theorie der Strategischen Handelspolitik vorgebracht worden sind, im untersuchten Markt empirisch relevant sind. Liegen Markteintrittsbarrieren vor? Wie gestaltete sich die handelspolitische Auseinandersetzung mit den USA? Gibt es die aus theoretischer Sicht zu erwartenden negativen Effekte des staatlichen Handelns? Den Abschluß des Abschnitts bildet die Analyse der Beschäftigungswirkungen des Airbusprojekts. Diese Untersuchung ist im Rahmen der empirischen Betrachtung von Relevanz, da die Arbeitsmarkteffekte häufig ein wichtiges (Neben-)Ziel industriepolitischer Aktivitäten in der Praxis sind.

4.3.1 Überblick über die aktuelle Marktlage

Zum Markt für Großraumflugzeuge werden alle Flugzeuge mit einer Passagierkapazität von mindestens 100 Personen gezählt. Auf ihm sind mittlerweile nur mehr Boeing und Airbus aktiv.

---

62 Vgl. Berg/Müller (1997, S. 1).

Abb. 4.7: Überblick über den Markt für Großraumflugzeuge

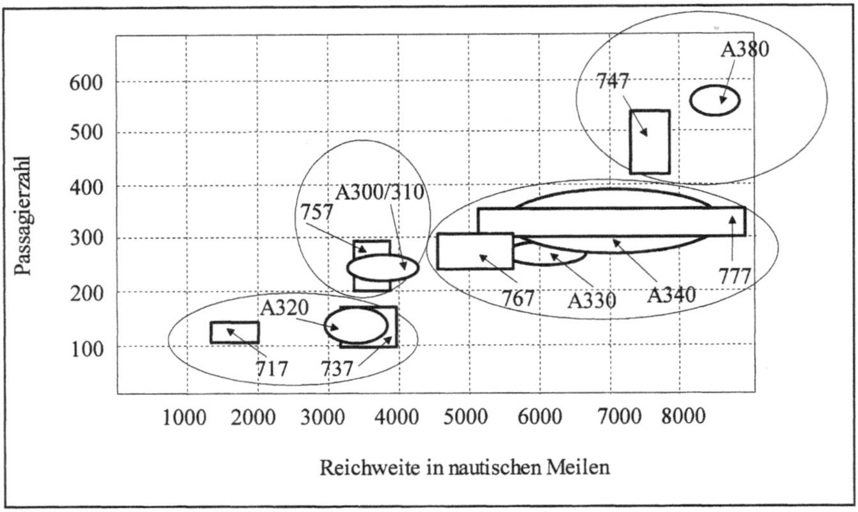

Quelle: Eigene Darstellung mit Herstellerangaben, in Anlehnung an Neven/Seabright (1995, S. 325).

Die Abbildung 4.7 gibt einen Überblick über die verschiedenen Flugzeugtypen in Abhängigkeit von Reichweite und Transportkapazität. Die Flugzeuge von Boeing sind als Rechtecke eingetragen, die von Airbus als Ellipsen. Wie aus der Darstellung deutlich wird, läßt sich der Markt in vier Segmente unterteilen[63]: Das zentrale Unterscheidungsmerkmal ist die Reichweite mit Kurz-, Mittel- und Langstreckenflugzeugen. Zusätzlich wird noch nach der Größe des Rumpfes unterschieden, welche die Transportkapazität determiniert. Folgende Tabelle stellt diese Marktaufteilung dar.

[63] Vgl. Berg/Tielke-Hosemann (1989, S. 119), Hornschild (1992, S. 35 und 62), sowie Neven/Seabright (1995, S. 325f.).

Abb. 4.8: Segmente des Markts für Großraumflugzeuge

Segment		**Boeing**[64]	**Airbus**
I	Short range, narrow body (SRNB)	717, 737, MD80	A320[65]
II	Medium range, medium body (MRMB)	757, 767[66]	A300, A310
III	Long range, medium body (LRMB)	MD11, 777	A330, A340
IV	Long range, wide body (LRWB)	747	A380

Quelle: Eigene Darstellung mit Herstellerangaben.

Diese Einteilung variiert gelegentlich. So unterteilt Boeing selbst nach der Rumpfgröße (Transportkapazität) und erhält dabei drei Segmente. Die Segmente II und III werden zusammengefaßt.[67] Die Aufteilung in vier Segmente ist auf Grund des wirtschaftlichen Gewichts der Segmente III und IV gerechtfertigt. Insbesondere die zu erwartende Bedeutung des Wettbewerbs zwischen der 747 und der A380 läßt eine gesonderte Erfassung sinnvoll erscheinen.[68]

Als Grundlage der Berechnung der Marktanteile wurden jeweils die Flugzeugbestellungen verwendet.[69] Sie geben einen direkteren Einblick in die jeweilige Marktanteilssituation als die Auslieferungen. Wenn sich das Umfeld verschlechtert, wie z.B. nach dem 11. September 2001, reagieren die Fluggesellschaften recht rasch, indem sie Bestellungen zurückstellen oder stornieren. Die Bestellungen verdeutlichen deshalb besser als die Auslieferungen die Schwankungen beim Marktanteil. Problematisch an dieser Berechnungsmethode ist die Tatsache, daß die Stückzahlen und nicht die Umsätze erfaßt werden. Somit erhält der Verkauf einer A320 dasselbe Gewicht wie der einer Boeing 747. Das wird der unterschiedlichen ökonomischen Bedeutung der verschiedenen Flugzeugtypen nicht gerecht. Zu dieser Methode muß aber mangels besseren Zahlenmaterials gegriffen werden.

Die Aufteilung der Marktanteile stellte sich bis zum 30. Juni 2002 folgendermaßen dar: Insgesamt wurden bei Boeing seit 1969 – dem Programmstart der A300 – 8881 Flugzeuge bestellt, das entspricht einem Marktanteil von 60,1%.

---

64 Hier und im folgenden werden, außer wenn es ausdrücklich anders vermerkt ist, MDD und die von dieser Firma entwickelten Flugzeuge unter Boeing subsumiert. Es werden dabei nur die aktuell produzierten bzw. die in der Entwicklung befindlichen Typen erfaßt.

65 Zur Familie der A320 gehören noch die A318, A319 und A321.

66 Die Einordnung der Boeing 767 variiert. Ebenso wie die A321 steht sie an der „Grenze" zwischen Segment II und III.

67 Vgl. Boeing (2001, S. 51).

68 Vgl. dazu auch Airbus (2000, S. 5). Ebenda, auf S. 7 wird ebenfalls eine Unterteilung in vier Segmente vorgenommen.

69 Die Zahlen wurden ermittelt auf der Grundlage von Angaben der Homepages der beiden Produzenten. Vgl. Boeing (2002) und Airbus (2002c).

Bei McDonnell-Douglas lauten die entsprechenden Zahlen 1391 Stück bzw. 9,4%. Airbus erzielte 4503 Bestellungen und dementsprechend einen Anteil von 30,5%. Bei der folgenden Analyse der einzelnen Segmente wurden die Bestellungen seit dem Marktzutritt des entsprechenden Airbus-Modells berücksichtigt. So kann die Wettbewerbssituation angemessen dargestellt werden. Zusätzlich wurden noch die Bestellungen aus dem Jahr 2001 erfaßt.[70]

Abb. 4.9: Marktanteile in den einzelnen Segmenten seit dem jeweiligen Marktstart von Airbus[71]

Segment		***Boeing***	***MDD***	***Airbus***
I	SRNB	4.203 (52,5%)	964(12,0%)	2834 (35,4%)
II	MRMB	1984 (70,2%)	n.a.	843 (29,8%)
III	LRMB	603 (39,4%)	189 (12,3%)	737 (48,2%)
IV	LRWB[72]	45 (34,6%)	n.a.	85 (65,4%)

Quelle: Eigene Darstellung, Herstellerangaben.

Boeing war also seit dem Marktzutritt von Airbus Industrie in allen Segmenten außer im Segment III Marktführer. Die Zahlen für das Segment IV sind wie erläutert verzerrt. Airbus war dagegen im Segment III recht erfolgreich. Hier konnte eine Nische unterhalb der 747 erschlossen werden. Boeing hat mit der 777 erst ziemlich spät auf diese neue Herausforderung reagiert. Die Anteile im Segment II deuten daraufhin, daß das Einstiegsmodell der Europäer, die A300, das am wenigsten erfolgreiche Flugzeug war. Hingegen zeigen die Zahlen im Segment I, daß das Marktvolumen groß genug ist, um für beide Anbieter große Absatzzahlen zu ermöglichen. Die Verteilung der Marktanteile im Jahr 2001 ergibt das folgende Bild:

---

[70] Der aktuellste Vergleich auf Jahresbasis zwischen den beiden Unternehmen wurde auf Basis des Jahres 2001 durchgeführt, da das Geschäftsjahr 2002 noch nicht abgeschlossen ist.

[71] Summen, die nicht 100% ergeben, sind auf Rundungsdifferenzen zurück zu führen.

[72] Die genannten Zahlen stellen ein verzerrtes Bild dar. Airbus gab im Dezember 2000 den Programmstart der A380 bekannt. Im Jahr 2001 wurden 85 Bestellungen erzielt, 2002 bisher noch keine. Boeing vermarktet die 747 seit 1966. Dabei hatte das Unternehmen bisher in diesem Segment eine Quasi-Monopolstellung, die wesentlich zum wirtschaftlichen Erfolg des gesamten Unternehmens beitrug. Insgesamt nahm Boeing bisher 1356 Bestellungen herein, Im Jahr 2000 waren 27, 2001 lediglich 16 und 2002 bisher nur 2. Einer der Hauptgründe für den deutlichen Rückgang ist sicherlich in der Krise nach dem 11. September 2001 zu sehen. Möglicherweise deutet sich aber bereits an, daß das neue Projekt A380 von Airbus wettbewerbsfähiger ist.

Abb. 4.10: Marktanteile in den einzelnen Segmenten 2001

Segment		***Boeing***	***Airbus***
I	SRNB	188 (51,8%)	175 (48,2%)
II	MRMB	89 (59%)	61 (40,7%)
III	LRMB	30 (35,7%)	54 (64,3%)
IV	LRWB	16 (15,8%)	85 (84,2%)
Alle Segmente		323 (46,3%)	375 (53,7%)

Quelle: Eigene Darstellung, Herstellerangaben.

Festzuhalten ist bei diesen Zahlen, daß Airbus 2001 einen größeren Marktanteil errang als Boeing. Nach eigenen Angaben war das Ausmaß des Vorsprungs noch größer, wenn der Wert der Bestellungen berücksichtigt wird: Danach hatte Airbus einen Marktanteil von 61%. Damit erzielte Airbus im dritten Jahr hintereinander sowohl wert- als auch mengenmäßig einen größeren Absatz als Boeing.[73] Bemerkenswert ist der Erfolg von Airbus im Segment II, was auf einen Großauftrag von United Parcel Service für die A300 zurückzuführen ist.[74] Im Jahr 2000 hatten die Fluggesellschaften in diesem Segment nur bei Boeing bestellt, da die A300 am Ende ihres Lebenszyklus angelangt ist. Airbus entwikkelt derzeit eine verkürzte Version der A330, die das Segment neu abdecken soll.[75] Im Segment IV hat sich durch den Programmstart der A380 die Lage grundlegend geändert. Das Monopol Boeings ist aufgebrochen worden. Die zukünftige Entwicklung in diesem Segment wird entscheidend sein für den weiteren Verlauf des Wettbewerbs. Als Reaktion auf die A380 hat Boeing den sogenannten *Sonic Cruiser* angekündigt, ein Langstreckenflugzeug mit einer Kapazität von bis zu 250 Passagieren, das fast Schallgeschwindigkeit erreichen soll. Es ist also zwischen dem Segment III und IV angesiedelt. Dahinter steht die Überzeugung, daß in Zukunft eher schnellere denn größere Flugzeuge benötigt werden. Die Vermarktung des Flugzeugs ist bisher allerdings noch wenig erfolgreich; der Marktstart wurde bereits verschoben. Alternativ wird diskutiert, ein ganz neues Nachfolgemodell für die 747 zu entwickeln.[76]

Vorhersagen über die zukünftige Entwicklung des Wettbewerbs zwischen Airbus und Boeing sind mit großer Unsicherheit behaftet. Unter diesem Vorbehalt stehen auch die hier gemachten Aussagen über mögliche Erfolge der Airbusfamilie. Lange Zeit war von deutlichen Vorteilen Boeings ausgegangen

---

73 Vgl. Airbus (2002b).

74 Vgl. Airbus (2001).

75 Vgl. Marczak (2000) und Auskunft David Voskuhl gegenüber dem Verfasser in einem Telefoninterview am 31. August 2000.

76 Vgl. Friese (2002).

worden. Zuletzt war nach der Übernahme des Konkurrenten McDonnell Douglas angenommen worden, daß Airbus Schwierigkeiten haben würde, im Wettbewerb mit den Amerikanern Schritt zu halten.[77] Seit der Reorganisation des Unternehmens und den Vermarktungserfolgen der A380 gelten die Zukunftsaussichten für Airbus jetzt als deutlich verbessert.[78]

Der so dargestellte Markt kann als enges Oligopol gekennzeichnet werden.[79] Es gibt einen einheitlichen Weltmarkt, da Flugzeuge im wesentlichen weltweit absetzbar sind. Mittlerweile sind nur mehr zwei Anbieter vertreten. Aus diesen Gründen eignet sich die Industrie für eine Analyse im Sinne der Strategischen Handelspolitik. Die Regierungen beiderseits des Atlantiks haben den Sachverhalt genau so erkannt und die Industrien entsprechend gefördert. In Abschnitt 4.1[80] ist das für den Fall des Airbus und Europas dargelegt worden: Die Regierungen haben mit ihren Subventionen die Entwicklung des Airbus erst ermöglicht. Auch die USA haben die amerikanische Industrie unterstützt. Hier spielten neben außenwirtschaftlichen Gesichtspunkten auch militärstrategische Überlegungen eine wichtige Rolle. Lange vor der Entwicklung der „neuen" Handelstheorie wurde die entsprechende Politik in die Praxis umgesetzt. Insbesondere die wechselseitigen Spillovers zwischen militärischer und ziviler Produktion waren das erklärte Ziel der Förderung. Boeing und die Vorgängerfirmen von MDD konnten Erkenntnisse aus dem militärischen Bereich für die zivile Produktion übernehmen.[81] Als signifikantes Beispiel hierfür ist die Boeing 707 zu nennen. Die Entwicklung wurde durch militärische Aufträge abgesichert bzw. erst ermöglicht.[82] Noch heute ist sie in weiterentwickelter Form als AWACS-Luftüberwachungsflugzeug im Einsatz.[83]

---

77 Vgl. dazu Berg/Müller (1997).

78 Vgl. Friese (2002).

79 Hornschild (1992, S. 43f.) sieht das ähnlich, wobei er hervorhebt, daß es sich um ein bilaterales Oligopol handelt, da auch die Anzahl der wichtigen Nachfrager beschränkt sei. Er nennt eine Zahl von 20 wichtigen Airlines. Auch Pomfret (1991) kommt, allerdings nach einer kürzeren Analyse, zum selben Schluß. Vgl. ebenda, S. 272.

80 Vgl. oben ab S. 56.

81 Ein einleitender Überblick über das dreiseitige System aus Pentagon, NASA und Flugzeugindustrie findet sich bei McGuire (1997, S. 27 – 33). Der Autor weist darauf hin, daß ab den 1970er Jahren die Auflösung dieses System einsetzte, zeitgleich mit dem allmählich einsetzenden Aufstieg des Airbuskonsortiums.

82 Vgl. Marczak (1999).

83 Vgl. Boeing (2000b).

4.3.2 Marktstruktur

Im Abschnitt über die theoretischen Grundlagen war das Vorhandensein von Marktzutrittsschranken als eine der wichtigsten Voraussetzungen für die Möglichkeit eines Rententransfers und damit für die Sinnhaftigkeit staatlicher Interventionen im Sinne der Strategischen Handelspolitik identifiziert worden. In der Wettbewerbstheorie spielen Markteintrittsbarrieren im Zusammenhang mit dem potentiellen Wettbewerb eine wichtige Rolle. Danach wird das Wettbewerbsverhalten nicht nur durch die tatsächlichen Wettbewerber bestimmt, sondern auch dadurch, daß möglicherweise Unternehmen aus benachbarten Märkten den eigenen Markt betreten. Ein Marktzutritt wird um so wahrscheinlicher, je höher die Gewinne sind, die der Etablierte auf dem Markt erzielt und je niedriger die Marktzutrittsschranken sind, die einen potentiellen Wettbewerber vom Eintritt in den Markt abhalten können. Sind nun die Markteintrittsbarrieren niedrig, so wird das etablierte Unternehmen darauf verzichten, mögliche Preiserhöhungsspielräume auszunutzen, um nicht den Zustrom von potentiellen Konkurrenten zu provozieren. Sind die Zutrittsschranken dagegen hoch, können die Preise erhöht und Extraprofite abgeschöpft werden.[84] Für den Fall des Marktes für Großraumflugzeuge ist nun zu klären, ob und in welchem Umfang Marktzutrittsschranken vorliegen. Das läßt dann Rückschlüsse darauf zu, ob auf diesem Markt umzulenkende Renten erwirtschaftet werden können und damit Strategische Handelspolitik zumindest prinzipiell Sinn macht.

Es ist in der Literatur weitgehend unstrittig, daß im Fall des zivilen Flugzeugbaus erhebliche Markteintrittsbarrieren vorliegen.[85] Eine der Hauptursachen ist die sehr lange Lebensdauer eines Produkts bzw. Systems, das bis zu 40 Jahre im Einsatz sein kann. Der Lebenszyklus eines Flugzeugs beginnt typischerweise mit seiner Entwicklung, die bis zu 10 Jahre dauert. Darauf folgt die Produktionsphase, die je nach Erfolg eines Flugzeugs 20 Jahre betragen kann. Wenn die Produktion eingestellt ist, besteht weiterhin die Verpflichtung, Ersatzteile zu liefern und Reparaturen durchzuführen. Das kann weitere 10 Jahre in Anspruch nehmen. Mit der langen Lebensdauer geht eine sehr hohe Komplexität des Produkts einher. Es finden ständig technologische Neuerungen statt. Unternehmen, die auf diesem Markt bestehen wollen, werden genötigt sein, andauernd in Forschung und Entwicklung zu investieren. Selbst wenn diese Hindernisse prinzipiell überwindbar sind, wird der Zeit- und Kostenaufwand, um einen solchen

[84] Vgl. Herdzina (1999, S. 68), Schmidt (1993, S. 62 – 65) und Bain (1965), der den Anstoß für die Debatte um Markteintrittsbarrieren gegeben hat. Baumol et al. (1988) haben die Debatte mit ihrer Analyse der Bestreitbarkeit von Märkten erneut belebt.

[85] Vgl. Berg/Tielke-Hosemann (1989, S. 122), Bletschacher/Klodt (1995, S. 72 – 78) und Hornschild (1992, S. 49 – 55).

Markt zu betreten, sehr hoch sein, so daß allenfalls langfristig damit zu rechnen ist, daß ein neues Unternehmen den Markt betritt.

Entsprechend der Bainschen Diktion sind im Markt für Großraumflugzeuge vor allem die folgenden Markteintrittsbarrieren von Belang und werden deshalb jetzt im einzelnen analysiert: Betriebsgrößenvorteile, Produktdifferenzierungsvorteile, absolute Kostenvorteile und Kapitalbedarf.

- **Betriebsgrößenvorteile** (*economies of scale* sowie *economies of scope* auf der Anbieter- und Nachfragerseite):[86] Unter *economies of scale* (Größenvorteile) wird der fallende Verlauf der Durchschnittskostenkurve eines Unternehmens verstanden. Mit zunehmender Ausbringungsmenge sinken die Kosten einer Mengeneinheit des produzierten Gutes. Dies ist auf steigende Skalenerträge zurückzuführen.
  Skalenerträge gibt es im Flugzeugbau sowohl in statischer als auch in dynamischer Hinsicht. *Statische* haben ihre Ursache im hohen F&E-Aufwand, der in der Luftfahrtindustrie anfällt. Die notwendigen Ausgaben, um ein Flugzeug zur Produktionsreife zu bringen, stehen unabhängig von der Zahl der verkauften Flugzeuge fest. Je höher die Absatzmenge ist, desto geringer sind die pro Stück anfallenden Kosten. Besonders eindrucksvoll wird dies bei der Concorde deutlich: Von diesem Flugzeug wurden lediglich neun Stück verkauft. Es ist klar, daß in einem solchen Fall ein Flugzeug nicht profitabel sein kann. In absoluten Zahlen ist von folgenden Größenordnungen auszugehen: Die Entwicklungskosten betrugen für die A300 1,5 Mrd. $ (frühe 1970er Jahre), für Flugzeuge Mitte der 1990er Jahre mehr als 3 Mrd. $ (A330/340 und Boeing 777). Für das jüngste Flugzeugprojekt, die A380, werden F&E-Aufwendungen in Höhe von 10,5 bis 12 Mrd. € veranschlagt.[87] Hornschild hat in einer Beispielsrechnung für die A330/340 ermittelt, daß selbst bei einer Verkaufszahl von 500 Stück der Entwicklungskostenanteil am Verkaufspreis 6% beträgt.[88] Die statischen Skalenerträge stellen versunkene Kosten dar. Die erzielten Ergebnisse, die im Forschungsprozeß generiert werden, können auf Grund ihrer hohen Spezifität außerhalb des Bereichs, für den sie entwickelt wurden, nicht verwendet werden. Allenfalls im Rahmen einer Flugzeugfamilie sind Entwicklungsergebnisse für mehrere Flugzeugmodelle nutzbar. Es handelt sich also um Markteintrittsbarrieren im klassischen Sinne. Die *dynamischen Effekte* entstehen durch Lernprozesse im Herstellungsprozeß. Eine erstmalige prominente wissenschaftliche Erwähnung fand das Phänomen

[86] Vgl. zum folgenden Bletschacher/Klodt (1992, S. 72 – 78) und Hornschild (1992, S. 53 – 55, sowie S. 89 – 92).

[87] Die Schätzungen für den tatsächlichen Entwicklungsaufwand schwanken: Vgl. Bohne (2000), der 10,5 Mrd. € nennt, wohingegen o. V. (2000d) von 12 Mrd. € ausgeht.

[88] Vgl. Hornschild (1992, S. 89f.).

des *learning by doing* bei Arrow (1962), der explizit das Beispiel des Flugzeugbaus zitierte und darauf aufbauend ein Modell des technischen Fortschritts entwarf, das zu einer der Grundlagen der endogenen Wachstumstheorie wurde. [89] Der Einfluß der Lernkurveneffekte wird in der Literatur unterschiedlich beziffert. Die Angaben schwanken zwischen 10 und 20%.[90] Die Lerneffekte werden erst nach einer recht hohen Zahl an produzierten Flugzeugen voll ausgeschöpft. Schätzungen reichen von 700 bis 1000 Stück. Das macht deutlich, daß ein Newcomer einen bedeutenden Kosten- und damit Wettbewerbsnachteil zu verzeichnen hat. Dabei ist davon auszugehen, daß auf Grund von Verbundvorteilen, die sich aus der Produktion einer ganzen Flugzeugfamilie ergeben, die Zahl deutlich (bis auf 200) reduziert werden kann.[91] Ein etablierter Anbieter, der bereits eine Flugzeugfamilie entwickelt hat, besitzt folglich einen doppelten Vorteil aus den Lerneffekten gegenüber einem Newcomer: Zum einen besitzt er infolge seiner Erfahrung in der Produktion niedrigere Kosten. Zum anderen kann er bei neuen Flugzeugen seine Kosten schneller senken als ein Neueinsteiger auf dem Markt. Auch Lerneffekte stellen somit effektive Marktzutrittsschranken dar.

Unter *economies of scope* versteht man Verbundvorteile in einem Mehrproduktunternehmen. Die Produktion verschiedener Güter kann hier zu niedrigeren Kosten erfolgen als bei der Aufteilung auf verschiedene Einproduktunternehmen.[92] Sie entstehen im Flugzeugbau dadurch, daß viele technische Komponenten und Produktionsverfahren bei verschiedenen Flugzeugtypen eines Herstellers gleich sind. Hier können dann Synergieeffekte realisiert werden, die einem neuen Wettbewerber nicht zur Verfügung stehen. Wie erwähnt gehören dazu schnellere Lerneffekte in der Produktion. Verbundvorteile treten auch auf der Nachfrageseite auf. Eine Fluggesellschaft kann im Betrieb erhebliche Kosten einsparen, wenn sie mehrere Flugzeugtypen von einem Anbieter bezieht. Reparatur- und Wartungsaufwendungen sind dann niedriger. Ebenso kann die Ausbildung des Personals kostengünstiger erfolgen. Der Aufwand, der betrieben werden muß, um die Bedienung eines neuen Flugzeugtyps zu erlernen, ist bei Maschinen eines Herstellers geringer. Auch dieser Sachverhalt war für Airbus lange Zeit von Nachteil. Spätestens seit dem Marktstart der A330/340 steht jetzt aber ebenfalls eine Familie zur Verfügung, was nun einen Vorteil für den „neu-etablierten“ Anbieter darstellt.[93] So ist die ein-

[89] Vgl. ebenda, S. 156.

[90] Vgl. Hartley (1993, S. 316f.), der einen Wert von 10% nennt: Eine Output-Verdoppelung führt zu einer Stückkostenreduktion von ca. 10%.

[91] Vgl. Hornschild (1992, S. 91f.).

[92] Vgl. Weimann (2001, S. 322).

heitliche Fly-by-wire-Technologie in allen Airbus-Modellen für das Training des Cockpitpersonals sehr vorteilhaft.

- **Produktdifferenzierungsvorteile** gehören zu den strategischen Markteintrittsbarrieren, die etablierte Unternehmen selber errichten können, um so für potentielle Wettbewerber den Zugang zu erschweren.[94] Durch die Differenzierung der eigenen Produkte deckt ein Unternehmen möglichst viele Marktnischen ab. Potentiellen Wettbewerbern wird der mögliche Marktzutritt über die Entwicklung neuer Produktvarianten oder über die Besetzung von Nischen erschwert bzw. verbaut. Gleichzeitig kann durch eine Differenzierungsstrategie eine hohe Markenloyalität der Nachfrager erzeugt werden, was die Chancen von neuen Anbietern weiter verringert. Präferenzen zugunsten eines Anbieters können z.B. durch eine lange Geschichte erfolgreicher und qualitativ hochwertiger Produkte und durch ein umfangreiches System von Serviceleistungen nach dem Verkauf eines Flugzeugs generiert werden. Boeing hat diese Strategie lange recht erfolgreich umgesetzt. Es wurden fast alle marktrelevanten Segmente besetzt. Das Unternehmen konnte sich durch seine lange und erfolgreiche Unternehmensgeschichte einen treuen Kundenstamm sichern. So setzte British Airways z.B. erst sehr spät Flugzeuge von Airbus ein.[95] Ähnlich ist der überdurchschnittliche Marktanteil von Boeing auf dem nordamerikanischen Kontinent zu bewerten.[96] Erst in neuerer Zeit hat Boeing seine Vorteile gegenüber Airbus zumindest teilweise verloren. Die A330/A340 besetzte eine von Boeing vernachlässigte Nische, was mit der Boeing 747 zusammenhing. Airbus war deshalb in diesem Segment besonders erfolgreich, zumal sich das entsprechende Modell von MDD nur wenig durchsetzen konnte. Zudem scheint es Boeing nicht zu gelingen, das angestammte Monopol bei den Jumbo-Jets aufrechtzuerhalten. Die 747 wurde in den 1960er Jahren entwickelt und wurde zum Hauptgewinnbringer des Unternehmens. Allerdings wurde es versäumt, rechtzeitig für ein entsprechendes Nachfolgemodell zu sorgen. Airbus hat dagegen mit der A380 ein Flugzeug vorgestellt, das die letzte Domäne Boeings erfolgreich erobern könnte. Damit hätte die Produktdifferenzierung von Airbus dasselbe Ausmaß wie von Boeing erreicht. Beide Unternehmen können damit als etabliert gelten. Die Produktdifferenzierungsstrategie beider Anbieter erweist sich nun für andere potentielle Wettbewerber als beinahe unüberwindliche Marktzutrittsschranke. Damit dürfte sich die Aufgabe der Politik allmählich wandeln: Airbus ist nicht mehr der Neuling am Markt, der ohne staat-

[93] Mitteilung per E-Mail vom 23. August 2000 an den Verfasser durch David Voskuhl, EADS Airbus GmbH, Communications.

[94] Vgl. hierzu auch Berg/Tielke-Hosemann (1989, S. 123).

[95] Vgl. Bletschacher/Klodt (1992, S. 76).

[96] Vgl. Neven/Seabright (1995, S. 332).

liche Hilfe nicht überleben kann. Vielmehr besteht nun die Gefahr, daß Airbus und Boeing in Kenntnis der Marktstruktur versuchen, durch kollusives Verhalten ihre Marktstellung auszunutzen. Wettbewerbspolitische Aspekte sollten nun aus europäischer Sicht zumindest ein genauso großes Gewicht erhalten wie industriepolitische.

- **Absolute Kostenvorteile** beziehen sich auf die Größe eines Unternehmens. Sie liegen dann vor, wenn zur Herstellung eines Produktes spezifische Kenntnisse und Fähigkeiten benötigt werden, z.B. besondere Kenntnisse bei der Forschung und Entwicklung oder auch sehr spezielle Liefer- und Absatzbeziehungen, die bereits lange bestehen. Falls zur Produktion ein großer Kapitalstock benötigt wird, können ebenfalls absolute Kostenvorteilen vorliegen. Bei der Herstellung eines Flugzeugs treffen diese Voraussetzungen zu. Wie oben ausgeführt, ist die Entwicklung und die Produktion eines Großraumflugzeugs ein sehr komplexes Unterfangen.[97] Der Lebenszyklus eines Modells ist sehr lang; man benötigt sehr spezifische F&E-Fähigkeiten. Zudem muß ein umfangreicher Kapitalstock installiert werden. Darüber hinaus stellt die Herstellung und der Vertrieb von Flugzeugen besondere Anforderungen an das Humankapital. Etablierte Unternehmen sind gegenüber Newcomern im Vorteil, da sie in den genannten Bereichen umfangreiche Erfahrungen besitzen, die sich ein neuer Wettbewerber erst noch erwerben muß. Diese Überlegungen sprechen dafür, daß auch absolute Kostenvorteile auf dem Markt für zivile Großraumflugzeuge eine relevante Marktzutrittsschranke darstellen.
- Der **Kapitalbedarf** spielt ebenso eine wichtige Rolle. Wie bereits erwähnt, steht am Anfang eines Flugzeugprojektes eine längere und kapitalintensive Entwicklungsphase, in der keine wesentlichen Zahlungseingänge anfallen. Die Bezahlung des größten Teils des Preises findet bei Airbus bei der Auslieferung des Flugzeugs statt. Ein kleinerer Teil wird bereits bei der Festbestellung fällig.[98] Die Folge ist ein hoher negativer *cash flow* während der Entwicklungsphase, die bis zu zehn Jahre andauern kann.[99] Es gibt Untersuchungen, wonach für ein typisches Großraumflugzeug in den 1980er Jahren mit einem kumulierten negativen cash flow von 8 Mrd. $ zu rechnen gewesen sei.[100]
  Dieser Kapitalbedarf läßt sich nur zum Teil über den Kapitalmarkt finanzieren. Als Beispiel sei auf die Entwicklung der A320 verwiesen, das kom-

---

[97] Vgl. oben S. 91.

[98] Auskunft von David Voskuhl an den Verfasser in einem Telefoninterview am 31. August 2000.

[99] Vgl. Hornschild (1992, S. 52). Für die A380 wird mit einer Entwicklungsdauer von knapp sechs Jahren und -kosten von bis zu 12 Mrd. € gerechnet. Vgl. o. V. (2000d).

[100] Vgl. Hornschild (1992, S. 90), der eine entsprechende Studie zitiert.

merziell erfolgreichste Flugzeug der Airbus-Familie. Nach Angaben von Airbus waren für die Finanzierung der Entwicklung der A320 nur teilweise Bankenkredite zu „interessanten“ Konditionen zu erhalten.[101] Die Unternehmen des Konsortiums waren folglich auf Subventionen angewiesen, um das Projekt durchführen zu können. Mittlerweile haben BAe Systems und DASA aber die staatlichen Unterstützungen zurückgezahlt. Das britische Handelsministerium erhält darüber hinaus „royalties“ je verkauftem Flugzeug und damit einen positiven *return on investment* auf die geleisteten Zahlungen. Ohne diesen Sachverhalt überbewerten zu wollen, deutet sich hier doch an, daß angesichts des sehr hohen Kapitalbedarfs ein Kapitalmarktproblem vorliegen könnte. Zwar läßt sich auf der einen Seite die mangelnde Verfügbarkeit von Bankkrediten zu für Airbus annehmbaren Konditionen auch als Ausdruck einer hohen Risikoprämie interpretieren, die die Banken verlangen. Insofern läge dann kein Problem des Kapitalmarktes vor, sondern lediglich eine mangelnde Kompatibilität von Angebot und Nachfrage. Auf der anderen Seite ist aber die Tatsache, daß die britische Regierung mittlerweile mit der A320 eine positive Rendite erzielt, möglicherweise ein Indiz dafür, daß die Planungshorizonte zwischen Kreditanbieter und -nachfrager auf dem Kapitalmarkt zu sehr divergieren, was – falls diese These stimmt – darauf hindeutet, daß die Fristentransformation bei Projekten diesen Umfangs und dieser Dauer nicht vollständig funktioniert. Bei einem entsprechend langen Anlagehorizont ließe sich nämlich durchaus eine positive Rendite erzielen. Darüber hinaus kommt dem staatlichen Engagement bei Projekten dieser Größenordnung eine *Signalling-Funktion* zu. Kreditanbieter werden unter Umständen dazu animiert, Mittel zur Verfügung zu stellen, weil die Unterstützung durch die öffentliche Hand andeutet, daß das Risiko beherrschbar ist.

Diese Überlegungen sprechen dafür, von der Existenz von Kapitalmarktproblemen auszugehen, was generell staatliches Handeln erforderlich macht bzw. rechtfertigt. Das Kapitalmarktdefizit trifft natürlich sowohl den Etablierten als auch den Newcomer im negativen Sinne. Allerdings gibt es einen besonderen systematischen Nachteil für das neue Unternehmen: Zum einen sind seine Forschungsaufwendungen, sein negativer Cash-flow und mithin sein Kapitalbedarf höher, da er die dynamischen Kostenvorteile (Lernkurve, Verbundvorteile) nicht nutzen kann. Zum anderen hat er nicht die Möglichkeit gehabt, durch die erfolgreiche Entwicklung anderer Flugzeuge seine Leistungsfähigkeit in der Vergangenheit unter Beweis zu stellen. Die Risikoeinschätzung wird für ihn deshalb schlechter sein als für

---

[101] Auskunft von David Voskuhl an den Verfasser in einem Telefoninterview am 5. September 2000.

den etablierten Produzenten, was wiederum negative Rückwirkungen auf seine Beschaffungsmöglichkeiten von Kapital über den Markt haben wird.

Zusammenfassend läßt sich sagen, daß es auf dem Markt für zivile Großraumflugzeuge Markteintrittsbarrieren in erheblichem Umfang gibt. Die nachfolgende Abbildung gibt darüber einen Überblick.

Abb. 4.11: Marktzutrittsschranken in der Luftfahrtindustrie

Marktzutrittsschranken	***Luftfahrtindustrie***
Betriebsgrößenvorteile • Economies of Scale • Economies of Scope • Nachfrageseitige Größenvorteile	 • Entwicklungskosten (statisch) und Lernkurve (dynamisch) • Flugzeugfamilie • Reparatur, Wartung, Personal
Produktdifferenzierungsvorteile	• Abdeckung (fast) aller Nischen, Flugzeugfamilie • Kundenbindung
Absolute Größenvorteile	• Komplexität des Systems Flugzeug • sehr langer Produktlebenszyklus • hohe Anforderungen an das Humankapital in Produktion und Vertrieb
Kapitalbedarf	Kapitalmarktprobleme auf Grund • des hohen Finanzierungsbedarfs und • des langen Planungshorizonts

Quelle: Eigene Darstellung.

Auf Grund der genannten marktstrukturellen Gegebenheiten ist zu erwarten, daß es auf dem Markt für Großraumflugzeuge Renten im Sinne der Strategischen Handelspolitik gegeben hat bzw. gibt.

Allerdings ist diese theoretische These nicht ohne weiteres empirisch belegbar. Berg/Tielke-Hosemann (1989, S. 159f.) unterzogen die Gewinnsituation in der Flugzeugindustrie einer Untersuchung. Dabei kamen sie zum Ergebnis, daß Extraprofite nicht nachweisbar seien. Zwar erziele Boeing einen höheren Umsatz je Beschäftigten als andere Unternehmen in der Branche. Allerdings sei die Umsatzrendite deutlich geringer als die anderer dominierender Firmen in anderen Industrien. Die Interpretation dieser Daten ist jedoch nicht einfach. Problematisch ist vor allem, daß die veröffentlichten Geschäftszahlen nicht zwischen zivilen und militärischen Bereichen trennen. Zudem stammen die Daten aus einer Zeit, in der Airbus bereits den Markt betreten hatte.[102] Insofern könnte die vergleichsweise niedrige Umsatzrendite Ausdruck des neu entstandenen Wettbewerbs sein. Trotz dieser unklaren Datenlage spricht einiges dafür, daß auf Grund der großen Relevanz von Marktzutrittsschranken umlenkbare Renten existieren und insoweit staatliche Wirtschaftspolitik im Sinne der Theorie der Strategischen Handelspolitik gerechtfertigt war bzw. ist.

Darüber hinaus ist durch die Untersuchung deutlich geworden, warum es vor dem Airbusprojekt keine langfristig erfolgreiche Konkurrenz aus einem einzelnen europäischen Land gab: Die Aufgabe erforderte eine Kooperation, da das Unterfangen für ein Unternehmen aus einem Land schlicht zu groß gewesen wäre. Weiterhin macht die Analyse der Marktstruktur deutlich, daß ein Marktzutritt durch die Europäer ohne staatliche Unterstützung nicht möglich gewesen wäre. Nach 1969 dauerte es ca. 20 Jahre, bis Airbus eine wettbewerbsfähige Flugzeugfamilie entwickelt hatte und ein weiteres Jahrzehnt, bis mit der A380 Boeing ein Wettbewerbsprodukt in jedem Segment gegenüberstand. Es ist unwahrscheinlich, daß dieser lange Prozeß ohne staatliche Unterstützung zu erreichen gewesen wäre.

4.3.3 Handelspolitische Auseinandersetzung

In der theoretischen Literatur wird die Gefahr der Vergeltung durch das „andere" Land als eines der Hauptargumente gegen die Umsetzung des theoretischen Konzepts in praktische Politik ins Feld geführt. Der Gedanke findet sich bereits im Zusammenhang mit den ersten theoretischen Ansätzen.[103]

In der Realität gab es zwischen den USA und der EG bzw. EU tatsächlich eine lange Auseinandersetzung um die Subventionen für den Airbus vor den entsprechenden Gremien des GATT. Sie läßt sich in drei Phasen unterteilen, die jeweils eng mit der Neuentwicklung von Airbus-Modellen verknüpft sind.[104] Die erste Phase liegt in den 1970er Jahren. Sie war bestimmt durch den Start des Konsortiums und die damit verbundene Entwicklung der A300. Die zweite Phase bildet die erste Hälfte der 1980er Jahre, in die der Start der A320 fällt. Daran schließt sich die kritischste dritte Phase an, die durch die Entwicklung der A330/340

---

[102] Leider fehlt bei den von Berg/Tielke-Hosemann (1989, S. 159f.) veröffentlichten Daten die Jahreszahl.

[103] Vgl. Brander/Spencer (1985, S. 94 – 96): Wenn beide Regierungen subventionieren, dann sinkt die gemeinsame Wohlfahrt unter das subventionslose Niveau.

[104] Vgl. McGuire (1997), der eine umfassende und wegweisende Untersuchung aus Sicht der Theorie internationaler Beziehungen vorgelegt hat.

gekennzeichnet war und ihren Abschluß mit dem Airbusabkommen von 1992 fand.

In der ersten Phase gab es vor allem zwei Streitpunkte zwischen den Handelspolitikern in den USA und in Europa: die Exportfinanzierung und die Frage der Höhe der erlaubten Subventionen für Forschung und Entwicklung. Das Problem der Exportfinanzierung[105] hatte sich durch die Aktivitäten der deutschen und französischen Institutionen ergeben. Auf Grund der behaupteten Unterentwicklung der europäischen Kapitalmärkte im Vergleich zu den amerikanischen hatten die staatlichen Kreditgarantien *Hermes* und *Coface* eine aktive Rolle bei der finanziellen Absicherung der Verkäufe übernommen. Das war auf amerikanischer Seite vor allem beim ersten Verkauf des A300 an eine amerikanische Fluglinie (Eastern Airlines) auf Kritik gestoßen. Die amerikanische Antwort war eine doppelte: Zum einen wurde die eigene Exportförderungsinstitution (Export-Import Bank) zunehmend zugunsten eigener Hersteller, allen voran Boeing, eingesetzt. Zum anderen versuchte man, ein Abkommen zur Beschränkung der Subventionen durchzusetzen. Letzteres gelang 1985 im Rahmen der OECD mit dem *Large Aircraft Sector Understanding* (LASU), mit dem eine abschließende Regelung gefunden wurde.[106] Daß es zu keinem Handelskrieg kam, lag vor allem auch daran, daß die europäische Seite deutlich machen konnte, daß Subventionen auf beiden Seiten des Atlantiks eingesetzt wurden.

Zum bestimmenden Thema wurde die Frage nach der Höhe der erlaubten direkten Subventionen. Mit dem zunehmenden Markterfolg von Airbus wurde dies von den Amerikanern in den Vordergrund gerückt. Das Ergebnis war im Jahr 1979 die Verabschiedung des *Agreement on Trade in Civil Aircraft* im Rahmen des GATT.[107] Das Abkommen sollte die Streitpunkte klären. Nach amerikanischer Interpretation wurde sichergestellt, daß in Zukunft kein unfairer Wettbewerb mehr möglich sein würde. So schrieb Artikel 6 des Abkommens vor, daß sich die Preissetzung eines Flugzeugs an den tatsächlichen Kosten orientieren soll. Die Europäer sahen dagegen eine Bestätigung ihrer Position, da es kein ausdrückliches Verbot von Subventionen gab.

Airbus konnte deshalb in der zweiten Phase mit Unterstützung durch staatliches Geld die A320 entwickeln und auf den Markt bringen. Das Flugzeug wurde ein großer Erfolg. Es gelang, so viele Bestellungen hereinzunehmen, daß auch aus kommerzieller Sicht der Durchbruch erfolgte.[108] Dennoch konnte sich keine entschlossene Anti-Airbuspolitik in den USA durchsetzen. Das lag zum

---

[105] Vgl. zum folgenden McGuire (1997, 48 – 67).

[106] Die Details sind hier nicht von Interesse, vgl. dazu McGuire (1997, S. 61), sowie die dort genannten Quellen. In der weiteren Entwicklung spielte die Frage der Finanzierungssubventionen keine entscheidende Rolle mehr.

[107] Vgl. McGuire (1997, S. 68 – 90).

[108] Vgl. ebenda, S. 99. Mittlerweile wurden knapp 1400 Stück bei Airbus bestellt; mehr als die doppelte Anzahl, die notwendig ist, um alle Kosten zu decken. Vgl. Airbus (2000c).

einen an der Zurückhaltung der amerikanischen Industrie, die Vergeltung durch die Europäer fürchtete, zum anderen an der geschlossenen Haltung der Europäer.[109] Darüber hinaus gab es interne Streitigkeiten in der ersten Reagan-Administration, die die Entwicklung einer kohärenten Politik verhinderten.[110]

Dieser Erfolg beflügelte das Airbus-Konsortium. Die Abrundung der Flugzeugfamilie erfolgte mit der Entwicklung der A330/340. Dieses Projekt erregte erneut Aufsehen in den USA, da es im direkten Wettbewerb zur MD11 stand.[111] Im Gegensatz zu den bisherigen Aktionen war die amerikanische Reaktion nunmehr aber konsequent. Der Fall wurde vor das GATT gebracht. Außerdem wurde direkter Kontakt mit den europäischen Regierungen aufgenommen.[112] Ziel der Europäer in diesem Zeitraum war es, amerikanische Sanktionen als Antwort auf die neuen Flugzeugtypen zu verhindern. Hauptwerkzeug dazu war die Bereitschaft, mit den Amerikanern in Verhandlungen zu treten, um eine abschließende Lösung zu finden.[113] Einen Wendepunkt markierte dabei das deutsche Wechselkursschema, mit dem die Bundesregierung wechselkursbedingte Mindereinnahmen von MBB absicherte.[114] Dessen Verbot durch das GATT und die Einstellung zum 1. Januar 1992 machte den Weg frei für ein umfassendes Abkommen, das im Frühjahr 1992 beschlossen wurde. Die wesentlichen Inhalte sind die folgenden:[115] Zum einen gab es nun eine Höchstgrenze für die staatliche Subventionierung der Entwicklungskosten eines Flugzeugs bei 33%. Gleichzeitig durften indirekte Subventionen (amerikanisches Modell) eine gewisse Grenze (3% des Umsatzes der zivilen Industrie bzw. 4% des zivilen Umsatzes einer Firma) nicht überschreiten. Schließlich wurde noch ein Überwachungs- und Konfliktlösungsmechanismus installiert. Dieses Abkommen ist noch heute gültig. Es hat bis auf weiteres einen transatlantischen Handelskrieg verhindert.

Allerdings hat es auch in jüngerer Vergangenheit Meinungsverschiedenheiten zwischen den Europäern und den Amerikanern gegeben. Diese wurden jeweils beigelegt bzw. eskalierten nicht. Sie machen allerdings deutlich, daß grundsätzlich die Gefahr eines Handelskrieges nicht vollständig obsolet geworden ist. Das gilt um so mehr, als die amerikanische Politik seit dem 11. September 2001 stärker als zuvor an nationalen Interessen ausgerichtet ist. Im Zusammenhang mit der Übernahme von McDonnell Douglas durch Boeing kam es zu divergierenden Ansichten zwischen den amerikanischen und europäischen Wettbe-

---

[109] Vgl. McGuire (1997, S. 100f.).

[110] Vgl. ebenda, S. 105 – 108.

[111] Vgl. ebenda, S. 114. Darüber hinaus wurde damit zumindest in Teilbereichen erstmalig ein Wettbewerb mit der 747 möglich, unstrittig das kommerziell wichtigste Modell für Boeing.

[112] Vgl. McGuire (1997, S. 118 – 121).

[113] Vgl. ebenda, S. 135.

[114] Vgl. ebenda S. 143. Auch bei den europäischen Partnern war das Schema umstritten. Trotzdem wurde eine einheitliche Position aufrechterhalten. Vgl. ebenda, S. 149f.

[115] Vgl. McGuire (1997, S. 155).

werbsbehörden bezüglich der wettbewerbspolitischen Beurteilung des Zusammenschlusses. Während die *Federal Trade Commission* (FTC) die Fusion genehmigte, drohte die Europäische Kommission mit einer Untersagung. Nach Verhandlungen mit den amerikanischen Unternehmen wurde schließlich eine Genehmigung unter Auflagen erteilt. Die amerikanische Regierung hatte für den Fall eines Verbots der Fusion mit handelspolitischen Gegenmaßnahmen gedroht.[116] Die staatliche Förderung der Entwicklungskosten für die A380 hat erneut Kritik in den USA hervorgerufen, da der Wettbewerb auf dem Weltmarkt ihrer Meinung nach verzerrt würde.[117] Bisher haben sich daraus aber noch keine weitergehenden Spannungen beiderseits des Atlantiks ergeben.

Die folgende Abbildung gibt einen Überblick über die Entwicklung der handelspolitischen Auseinandersetzungen zwischen Europa und den USA.

Abb. 4.12: Handelspolitische Konflikte um das Airbusprojekt

Phase	***Konflikte und deren Lösungsansätze***
A300	• Exportfinanzierung – abschließende Regelung im LASU (1985) • Subventionen für Forschung und Entwicklung – Versuch einer Lösung im „Agreement on Trade in Civil Aircraft“ (1979)
A320	• F&E-Subventionen • kaum Konflikte mit den USA wegen Uneinigkeit in der dortigen Regierung
A330/340	• F&E-Subventionen • Deutsches Wechselkursschema • Endgültige Regelung im bilateralen Abkommen (1992): definitive Beschränkung der Höhe von F&E-Subventionen.
A380	• F&E-Subventionen

Quelle: Eigene Darstellung.

Die vorstehende Übersicht verdeutlicht, daß das hauptsächliche Konfliktthema die Frage nach der Höhe der direkten Subventionen für Forschungs- und Entwicklungsaufwendungen war. Das deutsche Wechselkursschema war nur ein temporäres Phänomen, dem die Grundlage durch das Verbot durch das GATT entzogen wurde. Das bilaterale Abkommen zwischen den beiden Handelsblöcken von 1992 regelt die Obergrenzen für die Subventionen abschließend und für beide Seiten. Allerdings machen die jüngsten Erfahrungen um die A380 deutlich, daß das Konfliktpotential weiterhin besteht. Jedoch war der Einigungswil-

[116] Vgl. dazu Fox (1998).
[117] Vgl. Handelsblatt (2001).

len bei den Beteiligten stets so groß, daß ein Handelskrieg vermieden werden konnte. Die in der theoretischen Literatur geäußerten Befürchtungen haben sich somit nicht bewahrheitet.

Die Ursachen hierfür sind vielfältig. Wie bereits angedeutet, lag dies an einer insgesamt zurückhaltenden US-Politik, die ihre Ursache in bürokratischen Problemen und in einer Industrie hatte, die sich nicht zu einer schärferen Gangart entschließen konnte.[118] Wichtig ist aber auch die sehr geschickte Vorgehensweise der Europäer. Solange Airbus nicht als Problem in der politischen Öffentlichkeit wahrgenommen wurde, konnte die zielgerichtete Förderung erfolgen. Nachdem die amerikanische Politik aktiv geworden wahr, reagierte man flexibel, ließ sich auf Verhandlungen ein und schloß entsprechende Abkommen. Dabei gelang es dem Verbund aus Politik und Wirtschaft, die wesentlichen Ziele für Airbus zu erreichen. Die angestrebte Flugzeugfamilie konnte entwikkelt und etabliert werden. Wichtig dabei war die geschlossene Haltung. Als einziger Fehltritt ist das deutsche Wechselkursschema zu bezeichnen. Entgegen den von den Kritikern der Strategischen Handelspolitik geäußerten Befürchtungen konnte das theoretische Konzept durchaus erfolgreich in die Praxis umgesetzt werden.

4.3.4 Negative Effekte staatlichen Handelns

Wie oben ausgeführt, spielen bei der Kritik an den Ansätzen der Strategischen Handelspolitik mögliche negative Folgen staatlichen Handelns eine wichtige Rolle: Auf das *Crowding-out* und das *Rent-seeking* ist aus theoretischer Sicht bereits verwiesen worden. Im folgenden wird darauf aus der Perspektive des Marktes für zivile Großraumflugzeuge eingegangen, insbesondere natürlich im Hinblick auf die Airbusförderung.

4.3.4.1 Crowding-out

In bezug auf mögliche Verdrängungseffekte finden sich in der Literatur kaum Ausführungen. Selbst Autoren, die dem Argument aus theoretischer Sicht große Bedeutung zumessen, äußern sich dazu aus empirischer Perspektive kaum.[119] Demzufolge können hier nur mögliche Wirkungsketten in Anlehnung an die

[118] Darüber hinaus wurden auch politische Überlegungen wirksam. Das amerikanische State Department nahm eine sehr restriktive Haltung ein. Ihrer Sichtweise nach rechtfertigte die Luftfahrtindustrie keine allgemeine Verschlechterung der transatlantischen Beziehungen. Vgl. McGuire (1997, S. 129).

[119] Vgl. zum Beispiel Bletschacher/Klodt (1992, S. 69 – 95), die in ihrer Fallstudie über den Flugzeugbau hierauf nicht eingehen. Die Ursache dafür dürfte in der schlechten Datenlage liegen.

obigen theoretischen Erörterungen skizziert und auf ihre Plausibilität hin untersucht werden. Dabei wird an dieser Stelle nicht auf mögliche Verdrängungswirkungen der Steuererhebung eingegangen.

Wie bei den theoretischen Überlegungen ausgeführt[120], ergeben sich mögliche Verdrängungseffekte aus zweierlei Gründen: Zum einen können Renten in anderen oligopolistischen Industrien wegfallen, sofern sie Produktionsfaktoren an den geförderten Sektor abgeben müssen. Zum anderen kann eine Förderung dazu führen, daß der Preis für spezifische Produktionsfaktoren ansteigt, deren Angebotsfunktion unelastisch ist, wie z.B. beim Humankapital. Dann führt die Förderung lediglich zum Anstieg der Entlohnung des zunehmend knapper werdenden Faktors. Eine Produktionsausweitung, die notwendig wäre, um Renten aus dem Ausland umzuleiten, kann nicht stattfinden.

Die Bedeutung des ersten Effekts dürfte im vorliegenden Fall lediglich von untergeordneter Bedeutung sein. Die Ursache hierfür liegt darin, daß der Markt für zivile Großraumflugzeuge wie kaum ein anderer ein klassisches Oligopol darstellt.[121] Es dürfte kaum eine Industrie zu finden sein, in der die Möglichkeiten für die Umleitung von Renten so groß sind wie auf diesem Markt. Insofern wird der potentielle Rentenzuwachs hier höher sein als der entsprechende Verlust auf Märkten, die Ressourcen abgeben.

Der zweite Fall des humankapitalbedingten *Crowding-outs* träte dann ein, wenn sich infolge der Förderung Rückwirkungen auf die Löhne oder Knappheitsphänomene auf dem Arbeitsmarkt zeigten. Allerdings ist die betreffende Industrie von der Größenordnung her zu klein, so daß keine weitergehenden Rückwirkungen aus gesamtwirtschaftlicher Sicht auf den Arbeitsmarkt zu erwarten sein dürften. So waren von 1980 bis 2000 ca. 70.000 Personen in der gesamten Luft- und Raumfahrtindustrie beschäftigt. Zu Beginn der 1990er Jahre gab es einen Hochpunkt mit ca. 95.000 Beschäftigten, danach ging die Zahl zunächst zurück, bevor sie Ende des Jahrzehnts wieder anstieg.[122] Die Ursache hierfür war der Rückgang im militärischen Bereich: Die Beschäftigung im zivilen und im Raumfahrtbereich war dagegen nur leicht rückläufig bzw. blieb konstant.[123] Das spricht dafür, daß zumindest in den 1990er Jahren in Deutschland eher ein Überangebot an Arbeitskräften im Bereich der Luft- und Raumfahrttechnik vorherrschte, so daß Crowding-out-Effekte nicht festgestellt werden konnten und auch in Zukunft wohl nicht zu erwarten sind. Die Zahlungsunfähigkeit des Regionalflugzeugherstellers Fairchild Dornier hat zudem zu einer Vergrößerung des Angebots an qualifiziertem Humankapital geführt. EADS versucht, die Lage zu nutzen und Mitarbeiter des gescheiterten Unternehmens

---

[120] Vgl. dazu oben S. 82f.

[121] Vgl. oben S. 90 und Brander (1986, S. 31).

[122] Vgl. BDLI (2000c) und BDLI (2002). Der Bundesverband der Deutschen Luft- und Raumfahrtindustrie (BDLI) ist der Interessenverband dieser Industrie in Deutschland.

[123] Vgl. BDLI (2000e).

an sich zu binden.[124] Darüber hinaus ist der Bereich der Luft- und Raumfahrttechnik so spezialisiert, daß allenfalls geringere Berührungspunkte beispielsweise mit dem Maschinenbau bestehen. Auch das dürfte die möglichen Verdrängungswirkungen zu Lasten anderer Sektoren begrenzen.[125]

4.3.4.2 Rent-seeking

Rent-seeking ist in der Luft- und Raumfahrtindustrie nur sehr schwer empirisch zu belegen und zu beziffern. Wie oben bei der Beschreibung der Geschichte dargestellt, war die Wirtschaftspolitik die treibende Kraft bei der Bildung eines Konsortiums zur Produktion ziviler Großraumflugzeuge in Europa. Insofern ist davon auszugehen, daß auch im Fall der Airbusförderung das notwendige Primat der Politik gewahrt blieb. Allerdings hat es immer wieder Versuche seitens der Industrie gegeben, auf das Verhalten der Politik Einfluß zu nehmen. Prominentestes Beispiel hierfür ist sicherlich die Übernahme der MBB GmbH durch Daimler-Benz.[126] Nachdem die geplante Fusion durch das Bundeskartellamt untersagt worden war, genehmigte sie der Bundeswirtschaftsminister im Wege einer Ministererlaubnis. Darüber hinaus wurde ein Wechselkursschema installiert, das Daimler-Benz vor den Risiken übermäßiger DM-Aufwertungen schützen sollte. Diese besondere Behandlung, die später Anlaß für handelspolitische Auseinandersetzungen zwischen Europa und den USA wurde, ist nur verständlich vor dem Hintergrund des großen Einflusses, den das Unternehmen Daimler-Benz in der Bundesrepublik Deutschland besitzt. Die staatlichen Aktivitäten alleine durch das Bemühen der Wirtschaftspolitik um eine starke Stellung der deutschen bzw. europäischen Luftfahrtindustrie in der oligopolistischen Auseinandersetzung mit der US-Industrie erklären zu wollen, dürfte in diesem Falle zu kurz greifen. Es spricht viel dafür, daß das industriepolitische Handeln auch das Ergebnis von *Lobbying* und *Rent-seeking* war.

4.3.5 Beschäftigungswirkungen der Airbusförderung

Industriepolitische Maßnahmen wurden und werden in der Bundesrepublik Deutschland stets auch damit begründet, daß sie dazu beitrügen, Arbeitsplätze zu sichern. Das war bzw. ist im Falle der Steinkohleförderung der Fall, ebenso wie bei der Unterstützung der Landwirtschaft. Im folgenden wird deshalb der Frage nachgegangen, inwieweit diese Überlegungen beim Airbusprojekt eine

---

[124] Vgl. ftd.de (2002a).

[125] Die Debatte um die sogenannte Greencard für IT-Fachleute indiziert, daß es derzeit eher einen Engpaß in diesem Segment des Arbeitsmarkts gibt.

[126] Vgl. hierzu Berg/Schmidt (1998, S. 905f.) und Maenning/Hölzer (1999, S. 194f.).

Rolle gespielt haben. Zu Beginn der Geschichte im Jahre 1969 war das Arbeitsplatzargument sicherlich noch nachrangig, herrschte doch zu dieser Zeit noch Vollbeschäftigung. Mittlerweile ist aber die Beseitigung der Massenarbeitslosigkeit zur zentralen Aufgabe der Wirtschaftspolitik geworden. Deshalb ist eine Untersuchung der Beschäftigungswirkungen notwendig, um die Airbusförderung im Rahmen der gesamten industriepolitischen Praxis Deutschlands angemessen einordnen zu können.

Um die Wirkungen der wirtschaftspolitischen Maßnahmen möglichst umfassend erfassen zu können, werden die Beschäftigungszahlen der gesamten Luft- und Raumfahrtindustrie als Grundlage der Analyse verwendet. Zahlen auf niedrigerem Aggregationsniveau sind nur schwer erhältlich. Zudem bietet diese breite Zahlenbasis die Gewähr, daß auch die Auswirkungen bei den Zulieferern und nicht nur die bei den Unternehmen des Airbuskonsortiums selber erfaßt werden.[127]
Zur Darstellung der Entwicklung der Beschäftigung stehen Daten ab dem Beginn der 1970er Jahre zur Verfügung. Die Zahl der Beschäftigten ist stärkeren Schwankungen unterworfen gewesen.[128] Die Abbildung 4.13 gibt darüber einen Überblick. Es werden sowohl die Daten des Statistischen Bundesamtes als auch des Bundesverbandes der deutschen Luft- und Raumfahrtindustrie (BDLI) dargestellt. Auf Grund von divergierenden Abgrenzungen ergeben sich teilweise beträchtliche Unterschiede. 1988 ergab sich so beispielsweise eine Differenz von 20.000 Beschäftigten, was auf Basis der BDLI-Zahlen einer Abweichung von 21,3% entspricht. Der BDLI schließt anders als das Bundesamt bestimmte Zulieferbetriebe (z.B. Hersteller von Werkstoffen) in die Branche mit ein.[129] Die Tendenzen in der Entwicklung bleiben allerdings die gleichen, die Tief- und Hochpunkte in den Beschäftigtenzahlen stimmen weitestgehend überein.

---

[127] Bei der Analyse werden Daten des Statistischen Bundesamtes und des Branchenverbandes BDLI verwendet. Die Daten des BDLI stammen von dessen Homepage. Teilweise wurden diese im Rahmen einer Untersuchung bereits im September 2000 erfaßt. Die damaligen Links sind heute nicht mehr zugänglich. Die Zahlen werden trotzdem benutzt, da sie detaillierter sind als die momentan im Internetauftritt des Verbandes erhältlichen.

[128] Vgl. zum folgenden Rosenthal (1993, S. 27 – 47) sowie Statistisches Bundesamt (1978ff.).

[129] Wie dargestellt, ist das für den vorliegenden Zweck durchaus angemessen.

Abb. 4.13: Beschäftigungsentwicklung in der deutschen Luft- und Raumfahrtindustrie

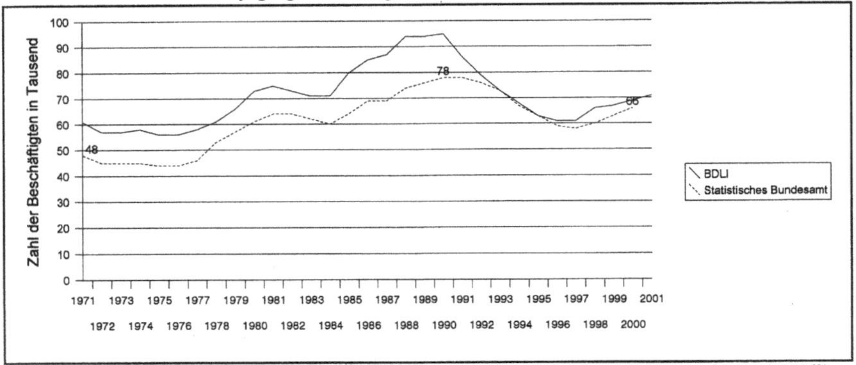

Quellen: Eigene Darstellung, Daten aus BDLI (2000b, 2000c, 2002) und Statistisches Bundesamt (1978ff.).

Bis 1977 gab es nach beiden Zeitreihen eine stagnierende Entwicklung. Danach setzte ein Aufwärtstrend ein, der seinen Höhepunkt 1990 erreichte. Damals waren 95.000 bzw. 78.000 Beschäftige in der Luft- und Raumfahrtindustrie tätig. Danach nahm die Beschäftigung bis 1997 kontinuierlich auf 61.000 bzw. 58.000 ab. Nach einer kurzen Stabilisierung stieg die Beschäftigung in jüngster Zeit wieder auf 71.000.[130] Das Niveau Ende der 1990er Jahre entspricht dem zu Beginn der 1980er. Erklären läßt sich dieser Verlauf hauptsächlich durch die Schwankungen im militärischen Bereich, wie durch die Abbildung 4.14 deutlich wird.

[130] Nach einer Untersuchung des BMWI (2001, S. 5) waren im Jahr 2000 in der Luft- und Raumfahrtindustrie insgesamt 82.000 Menschen beschäftigt, davon 72.000 in der Luftfahrtindustrie.

Abb. 4.14: Beschäftigte in der deutschen Luft- und Raumfahrtindustrie, gegliedert nach verschiedenen Segmenten

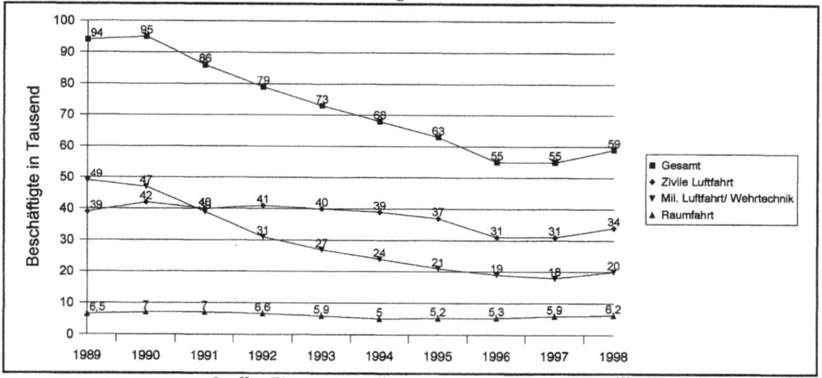

Quelle: Eigene Darstellung, Daten aus BDLI (2000e).[131]

Deutlich ist zu erkennen, daß der Rückgang der Beschäftigung nahezu ausschließlich auf den militärischen Bereich zurückzuführen ist. Ab 1991 machte sich die veränderte Weltlage bemerkbar, was zu einer Reduktion der militärischen Produktion und damit einhergehend der Beschäftigung in diesem Bereich führte. Der im Zusammenhang mit dieser Arbeit vor allem interessierende zivile Bereich hatte in der kontraktiven Phase nur einen geringfügigen Rückgang zu verzeichnen; bereinigt war 1998 wieder das Niveau von 1994 erreicht.

Insgesamt kann also festgehalten werden, daß die Beschäftigungseffekte durchaus begrenzt waren. Selbst bei weiter Abgrenzung waren in Deutschland stets weniger als 100.000 Beschäftigte in der Luft- und Raumfahrtindustrie tätig, im zivilen Bereich meist unter 50.000. Aus gesamtwirtschaftlicher Sicht ist das eher eine marginale Größenordnung. So gab es 1999 40,5 Mio. Erwerbspersonen[132]. Insofern erscheint das Arbeitsplatzargument für die Rechtfertigung der Airbussubventionierung wenig geeignet, zumal wenn man berücksichtigt, daß seit dem Beginn der 1990er Jahre die Zahl der Arbeitnehmer in der Branche eher wieder rückläufig bzw. stagnierend ist.[133] Dieses Urteil ist allerdings zu relativieren, wenn man sich vergegenwärtigt, wie hoch aktuell die Beschäftig-

[131] Zwischen 1995 und 1996 findet ein Bruch statt, der auf eine statistische Umstellung zurückzuführen ist. Es werden nur noch die Mitgliedsunternehmen des BDLI erfaßt. Das betrifft aber zu über 80% lediglich den zivilen Bereich. Die Gesamtbeschäftigtenzahl ist in dieser Abbildung zum Ende der 1990er Jahre auf Grund dieses statistischen Problems unterzeichnet. In BDLI (2002) werden die Zahlen für die Unternehmen, die nicht Mitglied im BDLI sind, wieder aufgenommen.

[132] Vgl. Statistisches Bundesamt (2000).

[133] Zu einem ähnlichen Schluß kommt auch Rosenthal (1993, S. 35 – 38), der zusätzlich auf ungünstige Zukunftsprognosen für die Branche verweist.

tenzahl im Steinkohlebergbau ist, der ja nach wie vor in erster Linie aus Gründen der Arbeitsplatzsicherung gefördert wird. Je nach verfügbarem Zahlenmaterial beträgt die Zahl der Beschäftigten um oder etwas unter 50.000.[134] Damit übersteigt die Anzahl der Arbeitnehmer in der Luft- und Raumfahrtindustrie die der Beschäftigten im Steinkohlebergbau um knapp 30%, wenn man die Luftfahrtindustrie als Basis nimmt. Die Branche hat damit eine Größenordnung erreicht, die sie für Politiker aus Gründen der Arbeitsplatzsicherung interessant macht. Daher ist davon auszugehen, daß die Förderung der deutschen Luft- und Raumfahrtindustrie nicht mehr nur wegen des strategischen Wettbewerbs mit den Amerikanern oder wegen des Hochtechnologiepotentials erfolgt, sondern zunehmend auch auf Grund ihrer arbeitsmarktpolitischen Bedeutung. Wenn man sich die Erfahrung mit der bundesdeutschen Praxis der Industriepolitik vergegenwärtigt, dann steht zu erwarten, daß die Airbusförderung vor dem Hintergrund des Arbeitsplatzarguments in Zukunft Bestand haben wird.

Neben diesen quantitativen Beschäftigungsaspekten spielen auch qualitative eine wichtige Rolle. Das Qualifikationsniveau der Beschäftigten in der Luft- und Raumfahrtindustrie ist recht hoch. Das zeigt sich zum Beispiel daran, daß der Anteil der Angestellten anders als in den meisten anderen Industriebranchen höher ist als der Anteil der Arbeiter.[135] Darüber hinaus sind 25% aller Beschäftigten in der Luft- und Raumfahrtindustrie im Bereich F&E tätig. 21% haben einen Hochschul- bzw. Fachhochschulabschluß. 31% sind auf Ingenieurs- bzw. Technikerebene angesiedelt. Die Industrie weist mithin einen relativ hohen Humankapitalbestand auf.[136] Sie ist damit zusätzlich im Sinne der Neuen Wachstumstheorie förderungswürdig.[137]

Zusätzliche Ergebnisse, die das Arbeitsplatzargument der Airbusförderung stützen, ergeben sich, wenn die Analyse der Beschäftigungswirkungen um eine regionalpolitische Komponente erweitert wird: Die Beschäftigung in der Luft- und Raumfahrtindustrie ist nämlich regional sehr stark konzentriert. Bemerkenswert ist dabei vor allem die Dominanz Bayerns. Mit 24.387 waren über 41% aller Beschäftigen im Freistaat tätig.[138] Hamburg und Bremen weisen ebenfalls eine relativ hohe Zahl an Beschäftigten in diesem Sektor auf. In Bremen gab es 1998 278.277 sozialversicherungspflichtige Beschäftigte.[139] Davon ent-

[134] Vgl. dazu oben S. 28.

[135] Vgl. Statistisches Bundesamt, Fachserie 4, Reihe 4.1.1, 1999, S. 29.

[136] Vgl. Rosenthal (1993, S. 36).

[137] Zur Bedeutung des Humankapitals im Rahmen der Neuen Wachstumstheorie vgl. unten S. 174 – 175.

[138] Dieser Sachverhalt ist vor allem auf das Engagement von Franz Josef Strauß zurückzuführen, der eine besondere Rolle bei Airbus spielte. Für eine kritische Einschätzung seiner Rolle vgl. McGuire (1997, S. 127).

[139] Vgl. Bundesanstalt für Arbeit (o. J.).

fielen auf den Luft- und Raumfahrtbereich immerhin 1,5%. In Hamburg waren 1998 731.363 Menschen beschäftigt.[140] Der Anteil der Luft- und Raumfahrtindustrie betrug damit 1,1%. Diese Zahlen sind recht hoch. Aus regionalpolitischer Sicht ergibt sich demnach eine hohe beschäftigungspolitische Relevanz des Airbusprojekts. Für Bremen und Hamburg ist die Luft- und Raumfahrtindustrie, und dabei allen voran „der Airbus", ein wichtiger Arbeitgeber.

Abb. 4.15: Regionale Verteilung der Beschäftigung in der Luft- und Raumfahrtindustrie 1998

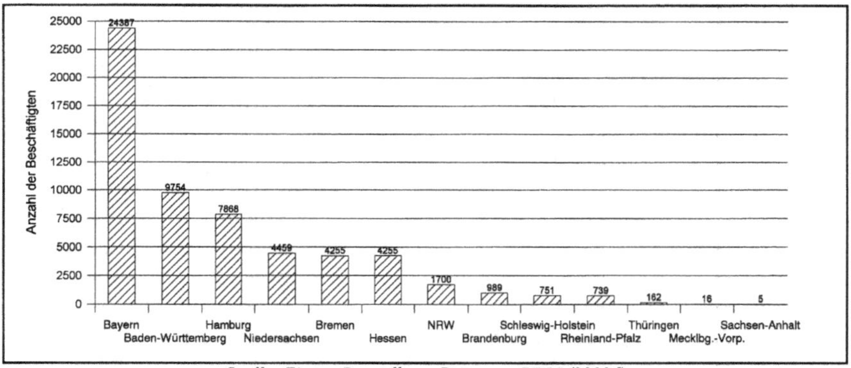

Quelle: Eigene Darstellung, Daten aus BDLI (2000d).

Hier folgt die Industriepolitik dem bekannten deutschen Muster: Sie wird kombiniert mit Zielsetzungen der regionalen Wirtschaftsförderung. Auch die traditionellen Empfänger sektoraler Wirtschaftsförderung wie Steinkohle, Landwirtschaft und Schiffsbau weisen eine besondere regionale Struktur auf. Der Unterschied besteht allerdings darin, daß in diesen Fällen die Zielrichtung eine rückwärtsgerichtete ist und die Politik darauf aus ist, den Strukturwandel zu verlangsamen bzw. ganz aufzuhalten. Im Gegensatz dazu stellt sich die Luft- und Raumfahrtindustrie, insbesondere das Airbusprojekt, als Branche dar, die auch in Zukunft noch Wachstumsperspektiven besitzt. Damit wird deutlich, daß auch unter den spezifischen deutschen Rahmenbedingungen eine zukunftsorientierte Industriepolitik möglich ist, selbst wenn sie sich eher an den traditionellen Vorgaben wie regionale Wirtschaftsförderung und Arbeitsplatzsicherung orientiert.

Diese Überlegungen belegen, daß eine Politik im Sinne der Strategischen Handelspolitik möglich ist. Es konnte eine Industrie identifiziert werden, die sich als enges Oligopol als geeignet erwies. Ein europäischer Anbieter konnte zunächst technisch, später auch kommerziell erfolgreich etabliert werden. Auf einem ursprünglich allein von amerikanischen Anbietern dominierten Markt

[140] Vgl. Wirtschaftsbehörde Hamburg (o. J.).

konnten wesentliche Marktanteile errungen werden, die grundlegende Voraussetzung für den intendierten Transfer von Renten waren. Abschließend wird noch der Frage nachzugehen sein, inwiefern der zu vermutende Rententransfer positive Wohlfahrtseffekte für die europäische Volkswirtschaft hatte. Dies geschieht im nächsten Abschnitt anhand der Analyse verschiedener empirischer Untersuchungen.

4.4 Wohlfahrtseffekte der Airbusförderung

Mehrere Autoren haben anhand von Kalibrierungsmodellen versucht, die Wohlfahrtseffekte der Subventionen zugunsten des europäischen Flugzeugherstellers zu schätzen: Baldwin und Krugman (1988), Klepper (1990) bzw. (1994), sowie zuletzt Neven und Seabright (1995). Pomfret (1991) hat die Beiträge von Baldwin und Krugman sowie von Klepper einer kritischen Würdigung unterzogen.

Die empirische Analyse Strategischer Handelspolitik ist aus methodischer Sicht nicht unproblematisch.[141] Es gibt aus bis heute noch keinen Konsens darüber, wie unvollkommene Konkurrenz zu modellieren ist. Darüber hinaus steht Datenmaterial in den entsprechenden Branchen nicht in ausreichendem Maße für alle relevanten Parameter zur Verfügung. Schließlich können die Werkzeuge der Marginalanalyse nicht ohne weiteres übernommen werden, da in den untersuchten Branchen strategische Politik nicht-marginale Änderungen nach sich zieht. Für das erste Problem gibt es keine Lösung, die beiden anderen versucht man mit folgender Prozedur in den Griff zu bekommen: Es wird ein Partialmodell für die relevante Branche erstellt. Ein Teil der Größen (z. B. Nachfrageelastizitäten) wird aus Branchenstudien übernommen, der Rest wird so modelliert, daß sich als Ergebnis die tatsächliche Marktsituation ergibt. Danach werden Simulationen durchgeführt, um zum Beispiel die Frage zu klären, was passiert wäre, wenn Airbus nicht den Markt betreten hätte. Aus den so gewonnenen Ergebnissen können dann Rückschlüsse auf Wohlfahrtswirkungen gezogen werden.

Baldwin und Krugman (1988) untersuchten den Markt für zivile Großraumflugzeuge und dessen Entwicklungsperspektiven. In ihrer Analyse kommen sie zum Ergebnis, daß auf Grund der Kostenstrukturen ein Monopol vorläge, wenn es die europäischen Subventionen nicht gegeben hätte. Anfang der 1970er Jahre existierten drei Anbieter auf dem Markt: Boeing, Lockheed und McDonnell Douglas. Während Lockheed zum Zeitpunkt der Untersuchung bereits aus dem Markt ausgetreten war, beurteilten die Autoren die Zukunftsaussichten von MDD recht negativ und sprachen dem Unternehmen nur eine sehr untergeord-

[141] Vgl. dazu Baldwin (1988a, S. 224f.), der einen guten Einblick in die Methodik gibt.

nete Rolle im Wettbewerb zu. Lediglich Airbus wurde auf Grund der staatlichen Unterstützung als glaubwürdiger Konkurrent Boeings betrachtet. Um die Wohlfahrtseffekte abschätzen zu können, beschränkten sich die Autoren auf eine Analyse der Wirkungen der Subventionierung der A300 und des entsprechenden Konkurrenzprodukts auf Seiten Boeings, der 767. Aus theoretischer Sicht deduzierten sie die beiden folgenden Effekte: Der Marktzutritt von Airbus führte dazu, daß erstens der Weltmarktpreis sank und zweitens die Produktion Boeings zurückging. Auf Basis dieser Überlegungen führten sie verschiedene Simulationen durch, um die einzelnen Aspekte der Airbusförderung analysieren zu können.[142] Die Resultate der Simulation besagen, daß durch den Marktzutritt von Airbus die Weltnettowohlfahrt zurückging. Hauptgrund hierfür ist der starke Rückgang der amerikanischen Produzentenrente sowie zu einem geringeren Umfang die negative europäische Produzentenrente. Die Autoren gingen davon aus, daß Airbus mit der A300 auch langfristig Verluste machen würde, eine Einschätzung, die realistisch ist. Die Konsumenten profitieren dagegen in ihrem Modell in allen drei beteiligten „Ländern" (USA, Europa und „Rest der Welt"). Die Nettoposition Europas, die für die Politik den primären Handlungsindikator darstellt, ist leicht negativ. Der Zugewinn an Konsumentenrente reicht nicht ganz aus, um den Verlust von Airbus und die Subventionsaufwendungen des Staates zu kompensieren.[143] Pomfret zitierte allerdings eine Untersuchung von Katz und Summers[144], wonach die Berücksichtigung von den bei den europäischen Beschäftigten anfallenden Renten („labor rent") das Ergebnis positiv werden läßt.

Klepper (1990 und 1994) erzielte im Prinzip dieselben Ergebnisse. Er entwickelte ein dreistufiges Kalibrierungsmodell, mit dem er sehr nahe an die theoretischen Ansätze der Strategischen Handelspolitik herankam. Die erste Stufe ist die Selbstverpflichtung der Regierungen, mit Hilfe von Subventionen den Marktzutritt zu ermöglichen. In der zweiten Stufe planen die Anbieter ihre

[142] Zu den Details vgl. Baldwin/Krugman (1988, S. 65 – 70). Es werden vor allem alternative Modellierungen der Nachfrage unterschieden. So werden unterschiedliche Werte für die direkte Preiselastizität angenommen. Ebenso wird untersucht, welche Auswirkungen eintreten, wenn die Nachfrage nach den Flugzeugen nicht als gegeben angenommen wird, sondern sich für den Fall, daß Airbus nicht in den Markt eingetreten wäre, anders entwikkelt hätte: Die Nachfrager hätten ihre Käufe dann in die Zukunft verschoben, da ein alternatives Modell erst später zur Verfügung gestanden hätte. Die Boeing 767 wurde erst einige Jahre nach der A300 auf den Markt gebracht. Diese intertemporale Nachfragesubstitution hat Rückwirkungen auf die ermittelten Wohlfahrtseffekte. Pomfret (1991, S. 274) gibt die Untersuchung von Baldwin/Krugman (1988) wieder und entscheidet sich für die realistischere Annahme der intertemporalen Substitution. Diesem Beispiel wird hier gefolgt.

[143] Es lassen sich aber Konstellationen formulieren – niedrige Preiselastizität und niedrige soziale Diskontrate – bei denen der Nettowohlfahrtseffekt für Europa positiv ist.

[144] Vgl. Pomfret (1991, S. 274), der auf Katz/Summers (1989, S. 103f.) verweist.

Kapazität. In der letzten Stufe werden schließlich die Preise bestimmt. Das Modell wurde so gebildet, daß als Ergebnis die tatsächliche Marktentwicklung abgebildet werden konnte. Um die Wirkungen des subventionierten Marktzutritts ermitteln zu können, wurden dann alternative Marktstrukturen untersucht. Die dabei auftretenden Differenzen in der Produzenten- und Konsumentenrente sind dann das Maß für die Wohlfahrtseffekte des Projekts Airbus. Der Autor bezog in die Untersuchung im Gegensatz zu den vorgenannten Autoren alle Flugzeugtypen von Airbus und die der Wettbewerber (Boeing und MDD) mit ein. Die Weltnettowohlfahrt sinkt in signifikanterem Ausmaß als bei Baldwin und Krugman. Ursache hierfür ist wiederum der starke Rückgang der amerikanischen Produzentenrente. Die europäische Produzentenrente liefert einen leicht negativen Beitrag. Alle Konsumenten profitieren; deren Gewinn kann hier für Europa den negativen Einfluß der Verluste für Airbus ausgleichen.

Aus europäischer Wohlfahrtssicht war nach diesen Studien die Subventionierung des Airbus im Ganzen ein Erfolg, bedingt allerdings nur durch die Zunahme der Konsumentenrente. Der Marktzutritt von Airbus kann somit auch als wettbewerbspolitische Maßnahme charakterisiert werden.[145] Das eigentliche Ziel der Rentenumlenkung wurde jedoch nicht erreicht.

In beiden Arbeiten wurde darüber hinaus Cournot-Mengenanpassung unterstellt. Diese Verhaltensannahme war in der theoretischen Analyse bereits als notwendige Voraussetzung für die Möglichkeit eines Rententransfers abgeleitet worden. Dasselbe gilt auch jetzt im Rahmen der empirischen Kalibrierungsmodelle: Wenn Preiswettbewerb angenommen wird, ergeben sich andere Resultate. Als Folge der preislichen Konkurrenz zwischen Boeing und Airbus wird der Preis niedriger sein als bei Mengenanpassung. Dadurch verstärkt sich der positive Effekt auf die Konsumentenrente: Die Weltwohlfahrt wird insgesamt positiv; dabei profitieren alle Nichtproduzenten. Für Europa ergibt sich dagegen insgesamt ein negativer Wohlfahrtseffekt. Zudem rückt das eigentlich intendierte Ziel der Rentenumlenkung in weite Ferne: Bei niedrigeren Preisen und intensiverem Preiswettbewerb entstehen geringere umzuverteilende Profite.[146]

Neven und Seabright (1995) führten eine weitere empirische Untersuchung zum Thema durch. Ihr Modell weicht etwas von den bisher analysierten ab. So bezogen sie auch MDD mit ein. Weiterhin wurde auch die Entscheidung über neue Flugzeugmodelle in das Modell integriert. Die Angebotspalette eines Flugzeugbauers ist damit nicht mehr gegeben. Zudem umfaßt ihre Untersuchung alle Flugzeugmodelle seit den frühen 1960er Jahren bis zum Ende des vergangenen Jahrhunderts, so daß auch mögliche Nachfolger der Boeing 747 modelliert werden können, auch wenn damals die Programmentscheidung für die A380 noch nicht gefallen war. Die Autoren nahmen an, daß sowohl Boeing als auch Airbus in diesem Segment aktiv werden, was sich zumindest für Airbus als zutreffend

[145] Vgl. Pomfret (1991, S. 276).
[146] Vgl. ebenda, S. 274f.

erwiesen hat. Über das weitere Vorgehen Boeings ist noch kein abschließendes Urteil möglich. Auch ihrem Modell liegt als Wettbewerbsverhalten Mengenanpassung zugrunde. Die Anbieter entscheiden darüber, ob ein Modell für ein bestimmtes Marktsegment entwickelt werden soll. Dabei ist die Entscheidung abhängig vom erwarteten Kapazitätswettbewerb zwischen allen Produzenten, wenn das zu entwickelnde Flugzeug dann auf dem Markt ist. Es wird also Mengenanpassung in Form der vorzuhaltenden Produktionskapazitäten unterstellt.[147] Das Modell führt zu Ergebnissen, die teilweise erheblich von denen der anderen Studien abweichen. So gelangen die Autoren zu dem Schluß, daß die Effekte des Airbus-Marktzutritts auf die Preise eher gering bis vernachlässigbar, die Wirkungen auf die Profite von Boeing und MDD dagegen sehr markant waren. Daraus folgt, daß die Konsumentenrente durch Airbus deutlich weniger beeinflußt wurde, als das die anderen Modelle vermuten lassen. Dagegen findet in ihrem Modell aber ein signifikanter Transfer der Produzentenrente aus den USA nach Europa statt. Damit werden gemäß dieser Studie die Ziele der europäischen Politik erreicht. Die Weltwohlfahrt sinkt, die Europäer erzielen aber einen positiven Wohlfahrtseffekt.

Ein zentrales Problem in allen Untersuchungen stellt die Frage nach den Wettbewerbern neben Airbus und Boeing dar, in erster Linie also MDD. Dabei geht es letztlich wieder darum, inwiefern es in diesem Markt relevante Marktzutrittsschranken gibt, die die Entstehung von Renten und damit Rententransfer überhaupt ermöglichen. Die Übernahme von MDD durch Boeing, welche faktisch einem Marktaustritt gleichkam, konnte noch nicht in die Simulationen eingearbeitet werden. Baldwin und Krugman (1988, S. 71) gingen davon aus, daß der Weltmarkt maximal zwei Unternehmen Platz bietet. Pomfret (1991, S. 275) bestritt dies dagegen mit dem Hinweis auf die bestehende Marktpräsenz von MDD und einem möglichen zukünftigen Marktzutritt von Lockheed. Aus seiner Sicht ist dies ein weiteres Argument gegen die Möglichkeit der Rentenumlenkung zugunsten Europas. Die Marktzutrittschranken erscheinen überwindbar, Renten gibt es mithin nicht. Neven und Seabright (1995, S. 320f.) zitierten den „Starfish effect“ aus der Biologie, wonach das Auftreten eines dritten Feindes die Situation des schwächeren Zweiten stärkt. Sie vermuteten deshalb einen positiven Effekt auf die Situation von MDD. Die Frage ist inzwischen durch die Geschichte entschieden: MDD ist kein Wettbewerber mehr, so daß Baldwin und Krugman Recht behalten haben. Wichtig ist das in diesem Zusammenhang vor allem vor dem Hintergrund der Frage nach der Profitabilität von Airbus und der Möglichkeit von Rententransfers. Der Markt für zivile Großraumflugzeuge hat

[147] Die Details des Modells werden in Neven/Seabright (1995, S. 328 – 334) erläutert. Dort wird auch begründet, warum die Kapazität der hauptsächliche Wettbewerbsparameter ist und nicht der Preis.

sich als enges Oligopol erwiesen, wo Marktzutritt ohne weiteres, vor allem ohne staatliche Beihilfen, nicht möglich war. Die inzwischen erreichte Profitabilität von Airbus sowie der in allen Untersuchungen einheitlich konstatierte Rückgang der amerikanischen Produzentenrente spricht sehr für einen Erfolg der europäischen Politik. Neben den positiven wettbewerbspolitischen Implikationen gelang es, einen profitablen europäischen Anbieter zu etablieren und damit Renten nach Europa zu transferieren.

4.5 Zusammenfassung

Damit ist die Untersuchung von Airbus als Beispiel einer sektorspezifischen Industriepolitik abgeschlossen. Es hat sich gezeigt, daß in dieser Branche Industriepolitik theoretisch zu rechtfertigen war bzw. ist und aus empirischer Perspektive erfolgreich war.

Der Markt stellt ein enges Oligopol dar. Zugleich ist er gekennzeichnet durch Marktzutrittsschranken, so daß er nicht bestreitbar ist. Damit sind die Voraussetzungen erfüllt, daß tranferierbare Renten im Sinne der Theorie der Strategischen Handelspolitik anfallen. Eine der Haupteinwände gegen eine praktische Anwendung der Ideen der Strategischen Handelspolitik war die vermutete Gefahr von Vergeltungen durch den „Gegner", der Renten zu verlieren droht. Im vorliegenden Fall ist dieses Problem bisher nicht eingetreten, was auf Unentschlossenheit auf amerikanischer und Geschlossenheit auf europäischer Seite zurückzuführen ist. Einzig das deutsche Wechselkursabsicherungssytem, das den Daimler-Benz-Konzern unterstützen sollte, wäre fast zum Anlaß eines transatlantischen Handelskriegs geworden. Die Förderung, die dazu geführt hat, daß Airbus mittlerweile als etablierter Anbieter gelten kann, ist auch aus wohlfahrtstheoretischer Sicht beurteilt worden. Überwiegend stimmen die Analysen darin überein, daß sich die europäische Wohlfahrt erhöht hat, allerdings wird dies zum Teil mit der erhöhten Konsumentenrente infolge eines intensivierten Wettbewerbs begründet. Ob Rententransfer, der den ursprünglichen Anreiz für die Intervention darstellte, gelang bzw. gelingt, hängt im wesentlichen davon ab, inwieweit EADS profitabel arbeiten kann. Die jüngsten Entwicklungen deuten darauf hin, daß dieses Ziel erreicht worden ist.

Grundsätzlich kann also der Erfolg des Projekts Airbus konstatiert werden. Ob das Paradigma der Theorie der Strategischen Handelspolitik damit allerdings geeignet ist, um grundsätzlich als Ansatzpunkt für Industriepolitik zu dienen, kann an dieser Stelle noch nicht abschließend geklärt werden. Das geschieht weiter unten in der Zusammenschau aller relevanten Theorien.[148]

---

[148] Vgl. dazu unten S. 270 – 274.

5 Fallstudie II – Industriepolitik und das Internet

Im folgenden soll nun ein industriepolitisches Feld untersucht werden, das bisher noch nicht im Blickfeld der Forschung liegt: das Internet. Nach dem Abflauen der vor allem auf dem Kapitalmarkt zu beobachtenden Übertreibungen besteht jetzt die Möglichkeit, das Phänomen des Internets sachlicher und realistischer zu betrachten. Unter dem Schlagwort der „New Economy" war die Erwartung geäußert worden, daß die traditionellen Gesetze der Ökonomik ihre Gültigkeit verloren hätten und nunmehr ein Zeitalter ungeahnter Prosperität anbrechen werde. Diese Hoffnungen haben sich zerschlagen. Kritische und unvoreingenommene ökonomische Analyse wird benötigt, um den komplexen Sachverhalt beurteilen zu können.[1] Gleichzeitig bietet das weltweite Netz auch die Chance, grundsätzlicher über das Phänomen „Industriepolitik" nachzudenken. Der Anspruch dieser Arbeit lautet, ein Konzept für zukunftsorientierte Industriepolitik zu entwickeln. Trotz der inzwischen eingetretenen Ernüchterung spricht viel dafür, daß die zukünftige Ökonomie eine Netzwerkökonomie sein wird, bzw. in Teilen bereits ist. Dabei stellt das Internet die Basisinfrastruktur dar: Neben dem „traditionellen" Internet werden zunehmend mobile Dienste eine Rolle spielen und damit die Vernetzung weiter vorantreiben. Insofern kann die wirtschaftspolitische Beschäftigung mit dem Netz der Netze als herausragendes Beispiel für sektorübergreifende Industriepolitik betrachtet werden. Damit ergibt sich die doppelte Bedeutung dieses Kapitels: Einerseits ist eine potentiell zukunftsorientierte Branche identifiziert, andererseits findet der Eingriff nicht zugunsten einer einzelnen Industrie statt. Die sich daraus ergebende Bedeutung für eine Theorie der Industriepolitik ist evident: An diesem Beispiel könnte die theoretische Rechtfertigbarkeit und die Durchführbarkeit von Industriepolitik gezeigt werden. Einem weiteren Aspekt ist Rechnung zu tragen. Wie bereits angedeutet findet sich in der Literatur, die sich mit dem Internet aus ökonomischer Sicht beschäftigt, kein Hinweis auf industriepolitische Relevanz. Deshalb ist hier zu zeigen, daß es dennoch sachgemäß ist, sich aus dieser wirtschaftspolitischen Perspektive mit dem Netz auseinander zu setzen.

Aus dem Gesagten ergibt sich die Vorgehensweise in diesem Kapitel. Einleitend wird zunächst auf die Geschichte des Internets eingegangen. Das soll dazu beitragen, überhaupt zu verstehen, was das Internet ist, sich über dessen Bedeutung klarer zu werden und aus der Geschichte mögliche Entwicklungslinien für die Zukunft abzuleiten. Danach erfolgt die ökonomische Analyse: Dabei wird sowohl eine mikro- als auch eine makroökonomische Betrachtungsweise gewählt. Darauf aufbauend können dann die entsprechenden industriepoliti-

[1] Als mittlerweile „klassische" Vertreter dieser Position können Shapiro und Varian gelten, die zurecht darauf verweisen, daß sich die grundlegenden ökonomischen Gesetze auch durch das Internet nicht geändert haben. Vgl. (dies., 1999, S. 1f.).

schen Maßnahmen abgeleitet werden. Abschließend werden die Ergebnisse zusammengefaßt, insbesondere im Hinblick auf die Relevanz für eine Theorie der Industriepolitik.

5.1 Eine kurze Geschichte des Internets

Wie bei jeder großen Erfindung, so ranken sich auch um die Entstehung des Internets Mythen. Der prominenteste ist sicherlich die immer wieder verbreitete Meinung, das Internet sei vom Pentagon erfunden worden, um eine Kommunikation zwischen verschiedenen Truppenteilen auch dann noch zu ermöglichen, wenn durch einen Atomschlag bereits 95% der Infrastruktur zerstört worden sind.[2] Auch wenn diese Geschichte mittlerweile widerlegt ist, so ist das Internet indirekt doch ein Kind des Kalten Krieges. Sein technischer Vorläufer – das ARPANET – wurden an der *Advanced Research Projects Agency* (ARPA) entwickelt, die als Reaktion auf den Sputnikschock 1958 gegründet worden war.[3]

Es lassen sich drei Phasen der Netzgeschichte unterscheiden. Die erste stellt den Zeitabschnitt dar, in dem die technischen Grundlagen entwickelt wurden. Hier entstand die spezifische Netzstruktur; es wurden die wesentlichen Protokolle und die wichtigsten Dienste entwickelt. Der zweite Abschnitt ging einher mit der Verbreitung des Internets über den engen Kreis der Computerwissenschaftler bzw. der *scientific community* hinaus. Durch die Erfindung des *World Wide Web*, das auf dem Hypertextprotokoll basiert, wurde das Netz in der heute bekannten Form geschaffen. Die multimediale Darstellung verschiedener Inhalte wurde dadurch erst ermöglicht, die Technologie des Internets wurde zu einem marktfähigen Produkt. Die dritte Phase ist die aktuell noch andauernde der allgemeinen Verbreitung. Das Netz wird zu einem „Massenphänomen“, zu einer Technologie, die in einer Vielzahl von Branchen und gesellschaftlichen Bereichen genutzt wird. Dieses „3-Phasen-Modell“ findet sich in dieser Form nicht in der Literatur. Eine solche Einteilung drängt sich aber geradezu auf. Aus der Perspektive der ökonomischen Theorie des technischen Fortschritts entspricht die erste Phase der Invention, die zweite der Innovation und die dritte der Diffusion: Zunächst erfolgte die technische Erfindung, dann die kommerzielle Umsetzung und abschließend die umfassende Nutzung in der gesamten Wirtschaft.

---

[2] Vgl. z. B. Karadeniz (2000b), der die Quelle dieses Mythos offen legt.

[3] Vgl. Hafner/Lyon (2000, S. 22). Mittlerweile gibt es eine große Anzahl von Veröffentlichungen zur Geschichte des Netzes, darunter viele, die auch online veröffentlicht wurden. Als Beispiele seien genannt: Karadeniz (2000b), Musch (2000) und Vetter (o. J.). Bei Berners-Lee (1999) und Hafner/Lyon (2000) finden sich umfassende Beschreibungen der Geschichte des Netzes. Eine umfassende und kenntnisreiche Darstellung, die auch technische Aspekte mit einschließt, findet sich bei Salus (1995).

5.1.1 Invention

Das ARPANET war der Vorläufer des heutigen Internet. Es wurde 1969 installiert. Von September bis Dezember wurden die ersten vier Knoten ans Netz angeschlossen und damit die erste Ausbaustufe komplettiert.[4] Sofern man nach einem Anfang des Internet sucht, dann liegt seine Geburtsstunde in diesem Zeitraum.

Diesem Ereignis ging aber ein umfassender Forschungs- und Entwicklungsprozeß voraus, der seinen Ursprung im Kalten Krieg hatte.[5] Ausgelöst durch die Rivalität mit der Sowjetunion wurden in den USA besondere Anstrengungen auf dem Gebiet der militärischen Forschung unternommen. Unter anderem wurde dazu die ARPA etabliert, die zur zentralen Forschungsinstitution des Pentagon wurde. Nachdem mit der Gründung der NASA die Weltraum- und Raketenforschung ausgegliedert wurde, entwickelte sich die ARPA zum Ort der (militärischen) Grundlagenforschung.

Der entscheidende Anstoß für die Netzwerkentwicklung erfolgte mit der Gründung des *Information Processing Techniques Office* (IPTO), das aus einer Abteilung der ARPA hervorging, die sich ursprünglich mit der computerbasierten Informationsverarbeitung zur besseren Gestaltung der militärischen Kommandostruktur befaßt hatte.[6] Das IPTO wurde zum Zentrum der amerikanischen Netzwerkforschung. Hier wurden die landesweiten Aktivitäten koordiniert. Wesentliche Impulse gingen vom ersten Leiter der neu ausgerichteten Abteilung, J. C. R. Licklider, aus. Dessen besondere Leistung bestand darin, technische und sozial-psychologische Aspekte miteinander zu verbinden. Zum einen beschäftigte sich die Computerwissenschaft zur damaligen Zeit mit sogenannten *Time-Sharing* Systemen. Dahinter stand die Idee, daß sich mehrere Nutzer die knappe Ressource Rechnerzeit teilen, um Kosten zu sparen. Durch Vernetzung entfernter Computer erhöhten sich die Einsparpotentiale. Zum anderen betrachtete Licklider den Computer nicht nur als Rechenmaschine, sondern als Mittel, um die Fähigkeit des Menschen zur Informationsverarbeitung und zur Kommunikation zu erweitern. Er sprach dabei von einer Mensch-Computer Symbiose. Ein Netzwerk würde dabei eine wichtige Rolle spielen.[7]

---

[4] Vgl. Salus (1995, S. 54 – 57).

[5] Vgl. Hafner/Lyon (2000, S. 14 – 27).

[6] Vgl. zum folgenden Musch (2000, S. 16 – 18), Hafner/Lyon (2000, S. 27 – 45) und Salus (1995, S 6f.).

[7] Vgl. hierzu seinen berühmten Artikel *Man-Computer Symbiosis* (1960). Licklider entwarf eine gesellschaftliche Vision, die seiner Zeit weit voraus war. Lickliders Überlegungen machen deutlich, daß das heutige Internet bereits in seinen konzeptionellen Anfängen eine gesamtgesellschaftliche Komponente hatte, die technologische und ökonomische Aspekte weit transzendentierte.

Durch Lickliders Ideen wurde die weitere Entwicklung an der ARPA geprägt. Mehr und mehr trat das Konzept des Netzwerks in den Vordergrund.[8] Dabei wurde die grundlegende Technologie entwickelt, die kennzeichnend wurde für das Internet und es damit von anderen Netzwerken unterschied: die *Paketvermittlung*.[9] Das Telefonnetz arbeitet mit dem Prinzip der Leitungsvermittlung, das heißt, für die Dauer des Gesprächs besteht zwischen den beiden Partnern eine Leitung, die von anderen nicht genutzt werden kann. Erst nach Beendigung des Gesprächs wird sie wieder freigegeben. Anders sieht es bei der Paketvermittlung aus. Hier wird die Information zu Beginn der Übertragung in mehrere Pakete unterteilt und dann an den Empfänger verschickt. Dort wird das Paket dann wieder zusammengesetzt. Bei der Übermittlung der Daten wird der dafür benutzte physikalische Datenträger nicht ausschließlich von einem Nutzer belegt; die Leitung kann unter mehreren aufgeteilt werden. Wenn eine Leitung ausfällt, dann können die Pakete über einen anderen Weg umgeleitet werden und kommen so trotzdem ans Ziel. Zudem muß eine Information nicht ganz neu versandt werden, wenn ein Teil verloren geht. Der fehlende Teil kann vom Empfänger neu angefordert werden und wird dort wieder an der richtigen Stelle eingesetzt. Schließlich ist es möglich, im Wege der Paketvermittlung alle möglichen Arten von Daten, einschließlich der Sprache, zu übertragen.[10]

Wesentlichen Anteil bei der Erfindung der Paketvermittlungstechnologie hatte Paul Baran[11]. Er arbeitete bei RAND Corporation und entwickelte ein Konzept für ein Netzwerk, das auch noch nach einem Atombombenangriff funktionsfähig sein würde. Es gelang ihm, ein ausreichendes Redundanzniveau dadurch zu erreichen, daß er ein verteiltes Netzwerk entwarf, das ohne zentrale Knoten auskam. Dadurch konnten aus theoretischer Sicht die gewünschten Eigenschaften erreicht werden. Allerdings wurde ein solches Netzwerk nie gebaut, da es zu teuer geworden wäre. Barans Überlegungen gingen jedoch auch mit in die Entwicklung des ARPANET ein. Daraus ist wohl der eingangs zitierte Mythos entstanden.

Eine weitere wichtige Erfindung wurde für die spätere Entwicklung des Internets ebenfalls prägend: das Konzept der *Interface Message Processors* (IMP).[12] Durch die Implementierung dieser Technologie wurde es möglich, daß Rechner mit unterschiedlicher Hard- und Software miteinander kommunizieren konnten. Aus technischer Sicht waren die IMPs die Knoten im Netzwerk, die die Auf-

---

[8] Vgl. zum folgenden Salus (1995, S. 19 – 34).

[9] Vgl. hierzu auch Hafner/Lyon (2000, S. 61 – 78) und Musch (2000, S. 18f.).

[10] In heutiger Zeit wird daran gearbeitet, auch den Telefonverkehr über das Internet (-protokoll) abzuwickeln. Das hat dann die Bezeichnung *Voice-over-IP*. Vgl. z.B. E-Online (2000).

[11] Daneben ist auch noch der Brite Paul Davies zu nennen, der unabhängig von Baran zur selben Zeit ähnliche Konzepte entwickelte.

[12] Vgl. Salus (1995, S. 21f.).

gabe der Paketvermittlung übernahmen. Sie waren dafür verantwortlich, daß die Informationen im Netzwerk richtig weitergeleitet wurden: Das betraf sowohl die Wahl der richtigen Route zum Empfänger als auch die Kommunikation mit diesem für den Fall, daß ein Paket verloren ging und erneut gesendet werden mußte. Die IMPs stellten die Grundlage des ARPANET dar. An jeden einzelnen konnten dann die jeweiligen Rechner (*Hosts*) der beteiligten Einrichtungen, mit denen im Netz dann eigentlich gearbeitet werden sollte, angeschlossen werden. Dabei war es dann unerheblich, welche Computerplattform verwendet wurde. Damit wurde der Grundstein für die prinzipiell grenzenlose Verbreitung des Internets gelegt. Man ist nicht an eine bestimmte Computerarchitektur oder einen bestimmten Computer- bzw. Softwarehersteller gebunden. Vielmehr ist Vernetzung in einer weitgehend heterogenen Umwelt möglich.[13]

Nachdem die grundlegenden Spezifikationen des Netzwerks geklärt waren, wurde der Auftrag für dessen Erstellung von der ARPA ausgeschrieben.[14] Den Zuschlag erhielt im Herbst 1968 die Firma BBN.[15] Sie hatte den Auftrag, bis Dezember 1969 vier Standorte in den USA miteinander zu vernetzen und dabei den reibungslosen Verkehr zwischen den Knoten zu gewährleisten. Ihre Aufgabe bestand dabei darin, die Verbindung zwischen den IMPs sicherzustellen. Die Forschungseinrichtungen, die an das Netz angeschlossen werden wollten, waren selber für die Kommunikation zwischen ihrem IMP und dem lokalen Host zuständig.

Am 1. September 1969 wurde der erste IMP an die *University of California, Los Angeles* (UCLA) ausgeliefert. Am folgenden Tag bestand bereits die Verbindung zwischen ihm und dem Hostrechner. Im Oktober wurde der zweite IMP am *Stanford Research Institute* (SRI) installiert. Und schon im November war eine Kommunikation zwischen beiden Orten möglich geworden: Das Netzwerk war *online*, wenn auch in der kleinstmöglichen Auslegung der Verknüpfung zweier Rechner. Bis zum Dezember gingen noch die *University of California, Santa Barbara* (UCSB) und die Universität von Utah planmäßig ans Netz. Die erste Ausbaustufe war abgeschlossen. BBN hatte sein Ziel erreicht. Das ARPANET, der Vorläufer des Internets, war entstanden.[16] Das darauf einsetzende

---

[13] Viele Unternehmen aus der IKT-Branche stehen diesem offenen Aufbau des Internets auch heute noch eher skeptisch gegenüber. Microsoft z.B. hat seine Betriebssysteme erst relativ spät internettauglich gemacht. Ebenso bietet AOL, der weltweit größte *Internet Service Provider* (ISP), seinen Kunden einen Zugang zum Internet nicht über standardkonforme Protokolle an, sondern über eine eigene, proprietäre Technologie, um eigene geschäftliche Interessen besser verwirklichen zu können.

[14] Vgl. zum folgenden Hafner/Lyon (2000, S. 106 – 118) und Salus (1995, S. 51 – 67).

[15] Auf der Homepage der Firma findet sich eine kurze Übersicht über die Geschichte des Internets: Vgl. BBN (2001b).

[16] Mit einigem Recht kann man den Zeitraum von September bis Dezember 1969 als Geburtsstunde des Internets bezeichnen, auch wenn noch einige Zeit verging, bis das Netz

Wachstum ging zügig voran. Im September 1972, also nur zwei Jahre nach dem Start, waren bereits 18 Standorte an das Netz angeschlossen. Zudem wurden inzwischen Orte auf beiden Seiten des amerikanischen Kontinents miteinander verknüpft. AT&T war es gelungen, eine stabile Leitung zwischen der Ost- und der Westküste bereitzustellen. Darüber hinaus war das Konzept der Paketvermittlung voll umgesetzt worden; jeder Netzknoten war mit mindestens zwei anderen verknüpft.

Nachdem die technische Realisierung umgesetzt werden konnte, stellte sich die Frage, wofür das Netz überhaupt genutzt werden sollte. Zwar war demonstriert worden, daß ein Paketvermittlungsnetzwerk arbeitsfähig war. Anwendungen, die das Netz hätten nutzen können, waren aber noch nicht entwickelt worden. So war es zu Beginn unterausgelastet; die technische Kapazität lag weitgehend brach.

Ein wichtiger Meilenstein, der zur Verbreitung des Netzes und seiner Nutzung beitrug, war die *International Computer Communications Conference* im Oktober 1972 in Washington, D.C.[17] Dort wurde der Fachöffentlichkeit die Funktionsweise des Netzes vorgestellt. Dazu wurde im Hilton Hotel ein Netzknoten installiert, um verschiedene Anwendungen darstellen zu können. Diese wurden Vertretern von Wissenschaft und Wirtschaft vorgeführt. Die Präsentation wurde ein Erfolg. Das Netz konnte das erhöhte Verkehrsaufkommen bewältigen, und einer breiteren Öffentlichkeit konnte das Funktionieren der Paketvermittlungstechnologie demonstriert werden. Damit wurde der Grundstein für die Netzwerkökonomie gelegt.

Populär wurde das Netz aber endgültig erst durch eine Technologie, die bei der Entwicklung gar keine Rolle gespielt hatte: die elektronische Post. Die E-Mail wurde zur „Killer-Anwendung", sie trieb die Verbreitung des Netzes voran.[18] Zusammen mit E-Mail wurde auch das Zeichen entwickelt, das gemeinhin als Signum der vernetzten Welt gilt: Ein Techniker der Firma BBN nutzte den Klammeraffen @, um die Adressierung von elektronischer Post zu ermöglichen.[19] Mit dieser Erfindung wurde das Netz zu dem, als was es ursprünglich gedacht war: ein Werkzeug, um menschliche Kommunikation zu erleichtern. Die Verwirklichung von Lickliders Vision war ein Stück näher gerückt: Nach und nach wurde mit Hilfe von E-Mails auch eine kommunikative Öffentlichkeit

---

in seiner heutigen Form entstand. Das ARPANET war der legitime Vorgänger; mit ihm war die Technologie geschaffen worden. Das „eigentliche" Internet wurde aus ihm heraus entwickelt.

17 Vgl. zum folgenden Hafner/Lyon (2000, S. 209 – 221) und Salus (1995, S. 67 – 71).

18 Vgl. Hafner/Lyon (2000, S. 222 – 225). Bei Salus (1995, S. 95 – 98) findet sich eine sehr gute technische Beschreibung der Entwicklung der Anwendung E-Mail.

19 BBN vermerkt dies auch sehr stolz auf der Einstiegsseite ihrer Homepage. Vgl. BBN (2001a).

im Netz hergestellt. Es wurden Mailinglisten entwickelt, in denen die Teilnehmer über Themen unterschiedlichster Natur diskutierten.[20] Dadurch wurde das Netz zu einer öffentlichen Infrastruktur für den freien Meinungsaustausch, was nur noch wenig mit der direkten Forschungsaufgabe der ARPA und der verbundenen Einrichtungen zu tun hatte.[21]

Die Entwicklung des ARPANET war damit zu einem gewissen Abschluß gekommen, da die grundlegenden Prinzipien und Anwendungen erforscht worden waren. Der nächste Schritt bestand darin, eine Verbindung mit anderen Netzen herzustellen. In der Zwischenzeit hatte es nämlich auch noch andere Netzwerkprojekte gegeben. Damit wurde die Aufgabenstellung vom Anfang des Netzes auf einer höheren Ebene wiederholt. War es damals um die Vernetzung heterogener Hardwarekonfigurationen gegangen, so wurde jetzt die Verknüpfung unterschiedlicher Netze in Angriff genommen.[22] Per Satellitenverbindung wurden Netzwerke in Europa[23] an das ARPANET angebunden, ebenso ein Forschungsnetz in Hawaii, welches seinerseits über Funkverbindungen realisiert wurde. Auch das stellte aus technischer Sicht eine deutliche Weiterentwicklung der ursprünglichen Konzeption dar. Im eigentlichen Sinne entstand an dieser Stelle erst das Internet. Erstmalig wurden nämlich unterschiedliche Netze miteinander verbunden, die Definition des Internets schlechthin.

Mehr und mehr trat bei diesen Erweiterungen das Problem der adäquaten Protokolle in den Vordergrund. Protokolle regeln die Kommunikation zwischen den am Netz hängenden Rechnern. Hier bestand das besondere Problem darin, daß die Netzwerke, die miteinander verbunden wurden, unterschiedliche Formate bei der Datenübermittlung benutzten, obwohl das zugrundeliegende Prinzip der Paketvermittlung dasselbe war. Die Lösung, die gefunden wurde, war TCP/IP.[24] Es wurde im wesentlichen von Vinton Cerf und Robert Kahn Ende der 1970er Jahre und Anfang der 1980er Jahre entwickelt. Das *Transmission Control Protocol* (TCP) dient der paketorientierten Übermittlung der Daten. Es wird durch verschiedene Mechanismen sichergestellt, daß die Daten fehlerfrei

---

20 Vgl. Musch (2000, S. 22).

21 Die vergleichsweise offene Haltung des US-amerikanischen Verteidigungsministeriums ist bemerkenswert: Das Prinzip der Grundlagenforschung wurde sehr ernst genommen. Eine direkte militärische oder wirtschaftliche Verwertbarkeit wurde von den Forschern nie erwartet. Dieses freie Klima ermöglichte erst die Erfindung des Internets. Ob dieses heute im Zeitalter der knappen öffentlichen Kassen und der ausgeprägten Wirtschaftsorientierung der Forschung überhaupt noch möglich wäre, muß zumindest bezweifelt werden.

22 Vgl. hierzu Musch (2000, S. 24).

23 In Europa war die Entwicklung im Bereich paketvermittelnder Netze weit weniger stürmisch als in den USA, es gab allerdings einige begrenzte Projekte. Vgl. hierzu Salus (1995, S. 85 – 91).

24 Vgl. zum folgenden Musch (2000, S. 25f.) und Hafner/Lyon (2000, S. 260 – 281). Die Funktionsweise von TCP ist in RFC 793, die von IP in RFC 791 beschrieben.

und komplett übertragen werden. Das *Internet Protocol* (IP) übernimmt die Aufgabe der Adressierung. Jedem am Internet angeschlossenen Rechner wird dabei eine einmalige IP-Adresse zugeordnet. Dadurch wird gewährleistet, daß jedes Paket das gewünschte Ziel erreicht. TCP/IP ist – mit einigen Weiterentwicklungen – das noch heute gültige Protokoll. Es ist die Definition für das Internet schlechthin: Das Internet ist die Gesamtheit aller miteinander verbundenen Netze, die über TCP/IP kommunizieren. Seinen Namen verdankt es diesem Umstand: Internet setzt sich zusammen aus den beiden Worten *interconnected networks*. Das ARPANET selber wurde 1983 auf das neue Protokoll umgestellt.[25]

Die Entwicklung von TCP/IP ist ein klassisches Beispiel für die Entstehung von Neuerungen im Internet sowie deren Festlegung in Standards. Das geschieht traditionellerweise durch sogenannte RFCs (*Request for Comment*).[26] Diese spezifische Vorgehensweise hat sich im Laufe der Entwicklung des ARPANET herausgebildet und wird auch noch heute so gehandhabt. Internetstandards werden hierbei nicht von einer zentralen Instanz geplant und umgesetzt, sondern entstehen durch Diskussionen in der *Internet Community*. Dabei werden Lösungsvorschläge für aktuell anstehende Probleme entworfen. Diese werden auf ihre technologische Qualität und ihre Eignung geprüft. Erst wenn über ein Konzept Konsens besteht, kann ein Vorschlag zu einem Standard erhoben werden. Bis dieser Punkt erreicht wird, hat die ganze interessierte Fachöffentlichkeit die Möglichkeit, sich in die Debatte einzuschalten. Das umfangreiche Verfahren trägt dazu bei, möglichst gute Ergebnisse zu erzielen. Dabei gehören die entwickelten Standards niemandem, sondern können (und sollen) von jedem Nutzer des Netzes verwandt werden. Deshalb hat sich das Internet zu einem offenen Netz entwickelt, das niemandem gehört und zu dem prinzipiell jeder Zugang bekommen kann.[27] Die Parallelen zur *Open-Source-Software*-Bewegung und zu Linux liegen auf der Hand. Es handelt sich beim Internet somit um eine Infrastruktur im klassischen Sinne. Allerdings ist zu beachten, daß sich die Leitungen, über die der IP-Verkehr abgewickelt wird (*Backbone*), überwiegend im Eigentum privater Unternehmen befinden, ebenso die Zugänge für die Nutzer des Backbone. Das Protokoll TCP/IP hingegen ist ein öffentliches Gut.

---

[25] Vgl. Hafner/Lyon (2000, S. 294f.) und Salus (1995, S. 161 – 166).

[26] Vgl. Hafner/Lyon (2000, S. 165 – 167). Einen Überblick über die Funktion und die Entstehung von RFCs sowie der Text aller bisher veröffentlichter RFCs findet sich bei http://www.rfc-editor.org/. Der *RFC 2026* ist das zur Zeit gültige Dokument, das alles wesentliche im Zusammenhang mit RFCs regelt. Vgl. Brandner (1996).

[27] Diese offene Architektur des Netzes macht es für Unternehmen sehr schwierig, strategische *Lock-in*-Effekte im Internet zu generieren. Ein Sachverhalt, der aus wettbewerbspolitischer Sicht bedeutsam ist. Vgl. Erber/Hagemann (2002b, S. 287 – 289). Shapiro/Varian (1999, Kap. 5 & 6) beschreiben *Lock-in*-Effekte und deren Nutzung für Unternehmenspolitik.

Als TCP/IP nach und nach entwickelt und eingeführt wurde, mußte sich die skizzierte offene Philosophie der *Internet Community* gegen traditionelle Standardisierungsansätze der *International Organization for Standardization* (ISO) durchsetzen.[28] Zwei Grundideen standen dabei in Konkurrenz zueinander: auf der einen Seite der bereits erwähnte Ansatz des ARPANET, auf der anderen Seite die zentralistischen Vorstellungen einer Bürokratie. Die ISO erstellte ein Modell, mit Hilfe dessen der Aufbau und das Funktionieren von Netzwerken abschließend geregelt werden sollten. Hinter ISO standen die Telekommunikationsgesellschaften Europas und Japans. Ihre Idee war es, ein theoretisches Modell zu entwickeln, um damit die Kontrolle über das neu entstehende Netz zu gewinnen. Aus ihrer Sicht bestand die Gefahr, daß sich Telekommunikation außerhalb der dafür zuständigen Monopole entwickeln konnte. Weiterhin spielten auch wirtschaftliche Gesichtspunkte eine Rolle. Die Regierungen Europas und Japans, die hinter den Telefongesellschaften standen, befürchteten, wirtschaftlich gegenüber Amerika ins Hintertreffen zu geraten.

Der Wettbewerb zwischen beiden Ansätzen zog sich längere Zeit hin. Mehrere Firmen investierten in Netzwerke, die auf dem ISO-Standard basierten. Trotzdem setzte sich TCP/IP durch. Das lag in erster Linie daran, daß es sich in der Praxis bereits bewährt hatte und es genügend funktionierende Installationen gab. Demgegenüber war das von der ISO entwickelte Modell vor allem ein theoretisches Konstrukt, dem der umfangreiche Praxistest fehlte. Die endgültige Entscheidung fiel im Jahr 1994, als die US-Regierung TCP/IP als Standard anerkannte.[29]

Mit der Einführung von TCP/IP ging eine weitere Änderung einher, die die Adressierung von Rechnern im Netz betraf: die Entwicklung des *Domain Name System* (DNS).[30] Damit die Rechner miteinander kommunizieren können, muß jeweils klar sein, wie ein Rechner erreichbar ist und wie er „heißt". Im ARPANET war dieses Problem dadurch gelöst worden, daß auf jedem Host eine Datei hinterlegt wurde, in der die Namen der Rechner eingetragen wurden. Mit dem neuen Protokoll stieg die Zahl der möglichen Hosts sehr stark an. Die alte Lösung war nicht mehr adäquat, das DNS schuf Abhilfe. Nunmehr wurde es möglich, deutlich mehr Hosts zu adressieren. Um die Vergabe der Rechnernamen zu regeln, wurden die sogenannten *Top Level Domains* (TLD) eingeführt, die dem heutigen Internet sein Gepräge geben: z.B. .com oder .gov. Später wurden auch die sogenannten *Country Code Top Level Domains* (ccTLD) einge-

---

[28] Vgl. zum folgenden Hafner/Lyon (2000, S. 295 – 298) und Salus (1995, S. 117 – 126).

[29] Es läßt sich darüber streiten, warum sich letztlich TCP/IP durchgesetzt hat. Zur technischen Überlegenheit kam wohl auch die überragende ökonomische Potenz Amerikas dazu.

[30] Vgl. zum folgenden Salus (1995, 167 – 173). Die Entwicklung des DNS und seine Einführung erfolgte im Laufe der Jahre 1983 und 1984. Zur damaligen Zeit war die dabei im Vordergrund stehende Anwendung E-Mail.

führt, wie .de für Deutschland. Das DNS hat in Analogie zu den Dateisystemen von Unix oder DOS eine umgekehrte Baumstruktur. Dadurch wird sichergestellt, daß jeder Hostname in eine IP-Adresse umgewandelt werden kann. Damit kann jeder Rechner eindeutig im Internet identifiziert werden. Für das Funktionieren des Netzes ist das DNS unabdingbar notwendig. Manipulationen daran können es unbrauchbar machen.[31]

Ein weiterer wichtiger Entwicklungsschritt war die Privatisierung des Netzes. Sie vollzog sich in mehreren Schritten.[32] Zunächst wurde im Oktober 1983 der militärische Teil des ARPANET in das MILNET ausgegliedert. Auf Grund der gestiegenen Nutzerzahl hatte sich das Pentagon zu diesem Schritt entschlossen, um die Sicherheit militärischer Daten auch weiterhin gewährleisten zu können.

Parallel dazu wurde auch die *National Science Foundation* (NSF) auf dem Gebiet der Netzwerktechnik aktiv. Die NSF finanzierte die Einrichtung von Supercomputerzentren in den USA und deren Vernetzung. Das Netzwerk (NSFNET), das dabei gebaut wurde, basierte auch auf TCP/IP. Die Kapazität des Backbone lag 1988 bei 1,544 Mbit/s (T1) und überstieg damit die Leistungsfähigkeit des ARPANET.[33] Da es ein Forschungsnetzwerk war, konnte das NSFNET an dessen Stelle treten. Es wurde zum neuen Kern des Internets.[34] Das ARPANET wurde deshalb im Jahr 1990 abgeschaltet, 21 Jahre nachdem es in Betrieb genommen worden war.

Nachdem die Kapazitäten des NSFNET nicht mehr ausreichten, erfolgte Anfang der 1990er Jahre ein weiterer Ausbau. Dieser war mit der beginnenden Privatisierung verbunden. Das Netzwerkmanagement wurde zur Gänze einem Privatunternehmen übertragen, bei dem sich die NSF die nötigen Kapazitäten mietete. Im Jahr 1995 erfolgte die vollständige Privatisierung des Internets.[35] Die NSF beschränkte sich wieder darauf, Forschungseinrichtungen einen Netzzugang zu ermöglichen. Der restliche Internetverkehr wurde von privaten Backbonebetreibern abgewickelt. Die Infrastruktur der Wissensgesellschaft war kein öffentliches Gut mehr. Das hatte bedeutende Auswirkungen auf die transportierten Inhalte: Einer Kommerzialisierung waren jetzt keine Grenzen mehr gesetzt;

---

[31] So veränderte die Jugoslawische Regierung während der Wahl 2000 die Einträge in den *Name-Server*, so daß Anfragen auf oppositionelle Seiten im Internet ins Leere liefen bzw. auf andere umgeleitet wurden. Vgl. Ahlert (2000).

[32] Vgl. zum folgenden Salus (1995, S. 194 – 202) und Musch (2000, S. 30f.).

[33] An der Bandbreite läßt sich die rasante technische Entwicklung am deutlichsten nachvollziehen. Zu Beginn hatte der Backbone des ARPANET eine Kapazität von 50 kBit/s. Vgl. Salus (1994, S. 57). Zum Vergleich: Eine Ein-Kanal-ISDN-Verbindung kann Daten mit einer Geschwindigkeit von 64 kBit/s übermitteln. Die von der Deutschen Telekom im Mai 2002 eingeführte „aufgebohrte“ Version ihres T-DSL-Zugangs hat eine Bandbreite von 1,5 Mbit/s.

[34] Deutschland wurde 1989 ans NSFNET angeschlossen. Vgl. Zakon (1997, S. 9).

[35] Vgl. Zakon (1997, S. 13).

eine Beschränkung wie im NSFNET gab es nicht mehr.[36] Gleichzeitig entwickelten sich auch mehr und mehr sogenannte *Internet Service Provider* (ISP), die Privatkunden die Telefoneinwahl in das Internet ermöglichten.

5.1.2 Innovation

Mit der Etablierung von TCP/IP und des DNS wurden die technischen Grundlagen des Internets im wesentlichen abgeschlossen. Zunehmend nutzten auch Privatpersonen das Netz. Für diese neuen *User*, die bald den größten Anteil stellten, stand nicht mehr die Frage im Vordergrund, ob und wie die neue Technologie funktioniert. Ihr primäres Interesse war die Beschaffung von Informationen. Dazu wurden verschiedene neue Anwendungen entwickelt, die die Informationssuche erleichtern sollten.[37] Aber erst durch die Erfindung des *World Wide Web* (WWW) wurde die neue Technologie ein massentaugliches Medium. Jetzt wurde die Darstellung sowie die direkte Vernetzung multimedialer Inhalte möglich. Aus einem Werkzeug für Computerexperten war ein Produkt geworden, das für ein breiteres Publikum interessant wurde.

Das *World Wide Web* wurde 1989/1990 von Tim Berners-Lee am *Conseil Européen pour la Recherche Nucléaire* (CERN), dem europäischen Kernforschungszentrum in Genf, erfunden.[38] Was zunächst als Mittel gedacht war, um den Informationsaustausch zwischen den Forschern dort zu erleichtern, entwickelte sich in kürzester Zeit zum meistbenutzten Dienst im Internet und damit zu dessen Symbol schlechthin. Das WWW wurde zur Triebfeder eines wirtschaftlichen Booms und zum Inbegriff der Hoffnungen auf eine *New Economy*. Das neue Medium setzte sich mit einer Geschwindigkeit durch, die es zuvor nicht gegeben hatte.

Grundlage für das WWW ist das *Hypertext Transferprotokoll* (http)[39]. Es beschreibt den Transport von Hypertextdokumenten über das Internet. Die *Hypertext Markup Language* (HTML) regelt die Erstellung von entsprechenden Dokumenten. Hypertext wurde aber nicht erst mit und für das Internet erfunden. Die theoretischen Grundlagen reichen viel weiter zurück.

Als Pioniere sind dabei Vannevar Bush und Ted Nelson, auf den die Bezeichnung *Hypertext* zurückgeht, zu nennen.[40] Bush veröffentlichte sein Konzept bereits 1945, Nelson 1965. Ihr Anliegen war es, das menschliche Wissen zu

---

[36] Vgl. Salus (1995, S. 237).

[37] Bei Salus (1995, S. 229 – 232) findet sich ein guter Überblick über die verschiedenen Dienste, die mittlerweile bereits wieder in Vergessenheit geraten sind.

[38] Vgl. Salus (1995, S. 231).

[39] Vgl. die RFCs 2817, 2616 und 2068.

[40] Vgl. Wimmer (1997, S. 24 – 31) und Berners-Lee (1999, S. 17 – 19), sowie im Original Bush (1945) und Nelson (1965).

erfassen und besser zugänglich zu machen. Kerngedanke war, Texte nicht einfach zu sammeln, sondern sie miteinander zu verknüpfen, um damit die wissenschaftliche Aufarbeitung zu erleichtern.

Die Grundidee von *Hypertext* ist es, die Linearität von Texten aufzugeben.[41] Informationen werden in Büchern sequentiell abgespeichert und wiedergegeben. Zur sinnvollen Erfassung der enthaltenen Informationen muß das Buch von vorne nach hinten durchgelesen werden. Klassisches Beispiel hierfür sind Romane. In Sachbüchern mit tiefer Gliederung und detailliertem Register ist dieses Prinzip teilweise aufgehoben. Hier findet die Informationserfassung nicht mehr linear statt. Es werden einzelne Abschnitte erfaßt und Querverbindungen hergestellt. Hier sind Enzyklopädien als Beispiele zu nennen. *Hypertext* geht diesen Weg konsequent zu Ende. Alle Informationen werden vernetzt dargestellt. Einzelne Informationsteile sind miteinander verknüpft; sie werden parallel erfaßt. Erst dadurch können alle Inhalte in ihrer Gesamtheit und Komplexität verstanden und aufgenommen werden. Es ist evident, daß diese Art der Informationsermittlung mit dem Aufkommen des Computers und der Netzwerktechnologie einen Schub erhielt. Der Computer und die Zeigetechnologie (Maus) bieten die hypertextadäquate Darstellungstechnologie; das Internet ermöglicht die Verknüpfung auch entfernter Informationsbestände.

Vor dem Hintergrund dieser technischen Entwicklungen erfand Berners-Lee das WWW.[42] Er war am CERN in Genf tätig. Er war dort Mitglied einer Gruppe, deren Aufgabe es war, die am CERN durchgeführten Experimente und deren Ergebnisse zu erfassen und zu dokumentieren. Diese waren auf den Computern hinterlegt. Es sollte ein Weg gefunden werden, um den Mitarbeitern des Kernforschungszentrums einen gegenseitigen Zugriff auf ihre Daten zu ermöglichen. Berners-Lee wollte dazu eine Dokumentationssystemsoftware entwikkeln.[43] Als Methode für sein Programm wählte er *Hypertext*. Die Aufzeichnungen über die verschiedenen Experimente sollten durch computergestützte Links miteinander verknüpft werden (*Hyperlinks*). Im März 1989 stellte er einen ersten Projektantrag, um seine Idee in die Praxis umzusetzen.[44] Hierbei verband er das Konzept des *Hypertext* mit dem Internet. Entscheidend für seine Software würde sein, daß Daten zwischen verschiedenen Rechnern ausgetauscht werden könnten. Die am CERN verwendete Hardware war jedoch recht heterogen. Dieses Problem hatte das ARPANET bzw. später das Internet gelöst. Deshalb übernahm Berners-Lee TCP/IP als Protokoll zur Übertragung der Daten.

---

[41] Vgl. zum folgenden Wimmer (1997, S. 21 – 33) und Münz (1997).

[42] Nach Bush und Nelson und vor Berners-Lee setzten sich weitere Autoren aus wissenschaftlicher Perspektive mit Hypertext auseinander. Für die vorliegende Arbeit kann aber auf deren Darstellung verzichtet werden. Vgl. hierzu z.B. Wimmer (1997, 32 – 46) und Siegel (o. J., 3 – 7).

[43] Vgl. zum folgenden Berners-Lee (1999, S. 30 – 60) und Wimmer (1997, S. 97 – 100).

[44] Der Originalantrag findet sich bei Berners-Lee (1989).

Der Projektantrag blieb in der Bürokratie des CERN stecken, ebenso seine erneute Einreichung im Mai 1990. Er hatte zunächst also keinen Erfolg. In jener Zeit entstand aber der Name für sein Informationssystem: Er nannte es *World Wide Web* (WWW). Damit wollte er die Vernetzung, die hinter der Idee des *Hypertext* stand, zum Ausdruck bringen. Im Laufe des Jahres arbeitete Berners-Lee an seinem Projekt weiter. Zusammen mit Robert Cailliau reichte er einen neuen Antrag ein.[45] Aber auch diese Mal war die Reaktion im CERN eher zurückhaltend. Trotzdem lief bis Ende des Jahres am CERN der erste WWW-Server (info.cern.ch), also ziemlich genau 21 Jahre nach der Inbetriebnahme des ARPANET. Auch hier wurden gleich zu Beginn die wichtigsten Spezifikationen festgelegt: HTTP, HTML und schließlich der *Universal Resource Identifier* (URI)[46], mit Hilfe dessen die Adressen der Dokumente eindeutig zugewiesen wurden. Damit waren die Grundlagen für die explosionsartige Entwicklung des WWW gelegt. Nun konnte das Internet den Raum der Universitäten verlassen. Berners-Lee weist selber darauf hin, wie wichtig die Protokolle für das Web waren. Durch ihre Offenheit konnten sie sich als universeller Standard durchsetzen.[47]

Nach und nach überschritt das WWW die Grenzen des CERN. Im Mai 1991 besuchte ein Physiker des *Stanford Linear Accelerator Center* (SLAC) das CERN. Er nahm die Idee des WWW mit nach Hause. So ging im Dezember 1991 am SLAC der erste Webserver außerhalb Genfs ans Netz.[48] Im August desselben Jahres wurden die Grenzen des CERN endgültig überschritten. Berners-Lee veröffentlichte sein Konzept des WWW im *Usenet*.[49] Dadurch erreichte er mehr Interessenten; nach und nach wurden weltweit weitere Webserver in Betrieb genommen. Gleichzeitig erhielt er auch Hinweise für Verbesserungen an seinem Programm. „Die Leute im Internet bauten das Web in echter Basisarbeit auf."[50] Schwerpunkt dabei war die Entwicklung der Browser, der Programme also, die dem „Lesen" des Webs dienten.[51]

Ein Schwachpunkt kristallisierte sich dabei aber heraus: Während *Browser* in unterschiedlicher Form recht schnell entwickelt wurden, fehlte es an einer ent-

---

45 Vgl. Berners-Lee/Cailliau (1990).

46 Später wurde der URI in *Uniform Resource Locater* (URL) umbenannt. Zu den Einzelheiten vgl. Berners-Lee (1997, S. 97 – 100). Standardisiert wurde der URL mit dem RFC 1738, vgl. Berners-Lee et al. (1994).

47 Vgl. hierzu Berners-Lee (1999, S. 61 – 72).

48 Vgl. Berners-Lee (1999, 77) und Deken (1997).

49 Das *Usenet* ist ein verteiltes System, in dem Textnachrichten (in der Struktur ähnlich den E-Mails) in thematisch verschiedenen Nachrichtengruppen (sog. *Newsgroups*) veröffentlicht werden. Sie werden gelegentlich als schwarze Bretter des Internets bezeichnet. Vgl. z.B. Karadeniz (2000c) oder Salus (1995, Kapitel 15), der auch einen ausführlichen Überblick über die Geschichte des *Usenets* gibt.

50 Berners-Lee (1999, S. 79).

51 Vgl. Berners-Lee (1999, Kapitel 5).

sprechenden Anzahl von Editoren, also Programmen, die der Erstellung von Webseiten dienten. Ergebnis dieser Entwicklung war, daß sich das Web zu einem Massenmedium entwickelte (wie z.B. Fernsehen oder Zeitungen) und sich von der anfänglichen Vision eines Mittels zum gegenseitigen Informationsaustausch und zur Kooperation entfernte.[52]

Ein Meilenstein auf dem Gebiet der Browser war 1993 die Entwicklung von *Mosaic* am *National Center for Supercomputer Applications* (NCSA) durch Marc Andreessen.[53] Er orientierte sich dabei vor allem an den Wünschen der *User* und brachte in regelmäßigen Abständen neue Versionen heraus. Dadurch erlangte sein Browser rasch eine größere Popularität als die anderen kursierenden Modelle. Zusätzlich wurde der Nutzerkreis deutlich erweitert. *Mosaic* wurde nämlich nicht nur für Unix programmiert, sondern auch auf die Plattformen Mac und DOS/Windows portiert. Damit war endgültig der Grundstein für die Überwindung der Grenzen der Universitäten gelegt.

Ebenso wichtig war eine Entscheidung des CERN bezüglich der Urheberrechte am WWW: „Das CERN stimmte der unbeschränkten und kostenlosen Verwendung des Web-Protokolls, der Erstellung von Servern oder Browsern und deren Weitergabe oder Verkauf zu.“[54] Damit wurde das WWW zum öffentlichen Gut, das jeder weiterentwickeln und zum eigenen Vorteil nutzen konnte. Der weiteren, explosionsartigen Verbreitung stand nichts mehr im Wege. Was das Internet schon immer ausgezeichnet hatte, galt nun auch für das Web: Es war ein offenes Netzwerk, das niemandem gehörte und damit der gesamten interessierten Öffentlichkeit offenstand. Erst dadurch konnte das WWW zu dem werden, was es heute ist.

Die Entwicklung des Web ging nun rasant vorwärts.[55] In verschiedenen Bereichen gab es Weiterentwicklungen. Marc Andreessen gründete zusammen mit Jim Clark eine eigene Firma mit Namen *Mosaic Communications Corporation*, die später in *Netscape* umbenannt wurde. Im Dezember 1994 wurde die erste Version des neuen Browsers, der auf *Mosaic* basierte, unter dem Namen *Navigator* 1.0 veröffentlicht.

Berners-Lee verließ das CERN in Richtung MIT. Dort gründete er mit anderen im Herbst 1994 das *World Wide Web Consortium* (W3C). Dem Konsortium traten verschiedene Firmen und Organisationen bei, unter anderem Hewlett-Packard, IBM und Microsoft. Die Europäische Kommission wirkte auf Initiative des zuständigen Kommissars Bangemann ebenfalls mit. Die Aufgabe der neugegründeten Einrichtung bestand (und besteht) darin, die Entwicklung des

---

[52] Vgl. ebenda, S. 92.

[53] Vgl. Wimmer (1997, S. 104f.) sowie Berners-Lee (1999, S. 108 – 113). Berners-Lee beschreibt dort auch die Rivalität, die zwischen ihm, dem Erfinder des WWW, und Andreessen, dem Erfinder des populärsten Browsers, bestand.

[54] Berners-Lee (1999, S. 116).

[55] Vgl. zum folgenden Berners-Lee (1999, S. 117 – 153).

Webs voran zu treiben und weltweit gültige, offene Standards zu definieren. Das W3C wurde somit zu einer Art Regierung des *World Wide Web*. Im Dezember desselben Jahres verabschiedete sich das CERN von der Mitarbeit an der Weiterentwicklung des WWW. Fer Schwerpunkt hatte sich endgültig von Europa in die USA verlagert.

Dieser Sachverhalt ist aus industriepolitischer Perspektive sehr aufschlußreich. Obwohl das WWW in Europa begann und von der EU unterstützt wurde, wurden die USA zum Zentrum der weiteren Entwicklung. Die Ursachen hierfür liegen vor allem in der zum damaligen Zeitpunkt weit stärkeren Verbreitung des Internets als infrastruktureller Grundlage des WWW. Das Aufholen des europäischen Rückstandes gegenüber Amerika erfordert also vor allem eine rasche und umfassende Diffusion des Internets auf dem Alten Kontinent. Nur so läßt sich vermeiden, daß es zu weiteren *Lock-in* Effekten verbunden mit Vorteilen für die USA kommt, die dann von europäischer Seite nicht mehr aufgeholt werden können.

Am 9. August 1995 ging *Netscape* an die Börse. Das war in gewisser Weise der Startschuß für die folgende beispiellose Börseneuphorie: *Netscape* wurde am Tag des Börsengangs mit 4,4 Mrd. Dollar bewertet, ohne jedoch zuvor Gewinn gemacht zu haben. Zur selben Zeit begann auch Microsoft, sich für das WWW zu interessieren. Das Unternehmen entwickelte einen eigenen Browser, den *Internet Explorer* (IE). Es geriet damit in Konkurrenz zu *Netscape*. Der Grundstein für den sogenannten „Browserkrieg" zwischen den beiden Unternehmen wurde gelegt.[56] Letztlich setzte sich Microsoft mit seinem Produkt durch. Dieser Erfolg wurde auch Gegenstand des Wettbewerbsverfahrens, in dem in erster Instanz die Zerschlagung Microsofts angeordnet wurde, welche durch das Berufungsgericht aber wieder aufgehoben wurde.[57] AOL kaufte 1998 *Netscape* auf, das Browsergeschäft wurde auf eine neue Grundlage gestellt. Der Aufstieg und Niedergang Netscapes kann als exemplarisch für die Entwicklung der Unternehmen der sogenannten *New Economy* angesehen werden.[58]

---

[56] Vgl. hierzu Berners-Lee (1999, S. 154 – 158 und S. 173 – 176).

[57] Der Wettbewerb zwischen Microsoft und Netscape interessiert in unserem Zusammenhang nur insofern, als er Teil der Geschichte der Entwicklung des WWW ist. Eine ausführliche Analyse würde den Rahmen dieser Arbeit sprengen. Für einen Überblick über den Prozeß und die Hintergründe vgl. Meyer (1998) und Rieger (2001).

[58] Vgl. Picot et al. (2001, S. 22f.).

5.1.3 Diffusion

Nachdem das WWW in seiner heute bekannten Form entwickelt worden war, verbreitete es sich schneller als alle anderen Medien zuvor. Es fand ein Wachstumsprozeß statt, der beispiellos ist für die Verbreitung einer neuen Technologie. Das gab Anlaß für vielfältige Hoffnungen auf ein neues „goldenes Zeitalter". Synonym hierfür ist das Schlagwort der „*New Economy*".[59]

Im folgenden wird das immense Wachstum des Internets bzw. vor allem des WWW skizziert, und zwar sowohl aus einer Angebots- als auch aus einer Nachfrageperspektive. Im Anschluß daran wird auf Grund der aktuellen Verbreitung des Internets eine Einschätzung seiner derzeitigen ökonomischen Bedeutung vorgenommen.

In der Literatur wird das Wachstum des Netzes mit Hilfe zweier statistischer Kennzahlen dargestellt: zum einen mit der Zahl der an das Internet angeschlossenen Hosts, zum anderen mit der Zahl der Menschen, die das Internet nutzen.[60] Diese beiden Größen lassen sich als angebots- bzw. nachfrageseitige Beschreibung des relevanten Marktes interpretieren. Ein Host ist ein Rechner mit einer registrierten, öffentlich zugänglichen IP-Adresse, also ein Computer, der (mehr oder weniger) dauerhaft ans Internet angeschlossen ist. Diese Zahl stellt die Angebotsseite dar. Zwar werden Hosts auch von Nachfragern genutzt. Traditionellerweise haben aber nur Rechner im universitären Bereich und in Unternehmen eine feste IP-Adresse und erfüllen damit das Kriterium eines Hosts. Diese werden meist dazu benutzt, um bestimmte Dienste (z.B. Web-Serverdienste) anzubieten. Privatnutzer dagegen erhalten in der Regel nur eine dynamische IP-Adresse für die Dauer ihrer Onlineverbindung. Das verhindert in den allermeisten Fällen, daß öffentlich zugängliche Angebote bereitgestellt werden können. Somit stellt ihre Zahl die Nachfrageseite dar.

Am Anfang des Netzes standen, wie oben bereits angeführt, die vier Hosts des ARPANETS. 1979 gab es 188 Hosts, 1992 wurde die Millionengrenze überschritten, 1993 gab es mehr als zwei Mio. Zu diesem Zeitpunkt setzte die Verbreitung des WWW ein. Seither gibt es ein recht konstantes Wachstum.[61]

Für Europa und Deutschland liegen Zahlen ab 1992 vor.[62] Diese zeigen ebenfalls ein recht konstantes Wachstum. Es gestaltet sich ziemlich parallel zur Ent-

[59] Vgl. hierzu z.B. Lutterbeck (O. J.), der Clinton und Bangemann sowie deren beinahe euphorische Einschätzungen zitiert.

[60] Vgl. z.B. Zakon (2001) und Zerdick et al. (1999, S. 142 – 144).

[61] Vgl. Zakon (2001).

[62] Bei der Denic, der deutschen Zentrale zur Registrierung von .de-Domains, gibt es ab 1992 umfassendes Datenmaterial.
Vgl. hierzu http://www.denic.de/DENICdb/stats/index.html#hostcount.

wicklung des Rests der Welt. Zur Vergleichbarkeit sind die weltweiten Zahlen in das Schaubild mit aufgenommen.

Abb. 5.1: Zahl der Hostrechner im Vergleich: Europa, Deutschland und die Welt

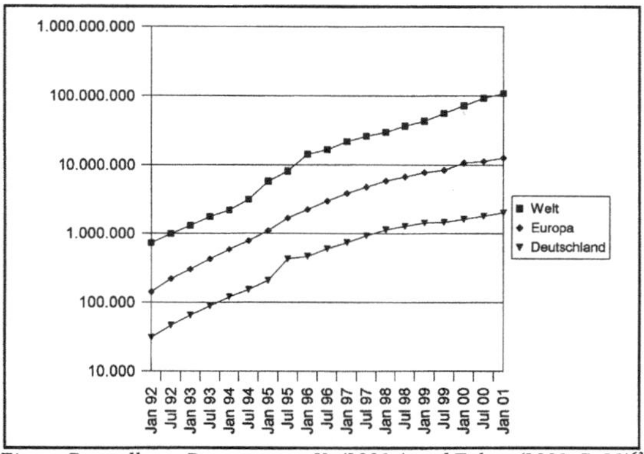

Quelle: Eigene Darstellung, Daten aus: o. V. (2001a) und Zakon (2001, S .23)[63].

Anfang 1992 gab es 31.000 Hosts in Deutschland, im Juli 2001 über zwei Mio.. Gegen Ende des Beobachtungszeitraums ließ die Expansionsgeschwindigkeit in Europa und Deutschland etwas nach: Die jährliche Wachstumsrate sank von ca. 215% (Europa) bzw. 213% (Deutschland) auf 18% bzw. 24%. Ob es sich dabei lediglich um ein Einschwenken auf einen langsameren Wachstumspfad handelt – was nach der stürmischen Expansion zu erwarten wäre – oder ob sich hier die Krise der sogenannten *New Economy* manifestiert, läßt sich zum jetzigen Zeitpunkt noch nicht endgültig entscheiden.

Während sich die obigen Zahlen auf das Internet als Ganzes beziehen, läßt sich das Wachstum des WWW auch getrennt nachzeichnen. Hier war die Expansionsgeschwindigkeit noch höher. Unten stehende Darstellung verdeutlich dies. Während es im Juni 1993 erst 130 Webserver gab, war die Zahl bis zum Juni 2001 auf knapp 30 Mio. angestiegen. Das entspricht einer durchschnittlichen jährlichen Wachstumsrate von 366,8%. Das Wachstum hat sich zuletzt deutlich abgeschwächt. Von 1993 auf 1994 betrug es 2006,2%, von 2000 auf 2001 nur mehr 71,2%. Auch hier laufen vermutlich Reifungsprozesse ab: Das Wachstumstempo scheint auf einen „normaleren“ Pfad einzuschwenken.

[63] Da für Deutschland und Europa für Januar 2000 keine Daten vorliegen, wurden für das Schaubild die Werte aus dem Februar genommen. Das verzerrt die Darstellung kaum.

Abb. 5.2: Zahl der Webserver weltweit

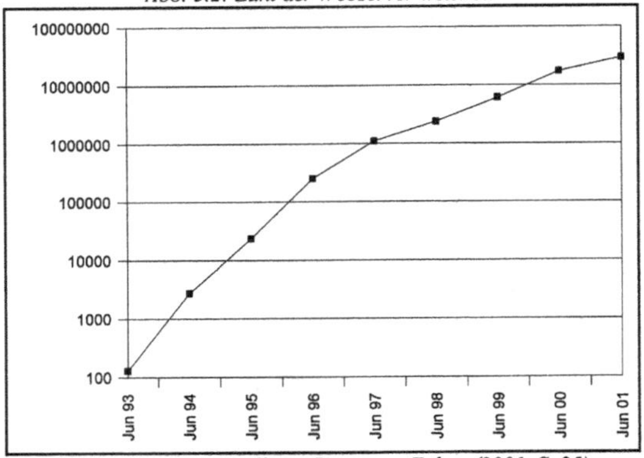

Quelle: Eigene Darstellung, Daten aus Zakon (2001, S. 25).

Die Nachfrageseite des Netzes wird wie erwähnt mit Hilfe der Nutzerzahl dargestellt. Für die vorliegende Untersuchung ist dabei vor allem der Zeitraum ab der Einführung des WWW von Interesse. Erst seitdem entwickelte sich das Internet zu einem Massenmedium; erst seither gibt es regelmäßige Erhebungen über das Ausmaß seiner Nutzung.[64]

Es werden dabei die Menschen erfaßt, die das Internet nutzen, unabhängig davon, ob dies zu beruflichen oder privaten Zwecken geschieht. Diese Zahl stellt die Größe des Internetmarktes und damit auch das das mögliche Potential für den sogenannten *E-Commerce* dar. Ebenso läßt sich damit die gesamtwirtschaftliche Relevanz des Internets analysieren.

Im Vergleich zu anderen Medien setzte sich das WWW mit beispielloser Geschwindigkeit durch. Während das Radio in den USA 38 und das Fernsehen 13 Jahre brauchte, um die Zahl von 50 Mio. Nutzern zu erreichen, gelang dies dem WWW bereits innerhalb von fünf Jahren.[65] Aktuellen Studien zufolge nutzten im Mai 2001 167,5 Mio. Menschen in den USA das Internet, weltweit waren im November 2000 407,1 Mio. Menschen online.[66]

---

[64] Es liegt in der Natur der Sache, daß exakte Zahlen über die tatsächliche Nutzerzahl nur schwer zu beschaffen sind. Die hier zitierten Studien können aber allesamt als seriös genug betrachtet werden, um den Wachstums-prozeß und das ungefähre Ausmaß der Internetnutzung verläßlich darstellen zu können.

[65] Vgl. Zerdick et al. (1999, S. 143). Die Autoren zitieren eine Studie von Morgan Stanley Dean Witter. Darin wurde als Starttermin für die Messung das Jahr 1993 genommen, also die Veröffentlichung der ersten Version des Browsers *Mosaic*. Dies stellt eine Betrachtungsweise dar, die mit dem hier verwendeten Konzept der Diffusion des Internets mittels des WWW kompatibel ist.

[66] Vgl. http://focus.de/D/DD/DD36/DD36A/dd36a.htm, Abrufdatum: 10. September 2001. Für die USA entspricht das einem Anteil von 61% aller Haushalte (im Juni 2001).
Vgl. http://www.nua.com/surveys/index.cgi?f=VS&art_id=905357151&rel=true, Abrufda-

In Deutschland gab bzw. gibt es ebenfalls ein hohes Wachstumstempo. Ab 1997 liegen dank der gemeinsamen Onlinestudien von ARD und ZDF detaillierte Zahlen über die Internetnutzung hierzulande vor. Nachdem sich 1994 noch weniger als eine Miollion Deutsche ins Internet begaben, stieg die Nutzung in den folgenden Jahren deutlich an: 1996 waren es bereits über zwei Mio.[67] In den folgenden Jahren war ein kontinuierlicher Anstieg zu verzeichnen, wie die nachstehende Grafik verdeutlicht.

Abb. 5.3: Zahl der Internetnutzer in Deutschland

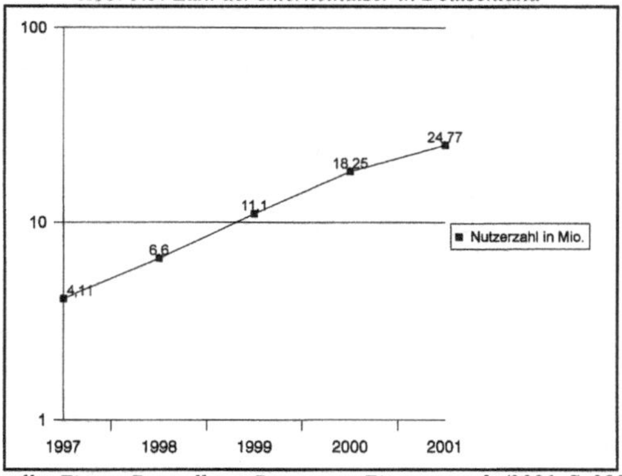

Quelle: Eigene Darstellung, Daten aus: Eimeren et al. (2001, S. 383).

Es wird deutlich, daß sich das Wachstum im letzten Jahr abgeschwächt hat. Von der Nachfrageseite tritt also ebenfalls eine Abflachung des Expansionstempos ein. Im Betrachtungszeitraum betrug die durchschnittliche jährliche Wachstumsrate 56,7%. Bis 2000 lag sie stets über 60%, von 2000 auf 2001 ging sie jedoch auf 35,7% zurück. Trotzdem nutzen mittlerweile fast 40% aller Deutschen das Internet; es ist zu einem Massenmedium geworden.

Allerdings ist die „kommerzielle" Nutzung des Internets noch gering: Weniger als 10% aller Onlinenutzer wickeln Transaktionen über das Netz ab, die unter dem Oberbegriff des *E-Commerce* subsumiert werden können, wie z.B. Bücherbestellungen oder Teilnahme an Onlineauktionen.[68] Dieses Ergebnis wird auch durch die Ergebnisse des Onlinepanels der Gesellschaft für Konsumforschung (GfK) bestätigt. Zwar ermittelt diese Erhebung eine höhere Anzahl von *E-Commerce*-Nutzern, nämlich knapp 6,9 Mio. über das gesamte erste Halbjahr 2001. Der Umsatz bleibt mit zusammen knapp 1,9 Mrd. € aber in einem aus gesamtwirtschaftlicher Sicht eher bescheidenen Rahmen.[69]

---

tum: 10. September 2001.

[67] Vgl. Medienspiegel (2000).

[68] Einzig Bankgeschäfte spielen eine deutlich größere Rolle. Vgl. Eimeren (2001, S. 386f.).

[69] Vgl. Lechner/Adlwarth (2001, S. 4).

Insgesamt stellt das Internet im Privatkundenbereich bisher vor allem ein Medium zur Informationsbeschaffung und Unterhaltung dar. Somit kann aus den bisherigen Daten gefolgert werden, daß das Internet zumindest in Deutschland momentan eher nur den Status eines neuen Massenmediums (vergleichbar dem Fernsehen oder dem Radio) denn den einer grundlegenden Infrastruktur für eine neue Wirtschaft oder gar Gesellschaft innehat.

Dieser Befund ist aus industriepolitischer Perspektive zentral. Die an das Internet geknüpften Hoffnung haben sich noch nicht erfüllt. Die zitierte Online-Studie legt nahe, daß dies daran liegt, daß das Netz bis dato nur zu ähnlichen Zwecken genutzt wird wie das Fernsehen oder das Radio. Falls die in den nächsten beiden Abschnitten durchzuführende Analyse aus theoretischer Sicht zum Ergebnis kommt, daß das Internet tatsächlich das Potential hat, einen neuen Abschnitt in der Wirtschaftsgeschichte einzuläuten, dann sollte die Aufgabe der Wirtschaftspolitik darin liegen, Hindernisse, die die Wirtschaftssubjekte bisher an einer dieses Potential erschließenden Nutzung hindern, aus dem Weg zu räumen. Dem Staat käme dann die Aufgabe zu, als Marktöffner zu agieren.

Neben der Nutzererfassung findet sich in der Literatur übrigens auch noch eine Beschreibung des Wachstums des *Traffics* im WWW, also des Verkehrsaufkommens im Internet. Damit kann die Intensität der Nutzung der verschiedenen Dienste beschrieben werden. Die Ergebnisse, die dabei gefunden wurden, sind durchaus bemerkenswert.[70] Im Dezember 1993 betrug der Anteil des WWW-Traffics am gesamten Verkehrsaufkommen im Internet 0,3%. Bereits im April 1995 stellte das WWW den am meisten genutzten Dienst dar: Sein Anteil lag bei 26,3%.[71] Innerhalb von weniger als zwei Jahren war das WWW aus dem Nichts zur wichtigsten Anwendung im Internet geworden. Der weltweite „Siegeszug“ war eingeläutet.

5.2 Das Internet aus wirtschaftstheoretischer Sicht

Nach der empirischen Bestandsaufnahme wird in diesem Abschnitt das Phänomen des Internets aus theoretischer Perspektive analysiert. Die Zielrichtung dabei ist eine doppelte: Zum einen soll untersucht werden, welche Auswirkungen die zunehmende Verbreitung des Netzes auf die Wirtschaft hat. Zum anderen sollen damit die Grundlagen erarbeitet werden, um industriepolitische Maßnahmen vorschlagen zu können.

70 Vgl. hierzu Gray (1996) und Zakon (2001, insbesondere S. 14f.).

71 Vgl. ftp://nic.merit.edu/statistics/nsfnet/1995/nsf-9504.ports.gz, Abrufdatum: 10. September 2001. Die Zahlen beschreiben den *Traffic* auf dem NSFNET-*Backbone*. Dieser war zum damaligen Zeitpunkt als Nachfolger des ARPANET das Internet schlechthin und kann deshalb als zuverlässige Informationsquelle angesehen werden.

Entsprechend der Vorgehensweise in der Literatur erfolgt die Untersuchung hier in mehreren, voneinander getrennten Schritten. An erster Stelle steht dabei die wesentliche Eigenschaft des Internets: Es ist ein Netzwerk. Demzufolge ist es mit dem Instrumentarium der ökonomischen Netzwerktheorie zu analysieren. Im Vordergrund stehen dabei der Gedanke der Netzwerkexternalitäten und die daraus erwachsenden Effekte. Danach wird der Frage nachgegangen, welche Effekte das Internet auf die Effizienz von Märkten hat. Eine der großen Hoffnungen der *New Economy* war bzw. ist es, daß mit dem Entstehen von virtuellen Marktplätzen die Transparenz von Märkten wesentlich erhöht würde und das Ideal der vollkommenen Konkurrenz greifbar nahe sei. Abschließend erfolgt die makroökonomische Analyse. Mit Hilfe des Paradigmas der *General Purpose Technologies* (GPT) werden die gesamtwirtschaftlichen Auswirkungen betrachtet. Im Vordergrund steht dabei die Frage nach der gesamtwirtschaftlichen Produktivität und deren möglichen Erhöhung infolge des vermehrten Einsatzes des Internets. Die gesamte Debatte um die *New Economy* hat hier ihr Zentrum.

5.2.1 Netzwerkexternalitäten und das Internet

Das Internet ist ein gigantisches Netzwerk. Es verbindet eine Vielzahl verschiedener Netze weltweit miteinander.[72] Demzufolge ist es naheliegend, daß sich die Literatur aus netzwerk-ökonomischer Sicht mit dem Phänomen auseinandergesetzt hat.[73] Im folgenden werden die für die Internetökonomie wesentlichen Aspekte der Debatte dargestellt. Zunächst wird auf die zentralen Kennzeichen von Netzwerken eingegangen, danach werden die aus wirtschaftspolitischer Sicht entscheidenden Implikationen von Netzwerkexternalitäten analysiert.

5.2.1.1 Grundlegende ökonomische Charakteristika von Netzwerken[74]

Ein Netzwerk kann auf zweierlei Ebenen betrachtet werden: zum einen auf der technischen, zum anderen auf der Ebene der daran teilnehmenden Akteure.

Technisch gesehen bestehen Netzwerke aus Verbindungen, die Knoten miteinander verknüpfen. Eine alternative Formulierung lautet, daß ein Netzwerk aus zwei oder mehr Komponenten besteht, die unter Zuhilfenahme einer Schnittstelle eine Funktion erfüllen.[75] Man kann es aber auch in bezug auf öko-

---

[72] Vgl. oben S. 122: ***Interconnected Networks***.

[73] Beispielhaft zu nennen sind Shapiro/Varian (1999) und Erber/Hagemann (2002b), die sich dem Sachverhalt aus unterschiedlicher Perspektive nähern.

[74] Vgl. zum folgenden Economides (1995, S. 1 – 6), Erber/Hagemann (2002b, S. 278 – 285) und Schechler (2002, S. 169 – 172).

[75] Vgl. Katz/Shapiro (1994, S. 93). Sie bezeichnen das Phänomen des Netzwerks dabei als „System“.

nomische Akteure analysieren: Ein (ökonomisches) Netzwerk besteht dann aus Agenten, die untereinander ökonomische Kontakte unterhalten. Unter Kontakten sind dabei nicht nur explizite Transaktionen über Märkte zu verstehen, sondern auch alle ökonomisch relevanten Verpflichtungen, die die Akteure wechselseitig eingehen. Beide Sichtweisen sind für die Betrachtung des Internets von Relevanz. Wie weiter unten zu sehen sein wird ergänzen sich die technische, infrastrukturorientierte Betrachtung des Netzes und die ökonomische, die an den Agenten und den zwischen ihnen ausgetauschten Inhalten anknüpft.[76]

Damit eine Dienstleistung über ein Netzwerk abgewickelt werden kann, müssen mehrere Komponenten zum Einsatz kommen. Daraus folgt, daß zwischen ihnen eine *Komplementaritätsbeziehung* besteht: Der Rechner, an den ein Modem angeschlossen ist und die Telefonleitung, mit der eine Verbindung zum Internet hergestellt werden kann, sind hierfür ein einleuchtendes Beispiel. Gleichzeitig gibt es aber auch *substitutionale* Relationen in einem Netzwerk: Statt über die Telefonleitung kann der Zugang zum Netz auch über Mobilfunkgeräte oder über das TV-Kabelnetz erfolgen. Wenn jedoch eine E-Mail zwischen zwei Teilnehmern verschickt wird, von denen der eine per Telefon, der andere per TV-Kabel mit dem Netz verbunden ist, dann handelt es sich wieder um Komplementärgüter. Daran zeigt sich, daß ein wesentliches Kennzeichen von Netzwerken das gleichzeitige Vorliegen von Substitutions- und Komplementärbeziehungen ist. Die zum Funktionieren notwendige Komplementarität ist daran geknüpft, daß die Netzwerkkomponenten *kompatibel* sind. Das ist bei anspruchsvollen technischen Einrichtungen nur durch ausformulierte technische Standards möglich. TCP/IP als Standardprotokoll des Internets ist hierfür ein eindrückliches Beispiel,[77] der berühmte „Standardstreit" Betamax/ Video2000/ VHS ein anderes.

Netzwerke lassen sich durch verschiedene Charakteristika kategorisieren. So können Netzwerke hinsichtlich der *Richtung der Kommunikation* unterschieden werden: Es gibt Einweg- und Zweiwegnetzwerke. Im ersten Fall werden die Netzwerkdienste nur von einem Knoten zum anderen transportiert; der Rückweg wird nicht genutzt, so wie das z.B. beim Rundfunk und Fernsehen der Fall ist. In den meisten anderen Netzwerkindustrien gibt es eine Kommunikation in beide Richtungen. Dazu gehören unter anderem die Telefonnetze oder die Luftfahrt- und Eisenbahnindustrie.[78] Darüber hinaus spielt die *Reichweite von Netz-*

---

[76] Vgl. dazu unten das Drei-Ebenen-Modell des Internets S. 219.

[77] Zu den Einzelheiten vgl. oben S. 121. Economides (1995, S. 4) weist auf die besondere Bedeutung der Kompatibilität hin: Dadurch, daß die Komponenten des Netzwerks kompatibel sind, wird die potentielle zur tatsächlichen Komplementarität. Über das Netzwerk können die gewünschten Dienste erbracht werden.

[78] Das Konzept der Kommunikation ist hier sehr weit zu fassen: Im Fall des Luftverkehrs oder der Eisenbahn findet Kommunikation auch mittels des Transports von Menschen und Gütern statt.

werken eine wichtige Rolle. Diese kann variieren. Meist ist der Kreis der an einem Netzwerk beteiligten Agenten beschränkt. Durch die Globalisierung und die Rolle, die die Informations- und Kommunikationstechnologien dabei spielen, gibt es allerdings in einigen Bereichen weltweite Netzwerke. Globalisierung kann somit aus netzwerktheoretischer Sicht als Erweiterung bzw. Verknüpfung zuvor lokaler und unabhängiger Netzwerke interpretiert werden. Dabei kann die Größe von Netzwerken als Ausdruck von ökonomisch-rationalem Verhalten gedeutet werden. Erst moderne Kommunikationstechnologien wie das Internet haben es ermöglicht, wirtschaftliche Verbindungen über größere Distanzen abzuwickeln und damit ein entsprechendes Netzwerk zu etablieren.

Im Zusammenhang mit dem Internet ist noch die Unterscheidung von *realen und virtuellen Netzwerken* von Belang. Reale Netzwerke bestehen aus physischen Gütern, die als Netzwerkknoten dienen und die über physische Leitungen miteinander verbunden sind. Virtuelle Netzwerke sind gekennzeichnet durch die Gemeinschaft verschiedener Geräte, die miteinander kompatibel sind. Als Beispiel kann die Gemeinschaft aller Nutzer von Macintosh-Rechnern dienen, die zusammen ein virtuelles Netzwerk bilden. Besonderes Kennzeichen dabei ist das Zusammenwirken von Hard- und Softwarekomponenten. Ein weiteres Beispiel hierfür ist das aus der Hardware „Videorecorder" und der Software „für die Hardware erhältliche Filme" bestehende virtuelle Netzwerk.[79] Das Internet nimmt eine Sonderstellung ein. Zum einen ist es ein reales Netzwerk – wie das Telefonnetz –, zum anderen dient es als Plattform verschiedener virtueller Netzwerke – z.B. das Netzwerk aller E-Mail-Nutzer. Die besondere Leistung des Internets ist es dabei, inkompatible Netzwerke – z.B. das Netzwerk der Unix- und der PC-Nutzer – miteinander kompatibel gemacht zu haben.

Schließlich ist noch eine Unterscheidung von Netzwerken gemäß den daran *teilnehmenden Agenten* möglich. Das ist wiederum für das Internet von Interesse, lassen sich doch dadurch verschiedene Erscheinungsformen des *E-Commerce* unterscheiden. Das in der Öffentlichkeit bekannteste Netzwerk umfaßt den elektronischen Handel zwischen kommerziellen Anbietern und Konsumenten (*Business to Consumer E-Commerce* – B2C). Daneben gibt es ebenso Netzwerke, die ausschließlich dem Handel zwischen gewerblichen Anbietern dienen (B*usiness to Business E-Commerce* – B2C), wie auch solche, an denen nur Konsumenten beteiligt sind (*Consumer to Consumer E-Commerce* - C2C). Wenn man den eng definierten Bereich des elektronischen Warenverkehrs verläßt, kann schließlich auch noch der Staat als Akteur mit einbezogen werden. Damit entstehen weitere virtuelle Netzwerke auf Grundlage des Internets. Diese Überlegungen sind Bestandteil des im späteren Verlauf der Arbeit entwickelten Drei-Ebenen-Modells des Internets.[80]

---

[79] Vgl. hierzu Katz/Shapiro (1994, S. 94f.) und Shapiro/Varian (1999, S. 183).

[80] Vgl. unten S. 219.

Dieser knappe Überblick gibt erste Einblicke in grundlegende Elemente der Netzwerkökonomik.[81] Der zentrale und in der Literatur am häufigsten untersuchte Aspekt von Netzwerken und Netzwerkmärkten sind die Netzwerkexternalitäten. Darauf wird im folgenden Abschnitt eingegangen.

5.2.1.2 Netzwerkexternalitäten, Lock-in-Effekte und Switching Costs

• *Grundlagen*

Das zentrale Kennzeichen von Netzwerkmärkten sind die sogenannten Netzwerkexternalitäten. Sie sind das Merkmal, das Netzwerke von anderen Märkten unterscheidet und der Grund, weshalb es in der Theorie eine gesonderte Analyse gegeben hat. Herausragende Bedeutung hat das Konzept mit den Arbeiten von Arthur gewonnen.[82]

Netzwerkexternalitäten entstehen durch die besonderen Eigenschaften der Güter, die auf diesen Märkten angeboten und nachgefragt werden.[83] Neben der bereits erwähnten Komplementarität der Güter, die die Nutzung eines Netzwerkes ermöglichen und der damit einhergehenden Anforderung der technischen Kompatibilität, ist dies vor allem die Tatsache, daß der Nutzen, den ein Individuum aus der Nutzung eines Netzwerkes zieht, um so höher ist, je höher die Zahl anderer Konsumenten ist, die an dieses Netzwerk angeschlossen sind. Für das Internet ist dieser Zusammenhang unmittelbar evident: Je mehr Leute z.B. E-Mails empfangen und versenden können, desto besser ist das für jeden einzelnen. Dieser Effekt wird in der genannten Literatur als *network* bzw. *adoption externalities* bezeichnet. Das bedeutet nichts anderes als zunehmende Skalenerträge im Konsum.[84] Dasselbe gilt für das Telefonnetz, aber auch für sogenannte

---

81 Eine detailliertere Analyse ist für den vorliegenden Zweck nicht notwendig. Auf sie kann deshalb verzichtet werden. Umfangreiche Darstellungen finden sich bei Schechler (2002, insbesondere S. 169 – 209) und Shapiro/Varian (1999).

82 Shapiro/Varian (1999, S. 322) geben einen guten Überblick über die Dogmengeschichte der Netzwerkexternalitäten. Erstmalig wurden sie von Rohlfs (1974) erörtert. Durch die Beiträge von Katz/Shapiro (1985) und Farell/Saloner (1986) wurde die Debatte intensiviert. Der Artikel von Arthur (1989) betonte insbesondere die Rolle von historischen Ereignissen und der daraus folgenden Pfadabhängigkeiten, die bei Netzwerkexternalitäten auftreten, für die Entwicklung einer Volkswirtschaft. Eine etwas längere Version dieses Artikels findet sich in Arthur (1994, S. 13 – 32), einem Sammelband, der die wichtigsten Veröffentlichungen des Autors zum Thema zusammenfaßt.

83 Bei Hageman/Erber (2002b, s. 285 – 289) findet sich ebenso ein guter Überblick über den Sachverhalt wie bei Shy (2001, S. 1 – 12). Shapiro/Varian (1999, S. 173 – 225) liefern eine allgemeinverständliche Darstellung.

84 Economides (1995, S. 6) diskutiert in diesem Zusammenhang, welche Auswirkungen dies auf die Darstellung der Marktnachfragekurve hat. Mit zunehmender, durch die (potentiel-

Hardware/Software-Kombinationen, wie sie z.B. PCs und die zu deren Gebrauch notwendigen Betriebssystemen und Anwendungsprogramme darstellen. Die Externalitäten sind hier jedoch indirekt[85]: Je größer die Zahl der Nutzer eines Betriebssystems ist, desto mehr Anwendungsprogramme (z.B. zur Textverarbeitung) können für den größeren Markt entwickelt werden. Hier wirken dann angebots[86]- und nachfrageseitige Skaleneffekte zusammen: Je größer der Markt, desto geringer sind die Stückkosten pro verkaufter Einheit, was dazu führt, daß die Vielfalt an Angeboten zunehmen wird, weil die Entwicklungskosten über eine größere Kundenbasis verteilt werden können. In eine ähnliche Richtung gehen indirekte Effekte bei dauerhaften Konsumgütern wie z.B. Autos. Die dazu komplementäre Komponente sind Servicedienstleistungen. Deren Qualität und Umfang hängt von der Größe des jeweiligen Marktes ab: Je mehr Kunden ein Automobilhersteller hat, um so umfangreicher kann das Netzwerk an Werkstätten sein, das er unterhält.

Die Existenz von Netzwerkeffekten führt dazu, daß es auf solchen Märkten multiple Gleichgewichte gibt. Das Marktergebnis ist nicht mehr eindeutig determiniert. Es kann entweder ein Gleichgewicht mit geringer oder eines mit hoher Nutzerzahl geben. Beispiele hierfür gibt es einige in der Geschichte der Einführung von neuen Technologien. So wurde das Internet zu Beginn von einer nur verschwindend geringen Nutzerzahl verwendet. Erst später, als sich die positiven Externalitäten bemerkbar machten, explodierte der Markt regelrecht. Der Diffusionsprozeß der Faxtechnologie verlief prinzipiell ganz ähnlich.

Während die hier diskutierten Netzwerkeffekte ausschließlich positiver Natur sind, ist darauf zu verweisen, daß in Netzwerken auch negative Externalitäten auftreten können. Das wird insbesondere dann der Fall sein, wenn ein System an seine Kapazitätsgrenzen gelangt. Ein zusätzlicher Nutzer erhöht dann nicht mehr das Nutzenniveau aller anderen sondern vermindert es vielmehr. Diese

---

len) Nachfrager erwarteter Verkaufszahl steigt der individuelle Nutzen. Seiner Meinung nach ist dies so darzustellen, daß die Nachfragekurve weiterhin eine negative Steigung hat, sie aber nach außen verschoben wird, wenn die Erwartungen bezüglich der zukünftigen Käufer zunehmen. Damit kann er weiterhin mit einem „normalen" Verlauf der Nachfragekurve argumentieren. Rohlfs (1974, S. 27 – 29) entwickelte im Zusammenhang mit der Nachfrage nach Telefondienstleistungen eine andere, durch Netzwerkeffekte determinierte Nachfragekurve: Sie steigt zunächst an; bei niedriger Kundenzahl dominiert der Netzwerkden Preiseffekt. Erst mit zunehmender Penetration kehrt sich das Verhältnis um; der Preiseffekt dominiert wieder. Die Nachfragekurve hat nun einen normalen Verlauf. Diese Nachfragekurve hat den Vorteil, daß man an ihrem Verlauf die Existenz multipler (zweier) Gleichgewichte sehr schön zeigen kann. Vgl. dazu auch Shy (2001, S. 110 – 113).

85 Selbstredend gibt es hier auch direkte Effekte: Der Austausch von Informationen über Dateien im selben Format (z.B. MS-Word) ist wesentlich leichter.

86 Die Kosten der ersten Kopie eines Programms umfassen die gesamten Entwicklungskosten. Die Kosten der zweiten Kopie bestehen im wesentlichen im Brennen der CD, die zum Vertrieb genutzt wird, oder in der Bereitstellung der Internetanbindung zum Download.

Engpässe sind im Internet ein Problem. Hier gibt es des öfteren den sprichwörtlichen „Stau auf der Datenautobahn". Positive Externalitäten sind in solchen Netzwerken nicht mehr unbegrenzt, da die Angebotsseite nicht unbeschränkt elastisch ist.[87]

Ein weiteres zentrales Merkmal von Netzwerken sind die Wechselkosten, die sogenannten *switching costs*. Diese fallen dann an, wenn ein Nachfrager von einem technologischen System zum anderen wechselt. Verschiedene Ursachen sind für diese Kosten verantwortlich. An erster Stelle ist der Aufwand zu nennen, den die Konsumenten zu tragen haben, wenn sie sich für ein bestimmtes Netzwerk entscheiden. Das Erlernen eines Betriebssystems erfordert z.B. sehr hohe monetäre und nicht-monetäre Aufwendungen, bis ein gewisses Maß der Kenntnis erreicht ist. Ein Wechsel zu einem neuen System wäre vor diesem Hintergrund mit doppelten Kosten verbunden: Zum einen müssen die alten Fähigkeiten sofort abgeschrieben werden, da sie beim neuen System obsolet wären, zum anderen muß eine erneute Einarbeitung erfolgen.[88] Weitere Kosten bestehen in den Suchkosten: Ein Nachfrager muß sich zuerst einen Marktüberblick verschaffen, bevor er weiß, daß es eine Alternative zu dem von ihm verwendeten System gibt. Daneben sind Anbieter und Nachfrager häufig durch längerfristige Verträge aneinander gebunden. Der Wechsel des Anbieters wird unter diesen Umständen Vertragsstrafen nach sich ziehen. Beim Wechsel der Anwendungssoftware fallen zusätzliche Kosten dadurch an, daß die Daten, die mit ihr gespeichert wurden, konvertiert werden müssen, um mit der neuen Software bearbeitet werden zu können. Das ist bei Dokumenten, die mit einer Textverarbeitung erstellt wurden, noch vergleichsweise einfach, wird aber bei komplexen Datenbankanwendungen zu einem höchst diffizilen Unterfangen.[89]

Die Wechselkosten sind versunkene Kosten und führen deshalb zu *Lock-in-Effekten*. Konsumenten werden bei einem System bleiben, die *switching-costs* werden sie vom Wechsel abhalten, selbst wenn es eine potentiell bessere Technologie gibt. Die Nutzer einer Technologie sind auf diese festgelegt. Über einen

---

[87] Liebowitz/Margolis (1994, S. 134) verweisen zu Recht auf diesen Punkt.

[88] Dieser Sachverhalt dürfte entscheidend dafür sein, daß die Betriebssysteme Microsofts trotz aller behaupteten technologischen Unterlegenheit ihre Marktführerschaft verteidigen konnten. Linux, das immer wieder als das bessere Konzept bezeichnet wird, hat diesen Nachteil nie überwinden können und wird deshalb wohl nicht aus der Nische für „Computerfreaks" herauskommen, zumal Microsoft mit der Zusammenführung der Konsumenten- und Unternehmensversion von Windows in der Version XP ein entscheidender Qualitätsfortschritt gelungen ist.

[89] Shapiro/Varian (199, S. 117) nennen daneben noch als weitere Wechselkosten: die Langlebigkeit der erworbenen Güter, spezialisierte Zulieferer, die für den Fall eines Systemwechsels ersetzt werden müßten, sowie Rabattprogramme, die mittels finanzieller Zugeständnisse den Kunden an das gewählte Netzwerk binden.

längeren historischen Zeitraum betrachtet führen die *Lock-in-Effekte* dazu, daß eine Volkswirtschaft einen bestimmten Entwicklungspfad einschlägt, der von Entscheidungen in der Vergangenheit beeinflußt ist: Historischer *Lock-in* und Pfadabhängigkeiten treten auf. *Lock-in* kann aber auch ohne Wechselkosten erreicht werden. So läßt sich zeigen, daß die unterschiedliche Verteilung von Netzwerkexternalitäten dazu führen kann, daß eine schlechtere Technologie gewählt wird.[90] Bei zwei miteinander konkurrierenden Systemen wird sich das System durchsetzen, das bereits bei einer kleinen Netzwerkgröße den größten Gesamtnutzen erzeugt. Selbst wenn bei zunehmender Größe die andere Technologie „im Prinzip" besser ist, wird sie sich nicht gegen die etablierte Technologie durchsetzen, da sie auf Grund der Nutzerbasis einen Nachteil besitzt. Netzwerkexternalitäten werden in diesem Sinne dann zu Wechselkosten.[91]

Lock-in-Effekte sind selbstredend nicht nur Ergebnis zufälliger historischer Ereignisse, wie sie Arthur in erster Linie im Blick hatte, sondern sie können auch Ergebnis strategischer Unternehmenspolitik sein.[92] Unternehmen, die Netzwerkgüter anbieten, werden versuchen, eine ausreichend große Zahl von Kunden (*installed customer base*) an sich zu binden und einen *Lock-in-Effekt* zu erzeugen, um dadurch dann Monopolrenten abschöpfen zu können. Damit wird die Existenz von *Lock-in-Effekten* zwei gegenläufige Auswirkungen auf den Preiswettbewerb haben: Um sich eine große Kundenbasis zu erschließen, werden Unternehmen tendenziell eher niedrigere Preise verlangen. Wenn sie dagegen Monopolgewinne abschöpfen wollen, wird dies zu höheren Preisen führen. Damit steht die Wettbewerbspolitik vor einem grundsätzlichen Problem. Im Sinne des Schumpeterschen Wettbewerbsbegriffs stellen temporäre Monopolrenten eine angemessene Entlohnung für innovatorische Leistungen dar. Auf der anderen Seite können *Lock-in-Effekte* zu unerwünschten Marktabschließungen führen. Die entstehenden Monopolgewinne sind dann wettbewerbspolitisch problematisch.[93]

---

[90] Vgl. hierzu Arthur (1994, S. 19). Bei der Entscheidung für eine Technologie bzw. ein Netzwerk spielen auch die Erwartungen der Wirtschaftssubjekte eine entscheidende Rolle: Wenn die Marktteilnehmer ihre Technologiewahl treffen, werden sie die so treffen, daß sie das Netzwerk auswählen, von dem sie erwarten, daß es in Zukunft den größten Nutzen bieten wird. Konstellationen mit sich selbst-erfüllenden Erwartungen werden denkbar. Vgl. dazu Shapiro/Varian (1999, S. 14f.).

[91] Interessanterweise werden die positiven Netzwerkeffekte in der Literatur nicht als Wechselkosten thematisiert, obwohl sie als Opportunitätskosten – bei einem Wechsel verzichtet das einzelne Wirtschaftssubjekt, das sich für die neue Technologie entscheidet, auf die Vorteile durch die Teilnahme am etablierten Netzwerk – dieselbe Wirkung haben wie die oben diskutierten direkten Wechselkosten.

[92] Vgl. hierzu Shapiro/Varian (1999, Kapitel 6), die dieses Phänomen als *Managed Lock-in* bezeichnen. Dieses hat die gleiche Funktion wie strategische Markteintrittsbarrieren.

[93] Vgl. Erber/Hagemann (2002b, S. 289).

Wenn zum *Managed Lock-in* noch bedeutende steigende Skalenerträge hinzukommen, wie dies oben für die Softwareproduktion dargestellt wurde[94], dann stellen sich für die Wirtschaftspolitik besondere Herausforderungen. Nicht zuletzt der Microsoft-Prozeß hat gezeigt, daß hier noch umfassender Forschungsbedarf besteht. Industriepolitik, die es mit Netzwerkmärkten zu tun hat, wird diese Zusammenhänge stets im Blickfeld behalten müssen.

• *Anwendung auf das Internet*

Das Internet ist – wie bereits mehrmals ausgeführt – das umfassendste Netzwerk, das existiert. In bezug auf die Theorie der Netzwerkökonomik handelt es sich dabei um ein reales Netzwerk, bei dem die Externalitäten direkt auftreten. Wie bereits erwähnt, erhöht sich der individuelle Nutzen eines Internetnutzers, wenn deren Gesamtzahl ansteigt. Gleichzeitig gibt es im Internet auch vielfältige indirekte Netzwerkeffekte in virtuellen Netzwerken. Auf seiner Grundlage werden verschiedenste Dienste angeboten, die für sich wiederum ein Netzwerk darstellen. Als Beispiel sei auf den *B2C-E-Commerce* verwiesen. Eine höhere Anbieter- bzw. Nachfragerzahl ist für die jeweilige Marktseite von Vorteil; das Netzwerk Internet ist hierfür infrastrukturelle Grundlage.

Lock-in-Effekte und Wechselkosten sind in bezug auf das Internet von ganz besonderer Bedeutung. Seinem Wesen nach ist es ein offenes Netzwerk, das im Gegensatz zu proprietären Netzwerken so ausgestaltet ist, daß keine Segmentierungen bzw. Marktabschließungen stattfinden können. Die Grundidee des Internets besteht im Zusammenschalten einer möglichst großen Anzahl unterschiedlichster Netzwerke, um eine möglichst hohe Nutzerzahl zu erreichen. Es ist also darauf ausgelegt, die positiven Netzwerkexternalitäten zu maximieren. Das wird aus technischer Sicht durch die sogenannten *Peeringabkommen* erreicht. Das sind Vereinbarungen zwischen den Betreibern von *Backbones*, mit Hilfe derer der Datenaustausch zwischen den Teilnehmern der verschiedenen Netze erreicht wird.[95] *Peerings* sind die Grundvoraussetzung für das Funktionieren des Internets. Sie beugen der Abschottung einzelner Teilbereiche des Netzes vor und ermöglichen so die weltumspannende Kommunikation. Dieses Prinzip hat sich erst Anfang der 1990er Jahre mit der umfassenden Popularisierung des Netzes durchgesetzt. Bestimmte Anbieter, wie z.B. AOL, hatten davor versucht, ein eigenes Netzwerk zu etablieren, um so die Netzwerkeffekte für das eigene Unternehmen zu nutzen. Damit konnte man sich nicht durchsetzen. Die Reste dieses Modells zeigen sich heute darin, daß bei AOL der

---

[94] Vgl. oben S. 139.

[95] *Backbones* sind die großen Leitungen, die das Rückgrat des Internets darstellen. Ihre Zusammenschaltung – ein *Peering* – ist vergleichbar mit dem Zusammenschalten (*Interconnection*) von Telefonnetzen verschiedener Anbieter, so daß ein Telefonat z.B. zwischen einem Telekom- und einem Arcorkunden möglich ist.

Zugang zum Internet über ein technisches Protokoll verwirklicht wird, daß nicht den offenen Standards des Internets entspricht.

Um möglichst allen unterschiedlichen Hard- und Softwarekombinationen den Zugang zum Netz und dessen Nutzung zu ermöglichen, verwirklicht das Netz mittels seiner Standards[96] ein Höchstmaß an Kompatibilität zwischen den technischen Installationen, die an das Netz angeschlossen sind. Wie oben ausgeführt, gehörte es zum Ethos und zur Begründung des Netzes seit den Zeiten des ARPANET, technologisch heterogene Einrichtungen miteinander zu verbinden.[97] So ist es heute problemlos möglich, mit allen bekannten Betriebssystemen das Internet zu nutzen. Die verwendeten Rechnertechnologien sind dabei irrelevant. Ein Nutzer kann von Microsoft Windows über Apple Macintosh zu Linux wechseln, ohne dabei wesentliche Nutzenverluste hinnehmen zu müssen. Die Wechselkosten aus Sicht der Internettechnologie sind praktisch null – es kann für jedes Betriebssystem dieselbe Leitung und derselbe Internetzugangsanbieter genutzt werden – ein *Lock-in* gibt es nicht. Es besteht auch kein Anreiz für strategisches *Lock-in*, da die Internetstandards ein öffentliches Gut sind.

Aus dem Gesagten wird deutlich, daß das Internet ein sehr spezifisches Netzwerk darstellt. Es realisiert positive Netzwerkeffekte und vermeidet weitgehend die wettbewerbsbeschränkenden *Lock-in-Effekte.* Beleg hierfür ist der sogenannte „Browserkrieg" vor einigen Jahren.[98] Microsoft sah die eigene, bis dato ungefährdete Stellung bei Betriebssystemen und Anwendungsprogrammen gefährdet. Das Internet hatte neue Möglichkeiten für den Wettbewerb eröffnet. Nur durch sehr umfangreichen Einsatz aller zur Verfügung stehenden Ressourcen gelang es dem Unternehmen, die eigene Stellung auch auf das Internet zu transferieren. Das macht deutlich, daß das Internet durch seine offene Architektur wettbewerbsfördernd wirkt.

Das angesprochene Beispiel der Auseinandersetzungen um die Browsersoftware macht aber auch deutlich, daß Unternehmen immer wieder versuchen, das Internet dazu zu gebrauchen, um ein großes Netzwerk zu erreichen und gleichzeitig für die eigenen Produkte *Lock-in-Effekte* zu nutzen. Diese scheinbar paradoxe Situation wird verständlich, wenn man sich die Struktur des Netzes[99] verdeutlicht. Auf die eben als sehr offen charakterisierte Infrastrukturebene setzen Dienste bzw. Inhalte auf, die anders zu beurteilen sind. Hier ist es möglich, geschlossene Netzwerke zu etablieren und so *Lock-in-Effekte* für das eigene

---

[96] Zum Standardisierungsverfahren im Internet vgl. oben S. 122. Ziel der Standards ist es, technisch ausgereifte Lösungen zu finden. Diese werden dann allen Nutzern des Netzes zur Verfügung gestellt.

[97] Vgl. hierzu S. 118 zur Beschreibung der IMPs, die diesen Anspruch im ARPANET umzusetzen halfen.

[98] Vgl. oben S. 129.

[99] Unten auf S. 219 wird ausführlicher anhand eines Drei-Ebenen-Modells des Internets auf dessen Struktur und Aufbau eingegangen.

Unternehmen zu generieren. Auf das Problemfeld der Betriebssysteme ist bereits verweisen worden.

Auch im Bereich des *E-Commerce* können diese Phänomene beobachtet werden. So nutzt AOL die eigene Zugangstechnologie, um die Kunden bei der Einwahl zunächst auf das eigene Angebot umzuleiten. Dabei werden dann besondere Inhalte angeboten, die nur dann genutzt werden können, wenn man AOL-Kunde ist. Ziel dieser Strategie ist es zum einen, der vorhandenen *installed customer base* nicht nur den Zugang ins Internet anzubieten, sondern auch gleichzeitig zusätzliche Umsatzerlöse über Werbung und *E-Commerce* zu erzielen. Zum anderen werden exklusive Inhalte genutzt, um die Wechselkosten für die Kunden zu erhöhen, da bei einem anderen Zugangsanbieter auf das besondere Angebot verzichtet werden muß. Aus diesen Überlegungen erklärt sich auch die Fusion von AOL und Time Warner. Die Deutsche Telekom versucht, eine ähnliche Strategie zu implementieren. Sie nutzt dazu ihr Breitbandportal *vision.t-online.de.*

Generell ist bei Internetzugangsanbietern der Trend zu beobachten, neben der Ermöglichung des Zugangs zum Netz mit seinen kostenlosen Angeboten auch kostenpflichtige Inhalte selber bereitzustellen. Aus netzwerktheoretische Sicht ist dabei interessant, daß die großen Anbieter wie AOL und Deutsche Telekom (über die Tochter T-Online) versuchen, für ihre vorhandenen Kunden zusätzliche Dienste anzubieten, um damit Netzwerkeffekte zu erzeugen und die Kunden enger an das Unternehmen zu binden, während kleinere Anbieter, wie z.B. Arcor[100], ihre Inhalte auch an Kunden anderer Unternehmen verkaufen, um auf diese Weise das eigene Netzwerk zu vergrößern. Die unterschiedliche Unternehmensgröße induziert verschiedene Strategien, die jeweils netzwerktheoretisch erklärt werden können.

Aber auch negative Netzwerkeffekte machen sich beim Internet bemerkbar. Sprichwörtliche Staus auf der Datenautobahn treten immer wieder auf. Wenn die Kapazitätsgrenzen erreicht sind, verursacht die Nutzung negative Externalitäten; es findet eine supra-optimale Nachfrage statt. Auf das Problem ist bereits verwiesen worden. Prinzipiell wäre es dadurch zu lösen, daß die Zugangspreise so gewählt werden, daß die Konsumenten diesen Effekt berücksichtigen.[101] Allerdings scheiden aus Praktikabilitätserwägungen die meisten dieser Vorschläge aus.

---

[100] Arcor bietet z.B. über die eigene Homepage Filmvideos zum kostenpflichtigen Download an. Vgl. dazu Arcor (2002).

[101] Wiseman (2001, S. 15 – 35) geht ausführlich auf diese Problematik ein und diskutiert mögliche Varianten für Zugangsentgelte, die Überfüllungseffekte verringern und so effizienzsteigernd wirken.

5.2.2 Die Effizienz von Märkten

Als grundlegende Idee wird in der Literatur die Frage diskutiert, ob und inwieweit durch die Verbreitung des Internets auf (Güter-)Märkten Friktionen verringert werden und dadurch deren Effizienz erhöht wird. Im Zusammenhang mit der *New-Economy-Euphorie* war die Erwartung geäußert worden, daß sich Märkte dem Ideal der vollkommenen Konkurrenz annähern würden.[102] Die gestiegenen Informationsmöglichkeiten der Konsumenten infolge drastisch gesunkener Suchkosten würden dafür sorgen, daß sich die Preise den Grenzkosten annähern und mithin keine Extragewinne mehr für Anbieter anfallen.

Mittlerweile gibt es eine umfangreiche Debatte zu diesem Thema. Den Schwerpunkt stellen dabei empirische Untersuchungen dar, die für verschiedene Branchen die Effekte analysieren, die sich durch das Aufkommen von Onlinemarktplätzen eingestellt haben.[103] Das Hauptaugenmerk liegt nach dem oben gesagten naturgemäß auf der Entwicklung der Preise. Smith et al. liefern eine gute Zusammenfassung zu dem Problemfeld.[104] Neben der Höhe der Preise erwähnen sie auch die Streuung der Preise unter den veränderten Marktbedingungen. Daneben stehen die *menu costs* und daran angelehnt die Frage der Häufigkeit von Preisänderungen sowie die Elastizität der Nachfrage. Im folgenden werden zunächst die theoretischen Grundlagen erörtert; danach wird die empirische Literatur ausgewertet.

5.2.2.1 Theoretische Grundlagen

Um die Effizienzwirkungen des Internets besser analysieren zu können, bedarf es zuvor der Festlegung eines Bezugsrahmens, an dem die Ergebnisse gemessen werden können. Die mikroökonomische Theorie bietet hierfür das Konzept der vollkommenen Konkurrenz.[105] Es kann an dieser Stelle nicht darum gehen, die gesamte Theorie nachzuzeichnen. Vielmehr ist es völlig ausreichend, einen kurzen Überblick zu geben, um danach die theoretische und empirische Analyse des Internets dazu in Verbindung zu setzen.

Ein Markt, auf dem vollkommener Wettbewerb herrscht, ist gekennzeichnet durch eine ausreichende Anzahl jeweils ungefähr gleich großer Anbieter und Nachfrager. Damit ist gewährleistet, daß keiner der Marktteilnehmer die Möglichkeit hat, das Marktergebnis durch sein Verhalten zu beeinflussen. Weitere

---

[102] Vgl. Brynjolfsson/Smith (2000, S. 1), die entsprechende Aussagen von Managern zitieren.

[103] Die Zahl der entsprechenden Artikel ist mittlerweile so groß, daß es nicht möglich ist, hier einen umfassenden Überblick zu geben.

[104] Vgl. Smith et al. (1999).

[105] Vgl. hierzu und zum folgenden z.B. Herdzina (2001, S. 127 – 142), Schumann et al. (1999, S. 230 – 271) und Varian (1999, S. 284 – 290 und 507 – 531).

Voraussetzung für das Vorliegen von Vollkommenheit ist die umfassende (Preis-)Transparenz, das heißt alle Teilnehmer sind vollständig über alle Marktbedingungen, insbesondere den Preis, informiert. Darüber hinaus müssen die angebotenen Güter homogen sein. Es darf keine sachlichen, zeitlichen, räumlichen oder persönlichen Unterschiede geben.[106]

Wenn all diese Anforderungen erfüllt sind, dann führt das Zusammentreffen von Angebot und Nachfrage mittels des Preismechanismus (*invisible hand*) zu einem *Gleichgewicht* auf diesem Markt mit *einer* Gleichgewichtsmenge und *einem* Gleichgewichtspreis, wobei letzterer den Grenzkosten entspricht. Sofern freier Marktzutritt herrscht, gibt es keine übernormalen Gewinne mehr. Der Wettbewerbsdruck sorgt dafür, daß diese durch Markteintritte und -austritte verschwinden.[107]

Überträgt man die obigen Überlegungen auf gesamtwirtschaftliche Zusammenhänge, dann erhält man ein Gleichgewicht auf höherer Ebene. Wenn alle Märkte einer Volkswirtschaft vollkommen sind und auf jedem ein Gleichgewicht im obigen Sinne herrscht, dann liegt ein sogenanntes gesamtwirtschaftliches Mikrogleichgewicht vor.[108] Diese Situation stellt ein *Pareto-Optimum* dar, was bedeutet, daß unter den gegebenen Bedingungen kein Individuum besser gestellt werden kann, ohne die Position eines anderen zu verschlechtern. Es handelt sich dabei auch insoweit um ein gesellschaftliches Optimum, als es „... ein[en] Zustand effizienter Produktion und ... effizienter Verteilung ...“[109] darstellt.

Dieser so gekennzeichnete Markt stellt aus theoretischer Perspektive den Bezugspunkt für die Beurteilung von tatsächlich existierenden Märkten dar. Selbst wenn die Existenz eines solchen theoretischen Konstrukts empirisch kaum nachweisbar sein dürfte, so kann dennoch am Ausmaß der Abweichung vom theoretischen Leitbild der Unvollkommenheitsgrad eines Marktes beurteilt werden.

Die Verwendung des Konzepts der vollkommenen Konkurrenz ist selbstredend nicht unumstritten. Insbesondere in der Wettbewerbstheorie hat sich gezeigt, daß es nur sehr unzureichend geeignet ist, um die Dynamik des Wettbewerbsprozesses darzustellen. Trotzdem wird auch hier auf die vollkommene Konkurrenz zurückgegriffen, da sich die Literatur zu den Effizienzwirkungen des Internets darauf stützt.

---

106 Im Rahmen der Marktformenlehre wird ein solcher Markt als homogenes Polypol bezeichnet.

107 In klassischer Weise hat das Bertrand (1883) formuliert.

108 Alternativ werden in der Literatur auch noch die Begriffe totales Konkurrenzgleichgewicht und *general equilibrium* verwendet.

109 Schumann (1987, S. 237). Über Fragen der Gerechtigkeit ist damit nichts ausgesagt.

Im Gegensatz zu diesem Idealbild sind Märkte in der Realität nicht vollkommen. Als eine wichtige Ursache wurden in der Literatur *Suchkosten* identifiziert, die die Nachfrageseite daran hindern, vollständig informiert zu sein.[110] Den Anstoß für die Diskussion lieferte Stigler (1961), der erstmalig Suchkosten explizit in die Analyse aufnahm und die Auswirkungen von positiven Suchkosten auf die Preisbildung im Gleichgewicht untersuchte. Unter Suchkosten sind dabei all jene Aufwendungen zu verstehen, die ein Käufer zu tragen hat, um einen Verkäufer zu finden und ein Produkt dann zu kaufen. Dazu gehören zum einen die Opportunitätskosten der investierten Zeit, zum anderen auch die direkten Kosten, die beim Suchen und Einkaufen anfallen (wie z.B. Fahrtkosten).[111]

Wenn es für potentielle Käufer mit Kosten verbunden ist, sich über die Preise verschiedener Anbieter zu informieren, dann stehen diese vor der Frage, wie umfangreich die Suche sein soll. Aus theoretischer Sicht ergibt sich dabei folgende Suchregel: So lange der erwartete Ertrag einer weiteren Suche höher ist als die Kosten, so lange ist es rational, weiter zu suchen.[112] Dabei gilt, daß mit steigenden Suchkosten der Suchaufwand abnimmt; ebenso ist er positiv mit der Preisstreuung korreliert: Je weiter die Preise der einzelnen Verkäufer auseinander liegen, desto größer ist der potentielle Gewinn, der sich aus der Fortsetzung der Suche ergibt. In dieser Modellkonstellation läßt sich zeigen, daß positive Suchkosten Anbieter in die Lage versetzen, Preise festzulegen, die über den Grenzkosten liegen, und so Renten abzuschöpfen. Das gilt selbst dann, wenn es sich um homogene Güter handelt, die Verkäufer miteinander im Wettbewerb stehen und auf kollusive Absprachen verzichten.

Falls dagegen auf einem Markt heterogene Güter gehandelt werden, ist die Analyse der Wirkungen von Suchkosten zu modifizieren. Die prinzipiellen Ergebnisse bleiben allerdings dieselben. Es ist nun zu berücksichtigen, daß die Suche nicht nur die nach den Preisen, sondern auch die nach den Produktcharakteristika und dem Ausmaß von deren Übereinstimmung mit den Nachfragerpräferenzen umfaßt. Die Regel für die optimale Suche ist entsprechend

---

[110] Vgl. zum folgenden Bakos (1991), der in seinem Artikel umfassend die Bedeutung von Suchkosten für Marktergebnisse allgemein und unter Einbeziehung von elektronischen Marktplätzen schildert. Obwohl sich das Internet 1991 noch auf akademische Kreise beschränkte; das WWW nur am CERN in Genf existierte und somit die Vision einer internetbasierten *New Economy* noch nicht virulent sein konnte, beschreibt Bakos ziemlich präzise die theoretischen Aspekte, die auch heute noch in der aktuellen Debatte an erster Stelle stehen.

[111] Vgl. Bakos (1997, S. 1677, FN. 2).

[112] Vgl. hierzu z.B. Rothschild (1974, S. 692). Rothschild weist nach, daß diese Suchregel nicht nur dann rational ist, wenn die Käufer über die Wahrscheinlichkeitsverteilung der Preise unterrichtet sind – eine Annahme, die den meisten Modellen zugrunde lag –, sondern meist auch dann gilt, wenn diese unbekannt ist, was den Realitätsgehalt der Regel deutlich erhöht.

abzuwandeln. Auch für den Fall von Produktdifferenzierung ist festzuhalten, daß positive Suchkosten die Anbieter in die Lage versetzen, Preise über den Grenzkosten zu verlangen. Allerdings gilt, daß sinkende Suchkosten nicht notwendigerweise mit sinkenden Preisen verbunden sein müssen. Wenn es Anbietern gleichzeitig gelingt, den Grad der Produktdifferenzierung zu erhöhen, können sie sich unter Umständen einem intensivierten Preiswettbewerb entziehen.

Eine weitere Konsequenz von Suchkosten ist die Existenz mehrerer unterschiedlicher Preise im Gleichgewicht. Die Ineffizienz des Marktergebnisses äußert sich also nicht nur darin, daß es Preise gibt, die über den Grenzkosten liegen, sondern auch darin, daß es zusätzlich mehrere Preise gibt. Dieses Phänomen hat einen ausführlichen Widerhall in der theoretischen Debatte über Suchkosten gefunden. Stigler (1961) hatte erstmalig darauf hingewiesen. Bei Stahl (1989) findet sich ein guter Überblick über den Verlauf der Diskussion. Es wurden dabei im Laufe der Zeit verschiedene Modelle entwickelt, die hier nicht in allen Einzelheiten nachgezeichnet werden brauchen. Strittige Fragen, um die es dabei ging, waren zum Beispiel folgende: Haben alle Nachfrager Suchkosten oder gibt es manche, die alle Angebote einholen? Lernen die Konsumenten aus ihrer Suche oder vergessen sie die Ergebnisse wieder?[113] Allen gemeinsam ist jedoch die Erkenntnis, daß Suchkosten zu Preisstreuung führen und diese Konstellation ein Gleichgewicht darstellt.

Vor diesem Hintergrund sind die erwarteten Wirkungen des Internets zu sehen. Durch die Einwahl ins Internet erhält man einen recht einfachen und preiswerten Zugang zu elektronischen Märkten.[114] Man bekommt fast unbegrenzte Möglichkeiten: Es gibt Marktplätze, wo man Preise direkt vergleichen kann. Es gibt sogenannte *shopping-bots*, die für den Käufer den Preisvergleich übernehmen. Schließlich existieren einzelne Anbieter, die ihre Waren anbieten. Auch hier ist ein Preisvergleich nur ein Mausklick entfernt. Aus der Perspektive der oben dargestellten Theorie müßten sich beträchtliche Effizienzgewinne ergeben. Die Suchkosten sind erheblich gesunken: Wenn man sich vergegenwärtigt, daß Suchkosten in erster Linie und zum größten Teil darin bestehen, daß ein Wirtschaftssubjekt Zeit aufwenden muß, um sich zu informieren, werden die Potentiale des Internets mit seinen elektronischen Marktplätzen deutlich. In bestimmten Märkten, auf denen Suchkosten zuvor prohibitiv hoch waren, wird

[113] Vgl. für eine detailliertere Übersicht Stahl (1989, S. 700f.).

[114] Die Frage, inwieweit die Komplexität des Zugangs und die notwendigen Anlaufinvestitionen (Computer und Modem) ein wesentliches Hindernis für die Nutzung des Internets sind, wird noch zu klären sein. (Unter Umständen ergeben sich hieraus Konsequenzen für wirtschaftspolitisches Handeln.) Sofern aber bereits ein Computer in einem Haushalt vorhanden ist, sind die zusätzlich notwendigen finanziellen Aufwendungen begrenzt.

die Suche jetzt erst überhaupt rational[115], in anderen wird die Suchaktivität deutlich zunehmen. Deshalb sind positive allokative Effekte durch sinkende Preise in Richtung der Grenzkosten zu erwarten. Auf manchen Märkten kommen Transaktionen erstmalig zustande, „übernormale Gewinne" der Anbieter werden wegkonkurriert. Konsumenten werden in die Lage versetzt, sich besser über die Produkteigenschaften verschiedener Anbieter zu informieren. Dadurch können sie die zu kaufenden Produkte besser mit den eigenen Präferenzen in Übereinstimmung bringen. Zudem wird der Preisdruck auch noch dadurch erhöht, daß der Marktzutritt bei elektronischen Märkten deutlich kostengünstiger und einfacher erfolgen kann als auf traditionellen Märkten. Die potentielle Konkurrenz nimmt zu. Etablierte Unternehmen werden sich in ihrer Preispolitik zurückhalten, so daß niedrigere Preise zu erwarten sind.

Verbunden mit diesen Preisanpassungen müßte auch die Preisstreuung zurückgehen: Die zunehmende Transparenz und der dadurch intensivierte Wettbewerb sollten zu einer Preiskonvergenz hin zum Grenzkostenpreis führen. Das hätte dann – im Einklang mit der oben dargestellten Theorie – einen Rückgang der Preisstreuung zu Folge. Damit ist sie ein weiterer wichtiger Indikator für die Effizienzwirkungen des Internets: Je intensiver der Wettbewerb, desto geringer sollten die Preisunterschiede zwischen den einzelnen Händlern sein.

Neben der Frage nach der Höhe und der Streuung der Preise werden in der Literatur noch die Menükosten und die Preiselastizität der Nachfrage diskutiert. Diese beiden Aspekte werden hier nur der Vollständigkeit halber erwähnt.[116] Weder stellen sie aus theoretischer Sicht den Kern der Argumentation dar, noch stehen sie in der empirischen Analyse im Mittelpunkt des Interesses.

Menükosten stellen die Kosten dar, die für einen Anbieter anfallen, wenn er seinen Preis verändert. Diese bestehen vor allem in der Änderung von Preislisten und Etiketten. In elektronischen Märkten fallen Preisanpassungen leichter; hier bestehen sie nur noch in der Änderung eines Eintrages in einer Datenbank. Deshalb wäre zu erwarten, daß auf Onlinemärkten Preisänderungen häufiger vorkommen. Es spricht auch einiges dafür, daß die Preise dann in kleineren Schritten angepaßt werden, da der Aufwand wesentlich geringer ist. Allerdings ist zu erwarten, daß sich Kostenänderungen um so stärker in Preisänderungen niederschlagen, je höher die Wettbewerbsintensität auf einem Markt ist. Damit könnte der vermutete Effekt bezüglich kleinerer Preisänderungen überkompensiert werden. Wenn Preise schneller und häufiger erhöht oder gesenkt werden (können), dann ist es möglich, rascher auf Änderungen in den Nachfrage- und

[115] Bakos (1997, S. 1682 – 1684) betont sehr stark die Bedeutung von elektronischen Marktplätzen für die Existenz von Märkten. Er vermutet große potentielle Wohlfahrtsgewinne und verweist als Beispiel auf den Arbeitsmarkt: Elektronische Transaktionen führen dazu, daß viele neue Arbeitsplätze geschaffen werden.

[116] Vgl. zum folgenden Smith et al. (2000, S. 102f.).

Angebotsbedingungen zu reagieren. Die marktliche Anpassungsgeschwindigkeit wird erhöht. Auch das spricht für eine gesteigerte Effizienz eines Marktes: Preise sind weniger starr; ein neues Gleichgewicht kann schneller erreicht werden. Für die empirische Analyse kann somit, da Menükosten nicht direkt beobachtbar sind, die Häufigkeit von Preisänderungen als weitere Größe zur Beurteilung des Marktergebnis hinzugezogen werden.

Die Preiselastizität gibt an, in welchem Ausmaß Konsumenten auf Preisänderungen reagieren. Unter sonst gleichen Bedingungen[117] reagieren Konsumenten auf effizienten Märkten schneller auf kleinere Preisänderungen als auf „schlechteren“ Märkten. Als Ursache ist vor allem an unvollständige Information infolge kostenträchtiger Suche zu denken. Auch hier sind also die Suchkosten von entscheidender Bedeutung. Insofern besteht eine enge Verknüpfung zu dem oben zu der Preishöhe Gesagten.

5.2.2.2 Empirische Ergebnisse

Mittlerweile gibt es eine beträchtliche Anzahl von Studien, die die dargestellten theoretischen Überlegungen einem empirischen Test unterzogen haben. Dabei wurden verschiedene Felder untersucht, vor allem aber die „Klassiker“ des *E-Commerce*, also Bücher und CDs. Weitere Gebiete waren bzw. sind z.B. der Verkauf von Flugzeugtickets und bestimmter Finanzmarktprodukte. Wie sich im folgenden zeigen wird, gibt es noch keine einheitlichen Ergebnisse. Auch ergibt sich bisher aus den vorliegenden Studien keine Entwicklungstendenz im Zeitablauf. Das liegt vor allem daran, daß momentan überwiegend nur Querschnittsanalysen vorliegen. Um zuverlässigere Aussagen treffen zu können, wird es notwendig sein, Erhebungen über längere Zeitabschnitte hinweg durchzuführen und die dabei gewonnenen Daten miteinander zu vergleichen.

Wie bereits erwähnt, verließ das Internet erst mit dem Auftreten des WWW den akademischen Bereich. Insofern sind Auswirkungen frühestens ab Mitte der 1990er Jahre zu erwarten. Dementsprechend setzen die ersten Untersuchungen auch erst zu diesem Zeitpunkt ein. Eine hervorzuhebende Ausnahme bildet hier die Studie von Lee (1998). Er untersucht einen elektronischen Markt zum Verkauf von gebrauchten Kraftfahrzeugen in Japan über den Zeitraum 1986 bis 1995. Dabei handelt es sich um elektronische Auktionen über ein einheitliches System (AUCNET) zum Verkauf an Einzelhändler, die ihrerseits die erworbenen Wagen an ihre Konsumenten weiter veräußern. Der elektronische Markt

[117] Die Determinanten der Preiselastizität der Nachfrage werden hier nicht betrachtet. Sinn macht eine ausführliche Unterscheidung in unserem Kontext nur dann, wenn man einen „traditionellen“ und einen Online-Markt für das gleiche Produkt vergleicht. Dann könnten u. U. Rückschlüsse auf die Effizienz der untersuchten Märkte gemacht werden.

befindet sich also auf der Großhandelsebene.[118] Die infrastrukturelle Grundlage hierfür bildet allerdings nicht das Internet; deshalb konnte eine Längsschnittanalyse durchgeführt werden. Dieses Beispiel ist insofern für die Betrachtung des Internets von Belang, da hier eine Untersuchung über einen längeren Zeitraum möglich war und damit möglicherweise Perspektiven für das Internet aufgezeigt werden können. Die Vorteile des AUCNET liegen ebenfalls in der Ersparnis der Suchkosten: Der (Zeit-)Aufwand für die Autohändler, um ein gewünschtes Modell zu finden, ist im elektronischen System wesentlich geringer. Gleichzeitig sind die Informationen über die Qualität der angebotenen Fahrzeuge zuverlässiger. Darüber hinaus finden sich umfangreiche Informationen über die am Markt insgesamt erzielten Preise: Preistransparenz ist mithin auch hergestellt. Die Parallelen zum Internet und den daran geknüpften Erwartungen sind offensichtlich.

Die Ergebnisse, die Lee ermittelte, sind ziemlich eindeutig: Über den 10-Jahres-Zeitraum hinweg gab es einen signifikanten und anhaltenden Anstieg der „elektronischen" Preise für die Gebrauchtwagen. Diese lagen stets über den Preisen auf traditionellen Auktionsmärkten, wobei der Abstand im Zeitablauf sogar zunahm. Obwohl die aus der Theorie bekannten Voraussetzungen vorlagen, stellten sich nicht die erwarteten Ergebnisse ein: Die Preise stiegen an; es gab keine Preiskonvergenz.[119]

Wenn man sich den Markt allerdings näher betrachtet, sind diese Resultate weniger überraschend als man zunächst annehmen müßte. Wie spätestens seit Akerlof (1970) bekannt ist, zeichnet sich der Markt für Gebrauchtwagen durch spezifische Charakteristika aus.[120] Die Kombination von asymmetrischer Information und (unterstelltem) einheitlichem Preis für unterschiedliche Qualitäten führt zu einem Rückgang der durchschnittlichen Qualität, was mit einem Preisrückgang einhergeht und zu einem Schrumpfen des Marktes führt.[121]

In diesem Kontext stellt das AUCNET eine jener Institutionen dar, die zur Reduktion von Unsicherheit führen: Händler, die Autos kaufen, werden über die Qualität besser als auf den „etablierten" Märkten unterrichtet. Zusammen mit den verringerten Suchkosten erhöht sich die Attraktivität des Marktes, ein *virtuous circle* setzt ein: Die Nachfrage steigt an, was zu steigenden Preisen führt. Dadurch wird der elektronische Markt für Anbieter lohnender. Das Angebot wird ausgeweitet, die Angebotsvielfalt steigt, was wiederum weitere Nachfrager anzieht. Der durch die Angebotsausweitung prinzipiell entstehende Druck auf

---

[118] Dieser Sachverhalt ist bei der Bewertung der Ergebnisse zu berücksichtigen, insbesondere im Vergleich mit den nachfolgenden Studien, da diese den *Business-to-consumer* Bereich betrachten. Dennoch wird Lees Analyse hier mit aufgenommen, da sie eine der ältesten ist und zudem mehr als nur eine Momentaufnahme bietet.

[119] Die Preisstreuung und die Häufigkeit von Preisänderungen wurden nicht untersucht.

[120] Vgl. Akerlof (1970, S. 489f.).

[121] Vgl. ebenda, S. 488.

die Preise wird durch diesen Effekt bisher noch überkompensiert, so daß ein Preisanstieg stattfindet.

Aus diesem Beispiel können wichtige Aspekte, die bei der Entstehung und Entwicklung eines elektronischen Marktes auftreten, für das allgemeine Verständnis gewonnen werden. Um die Effekte der Einführung von *E-Commerce* abschätzen zu können, ist jeweils das gesamte Marktumfeld zu betrachten. Die aus der theoretischen Perspektive zu erwartenden Auswirkungen werden gegebenenfalls durch andere Prozesse überlagert. Um zu einer umfassenden Beurteilung zu kommen, muß die vollständige Dynamik des Marktprozesses in Betracht gezogen werden. Im Fall des japanischen AUCNET führte das dazu, daß der Umfang des Marktes auf Grund der gestiegenen Nachfrage zunahm, was höhere Preise auch über einen Zeitraum von 10 Jahren zur Folge hatte. Wenn man das in dem Sinne interpretieren würde, daß durch die Einführung der elektronischen Auktionsplattform die Effizienz des Marktes abgenommen hat, läge man falsch. Die alleinige Konzentration auf die Preishöhe zur Beurteilung der allokativen Effekte stellt folglich eine unzulässige Engführung dar. Die Reduktion der Suchkosten und die verbesserte Bereitstellung von Informationen über die Produktqualität waren in Japan exakt die Ursache für den Anpassungsprozeß, der zum Anstieg der Preise führte. Das widerspricht nur vordergründig den theoretischen Vorhersagen. In richtiger dynamischer Perspektive sind im vorliegenden Fall die höheren Preise Ausdruck gestiegener Effizienz auf dem Markt für Gebrauchtwagen. Vor diesem Hintergrund sind die jetzt im folgenden darzustellenden empirischen Untersuchungen hinsichtlich der Preiswirkungen des Internets zu lesen und zu interpretieren.

Von Brown und Goolsbee (2000) stammt eine weitere Untersuchung, die für sich in Anspruch nehmen kann, mehr als nur eine Momentaufnahme zu sein. Die Autoren betrachteten den Markt für Lebensversicherungen in den USA über einen 5-Jahreszeitraum von 1992 bis 1997. Sie verglichen dabei die Preise von Online- und Offlinehändlern. Um die Auswirkungen des Verkaufs von Versicherungspolicen über das Internet möglichst genau bestimmen zu können, unterzogen sie den Markt vorher einer eingehenden Analyse. Deshalb setzt ihr Beobachtungszeitraum auch bereits relativ früh ein. Effekte des Internets stellten sie erst ab 1996 fest, als erstmalig Webseiten auftraten, die einen Preisvergleich für bestimmte Arten von Versicherungsverträgen anboten. Dabei handelte es sich um sogenannte *term life policies*, also um Risikolebensversicherungen, die nur für eine bestimmte abgrenzte Periode (ein bis fünf Jahre) Versicherungsschutz bieten und danach keinen weiteren Nutzen stiften. Diese Versicherungsarten eignen sich deshalb besonders gut für den Vertrieb über das Internet, da sie in ihrer Ausgestaltung ziemlich homogen sind.

Die Ergebnisse, die die beiden Autoren fanden, sind ziemlich eindeutig. Die Preise sanken in beiden Vertriebskanälen seit 1996 um ca. 8-15%.[122] Die Aussagefähigkeit ist als recht hoch einzuschätzen. Die Preisrückgänge traten erst mit dem Aufkommen der genannten Seiten im Internet auf, obwohl es schon zuvor eine gewisse Verbreitung des Internets gab. Zudem ergab sich bei Kapitallebensversicherungen mit längerer Laufzeit, die parallel untersucht wurden, kein Preiseffekt, was eindeutig damit zu erklären ist, daß keine entsprechenden Online-Preisvergleiche vorlagen. Die Entwicklung der Preisstreuung ist ebenfalls interessant. Zunächst stieg sie nach Einführung des elektronischen Handels deutlich an, um danach im Laufe der Zeit wieder zurückzugehen. Das erklären die Verfasser mit der allmählichen Diffusion der Nutzung der Preisvergleiche. Anfänglich nutzten diese nur wenige Kunden, die dann in den Genuß der niedrigen Preise kamen. Dadurch stieg die Streuung an. Später nahm die Verbreitung des Onlineangebots zu. Immer mehr Nutzer konnten von den günstigeren Preisen profitieren, so daß eine Konvergenz zu einem niedrigeren Preisniveau einsetzte.

Insgesamt liefern Brown und Goolsbee Ergebnisse, die weitgehend mit den theoretischen Voraussagen übereinstimmen. Sie teilen den Optimismus bezüglich der Effizienzwirkungen des Internets, insbesondere für standardisierbare Finanzmarktprodukte und vermuten für die Zukunft beträchtliche gesamtwirtschaftliche Potentiale, insbesondere in Gestalt einer Zunahme der Konsumentenrente. Bemerkenswert ist dabei, daß die Autoren dynamische Aspekte in ihre Analyse miteinbeziehen. Auf Grund der Tatsache, daß die Beobachtungen über einen längeren Zeitraum erfolgten, konnten dynamische Wirkungen herausgearbeitet werden.

Eindeutiger Schwerpunkt der empirischen Forschung sind Bücher und CDs, mithin also die Güter, die vom *E-Commerce-Pionier* Amazon vertrieben werden. Hier gibt es die größte Anzahl von Studien. Bücher wurden vor allem auch deshalb als Untersuchungsgegenstand gewählt, weil sie als homogene Güter charakterisiert werden können. Durch die Internationale Standard Buch Nummer (ISBN) sind sie eindeutig gekennzeichnet und weltweit identisch. Bei einer Bestellung mittels ISBN erhält man an jedem Ort der Welt dasselbe Produkt. Somit ist es naheliegend, sich ihnen in der empirischen Forschung zuzuwenden: Homogene Produkte und eine weite Verbreitung des Internethandels sollten eigentlich die besten Voraussetzungen dafür liefern, die Vorhersagen der Theorie umfassend zu überprüfen.

---

[122] Der genaue Wert variiert mit den verwendeten statistischen Spezifikationen, die aber in diesem Zusammenhang nicht von Belang sind. Brown und Goolsbee berechnen daraus einen Zuwachs der Konsumentenrente von 115 – 215 Mio. $.

Bailey war einer ersten, der auf diesem Gebiet tätig wurde.[123] Neben Büchern untersuchte er auch den Markt für CDs und Software. Sein Beobachtungszeitraum war ein knappes Jahr (Februar 1997 bis Januar 1998), wobei sein Schwerpunkt der Buchhandel bildete. Dadurch wurde er in die Lage versetzt, dynamische Effekte der Marktentwicklung zu erfassen. Vor allem die Wirkungen des Internetauftritts von Barnes & Noble, dem größten traditionellen Buchhändler in den USA konnten dadurch recht präzise erfaßt werden.

Bailey verglich die Preise von reinen Internethändlern mit solchen, die auch in gewöhnlichen Läden verkauften. Deren Preise wurden allerdings ausschließlich über ihre Internetpräsenzen ermittelt. Dadurch konnte festgestellt werden, welche Händlergruppe preiswerter war. Das Ergebnis war wiederum eindeutig: Für alle drei Produktgruppen (Bücher, CDs und Software) waren Onlinehändler teurer, wobei der Preisabstand bei Software am niedrigsten, bei CDs am höchsten war. Bei der Preisstreuung zeigte sich ein ähnliches Bild: Auch hier war sie bei elektronischen Anbietern von Büchern und CDs höher, lediglich bei Software war sie niedriger. Bei der Frage nach den Preisänderungen schienen sich hingegen die theoretischen Erwartungen zu erfüllen: Im Internet wurde schneller reagiert, Preise häufiger angepaßt.

Damit scheint die Theorie durch die Empirie weitgehend falsifiziert zu werden. Allerdings ist laut Bailey zu berücksichtigen, daß die Erhebung noch in einem frühen Zeitpunkt der Marktentwicklung durchgeführt wurde. Der Onlinemarkt für Software dürfte bereits etwas reifer sein. Deshalb sind die Ergebnisse dort anders gelagert. Mit steigender Erfahrung der Marktteilnehmer vor allem auf der Nachfragerseite ist es denkbar, daß sich auch bei Büchern und CDs andere Ergebnisse einstellen. Ein weiteres Problem ist die bereits erwähnte Erhebungsmethode. Es könnte durchaus sein, daß die Preise in den normalen Läden von denen auf den Homepages derselben Anbieter abweichen. Als weitere mögliche Ursache für die „falschen" Ergebnisse wird angeführt, daß manche Anbieter von Büchern und CDs Preisagenten, die für ihre Kunden das möglichst günstigste Angebot eruieren wollen, abblocken: Sie verhindern durch bestimmte technische Vorrichtungen, daß ihre Preise per automatisierter Softwareabfrage erfaßt werden. Gerade die *shopping bots* sind aber wichtige Mittel, um eine erhöhte Effizienz des Marktes zu erreichen. Damit sind die theoretisch geforderten Voraussetzungen für vollkommene Preistransparenz und die Suchkosten von nahe null nicht mehr gegeben.

Trotzdem sind für Bailey andere Ursachen wichtiger für die Erklärung seiner Resultate. Er denkt dabei vor allem an Preisdiskriminierungsstrategien.[124] Einer der von ihm untersuchten Anbieter (www.books.com[125]) realisierte eine schwache Form der Preisdiskriminierung. Durch sein spezifisches Webdesign konnte

[123] Vgl. zum folgenden Bailey (1998a, b und c).

[124] Die Darstellung aller einzelnen Aspekte der Preisdiskriminierung würde den Rahmen der Arbeit sprengen. Zu Einzelheiten vgl. Varian (1999, S. 434 – 444).

er von bestimmten Konsumenten teilweise höhere Preise verlangen: Ein Käufer erhielt erst dann den niedrigeren Preis, wenn er eine dafür vorgesehene Schaltfläche anklickte. Dadurch wurde der angegebene Preis mit anderen Onlineshops verglichen und der Angebotspreis gegebenenfalls entsprechend reduziert. Falls der potentielle Käufer auf diese Option verzichtete, mußte er den ursprünglichen, höheren Preis bezahlen.

Falls solche Preispolitiken verbreitet sind, kann dadurch erklärt werden, warum es nicht zu einer Konvergenz der Preise hin zum Grenzkostenpreis kam: Die Preise wären deshalb höher, die Streuung größer. Bailey vermutet, daß die Möglichkeiten zur Preisdiskriminierung im Internet größer sind, da hier auf Grund technologischer Gegebenheiten mehr Informationen über das Käuferverhalten gesammelt und durch die vorhandenen Rechnerkapazitäten verarbeitet werden können.

Ein weiterer Aspekt wird an Baileys Untersuchung deutlich. Der Wettbewerb wurde entscheidend durch das Konkurrenzverhältnis zwischen Amazon, dem Onlinemarktführer, und Barnes & Noble, dem Offlinemarktführer bestimmt. Amazon startete im Juli 1995,[126] Barnes & Noble entschloß sich erst recht spät zum Aufbau eines Internetladens; der Marktzutritt erfolgte im Frühjahr 1997.[127] Die dabei zu beobachtenden Preisentwicklungen sind bemerkenswert. Bailey untersuchte einen Warenkorb von 125 Büchern. Vor dem Marktzutritt von Barnes & Noble erhöhte Amazon seine Preise um ca. 10%. Barnes & Noble betrat den Markt mit einem 18% billigeren Angebot.[128] Amazon reagierte sofort, indem zunächst die Hälfte der Preisdifferenz ausgeglichen wurde. Nach zwei Monaten wurde dann das Preisniveau von Barnes & Nobel, das konstant niedrig blieb, erreicht.

Der Preiswettbewerb funktionierte also in die entgegengesetzte Richtung vom physikalischen hin zum virtuellen Anbieter: Die niedrigeren Preise bei Barnes & Nobel hatten Rückwirkungen auf das Preisniveau bei Amazon. Dies spricht dafür, daß zumindest anfänglich die Märkte segmentiert waren. Aus der Perspektive Amazons war zunächst ein höherer Preis durchsetzbar, da kein direkter Wettbewerb mit dem Ladenangebot von Barnes & Noble bestand. Die hohen Marketingaufwendungen hatten dazu geführt, daß ein Markenname etabliert und entsprechend in der Preispolitik ausgenutzt werden konnte. Für die These der Segmentierung spricht zudem, daß die Kundschaft von Onlineanbie-

---

[125] 1998 war der Anbieter noch unabhängig. Mittlerweile erfolgt eine Umleitung auf die Homepage von Barnes & Noble. Vgl. http://www.books.com/, Abrufdatum: 21.11.2001.

[126] Vgl. Amazon.com (2001).

[127] Vgl. Barnes & Noble.com (2001). Bailey (1998c, S. 4) beschreibt, daß der Marktzutritt über mehrere Stufen erfolgte: Zunächst hatten nur AOL-Kunden Zugriff auf das Angebot. Nach und nach wurde die Web-Seite dann für den allgemeinen Internetverkehr freigeschalten.

[128] Wie erwähnt geht Bailey (1998a, S. 26) davon aus, daß die Preise aus den „normalen" Ladengeschäften auf das Onlineangebot ohne Änderung übertragen wurden.

tern eine sehr spezifische und homogene Gruppe war, die in den Anfangsjahren des WWW bzw. des *E-Commerce* dominierte: junge Männer mit akademischer Ausbildung und in der Regel überdurchschnittlichem Einkommen. Mit dem Start des Onlineshops von Barnes & Nobel änderte sich diese Konstellation. Der erfolgreiche Markenname aus der realen Welt konnte in die digitale transferiert werden. Amazon war nun nicht mehr die einzige „richtige" Marke; der Wettbewerb hatte auch „online" eingesetzt.

Diese Interpretation kann auch als Erklärung dafür betrachtet werden, warum die empirischen Ergebnisse so wenig den theoretischen Erwartungen entsprechen. Die Segmentierung der Märkte verhinderte, daß sich wechselseitige Preiswirkungen ergaben. Erst der Vorstoß des wichtigsten Buchhändlers in das Internet scheint den Wettbewerb über die beiden unterschiedlichen Absatzkanäle intensiviert zu haben, wobei darauf zu verweisen ist, daß die Preise der anderen Onlineanbieter durch den Marktzutritt von Barnes & Noble kaum beeinflußt wurden. Die Dynamik des Wettbewerbs beschränkte sich zunächst nur auf die beiden Marktführer. Gleichzeitig war die Diffusion der Internetnutzung in den verschiedensten demographischen Gruppen noch nicht weit genug vorangeschritten, um für den etablierten Buchhandel ins Gewicht zu fallen.[129] Das würde erklären, warum die Preiswirkungen in die umgekehrte Richtung verliefen.

Auf Grund dieser Überlegungen scheint der mögliche Schluß, daß vom Internet kaum effizienzsteigernde Wirkungen ausgehen, verfrüht. Erst muß eine weitere Diffusion abgewartet werden, bevor endgültige Aussagen getroffen werden können.

Spätere Untersuchungen derselben Märkte zeichnen ein differenzierteres Bild: Onlinemärkte erweisen sich in der Tat als preisgünstiger. So untersuchten Brynjolfsson und Smith (2000) Bücher und CDs. Die Erhebung der Daten fand im Zeitraum Februar 1998 bis Mai 1999 statt, also mehr als ein Jahr später als Bailey.

Die Preise der Onlineanbieter wurden wiederum direkt auf den jeweiligen Homepages ermittelt. Bei den konventionellen Läden wurden die entsprechenden Angaben direkt vor Ort eruiert, das heißt, es mußte nicht auf deren Angaben im Internet ausgewichen werden. Insofern ergibt sich wohl ein realistischeres Bild der tatsächlichen Preislage.[130]

Die Ergebnisse geben ein anderes Bild ab: Die Preise sowohl für Bücher als auch für CDs sind im Internet um 9-16% niedriger. Das gilt selbst dann, wenn

---

[129] Dies deckt sich mit den unten dargestellten Ergebnissen der Studie von Frank/Hepperle (2001) über den deutschsprachigen Markt für antiquarische Bücher. Im übrigen entspräche das auch den oben zitierten Gedankengängen von Brown/Goolsbee (2000).

[130] Vgl. Brynjolfsson/Smith (2000, S. 4 – 8), wo die beiden Autoren recht detailliert ihre Methoden der Datenerhebung beschreiben.

man die unterschiedliche Umsatzbesteuerung und die Versand- und Verpackungskosten bzw. die Aufwendungen, die man tätigen muß, um einen normalen Laden zu erreichen, mitberücksichtigt[131], wobei die Unterschiede bei den CDs höher sind.

Während dieses Ergebnis weitgehend mit den theoretischen Vorhersagen übereinstimmt, stellt sich die Lage bei der Preisstreuung anders dar: Es gibt online keinen einheitlichen Preis, die Streuung ist nicht geringer als offline. Bemerkenswert ist die Tatsache, daß Amazon als Internetmarktführer einen deutlich höheren Marktanteil besitzt als sein Pendant bei den normalen Läden Barnes & Noble. Dieser Marktanteilsvorsprung wird auch dadurch nicht gefährdet, daß die elektronischen Wettbewerber von Amazon zum Teil niedrigere Preise nehmen. Aus dieser Beobachtung ziehen Brynjolfsson und Smith den Schluß, daß im Internet selbst bei homogenen Gütern der Preis nicht der alleinige Wettbewerbsparameter ist.[132] Insofern sind die theoretischen Überlegungen zu modifizieren. Insbesondere spielen Vertrauen in einen Markenanbieter und entsprechend der Markenname (*branding*) eine wichtige Rolle, was jedoch auch bei „normalen“ Anbietern bedeutsam ist. Allerdings erwähnen die Autoren in diesem Zusammenhang die Möglichkeit, daß dieses Phänomen auf Grund der spezifischen Informationsasymmetrien im digitalen Markt ausgeprägter sein kann.

Das verdeutlicht nochmals die oben dargestellte Dynamik des Wettbewerbs zwischen Amazon und Barnes & Noble. Durch den Marktzutritt des letzteren wurde Amazon gezwungen, preislich zu reagieren. Es war zu erwarten, daß die Markenloyalität auch auf den Internetmarkt übertragen werden würde.

Brynjolfsson und Smith verglichen zudem noch die Preisänderungen. Dabei zeigte sich, daß das Ausmaß der Änderungen bei den Onlinehändlern kleiner ist. Das spricht dafür, daß sich die niedrigeren Menükosten tatsächlich auswirken.

Von Clay, Krishnan und Wolff (2000) stammt eine weitere Betrachtung des Büchermarktes. Der Untersuchungszeitraum lief von August 1999 bis Januar 2000. Die Analyse beschränkte sich dieses Mal aber auf den Vergleich verschiedener Internethändler. Traditionelle Buchhändler wurden nicht mit einbezogen. Statt dessen wurden die Angebote verschiedener Bücherkategorien miteinander in Beziehung gesetzt. Ziel war es, die verschiedenen Aspekte des Wettbewerbs auf dem Internetmarkt für Bücher genauer kennenzulernen. Die Autoren wählten als Büchergruppen sowohl aktuelle als auch ehemalige Best-

---

[131] Brynjolfsson/Smith (2000, S. 13 – 15) betrachten ausführlich die Zusatzkosten, die zur Beschaffung eines Buches bzw. einer CD anfallen. Im Falle der traditionellen Läden setzen sie die Fahrtkostenerstattung der US-amerikanischen Bundesregierung an, um die Opportunitätskosten der Anreise zu erfassen.

[132] Vgl. Brynjolfsson/Smith (2000, S. 24 – 29).

seller der *New York Times*. Ebenso wurde bei Computerbüchern verfahren: Auch hier wurden aktuelle und ehemalige Bestseller betrachtet. Zudem wurde eine zufällige Auswahl lieferbarer Bücher mit in die Stichprobe aufgenommen, um für die anderen Fälle einen Vergleichsmaßstab zu haben. Neben den Preisen wurden auch noch die Profitmargen der unterschiedlichen Büchergruppen verglichen. Dazu wurden die Großhandelspreise und die Endkundenpreise miteinander in Beziehung gesetzt. Damit war es möglich, die Preisentwicklung im Internet recht gut zu beschreiben, auch für verschiedene Marktsegmente. Da sich der Analysezeitraum über ein halbes Jahr hinzog, sollten sich in Ansätzen auch dynamische Aspekte eruieren lassen. Allerdings ist ein Effizienzvergleich mit dem traditionellen Markt nicht mehr direkt möglich. Insofern besitzt die Studie der drei Autoren nur begrenzten Aussagewert.

Trotzdem sind die Ergebnisse von Belang für unsere Zwecke. Denn Clay et al. fanden heraus, daß es bei den Internethändlern über den Halbjahreszeitraum hinweg keine aus theoretischer Sicht zu erwartende Preiskonvergenz gab. Die Preise änderten sich kaum, eher war ein leichter Anstieg zu verzeichnen. Einzig die Tatsache, daß die Preise bei den Bestsellern niedriger waren, also in einem Bereich, wo man intensivere Konkurrenz erwarten würde, deutet darauf hin, daß der vermutete Preiseffekt online tatsächlich zu einem gewissen Maß eintrat. Die Preisstreuung hingegen zeigt nur die „falschen" Ergebnisse. In den Kategorien mit stärkerer (vermuteter) Konkurrenz ist sie sogar höher.

Selbst unter Berücksichtigung der genannten Schwächen der Untersuchung deutet sie wieder in Richtung der Ergebnisse von Bailey: Der Onlinehandel scheint kaum Auswirkungen auf die Effizienz von Märkten zu haben. Die gängigen theoretischen Erklärungsmuster greifen zu kurz; es müssen weitere Determinanten für unternehmerisches Handeln im Internet in Betracht gezogen werden.[133] Da Kostenunterschiede nach Ansicht der Autoren von deutlich untergeordneter Bedeutung sind, nennen sie vor allem Produktdifferenzierung[134] und Preisdiskriminierung.[135]

Weitere Untersuchungen befassen sich mit anderen Märkten. Lee (2000) betrachtete den Markt für pharmazeutische Produkte. Dabei unterschied er verschreibungspflichtige und nicht-verschreibungspflichtige Arzneimittel. Der Untersuchungszeitraum erstreckte sich über die Periode August 1999 bis März 2000, wobei Online- mit Offlineanbietern verglichen wurden. Analysiert wurden dabei alle Aspekte des Preiswettbewerbs: Höhe, Streuung und Änderung

[133] Vgl. hierzu Clay et al. (2000, S. 19 – 21).

[134] Z.B. könnten sich die Anbieter durch besondere Dienstleistungen voneinander unterscheiden und dadurch aus homogenen Gütern (Bücher) einen heterogenen Service (besondere Informationen bei der Buchauswahl, besondere Konditionen bei Versand und Bezahlung) machen.

[135] Eine häufiger anzutreffende Form ist die zeitliche Preisdiskriminierung.

der Preise. Die Ergebnisse geben wiederum kein einheitliches Bild, passen also in den Gesamtrahmen der bisher zitierten Untersuchungen. Bei der Analyse der Preishöhe bezog Lee, analog zu Brynjolfsson und Smith, die über die reinen Produktpreise hinausgehenden Kosten, die nötig waren, um ein Produkt auch tatsächlich zu erhalten[136], in die Untersuchung mit ein. Dabei stellte sich heraus, daß verschreibungspflichtige Arznei im Internet billiger zu beschaffen, frei verkäufliche dagegen teurer ist. Wenn man die beiden Kategorien zusammenfaßt, dann bleibt für die Internetangebote ein kleiner Preisvorteil. Umgekehrt stellt sich die Lage dar, wenn man die Preisstreuung betrachtet. Hier zeigte sich, daß diese bei den verschreibungspflichtigen Produkten im WWW höher war, bei den nicht verschreibungspflichtigen dagegen niedriger. In dieses gemischte Bild paßt abschließend auch das Ausmaß und die Häufigkeit der Preisänderungen. Während das Ausmaß der Preisänderungen im Internet geringer war – und damit den theoretischen Vorhersagen entspricht –, ist es bei der Häufigkeit genau anders herum: sie war in traditionellen Läden höher.

Ein weiterer Markt, auf dem große Potentiale für das Internet gesehen werden, ist der Markt für Reisen. Exemplarisch sei hier der Beitrag von Clemons, Hann und Hitt (2001) genannt, die den Verkauf von Flugtickets über das Internet untersuchten. Im Mittelpunkt ihres Interesses stand dabei aber nicht die Höhe der Preise, sondern die Preisstreuung. Diese Herangehensweise wurde gewählt, weil vermutet wurde, daß bei Tickets, die sich durch sehr vielfältige Charakteristika auszeichnen – es handelt sich mithin also um heterogene Produkte –, die Wirkungen von Produktdifferenzierungen auf die Preisstreuung sehr gut herausgearbeitet werden können. In einer recht umfangreichen Untersuchung wurden 900 Ticketanfragen an fünf Onlinereisebüros abgegeben. Dabei wurden unterschiedliche Produktausprägungen abgefragt: Sowohl zeitkritische, wie sie eher im Geschäftsreisesegment anzutreffen sind, als auch preissensible Ticketwünsche, wie sie für private Freizeitreisen charakteristisch sind, wurden artikuliert. Mit den so gesammelten Daten wurde die Preisstreuung ermittelt. Dabei stellte sich heraus, daß zwischen den einzelnen Anbietern Preisdifferenzen von 28% vorlagen. Clemons et al. modifizierten daraufhin ihre Analyse und berücksichtigten die qualitativen Besonderheiten der Tickets. Die Preisstreuung reduzierte sich dadurch zwar, aber es blieben Unterschiede in Höhe von 18% übrig. Die Autoren führten dieses Phänomen vor allem auf Preisdiskriminierung zurück. Durch das Design der Webseiten sei es gelungen, die Kundengruppen zu segmentieren und unterschiedliche Zahlungsbereitschaften abzuschöpfen. Zusammen mit Produktdifferenzierungen ergaben sich nach ihrer Ansicht für die Unternehmen vielfältige Möglichkeiten, um dem erhöhten Preisdruck im Internet auszuweichen. Die persistent hohe Preisstreuung ist somit Ausdruck strategischer Unternehmenspolitik, wie es sie zuvor bereits in „normalen" Märkten

[136] Verpackungs- und Versandkosten, sowie die Reisekosten zum Laden.

gab. Gleichzeitig steht zu erwarten, daß diese auch über einen längeren Zeitraum Bestand haben wird. Die Existenz von erheblicher Preisstreuung wird somit ein Charakteristikum von Onlinemärkten bleiben.

Interessante Ergebnisse liefert eine empirische Studie über den Markt für antiquarische Bücher, an der der Verfasser mitgearbeitet hat.[137] Dieser Markt ist in seiner gesamtwirtschaftlichen Bedeutung eher als gering einzuschätzen. Gleichwohl zeigen sich auch auf ihm die bereits dargestellten Tendenzen. Zudem befindet sich der Internetmarkt im deutschsprachigen Raum noch in einem ziemlich frühen Stadium, so daß die Möglichkeit besteht, die Evolution über einen längeren Zeitraum zu beobachten. Damit besteht die Chance, Erkenntnisse über die Entwicklungsdynamik auf Internetmärkten generell zu gewinnen.

Die Studie wurde zwischen November und Dezember 2000 durchgeführt. Als Grundlage wurde der führende Marktplatz für deutschsprachige antiquarische Bücher – www.zvab.com – herangezogen. Dabei wurden die Preise von über 650 verschiedenen Büchern ebenso erhoben wie die Charakteristika von 125 anbietenden Antiquaren.[138] Diese wurden danach gefragt, wie lange sie bereits über das Internet Bücher anbieten. Daneben sollten sie angeben, wie hoch der Anteil der über das Internet und der durch traditionelle Katalogverkäufe abgesetzten Bücher am Gesamtumsatz ist. Zudem wurde gefragt, wie oft sie das Portal zum Preisvergleich mit anderen Anbietern nutzen. Zusätzlich wurde direkt über www.zvab.com ermittelt, ob der jeweilige Antiquar zusätzlich noch ein Ladenlokal mit regelmäßigen Öffnungszeiten betreibt und wo sich der Geschäftssitz befindet. Ziel der Untersuchung war es herauszufinden, wie sich die Preise der einzelnen Anbieter in bezug auf die genannten Charakteristika unterschieden.[139] Dabei zeigten sich teilweise überraschende Ergebnisse. Der Anteil der Internetverkäufe hatte keine statistisch signifikanten Auswirkungen auf die Preise. Die nicht signifikanten Ergebnisse deuten sogar in die „falsche" Richtung: Je höher der Internetanteil ausfiel, um so höher waren die Preise. Zwei Ergebnisse waren dagegen signifikant: Zum einen war der Anteil der Katalogverkäufe wie erwartet positiv korreliert mit dem Preis. Die hohen Kosten für die Erstellung eines Katalogs schlugen sich also in den Preisen nieder. Zum anderen spielte die Erfahrung im *E-Business* offensichtlich auch eine wichtige Rolle: Antiquare, die bereits von Anfang an (also seit 1998) im ZVAB

[137] Vgl. Frank/Hepperle (2002). Dort werden die Einzelheiten der Untersuchung und die verwendeten statistischen Methoden ausführlich beschrieben.

[138] Es waren 568 Antiquare per E-Mail angeschrieben worden, von denen 166 antworteten, was einer Rücklaufquote von 29% entspricht. Im Endeffekt wurden dann 125 Antiquare in die Untersuchung einbezogen, was vor allem daran lag, daß Anbieter, die weniger als sechs Monate Erfahrung im Internet hatten, nicht mit einbezogen wurden.

[139] Als Maß wurde der Preis eines Anbieters für ein Buch in Relation zu den Preisen anderer Anbieter für dasselbe Buch gewählt.

Bücher anboten, verlangten höhere Preise. Das deutet darauf hin, daß es diesen Anbietern gelungen ist, einen gewissen *branding-effect* für sich geltend zu machen. Ein höherer Bekanntheitsgrad ermöglicht einen höheren Preis.

Bei diesen Ergebnissen ist allerdings zu berücksichtigen, daß der Onlinemarkt für antiquarische Bücher zum Zeitpunkt der Untersuchung erst im Entstehen begriffen war. So konnte bei einer Umfrage auf der 15. Antiquaria in Ludwigsburg im Januar 2001 – einer der bedeutendsten Messen in diesem Bereich – ermittelt werden, daß lediglich die Hälfte der dort anwesenden Kunden auch über das Internet Bücher einkauft. Wenn der Diffusionsgrad des Internets zunimmt, sind unter Umständen weitere Rückwirkungen auf die Preise bzw. auf die Effizienz des Gesamtmarktes zu erwarten.[140] Allerdings könnte dem ein anderer Effekt entgegenwirken. Durch das Internet können neue Käuferkreise erschlossen werden, die zuvor nicht als Nachfrager für antiquarische Bücher in Frage kamen. Die dadurch zu erwartende Zunahme der Nachfrage könnte sich preissteigernd auswirken.

Dieser kurze Überblick über die empirischen Studien zu den Effizienzwirkungen des Internets macht deutlich, daß die zu Beginn des Siegeszuges des Internets auf Grund theoretischer Überlegungen Vermutungen, daß sich Gütermärkte dem Ideal der vollkommenen Konkurrenz annähern würden, so bisher nicht eingetreten sind. Es gibt keine einheitlichen Preise, Preisstreuung gehört, wie gesehen, zu den bleibenden Eigenheiten von Onlinemärkten. Ebensowenig ist es zu massiven Preissenkungen gekommen. Gelegentlich geäußerte Deflationsbefürchtungen bzw. -erwartungen sind nicht Realität geworden. Die folgende Abbildung gibt einen zusammenfassenden Überblick über die Resultate der betrachteten Studien.

Abb. 5.4: Überblick über die Ergebnisse empirischer Studien zu den Effizienzwirkungen des Internets

	Untersuchter Markt	***Preishöhe***	***Preisstreuung***	***Preisänderungen***
Lee (1998)	Japanischer Gebrauchtwagenmarkt.	**Längsschnittanalyse**: Konstanter Preisanstieg seit der Einführung der elektronischen Plattform.	n.a.	n.a.
Brown/ Goolsbee (2000)	Markt für Risikolebensversicherungen in den USA.	**Längschnittanalyse**: Internethandel induziert Preisrückgang um 8 – 15%.	Zunächst Anstieg, mit steigender Penetration wieder Rückgang.	n.a.
Bailey (1998a, b, c)	Markt für Bücher, CDs und Software in den USA; Vergleich von traditionellen und Onlineanbietern.	**Querschnittsanalyse**: Preise online höher als offline.	Online höhere Preisstreuung als offline.	Preise werden online öfter und schneller geändert.

140 Allerdings konnten diese Effekt auf den Markt bisher nicht nachgewiesen werden. Vgl. hierzu Frank (2002, S. 214f.).

	Untersuchter Markt	*Preishöhe*	*Preisstreuung*	*Preisänderungen*
Brynjolfsson/ Smith (2000)	Markt für Bücher und CDs in den USA; Vergleich von traditionellen und Onlineanbietern.	**Querschnittsanalyse**: Preise sind online 9 – 16% niedriger als offline.	Keine Unterschiede zwischen Online- und Offlineanbietern.	Preisänderungen sind online kleiner als offline.
Clay/ Krishnan/ Wolf (2000)	Markt für Bücher in den USA; Analyse von Onlineanbietern.	**Längsschnittanalyse**: Preise steigen im Zeitablauf marginal an.	Keine Abnahme der Preisstreuung.	n.a.
Lee (2000)	Markt für pharmazeutische Produkte in den USA; Vergleich von traditionellen und Onlineanbietern; verschreibungs- vs. Nicht verschreibungspflichtige Arznei.	**Querschnittsanalyse**: • Verschreibungspflichtige Arznei online billiger als offline. • Nicht verschreibungspflichtige Arznei online teurer als offline.	• Verschreibungspflichtige Arznei: online höhere Preisstreuung als offline. • Nicht verschreibungspflichtige Arznei: online geringere Preisstreuung als offline.	• Ausmaß der Preisänderungen: online geringer als offline. • Häufigkeit der Preisänderungen: online seltener als offline.
Clemons/ Hann/ Hitt (2001)	Markt für Flugtickets; Analyse von Onlineanbietern.	n.a.	Preisstreuung bleibt auch im Internet ein Charakteristikum des Marktprozesses.	n.a.
Frank/ Hepperle (2002)	Markt für antiquarische Bücher im deutschsprachigen Raum; Vergleich von traditionellen und Onlineanbietern.	**Querschnittsanalyse**: Kein signifikanter Unterschied zwischen Online- und Offlinepreisen.	n.a.	n.a.

Quelle: Eigene Darstellung.

Zu fragen bleibt nun, wie diese Ergebnisse zu bewerten sind. Ist der Schluß zulässig, daß sich durch das Internet nichts geändert hat? Zeigt sich hier auf empirischer Ebene das „Ende aller Träume" parallel zum Platzen der Spekulationsblase an den Kapitalmärkten? Ein solches Urteil erscheint verfrüht zu sein. Trotz aller Hysterie um das Internet stellt es immer noch ein recht junges Medium dar. Zudem wird es in erster Linie noch zur kostenlosen Unterhaltung und Information genutzt.[141] Bevor endgültige Schlüsse gezogen werden können, muß eine weitere Diffusion des Internets abgewartet werden. Die private Nutzung des Internets hat gerade erst richtig eingesetzt. Für eine umfassende Verwendung bedarf es vermutlich einer größeren Verbreitung von Breitbandanschlüssen. Bis dato erfolgt der Anschluß in den allermeisten Fällen immer noch über schmalbandige Telefon- bzw. ISDN-Verbindungen.

Trotz dieser Einschränkungen lassen sich bereits jetzt auf Grundlage der empirischen Erhebungen gewisse Entwicklungslinien erkennen: Die Wirkungen des Internets auf die Effizienz von Märkten sind anders als in den oben dargestellten theoretischen Ansätze. Vieles spricht dafür, daß es für „aufgeklärte"

[141] Vgl. hierzu die oben dargestellten demographischen Daten zur Internetnutzung.

Konsumenten positive Preiswirkungen geben wird. Gleichzeitig werden Anbieter in der Lage versetzt, durch Differenzierungsstrategien zumindest teilweise dem Preisdruck entgehen zu können.

5.2.3 Die gesamtwirtschaftliche Analyse – eine New Economy durch das Internet?

Wenn das Internet umfassende Auswirkungen auf die Wirtschaft hat, dann muß dies auch aus gesamtwirtschaftlicher Perspektive deutlich werden. Deshalb besteht die Aufgabe dieses Abschnitts darin, das Internet einer makroökonomischen Untersuchung zu unterziehen. Ziel dabei ist es zu ermitteln, inwiefern im Netz das Potential zu einer grundlegenden, auch auf makroökonomischer Ebene spürbaren Veränderung liegt. Es ist also zu klären, inwiefern das Internet nachhaltige Wirkungen auf Wachstum und Produktivität einer Volkswirtschaft hat. Damit befindet man sich im Kern der Debatte um die *New Economy*.

In der wachstumstheoretischen Literatur wird der Ansatz der *General Purpose Technology (GPT)* verwendet, um das Phänomen des diskontinuierlichen, nicht-inkrementalen technischen Fortschritts zu erfassen. Mit Hilfe dieses Ansatzes werden Brüche und Sprünge in der wirtschaftlichen Entwicklung durch bahnbrechende Innovationen modelliert, die dann über einen längeren Zeitraum technologisch-wirtschaftlich bestimmend sind. Dieses Paradigma erscheint deshalb gut geeignet, um die gesamtwirtschaftlichen Wirkungen des Internets zu erfassen.

Aus dem Gesagten ergibt sich die Vorgehensweise in diesem Abschnitt. Zunächst ist zu klären, was unter dem Konzept der *General Purpose Technology* zu verstehen ist. Dabei wird der Schwerpunkt insbesondere auf die Frage zu legen sein, welche Voraussetzungen erfüllt sein müssen, damit einer bestimmten Technologie die Fähigkeit zugemessen werden kann, tatsächlich zum bestimmenden technologischen System in einem Zeitabschnitt zu werden. Im nächsten Schritt wird dann dargestellt, wie die Idee der GPTs in die Modelle der Neuen Wachstumstheorie integriert wurde. Im Anschluß daran erfolgt die Anwendung dieses Konzepts auf das Internet: Es wird aufgezeigt, welche Bedeutung das Netz abseits aller vormaliger Hysterie und aktueller Depression wirklich hat.

5.2.3.1 GPTs – die Rolle drastischer Innovationen für den Wachstumsprozeß

Der Begriff der GPT geht auf Bresnahan und Trajtenberg zurück.[142] Ihr Ziel war es, eine theoretische Antwort auf das geschichtlich-empirisch zu beobachtende Phänomen zu geben, daß häufig ganze Zeitalter des technischen Fortschritts und des Wachstums von einigen wenigen „Mehrzwecktechnologien"[143] bestimmt werden. Im Anschluß an diesen Ausgangspunkt entwickelte sich eine lebhafte Debatte, in deren Verlauf sich Elemente einer Definition der GPTs herausbildeten.

Bresnahan und Trajtenberg (1992, 1995) verstehen GPTs als Wachstumsmotoren: Es gibt stets eine geringe Zahl von Technologien, die das vorherrschende technologisch-ökonomische Klima und damit das Wachstum bestimmen. Kennzeichnend für eine GPT ist das Potential zur umfassenden Nutzung in verschiedenen (möglichst allen) Sektoren der Volkswirtschaft. Gleichzeitig zeichnet sie sich dadurch aus, daß sie technologisch weiterentwickelt werden kann. In diesem Entwicklungsprozeß fungiert sie als *enabling technology*. Sie eröffnet Chancen für weitere Innovationen in nachgelagerten Branchen, die die GPT als Inputfaktor verwenden: neue Anwendungen für die übergeordnete Mehrzwecktechnologie entstehen. Diese Art des induzierten technischen Fortschritts hat dann wiederum positive Rückwirkungen auf die GPT selber. Die neuen und verbesserten Anwendungen führen nämlich nun ihrerseits dazu, daß in die Weiterentwicklung und Verbesserung der GPT investiert wird. Es kommt ein sich selbst verstärkender Prozeß in Gang, der mit zunehmenden Skalenerträgen verbunden ist. Im Zusammenwirken von GPT und der sie anwendenden Sektoren kommen so Komplementaritäten im Innovationsprozeß zum Vorschein.

In enger Anlehnung an das eben Gesagte arbeiten Helpman und Trajtenberg (1998a, b) die wesentlichen Charakteristika einer GPT heraus: Sie muß weit verbreitet sein, sie muß die Möglichkeit zur Verbesserung in sich tragen und es müssen sich Komplementaritäten im Innovationsprozeß mit den Anwendungssektoren ergeben. Die Einführung einer GPT gliedert sich in zwei Phasen. Bevor eine neue GPT umfassend genutzt werden kann, muß zunächst eine ausreichende Zahl an Komplementärgütern in den Anwendungssektoren entwickelt

[142] Vgl. Bresnahan/Trajtenberg (1992 und 1995). Der Artikel von 1995 stellt eine überarbeitete Version des ersten Entwurfs von 1992 dar. Auch dieses Konzept ist also mittlerweile bereits ein Jahrzehnt alt.

[143] Eine wirklich brauchbare Übersetzung findet sich in der Literatur, die zudem noch überwiegend im angelsächsischen Sprachraum beheimatet ist, nicht. Speyer (2000) übersetzt GPT mit „Basistechnologie". Auf Grund der zu großen begrifflichen Nähe zum Konzept der Basisinnovation wird diesem Vorschlag hier nicht gefolgt. Erber/Hagemann (2002a, S. 26) übersetzen den Begriff mit „Allzwecktechnologie".

werden, damit sich dann später die produktivitätssteigernden Wirkungen einstellen können.

Dieser Definition schließen sich Aghion und Howitt (1998) im wesentlichen an. Sie kennzeichnen GPTs als technologisches Paradigma. Die Diffusion führt auch bei ihnen zu langfristigen Schwankungen in Output und Beschäftigung auf Grund der zeitlichen Asynchronität von Einführungs- und Anwendungsphase.

Die umfassendste begriffliche Auseinandersetzung mit dem Phänomen der GPT findet sich bei Lipsey, Bekar und Carlaw (1998b). In einem Literaturüberblick arbeiten sie die Charakteristika von GPTs heraus. Ihre Arbeit wurde in der weiteren wissenschaftlichen Debatte zum Bezugspunkt.[144]

Ausgehend von einer umfangreichen wirtschaftshistorischen Untersuchung identifizieren die Autoren die wesentlichen Kennzeichen einer *General Purpose Technology*. Ihnen geht es darum, die stilisierten Fakten für einen Wachstumsprozeß im Rahmen des Paradigmas der GPTs herauszuarbeiten.

Dabei wird die Meßlatte für das Vorliegen einer GPT hoch angesetzt: Sie muß Auswirkungen auf die gesamte Wirtschaft haben; es sollen deutlich mehr als nur einige wenige Sektoren betroffen sein. Die Effekte sollen über die rein ökonomische Sphäre hinausgehen. Vom Aufkommen einer neuen GPT ist zu erwarten, daß es auch zu Veränderungen in sozialer und politischer Hinsicht kommt. Mit der Betonung dieser Aspekte grenzen sich Lipsey et al. von den bereits zitierten Autoren insofern ab, als die dort vorzufindende, rein ökonomische Betrachtungsweise transzendiert wird. Damit kehren sie in der für die Volkswirtschaftslehre zentralen Frage nach dem Wesen des technischen Fortschritts zu den Wurzeln der politischen Ökonomie zurück.

Als historisches Beispiel für derartige GPTs nennen die Autoren auf dem Gebiet der Informationstechnologie den Buchdruck, im Bereich der Energieerzeugung die Elektrizität und im Transportwesen die Erfindung der Eisenbahn und des Automobils. Es ist offensichtlich, daß diese Erfindungen umfassende strukturverändernde Prozesse in der Wirtschaft ausgelöst haben. Ebenso standen am Ende der Entwicklungen auch neue gesellschaftliche und politische Strukturen; die neuen Technologien waren dafür zumindest mitverantwortlich.

Auf Basis dieser Überlegungen identifizieren Lipsey et al. vier Charakteristika von GPTs. Diese finden sich in weiten Teilen sowohl im ursprünglichen Beitrag von Bresnahan und Trajtenberg als auch in den anderen zitierten Literaturstellen. Insofern kann hier von einem Konsens ausgegangen werden.[145]

An erster Stelle nennen die Autoren das **technologische Potential** bei einer neuen GPT. Sie ist bei ihrem erstmaligen Auftreten nicht ausgereift; es können weitere innovative Verbesserungen durchgeführt werden. Ganz ähnlich argu-

[144] Vgl. z.B. Gelauff/de Bijl (2000, S. 19f.) und Speyer (2000, S. 3).
[145] Vgl. zum folgenden Lipsey et al. (1998b, S. 38 – 43).

mentieren Bresnahan und Trajtenberg[146]: Neue GPTs sind gekennzeichnet durch eine technologische Dynamik. Sie eröffnen neue Möglichkeiten, fertige Lösungen gibt es nicht. Wenn sich eine neue GPT durchsetzt, dann erfährt sie einen Veränderungsprozeß, indem sie Innovationen in anderen Bereichen anstößt, gleichzeitig aber auch selbst noch produktivitätssteigernden Impulsen unterliegt und sich demzufolge weiterentwickelt. Wenn diese Fähigkeit verloren geht, gelangt sie an das Ende ihres Lebenszyklus.

Zu einer Mehrzwecktechnologie gehört *eo ipso* auch, daß sie auf vielerlei Art und Weise und in vielen Bereichen Verwendung finden kann. Für Lipsey et al. stellt dieser Sachverhalt das Charakteristikum zwei und drei dar. Das erste Kriterium bezieht sich auf **unterschiedliche Verwendungen**. Eine GPT kann in vielen verschiedenen Produktionsprozessen Verwendung finden. Sie nimmt also Teil an der Produktion verschiedenartiger Outputgüter und liefert dabei unterschiedliche Dienste ab. Als Beispiel wäre die Lasertechnologie zu nennen, die sowohl zur Erfassung von Informationen als auch als Schneidewerkzeug in der Chirurgie genutzt wird. Ein Gegenbeispiel ist der Schraubendreher, der lediglich zum Anbringen und Entfernen von Schrauben gebraucht wird. Im Diffusionsprozeß einer GPT nimmt die Zahl der möglichen Anwendungen zu. Auch hierin äußern sich die angesprochenen Verbesserungsmöglichkeiten. Je länger eine GPT im Produktionsprozeß eingesetzt wird, um so größer ist das Potential. Eng damit verwandt ist das zweite Kriterium der **Nutzung in vielen Bereichen** der Ökonomie. Dabei geht es um den Anteil der Sektoren, in denen eine GPT als Inputfaktor zum Einsatz kommt, an der Gesamtheit aller Sektoren der Volkswirtschaft.[147] Eine Mehrzwecktechnologie kann nur dann zum bestimmenden technologischen Paradigma werden, wenn sie nicht nur auf bestimmte Bereich einer Ökonomie beschränkt ist, sondern vielmehr praktisch allgegenwärtig ist. Auch hier gilt, daß die Verbreitung im Lebenszyklus einer GPT zunimmt. Interessant ist bei diesem „Doppelkriterium" der Vergleich mit dem ursprünglichen Aufsatz von Bresnahan und Trajtenberg. Die vielen Verwendungsmöglichkeiten und die weite Verbreitung werden dort nicht explizit erwähnt. Allerdings unterstellen sie einer GPT eine allgemeine (generische) Funktion bzw. ein allgemeines Konzept, das eine solche Technologie auszeichnet.[148] Daraus ergeben sich implizit die beiden dargestellten Aspekte: Wenn sich eine Technologie durch einen „universellen Charakter"[149] auszeichnet, dann heißt das, daß sie sowohl in verschiedenen Produkten bzw. Produktionsprozessen eingesetzt als auch in vie-

---

146 Vgl. Bresnahan/Trajtenberg (1995, S. 84).

147 Dieses Kriterium wird vom Schraubendreher erfüllt, da er in praktisch jeder Branche verwendet wird.

148 Vgl. hierzu Bresnahan/Trajtenberg (1992, S. 4 – 9) und dies. (1995, S. 84 – 86). Als Beispiel erwähnen sie die Kreisbewegung der Dampfmaschine und die binäre Logik integrierter Schaltkreise.

149 Bresnahan/Trajtenberg (1992, S. 5), Übersetzung des Autors.

len Sektoren einer Volkswirtschaft genutzt werden kann. Deshalb ist die von Lipsey et al. behauptete und hervorgehobene Divergenz[150] zwischen ihrer Charakterisierung von GPTs und der von Bresnahan und Trajtenberg nur eine scheinbare. Die von ihnen vorgeschlagene Reinterpretation des Kriteriums der generischen Funktion ist bereits bei Bresnahan und Trajtenberg angelegt. Insofern stellt deren Konzept kein Widerspruch dar.

Das letzte Kriterium, das Lipsey et al. herausarbeiten, ist die **Komplementarität einer GPT zu bestehenden oder möglichen neuen Technologien**. Durch dieses Charakteristikum wird die enge Verzahnung einer GPT mit dem vorherrschenden technologischen System deutlich: Dies ist die Voraussetzung dafür, daß eine neue Mehrzwecktechnologie umfassende Auswirkungen auf die gesamte Wirtschaft haben kann. Die Autoren unterscheiden in ihrer Analyse zwei Arten von Komplementaritäten. Die eine Variante bezieht sich auf die Kreuzpreiselastizität. Eine GPT stellt, wie ausgeführt, einen Inputfaktor dar, der in weiten Bereichen der Volkswirtschaft eingesetzt wird. Demzufolge wird eine Änderung ihres Preises weitreichende Effekte bei den anderen Produktionsfaktoren haben, die zusammen mit der Mehrzwecktechnologie eingesetzt werden. Eine neue innovative GPT, die zu einer Senkung der Inputkosten führt, ist dabei dadurch charakterisiert, daß die Nachfrage nach den anderen Inputs, die mit der GPT „zusammenarbeiten", steigen wird, da der Einkommenseffekt den Substitutionseffekt deutlich dominiert. Dadurch werden die wachstumssteigernden Wirkungen einer Mehrzwecktechnologie deutlich. Die andere Variante der Komplementarität bezieht sich auf technologische Zusammenhänge, die über reine Preiseffekte hinausgehen. In diesem Sinne wird der Kapitalstock als ein interdependentes System verschiedener technologischer Systeme verstanden, die in engen wechselseitigen Beziehungen zueinander stehen. Verändert sich dabei eine zentrale Systemkomponente, wird dies auf die anderen Bestandteile des Systems zurückwirken. Diese Effekte können nicht als Preiswirkungen modelliert werden. Es entstehen Veränderungen in der Kapitalstruktur. Die dabei notwendig werdenden umfangreichen Anpassungen in der Produktion können nicht einfach auf Anpassungen an Faktorpreisänderungen in einer Produktionsfunktion zurückgeführt werden.

Als Beispiel verweisen die Autoren auf die Veränderungen in der gesamtwirtschaftlichen Produktionsstruktur, die die Einführung der Elektrizität am Anfang des 20. Jahrhunderts hatte. Diese löste damals die Dampfkraft ab. Selbst wenn der Preis für Energie, die aus der Dampfkraft erzeugt wurde, auf null gefallen wäre, wären die Anpassungen in der Fabrikorganisation nicht so umfassend gewesen wie die, die auf die Einführung der Elektrizität folgten.[151] Damit ist klar, was die Autoren unter technologischer Komplementarität verstehen: Eine neue GPT führt zu Änderungen im Kapitalstock, die so umfassend

[150] Vgl. Lipsey et al. (1998b, S. 33f.).
[151] Vgl. Lipsey et al. (1998b, S. 42).

sind, daß derselbe Effekt nicht auch dadurch hätte erzielt werden können, daß die alte Technologie umsonst erhältlich gewesen wäre. Eine neue GPT führt eine Ökonomie auf einen neuen Entwicklungspfad, der sich grundlegend vom alten unterscheidet. Ein Beispiel neueren Datums sind die Wirkungen der Computertechnologie auf die Verwaltungsorganisation von Unternehmen. Durch die neue Form der Informationsbeschaffung und -verarbeitung wurden ganze Hierarchieebenen redundant. Daraus ergaben sich umfassende Steigerungen der Produktivität, die auch dann nicht zu erreichen gewesen wären, wenn das mittlere Management seine Arbeitskraft umsonst angeboten hätte.

Es ist offensichtlich, daß eine Mehrzwecktechnologie per Definition in umfangreichen Komplementärbeziehungen steht. Wenn eine oder einige wenige Technologien das herrschende technologische Paradigma darstellen, dann müssen umfangreiche systemische Verknüpfungen in horizontaler und vertikaler Richtung vorliegen. Ein Beispiel hierfür sind die Informations- und Kommunikationstechnologien. Sie wirken im Produktionsprozeß in alle Richtungen, sowohl auf vor- und nachgelagerte Produktionsstufen als auch auf derselben Ebene. Eine revolutionäre Innovation wird umfassende Veränderungen in diesen Verknüpfungen nach sich ziehen. Alle verbundenen Technologien werden über kurz oder lang einer Anpassung unterworfen sein. Es sei an dieser Stelle nur an die Erfindung des Buchdrucks oder die Einführung der Computertechnologie erinnert. Wiederum besteht bei diesem Charakteristikum eine enge Verwandtschaft zum ursprünglichen Ansatz von Bresnahan und Trajtenberg. Sie bezeichnen das Phänomen als „*innovational complementarities*“[152]. Sie heben dabei besonders hervor, daß sich diese Art der Komplementarität in einer positiven *Feedback*-Schleife manifestiert. Innovationen in einer GPT und den verbundenen Technologien bedingen und verstärken einander, indem sie gegenseitig dafür sorgen, daß Investitionen in die Verbesserung des einen Kapitalguts gleichzeitig die Profitabilität der Weiterentwicklung des anderen Kapitalguts erhöhen. Auch hier wird das systemtheoretische Verständnis des Kapitalstocks deutlich.

Abschließend ist noch darauf zu verweisen, daß jedes einzelne der genannten Kriterien notwendig, aber nicht hinreichend für das Vorliegen einer GPT ist. Erst wenn alle gemeinsam zutreffen, kann eine Technologie als GPT charakterisiert werden. Gegenbeispiele sind die Glühbirne – sie kommt in allen Sektoren einer Volkswirtschaft zum Einsatz, hat aber nur die eine Verwendung, nämlich Licht zu erzeugen – oder die Technologie der Röntgenstrahlen – sie hat viele unterschiedliche Verwendungsmöglichkeiten (Medizin, Sicherheitstechnologie oder Mineralogie), kommt aber nur in wenigen Sektoren zum Einsatz und hat nur wenige Komplementaritätsbeziehungen.

---

[152] Bresnahan/Trajtenberg (1995, S. 84).

Die Idee, die hinter dem Konzept der GPTs steht, erinnert stark an die Debatte, die unter dem Oberbegriff der „langen Wellen" geführt wurde. An dieser Stelle wird deshalb ein kurzer Vergleich der beiden Ansätze durchgeführt.[153]

Die Idee der langen Wellen geht auf Kondratieff (1926) zurück. Er beobachtete lange Zeitreihen der wirtschaftlichen Entwicklung von Industrienationen. Dabei stellte er fest, daß der langfristige Entwicklungsprozeß von regelmäßig wiederkehrenden Wellen, die jeweils ca. 50 Jahre dauerten, gekennzeichnet war. Schumpeter (1939) nahm die Idee der zyklischen Entwicklung wirtschaftlicher Aktivitäten auf und identifizierte die sogenannten Basisinnovationen als treibende Kraft hinter den Kondratieff-Zyklen. Diese werden eingeführt von den dynamischen Pionierunternehmern, die in neue Technologien investieren, weil sie hoffen, durch spätere temporäre Monopole Extraprofite erzielen zu können. Basisinnovationen beruhen auf wissenschaftlichen Erfindungen. Mit ihnen kommen neue Schlüsselprodukte auf den Markt, die im Wege eines Diffusionsprozesses grundlegende Veränderungen in der Produktionsstruktur einer Volkswirtschaft induzieren. Dadurch kommt ein zyklischer Prozeß zustande: Nach der Einführung der Basisinnovation kommen zunächst allmählich und dann zunehmend neue Sektoren hinzu, in denen diese eingesetzt wird. Wenn die technologischen Möglichkeiten der Basisinnovation ausgereizt sind, schwächt sich die Dynamik ab und der Zyklus neigt sich seinem Ende zu.

Damit eine Technologie als Basisinnovation charakterisiert werden kann, muß sie diese drei Kriterien erfüllen:[154] Auf der technologischen Ebene muß sie in der Lage sein, über Jahrzehnte hinweg die Richtung und das Tempo des Innovationsprozesses zu bestimmen. Auf der wirtschaftlichen Ebene muß das Umsatzpotential seiner Anwendungen so groß sein, daß diese das wirtschaftliche Wachstum der Weltwirtschaft bestimmen können. Schließlich muß eine Basis-innovation auf der gesellschaftlichen Ebene eine weitreichende Umorganisation sozialer Strukturen zur Folge haben.

Die Parallelen zur Definition von Allzwecktechnologien sind offensichtlich. In beiden Fällen geht es um eine Technologie bzw. ein technologisches System, das über einen längeren Zeitraum entscheidend ist für die Entwicklung eines wirtschaftlichen und sozialen Systems. Die Abbildung 5.5 setzt die beiden Begriffe anhand ihrer konstituierenden Merkmale zueinander in Beziehung. Es wird deutlich: Das Konzept der Basisinnovationen und das der Allzwecktechnologien weisen große Parallelen auf. Vor allem die Beschreibung der technologischen und der ökonomischen Implikationen ähneln sich in den beiden Konzeptionen. Differenzen gibt es vor allem bei der Frage, inwieweit es gesellschaftliche Rückwirkungen einer Basisinnovation bzw. einer GPT gibt. Das hängt damit zusammen, daß bei der Analyse der Mehrzwecktechnologien die modelltheoretische Erfassung ihrer Wirkungen im Vordergrund steht. Wie wei-

[153] Vgl. zum folgenden Scherrer (1996) und Stadler (2000).
[154] Vgl. Nefiodow (1998, S. 160 – 166).

ter unten gezeigt wird, war bzw. ist die Theorie der *General Purpose Technologies* der Versuch, den diskontinuierlichen und säkularen technischen Fortschritt in die (Neue) Wachstumstheorie zu integrieren.[155] Allerdings hat die weitere Debatte dazu geführt, daß auch Aspekte, die über die reine ökonomisch-technologische Betrachtung hinausgehen, in die Modelle zumindest konzeptionell integriert wurden. Insbesondere Lipsey, Bekar und Carlaw (1998a) haben dazu einen Beitrag geleistet.[156] Damit ist eine weitgehende Konvergenz der beiden Konzeptionen erreicht worden.[157] Das ist insofern bemerkenswert, als damit eine Integration des Anliegens der Vertreter der Theorie langer Wellen in den *Mainstream* der ökonomischen Theorie erfolgt ist, was dem Konzept der langen Wellen nur bedingt gelang.[158]

[155] Vgl. zu den Details unten ab S. 173.
[156] Unten ab S. 212 findet sich eine ausführliche Darstellung ihres erweiterten Modells.
[157] Ziel dieses Exkurses war es nicht, *en détail* die Unterschiede herauszuarbeiten. Es sollte gezeigt werden, daß die beiden Konzepte zueinander kompatibel sind und sich ergänzen. Ähnlich argumentiert Stadler (2000, S. 5), der davon spricht, daß sich mittlerweile der Begriff der *General Purpose Technologies* für die Basisinnovationen durchgesetzt habe.
[158] Vgl. Scherrer (1996, S. 133).

Abb. 5.5: Vergleich von Basisinnovationen und Allzwecktechnologien

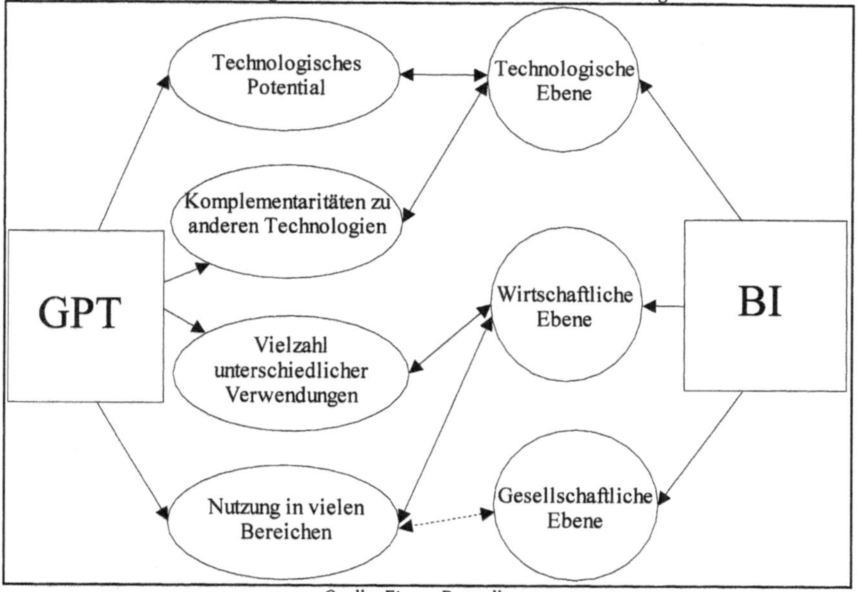

Quelle: Eigene Darstellung.

Das Konzept der GPT hat in der theoretischen Literatur einen breiten Widerhall gefunden. Es wurde und wird auf verschiedene Branchen und Sektoren angewandt. Rosenberg (1998) z.B. untersucht die Ingenieurswissenschaft der Verfahrenstechnik (*chemical engineering*) als neue Mehrzwecktechnologie. Dabei stellt er die horizontalen und vertikalen Verknüpfungen und die entsprechenden (technologischen) Komplementaritäten als deren wesentliches Element heraus: Die Entstehung der Verfahrenstechnik führte seinen Ausführungen zufolge zu intensivierter Innovationstätigkeit in einer Vielzahl von verbundenen Branchen.

DeLong und Summers (2001) untersuchen die Zukunftsperspektiven der sogenannten Informationsökonomie. Ausgehend von der Nachfrageseite analysieren sie mittels einfacher numerischer Simulationen unterschiedliche Parameter der Einkommens- und der direkten Preiselastizität der Nachfrage nach Gütern, die der IKT-Sektor als Träger der Informationsökonomie produziert. In der IKT-Branche werden im Vergleich zur übrigen Wirtschaft die höchsten Steigerungsraten der Produktivität erzielt. Ihr Anteil an der Gesamtwirtschaft wird den beiden Autoren zufolge zunehmen, sofern die Werte für die beiden Elastizitäten größer als eins sind. Unter diesen Bedingungen wandelt sich die Ökonomie hin zu einer Informations-ökonomie, wobei sich ein dauerhaft höherer Wachstumspfad einstellen kann. Die beiden Autoren erörtern, unter welchen empirisch relevanten Bedingungen sich eine solche Konstellation tatsächlich und nicht nur als Wunschvorstellung ergeben kann. Dabei verweisen sie auf das Konzept der GPT. Im wesentlichen heben sie die Vielzahl von möglichen Verwendungen einer GPT sowie deren Komplementarität zu anderen Inputfaktoren als konstituierendes Merkmal hervor. Die Technologien, die im Informationssektor produziert und eingesetzt werden, erfüllen alle diese Anforderungen. Deshalb ist es ihrer Meinung nach wahrscheinlich, daß sich die Werte der Elastizitäten im als notwendig erachteten Bereich befinden. Die Informations- und Kommunikationstechnologien können deshalb in der Tat als GPTs bzw. als Wachstumsmotoren gekennzeichnet werden.

Auch bei der Erklärung des kontrovers diskutierten *Solowschen Produktivitätsparadoxon* wird die Theorie der GPTs in die Analyse mit einbezogen. Die Debatte geht im Kern um die Frage, warum die Wachstumsrate der Produktivität trotz eines Innovationsschubs durch den zunehmenden Einsatz von Informations- und Kommunikationstechnologien in den 1980er Jahren auf einem im Vergleich zur Zeit nach dem 2. Weltkrieg niedrigen Niveau verblieb, das sich nach dem sogenannten *productivity slowdown* im Laufe der 1970er Jahre eingestellt hatte.[159]

Bei David (2000) findet sich eine umfassende Auseinandersetzung mit dem Sachverhalt. Aus seiner Sicht spielt das Konzept der GPT eine herausragende Rolle bei der Erklärung des von Solow so prägnant dargestellten Phänomens. Nachdem er im Rahmen seiner Analyse die Hypothese, daß das Paradoxon durch statistische Meßfehler zu erklären sei, als ungenügend verwirft, wendet sich David ausführlicher der Idee zu, daß es einer Übergangsphase bei der Einführung der neuen Informations- und Kommunikationstechnologien bedürfe, bis alle Vorteile der neuen Technologie genutzt werden können. Er nennt dies „Regime Transition Hypothesis“[160]: Der Zeitabschnitt zwischen zwei verschiedenen Technologieregimen ist wegen der notwendigen Anpassungsinvestitionen geprägt durch Phänomene, wie sie aktuell zu beobachten sind. Als theoretische Grundlage für seine Ausführungen benutzt David das Konzept der GPT. Insbesondere die dort modellierte zunehmende Umleitung von Ressourcen in Umwegsproduktionen in der „Zwischenzeit“ führt zu verlangsamtem Produktivitätswachstum.

Auch Chun (2000) rekurriert zur empirischen Analyse des Paradoxons auf das Konzept der GPT. Er untersucht den Einfluß von Informationstechnologien auf die Produktivitätsentwicklung in den USA von 1960 bis 1997. Vor allem

---

[159] Die gesamte Debatte kann an dieser Stelle nicht nachgezeichnet werden. Für einen detaillierten Überblick vgl. Schreyer (2000, insbesondere S. 1 – 12), der auch Solows berühmt gewordenes Bonmot zitiert: „You can see the computer age everywhere but in the productivity statistics.“

[160] David (2000, S. 4).

die Notwendigkeit der Entwicklung komplementärer Komponenten und die damit einhergehende Verzögerung bei der Diffusion der neuen GPT in der gesamten Ökonomie, wie sie Helpman und Trajtenberg (1998a) hervorheben, stellen aus seiner Sicht eine mögliche theoretische Erklärung für den empirisch zu beobachtenden Verlauf der Wachstumsrate der Produktivität dar.

Auch wenn im einzelnen die „wahren" Ursachen für das Produktivitätsparadoxon noch nicht geklärt sind, zeigen diese Betrachtungen dennoch die empirische Relevanz des Konzepts der GPT.

5.2.3.2 Die Integration der Idee der General Purpose Technologies in die Neue Wachstumstheorie

Schon mit dem ersten Papier über die GPTs von Bresnahan und Trajtenberg (1995) wurde die Modellierung im Rahmen der Neuen Wachstumstheorie in das Forschungsprogramm aufgenommen. Bevor nun die Modelle im einzelnen dargestellt werden, soll zunächst ein kurzer Überblick über die Neue Wachstumstheorie gegeben werden, um eine Einordnung der in unserem Zusammenhang interessierenden Modelle zu ermöglichen.[161]

Die Entwicklung der Neuen Wachstumstheorie

Der Startpunkt für die Neue Wachstumstheorie[162] war – nach einigen Vorläufern – der Artikel von Romer (1986). Die zentrale Fragestellung war, wie ein dauerhafter Wachstumsprozeß modelliert werden kann, ohne dabei auf exogene Faktoren wie z.B. Bevölkerungswachstum oder exogenen technischen Fortschritt angewiesen zu sein. Romer (1986) benutzte Wissen, um dieses Ziel zu erreichen. Wissen stellt dabei einen besonderen Faktor in der Produktionsfunktion dar. Seine Herstellung geht mit externen Effekten einher: Investitionen in seine Erweiterung kommen nicht nur dem jeweiligen Unternehmen, sondern auch den

---

[161] Die Auseinandersetzung mit den Modellen der Neuen Wachstumstheorie (NWT) erfolgt im folgenden ausführlicher als eigentlich für die Analyse der Integration der Idee der GPT in die NWT notwendig wäre. Das hat seinen Grund darin, daß im Kapitel 6 die Neue Wachstumstheorie und ihre industriepolitischen Implikationen erneut aufgegriffen werden. Damit dort wesentliche Elemente nicht wiederholt werden müssen, wird die NWT bereits hier ausführlich dargestellt.

[162] Vgl. zum folgenden Seiter (1997, 67 – 137), der einen umfassenden Überblick über die Wurzeln und die verschiedenen Ausprägungen der Neuen Wachstumstheorie liefert. An dieser Stelle kann nur ein knapper Einblick gegeben werden. Bei Romer (1990, S. S76 – S78) findet sich ebenfalls ein interessanter Überblick, der Auskunft gibt über die Probleme, die zur Entstehung der Neuen Wachstumstheorie geführt haben: Im Vordergrund stehen dabei die verteilungstheoretischen Implikationen, die sich aus der Annahme zunehmender Skalenerträge ergeben. Diese wiederum sind Folge der Endogenisierung des technischen Fortschritts. Damit ist der Kern der wachstumstheoretischen Debatte getroffen.

Wettbewerbern zugute.[163] Als nicht rivalisierender Input steht es damit jedem Unternehmen einer Volkswirtschaft zur Verfügung, was bei entsprechender Ausgestaltung der gesamtwirtschaftlichen Produktionsfunktion zu steigenden Skalenerträgen führt. Ein sich selbst tragender Wachs-tumsprozeß kommt gemäß dem Modell Romers dadurch zustande, daß Wissen zunehmende Grenzerträge besitzt: Je höher der Stand des Wissens, desto höher ist der Outputzuwachs durch die Erhöhung des Produktionsfaktors Wissen um eine Einheit. Dadurch bleibt der Anreiz für weitere Investitionen in das Wissen erhalten, das grenzenlos wächst. Endogenes Wachstum ist erreicht.

Ein weiterer wichtiger Entwicklungsschritt für die Neue Wachstumstheorie war die Integration des Produktionsfaktors Humankapital in die Modelle. Die Idee des Humankapitals gibt es in der ökonomischen Theorie bereits seit ihren Anfängen.[164] Schon bei Adam Smith finden sich entsprechende Gedanken.[165] Unter Humankapital werden die in einem Menschen verkörperten Fähigkeiten und Fertigkeiten verstanden, die dieser im Produktionsprozeß einsetzen und mit Hilfe derer er Einkommen erzielen kann. Humankapital ist eine Bestandsgröße, deren Höhe und Effizienz durch Investitionen erhöht werden können. Das zugrunde liegende Kalkül entspricht dem beim physischen Kapital: Die heutigen Investitionskosten werden dem Gegenwartswert der zukünftig zu erwartenden Einkommensströme gegenüber gestellt. Der Zinssatz, der die beiden Größen gleichsetzt, liefert den internen Zinsfuß einer Humankapitalinvestition und ist damit das Maß für ihre Rentabilität. Im Laufe der theoretischen Entwicklung wurde das Konzept verfeinert. Einer der wichtigsten Beiträge auf dem Gebiet lieferte Becker (1964).

Auf dem Gebiet der Neuen Wachstumstheorie war der Beitrag von Lucas (1988) entscheidend für die Integration humankapitaltheoretischer Vorstellungen in wachstumstheoretische Modelle. Lucas (1988) analysiert die traditionelle Wachstumstheorie und kommt zu dem Ergebnis, daß deren Vorhersagen nicht kompatibel sind mit den stilisierten Fakten des empirisch zu beobachtenden Wachstumsprozesses.[166] Er übernimmt als Wachstumsmotor das Humankapital in das Modell, wobei er zwischen individuellem und gesamtwirtschaftlichem Humankapitalbestand unterscheidet. Ein Individuum kann durch Bildungsinvestitionen seinen eigenen Humankapitalbestand und dadurch auch sein Einkommen vergrößern. Das stellt den internen Effekt der Humankapitalakkumulation

[163] Die Idee der externen Effekte geht auf Marshall zurück, der damit das Problem löste, steigende Skalenerträge mit einem Wettbewerbsgleichgewicht in Einklang bringen zu können.

[164] Vgl. zum folgenden die Überblicke über die Entwicklung der Humankapitaltheorie bei Blaug (1976) und Rosen (1988).

[165] Vgl. z.B. Smith (1776, I.x.b.6f.).

[166] Lucas (1988, S. 17) geht es vor allem um die Frage der Entwicklung unterschiedlicher Volkswirtschaften.

dar. Daneben gibt es einen externen Effekt. Das durchschnittliche Niveau des gesamtwirtschaftlichen Humankapitals ist positiv korreliert mit der Produktivität der anderen Produktionsfaktoren. Ein Individuum, das in die eigenen Fähigkeiten investiert, verbessert zugleich die Position aller anderen, ohne dafür entlohnt zu werden. Dementsprechend wird dieser positive Effekt nicht in das ökonomische Kalkül des Investors mit einbezogen.[167] Endogenes Wachstum erreicht Lucas dadurch, daß die Investition in Humankapital[168] nicht abnehmenden Grenzerträgen unterliegt. Unabhängig vom Bestand an Humankapital führt jede weitere Anstrengung zu einer stets konstanten Erhöhung des Humankapitalbestands. Somit bleiben die ökonomischen Anreize zu weiterem Pro-Kopf-Wachstum erhalten, ein Stillstand wird nicht erreicht. Diese spezifische Ausgestaltung der Humankapitalherstellung führt dazu, daß die gesamtwirtschaftliche Produktionsfunktion zunehmende Skalenerträge aufweist. Die Parallelen zu Romer (1986) sind augenfällig: an die Stelle des Wissens tritt nun der Produktionsfaktor Humankapital.[169]

In diesen Modellen ging es vor allem um die Frage, wie endogenes Wachstum erreicht werden kann. Insbesondere sollte dargestellt werden, wie ökonomische Aktivitäten Einfluß auf die Wachstumsrate nehmen. Es konnte gezeigt werden, daß erhöhte Ersparnis – verstanden als Konsumverzicht zum einen zu Gunsten der Wissensproduktion, zum anderen zur Erhöhung des Humankapitalbestands – zu einem dauerhaften Pro-Kopf-Wachstum führt. Die in den Modellen Solowscher Prägung konstatierte Unabhängigkeit des Wachstums von der Ersparnis war überwunden.

Im nächsten Schritt der Theorieentwicklung erfolgte die Hinwendung zur Analyse von Innovationen. Technischer Fortschritt geschieht durch Prozeß- oder Produktinnovation. Neue Produktionsverfahren und Produkte stellen die grundlegenden Motoren der wirtschaftlichen Entwicklung dar.[170] Damit wird die Bedeutung der Neuen Wachstumstheorie für die *General Purpose Technologies* deutlich. GPTs sind per definitionem neue Produkte mit großer Wirkungsbreite. Sie sind dabei sowohl Produkte im eigentlichen Sinne als auch Vorprodukte für eine Vielzahl von Produktionsprozessen. Im letzteren Fall fungieren neue Mehrzwecktechnologien als Prozeßinnovationen.

[167] Nebenbei bemerkt führt das dazu, daß die optimale Wachstumsrate und die Wachstumsrate unter Wettbewerbsbedingungen divergieren.

[168] Die Investitionen bestehen in dem Anteil der Nicht-Freizeit eines Individuums, den dieses für die eigene Humankapitalakkumulation aufwendet.

[169] Seiter (1997, S. 120f.) verweist zu Recht darauf, daß der Ansatz von Lucas (1988) insoweit eine Weiterentwicklung gegenüber Romer (1986) darstellt, als Wissen bzw. Humankapital nunmehr ein eigenständiger Produktionsfaktor ist und nicht mehr eine besondere Form des Kapitals.

[170] Diese Idee ist natürlich weder sonderlich originell noch neu, geht sie doch bereits auf Schumpeters Konzept der schöpferischen Zerstörung zurück.

Impuls für die theoretische Debatte auf diesem Gebiet war der Artikel von Romer (1990). Dieser Artikel ist in vielerlei Hinsicht bemerkenswert. Der Autor verbindet die mathematische Analyse mit einem sehr profunden ökonomischen Verständnis. Aufschlußreich sind die grundlegenden Ergebnisse seines Modells, die er bereits in der Einleitung seiner Arbeit mitteilt.[171] Zum einen stellt er fest, daß die Wachstumsrate positiv abhängig ist von der Forschungstätigkeit und diese wiederum von der Größe des Marktes. Damit rekurriert er auf die Erkenntnis Adam Smiths (*The division of labour is limited by the extent of the market*), ohne ihn allerdings namentlich zu nennen. Eine ganz ähnliche Lage ergibt sich zum anderen bei der Frage, wie das Problem der Überausschöpfung des Sozialprodukts bei steigenden Skalenerträgen zu lösen ist. Als einzig sinnvolle Vorgehensweise verweist Romer auf Schumpeters Idee des temporären Monopols. Diese beiden Ergebnisse sind insofern hervorzuheben, als sie bei Romer Resultat eines ausgefeilten algebraischen Modells sind. Sicherlich stellen sie einen Erkenntnisfortschritt gegenüber den vorangegangenen Modellen der alten und neuen Wachstumstheorie dar. Dieselbe Aussage triff jedoch nicht mehr ohne weiteres zu, wenn man sie in Beziehung zu Smith und Schumpeter setzt.[172]

Im einzelnen entwickelt Romer ein Drei-Sektoren-Modell. Im Forschungssektor wird der gesamtwirtschaftliche Wissensbestand vermehrt. Das Wissen besteht aus der Summe aller Blaupausen (*Designs*), die zur Herstellung von Zwischengütern benötigt werden. Durch den Einsatz von Humankapital und unter Zuhilfenahme des bisher angesammelten Wissens werden neue Produkte bzw. deren Bauplan erfunden. Mit jeder Erfindung steigt auch das gesamte Wissen einer Gesellschaft. Die spezifische Ausgestaltung des Forschungssektors gewährleistet endogenes Wachstum. Beide Inputfaktoren haben für sich genommen konstante Grenzproduktivitäten. Somit ist gesichert, daß der Anreiz für Investitionen in F&E stets erhalten bleibt. Die Möglichkeiten zur Wissensvermehrung erschöpfen sich nie. Es besteht zudem keinerlei Anlaß, den Humankapitaleinsatz im Forschungssektor zugunsten des Endproduktsektors zu reduzieren. Die Blaupausen werden als Patente an den *Zwischenproduktsektor* verkauft, in dem die Kapitalgüter (*producer durables*) hergestellt werden. Jedes Zwischenprodukt wird von genau einer Firma hergestellt, die damit Monopolanbieterin ihres Produktes ist. Dementsprechend sieht sie sich einer fallenden Preis-Absatz-Funktion gegenüber und kann Monopolrenten erwirtschaften. Zur Herstellung werden die gekauften Patente[173] ebenso benötigt wie Kapitalgüter in

[171] Vgl. hierzu Romer (1990, S. S73 und S. S78).

[172] Diese milde Kritik am modernen Wissenschaftsbetrieb in der Ökonomik sei an dieser Stelle gestattet. Einmal mehr wird deutlich, daß für rechte Ökonomik die Beschäftigung mit der Dogmengeschichte unabdingbar ist.

[173] Es ändert nichts am Modell, ob man die Forschungstätigkeit in einem separaten Unternehmen oder in der Forschungsabteilung eines integrierten Unternehmens verortet, das beide genannten Sektoren umfaßt.

Form des nicht konsumierten Outputs des Endproduktsektors. Damit wird deutlich, daß im zweiten Sektor Kapitalakkumulation stattfindet. Sie wird ermöglicht durch Ersparnisbildung, hier gemessen in Form des Verzichts auf den Konsum von produzierten Endgütern.

Gemäß dieser Analyse hat Wissen einen doppelten Charakter. Zum einen ist es ein privates Gut, dessen Erträge mittels Patentschutz appropriierbar sind: Die jeweilige Firma im Zwischenproduktsektor hat die alleinigen Eigentumsrechte an den von ihr hergestellten Gütern. Zum anderen erhöht – wie bereits erwähnt – jede Erfindung den gesamtwirtschaftlichen Wissensbestand, den alle anderen Investoren für ihre Entwicklungstätigkeiten nutzen können. Insofern ist Wissen ein öffentliches Gut, dessen Bereitstellungshöhe in einem Laissez-Faire-Gleichgewicht suboptimal sein wird. Damit läßt sich hier die Notwendigkeit von wirtschaftspolitischen Aktivitäten ableiten. Romer weist nach, daß die Förderung der Humankapitalbildung im Rahmen des Modells am effizientesten ist. Wie sich zeigen wird, ist die Wachstumsrate positiv mit dem Humankapitalbestand korreliert.

Die im Zwischensektor hergestellten Güter gehen im *Endproduktsektor* in die Produktion ein. Zusammen mit Humankapital und „normaler" Arbeit wird der endgültige Output produziert. Die dabei von Romer zugrunde gelegte Produktionsfunktion ist vom *Cobb-Douglas*-Typ, die homogen vom Grade eins ist. Deshalb kann eine Firma, die in diesem Sektor tätig ist, als normale Preisnehmerin modelliert werden. Humankapital kann sowohl im Forschungssektor als auch in der Produktion der Endgüter eingesetzt werden. Das bedeutet, daß Forschung Ersparnis bedeutet, da zur Ausweitung der Forschungstätigkeit auf Output verzichtet werden muß.

Damit ist das Modell eindeutig beschrieben. Die gleichgewichtige Wachstumsrate ist wie dargestellt vom Bestand des Humankapitals abhängig; die Verbindung zur erwähnten Überlegung von Smith ist hergestellt. Für die Höhe des gesellschaftlichen Humankapitals ergibt sich ein Schwellenwert. Sofern dieser nicht überschritten wird, gibt es keinen Anreiz, Humankapital aus der Produktion abzuziehen und in die Wissensgenerierung zu realloziieren. Damit könnte erklärt werden, warum arme Volkswirtschaften in Wachstumsfallen verharren. Daneben gelten die „üblichen" Aussagen zur Ersparnisbildung: Eine Gesellschaft, die vergleichsweise geduldig ist, die also den Gegenwartskonsum weniger präferiert, kann höhere Wachstumsraten erzielen. Die Höhe des Marktzinssatzes ist auch eine der Determinanten der Wachstumsrate. Das ergibt sich aus der doppelten Einsatzmöglichkeit des Humankapitals. Bei seiner Verwendung in der Forschung werden zukünftige Einkommensströme generiert. Deren Gegenwartswert wird in Bezug gesetzt zum entgangenen Output. Je niedriger der Zins ist, desto höher wird der Gegenwartswert der Erträge aus der Forschung sein: Damit wird mit sinkendem Zins die Ersparnisbildung rentabler, was zu höheren Wachstumsraten führt.

Diese Modellstruktur Romers hat sich für spätere Entwicklungen als beispielgebend erwiesen. Insbesondere die Unterscheidung zwischen einem Kapitalgüter- und einem Forschungssektor stellt für die Auseinandersetzung mit *GPTs* ein wichtiges Instrumentarium dar: Die Mehrzwecktechnologie benötigt zur Umsetzung in Endprodukte eine ganze Reihe von Komplementärgütern, die im einen Sektor entwickelt und im anderen hergestellt werden.

Einen weiteren, vielbeachteten Beitrag zur Analyse von Innovationen lieferen Grossman und Helpman (1991). Während sich Romer im oben dargestellten Modell auf die Entwicklung neuer Kapitalgüter konzentriert, analysieren Grossman und Helpman Innovationen im Bereich der Konsumgüter. Zum einen untersuchen sie die Zunahme der Anzahl der Güter, zum anderen die Verbesserung der Qualität der hergestellten Produkte. In beiden Fällen besteht das Ziel darin, einen endogenen Wachstumsprozeß zu modellieren: Forschung und Entwicklung ist eine kommerzielle Aktivität, die von gewinnmaximierenden Unternehmen durchgeführt wird.

Für den Fall der Erhöhung der Produktvielfalt[174] entwickeln Grossman und Helpman ein zwei-sektorales Modell einer Volkswirtschaft. Es gibt einen Forschungssektor, in dem neue Produkte bzw. deren Blaupausen erfunden werden, sowie einen Produktionssektor, in dem die Konsumgüter hergestellt werden.[175] Die in der Volkswirtschaft vorhandene Gütervielfalt wird durch die Zahl der erhältlichen Blaupausen bestimmt. Jedes neue Produktdesign unterscheidet sich von allen zuvor entwickelten; es bestehen nur unvollkommene Substitutionsbeziehungen. Innovatoren besitzen deshalb ein gewisses Maß an monopolistischem Spielraum. Nachahmer werden dem Modell zufolge durch einen effektiven Patentschutz oder durch zu hohe Kosten der Kopie von Imitationen abgehalten. Jede einzelne dieser Blaupausen dient als Grundlage für die Herstellung eines bestimmten Endprodukts. Jedes dieser differenzierten Güter wird von genau einer Firma hergestellt. Neue Erfindungen führen dazu, daß sich die Zahl der für die Konsumenten[176] verfügbaren Produkte erhöht. Deshalb gibt es zu jedem Zeitpunkt eine bestimmte Anzahl differenzierter Produkte. Der Produktionsfaktor Arbeit wird dabei als homogen betrachtet. Er kommt entweder in der Entwicklung neuer Güter oder in deren Herstellung zum Einsatz.

---

[174] Vgl. hierzu Grossman/Helpman (1991, Kapitel 3, S. 41 – 83).

[175] Grossman/Helpman (1991, S. 44) entwickeln ihr Modell in zwei Stufen. Zunächst werden die Innovationen bzw. die dabei anfallenden Informationen als reine private Güter modelliert. Das führt dann dazu, daß der Innovationsprozeß zum Erliegen kommt, sobald die F&E-Ertragsrate sich der sozialen Diskontrate annähert. Erst durch die Einführung von Externalitäten bei der Wissensproduktion wird ein sich selbst tragender Wachstumsprozeß erreicht.

[176] Die Nutzenfunktion ist dabei so ausgestaltet, daß eine höhere Produktvielfalt ein höheres Nutzenniveau bedingt.

Um einen endogenen Wachstumsprozeß zu erreichen, rekurrieren Grossman und Helpman auf ein Charakteristikum des Wissens, das es schon in Romers Modell gab: Durch Forschung und Entwicklung entsteht nicht nur die Blaupause für ein neues Produkt, für das der Erfinder vollständig entlohnt wird, sondern der gesamtwirtschaftliche Wissensbestand nimmt ebenfalls zu. Wissen hat den Charakter eines öffentlichen Gutes. Zukünftige Forschungen werden erleichtert; es gibt einen intertemporalen positiven externen Effekt. Dadurch bleiben die Anreize für weitere Innovationen erhalten, so daß der Fortschrittsprozeß nicht zum Erliegen kommt.

Für die Dynamik des Wachstumsprozesses kommen Grossman und Helpman im einzelnen zu den folgenden Ergebnissen: Die gesamtwirtschaftliche Wachstumsrate ist um so höher, je höher die Innovationsrate ist. Dabei gilt, daß eine Volkswirtschaft um so schneller innoviert, je höher das Arbeitsangebot ist, je produktiver die F&E-Aktivitäten sind, je geduldiger die Haushalte sind und je stärker die wahrgenommenen Unterschiede zwischen den Produkten sind. Ebenso spielt die Frage der Diffusion der Innovationen eine wichtige Rolle. Je schneller Forschungsergebnisse umgesetzt werden, um so höher ist langfristig die Wachstumsrate.

Dieses Modell von Grossman und Helpman ist im Zusammenhang mit den GPTs in zweierlei Hinsicht von Bedeutung. Zum einen macht es die Auswirkungen von Innovationen auf die Zahl der produzierten Konsumgüter zum zentralen Untersuchungsgegenstand. Damit wird ein wichtiger Aspekt von Mehrzwecktechnologien abgebildet: In der Folge der Einführung einer neuen GPT entstehen ganze Bereiche neuer Konsumgüter.[177]

Zum anderen verweisen die Autoren auf ein Phänomen, das seit Schumpeters Konzept der Schöpferischen Zerstörung in der Nationalökonomie einen wichtigen Platz einnimmt: der Profitzerstörungseffekt.[178] Wenn ein Innovator ein neues Produkt einführt, erhöht er dadurch seine eigenen Gewinnchancen. Gleichzeitig verringert er aber auch die seiner Wettbewerber. Zwar werden sie nicht vom Markt verdrängt, bei der unterstellten konstanten nominellen Nachfrage geht jedoch ihr Gewinn zurück. Diese negativen Wohlfahrtseffekte berücksichtigt der Erfinder nicht in seinem Kalkül. Unter Laissez-faire-Bedingungen wird deshalb zu viel in Innovationen investiert. Dies ist ein wichtiger Aspekt bei der Einführung neuer GPTs. Wie bereits oben erwähnt, bedeuten neue GPTs grundlegende Verschiebungen im Produktionsgefüge. In ganzen Bereichen treten Obsoleszenzen auf; die Existenz des Profitzerstörungseffektes ist evident. In ihrem Modell lösen Grossman und Helpman das aufgeworfene Problem dadurch, daß sie die Nutzenfunktion so ausgestalten, daß der in die

[177] Für den Bereich der Internetwirtschaft wäre hier z.B. an den gesamten *B2C-E-Commerce* zu denken, ebenso an das Geschäft der Internetzugangsprovider.

[178] Dieses Argument wurde bereits zuvor von Aghion/Howitt (1990) in die wachstumstheoretische Debatte eingeführt.

entgegengesetzte Richtung wirkende Konsumentenrenteneffekt gleich groß ist. Dieser Effekt besteht darin, daß die Innovatoren nicht berücksichtigen, daß sie durch die Entwicklung neuer Produkte und die damit verbundene Steigerung der Produktvielfalt die Konsumentenrente erhöhen. Insofern erfolgen zu wenige Innovationen. Beide Effekte heben sich auf, so daß als alleiniger Effekt die positiven Externalitäten der Wissensproduktion übrig bleiben. Das Laissez-Faire-Gleichgewicht ist wiederum durch zu wenig Wachstum gekennzeichnet.

Im Modell der Verbesserung der Produktqualität[179] wird der Prozeß der kreativen Zerstörung auf eine andere Art und Weise modelliert. Eine Innovation führt dazu, daß auf einer Qualitätsleiter eine neue Sprosse erklommen wird. Ein neues Produkt repräsentiert den *state of the art*. Der Erfinder dieses Produkts verdrängt den etablierten Vorgänger; dessen Produkt wird daraufhin obsolet. Der Innovator erringt durch diesen Prozeß ein temporäres Monopol und kann die damit verbundenen Profite abschöpfen. Die möglichen Gewinne stellen den Anreiz für Investitionen in neue Produkte dar. Der Forschungsprozeß erfolgt unter Unsicherheit, da die Möglichkeit des Scheiterns besteht. Forschungsanstrengungen können auch zu keinem Ergebnis führen. Ein potentieller Erfinder setzt die Kosten, die er für die Entwicklung eines neuen Produkts auf sich nehmen muß, in Relation zu den möglichen Profiten und entscheidet auf dieser Grundlage über seine Handlungen. Die Höhe der Wachstumsrate ist wie im Modell der zunehmenden Produktvielfalt positiv korreliert mit der Höhe des Arbeitsangebots, mit der Produktivität der Forschung, mit der Geduld der Wirtschaftssubjekte und mit der Wertschätzung von Neuerungen.

F&E-Aktivitäten bringen wiederum positive Externalitäten mit sich. Allerdings treten diese produktspezifisch auf: Ein potentieller Wettbewerber kann die aktuell beste Technologie untersuchen und die dabei gewonnenen Erkenntnisse bei den eigenen Forschungsanstrengungen nutzbar machen. Um die Wohlfahrtseffekte abschätzen zu können, müssen die positiven[180] und die negativen Effekte zueinander in Beziehung gesetzt werden. Das Ergebnis des Vergleichs ist jetzt nicht mehr eindeutig. Es kann sowohl zuviel als auch zu wenig Innovationen geben; das Fortschrittstempo kann demzufolge zu hoch oder zu niedrig sein. Je nachdem wäre dann aus gesamtwirtschaftlicher Sicht eine Pigousteuer oder eine Pigousubvention angebracht. Das genaue Ergebnis ist vom Abstand zwischen den Qualitätsstufen abhängig. Sind diese besonders groß, handelt es sich also um eine besonders dramatische Innovation, dann wird der Profitzerstörungseffekt dominieren.[181]

---

[179] Vgl. Grossman/Helpman (1991, S. 84 – 111).

[180] Zu diesen gehört wiederum auch der Konsumentenrenteneffekt, der darin besteht, daß Konsumenten nach einer Innovation denselben Preis für ein besseres Gut zahlen. Vgl. hierzu Grossman/Helpman (1991, S. 105).

An dieser Stelle wird wiederum die Bedeutung des Modells für eine Theorie der GPTs deutlich: Die Einführung einer neuen Mehrzwecktechnologie kann als ein sehr großer Sprung nach oben auf der Qualitätsleiter interpretiert werden. Der damit verbundene Profitzerstörungseffekt wird sehr groß sein. Eine neue GPT kann daher – zumindest kurzfristig – negative Wohlfahrtseffekte haben. Diese Überlegungen stimmen mit der Beobachtung überein, daß säkulare Wechsel im herrschenden technologischen Paradigma mit erheblichen strukturellen Brüchen verbunden sind.

Ganz ähnlich argumentieren Aghion und Howitt, die noch vor Grossman und Helpman die Vorstellungen Schumpeters in die Modellwelt der Neuen Wachstumstheorie integriert haben.[182] Sie betonen die Verwerfungen, die mit neuen Technologien einhergehen. Neben der Erosion bestehender Profite verweisen sie zusätzlich auf eine mögliche technologische Arbeitslosigkeit, die durch den mit neuen Technologien einhergehenden strukturellen Wandel hervorgerufen werden kann.[183]

Ihr Modell ist ein Drei-Sektoren-Modell (Forschungs-, Zwischenprodukt- und Endproduktsektor). Im Endproduktsektor wird das Konsumgut durch den Einsatz von unqualifizierter Arbeit und von Zwischengütern hergestellt. Das Zwischengut wird lediglich durch qualifizierte Arbeit produziert. Im Forschungssektor werden sowohl qualifizierte als auch spezialisierte Arbeit eingesetzt. Die Forschungsergebnisse, die Folge eines Zufallsprozesses sind, bestehen aus der Erfindung von neuen und besseren Zwischenprodukten, mit deren Hilfe die Konsumgüterproduktion effektiver als zuvor stattfinden kann. Aghion und Howitt nennen einige Beispiele für Zwischenprodukte[184], die als GPT in Frage kommen.

Der Einsatz von qualifizierter Arbeit ist unabdingbar für den Forschungserfolg. Ohne diese gibt es keine Innovationen. Damit gibt es einen Zielkonflikt zwischen Produktion einerseits und Forschung und Entwicklung andererseits. Eine Gesellschaft muß sich entscheiden zwischen der Herstellung von Zwischenprodukten, die in die Konsumgüterproduktion fließen, und innovativer Tätigkeiten, mit Hilfe derer zukünftige Wachstumsmöglichkeiten geschaffen werden. Im Extremfall stellt sich Nullwachstum ein, wenn gänzlich auf F&E verzichtet wird.

Die gleichgewichtige Wachstumsrate einer Volkswirtschaft ist in diesem Modell abhängig vom Ausmaß der Verbesserung, die eine Innovation mit sich bringt, von der Eintrittswahrscheinlichkeit der Innovationen, vom qualifizierten

---

[181] Dasselbe Ergebnis tritt im übrigen auch dann auf, wenn die Qualitätsfortschritte *sehr klein* sind. Vgl. Grossman/Helpman (1991, S. 105f.).

[182] Vgl. hierzu Aghion/Howitt (1990 und 1992).

[183] Vgl. z.B. Aghion/Howitt (1992, S. 65f.).

[184] Vgl. Aghion/Howitt (1990, S. 4): Dampfmaschine, Computer usw.

Arbeitsangebot und vom Ausmaß der Marktmacht, die einem Innovator zufällt. Alle diese Aspekte wirken positiv auf die gesamtwirtschaftliche Wachstumsrate. Der entscheidende Punkt ist hierbei jedoch die Wohlfahrtsanalyse. Es gibt keine eindeutige Aussage mehr darüber, ob im Laissez-Faire-Gleichgewicht die Wachstumsrate zu hoch oder zu niedrig ist. Auf Grund des Profitzerstörungseffektes kann es zuviel Wachstum geben.

Ein weiterer zentraler Aspekt ihres Modells ist die Möglichkeit einer Wachstumsfalle. Der Innovationsprozeß wird so modelliert, daß ein negativer Zusammenhang zwischen heutiger und zukünftiger Forschungsaktivität besteht. Innovationen werden durchgeführt, um ein temporäres Monopol zu erlangen. Das wird so lange Bestand haben, bis eine neue Erfindung auftritt. Die möglichen Profite sind also um so geringer, je rascher es einem Wettbewerber gelingt, seinerseits mit einer Neuigkeit auf den Markt zu kommen. Wenn heutige Innovatoren nun erwarten, daß es in Zukunft sehr viele Neuerungen geben wird, dann werden die Profitchancen gering eingeschätzt, unter Umständen unterbleiben F&E-Investitionen ganz.

Dieser kurze Überblick zeigt die für unsere Zwecke relevanten Modelle der Neuen Wachstumstheorie auf. Im einzelnen wurde auf die verschiedenen Verbindungslinien zu den Mehrzwecktechnologien bereits hingewiesen. In der weiteren Folge der theoretischen Entwicklungen wurden die vorgestellten Modelle explizit für die Untersuchung der *General Purpose Technologies* adaptiert. Darauf wird nun im folgenden Abschnitt eingegangen.

Die modelltheoretische Analyse der Mehrzwecktechnologien

Ausgangspunkt war der Artikel von Bresnahan und Trajtenberg aus dem Jahr 1995.[185] Aufbauend auf ihrem Verständnis einer GPT als *enabling technology*, entwickelten die Autoren ein eigenständiges Modell.[186] Im Vergleich zu den oben dargestellten Modellen der Neuen Wachstumstheorie liegt das besondere darin, daß der technische Fortschritt nicht mehr gleichmäßig in allen Bereichen auftritt, sondern sich auf einen spezifischen Bereich konzentriert, in dem sich das herrschende technologische Paradigma (eben eine Mehrzwecktechnologie) eines bestimmten Zeitabschnitts befindet.

Die beiden Autoren entwickeln ein zweistufiges Modell. Es gibt einen Sektor, in dem die GPT produziert wird. In einer vertikalen Beziehung hierzu stehen die Anwendungssektoren, die die Mehrzwecktechnologie als Inputfaktoren in ihrer Produktion einsetzen. Dabei werden sowohl Kapitalgüter, die in anderen Sektoren Eingang finden, als auch Endprodukte hergestellt.

---

185 Vgl. zum folgenden Bresnahan/Trajtenberg (1995). Der Artikel wurde erstmals 1992 als NBER Working Paper veröffentlicht.

186 Zu ihrer Begriffsdefinition vgl. oben S. 164.

Im GPT-Sektor findet technischer Fortschritt in Form von Verbesserungen der GPT statt, die zu einem bestimmten Qualitätsniveau führen. Der GPT-Sektor verkauft Kapitalgüter, in denen die Mehrzwecktechnologie verkörpert ist, an die Anwendungssektoren weiter. Dabei besitzen die Unternehmer als jeweils alleinige Anbieter einer GPT ein gewisses Maß an Monopolmacht. Damit sind die ökonomischen Anreize für Verbesserungsinnovationen gegeben: Je höher die Zahlungsbereitschaft der Nutzer für eine bessere Qualität und je größer der monopolistische Spielraum des Anbieters ist, desto eher werden sich für ihn Investitionen in die Verbesserung der GPT lohnen.

Die Anwendungssektoren werden im Modell auf besondere Art und Weise dargestellt. Mit dem Auftreten einer neuen GPT entstehen ganz neue Anwendungen[187]; ebenso nutzen bereits existierende Sektoren die neue GPT zur effizienteren Herstellung der eigenen Produkte. Damit ist im Rahmen des Modells die Erfüllung des Doppelkriteriums für das Vorliegen einer GPT gewährleistet: Sie wird in den allermeisten Bereichen der Wirtschaft angewandt; einige Bereiche verdanken der GPT überhaupt erst ihre Entstehung. Zudem wird sie in den verschiedenen Anwendungssektoren in unterschiedlichen Verwendungen eingesetzt. In diesen Sektoren finden ebenfalls Innovationen statt, die sich in Form einer Verbesserung der Qualität der eigenen Produktionstechnologie niederschlagen.[188] Dabei bestehen innovationale Komplementaritäten im Innovationsprozeß: Je besser die GPT ist, desto größer ist der Anreiz, in die eigene Qualität zu investieren. Auf der anderen Seite führt ein höherer technischer Stand im Anwendungssektor dazu, daß Investitionen in die Qualitätsverbesserung der Mehrzwecktechnologie lohnender werden. Wie oben ausgeführt, zählt auch dieser Sachverhalt zu den wesentlichen Eigenschaften einer Mehrzwecktechnologie.

Insofern die Innovationen in beiden Sektoren durch ökonomische Anreize hervorgerufen werden, handelt es sich bei diesem Modell um eines mit endogenem technischen Fortschritt. Allerdings ist einschränkend zu sagen, daß die Ankunft einer neuen Mehrzwecktechnologie nicht aus dem Modell heraus erklärt wird; sie entspricht einem exogenen Schock. Damit ist lediglich die Verbesserung und die Diffusion einer GPT endogenisiert, nicht jedoch ihre Entstehung. Das bleibt auch bei späteren GPT-Modellen ein typisches

---

187 Damit wird implizit der Strukturwandel in das Modell eingeführt: Durch das Auftreten neuer (Anwendungs-) Sektoren ändert sich die strukturelle Zusammensetzung der Ökonomie.

188 Die Innovationen sind ökonomisch motiviert: Eine Verbesserung der Qualität der Technologie im Anwendungssektor wirkt ertragssteigernd. Durch Abzug der Kosten für die Innovation leiten Bresnahan/Trajtenberg (1995, S. 88f.) das optimale Fortschrittstempo ab, das größer null ist.

Charakteristikum. Man ist wiederum auf eine außerökonomische Begründung für die zentrale Ursache wirtschaftlichen Wachstums angewiesen.[189]

Auch dieses Modell ist gekennzeichnet durch (positive) Externalitäten, die dazu führen, daß im Laissez-Faire-Gleichgewicht sowohl im GPT- als auch im Anwendungssektor zu wenig innoviert wird. Die Externalitäten haben sowohl vertikale als auch horizontale Ursachen. Im ersten Fall wird in beiden Sektoren zu wenig investiert, da der eine vom jeweils anderen Sektor profitiert, aber es für diesen positiven Effekt keine Entlohnung gibt.

Im zweiten Fall entstehen Externalitäten durch die grundlegende Eigenschaft einer GPT, vielfältig einsetzbar zu sein: Je mehr Anwendungssektoren es gibt und je höher deren Technologieniveau ist, desto lohnender sind Investitionen in die Verbesserung der Qualität der GPT und desto eher werden diese durchgeführt. Die höhere Qualität stellt damit ein öffentliches Gut dar, das wiederum jeder Anwendungssektor nutzen kann. Jeder Anwendungssektor profitiert von Aktivitäten eines anderen: Wenn ein neuer Anwendungssektor die GPT übernimmt oder wenn ein Anwendungssektor sein eigenes Technologieniveau erhöht, dann hat das über den GPT-Sektor und die dort stattfindende Qualitätsverbesserung positive Rückwirkungen auf alle anderen Anwendungssektoren, für die der auslösende Anwendungssektor nicht entlohnt wird. Dabei tritt dann das übliche Trittbrettfahrerproblem auf, was zu einer suboptimalen Investition in die Qualität der Mehrzwecktechnologie führt. Die historische Erfahrung zeigt allerdings, daß die „horizontale Falle" dadurch überwunden werden kann, daß es große Nachfrager gibt, die über einen längeren Zeitraum am Markt aktiv sind, die großen Wert auf ein sehr hohes Qualitätsniveau legen und die daher auch bereit sind, dafür entsprechende Preise zu zahlen. Dadurch wird die *Free-Rider*-Problematik überwunden, es kommt ein sich selbst verstärkender Prozeß in Gang, bei dem die Komplementaritäten jetzt innovationsfördernd wirken. Durch die Externalitäten können gesamtwirtschaftliche Wachstumsschübe angestoßen werden. Als Nachfrager kommen dabei sowohl staatliche Stellen als auch große Privatunternehmen in Betracht.[190]

Die wachstumshemmenden Auswirkungen der Externalitäten sind auch dadurch abzufangen, daß zwischen den beteiligten Unternehmen Kooperationen

---

[189] Lipsey et al. (1998b, S. 35f.) gehen diesem Phänomen ausführlich nach. Sie gelangen dabei zu der Erkenntnis, daß die Ursachen für die Entstehung einer GPT sowohl außerhalb als auch innerhalb des ökonomischen Systems einer Gesellschaft liegen können. Neben ökonomischen Anreizen können aus ihrer Sicht sowohl reiner wissenschaftlicher Forscherdrang als auch Anforderungen des „political-military system" (ebenda, S. 36) den entscheidenden Anstoß für ein neues Paradigma liefern. In diesem Sinne wäre dann die Behandlung der GPT als exogen bestimmte Variable im Rahmen eines ökonomischen Modells durchaus realitätsadäquat.

[190] Vgl. hierzu Bresnahan/Trajtenberg (1995, S. 95). Sie verweisen dabei auf das US-amerikanische Verteidigungsministerium bzw. die NASA, ebenso auf Großunternehmen wie IBM oder das Bell-System, das vormalige Telefonmonopol der USA.

bis hin zur vertikalen oder horizontalen Integration eingegangen werden. Dadurch können die externen Effekte internalisiert werden; sie fallen jetzt bei den Akteuren direkt an und können Teil der Kalkulation werden. Bresnahan und Trajtenberg verweisen dabei auf die Entwicklung, die die Unternehmen IBM und AT&T genommen haben. Die beiden Unternehmen waren wichtig für den Markt der Informations- und Kommunikationstechnologien. Ihre Aktivitäten beschleunigten die Entwicklung dieser GPT ebenso wie die komplementärer Innovationen in den Anwendungssektoren. Im Zeitablauf wurde ihre Rolle allerdings weniger wichtig; neue Technologien und die Folgen der Regulierungspolitik reduzierten ihre Bedeutung. Als ähnliches Beispiel kann an dieser Stelle auf die symbiotische Beziehung von Intel und Microsoft verwiesen werden. Ihre Kooperation ermöglichte die Durchsetzung des PCs als beinahe ubiquitäres Gut. Auch hier gilt, daß die führende Rolle des „Wintel"-Duopols mittlerweile nicht mehr unangefochten ist, wozu vor allem der Kartellprozeß gegen Microsoft beigetragen hat.[191]

Das Modell erfährt seine Abrundung durch die dynamische Betrachtung. Bresnahan und Trajtenberg untersuchen das Bewegungsgleichgewicht. Von besonderer Bedeutung ist in diesem Zusammenhang das Verhältnis zwischen dem GPT-Sektor und den Anwendungssektoren. Die beiden Autoren gehen von einer sequentiellen Entwicklung aus. Die folgende Abbildung verdeutlicht den Zusammenhang.

Abb. 5.6: Die Dynamik des GPT-Modells I

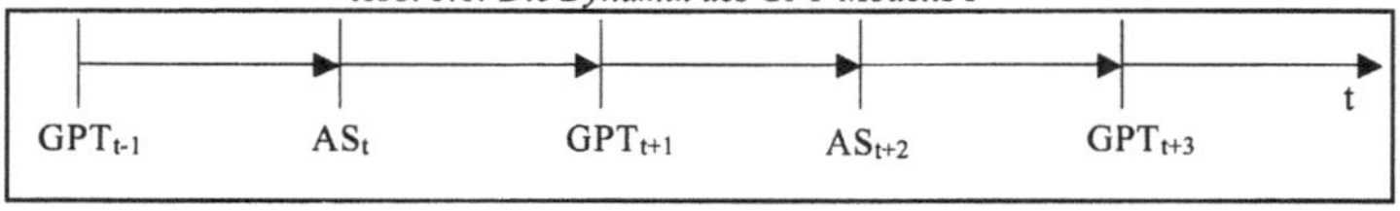

Quelle: Eigene Darstellung, basierend auf Bresnahan/Trajtenberg (1995, S. 98).

Die Entwicklung findet in alternierenden Schritten statt. In der ersten Periode (t - 1) wird die Qualität der GPT gesteigert. Das stößt Verbesserungen in den Anwendungssektoren in der nächsten Periode (t) an. Danach (t + 1) gibt es wieder Verbesserungen bei der Mehrzwecktechnologie. Diese abwechselnden Innovationen verdeutlichen die Komplementarität im Innovationsprozeß dieses Modells: Jeder Sektor ist auf den anderen angewiesen, um sich weiterentwikkeln zu können. Je geringer die Friktionen beim Übergang zwischen den Peri-

[191] Für eine umfassende Schilderung und ökonomische Interpretation des Falls Microsoft vgl. Radke (2002), der sich in seiner Analyse für Microsofts Position ausspricht. Auch wenn man dieser Argumentation nicht in allen Einzelheiten folgen will, stellt dieser Beitrag einen sehr guten Überblick über die relevante Debatte dar. Gilbert/Katz (2001) geben ebenfalls einen guten Überblick, kommen aber zu kritischeren Ergebnissen bezüglich des Verhaltens von Microsoft und fordern daher die Zerschlagung des Konzerns.

oden sind, um so höher – so lautet das entscheidende Ergebnis des Modells – wird die gesamtwirtschaftliche Wachstumsrate sein.

Die obige Darstellung beschreibt die Wachstumsbewegung, die so lange anhält, bis das technologische Potential einer GPT ausgereizt ist und sich ein neues Paradigma durchsetzt. Danach beginnt der gesamte Ablauf von vorne. Auch an dieser Form der Beschreibung wird deutlich, daß das Modell von Helpman und Trajtenberg den Prozeß, der nach dem Auftreten einer GPT abläuft, endogen abbilden kann. Die Gründe für eine neue Mehrzwecktechnologie bleiben allerdings unerklärt. Wenn man so will, handelt es sich also um eine endogene Theorie der Diffusion einer *General Purpose Technology*.

Friktionen zwischen den Sektoren können dadurch reduziert werden, daß Informationen zwischen den beteiligten Unternehmen ausgetauscht werden. Damit rekurrieren die Autoren wieder auf das oben erwähnte Motiv der Kooperation. Ein höheres Fortschrittstempo und damit eine höhere gesamtwirtschaftliche Wachstumsrate kann erreicht werden, wenn man sich nicht auf reine Markttransaktionen verläßt:

> „Presumably, concerted action by the players involved as well as government policy may be able to ... influence the rate of GPT-related technical change in the economy.“[192]

Damit liefert das Modell erste Hinweise für mögliche wirtschaftspolitische Maßnahmen. Der eine Aspekt betrifft die Wettbewerbspolitik: Sind bei der Beurteilung von Kooperationen von Unternehmen, die in der Produktion einer GPT und in den Anwendungssektoren tätig sind, gegebenenfalls andere Maßstäbe anzuwenden als bei „traditionellen“ Unternehmen?[193] Der andere Aspekt bezieht sich auf den Informationsaustausch. Es könnte Aufgabe der Wirtschaftspolitik sein, den Informationsaustausch zwischen den beteiligten Unternehmen zu fördern. Wie das im einzelnen aussehen könnte, wird weiter unten zu klären sein. Die Botschaft ist aber auf jeden Fall für die Politik angesichts leerer Kassen eine positive: Der Einsatz größerer Geldmittel läßt sich aus dem Modell von Bresnahan und Trajtenberg nicht ableiten.

Die umfassendste theoretische Auseinandersetzung mit dem Thema GPT fand in einem 1998 von Elhanan Helpman veröffentlichten Sammelband statt. In ihm wurden verschiedene Modelle vorgestellt, mit deren Hilfe eine umfassende Analyse des Themas erreicht werden konnte. Im folgenden werden die einzelnen Modelle vorgestellt. Dabei werden die Bezüge zu den oben beschriebenen Beiträgen der Neuen Wachstumstheorie deutlich. Ziel der jetzigen Untersuchung ist es, einen Überblick über den Stand der theoretischen Debatte zu

---

[192] Bresnahan/Trajtenberg (1995, S. 101).

[193] Im Kern ging bzw. geht es beim Microsoftprozeß genau um diese Frage.

geben, um aus dieser Perspektive heraus die Grundlagen für die abzuleitenden industriepolitischen Maßnahmen zu legen.

Die ersten beiden Beiträge, die analysiert werden, stammen von *Helpman und Trajtenberg*. Sie können als Fortsetzung des ursprünglichen Beitrags von Bresnahan und Trajtenberg betrachtet werden. Dabei gehen sie in zwei Schritten vor. Zunächst entwickeln sie ein Modell, das ein auf Mehrzwecktechnologien basierendes Wachstum beschreibt. Danach gehen sie genauer der Frage nach, wie sich eine GPT in der Ökonomie durchsetzt. Es handelt sich also um ein diffusionstheoretisches Modell.

Im ersten Beitrag untersuchen die beiden Autoren, wie sich das wirtschaftliche Wachstum entwickelt, wenn GPTs in die Überlegungen mit einbezogen werden.[194] Der Titel des Artikels gibt dabei bereits programmatisch die Richtung vor: „A Time to Sow and a Time to Reap: Growth based on General Purpose Technologies."[195] Daraus lassen sich die beiden zentralen Aspekte ableiten: Zum einen vollzieht sich das auf Mehrzwecktechnologien basierende Wachstum in längeren Zeitabschnitten, zum anderen ist zunächst eine Investitionsphase erforderlich, bevor sich die produktivitäts- und damit auch wachstumssteigernden Effekte eines neuen technologischen Paradigmas einstellen. Damit ist das Forschungsprogramm beschrieben, das Helpman und Trajtenberg abarbeiten.

Die GPTs werden als Wachstumsmotoren betrachtet. Vor diesem Hintergrund entwickeln die Autoren ein dreisektorales Modell, dessen Aufbau sich an Romers Modell von 1990 sowie an das von Grossman und Helpman von 1991 anlehnt. Im Vordergrund stehen dabei wieder die Komplementaritäten im Innovationsprozeß zwischen den Mehrzwecktechnologien auf der einen Seite und den kompatiblen Komponenten, wie Helpman und Trajtenberg die Produkte in den Anwendungssektoren nun nennen, auf der anderen Seite.[196]

---

[194] Vgl. zum folgenden Helpman/Trajtenberg (1998a). Der Artikel wurde erstmals 1994 als Working Paper veröffentlicht. Somit besteht eine recht große zeitliche Nähe zum „Ausgangsartikel" von Bresnahan/Trajtenberg (1995).

[195] Ebenda, S. 55. Der Titel geht auf das Buch *Prediger* in der Bibel zurück. Dort heißt es in Kapitel 3, Verse 1 und 2: „Ein jegliches hat seine Zeit, und alles Vorhaben unter dem Himmel hat seine Stunde: geboren werden hat seine Zeit, sterben hat seine Zeit; pflanzen hat seine Zeit, ausreißen, was gepflanzt ist, hat seine Zeit..." (zitiert nach der Lutherübersetzung 1984).

[196] Vgl. Helpman/Trajtenberg (1998a, S. 57 – 61). Interessanterweise bestehen hier gewisse Parallelen zur Diskussion um die ökonomische Analyse von Netzwerken. Eine GPT könnte vor diesem Hintergrund als ein Netzwerk verstanden werden, das aus kompatiblen Komponenten besteht. Der Nutzen, den man als Anwender aus der GPT zieht, ist um so höher, je mehr Sektoren die GPT übernehmen. Selbst wenn man die Analogien zum Netzwerkgedanken nicht allzuweit treiben sollte – worauf zu Recht Leibowitz/Margolis (1994)

Im Endproduktsektor werden die Güter durch den Einsatz einer bestimmten *General Purpose Technology* und den dazu passenden Komponenten hergestellt. Dabei wird davon ausgegangen, daß zu einem bestimmten Zeitpunkt mehr als eine GPT im Einsatz ist. Das Output-Niveau des Endprodukts ist jeweils abhängig von der Produktivität der eingesetzten Mehrzwecktechnologie. In diesem Sektor herrscht eine wettbewerbliche Marktstruktur. Die Anbieter produzieren mit der Minimalkostenkombination. Um diese zu erreichen, wählen sie diejenige GPT aus, deren Produktivitätsniveau in Verbindung mit den vorhandenen Komponenten die niedrigsten Kosten erzeugt. Arbeit wird nur indirekt über die Komponenten eingesetzt. Diese werden im Kapitalgütersektor hergestellt. Dazu werden Blaupausen benutzt, die das Ergebnis vergangener F&E-Anstrengungen sind. An ihnen besitzt der jeweilige Komponentenproduzent die Eigentumsrechte. Das führt zu einem monopolistischen Wettbewerb auf dem Markt für die Komponenten. Die Produktionsfunktion ist so ausgestaltet, daß pro hergestellter Komponente genau eine Einheit Arbeit eingesetzt wird. Daraus ergibt sich dann, daß der Arbeitseinsatz pro Endprodukt um so geringer ist, je höher die Produktivität der GPT ist. Im F&E-Sektor schließlich werden neue Produkte bzw. die zu deren Herstellung notwendigen Produktdesigns (Blaupausen) entwickelt. Der einzig hierzu benötigte Produktionsfaktor ist Arbeit. Dabei wird unterstellt, daß Arbeit homogen ist. Es besteht kein qualitätsmäßiger Unterschied zur Arbeit, die im Kapitalgütersektor eingesetzt wird.

Die Ankunft einer neuen GPT löst einen Prozeß aus, dessen Verlauf für die Wachstumsdynamik des Modells entscheidend ist.[197] Der Einsatz einer neuen Mehrzwecktechnologie in der Produktion erfolgt nur dann, wenn eine ausreichende Anzahl von entsprechenden Komponenten entwickelt worden ist. Die Komponenten der alten GPT werden dabei als inkompatibel betrachtet. Wenn die notwendige Anzahl entwickelt worden ist, erfolgt ein vollständiger Wechsel hin zur neuen GPT und die alte wird abgelöst. Der Wechsel läuft in verschiedenen Zyklen ab. Als Zyklus bezeichnen Helpman und Trajtenberg die Zeitspanne vom erstmaligen Auftreten einer GPT bis zur nächsten. Diese Zyklen werden in einzelne Phasen unterteilt. Die Dauer eines Zyklus ist konstant und exogen vorgegeben. Mit dem Auftreten einer neuen GPT beginnt die Entwicklung neuer Komponenten. Die Produktion geht aber unter Verwendung der alten GPT weiter, bis es wegen der irgendwann ausreichenden Zahl neuer Komponenten zum Einsatz der neuen GPT kommt. Der Übergang zwischen den beiden Zyklen kann dabei abrupt oder fließend modelliert werden. Im ersten Fall findet ein Entwicklungswechsel ohne Pause statt; im zweiten Fall gibt es einen Zeitabschnitt, in dem nur produziert, nicht aber entwickelt wird. Die folgende Darstellung verdeutlicht die Zusammenhänge.

---

verwiesen haben – sind die Parallelen dennoch auffällig.

[197] Vgl. hierzu dies., S. 61 – 65.

Abb. 5.7: Die Dynamik des GPT-Modells II

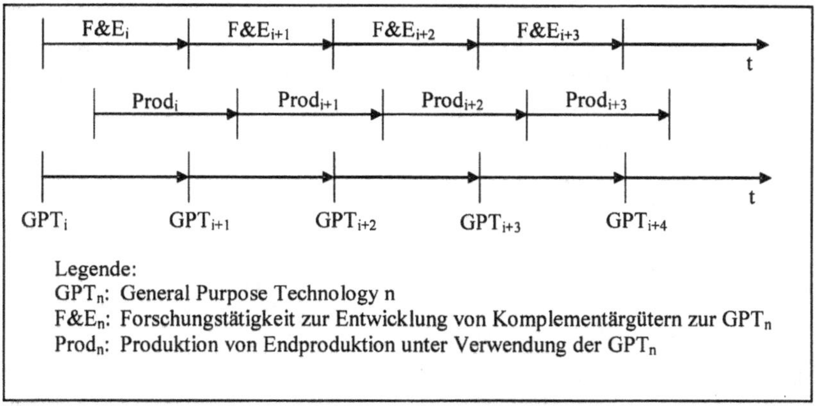

Quelle: Eigene Darstellung, basierend auf: Helpman/Trajtenberg (1998a, 61f.).

Mit dem Auftreten einer neuen Mehrzwecktechnologie richtet sich der Forschungssektor neu aus. Es werden jetzt Blaupausen für die Komponenten für die neue GPT entwickelt. Die Forschungstätigkeit für die alten kommt sofort zum Erliegen. Die Endgüterproduktion geht allerdings zunächst unter Verwendung der alten GPT weiter, weil die Zahl der Komplementärgüter für die neue GPT noch nicht ausreichend ist. Diesen Abschnitt bezeichnen die Autoren als Phase 1. Erst wenn diese Schwelle erreicht ist, findet im Produktionsprozeß ein Wechsel statt, womit sich das neue technologische Paradigma durchgesetzt hat. Die Phase 2 hat begonnen.

Das Modell hat natürlich seine Grenzen. Helpman und Trajtenberg verweisen selber darauf, daß die Annahme, daß unmittelbar mit dem Auftreten der neuen Technik ein vollständiger und abrupter Wechsel im Forschungssektor stattfindet, problematisch ist. Als alternative Formulierung schlagen sie vor, eine Forschungspause einzuführen, die gebraucht wird, um sich auf die neuen Anforderungen auszurichten. Weiterhin besteht ein Problem der Darstellung darin, daß die Komplementarität im Innovationsprozeß nur begrenzt abgebildet werden kann. Zwar wird deutlich, daß eine GPT auf eine entsprechende Anzahl von zu ihr passenden Komplementärgütern angewiesen ist. Es fehlt allerdings die Wechselwirkung zwischen den Qualitäten der Technologien in den beiden Sektoren.[198] Damit stellt das Modell in gewisser Weise wieder einen Rückschritt gegenüber den früheren Modellen der Neuen Wachstumstheorie dar: Der Motor des Wachstums, der technische Fortschritt in Form neuer Mehrzwecktechnologien, ist wieder exogen geworden. Eine neue GPT fällt wie Manna vom Himmel; das Modell sagt über die Entstehungsgründe eines neuen Paradigmas

[198] Helpman/Trajtenberg (1998a, S. 56) begründen dies mit der Komplexität des Modells.

nichts aus. Ebenso bleibt die Weiterentwicklung einer GPT, wenn sie einmal da ist, völlig unberücksichtigt.[199] Das schmälert in gewisser Weise die Bedeutung des Modells. Das ursprüngliche Modell von Bresnahan und Trajtenberg war da bereits einen Schritt weiter.[200] Ein weiterer Mangel besteht darin, daß das empirisch häufig zu beobachtende Phänomen, daß sich die alte Technik „wehrt", nicht abgebildet werden kann. So war es z.B. beim Übergang von der Dampfmaschine zum Elektromotor so, daß sich der Wechsel auch deshalb einige Zeit hinzog, da viele Anwendungsunternehmen in die Technologie des Dampfrades investierten und somit ein Produktivitätsniveau erreichten, das dem des Elektromotors ebenbürtig war.[201]

Aufbauend auf der obigen Modellgestaltung leiten Helpman und Trajtenberg die Wachstumsrate des gesamten Systems ab.[202] Sie verwenden dazu als Maßzahl das Bruttoinlandsprodukt (BIP). Als zentrales Ergebnis zeigt sich hier, daß es keinen gleichförmigen Wachstumsprozeß gibt. Dieser unterliegt vielmehr Schwankungen und Sprüngen. Mit der Einführung einer neuen GPT macht das BIP einen Sprung nach unten. Danach geht es in einen gleichmäßigen Schrumpfungsprozeß über.[203] Erst wenn es eine ausreichende Zahl komplementärer Komponenten gibt, schwenkt das Gesamtsystem auf einen neuen Wachstumspfad ein. Jetzt können die mit einem neuen Paradigma verbundenen Chancen genutzt werden, woraufhin sich eine Phase anhaltender Prosperität einstellt. Das Wachstum ist also abhängig von der Zahl der vorhandenen Komplementärgüter. Diese Ergebnisse gelten auch dann, wenn man die Annahme des abrupten Wechsels zwischen zwei GPTs aufgibt und annimmt, daß es eine Übergangsphase gibt, in der beide koexistieren. Das wird dazu führen, daß es keinen dramatischen Rückgang des BIP mehr gibt. Ebenso wird die Phase des negativen BIP-Wachstums vermutlich ausbleiben. Dennoch wird es auch hier darauf hinauslaufen, daß es unmittelbar nach der „Geburt" einer neuen Mehrzwecktechnologie kaum Auswirkungen auf das Wachstum geben wird. Diese Thesen stimmen nach Helpman und Trajtenberg mit den empirischen Beobachtungen überein. Als Beispiele nennen sie die Einführung der Elektrizität und die Computerisierung.[204] Die Autoren heben in diesem Zusammenhang den Unterschied zu den Wachstumsmodellen Solowscher Prägung hervor. Obwohl es sich in bei-

---

[199] Vgl. Helpman/Trajtenberg (1998a, S. 56).

[200] Vgl. Bresnahan/Trajtenberg (1995, S. 86 – 88) und oben S. 183.

[201] Vgl. Lipsey et al. (1998, S. 26).

[202] Vgl. Helpman/Trajtenberg (1998a, S. 70 – 74).

[203] Im Modell liegt die Ursache hierfür darin, daß im Kapitalgütersektor auf Grund der monopolistischen Konkurrenz allokative Ineffizienzen vorliegen. Mit dem Auftreten einer neuen GPT kommt es zur Reallokation des Faktors Arbeit aus der Produktion heraus in die Entwicklung neuer Komponenten, was zu einem Rückgang des BIP führt. Vgl. Helpman/Trajtenberg (1998a, S. 70f.).

[204] An dieser Stelle sei an die Debatte um das Produktivitätsparadoxon erinnert. Vgl. oben S. 172.

den Fällen um exogenen technischen Fortschritt handelt, ist das GPT-Modell insofern realitätsadäquater, als sich hier das Wachstum nicht von alleine und sofort einstellt. Vielmehr bedarf es der bereits ausführlich dargestellten Anstrengungen.[205]

Um das Modell realitätsnäher zu gestalten, nehmen Helpman und Trajtenberg zwei Modifikationen vor. Zum einen führen sie den Aspekt der Diffusion ein, zum anderen wird der Faktor Arbeit heterogenisiert: Es gibt nunmehr qualifizierte und weniger qualifizierte Arbeitskräfte.

Um die Diffusion abzubilden, wird das Modell dahingehend geändert, daß die Übernahme einer neuen GPT in der Produktion nunmehr schrittweise erfolgt.[206] Es gibt keinen einheitlichen Produktionssektor mehr, vielmehr wird dieser in mehrere Subsektoren unterteilt. Die produktivitätssteigernden Wirkungen einer GPT sind nun in diesen Untersystemen verschieden. Das liegt an den dort jeweils vorhandenen unterschiedlichen Produktionstechnologien. Das Angebot an komplementären Komponenten bleibt jedoch für alle gleich. Als erster Subsektor wird derjenige die neue Mehrzwecktechnologie übernehmen, bei dem sich die größten Produktivitätsfortschritte durch die Übernahme der neuen GPT einstellen. Schritt für Schritt wird sich diese dann in der gesamten Ökonomie ausbreiten. Dabei gilt, daß der Diffusionsprozeß nicht mehr abhängig sein muß vom oben dargestellten Zyklus der neu auftretenden Paradigmen. Im Rahmen des obigen Schaubilds hieße das, daß bereits die GPT_{i+2} aufgetreten ist, ein Produktionsbetrieb bzw. -sektor jedoch noch die GPT_i nutzt. Das Phänomen der Zeit erfordernden Diffusion führt also zu einem asynchronen Wachstumsprozeß. Dabei läßt sich zeigen, daß das gesamtwirtschaftliche Wachstum jetzt von der Diffusionsgeschwindigkeit abhängig ist: Je schneller sich eine neue Allzwecktechnologie ausbreitet, um so höher ist langfristig die durchschnittliche Wachstumsrate. Im Ausgangsmodell war sie lediglich von der Zahl der zur Verfügung stehenden Komplementärkomponenten abhängig.

Dieses an und für sich sicherlich nicht überraschende Ergebnis ist insofern bemerkenswert, als es mit dieser Modellkonstellation gelingt, die Diffusion als ökonomische Größe in ein makroökonomisches Wachstumsmodell zu integrieren. Zudem schlägt das Modell eine Brücke von der makro- hin zur mesoökonomischen Ebene. Es erscheint jetzt möglich, Strukturwandel als integralen Bestandteil des Wachstumsprozesses zu modellieren: Unterschiedliche sektorale Wachstumsraten bzw. unterschiedliche sektorale Produktivitätssteigerungen werden dadurch hervorgerufen, daß die Diffusion der neuen Mehrzweckechnologie über alle Sektoren hinweg nicht gleichzeitig sondern sukzessive erfolgt. Allerdings wird dieser Gedanke nicht konsequent zu Ende geführt. Ein Wachstumszyklus ist hier nämlich dann abgeschlossen, wenn alle

---

[205] Helpman/Trajtenberg (1998a, S. 71) verweisen richtigerweise auf Schumpeters „Stürme der kreativen Zerstörung".

[206] Vgl. Helpman/Trajtenberg (1998a, S. 77f.).

Sektoren die neue Allzwecktechnologie übernommen haben; die sektoralen Unterschiede sind dann wieder aufgehoben. Damit ist Strukturwandel ein Charakteristikum der Übergangsphase, nicht aber des Gleichgewichts. Dabei ist es egal, ob der Diffusionsprozeß so dargestellt wird, daß eine neue GPT erst dann auftritt, wenn alle Sektoren die alte Allzwecktechnologie übernommen haben, oder ob es möglich ist, daß eine Vielzahl von GPTs koexistieren. In jedem Fall wird ein neues Gleichgewicht dann erreicht, wenn sich die neueste GPT vollständig in der gesamten Ökonomie durchgesetzt hat. Die Möglichkeit, daß einzelne Sektoren an Bedeutung verlieren bzw. ganz verschwinden oder daß neue entstehen – mithin das Kennzeichen des langfristigen Strukturwandels – gerät bei dieser Betrachtung nicht ins Blickfeld.[207]

Die Heterogenisierung der Arbeit[208] geschieht mittels einer strikten Trennung von qualifizierter Arbeit, die ausschließlich im Forschungssektor eingesetzt wird, und unqualifizierter Arbeit, die nur in der Produktion der komplementären Komponenten Verwendung findet. Dabei ergeben sich interessante Resultate in bezug auf die Entwicklung der Löhne während der beiden Phasen eines Zyklus. Während in der ersten Phase der Faktor qualifizierte Arbeit profitiert, erhöht sich die reale Entlohnung der unqualifizierten Arbeit in der zweiten Phase, sowohl absolut als auch relativ zur Entlohnung der qualifizierten Arbeit. Mit dem Auftreten einer neuen GPT profitiert zunächst der Forschungssektor und mit ihm die dort Beschäftigten in Form neuer Entwicklungsaufgaben. Mit der Übernahme der neuen Technik in der Produktion steigt später auch dort die Produktivität und mit ihr die Entlohnung der unqualifizierten Arbeiter. Helpman und Trajtenberg sehen darin einen möglichen Erklärungsansatz für die zunehmende Lohnspreizung in entwickelten Industrienationen, die seit den 1980er Jahren zu beobachten ist. Hochqualifizierte Arbeitnehmer konnten bzw. können erhebliche Einkommensverbesserungen erzielen, während niedrigqualifizierte deutliche Lohnabschläge hinnehmen mußten (in USA) bzw. dauerhaft arbeitslos wurden (in Europa). In der Literatur fand zu diesem Thema eine ausführliche Debatte statt. Dabei ging es im Kern um die Frage, ob die zu beobachtenden Lohntrends und Arbeitsmarktentwicklungen auf die Globalisierung und den damit verbundenen intensiveren Wettbewerb oder auf die mit dem technischen Fortschritt im IKT-Bereich einhergehenden unterschiedlichen Nachfrageentwicklungen nach qualifizierter und unqualifizierter Arbeit zurückzuführen sind.[209] Helpman und Trajtenberg erklären die Entwicklungen mit der noch

[207] Die Ursache liegt unter anderem darin, daß die Wirkungen einer GPT nur als Prozeßinnovation dargestellt werden.

[208] Vgl. dazu Helpman/Trajtenberg (1998a, S. 78 – 82).

[209] Ein sehr guter Überblick über die Diskussion findet sich im *Journal of Economic Perspectives*, Bd. 9, 1995. Insbesondere der Artikel von Freeman (1995) mit dem programmatischen Titel „Are your wages set in Beijing?“ beschreibt die Kontroverse recht zutreffend.

nicht abgeschlossenen Diffusion der Computertechnologie, die als neue GPT gilt. Die erste Phase des Zyklus sei noch nicht abgeschlossen; demzufolge stimmt die empirisch zu beobachtende Lage recht gut mit den theoretischen Vorhersagen überein. Zu ergänzen wäre noch, daß die Zeit nach dem 2. Weltkrieg, die durch einen allgemeinen Wohlstand und durch das sprichwörtliche Wirtschaftswunder gekennzeichnet war, im Sinne dieses Modells als zweite Phase der vorhergehenden GPTs (Petrochemie, Automobilindustrie. Elektrotechnik und Massenmotorisierung[210]) zu interpretieren ist.

Aus dem Modell ergeben sich erste Anhaltspunkte für mögliche wirtschaftspolitische Maßnahmen. Dabei ist allerdings darauf zu verweisen, daß sich in den Ausführungen von Helpman und Trajtenberg (1998a) keinerlei Hinweise auf eine Divergenz der optimalen von der Laissez-faire-Wachstumsrate finden. Insofern sind die hier entworfenen wirtschaftspolitischen Ideen mit Zurückhaltung zu betrachten.[211] Ansatzpunkte für solche Überlegungen sind die Determinanten der gesamtwirtschaftlichen Wachstumsrate. Neben der Zahl der vorhandenen Komplementärgüter ist dies die Diffusionsgeschwindigkeit. Daraus folgt, daß der Nutzen aus einer GPT dann am größten ist, wenn sie schnell aus der Inventions- in die Innovationsphase übergeht und danach eine weite Verbreitung findet. Es wird im weiteren Verlauf des Kapitels zu klären sein, ob und welche Maßnahmen in Betracht kommen, um die Ziele zu erreichen.

Mit der Frage der Diffusion beschäftigt sich ausführlich der zweite Beitrag von Helpman und Trajtenberg im genannten Sammelband.[212] Die schrittweise Übernahme einer neuen Technologie wird zum bestimmenden Element des Modells, was zu einer deutlich höheren Realitätsnähe führt.

Die grundlegende Modellgestaltung stimmt mit dem obigen überein. Es werden aber einige Modifikationen vorgenommen, um die Diffusion zu erfassen. Es gibt nunmehr keinen einheitlichen Produktionssektor mehr, sondern eine Vielzahl von verschiedenen Untersektoren, in denen jeweils ein eigenes Produkt hergestellt wird. Die Ausgestaltung der einzelnen Sektoren führt nun dazu, daß sie nicht gleichzeitig, sondern nacheinander eine neue GPT übernehmen. Entscheidend ist dabei wieder die Zahl der komplementären Komponenten, die nun jedoch nicht mehr in der gesamten Ökonomie genutzt werden können, sondern

[210] Vgl. Freeman/Louçã (2001), die einen kenntnisreichen Überblick über die Entwicklung der langen Wellen von der Industriellen Revolution bis zur Informationsgesellschaft der Gegenwart geben.

[211] Für die theoretische Rechtfertigung politischer Interventionen spricht allerdings die Nähe des Modells zu den Ausführungen von Bresnahan/Trajtenberg (1995). Dort hatten Externalitäten zu einer suboptimalen Wachstumsrate im Marktgleichgewicht geführt. Vgl. dazu oben S. 184.

[212] Vgl. zum folgenden Helpman/Trajtenberg (1998b).

lediglich in dem Sektor, für den sie konzipiert wurden, sowie zusätzlich die sektorspezifischen Produktivitätswirkungen einer neuen GPT.

Der Ablauf der Übernahme einer GPT hat folgende Gestalt: Was im ersten Modell für die Volkswirtschaft als Ganzes beschrieben wurde, trifft jetzt für jeden Sektor einzeln zu. Es gibt eine erste Phase, in der Komponenten für die neue GPT entwickelt werden, aber noch mit der alten GPT produziert wird. Darauf folgt eine zweite Phase, in der auf die neue Mehrzwecktechnologie in der Produktion gewechselt wird. Mit dieser erlebt dann der betreffende Sektor einen Aufschwung. Der Prozeß findet nach und nach in jedem Sektor statt, bis sich die neue Mehrzwecktechnologie in der gesamten Ökonomie durchgesetzt hat. Der Endpunkt der Diffusion ist ein *Steady-State*, in dem es keinerlei Forschung und Entwicklung mehr gibt, weil das gesamte Potential des Paradigmas ausgeschöpft ist. Ein neuer Ruhepunkt wird erreicht, bis ein ähnlicher Vorgang durch eine neuere Allzwecktechnologie angestoßen wird.[213]

Ein spezifisches Element ist in diesem Vorgang aber noch hervorzuheben. Bevor der *Steady-State* erreicht wird, gibt es einen nochmaligen Entwicklungsschub in allen Sektoren. Selbst Sektoren, in denen vorübergehend keine Forschung und Entwicklung stattgefunden hat, nehmen diese mit der Annäherung an den *Steady-State* wieder auf. Dieser Zeitabschnitt wird als zweite Welle bezeichnet.

Helpman und Trajtenberg übertragen diese Überlegungen auf die Analyse gesamtwirtschaftlicher Größen; sie untersuchen dazu die Entwicklung der Reallöhne und des Realeinkommens. Sie betrachten dabei eine Modellökonomie, in der es drei Sektoren im obigen Sinne gibt, die nach und nach die GPT übernehmen. Dabei zeigt sich dann, daß es während der Diffusionsphase einen Expansionsprozeß gibt, der Schwankungen unterliegt. Es existiert keine gleichmäßige, stetige Entwicklung, vielmehr kommt es immer wieder zu Rückschlägen. Erst wenn sich alle Sektoren der Ökonomie die neue Mehrzwecktechnologie angeeignet haben, tritt sie in eine Phase des langfristigen Wachstums ein, gewissermaßen das „Goldene Zeitalter“ einer GPT, bis deren Lebenszyklus zu Ende geht. Die folgende Abbildung verdeutlicht die Zusammenhänge.

---

[213] Vgl. Helpman/Trajtenberg (1998b, S. 86f.). Man sollte bei der Beschreibung nicht aus den Augen verlieren, daß die Lebensdauer einer GPT in Jahrzehnten gerechnet wird.

Abb. 5.8: Die Dynamik des Reallohns und des Realeinkommens bei der Diffusion von GPTs

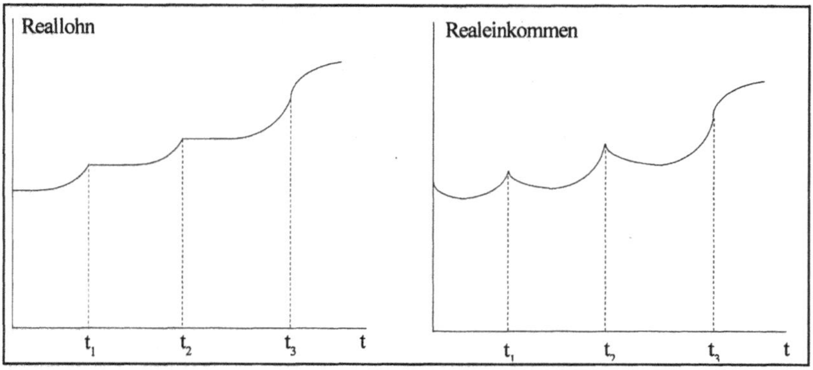

Quelle: In Anlehnung an Helpman/Trajtenberg (1998b, S. 104f.).

In beiden Darstellungen sind insgesamt vier Abschnitte abgetragen. Die ersten drei stellen die sektoralen Zyklen dar, die – wie bereits ausgeführt – mit dem gesamtwirtschaftlichen Zyklus des ersten Modells von Helpman und Trajtenberg (1998a) übereinstimmen. Der erste Abschnitt geht von 0 bis t_1 und beschreibt die Übernahme einer neuen GPT im ersten Sektor. Der zweite geht bis t_2 und gilt für den zweiten Sektor; entsprechend beschreibt der Zeitabschnitt t_2 bis t_3 den dritten Sektor. Ab t_3 setzt die zweite Welle ein: zuerst nimmt der erste Sektor, dann der zweite die Entwicklung neuer Komponenten wieder auf. Das führt zu einer Verlängerung der Aufwärtsbewegung, die dann in einen *Steady-State* übergeht, der in den beiden Zeichnungen als Waagerechte angedeutet ist.

Interessant sind die Unterschiede zwischen der Entwicklung der Reallöhne und der des Realeinkommens. Während erstere in der Entwicklungsphase lediglich stagnieren, geht letzteres zurück. Die Ursache für diese beiden unterschiedlichen Verläufe liegt in der Besonderheit der Diffusion einer GPT. In der ersten Phase eines sektoralen Zyklus werden ausschließlich Komponenten entwickelt. Die neue GPT wird noch nicht in der Produktion eingesetzt. Der Reallohn bleibt unverändert. Wenn eine ausreichende Zahl von Komponenten zur Verfügung steht, folgt der Wechsel zur neuen Allzwecktechnologie. Das führt zu einer höheren Produktivität in der Endgüterproduktion, woraufhin die Stückkosten sinken, was einen Rückgang des Preises des Endproduktes zur Folge hat. Der Preisrückgang löst seinerseits einen Anstieg des Reallohns aus. Das Realeinkommen sinkt in der ersten Phase deshalb, weil jetzt Ressourcen aus der Produktion alter Komponenten in die Entwicklung neuer umgeleitet werden. Ursache für den Einkommensrückgang ist die Tatsache, daß der Faktor Arbeit in der Zwischengüterproduktion auf Grund der monopolistischen Konkurrenz eine Rente erwirtschaftet. Dies gelingt ihm im Forschungssektor nicht, da dort eine wettbewerbliche Marktstruktur vorliegt. Damit kann der Rückgang des Realeinkommens erklärt werden, ohne auf den Meßfehler, der in der Nichtberücksichtigung der Erträge der F&E-Produktion in der BIP-Rechnung besteht, angewiesen zu sein. Mit dem Einsatz der neuen Mehrzwecktechnologie in der Produktion kehren sich die Verhältnisse dann aber wieder um. Neue Komponenten werden verkauft. Gleichzeitig sinkt – wie im Zusammenhang mit den Reallöhnen ausgeführt – das Preisniveau. Beide Faktoren führen jetzt zu einem Anstieg des Realeinkommens.[214]

Ein weiterer wichtiger Aspekt im Modell ist die Frage, in welcher Reihenfolge die Sektoren einer Volkswirtschaft die neue Allzwecktechnologie übernehmen.[215] Entscheidend hierfür sind die Erwartungen der Entwickler. Ein Unternehmen wird um so eher bereit sein, in neue Komponenten zu investieren und die damit verbundenen Profitausfälle hinzunehmen, je schneller es erwartet, daß die notwendige Anzahl von Komponenten vorhanden sein wird. Dabei ist das Verhalten der anderen Marktteilnehmer von herausragender Bedeutung. Je mehr diese in neue komplementäre Kapitalgüter investieren, desto schneller wird die nötige Schwelle erreicht. Das Verhalten eines einzelnen Anbieters wird folglich durch seiner Erwartungen bezüglich seiner Konkurrenten gesteuert. Dabei wird dann zuerst in dem Sektor die neue Mehrzwecktechnologie eingesetzt, in dem die Erwartungen am günstigsten sind. Wenn es eine Koordination zwischen den Wettbewerbern gibt, ermöglicht diese ein schnelleres Überschreiten des Schwellenwertes und demzufolge die schnellere Nutzung der wirtschaftlichen Möglichkeiten einer neuen GPT.

Die Frage der Reihenfolge der Übernahme kann auch aus wohlfahrtstheoretischer Sicht analysiert werden. Das Ergebnis ist wenig überraschend: Es ist effizienter, wenn zuerst der Sektor die neue Technik übernimmt, bei dem weniger neue Komponenten benötigt werden, um die kritische Schwelle zu erreichen. Die Opportunitätskosten der Entwicklung sind hier niedriger; deshalb sollte dieser Sektor zuerst investieren. Ähnliches gilt in bezug auf die Marktanteile: Der größte Sektor sollte zuerst investieren. Ebenso hat der Sektor mit den niedrigsten F&E-Kosten als erster neue kompatible Kapitalgüter zu entwickeln. Auch das ist aus wohlfahrtstheoretischer Sicht optimal. Es ist nach dem Gesagten jedoch nicht davon auszugehen, daß sich die Erwartungen der Marktteilnehmer an den wohlfahrtstheoretischen Erfordernissen orientieren. Das bedeutet, daß der Marktmechanismus in der Praxis zu zufälligen, häufig auch zu suboptimalen Ergebnissen führen wird. Pfadabhängigkeiten werden die Regel sein.[216]

Während das Modell einen wichtigen Beitrag zur Erklärung der Diffusion einer neuen GPT liefert, hat es auch einige Schwächen, worauf die Autoren hin-

---

[214] Vgl. hierzu Helpman/Trajtenberg (1998b, S. 103 – 106).
[215] Vgl. ebenda, S. 106 – 110.
[216] Auch in diesem Modell ist die Nähe der GPT-Theorie zur Netzwerkökonomik offensichtlich.

weisen.[217] In Analogie zum ersten Modell[218] fehlen auch in diesem wieder wesentliche Elemente der Komplementarität im Innovationsprozeß. So entwikkelt sich auch hier eine neue GPT nach ihrer Ankunft nicht weiter. Sie profitiert nicht von den Erfindungen im Kapitalgütersektor, was der Grundidee einer Mehrzwecktechnologie diametral entgegensteht. Ebenso gibt es keine horizontalen Externalitäten. Zwischen den Erfindungen im Zwischengüterbereich gibt es keinerlei Wechselwirkungen. Auch das scheint wenig realistisch und widerspricht dem Grundgedanken eines umfassenden Veränderungsprozesses, den eine neue GPT auslöst. Neben diesen Mängeln ist nochmals auf das Defizit hinzuweisen, daß es sich hier letztlich um exogenen technischen Fortschritt handelt. Es ist aus dem Modell heraus nicht erklärbar, warum eine neue GPT auftritt. Dazu muß wieder auf modellexterne Erklärungsansätze zurückgegriffen werden. Ein weiterer Mangel besteht darin, daß trotz der Unterscheidung in mehrere Produktionssektoren kein Strukturwandel stattfindet, obwohl er durch die unterschiedliche Entwicklung der verschiedenen Sektoren im Modell eigentlich bereits angelegt ist.[219]

Den Abschluß der Überlegungen Helpmans und Trajtenbergs bildet eine empirische Überprüfung des Modells anhand der Betrachtung der Entwicklung der Halbleitertechnologie seit dem Aufkommen des ersten Transistors bis zum heutigen Stand der Technik.[220] Ohne auf die Details einzugehen sind die Ergebnisse der Untersuchung recht aufschlußreich, können sie doch das Modell zumindest in Teilen stützen. So zeigt sich bei der Analyse der einzelnen Sektoren, daß die Geschwindigkeit der Übernahme der Halbleitertechnologie durch vier Faktoren geprägt war: Je höher der Produktivitätsvorsprung der neuen GPT in einem Sektor war, um so schneller wurde sie übernommen. Ebenso war es für die neue GPT hilfreich, wenn für die alte GPT nur wenige komplementäre Güter vorhanden waren. Fördernd wirkten auch niedrige F&E-Kosten bei der Entwicklung neuer Komponenten. Schließlich gab es auch noch nachfrageseitige Aspekte: In den Sektoren, in denen mit einer relativ sicheren Nachfrage gerechnet werden konnte, wurde am ehesten in die neue Mehrzwecktechnologie investiert.[221] Die Autoren kommen zum Schluß, daß die beiden ersten Punkte die entscheidenden sind: Eine schlechte alte GPT mit wenigen Komplementärgütern erleichtert die Durchsetzung der neuen Allzwecktechnologie.

---

[217] Vgl. Helpman/Trajtenberg (1998a, S. 110f.).

[218] Vgl. oben S. 189.

[219] Vgl. oben S. 191, wo die Frage des Strukturwandels im Zusammenhang mit dem ersten Modell von Helpman und Trajtenberg erörtert wurde.

[220] Vgl. Helpman/Trajtenberg (1998b, S. 111 – 119).

[221] Helpman/Trajtenberg (1998, S. 118) nennen Hörgeräte als Beispiel. Transistoren lösten relativ rasch Röhren ab. Hörgeschädigte Menschen galten als eine homogene Gruppe mit einer hohen Zahlungsbereitschaft. Der Wechsel zur neuen GPT war in diesem Sektor also mit geringerem Risiko behaftet.

Einen weiteren wichtigen Beitrag zur Analyse der GPT liefern Aghion und Howitt (1998). Sie rekurrieren dabei auf ihr eigenes Modell der endogenen Wachstumstheorie[222] und integrieren darin die Idee der Mehrzwecktechnologie.[223]

Ihr Modell lehnt sich eng an die Darstellung von Helpman und Trajtenberg an. Es gibt wiederum drei Sektoren. Im Endproduktsektor gibt es folgende Produktionsfunktion:

$$y = AF(x) \quad .$$

Die Variable x stellt den Output-Strom des Zwischenguts dar, wobei A den Effizienzparameter darstellt, der die Qualität des Produktionsprozesses angibt. Jedes Zwischenprodukt ist GPT-spezifisch, das heißt, es kommt jeweils nur mit einer bestimmten Mehrzwecktechnologie zum Einsatz. Eine neue GPT führt dazu, daß A ansteigt. Das Zwischengut wird im entsprechenden Sektor unter Zuhilfenahme von Arbeit sowie einer Blaupause produziert, die im Forschungssektor entwickelt wird. Auch in diesem kommt Arbeit zum Einsatz. Das gesamtwirtschaftliche Arbeitsangebot wird dabei je nach den wirtschaftlichen Gegebenheiten auf die beiden Sektoren alloziiert. Eine Differenzierung des Faktors findet also nicht statt.

Der Prozeß der Entdeckung und des nachfolgenden Einsatzes einer GPT läuft folgendermaßen ab: Wie in allen bisher dargestellten Modellen wird eine neue Allzwecktechnologie nicht sofort in der Produktion eingesetzt. Vielmehr beginnt zunächst ein Forschungsprozeß, um die notwendigen Komplementärgüter zu entwickeln. Dieser Prozeß erfordert Zeit und den Einsatz von Arbeit, die aus der Produktion abgezogen werden muß. In diesem Zeitabschnitt (Phase 1) geht die gesamtwirtschaftliche Produktion zurück. Auch bei Aghion und Howitt ist also die Einführung eines neuen Paradigmas mit einer Krise verbunden. Wenn die Komplementärgüter dann entwickelt sind, erfolgt der Einsatz der neuen Technik in der Produktion. Ein umfassender wirtschaftlicher Aufschwung setzt ein (Phase 2).

Allerdings stellt sich hier das Problem, daß in dieser Modellvariante die Krise zumindest teilweise nur dadurch verursacht wird, daß die Forschungsergebnisse offensichtlich nicht zur gesamtwirtschaftlichen Produktionsmenge gezählt werden. Während der Forschungsphase beträgt der Output $y = A_{t-1}F(L-n)$, nach der Erfindung ist er $y = A_t F(L)$.[224] Vor der Forschungsphase – in der „Hoch-

[222] Vgl. hierzu oben S. 181.

[223] Der Artikel von Aghion und Howitt stellt ein herausragendes Beispiel für einen gelungenen Beitrag dar. Die beiden Autoren verbinden eine umfassend mathematisch fundierte theoretische Analyse mit einer tiefgründigen ökonomischen Interpretation des Modells und unterziehen dieses zugleich einer empirischen Überprüfung. In diesem Sinne kann ihr Beitrag nicht nur wegen des Inhalts als zukunftsweisend gelten.

[224] Vgl. hierzu Agion/Howitt (1998, S. 126). n ist das Ausmaß der in der Forschung eingesetzten Arbeit, L das gesamtwirtschaftliche Arbeitsangebot.

phase" der alten GPT – entsprach die Produktion demnach $y = A_{t-1} F(L)$. Der Rückgang des Einkommens während der Forschungsphase entsteht also dadurch, daß ein Teil der Arbeiter aus der Produktion in die „unproduktive" Forschungstätigkeit realloziiert wird.[225]

Die Autoren liefern jedoch selber ökonomische Erklärungsansätze für das Phänomen einer „Anfangsdepression", die über die Aussagen ihres eigenen Modells hinausgehen.[226] So kann es beispielsweise Anpassungs- und Koordinationsprobleme geben. Bei der Ankunft einer neuen GPT werden Investitionen in neue Unternehmen (*start-ups*) getätigt, von denen einige scheitern werden. Das dort versunkene Kapital steht dann nicht mehr für andere profitable Verwendungen zur Verfügung; die Höhe des BIP wird davon negativ beeinflußt. Ebenso läßt sich daran denken, daß eine Beschleunigung der Innovationsgeschwindigkeit, die mit einer neuen Mehrzwecktechnologie einhergeht, zu einer Erhöhung des Tempos führen wird, mit der der Austausch des Faktors Arbeit stattfindet, was ein höheres Niveau an Arbeitslosigkeit zur Folge haben wird. Zusätzlich können die zum Einsatz einer neuen Technik notwendigen Lernaufwendungen zunächst zu einem Produktivitätsrückgang führen. All diese Argumente sprechen sehr dafür, daß eine Wirtschaftskrise zu Beginn eines neuen technologischen Zeitabschnitts nicht nur ein theoretisches Konstrukt ist, sondern auch eine empirische Wirklichkeit werden kann.

Charakteristisch ist im Modell die Darstellung der Ankunft einer neuen GPT. Es gibt keinerlei F&E, um sie zu entdecken. Vielmehr entsteht sie quasi von selbst; sie ist ein Nebenprodukt der gesamten Erfahrung im Umgang mit dem vorhergehenden Paradigma. Damit gelingt eine Endogenisierung des technischen Fortschritts wiederum nicht vollständig. Der eigentliche Antrieb für den Wechsel vom alten zum neuen Paradigma bleibt weiterhin unklar. Der Verweis auf die Erfahrungen mit älteren GPTs erinnert allerdings an das *Learning by doing*-Konzept[227], das schließlich zu einem Auslöser für die endogene Wachstumstheorie wurde. Insofern könnte hier ein Ansatzpunkt für weitergehendere Überlegungen liegen.

Der *Steady-State*[228] ist gekennzeichnet durch einen konstanten Arbeitseinsatz in der Forschung: Egal welche GPT gerade aufgetreten ist, es wird immer dieselbe Menge an Arbeit n aus der Produktion in den Forschungssektor umgeleitet. Dabei läßt sich dann zeigen, daß die Wachstumsrate im *Steady-State* um so höher sein wird, je höher das Forschungsniveau n ist. Dieses ist seinerseits posi-

[225] Helpman/Trajtenberg (1998b, S. 105f.) begründeten die Einführungsrezession schlüssiger mit den unterschiedlichen Wettbewerbssituationen im Kapitalgüter- und im Forschungssektor. Vgl. oben S. 195.

[226] Vgl. Aghion/Howitt (1998, S. 128).

[227] Vgl. hierzu den grundlegenden Artikel von Arrow (1962) sowie zu dessen umfassender Interpretation Seiter (1997, S. 80 – 88).

[228] Vgl. Aghion/Howitt (1998, S. 126f.).

tiv korreliert mit der Produktivität der Forschung (es wird lohnender, in Forschung zu investieren) und mit dem durch eine neue GPT ausgelösten Produktivitätssprung. Daneben gibt es noch weitere Einflußfaktoren auf die gleichgewichtige Wachstumsrate: Die Höhe des Arbeitsangebots hat eine positive Wirkung auf das Wachstum, da mehr Arbeitskräfte für die Forschung zur Verfügung stehen. Die Höhe des Zinssatzes ist negativ korreliert mit der Forschungsintensität und damit mit dem Wachstum: Als Diskontfaktor läßt ein höherer Zinssatz die zukünftig zu erwartenden Erträge aus F&E-Investitionen kleiner erscheinen. Interessant ist in diesem Zusammenhang auch die Eintrittsrate einer neuen GPT, die poissonverteilt ist. Je schneller die GPTs aufeinander folgen, desto kürzer ist die Zeit, die einem Erfinder verbleibt, um seine Investitionen mittels Monopolprofiten zu refinanzieren. Eine Erhöhung des Ausmaßes der kreativen Zerstörung wirkt in diesem Fall dann negativ auf die Bereitschaft, komplementäre Güter zu erfinden, was wiederum nachteilige Rückwirkungen auf die Wachstumsrate im *Steady-State* hat.

Aghion und Howitt untersuchen auch die Entwicklung der Löhne über den gesamten Zyklus hinweg. Sie zeigen, daß in der ersten Phase der Rezession die Löhne ansteigen. Das hat seinen Grund in der Homogenitätsannahme des Faktors Arbeit. Mit dem Auftreten einer Mehrzwecktechnologie müssen die Löhne ansteigen, um Freisetzungen im Produktionssektor zu induzieren, in dem zuvor der vollbeschäftigungskonforme Reallohn ermittelt worden war.[229]

Einen besonderen Schwerpunkt legen die Autoren in einer Erweiterung ihres Grundmodells auf die Frage des zeitlichen Ablaufs der Diffusion einer neuen GPT.[230] Sie orientieren sich dabei an epidemischen Diffusionsmodellen und heben die Rolle von technologischen *Spill-overs* hervor. Entscheidend ist dabei die Idee des sozialen Lernens. Die Entwicklung der Komponenten, die den Einsatz einer neuen GPT erst ermöglichen, geht nicht ausschließlich auf die eigene Erfindertätigkeit der jeweiligen Firma zurück, sondern in erster Linie auf die Nachahmung „benachbarter" Firmen, die bei der Anwendung der neuen Technik bereits einen Schritt weiter sind. Erfolgreiche Unternehmen, die schon die notwendigen Fertigkeiten für das neue Paradigma besitzen, werden so zu „Mustern" (*templates*) für die Imitatoren, die darauf ihre eigene Entwicklungstätigkeit stützen können. Im Modell sieht das dann folgendermaßen aus: Es gibt wiederum eine Vielzahl von Sektoren, die jeweils für sich Komplementärgüter entwickeln müssen, um eine neue Mehrzwecktechnologie nutzen zu können. Dabei läuft der Innovationsprozeß in drei Stufen ab. Auf Stufe 0 befinden sich

[229] Vgl. dazu Aghion/Howitt (1998, S. 127). Helpman/Trajtenberg (1998a, S. 68f.) leiten diesen Zusammenhang in ihrem ersten Modell ebenfalls ab. Im weiteren Verlauf ihrer Überlegungen entwerfen sie eine komplexere Dynamik der Lohnentwicklung, indem sie den Faktor Arbeit heterogenisieren und dann für die unterschiedlichen Qualitäten unterschiedliche Lohnverläufe deduzieren. Vgl. ebenda, S. 77 – 82 und oben S. 192.

[230] Vgl. Aghion/Howitt (1998, S. 130 – 138).

all jene Unternehmen, die noch mit der alten GPT produzieren, auf Stufe 1 die Unternehmen, die bereits ein Muster bzw. Vorbild haben, dieses Wissen aber noch nicht für die eigene Produktion nutzen konnten. Stufe 2 haben schließlich jene Unternehmen erreicht, die den Übergang zum neuen Paradigma erfolgreich hinter sich gebracht haben. Abbildung 5.9 stellt das Gesagte graphisch dar.

Abb. 5.9: Die Diffusion einer Mehrzwecktechnologie in einem Sektor

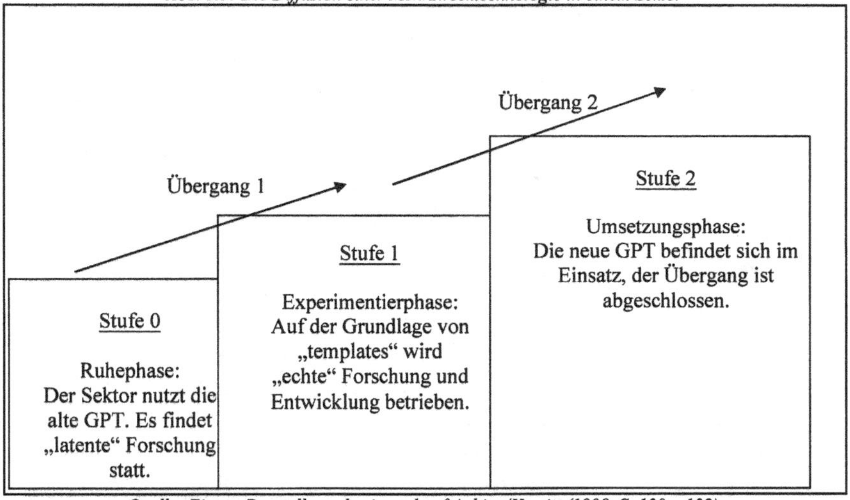

Quelle: Eigene Darstellung, basierend auf Aghion/Howitt (1998, S. 130 – 132).

Die Abbildung gibt wider, wie sich in einem Sektor die Übernahme einer neuen GPT gestaltet. Die Stufe 0 beginnt mit der Ankunft der neuen GPT. Zunächst tut sich recht wenig. Es findet jedoch bereits in der Stufe 0 in gewissem Umfang F&E statt. Allerdings bewegt sich diese auf sehr niedrigem Niveau, eben weil Erfahrungswerte von benachbarten Unternehmen fehlen. Erst wenn eine ausreichende Anzahl von verschiedenen Unternehmen im Sektor relevante Ergebnisse vorweisen kann, liegen genügend Muster vor, die den Übergang von Stufe 0 zu Stufe 1 ermöglichen.[231] Jetzt erst findet der „eigentliche“ Forschungsprozeß statt; es werden Arbeitnehmer in der Forschung eingesetzt. Diese entwickeln Komplementärgüter, die den Einsatz der neuen Allzwecktechnologie ermöglichen. Ab hier läuft die Entwicklung dann parallel zu der im Grundmodell. Auf Grund der Reallokation der Arbeit findet zunächst ein Rückgang der gesamtwirtschaftlichen Produktion statt. Auch in dieser Modellkonstellation gibt es also eine „Einführungsrezession“. Wenn die notwendige Schwelle der Zahl der Komplementärgüter überschritten ist, erfolgt der

[231] In diesem Sinne gibt es auch in dieser Phase eine kritische Schwelle, die überschritten werden muß, bevor sich das gesamte System weiterbewegen kann.

Übergang 2 zur Stufe 2. Der Sektor hat dann vollständig von der alten zur neuen GPT gewechselt.

Entscheidend für den Ablauf der Diffusion ist nun die Geschwindigkeit, mit der die beiden Übergänge stattfinden. Aghion und Howitt führen eine Reihe numerischer Simulationen durch, um einen Überblick über die relevanten Größenordnungen zu erhalten.[232] Dabei zeigt sich, daß das Phänomen des Lernens dazu führt, daß es längere Zeit nach dem Auftreten einer neuen GPT kaum Auswirkungen auf gesamtwirtschaftliche Größen gibt. Lernen ist ein sehr zeitaufwendiger Prozeß: Bevor mit der eigentlichen Forschung begonnen wird, geschieht lange Zeit nichts.[233] Wird hingegen im Modell das Lernen ausgeblendet, tritt sofort die Experimentierphase ein; man befindet sich wieder im Grundmodell. Mit dem Übergang in Stufe 1 kommt es zu einer Rezession, deren Dauer in beiden Fällen – mit und ohne Lernen – in etwa gleich lang ist. Daran schließt sich dann mit dem Abschnitt 2, wie bereits erläutert, die Expansionsphase an.

Im einzelnen lassen sich aus dem Modell eine Reihe von Einflußfaktoren auf das Ausmaß der Rezession ableiten. Insgesamt sind die Ergebnisse intuitiv einsehbar, so daß hier auf eine ausführliche Begründung verzichtet werden kann.[234] Die Rezession wird um so tiefer sein, je mehr Arbeitnehmer in der Experimentierphase aus der Produktion in die Forschung abgezogen werden müssen. Umgekehrt wird der Rückgang der wirtschaftlichen Aktivität unter anderem durch folgende Parameter abgemildert: durch die Erfolgswahrscheinlichkeit des Experimentierens in Stufe 1 sowie durch die Produktivitätsgewinne, die durch den Einsatz der neuen GPT erzielt werden können. Diese Überlegungen verdeutlichen sehr präzise, daß der Diffusionsprozeß sehr komplex ist. Das Modell von Aghion und Howitt wird diesem Sachverhalt besser gerecht als die oben dargestellten Modelle.

Eine zusätzliche Erweiterung des Modells betrifft die Dauer und Tiefe der „Einführungsrezession" einer GPT. Zur Analyse werden die beiden Produktionsfaktoren Arbeit und Kapital gesondert betrachtet.

Bei der Arbeit ergeben sich Auswirkungen durch Qualifikationsunterschiede und durch Sucharbeitslosigkeit.[235] Aghion und Howitt integrieren unterschiedliche Qualifikationsniveaus in ihr Modell, indem sie die Annahme treffen, daß für die Umsetzung der neuen GPT qualifizierte Arbeit benötigt wird; die alte Allzwecktechnologie kommt hingegen auch mit unqualifizierter Arbeit aus. Die Tiefe der Krise sowie die Dauer der Erholung sind dann davon abhängig, wie

---

232 Vgl. Aghion/Howitt (1998, S. 132 – 136).

233 In der konkreten Simulation handelt es sich dabei um einen Zeitraum von ca. 15 Jahren. Vgl. ebenda. S. 134.

234 Zu den Einzelheiten vgl. Aghion/Howitt (1998, S. 137).

235 Vgl. Aghion/Howitt (1998, S. 138 – 142).

groß das Angebot an hochqualifizierten Arbeitskräften ist. Je größer deren Zahl ist, desto schneller kann das Potential der neuen Mehrzwecktechnologie ausgenutzt werden. Arbeitslosigkeit entsteht im Modell dadurch, daß Arbeitnehmer zunächst nicht in der Lage sind, sich an die neue GPT anzupassen, wenn ihr Sektor, in dem sie zuvor beschäftigt waren, die neue Mehrzwecktechnologie übernimmt. Bevor sie eine neue Arbeitsstelle finden, vergeht ein gewisser Zeitraum, während dem sie nicht für die Produktion zur Verfügung stehen. Je höher der Anteil der Arbeiter ist, die arbeitslos werden, und je länger ihre Suche nach einer neuen Beschäftigung dauert, um so ausgeprägter sind die Rückwirkungen auf das gesamtwirtschaftliche Produktionsniveau. Das Ausmaß der Rezession wird also auch durch die Arbeitslosigkeit mitbestimmt.

Durch eine neue GPT werden Teile des alten Kapitalstocks obsolet.[236] Für jede neue Mehrzwecktechnologie müssen passende Komplementärgüter entwikkelt werden, um sie nutzen zu können. Eine neue GPT hat ganz andere Anforderungen an den sie unterstützenden Kapitalstock als die alte. Deshalb scheidet ein Teil der existierenden Maschinen mit dem Auftreten eines neuen technologischen Paradigmas aus der Produktion aus. Der Ersatz der alten Kapitalgüter durch neue ist ein Prozeß, der Zeit in Anspruch nimmt und durch die Sparquote bestimmt wird. Damit ergeben sich im Prinzip dieselben Überlegungen wie bei dem Faktor Arbeit. Der Teil des Kapitalstocks, der von Obsoleszenz betroffen ist, entspricht den Arbeitern, die arbeitslos werden. Die sich daran anschließende Arbeitssuche entspricht dem Sparprozeß. Die Krise wird also um so ausgeprägter sein, je umfangreicher der Einschnitt in die Kapitalstruktur durch die neue GPT ausfällt und je niedriger die gesamtwirtschaftliche Sparquote ist. Damit kehren die Autoren zur Grundidee ihres Wachstumsmodells zurück – dem Prozeß der schöpferischen Zerstörung nach Schumpeter.[237]

Howitt (1998) setzt sich mit dem Problem der Kapitalobsoleszenz ausführlicher auseinander. Ausgangspunkt ist auch hier die Frage nach den Gründen für den Rückgang des Volkseinkommens infolge der Einführung einer neuen Mehrzwecktechnologie. Hierzu entwickelt er das auf Aghion und Howitt (1992) zurückgehende Schumpetersche Wachstumsmodell weiter. Damit läßt sich zeigen, daß eine neue GPT nachhaltige negative Wirkungen entfalten kann. Eine neue Mehrzwecktechnologie führt zu einer Beschleunigung des technischen Fortschritts. Das wiederum hat zur Folge, daß Teile des Kapitalstocks schneller obsolet werden. Dadurch kommt es zu einem Rückgang des BIP.

---

[236] Vgl. Aghion/Howitt (1998, S. 142 – 144).

[237] Diese Modellierung macht die Nähe der Theorie der *General Purpose Technologies* zum *Vintage*-Ansatz deutlich: Durch das Auftreten einer neuen GPT kommen neue Maschinenjahrgänge zum Kapitalstock hinzu. Alte scheiden aus diesem wegen ökonomischer Obsoleszenz wieder aus. Vgl. dazu Rose (1991, S. 184 – 192), Seiter (1997, S. 55 – 58) und Walter (1983, S. 117 – 120).

Daneben untersucht Howitt auch noch eine andere Möglichkeit für den gemessenen Rückgang des BIPs nach der Einführung einer neuen Mehrzwecktechnologie: Meßprobleme. Diese entstehen dadurch, daß Aktivitäten, die – wie Forschung und Entwicklung – Wissen schaffen, zum größten Teil nicht im BIP erfaßt werden. Wenn es infolge der Einführung einer neuen GPT zu verstärkter Forschung kommt, werden Ressourcen aus der Produktion in den Forschungssektor umgeleitet. Das statistisch erfaßte Volkseinkommen geht daraufhin zurück, de facto ist dies aber nicht der Fall.[238] Insgesamt zeigt sich aber, daß die realen Effekte die statistischen dominieren, die Krise mithin also keine Schimäre ist.

Wenn man die verschiedenen Modelle betrachtet, dann wird deutlich, daß die Existenz einer „Einführungsrezession“, verursacht durch eine neue GPT, weitgehend Konsens ist. Allerdings zeigt sich, daß die modelltheoretische Umsetzung bzw. der mathematische Beweis ein komplexes Phänomen und Problem darstellt. Entweder werden Forschungs- und Entwicklungsausgaben nicht zum BIP gezählt, oder es werden unterschiedliche Wettbewerbsintensitäten in den verschiedenen Sektoren angenommen. Beide Ansätze überzeugen nicht vollständig. Insbesondere ist nicht klar, warum die Wettbewerbsintensität im F&E-Sektor a priori höher sein soll als in der Produktion der Zwischengüter. Angemessener scheinen die Überlegungen zu sein, die an Schumpeters Idee der schöpferischen Zerstörung anknüpfen: Durch eine neue GPT kommt es zu strukturellen Brüchen, die dazu führen, daß Teile der bisher im Einsatz befindlichen Produktionsfaktoren wirtschaftlich obsolet werden, sei es Arbeit oder (Human-)Kapital. Ein Rückgang der gesamtwirtschaftlichen Produktion kann damit sehr gut erklärt werden.

Harris (1998) entwickelt ein Modell, in dem die Auswirkungen der Mehrzwecktechnologie „Internet“ auf die Ausgestaltung der internationalen Arbeitsteilung und die damit verbundenen Implikationen für die Faktormärkte untersucht werden. Für die vorliegende Arbeit ist der Beitrag insofern von Interesse, als er explizit das Internet in den theoretischen Modellrahmen der GPT integriert.[239]

Bemerkenswerterweise hat in der theoretischen Literatur bisher keine umfangreiche Auseinandersetzung mit dem Internet als GPT stattgefunden. Eine Suchanfrage zu den beiden Begriffen in den einschlägigen bibliographischen Suchdiensten liefert lediglich den Artikel von Harris (1998) als Ergebnis. Das überrascht um so mehr, als im Zusammenhang mit den Hoffnungen um die *New Economy* das Internet häufig als neue Basistechnologie bzw. Mehrzweck-

---

[238] Dieses Phänomen wurde bereits bei der Diskussion des Solow-Paradoxon erwähnt. Vgl. oben S. 172.

[239] Deshalb erfolgt hier eine ausführliche Analyse, obwohl der Schwerpunkt des Artikels etwas neben der industriepolitischen Zielsetzung dieser Arbeit liegt.

technologie bezeichnet wurde. Ein umfassende Analyse fand dennoch kaum statt.[240]

Die grundlegende Idee des Artikels von Harris besteht in der Betrachtung der Transportkosten und deren Bedeutung für den internationalen Handel. Transportsysteme sind Mehrzwecktechnologien; Innovationen in diesem Bereich haben in der Vergangenheit den internationalen Güterhandel beschleunigt. Ähnlich sind das Internet und seine Auswirkungen zu bewerten: Es ermöglicht den internationalen Handel mit unternehmensnahen Dienstleistungen (Beratungs- und Ingenieurdienstleistungen, Rechnungswesen). Durch das Internet wird direkte Kommunikation zwischen den beteiligten Akteuren möglich, so daß Beratung auch über größere Entfernungen stattfinden kann. Zuvor nicht handelbare Dienstleistungen werden jetzt handelbar, was wiederum Rückwirkungen auf den Markt für qualifizierte Arbeitskräfte hat.

Das Modell, das Harris entwickelt, besteht aus einer Ökonomie, in der es verschiedene Regionen gibt. In jeder dieser Regionen gibt es drei Sektoren. Dabei existieren zwei Faktoren, qualifizierte (S) und unqualifizierte (L) Arbeit, die zwischen den verschiedenen Regionen immobil sind. Im ersten Sektor, dem „traditionellen" Verarbeitenden Gewerbe (Industriesektor), wird ein handelbares Gut hergestellt, und zwar unter Verwendung beider Arten des Faktors Arbeit. Unqualifizierte Arbeit L ist sektorspezifisch, das bedeutet, daß sie nur im ersten Sektor verwendet wird. Dabei kommt eine Produktionstechnik zum Einsatz, die konstante Skalenerträge aufweist. Gleichzeitig herrscht eine wettbewerbliche Marktstruktur vor. Im zweiten Sektor, dem Technologiesektor, werden Technologiegüter hergestellt, die ebenfalls handelbar sind. Einziger Inputfaktor sind die unternehmensnahen Dienstleistungen (*business services*). Auch hier liegen konstante Skalenerträge vor; ebenso ist die Marktstruktur wettbewerblich organisiert. Schließlich werden im dritten Sektor die unternehmensnahen Dienstleistungen hergestellt. Diese sind nicht handelbar. Einziger Inputfaktor ist die qualifizierte Arbeit S. Die Produktionsfunktion ist durch zunehmende Skalenerträge gekennzeichnet. Dabei läßt sich zeigen, daß die Vielfalt (*variety*) der in einer Region erhältlichen unternehmensnahen Dienstleistungen in einer positiven linearen Beziehung zum Potential an qualifizierter Arbeit S steht. Durch Produktdifferenzierungen können sich die Dienstleistungsanbieter einen monopolistischen Spielraum erarbeiten. Es herrscht also unvollkommener Wettbewerb in Form monopolistischer Konkurrenz. Die Abbildung 5.10 erläutert die Zusammenhänge.

---

[240] Erber/Hagemann (2002a, c) sind die Ausnahme. Sie analysieren das Internet und die *New Economy* mit Hilfe des Konzepts der GPT.

Abb. 5.10: Interregionales Produktionsmodell

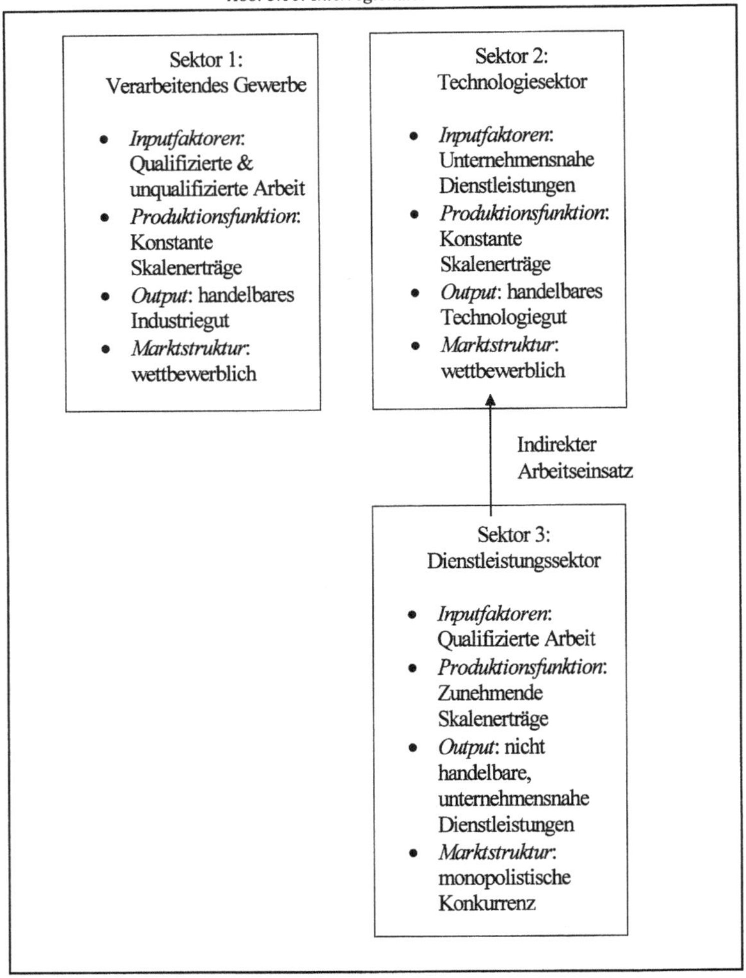

Quelle: Eigene Darstellung, nach Harris (1998, S. 150 – 152).

Das Gleichgewicht wird durch die Allokation der qualifizierten Arbeit S bestimmt. Die relevanten Vergleichssektoren sind dabei Sektor 1 und Sektor 2, in denen der Faktor allerdings nur *indirekt* zum Einsatz kommt. Qualifizierte Arbeit ist deshalb für das Faktormarktgleichgewicht relevant, weil der Arbeitseinsatz für das Technologieprodukt indirekt durch das von der qualifizierten Arbeit im Sektor 2 erwirtschaftete Produkt determiniert wird. Im Verarbeitenden Gewerbe erfolgt der Faktoreinsatz bzw. seine Entlohnung gemäß seinem Wertgrenzprodukt. Mit zunehmenden Arbeitseinsatz nimmt dieses ab: der bekannte Zusammenhang in einer normalen Produktionsfunktion. Im Technologiesektor ergibt sich auf Grund des unvollkommenen Wettbewerbs und der zunehmenden Skalenerträge im Dienstleistungssektor eine andere Situation: Der Einsatz der qualifizierten Arbeit und seine Entlohnung wird bestimmt durch das Durchschnittsprodukt, das die Arbeit im Technologiesektor indirekt erwirtschaftet. Auf Grund der Produktionstechnologie steigt dieses mit zunehmendem Arbeitseinsatz an. Harris verweist dabei zurecht auf die Gedankenwelt von Smith.[241] Abb. 5.11 verdeutlicht das Gesagte.

Abb. 5.11: Arbeitsmarktgleichgewicht

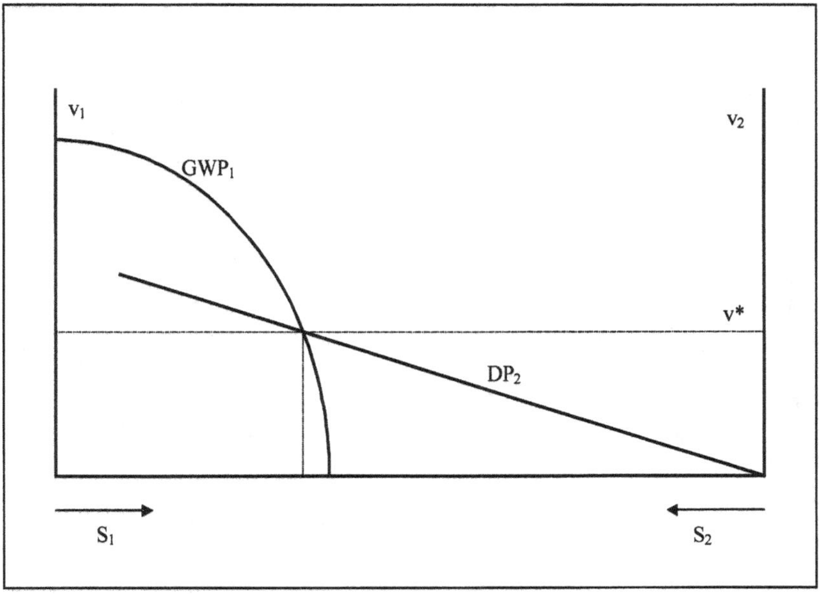

Quelle: In Anlehnung an Harris (1998, S. 154).

V_x ist die Entlohnung der qualifizierten Arbeit im jeweiligen Sektor, S_x deren Aufteilung auf die beiden Sektoren. GWP_1 ist das Grenzwertprodukt der qualifizierten Arbeit im Verarbeitenden Gewerbe, DP_2 das Durchschnittsprodukt im

241 Vgl. Harris (1998, S. 153). Auch in diesem Modell wird deutlich, daß Smiths Diktum, daß die Arbeitsteilung durch die Ausdehnung des Marktes begrenzt sei, eine grundlegende Einsicht in die Wirkungsweise moderner Ökonomien darstellt, die auch über 200 Jahre nach ihrer Veröffentlichung nichts an Aktualität eingebüßt hat. Im Rahmen des Modells von Harris zeigt sich die Wirkung der Arbeitsteilung an der zunehmenden Spezialisierung der qualifizierten Arbeit im Dienstleistungssektor.

Technologiesektor. Der Schnittpunkt der beiden Kurven liefert das Gleichgewicht mit der dazugehörigen Allokation der qualifizierten Arbeit auf die beiden Sektoren und den gleichgewichtigen Lohnsatz v*. Daraus ergibt sich dann auch der Zusammenhang mit der unqualifizierten Arbeit, die im Verarbeitenden Gewerbe eingesetzt wird. Je höher der Bestand an qualifizierter Arbeit in einer Region ist, desto höher sind die positiven Spezialisierungseffekte im Dienstleistungssektor. Das hat zur Folge, daß sich *ceteris paribus* mit steigender Ausstattung an S die Allokation zu Gunsten des Technologiesektors verschiebt. Dieser Sachverhalt führt bei gegebenem L dazu, daß die Nachfrage im Verarbeitenden Gewerbe zurückgeht, was einen Rückgang des Lohnsatzes für unqualifizierte Arbeit nach sich zieht. Umgekehrt wird eine reichlichere Ausstattung mit L dazu führen, daß die Produktion im Industriesektor ausgeweitet wird, mit entsprechenden positiven Wirkungen auf die Entlohnung der unqualifizierten Arbeit.

Eine Ökonomie als Ganzes besteht aus mehreren Regionen, die der dargestellten entsprechen. Langfristig sind die Firmen mobil; sie bewegen sich innerhalb der Volkswirtschaft zu den benötigten Faktoren hin. Damit wird sich ein symmetrisches Gleichgewicht in allen Gegenden einstellen. Die ökonomischen Aktivitäten des jeweiligen Sektors 3 sind dabei regionenspezifisch: Sowohl die Beschaffung von S als auch der Absatz der Dienstleistungen erfolgt lediglich im Produktionsgebiet.

Die Einführung des Internets als neue GPT im Rahmen dieses Modells führt zu einer Integration der zuvor getrennten regionalen Märkte. Dienstleistungen können jetzt überallhin verkauft werden. Entscheidend ist nun die persönliche Kommunikation zwischen den beteiligten Akteuren. Das Internet ermöglicht diese über regionale Grenzen hinweg, wodurch eine virtuelle Faktormobilität entsteht. Die Beschaffungs- und Absatzmärkte einer Ökonomie sind jetzt nicht mehr autark, sondern es gibt einen gesamtwirtschaftlichen Binnenmarkt. Die Einführung des Internets wirkt wie die Aufnahme von Handel in den regionalwissenschaftlichen bzw. außenwirtschaftlichen Modellen. Die qualifizierte Arbeit ist dabei uneingeschränkte Gewinnerin der Handelsaufnahme. Es wird nicht nur eine größere Absatzmöglichkeit eröffnet, sondern die qualifizierte Arbeit ist auch einziger Inputfaktor bei der Herstellung des Netzes.[242] Entscheidend für die gesamtwirtschaftlichen Größen realer Lohn und reales Volkseinkommen ist die Entwicklung der Allokation von S nach Einführung der neuen

[242] Das erinnert an das klassische Maschinenherstellungsargument in der Theorie der Beschäftigungswirkungen des technischen Fortschritts: Es gibt zusätzliche Beschäftigungsmöglichkeiten bei der Produktion der neuen Maschinen. Vgl. hierzu Hagemann (1985, S. 303 – 305). Harris (1998, S. 155, Fn. 12) verweist zurecht darauf, daß diese Annahme unrealistisch ist. Als weiterer Inputfaktor wird auch noch Kapital benötigt. Im Rahmen des Modells, in dem lediglich die Unterschiede zwischen den beiden Qualitäten des Faktors Arbeit dargestellt werden sollen, kann darauf aber verzichtet werden.

Mehrzwecktechnologie Internet. In Abb. 5.11 findet eine stärkere Spezialisierung im Dienstleistungssektor verbunden mit einer höheren Entlohnung von S statt, wenn die DP_2-Kurve nach oben verschoben wird, wenn also das Durchschnittsprodukt von S ansteigt. Dann ergibt sich ein Schnittpunkt mit der GWP_1-Kurve links oberhalb des Autarkiepunktes. Voraussetzung hierfür ist, daß die zusätzlichen Kosten, die einem Unternehmen durch den Anschluß an das Netz entstehen, die Gewinne durch den größeren Absatzmarkt nicht überkompensieren. Sind diese Bedingungen erfüllt, dann profitiert der Faktor S von der neuen Technologie. Seine Entlohnung steigt an, gleichzeitig sinken die Löhne der unqualifizierten Arbeit. Damit liefert das Modell einen weiteren Erklärungsansatz für die bereits diskutierte Frage nach der zunehmenden Lohnspreizung in entwickelten Volkswirtschaften.[243] Bei Harris erscheinen die Arbeitsmarktprobleme als Folge von technischem Fortschritt und zusätzlichem Handel. Richtigerweise werden somit beide Faktoren als ursächlich für die Nachteile nicht qualifizierter Arbeit herausgearbeitet.

Insgesamt läßt sich zeigen, daß dabei das BIP einer Region auf jeden Fall ansteigt. Die Verluste der Arbeiter im Verarbeitenden Gewerbe werden stets durch die produktivitätsbedingten Zuwächse der Arbeiter im Technologiesektor mehr als ausgeglichen: Die Ökonomie einer Region als Ganzes gewinnt; es kommt aber zu Umverteilungseffekten zwischen den eingesetzten Produktionsfaktoren.

Ein weiterer wichtiger Aspekt kann mit dem Modell gezeigt werden: die Diffusion der neuen GPT Internet. Auch dabei steht wiederum ein temporärer Produktions- und Produktivitätsrückgang im Vordergrund, wie er schon in den anderen Modellen ausführlich erörtert worden ist. In diesem Modellkontext ergibt sich die Übergangsphase aus der Gegenüberstellung der zusätzlichen Kosten, die für einen Dienstleistungsanbieter durch einen Anschluß an das Netz entstehen, und die mit der Verbreitung des Netzes zunehmenden Absatzchancen. Die Anschlußkosten sind fixe Kosten, die möglichen Gewinne sind dagegen abhängig von der Größe des Absatzmarktes. Sie werden also zunehmen, je mehr Firmen an das Kommunikationsnetzwerk angeschlossen sind.[244] Diese Konstellation führt dazu, daß zu Beginn der Diffusion die Effekte der neuen Technologie negativ sein werden. Die Kosten fallen sofort in vollem Umfang an; die Erträge sind zunächst begrenzt. Erst später werden sie zunehmen, so daß sich langfristig ein positiver Gesamteffekt einstellt. In graphischer Form sieht das folgendermaßen aus:

---

[243] Vgl. hierzu oben S. 192.

[244] Es handelt sich dabei natürlich um das Phänomen, das in der Literatur unter dem Terminus Netzwerkexternalitäten Eingang gefunden hat. Vgl. dazu oben ausführlicher ab S. 135.

Abb. 5.12: Diffusion des Internets

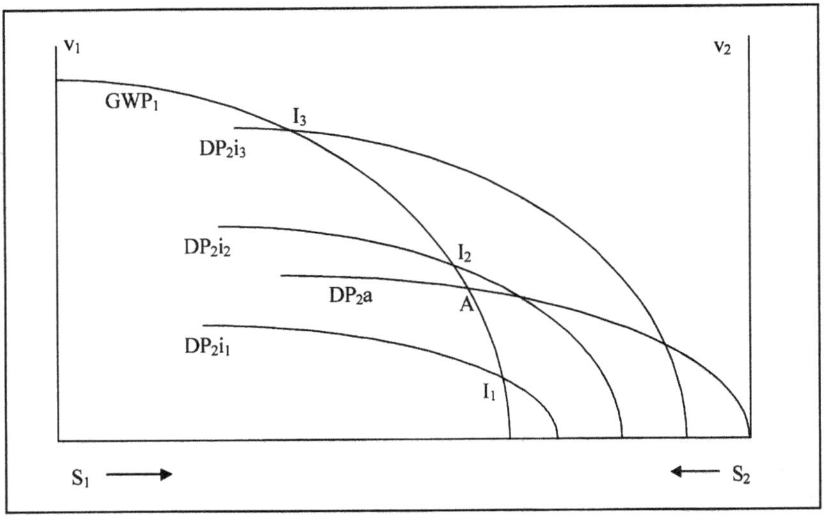

Quelle: In Anlehnung an Harris (1998, S. 164).

Das Schaubild nimmt die oben erläuterte Darstellung wieder auf. Das Durchschnittsprodukt ist jetzt dargestellt für den Autarkiefall (DP_2a) und die verschiedenen Stationen der Integration nach der Einführung des Internets (DP_2i_n) mit den dazugehörigen Allokationsgleichgewichten. Es wird deutlich, daß zunächst die negativen Aspekte der Anschlußkosten überwiegen. Das Gleichgewicht I_1 nach der Ankunft der neuen GPT liegt rechts unterhalb des Autarkiepunktes A. Erst mit der weiteren Verbreitung wird ein höherwertiges Gleichgewicht erreicht. Die Kurven des Durchschnittsprodukts haben nach der Integration einen positiven Abstand zur rechten Ordinate. Hierin finden die Fixkosten der Netzwerkbereitstellung ihren Ausdruck: Der Sektor 2 muß eine gewisse Größe überschreiten, damit die darin eingesetzte qualifizierte Arbeit (S_2) ein positives Gesamtprodukt erwirtschaften kann. Mit zunehmender Marktausdehnung – bedingt durch einen höheren Diffusionsgrad – nimmt diese Größe ab, da die Fixkosten über einen größeren Markt verteilt werden können. Damit gelingt es Harris, in sein Modell die wesentlichen Aspekte bei der Diffusion einer GPT zu integrieren: Ein anfänglicher Produktionsrückgang kann ebenso gezeigt werden wie eine stark positive Entwicklung nach dem Überschreiten eines Schwellenwertes. In der Abbildung zeigt sich das darin, daß die Kurven DP_2i_2 und DP_2i_3 eine höhere Steigung haben als die DP_2a–Kurve. Die höhere Steigung ist Ausdruck der Tatsache, daß infolge der Einführung einer neuen GPT die zunehmenden Skalenerträge ein höheres Ausmaß annehmen als zuvor.[245] Die GPT kann ihre wachstumssteigernden Wirkungen voll entfalten.

Das Modell zeigt, daß sich die umfassende Bedeutung einer GPT für eine Volkswirtschaft auch auf den Faktormärkten äußert. Die strukturellen Wirkungen einer GPT können in ihrem Ausmaß mit der Aufnahme von Handel durch ein zuvor autarkes Land verglichen werden. Darüber hinaus ist der Ansatz von Harris ein geglücktes Beispiel für die Integration des Internets in den Theorierahmen der Mehrzwecktechnologien. Zwar werden bei weitem nicht alle Aspekte des Netzes analysiert, dennoch ist die Vorgehensweise beispielhaft, weil sie die Eignung des theoretischen Ansatzes der Mehrzwecktechnologien für die Analyse komplexer Phänomene – in diesem Fall der Wirkungen des Internets als bedeutende Informations- und Kommunikationstechnologie – unter Beweis stellt. Insofern zeigt sich, daß die in dieser Arbeit gewählte Vorgehensweise problemadäquat ist.

Damit ist der Überblick über die Integration der Mehrzwecktechnologien in die Neue Wachstumstheorie abgeschlossen. Es hat sich gezeigt, daß die GPT-Theorie mittlerweile integraler Bestandteil der Wachstumstheorie geworden ist. Das Konstrukt der Mehrzwecktechnologie ist gut geeignet, das Phänomen des diskontinuierlichen technischen Fortschritts theoretisch abzubilden. Es ist jetzt möglich, Schumpeters Idee der schöpferischen Zerstörung in den Kern des Theoriegebäudes zu integrieren. Allerdings wird dabei wieder das alte Problem der Wachstumstheorie aufgeworfen, daß die Ursache für den technischen Fortschritt nicht aus dem ökonomischen System heraus erklärt werden kann. Letztlich bleibt nur der Rekurs auf den im Menschen angelegten Trieb zur Verbesserung der eigenen wirtschaftlichen Lage.

Gleichwohl lassen sich für die Analyse von Mehrzwecktechnologien wichtige Hinweise aus der theoretischen Literatur gewinnen. Zum einen wird die Bedeutung von GPTs für den gesamtwirtschaftlichen Wachstumsprozeß deutlich: Sie ist eine Art Infrastruktur für das Wachstum und den Wohlstand einer Nation. Zum anderen ergeben sich Anhaltspunkte dafür, daß der Marktprozeß nicht zwingend zu einem sozialen Optimum führt. Externalitäten und Informations- und Kommunikationsprobleme können dazu führen, daß die Adoption einer neuen GPT zu langsam erfolgt. Gleichzeitig spricht einiges dafür, daß auch Profitzerstörungseffekte auftreten. Welche wirtschaftspolitischen Implikationen daraus zu ziehen sind, wird im nächsten Abschnitt zu klären sein.

---

[245] Die positive Steigung der DP_2i_n–Kurven ist hinreichende Bedingung für das Vorliegen von zunehmenden Skalenerträgen: Die Kurven stellen Durchschnittsprodukte des einzigen Produktionsfaktors dar. Je höher dessen Einsatzmenge ist, desto höher ist das Durchschnittsprodukt des Faktors. Ob die Steigung betragsmäßig 1 entspricht oder kleiner 1 ist, wie hier in der Darstellung, ist in diesem Zusammenhang unerheblich.

Zum Abschluß dieses Unterkapitels soll noch eine etwas andere Art von Modell vorgestellt werden. Lipsey, Bekar und Carlaw entwickeln eine umfassende Theorie, die versucht, möglichst viele Aspekte zu erfassen, die bei der Analyse von Mehrzwecktechnologien und ihrer Rückwirkungen auf das gesamte ökonomische, politische und gesellschaftliche System von Interesse sein können. Den Kern des Modells stellt die von den Autoren so bezeichnete „Ermöglichungsstruktur“[246] dar. Darunter verstehen sie all das, was für den physischen Produktionsprozeß von Belang ist, also z.B. den Kapitalstock, den gesamten Humankapitalbestand, die öffentliche Infrastruktur sowie verschiedene Aspekte der Organisation von Firmen. Entscheidenden Einfluß auf diese strukturellen Gegebenheiten einer Volkswirtschaft hat das gesamte Technologiesystem. Dieses wird verstanden als Wissen über die Produkt- und Produktionstechnik, das unabhängig vom Kapitalstock einer Volkswirtschaft zu sehen ist. Der gesamte Wissensbestand befindet sich in allen Forschungseinrichtungen – sowohl in der Privatwirtschaft als auch im öffentlichen Sektor. Eine weitere zentrale Einflußgröße ist die öffentliche Politik. Darunter fallen sowohl die festgelegten Ziele und Regeln der Politik als auch die konkreten Träger und Mittel (Institutionen und Humankapital), um politische Maßnahmen durchführen zu können. Wachstum findet nun dadurch statt, daß weitere Inputfaktoren in die „Ermöglichungsstruktur“ eingebracht werden. Das Resultat des Produktionsprozesses ist dann der gesamtwirtschaftliche Output, das Bruttoinlandsprodukt.

Damit ist klar, daß es sich bei diesem Modell um eine erweiterte gesamtwirtschaftliche Produktionsfunktion handelt, das auf Grund des erhöhten Komplexitätsgrades auf eine formale Darstellung verzichtet. Damit steht dieser Ansatz nicht in Konkurrenz zu den dargestellten „traditionellen“ Modellen, sondern bildet zu diesen eine sinnvolle Ergänzung und vor allem eine Erweiterung. Das Verdienst der Ideen von Lipsey, Bekar und Carlaw liegt darin, den Analyserahmen weiter gespannt zu haben. Da die Autoren das technologische und das politische System einbeziehen, gelingt es ihnen, auch außerökonomische Faktoren in die Betrachtung der gesamtwirtschaftlichen Produktionsbedingungen zu integrieren.

Vor dem Hintergrund ihres Modells können Lipsey et al. die Wirkungskanäle von GPTs ermitteln und beschreiben. Sie orientieren sich dabei streng an ihrem Modellaufbau. Dabei betonen sie, daß die Effekte nicht nur von den Charakteristika der Mehrzwecktechnologie abhängen, sondern vielmehr auch von deren Interaktion mit den anderen Determinanten des Modells.

---

[246] Lipsey et al. (1998a, S. 195) verwenden den Begriff „facilitating structure“. Einen griffigen deutschen Ausdruck gibt es nicht. Am ehesten paßt wohl „gesamtwirtschaftliche Produktionsmöglichkeitenstruktur“. Gemeint ist damit das gesamte Produktionspotential, das in einer Gesellschaft zur Verfügung steht. Allerdings stehen dabei anders als beim üblichen Gebrauch des Begriffs „Produktionspotential“ qualitative Aspekte im Vordergrund.

Die Autoren heben diesen Aspekt als ein zentrales Unterscheidungsmerkmal ihres Ansatzes zu den meisten anderen Modellen hervor. Allerdings trifft dies nur insofern zu, als sie eine größere Anzahl von „Interaktionspartnern" in ihre Überlegungen integrieren. Auch in den anderen Modellen wird immer wieder auf die Komplementaritäten zu den die GPT unterstützenden Technologien hingewiesen. Diese sind entscheidend für die Realisierung der positiven Wirkungen der Mehrzwecktechnologien.[247]

Gemäß ihrem Modellaufbau untersuchen die Autoren den Zusammenhang zwischen dem technologischen System, der „Ermöglichungsstruktur" und dem politischen System. Darauf aufbauend gelingt es ihnen, die ökonomischen Wirkungen einer Mehrzwecktechnologie zu deduzieren.

Die erste Wirkungskette betrifft die technologische Komponente. Dabei gibt es zwei Bereiche, die zu betrachten sind. Zum einen sind das die Eigenschaften einer GPT selber. Insbesondere die langsame Diffusion ist dabei hervorzuheben. Die Effekte einer GPT zeigen sich deshalb erst allmählich in den anderen Komponenten des Modells. Zum anderen sind es die Auswirkungen, die auf die spezifischen Wechselwirkungen zwischen einer neuen GPT und bereits existierenden Technologien zurückzuführen sind. Dabei kommt es darauf an, wie groß die Produktivitätsunterschiede zwischen der alten und der neuen Allzwecktechnologie sind und ob Komplementaritäts- oder Substitutionsbeziehungen bestehen. Daraus ergeben sich dann eine Vielzahl von möglichen Abläufen im gesamten technologischen System.

Die Wechselwirkungen einer GPT mit der „Ermöglichungsstruktur" stellen den Kern der Untersuchung von Lipsey et al. dar. Sie identifizieren potentielle Übertragungswege, über die eine neue Mehrzwecktechnologie auf den gesamten Produktionsprozeß einwirken kann. Dazu untersuchen sie eine Reihe von verschiedenen Technologien, die in der Vergangenheit aufgetreten sind.

Für unsere Zwecke ist hierbei die Analyse der Informations- und Kommunikationstechnologien (IKT) von Bedeutung. Zunächst, so konstatieren die Autoren, gibt es kaum Auswirkungen auf den Kapitalstock außerhalb der IKT-Branche.[248] Die Wirkungen, die sich unmittelbar einstellen, betreffen aber alle Institutionen und Koordinationsmechanismen auf allen Ebenen der Wirtschaft. Erst hieran schließen sich Änderungen in den Prozeß- und Produkttechnologien an, die dann in der gesamten Ökonomie auftreten. Als Beispiel zitieren Lipsey et al. die Erfindung des Schreibens bei den Sumerern und des Buchdrucks in den Niederlanden. Beide Ereignisse beeinflußten die Regierungsstrukturen in diesen unterschiedlichen Gesellschaftssystemen und führten langfristig auch zu grundlegenden Änderungen in der Produktionsstruktur, in der Landwirtschaft

[247] Vgl. Lipsey et al. (1998a, S. 196).

[248] Das entspricht den Erfahrungen mit der „Computerrevolution". Die Wachstumswirkungen entstanden hier zuerst durch Produktivitätsfortschritte in der IKT-Branche selber. Vgl. hierzu Gelauff/de Bijl (2000, S. 20).

bzw. im Handel und bei den Finanzierungsinstrumenten.[249] Für die Untersuchung des Internets ist auch die Betrachtung der Mehrzwecktechnologie Transport von Belang. Wie sich oben bei der Analyse des Modells von Harris (1998) zeigte, hat das Internet Auswirkungen, die mit denen von Transporttechnologien vergleichbar sind.[250] Wesentliche Aspekte sind dabei deren Auswirkungen auf die Standortwahl von Unternehmen und auf die Teile der Ökonomie, die in den Handel involviert sind. Das als klassisch zu kennzeichnende Beispiel hierfür ist die Einführung des Eisenbahnsystems sowie die allgemeine Motorisierung. Weitere GPTs, die die Autoren untersuchen, sind neue Materialien in der Fertigung, neue Arten der Energieerzeugung und neue Organisationstechniken.

Ebenso zeigen sie auf, in welchen Bereichen sich die Produktionsmöglichkeitenstruktur ändert, wenn ein neues technologisches Paradigma auftritt. Dabei ermitteln sie Ergebnisse, die sich aus ihren Analysen der einzelnen GPTs ableiten lassen. Es sind dies Veränderungen in der Struktur des physischen Kapitals ebenso wie andere Anforderungen an das Humankapital. Es zeigt sich, daß durch die Einführung einer neuen Mehrzwecktechnologie die erforderlichen Qualifikationsniveaus der Arbeitskräfte absinken können. Dies war z.B. der Fall, als die englische Kohleindustrie im Bergbau von maultier- und pferdegetriebenen Transportmitteln auf solche mit Stromantrieb umstellte. Das Lenken eines Fuhrwerks mit Tieren stellte viel höhere Anforderungen an die Fähigkeiten eines Fahrzeuglenkers. Eine neue GPT hat langfristig auch Auswirkungen auf die Fabrikorganisation. Dies wurde beispielsweise bei der Einführung der Elektrizität deutlich. Managementstrukturen ändern sich ebenfalls. Die flächendeckende Einführung von Computern in Unternehmen ersetzte ganze Managementebenen, die mit dem Sammeln und Auswerten von Informationen befaßt waren. Weitere Effekte betreffen, wie bereits erwähnt, die Standortwahl von Unternehmen und den Konzentrationsgrad einer Industrie. Letzterer Punkt ist auf die unterschiedlichen *economies of scale* zurückzuführen, die mit neuen Technologien einhergehen. Schließlich erfordert eine neue GPT bisweilen auch eine neue Infrastruktur. So benötigte die Dampfmaschine das Eisenbahnsystem sowie besonders ausgebaute Häfen, Straßen und Fabriken.

Bei der Betrachtung der verschiedenen Modelle wurde mehrfach herausgearbeitet, daß der Übergang von einer GPT zur nächsten mit Schwierigkeiten und Zeitverzögerungen verbunden ist. Die Diffusion geht mit Friktionen und Wachstumsverlusten einher. Auch Lipsey et al. argumentieren in dieselbe Rich-

---

[249] Ähnliche Wirkungen könnten heutzutage vom Internet ausgehen. So ist z.B. daran zu denken, daß sich der demokratische Partizipationsprozeß ändert: Die Teilhabe der Bürger an den politischen Entscheidungsprozessen wird zumindest prinzipiell einfacher möglich sein. In Staaten, die autokratisch regiert werden, können die Rückwirkungen noch umfassender sein. China z.B. versucht deshalb, den Zugang zum Internet sehr streng zu kontrollieren und zu limitieren.

[250] Vgl. zu den Einzelheiten oben S. 205.

tung. Bis die notwendigen Anpassungen in der Ermöglichungsstruktur durchgeführt worden sind und eine neue GPT vollständig genutzt werden kann, vergeht auch in diesem Modell ein bedeutender Zeitraum.

Schließlich werden die Zusammenhänge zwischen einer GPT und der Politik einer Untersuchung unterzogen. Dabei sind sowohl Politikmaßnahmen – wie z.B. die Definition von Eigentumsrechten bei neuen Technologien oder die jeweils angemessene Wettbewerbspolitik – als auch politische Strukturen betroffen, so z.B. die Notwendigkeit der verstärkten internationalen Kooperation (EU, WTO) als Reaktion auf die durch die IKT mit ermöglichte Globalisierung.

Den Abschluß des Modells bildet die Untersuchung der Wirkungen einer GPT auf die ökonomischen Ergebnisse.[251] Dabei werden sowohl Arbeitsmarkteffekte als auch die Entwicklung des Bruttoinlandsprodukts erfaßt. Im Gegensatz zu den meisten formalen Modellen kommen Lipsey et al. zu keinem einheitlichen Schluß hinsichtlich der Auswirkungen, die sich auf dem Arbeitsmarkt ergeben. Insbesondere ist nicht a priori zu klären, welcher Teil des Arbeitskräftepotentials mehr von der neuen GPT profitiert. Es kann durchaus sein, daß relativ unqualifizierte Arbeiter zu den Gewinnern gehören, falls durch eine neue Mehrzwecktechnologie ihre Qualifikationsmerkmale stärker nachgefragt werden. Hierbei spielt ebenso die Anpassungsgeschwindigkeit in der Übergangsphase eine herausragende Rolle. Je schneller sich eine Arbeitskraft im Bereich des Humankapitals anpassen kann, um so höher sind seine jeweiligen Chancen.

Bei der Analyse der Auswirkungen einer Mehrzwecktechnologie auf das wirtschaftliche Wachstum kann der Theorieansatz von Lipsey et al. seinen ganzen Vorteil gegenüber den formalen Modellen ausspielen. Es ist möglich, verschiedene Entwicklungsvarianten zu betrachten, da keine einzelne Annahme verallgemeinert zu werden braucht. Verschiedene Teilbereiche des Wachstums können betrachtet werden.

Das zeigt sich bei der Frage, ob es einen *stationary state* als Endpunkt des gesamtwirtschaftlichen Wachstumsprozesses gibt, ob also das ökonomische Wachstum zum Erliegen kommen kann.[252] Aus der Perspektive von Lipsey et al. ist dies eindeutig zu verneinen. Die Idee der GPT widerlegt diese Vermutung. Der technische Fortschritt dient hier dazu, die Grenzen des Wachstums immer weiter nach außen zu schieben. So ist bisher z.B. nicht zu erkennen, daß die Zahl und die Qualität der Innovationen, die aus der GPT Elektrizität hervorge-

---

[251] Vgl. zum folgenden Lipsey et al. (1998a, S. 204 – 212).

[252] Diese Debatte beschäftigt bekanntermaßen die Nationalökonomie seit den Tagen der Klassiker. Das Ende des Wachstums und somit des Kapitalismus stand wie ein Menetekel über den Modellen der Klassiker. Für Smith (1776, I.i und I.iii) war die fortschreitende Arbeitsteilung das Mittel, um das Erreichen eines Endpunktes hinauszuschieben; Ricardo (1817, Kapitel 7) konzentrierte sich auf die positiven Wirkungen des Außenhandels.

gangen sind, abnehmen. Ebenso ist keine inhärente Tendenz zu beobachten, daß neue Mehrzwecktechnologien weniger radikal im Fortschritt sind: Es gibt keine abnehmenden Grenzerträge bei den neuen technologischen Paradigmen. Insofern spricht vieles dafür, daß bis auf weiteres kein Ende des technischen Fortschritts und des Wirtschaftdwachstums zu erwarten ist:

> „Further, as long as investment in capital goods embodies new technological knowledge, there are no known limits to endogenously generated growth based on capital accumulation.“[253]

Mit dieser Analyse gelangen die Autoren zu weitergehenden Aussagen, als dies mit Hilfe der formalen Modelle möglich ist. Wie oben gezeigt, gelang in den letzteren die Endogenisierung nur insoweit, als die Ankunft einer neuen GPT Auslöser für umfassende komplementäre Innovationen ist. Das Auftreten einer neuen Mehrzwecktechnologie selber wurde als exogenes Ereignis angenommen. Lipsey et al. sind hier einen Schritt weiter. Die Endogenisierung gelingt ihnen dadurch, daß sie – wie oben dargestellt[254] – einen umfassenderen Ansatz wählen. Das Streben nach mehr Wissen ist Teil des technologischen Systems, das sie in ihr Modell integriert haben. Solange der Forscherdrang nicht aufhört und solange es auf gesamtwirtschaftlicher Ebene keine abnehmenden Grenzerträge bei der Gewinnung neuen Wissens gibt, wird es endogenes Wachstum geben, das von neuen und immer besseren Mehrzwecktechnologien angetrieben wird.[255]

Die Frage nach der Existenz und Modellierung der Einführungskrise einer GPT war zentraler Untersuchungsgegenstand bei den formalen Wachstumsmodellen. Auch diesem Aspekt wenden sich Lipsey, Bekar und Carlaw zu. Hier zeigt sich, daß die formalen Modelle lediglich erste Ansätze darstellen, um dieses Phänomen adäquat zu erfassen. Grundsätzlich ergeben sich hierbei zwei Fragenkomplexe.

So ist es aus empirischer Perspektive nicht selbstverständlich, daß eine neue GPT überhaupt zu einer Krise führen muß. Die aktuelle Beschäftigung mit dem Problem ist vor dem Hintergrund der Debatte um das Produktivitätsparadoxon im Zusammenhang mit der Informations- und Kommunikationsrevolution zu sehen. Hieraus ist es naheliegend, eine Krise in die Modelle zu implementieren. Allerdings finden sich im historischen Rückblick lediglich zwei weitere GPTs, bei denen es ebenfalls zu Krisenphänomenen während ihrer Einführung kam: das Fabriksystem und die Elektrizität. Andere GPTs setzten sich durch, ohne

[253] Lipsey et al. (1998a, S. 206).

[254] Vgl. dazu oben S. 212.

[255] Lipsey et al. (1998a, S. 206, FN. 4) verweisen zu Recht darauf, daß damit die Frage der ökologischen Nachhaltigkeit des Wirtschaftens nicht beantwortet ist.

daß es negative Auswirkungen auf Wachstum und Produktivität gab.[256] Es ist daher nicht zwingend notwendig, eine Krise mit in das Modell einer GPT aufzunehmen. Allerdings werden damit die Anforderung an die Modellierung noch höher, da in diesem Fall noch geklärt werden muß, wann eine GPT einen Rückgang der wirtschaftlichen Aktivität hervorruft und wann nicht. Selbst wenn dies möglich wäre, bleibt bisher noch völlig offen, wie so etwas in formale Modelle integriert werden könnte.

Daneben verweisen Lipsey et al. auf ein weiteres Problem der formalen Modelle. Es wird jeweils davon ausgegangen, daß stets lediglich nur eine Mehrzwecktechnologie im Einsatz ist und diese ihrerseits nur durch eine neue abgelöst wird. Realistischerweise wird man allerdings annehmen müssen, daß es mehrere GPTs zum gleichen Zeitpunkt gibt.[257] Wenn diese These stimmt, dann stellt sich das Problem, warum eine einzelne GPT – so bedeutend sie auch sein mag – das Wachstum des gesamten Systems beeinflussen soll. Zwar werden die beschriebenen Phänomene bei jeder einzelnen Mehrzwecktechnologie ablaufen, es bleibt aber zu zeigen, wieso und vor allem in welchem Umfang Effekte auf gesamtwirtschaftliche und nicht nur sektorale Größen zu erwarten sind.[258] Als Antwort auf diese Frage verbleibt nur, zwischen verschiedenen GPTs zu differenzieren. Demnach kann es verschiedene Klassen von Mehrzwecktechnologien geben, die unterschiedlich stark auf die Gesamtwirtschaft einwirken. Lediglich solche Technologien kommen dann als Verursacher für Krisen in Betracht, die zu einem bestimmten Zeitpunkt so dominant und umfassend auf alle Bereiche einer Volkswirtschaft einwirken, daß sich ihre Effekte auch in makroökonomischen Indikatoren zeigen. Als Beispiele hierfür können das Fabriksystem, die Dampfmaschine, die Elektrizität und die modernen IKT gelten. Bis auf die Dampfmaschine sind das diejenigen Technologien, die tatsächlich in der Ver-

[256] Lipsey et al. (1998a, S. 212) erwähnen in diesem Zusammenhang die Dampfmaschine, die Eisenbahn, die Motorisierung mittels des Autos sowie aktuell die Einführung ganz neuer Werkstoffe und die Lasertechnologie.

[257] Helpman/Trajtenberg (1998a, S. 73) erwähnen die Möglichkeit der Koexistenz zweier GPTs. Vgl. dazu oben S. 190. Allerdings gehen sie diesem Gedanken – vermutlich aus Gründen der Komplexität – nicht weiter nach.

[258] Lipsey et al. (1998a, S. 210) verweisen dabei auf die Begründung von Helpman/Trajtenberg (1998b, S. 106), wonach der Rückgang im BIP darauf zurückzuführen sei, daß Ressourcen (Faktor Arbeit) aus dem nicht kompetitiven Produktionssektor in den wettbewerblichen Forschungssektor umgeleitet werden. Vgl. dazu ausführlicher oben S. 195. Dabei ist das Problem ein doppeltes: Zum einen ist der Anteil der Beschäftigung im F&E-Bereich gesamtwirtschaftlich gesehen so gering, daß fraglich bleiben muß, ob damit empirisch meßbare Auswirkungen erreicht werden können. Zum anderen bleibt es zumindest ein offener Diskussionspunkt, ob die Marktstrukturen und die damit einhergehenden Wettbewerbssituationen in den beiden Sektoren wirklich so sind, wie es Helpman und Trajtenberg unterstellen. Es ist eher anzunehmen, daß im F&E-Bereich auf Grund der Größe der dort tätigen Unternehmen der Wettbewerb nicht weniger beschränkt ist als im Produktionssektor.

gangenheit mit einer Verlangsamung der wirtschaftlichen Aktivität einhergingen. So einleuchtend die Unterteilung in mehrere Klassen von GPTs sein mag, so schwierig stellt sich damit das Problem in bezug auf die zu Beginn des Abschnitts durchgeführte Begriffsdefinition dar.[259] Dort war als Konsens der Wissenschaft die breite Wirksamkeit in der gesamten Volkswirtschaft als ein konstituierendes Merkmal einer GPT festgestellt worden. Mit ihrer erweiterten Vorgehensweise rücken Lipsey et al. von dieser Übereinstimmung wieder etwas ab. Es zeigt sich, daß das Phänomen der Mehrzwecktechnologien auf Grund seiner Komplexität nur sehr schwer zu modellieren ist, auch wenn man auf eine formale Darstellung verzichtet. Ein positiver Aspekt ergibt sich dennoch für die vorliegende Arbeit. Die IKT werden als eine der wichtigsten GPTs in der wirtschaftlichen Geschichte seit der Industriellen Revolution identifiziert, ein Ergebnis, das für die Analyse des Internets und seiner ökonomischen Bedeutung von eminenter Bedeutung ist.

Damit sind die theoretischen Grundlagen für die Betrachtung des Internets gelegt. Es hat sich gezeigt, daß die Idee der *General Purpose Technologies* ein geeignetes Instrument ist, um der Internet- und Netzwerkökonomie gerecht zu werden. Es ist aber auch deutlich geworden, daß sich dieser Zweig der Wachstumstheorie noch in seinem Anfangsstadium befindet. Darüber hinaus hat sich sehr eindrücklich gezeigt, daß auf Grund des hohen Komplexitätsgrades das Wissen über die exakten Wirkungsketten einer Mehrzwecktechnologie beschränkt ist. Diese Erkenntnisse sollten daher davor bewahren, voreilige Schlüsse, insbesondere in wirtschaftspolitischer Hinsicht, zu ziehen.

Im folgenden wird es nun darum gehen, die abgearbeitete Theorie auf das Internet anzuwenden. Es ist ausführlich darzulegen, warum es als eine GPT zu betrachten ist und inwieweit es zur Klasse derjenigen Technologien gehört, die größte Wirksamkeit entfalten. Darauf aufbauend können dann mit aller angebrachten Zurückhaltung die wirtschaftspolitischen Implikationen abgeleitet werden. Dabei wird deutlich werden, daß die Wirtschaftspolitik bereits sehr umfangreich in die Entwicklung des Internets eingegriffen hat. Es wird Aufgabe des nächsten Abschnitts sein aufzuzeigen, wo Korrekturen notwendig sind.

5.2.3.3 Das Internet als Allzwecktechnologie

Ein Drei-Ebenen-Modell des Internets

Im Abschnitt 5.2.2.1 ist dargestellt worden, wodurch sich eine GPT auszeichnet und was ihre konstituierenden Charakteristika sind. Um diese Definition auf das

[259] Vgl. oben ab S. 164.

Internet anwenden zu können, sind zunächst die wesentlichen Merkmale des Internets in Erinnerung zu rufen.[260] Das Netz besteht aus drei Ebenen: einer Infrastruktur-, einer Dienste- und einer Inhalteebene.

Abb. 5.13: Drei-Ebenen-Modell des Internets

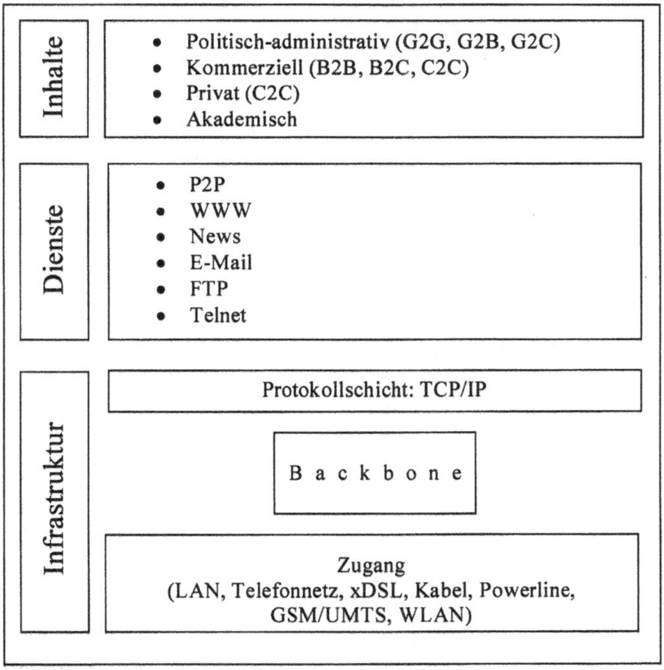

Quelle: Eigene Darstellung.

Das Internet stellt – wie bereits mehrfach erwähnt – eine Verknüpfung mehrerer Netzwerke dar, mit deren Hilfe verschiedene Rechner miteinander verbunden sind. Das *Backbone* (zu deutsch: Rückgrat[261]) stellt den Kern des Netzes dar; über diese Leitungen läuft der gesamte Verkehr. Es verknüpft alle weltweiten Netzwerke. Dabei gibt es nicht ein Kernnetz, sondern eine Vielzahl von Netzen. Anbieter und Betreiber von *Backbones* sind private Telekommunikationsunternehmen sowie öffentliche Institutionen.[262] Die unterschiedlichen *Backbones*

[260] Die Details finden sich oben ab S. 116 im Abschnitt 5.1 im geschichtlichen Überblick über die Entwicklung des Netzes.

[261] Als passende deutsche Übersetzung findet sich in der Literatur gelegentlich der Begriff „Kernnetz".

[262] So ist der größte private *Backbone*-Anbieter in Deutschland die Deutsche Telekom AG. Das *Backbone* der Universitäten wird durch den DFN-Verein, ein gemeinnütziger Verein,

werden an sogenannten *Peering-Points* miteinander verknüpft.[263] Diese sind für das ungehinderte Funktionieren und den unbeschränkten Datenfluß von herausragender Bedeutung. Um Zugang zum Netz zu erhalten, muß man an ein *Backbone* angeschlossen werden. Dabei bieten sich verschiedene Technologien an. Große Unternehmen und Bildungseinrichtungen wie Universitäten haben eine direkte Anbindung über das lokale Netzwerk (LAN)[264] bzw. Standleitungen, die eine ununterbrochene Vernetzung gewährleisten. Private Haushalte und kleinere Unternehmen wählen sich traditionellerweise über das Telefonnetz (POTS, ISDN)[265] in das Internet ein. Neuere Technologien nutzen die Kupferdoppelader des Telefonnetzes besser aus und erzielen eine höhere Bandbreite (xDSL-Technologien)[266]. Daneben existieren noch Zugänge über das Fernsehkabel und über das Stromnetz (*Powerline*). Schließlich gibt es mittlerweile auch drahtlose Zugänge über heutige (GSM) und zukünftige (UMTS) Mobilfunktechnologien. Daneben hat sich für den räumlich begrenzten Einsatz ein neuer Standard (WLAN)[267] etabliert, der über Funk eine Übertragungsgeschwindigkeit erreicht, die an lokale Netzwerke (LANs) heranreicht.

TCP/IP stellt die Protokollschicht dar. Wie oben erwähnt, war diese Erfindung eine der Gründe für den Durchbruch des Internets. TCP/IP ermöglicht die Kommunikation auf Basis der Paketvermittlung zwischen heterogenen Netzwerken und Rechnern mit unterschiedlichsten Betriebssystemen. Es ist in der Lage, den weltweiten Internetverkehr zu organisieren und regelt den Datenaustausch, der über die verschiedenen Dienste geschieht.

Die Dienste sind in der obigen Abbildung in der Reihenfolge ihrer historischen Entstehung eingetragen. Am Anfang standen Telnet (Programm zur Fernsteuerung von Computern) und FTP (*File Transfer Protocol* – Programm zur

---

der Zuschüsse aus öffentlichen Mitteln erhält, bereitgestellt. Vgl. DFN (2001b). Die Universitäten in Baden-Württemberg haben ein eigenes *Backbone*: das Landesforschungsnetz BelWü. Vgl. Belwü (2002b).

263 Leider lassen sich bestimmte Anglizismen an dieser Stelle nicht verhindern. Auch in der deutschen Literatur werden die englischen Begriffe gebraucht.

264 Local Area Network. So wird die Technologie bezeichnet, mit der lokale Netzwerke gebaut werden.

265 POTS (*Plain Old Telephone System*) bezieht sich auf das traditionelle analoge Telefonsystem. ISDN bedeutet *Integrated Services Digital Network.* Hierbei handelt es sich um ein technisch höherwertiges Telefonsystem, das das alte analoge ersetzt, dabei zu diesem aber kompatibel ist. Am weitesten verbreitet ist ISDN in Europa, insbesondere in Deutschland.

266 DSL steht für *Digital Subscriber Line* (Digitale Teilnehmeranschlußleitung) und bezeichnet verschiedene Technologievarianten, mit deren Hilfe schnellere Übertragungsraten von der Vermittlungsstelle einer Telefongesellschaft hin zum Kunden erreicht werden können. Das x steht für die unterschiedlichen Versionen, die dabei zum Einsatz kommen. Das unter dem Namen „T-DSL" vermarktete Angebot der Deutschen Telekom AG nutzt als Technik die asymmetrische Variante. Aus technischer Sicht stellt es ADSL dar. Zu den Details der xDSL-Technologien vgl. Schnabel (2002e).

267 *Wireless local area network.*

Fernübertragung von Dateien). Neuere Anwendungen sind die Diskussionsforen (*News*), sowie das heute dominierende E-Mail und *World Wide Web* (WWW). In jüngster Vergangenheit sind noch verschiedene P2P-Dienste[268] hinzugekommen, die vor allem dazu genutzt werden, direkt – meist zwischen privaten Internetnutzern – Dateien (insbesondere Musik und Filme) auszutauschen.

Die Dienste werden genutzt, um Inhalte über das Netz anzubieten. Dabei sind alle möglichen Konstellationen denkbar. Angefangen hat der Austausch von Inhalten im Bereich der Forschung. Es folgten private Aktivitäten.[269] Die danach einsetzende Kommerzialisierung des Internets führte zum Aufkommen des sog. *E-Commerce* und der damit verbunden Goldgräberstimmung. Hierbei gab und gibt es verschiedene Austauschbeziehungen zwischen Unternehmen und Privathaushalten.[270] Neuerdings sind Bestrebungen im Gange, Teile der öffentlichen Verwaltung über das Internet abzuwickeln. Dabei kommen sowohl Beziehungen der öffentlichen Hand zu Unternehmen und Haushalten[271] als auch solche zwischen staatlichen Körperschaften in Betracht.[272] Es wird deutlich, daß die verschiedenen Dienste geeignet sind, alle Inhalte zu transportieren. So kann der Datenaustausch mittels P2P-Technologie sowohl zum (meist illegalen) Tauschen von Dateien als auch als ein möglicher Absatzkanal für die Musikindustrie genutzt werden. E-Mail ist das am universellsten einsetzbare Medium. Vom privaten Brief bis hin zur Immatrikulation an einer Universität ist jede Verwendung denkbar.

Dieser Überblick macht deutlich, daß das Internet ein sehr komplexes und umfangreiches System ist. Demzufolge ist die Darstellung nur ein grob vereinfachendes Modell der Realität. Gleichwohl reicht vollkommen aus, um das Internet auf die besonderen Charakteristika einer GPT hin zu überprüfen.

---

268 P2P bedeutet *Peer – to – Peer*. Der Begriff geht auf die zugrunde liegende Technik zurück. Ein *Peer* ist ein an einem Netzwerk angeschlossener Rechner. In einem P2P-Netzwerk erfolgt die Datenkommunikation direkt zwischen den *Peers*, ohne daß ein zentraler Server notwendig wäre. Dazu wird lediglich die vorhandene Infrastruktur des Internets genutzt. Eine solche Nutzung des Netzes erlaubt eine recht hohe Anonymität, was die Popularität beim Austausch von Musik und Filmen erklärt. Der Musik- und Filmindustrie wird es auf Grund der technischen Gegebenheiten schwer fallen, gegen den mittlerweile etablierten Datenaustausch vorzugehen. Wenn nicht neue Geschäftsmodelle entwickelt werden, die der technischen Revolution Rechnung tragen, dann werden die beteiligten Firmen mittel- bis langfristig bedeutende wirtschaftliche Probleme bekommen.

269 In Anlehnung an den hohen Ethos der Anfangszeit des Internets könnte man C2C auch als *Citizen to Citizen* bzw. *Netizen to Netizen* („*Net Citizen*") verstehen. Erst später entstand im Wege der Kommerzialisierung das „Consumer to Consumer".

270 B2B: *Business to Business*, B2C: *Business to Consumer*, C2C: *Consumer to Consumer*.

271 G2C: Government to Consumer, G2B: Government to Business. Als ein Pilotprojekt kann hier das Angebot des Rems-Murr-Kreises gelten, der es registrierten Autohändlern ermöglicht, KFZ-Zulassungen online durchzuführen. Vgl. Rems-Murr-Kreis (o. J.).

272 G2G: *Government to Government*.

Die Gretchenfrage – Ist das Internet eine GPT?[273]

Bei der oben dargestellten Debatte um die Begriffsdefinition von Mehrzwecktechnologien konnte als Konsens das Vorliegen folgender Charakteristika konstatiert werden.[274]

- Weiteres technisches Entwicklungspotential bei der Ankunft einer neuen Mehrzwecktechnologie
- Vielfältige Nutzungsmöglichkeiten
- Verwendung im Großteil der Sektoren einer Volkswirtschaft
- Umfassende Komplementaritäten mit anderen Technologien

Das Potential zu technischen Verbesserungen[275] ist deshalb wichtig, weil damit eine grundlegende Voraussetzung gegeben ist, daß eine GPT über einen längeren Zeitraum (bis zu einem halben Jahrhundert) das bestimmende technologische Paradigma sein kann. Eine Mehrzwecktechnologie kann sich verbessern und an neue Bedingungen anpassen. Sie veraltet nicht und sie ist für den weiteren technischen Fortschritt wichtig; sie kann sich technologisch noch deutlich weiterentwickeln. Vor dem Hintergrund, was bisher über die Entwicklung des Internets gesagt wurde, trifft dies voll auf das Netz zu. Auf allen Ebenen hat sich diese neue Technologie seit dem Ende der 1960er Jahre verändert und ist leistungsfähiger geworden. Dieser Prozeß ist nach wie vor nicht abgeschlossen. Das zeigt sich sowohl im Bereich der Infrastruktur als auch im Bereich der Inhalte.

Die Infrastruktur hat sich seit den Anfängen des Netzes rasant verändert. Zu Beginn betrug die Übertragungsgeschwindigkeit im *Backbone* des ARPANET 50 KBit/s.[276] Große Telekommunikationsanbieter realisieren heutzutage in ihren

[273] Das ist die Kernfrage, um die sich die Debatte um die *New Economy* dreht: „Is the net just a new way to communicate – an alternative to phone or fax or airmail – and thus not likely to have a fundamental impact on the functioning of the economy? ... Or will the Internet prove to be a major economic phenomenon, significantly increasing productivity and enhancing the prosperity of average wage earners?". Litan/Rivlin (2001c, S. 1f.). Die Autoren kommen zu dem Schluß, daß das Internet mehr ist als nur ein Medium zur verbesserten Kommunikation. Sie erwarten nachhaltige ökonomische Wirkungen in Form höherer Wachstumsraten der Produktivität. Vgl. ebenda, S. 27.

[274] Vgl. oben S. 164.

[275] „Scope for improvement", Lipsey et al. (1998b, S. 38).

[276] Der Begriff der Übertragungsgeschwindigkeit ist technisch gesehen nicht korrekt. Die Übertragung erfolgt genau genommen stets mit Lichtgeschwindigkeit (die Geschwindigkeit der Elektronen). Richtigerweise müßte die Bezeichnung Bandbreite verwendet werden. Diese meint die Menge der Daten, die pro gegebener Zeiteinheit über eine Leitung transportiert werden kann. Eine höhere Bandbreite bedingt, daß Daten schneller zwischen zwei Rechnern ausgetauscht werden können. Deshalb hat sich der Terminus der Übertragungs-

Datenleitungen Bandbreiten im GBit-Bereich. Hierfür war die Entwicklung der Glasfasertechnologie entscheidend. So betreibt beispielsweise das BelWü sein Kernnetz zwischen den neun baden-württembergischen Universitäten mit 2,4 GBit/s., zwischen Stuttgart und Karlsruhe sogar mit 10 GBit/s.[277] Das entspricht der 20.000fachen Bandbreite im Vergleich zu den Anfängen des ARPANETs. Ein Ende dieser Entwicklung ist nicht absehbar. Unter Laborbedingungen sind bereits Übertragungen im Terabitbereich gelungen, eine nochmalige Vertausendfachung des heute üblichen, ohne daß dafür eine neue Infrastruktur verlegt werden müßte. Es gelingt folglich, die vorhandenen Kabel immer besser auszunutzen.[278]

Ähnliches gilt für den Zugang zum Internet für private Haushalte und Unternehmen. Auch hier sind die Bandbreiten sehr stark angestiegen. Das soll an der Entwicklung der Modems kurz geschildert werden. Modems werden genutzt, um über das Telefonnetz Datenverbindungen zwischen zwei Computern herzustellen, womit auch ein Zugang zum Internet ermöglicht wird. Die weite Verbreitung und die relativ einfache Nutzbarkeit von Modems hat dazu geführt, daß das Internet zum Massenmedium werden konnte. Zwar haben Unternehmen naturgemäß andere technische und vor allem andere finanzielle Möglichkeiten; trotzdem profitierten auch sie vom technischen Fortschritt, der ihnen erhebliche Kosteneinsparungen ermöglichte. Die Entwicklung von Modems[279] begann in den 1960er Jahren mit einer Bandbreite von 300 Bit/s. Der weitere Entwicklungsprozeß verlief zunächst sehr schleppend. In Deutschland wurden entsprechende Modems erst Anfang der 1980er Jahre angeboten. 1994 – also erst vor acht Jahren – erhöhte sich die Bandbreite, die mittels analoger Modems über das Telefonnetz übertragen werden konnte, auf 28,8 KBit/s. Ungefähr zur selben Zeit wurde in Deutschland die ISDN-Technologie eingeführt. Damit können 64 KBit/s. bzw. 128 KBit/s. übertragen werden. Traditionelle analoge Modems erreichen inzwischen 56 KBit/s. Die flächendeckende Einführung von DSL-Technologien stellt für den Zugang zum Netz einen Quantensprung dar. Dadurch können Bandbreiten erreicht werden, die deutlich über dem bisher Erreichten liegen. Das Standardprodukt der Deutschen Telekom AG bietet einem Großteil der Kunden die Möglichkeit, Datenübertragungen mit einer Bandbreite von 768 KBit/s. zu realisieren. Prinzipiell sind noch weitaus größere Übertragungsgeschwindigkeiten möglich. VDSL wird die nächste Entwicklungsstufe sein. Damit können mehr als 10 MBit/sec. erreicht werden.[280] Dabei

geschwindigkeit eingebürgert.

[277] Vgl. BelWü (2002a).

[278] Vgl. Opitz (2001).

[279] Vgl. zum folgenden Shamrock (o. J.).

[280] Zu VDSL vgl. Schnabel (2002c). Die besondere Situation in Deutschland beleuchtet der sehr lesenswerte Beitrag von Mühlbauer (2001), der neben den technischen Einzelheiten auch die besondere Problematik der Implementierung dieser Technologie durch die Deut-

ergeben sich allerdings zwei Probleme: Zum einen werden die notwendigen Investitionen immens sein. Ein börsennotiertes Unternehmen, das seine Politik vor allem an Quartalsberichten ausrichtet, wird kaum willens sein, die dafür notwendigen Geldsummen zu investieren. Falls sich die Erkenntnis durchsetzt, daß das flächendeckende Angebot mit VDSL-Zugängen aus gesamtwirtschaftlicher Sicht wünschenswert ist, dann bietet sich hier ein industriepolitisches Betätigungsfeld par excellence an. Zum anderen sind die Anwendungen, die eine solche Bandbreite benötigen, bisher noch nicht in Sicht. Möglicherweise werden die elektronischen Massenmedien Radio, Fernsehen und Internet konvergieren und über diese neue Infrastruktur angeboten werden. Diese Überlegungen sind allerdings bis dato bestenfalls eine Vision.

Neben dem Telefonnetz eignen sich noch andere Technologien als Zugangsmedium. In den USA ist die Nutzung des Fernsehkabels recht weit verbreitet.[281] In Deutschland gibt es hierzu lediglich erste Ansätze. Die Deutsche Telekom AG als bisherige Eigentümerin des Kabelnetzes hatte kein Interesse an dessen Ausbau, da sie damit ihrem eigenen Telefonnetz Konkurrenz gemacht hätte. Es gibt jedoch einige unabhängige Kabelbetreiber in Deutschland, so zum Beispiel die Primacom AG[282], die Internet über das Fernsehkabel anbieten. Ihre quantitative Bedeutung für den Gesamtmarkt ist aber zu vernachlässigen. Mittlerweile hat der britische Investor Callahan das Kabelnetz der Deutschen Telekom AG in Nordrhein-Westfalen und in Baden-Württemberg erworben.[283] Damit besteht die Chance, daß im Breitbandbereich eine alternative Infrastruktur zum Telefonnetz entsteht. Allerdings hat die gesamte TV-Kabel-Branche einen Rückschlag erlitten, weil der Aufkauf des restlichen Kabelnetzes der Deutschen Telekom AG durch das US-amerikanische Unternehmen Liberty nach der Untersagung durch das Bundeskartellamt gescheitert ist.[284] Dadurch wurde eine Krise in der Kabelindustrie ausgelöst. Callahan hat mittlerweile den Ausbau des Breitbandkabelnetzes in Baden-Württemberg gestoppt. Die Zukunftsaussichten dieser Technologie sind dadurch äußerst fraglich geworden.[285] Eine weitere Zugangstechnologie, die als Alternative zum Telefonnetz diskutiert wird, ist die Datenübertragung über das Stromnetz: die sogenannte Powerlinetechnologie.[286] Allerdings sind deren Zukunftschancen sehr fraglich, da die Umsetzung noch mit zu vielen technischen Schwierigkeiten behaftet ist.[287]

---

sche Telekom AG schildert.

281 Vgl. Pastore (2001), wonach zum Ende des 3. Quartals 2001 mehr als 5,3 Mio. Amerikaner einen Internetzugang über Kabel-TV besaßen, was einem Anteil von knapp 8% aller Internetnutzer entspricht.

282 Vgl. Primacom (2002).

283 Vgl. ftd.de (2001).

284 Vgl. o. V. (2002e).

285 Vgl. o. V. (2002g).

286 Eine technische Beschreibung der Powerlinetechnik findet sich bei Schnabel (2002b).

Wesentliche Verbesserungen beim Internetzugang sind im Bereich funkbasierter Technologien zu erwarten.[288] In den heutigen digitalen Mobilfunknetzen (GSM) können Daten mit einer Geschwindigkeit von bis zu 14,4 KBit/sec. übertragen werden. Damit ist allenfalls die Übertragung kleinerer Datenmengen möglich. Durch die Einführung neuer Techniken ist das GSM-Netz mittlerweile leistungsfähiger geworden. HSCSD[289] bzw. GPRS[290] ermöglichen Bandbreiten, die denen normaler Festnetzanschlüsse entsprechen. Mit UMTS[291], der dritten Mobilfunkgeneration, die den GSM-Standard ablösen wird, werden Übertragungsgeschwindigkeiten möglich, die mit denen der DSL-Technik und der Kabelmodem-Technik konkurrieren können. Im August 2000 wurden sechs Lizenzen an Netzbetreiber vergeben.[292] Zu den Auflagen gehört, bis Ende 2003 25% und bis Ende 2005 50% der deutschen Bevölkerung mit UMTS zu versorgen. Damit scheint eine ausreichende Diffusion der neuen Technologie, selbst wenn man den Marktaustritt einzelner Lizenznehmer in die Überlegungen mit einbezieht, gewährleistet. Durch die neue Mobilfunkgeneration werden Anwendungen möglich, die bisher noch dem Festnetz vorbehalten sind. Entscheidende Voraussetzung für den Erfolg wird sein, Inhalte zu entwickeln, die die beiden Aspekte von UMTS – breitbandige Übertragung und Mobilität – miteinander verbinden. Das technologische Potential ist aber auch hier noch nicht ausgereift. Dennoch sind bereits die Überlegungen für die vierte Mobilfunkgeneration als Nachfolger von UMTS bereits weit vorangeschritten. Es sind Bandbreiten von 100 MBit/s. und mehr angepeilt.[293]

In den Bereich des mobilen Netzzugangs gehört die *Wireless LAN* (WLAN)-Technologie.[294] Mit ihr werden in sogenannten *Hotspots*, das sind lokal begrenzte Gebiete, z.B. auf Flughäfen, durch eine besondere Funktechnologie Bandbreiten bis zu 11 MBit/s. erreicht. Damit ist die mobile Nutzung des Internets beispielsweise mit einem Laptop möglich. Der Vorteil gegenüber UMTS liegt in der deutlich höheren Datenrate, der Nachteil darin, daß WLANs lokal begrenzt sind und nicht flächendeckend angeboten werden können. Man wird

---

287 Vgl. Oelrich (2000). Siemens ist deshalb aus der Entwicklung dieser Technologie wieder ausgestiegen. Vgl. o. V. (2001d).

288 Zu den technischen Einzelheiten vgl. im folgenden Schnabel (2000a).

289 *Highspeed Circuit Switched Data.* HSCSD bezeichnet eine Technik, die in Mobilfunknetzen dadurch höhere Bandbreiten erreicht, daß mehrere Telefonkanäle gebündelt werden und für die gleichzeitige Datenübertragung genutzt werden.

290 *General Packet Radio Service.* Diese Technik nutzt das Mobilfunknetz effizienter aus, indem es paketvermittelnd arbeitet, ein Kunstgriff, der bereits ganz zu Beginn des ARPANETs seine erste Anwendung fand.

291 *Universal Mobile Telecommunication System.*

292 Vgl. o. V. (2000b).

293 Vgl. Dornan (2002).

294 Schnabel (2002d) beschreibt die Technik.

also davon auszugehen haben, daß es sich bei UMTS und WLANs um komplementäre Technologien handelt.

Dieser Überblick macht deutlich, welches technologische Potential vor dem Internet lag, als es eingeführt wurde. Gleichzeitig konnte gezeigt werden, daß die Entwicklung noch lange nicht abgeschlossen ist. Die Leistungsfähigkeit des Netzwerkes wird weiter zunehmen. Sie ist heute bereits so hoch, daß das gesamte Potential auf Grund fehlender Inhalte noch nicht vollständig ausgenutzt werden kann.

In der Beschreibung der Geschichte des Internets wurde auf die Bedeutung des TCP/IP als grundlegende Voraussetzung für den Erfolg des Netzes verwiesen.[295] Dabei wurde deutlich, welche Rolle das richtige Protokoll für die Verknüpfung heterogener Netzwerke spielte. Als die GPT Internet (in Form des ARPANETs) eingeführt wurde, war diese Herausforderung noch nicht gelöst. Das ARPANET war insofern ein homogenes Netzwerk, als die in ihm verwendeten Dateiformate identisch sein mußten. Erst mit der Einführung von TCP/IP konnte dieses Problem endgültig gelöst werden. Damit war auch auf der Ebene des Protokolls das erste Charakteristikum im Sinne der Theorie der Mehrzwecktechnologie gegeben. Aus heutiger Sicht wird es weitere Innovationen geben, denn das technologische Potential des Protokolls ist noch nicht ausgereift. Gegenwärtig ist dessen vierte Version (IPv4) im Einsatz. Das IP übernimmt im wesentlichen die Aufgabe, jedem Rechner, der an das Netz angeschlossen ist, eine eindeutige und weltweit einmalige Adresse zuzuordnen. Dadurch ist gewährleistet, daß bei der Datenübertragung die einzelnen Pakete beim richtigen Empfänger ankommen. Das TCP sorgt dafür, daß die einzelnen Pakete fehlerfrei und komplett übertragen werden.

Der nächste Schritt wird die Implementierung von IPv6 sein.[296] Mit seiner Einführung wird sich das Internet auf eine neue Entwicklungsstufe begeben. Es wird Anwendungen ermöglichen, die bisher nicht umsetzbar sind. An erster Stelle steht dabei das Problem des knapper werdenden Adressraumes. Wie erwähnt, dienen die IP-Adressen der eindeutigen Zuordnung eines Terminals zum Internet. Jeder Rechner braucht eine solche Adresse, um an der Kommunikation teilnehmen zu können. Im alten Protokoll gibt es ca. 4 Mrd. Adressen. Bei der Einführung in den 1970er Jahren war dies mehr als ausreichend. Das mittlerweile extreme Wachstum des Netzes hat jedoch zu einer Knappheit geführt. Zwar gibt es technische Hilfsmittel, die den Mangel verwalten. Diese werden aber beim zu erwartenden Wachstum recht schnell an ihre Grenzen sto-

[295] Vgl. oben S. 121.

[296] Die 5. Version des Protokolls war lediglich eine experimentelle Zwischenstufe. IPv6 ist aus theoretischer Sicht fertig entwickelt (Invention); es wird auch bereits in Testnetzen angewandt (Innovation). Allerdings steht die Übernahme ins gesamte Internet (Diffusion) noch aus. Vgl. dazu und zum folgenden Leitner (o. J.), ders., (2000) und Schild (2001).

ßen. Verschärfend kommt hinzu, daß die Adressen sehr ungleich verteilt sind. 74% aller Adressen wurden an nordamerikanische Institutionen vergeben. Dem MIT und Stanford stehen jeweils mehr Adressen zur Verfügung als der Volksrepublik China. Es liegt auf der Hand, daß die Weiterentwicklung des Protokolls dringend geboten ist. Die Europäische Kommission hat sich dieses Anliegen zu eigen gemacht.[297] Sie rechnet damit, daß die Adressknappheit ab 2005 akut werden wird. Deshalb fordert sie eine rasche Einführung der neuen Version. Mit dem IPv6 wird eine praktisch unbegrenzte Zahl von IP-Adressen zur Verfügung stehen: Pro Quadratmillimeter Erdoberfläche existieren dann 667 Billiarden, pro Erdenbürger $6{,}5 * 10^{28}$ Adressen.[298]

Die Notwendigkeit für eine größere Zahl von IP-Adressen ist allerdings nicht nur politisch begründet, sondern resultiert auch aus der eigenen Entwicklungsdynamik des Netzes. Die nächste Stufe wird seine Allgegenwart sein. Mit der Einführung der dritten Mobilfunkgeneration (UMTS) wird zumindest in den Industriestaaten – und dort insbesondere in den großstädtischen Verdichtungsräumen – das Internet flächendeckend und ortsunabhängig zur Verfügung stehen. Mit einem Mobiltelefon und einem tragbaren Computer wird es ohne die heute noch durch die Mobilfunktechnologie bedingten Einschränkungen möglich sein, einen Anschluß an das Netz herzustellen. Um das technisch sinnvoll realisieren zu können, wird der Übergang zu IPv6 notwendig sein. Ähnliche Anforderungen stellen alle Visionen der Vernetzung privater Haushalte.[299] Falls Haushaltsgeräte ans Internet angeschlossen werden sollen, um gegebenenfalls die notwendigen Ersatzlieferungen automatisch veranlassen zu können, oder wenn es möglich sein soll, die eigene Wohnung von der Ferne sicherheitstechnisch zu überwachen, dann wird die Zahl der bereitgestellten IP-Adressen deutlich höher sein müssen.

IPv6 hat noch weitere Potentiale, die für die Zukunft des Internets wichtig sein werden. Es wird erstmalig möglich sein, Datenpakete mit unterschiedlicher Priorität zu transportieren. Bisher stellt das Netz ein *Best-Effort*-System dar. Das besagt, daß alle Daten so schnell wie möglich übertragen werden. Wenn die vorhandenen Kapazitäten unterausgelastet sind, stellt dies kein Problem dar. Zu den Hauptverkehrszeiten kommt es aber zu Stauungen: die im Internet zur Genüge bekannten Engpässe. Diese stellen für Anwendungen wie E-Mail, die nicht zeitkritisch sind, keine schwerwiegenden Einschränkungen dar. Für Videoanwendungen, wie Liveübertragungen oder Bildtelefonie, sind Staus im Internet jedoch höchst problematisch. Sie können dazu führen, daß eine nicht mehr ausreichende Zahl von Datenpaketen am Bestimmungsort ankommt, woraufhin die Übertragung abreißen wird. Das bisher im Telefonnetz verwendete Prinzip der Leitungsvermittlung ist hier überlegen. Zwischen Sender und Emp-

[297] Vgl. Europäische Kommission (2002b).
[298] Vgl. o. V. (2002c).
[299] In Großbritannien wird die Technologie mittlerweile staatlich gefördert. Vgl. o. V. (2002d).

fänger steht stets die gesamte Leitung und damit die benötigte Bandbreite zur Verfügung; einen überlastungsbedingten Ausfall kann es nicht geben. An diesem Punkt setzt IPv6 an. Es ermöglicht, verschiedene Anwendungen mit unterschiedlicher Priorität zu transportieren. Wenn im *Backbone* die Grenzen der Kapazität erreicht werden, wird das neue Protokoll dafür sorgen, daß Dienste, die eine höhere Priorität erfordern, auf jeden Fall übertragen werden; diejenigen mit niedrigerer Priorität müssen sich dann die verbleibende Bandbreite teilen. Damit wird die Konvergenz von Internet, Telefonie und Fernsehen ermöglicht. In der Endausbaustufe könnten diese Anwendungen über eine gemeinsame Infrastruktur abgewickelt werden.

Das zum Internetprotokoll Gesagte macht deutlich, daß auch auf dieser Ebene das Potential zur Veränderung vorhanden ist. Für die umfassendere Nutzung des Netzes wird die Umsetzung des IPv6 unabdingbar sein. Damit das Internet seine Möglichkeiten entfalten kann, muß das neue Protokoll implementiert werden.

Im nächsten Schritt sind die Dienste zu analysieren. Sie stellen die Schnittstelle zwischen der aus Hard- und Softwarekomponenten bestehenden Infrastruktur auf der einen und den Inhalten auf der anderen Seite dar. Sie dienen dazu, daß die Inhalte, um die es letztlich in einem Kommunikationsmedium geht, die Infrastruktur nutzen können. Unter Diensten sind demzufolge Programme bzw. Anwendungen zu verstehen, mit deren Hilfe Inhalte transportiert werden können. Nach dem, was zur Protokollschicht ausgeführt wurde, ist evident, daß zwischen den beiden Ebenen enge Wechselwirkungen bestehen. Bestimmte Dienste erfordern eine besondere Ausgestaltung der Infrastruktur. So ist der Dienst der Internettelefonie nur sinnvoll mit IPv6 vorstellbar.

Auch bei den Diensten macht eine Analyse der Geschichte deutlich, daß das Verbesserungspotential ständiges Kennzeichen der Entwicklung war. Am Anfang war es lediglich möglich, mittels FTP Daten von einem Rechner auf den anderen zu transportieren bzw. mit *Telnet* einen Rechner aus der Ferne zu bedienen. Im Laufe der Zeit kamen weitere Dienste dazu. Am wichtigsten waren E-Mail, das in den ersten beiden Jahrzehnten des Netzes die bedeutendste Anwendung darstellte, sowie das WWW, das seit seiner Erfindung 1989/90 der bestimmende Dienst ist. Das WWW wird inzwischen zum WWG – dem *World Wide Grid* – weiterentwickelt.[300] Die Idee dieses Dienstes ist es, die im WWW vorhandene Informationsflut besser zu erfassen. Auf Grund der riesigen Datenmengen sind Informationsrecherchen mittlerweile sehr aufwendig geworden. Das WWG soll hier helfen. Ähnlich wie relationale Datenbanken soll es die Informationen vorstrukturieren und bei einer komplexen Suchanfrage verschie-

---

[300] Dies geschah bzw. geschieht wie beim WWW am CERN in Genf. WWG bedeutet weltweites Gitter. Schon die Namensgebung macht deutlich, daß es sich um eine Verbesserung des weltweiten Netzes (WWW) handelt. Vgl. o. V. (2001b).

dene Datensätze zueinander in Verbindung setzen und diese dem Anwender strukturiert präsentieren. Neuerdings wird der dezentrale Datenaustausch zwischen am Internet angeschlossenen Rechnern mittels P2P immer populärer.[301] Auch im Bereich der Dienste gilt somit: Das Internet erfüllt das Charakteristikum des Potentials zur ständigen technischen Verbesserung uneingeschränkt.

Im letzten Schritt bleibt jetzt zu zeigen, daß auch auf der Inhalteebene ständiges Verbesserungspotential bestanden hat und auch weiterhin besteht. Inhalte sind in diesem Zusammenhang sehr weit zu fassen. Es geht dabei sowohl um Kommunikation im eigentlichen Sinne als auch um die Abwicklung von Geschäften über das Internet. Mit dieser weiten Definition ist gewährleistet, daß der gesamte Datenaustausch über das Internet auf der Inhalteebene erfaßt werden kann: seien es private Mitteilungen oder „millionenschwere" Finanztransaktionen. Damit kann man alle Aspekte des Internets berücksichtigen und ist nicht nur auf den sogenannten E-*Commerce* beschränkt, auch wenn dessen Rolle in der vorliegenden Untersuchung von großer Bedeutung ist.

Zunächst ist jedoch auf die Interdependenz zwischen den drei Ebenen des Netzes hinzuweisen. Damit die Dienste funktionieren können, muß die zugrundeliegende physische Infrastruktur (*Backbone*, Zugangstechnologie) leistungsfähig sein. Dabei kommt der Protokollschicht als Verbindungsglied eine herausragende Rolle zu. Sie ermöglicht die möglichst enge Verzahnung des Transportmediums mit den darüber laufenden Diensten. Ihren Zweck haben diese Ebenen aber nicht in sich selber sondern gewinnen ihn daraus, daß sie genutzt werden können, um Inhalte zu übertragen. Damit ist klar, daß eine Verbesserung auf der Infrastruktur- bzw. auf der Diensteebene dazu führen wird, daß neue Inhalte möglich werden. Die Innovationspotentiale auf den verschiedenen Ebenen bedingen demnach einander.

Wie oben dargestellt, war für den Erfolg des Internets die spezifische Verknüpfung von Diensten und Inhalten von Bedeutung. Dem ARPANET gelang zu dem Zeitpunkt der Durchbruch, als E-Mail populär wurde.[302] Jetzt konnten persönliche Mitteilungen als neue Inhaltskategorie über das Netz verschickt werden. E-Mail löste daher zumindest teilweise die persönliche Kommunikation über Telefon und Briefverkehr ab. Der Durchbruch zum Massenmedium gelang mit der Erfindung des WWW.[303] Ursprünglich nur gedacht zur besseren Organisierbarkeit von Informationen, wurde es zu der zentralen Anwendung, die es ermöglichte, Inhalte multimedial – also nicht nur in Form von Texten, sondern auch als Bilder, Töne und Filme – zu übertragen. Das WWW trat damit in Konkurrenz zu etablierten Medien wie Zeitungen und Zeitschriften oder Radio und

---

[301] Napster und seine Nachfolger haben vor allem zu einem Schub bei breitbandigen Internetzugängen geführt.

[302] Vgl. oben S. 120.

[303] Vgl. oben S. 125.

Fernsehen, ohne diese jedoch vollkommen verdrängen zu können. Der Kurzüberblick zeigt, daß sich im Laufe der Zeit das Verbesserungspotential auf der Inhalteebene darin manifestierte, daß immer verschiedenartigere und komplexere Inhalte übertragen werden konnten. Die im Zeitablauf zunehmende Komplexität zeigt sich auch darin, daß ursprünglich nur Inhalte in der akademischen Gemeinschaft ausgetauscht wurden. Nach und nach weitete sich der Umfang aus: Zunächst erfolgte der private Informationsaustausch, wobei die Grenzen des Übergangs zwischen akademischen und privaten Inhalten eher fließend gewesen sein dürften. Mit der Zeit, als die technischen Möglichkeiten immer anspruchsvollere Inhalte zuließen, entdeckte die werbungtreibende Wirtschaft das WWW; *E-Commerce*-Anbieter traten auf den Plan. Komplexere Güter und Dienstleistungen konnten im Netz beworben, beschrieben und verkauft werden. Am Ende der Entwicklung dürfte die Abwicklung von Verwaltungsakten über das Internet stehen. Diese müssen bestimmte Anforderungen erfüllen, damit sie rechtsgültig werden können. Zudem muß bei solchen Transaktionen die Sicherheit und Anonymität der Beteiligten gewahrt bleiben. Deshalb sind in diesem Bereich die Möglichkeiten noch am wenigsten ausgebaut. Ein weiterer Höhepunkt wäre sicherlich, wenn politische Wahlen über das Netz durchgeführt werden könnten.[304]

Eine Sonderstellung in diesem Bereich nimmt die B2B-Relation ein. Neben dem im Abschnitt 5.2.1 dargestellten B2C-*E-Commerce*[305] ist sie aus ökonomischer Sicht von herausragender Bedeutung für die Charakterisierung des Internets als Mehrzwecktechnologie.[306] Auf sie ist deshalb detaillierter einzugehen. Die Erwartungen, die an diese Variante des *E-Business* geknüpft werden, sind ziemlich hoch. Es wird geschätzt, daß der Umsatz im B2B-Bereich im Jahr 2003 ca. 87% des gesamten Internethandels ausmachen wird. Vor allem die virtuellen Marktplätze werden dabei als das wichtigste Medium betrachtet.[307] Sie sollen dafür sorgen, daß Unternehmen Kosten sparen und ihre Produktivität steigern können. Die Automobilindustrie ist in diesem Bereich eine Vorreiterin. DaimlerChrysler, Ford und General Motors haben im Februar 2000 einen Marktplatz namens *covisint* ins Leben gerufen, der gegenwärtig als der größte B2B-Marktplatz gilt.[308] Er kann mithin als Prototyp für B2B-*E-Commerce* betrachtet wer-

---

[304] Vgl. o. V. (2002b), wonach der Chef des Statistischen Bundesamtes in seiner Funktion als Bundeswahlleiter die zunehmende Durchführung von Wahlen über das Internet fordert. Als endgültiges Ziel hat er dabei die Bundestagswahl im Blickfeld.

[305] Oben ab S. 145 findet sich eine umfassende Beschreibung. Auf eine eingehende Untersuchung kann deshalb an dieser Stelle verzichtet werden.

[306] Vgl. Wiseman (2001, S. 109).

[307] Vgl. EITO (2001, S. 99 – 104). Auch Beck/Prinz (2001, S. 51) vertreten die Auffassung, daß die größten Veränderungen der digitalen Ökonomie durch den B2B-*E-Commerce* ausgelöst werden.

[308] Vgl. o. V. (2000a). Eine gute Übersicht über die Funktionen des Marktplatzes findet sich bei Covisint (o. J.).

den. Ziel dieses Portals, das für weitere Anbieter offen steht, ist es, die gesamte Beschaffungsseite der Automobilproduktion effizienter zu gestalten und damit die Produktivität zu steigern. Das betrifft alle Aspekte der Zusammenarbeit mit den Zulieferern. Das Portal soll bei der gemeinsamen Produktentwicklung von Automobilherstellern und ihren Zulieferern zum Einsatz kommen. Ebenso soll die Beschaffung über die Webseite abgewickelt werden. Dabei sind z.B. Auktionen vorgesehen, die sowohl von Anbietern als auch von Nachfragern initiiert werden können. Darüber hinaus kann die gesamte Wertschöpfungskette über das Portal organisiert werden (*supply chain management*). Es liegt auf der Hand, welche Potentiale in dieser Art von B2B-Inhalten liegen. Nach den großen industriellen Reorganisationswellen in den 1980er und 1990er Jahren, besteht nun erneut die Möglichkeit, weitere Rationalisierungspotentiale zu identifizieren und auszuschöpfen, was mit entsprechenden Auswirkungen auf die gesamtwirtschaftliche Produktivität verbunden sein wird. Die Autoindustrie erwartet, die Produktionskosten um bis zu 10% senken zu können.[309] Auch in der Chemischen Industrie sind entsprechende Projekte gestartet worden. Dort wird davon ausgegangen, daß im Jahr 2005 30% des Umsatzes über das Internet abgewickelt werden wird.[310] Die Stahlindustrie kann als weiteres Beispiel für industrieweite B2B-Portale genannt werden.[311]

Das Entstehen von branchenweiten Marktplätzen im WWW bringt auch Probleme mit sich. Insbesondere kartellrechtliche Bedenken werden geäußert.[312] So besteht die Gefahr, daß z.B. die Automobilproduzenten die Onlinedienste dazu nutzen, ihre Einkaufsmacht zu bündeln und dadurch noch stärkeren Druck auf die Zulieferindustrie auszuüben. Weiterhin könnten strategische Markteintrittsbarrieren geschaffen werden: Wenn sich ein Marktplatz im Laufe der Zeit zur zentralen Handelsplattform entwickelt, dann wird eine Teilnahme erforderlich sein, um auf dem relevanten Markt bestehen zu können. Die Betreiber einer *E-Commerce*-Plattform, die ja häufig wie im Beispiel der Automobilindustrie selbst Marktteilnehmer sind, könnten sich dann veranlaßt sehen, *Newcomern* den Marktzutritt zu erschweren oder gar unmöglich zu machen.

Diese Entwicklung im B2B-Bereich macht deutlich, daß das Internet das erste Kennzeichen einer GPT erfüllt. Es zeigt sich, daß seit der Einführung des Netzes stets Potentiale für Verbesserungen vorhanden waren – die Reorganisation industrieller Fertigungsprozesse stand nicht auf der Tagesordnung, als das ARPANET entwickelt und implementiert wurde. Der Veränderungsprozeß steht erst an seinem Anfang. Weitere Branchen werden den genannten Vorbildern folgen. Die Internet-Marktplätze haben sicherlich noch nicht ihre endgültige Form gefunden. Damit vollzieht sich eine Entwicklung, die schon bei der Ein-

---

[309] Vgl. Wiseman (2001, S. 109).
[310] Vgl. Webmethods (2001).
[311] Vgl. Steel24-7 (2002).
[312] Vgl. z.B. Litan/Rivlin (2001a, S. 93f.) und Wiseman (2001, S. 109).

führung früherer Mehrzwecktechnologien zu beobachten war: Die neue GPT kommt sukzessive auch in anderen Industrien zum Einsatz. Nach und nach erfolgt die Umstellung der Produktionsstrukturen. Ein ähnlicher Prozeß lief z.B. bei der Einführung der Elektrizität ab.[313] Die sogenannte *Old Economy*, die in der Hochphase der Internet-Euphorie als rückständig galt, wird zur Trägerin des säkularen Übergangs zu einem neuen technologischen Paradigma. Erst dadurch wird gewährleistet, daß es wirklich nachhaltige Auswirkungen des Netzes geben wird.

Damit ist die Darstellung des ersten Kriteriums einer GPT abgeschlossen. Es ist deutlich geworden, daß das Netz zum Zeitpunkt seines erstmaligen Auftretens ein umfangreiches Verbesserungspotential in sich trug. Dieses Potential wurde realisiert: Das Internet hat sich wie kaum eine andere Technologie zuvor weiterentwickelt. Gleichzeitig hat sich gezeigt, daß der technische Fortschritt auch in Zukunft weitergeht. Das technologische System des Internets ist noch nicht am Ende seines Lebenszyklus angelangt. Sofern es gelingt – und die obige Darstellung bietet dafür einige Anhaltspunkte –, die Technik mit Inhalten auf allen genannten Teilebenen zu füllen, wird die Bedeutung des Internets weiter zunehmen.

Wenn man die Entstehungsgeschichte des Internets Revue passieren läßt, dann zeigt sich, daß diese bisher überwiegend als *technology-push* zu kennzeichnen ist. Der Anstoß für die Weiterentwicklung ging jeweils von technischen Neuerungen aus. Nie war es die Nachfrage nach bestimmten Diensten oder Inhalten, die ihrerseits eine Innovation induzierte. Als Beispiele können die zwei bereits erwähnten wesentlichen Anwendungen dienen, die jeweils zur Popularisierung des Netzes beigetragen haben. Bevor E-Mail erfunden wurde, lagen die Kapazitäten des ARPANETs weitgehend brach. Erst mit der Bereitstellung des recht einfach nutzbaren Dienstes wurde die vorhandene Infrastruktur stärker in Anspruch genommen. Inhalte, die zuvor über andere Medien (Brief, Telefon) transportiert wurden, fanden jetzt ihren Weg ins Internet. Ähnlich lief die Einführung des WWW ab. Nachdem dieser Dienst, der ursprünglich nur als System zur besseren Verwaltung und Verfügbarkeit von Informationen gedacht war, erfunden war, wurde das Netz zu einem Massenmedium. Ausgangspunkt dafür war aber wiederum die technologische Innovation. Als diese implementiert war, gelangten Inhalte, die vorher über Zeitungen, Zeitschriften, Radio und Fernsehen übermittelt wurden, ins Netz. Auch heute ist die Situation ganz ähnlich. Die Infrastruktur ist weit entwickelt, es gibt – zumindest in den

[313] Vgl. Lipsey et al. (1998b, S. 27f.), die sehr eindrücklich die Auswirkungen der Einführung der Elektrizität schildern. Insbesondere die Veränderung in der Gestaltung der Fabrikstruktur war bemerkenswert. Zunächst wurde die Elektrizität nur als Ersatz von Wasser- und Dampfkraft eingesetzt. Nach und nach wurde die Fabrikorganisation aber so geändert, daß eine optimale Ausnutzung der neuen Energiequelle möglich wurde.

westlichen Industriestaaten – fast flächendeckend breitbandige Zugänge zum Netz. Die kommende dritte Mobilfunkgeneration wird das Internet zu einem ubiquitären Gut machen. Bisher sind jedoch noch keine Inhalte erkennbar, die diese Infrastruktur wirklich ausnutzen und für die eine signifikante Zahl von Kunden bereit wäre zu zahlen. Die Probleme der Mobilfunkunternehmen und die absehbaren Verzögerungen beim Ausbau der Infrastruktur sind Indiz für diese Skepsis.[314]

Das zweite Kriterium, das eine Technologie zu erfüllen hat, damit sie als GPT identifiziert werden kann, ist die Vielfalt an Nutzungsmöglichkeiten.[315] Eine GPT ist dadurch gekennzeichnet, daß sie in einer Vielzahl verschiedenartiger Produkte und Prozesse zum Einsatz kommt. Nach dem bisher Gesagten ist es evident, daß das Internet auch dieses Kriterium erfüllt. Allgemein gesprochen dient es der Übermittlung von Informationen. Das oben entwickelte Drei-Ebenen-Modell[316] kann hier wieder zur Strukturierung dienen. Relevant für die Fragestellung der unterschiedlichen Nutzungen ist hierbei die Inhalteebene. Das Internet kann hier bei einer prinzipiell unbegrenzten Menge an Gütern zum Einsatz kommen, sei es als Inputfaktor, sei es als Absatzkanal, um andere Produkte zu verkaufen oder sei es als Endprodukt selber.[317]

Als Inputfaktor kann es in verschiedenen Gütern eingesetzt werden. Es wird in der Automobilindustrie genutzt, um den Einkauf von Vorleistungen abzuwikkeln. Die Entwicklung und Konstruktion von unterschiedlichsten Produkten kann ebenfalls über das Netz erfolgen. Viele Ingenieurdienstleistungen fallen darunter; sie werden nunmehr zu international handelbaren Gütern.[318] Beratungsdienste im weitesten Sinne können über das Internet geleistet werden. Sofern kein persönlicher Kundenkontakt vor Ort notwendig ist, ist die vollständige Abwicklung via Internet möglich. In Logistikunternehmen kann das Netz

---

[314] Vgl. Missal (2002).

[315] „Wide variety of uses", Lipsey et al. (1998b, S. 39).

[316] Vgl. oben S. 219.

[317] Statt dieser Betrachtung, die sich an den verschiedenen Stufen des gesamtwirtschaftlichen Produktionsprozesses orientiert, könnte man die Analyse auch aus betriebswirtschaftlicher Sicht anhand der Wertschöpfungskette einer Branche bzw. eines Unternehmens durchführen. Vgl. hierzu EITO (2001, S. 350ff.). Dort werden die Auswirkungen des *E-Commerce* auf fünf Branchen (Einzelhandel, Tourismus, Chemische Industrie, Möbelindustrie, Maschinenbau und Elektroindustrie) ausführlich untersucht. Dabei steht die Perspektive unternehmerischer Entscheidungsträger im Vordergrund. Die dabei gewonnenen Ergebnisse sind mit den hier ermittelten kompatibel.

[318] Vgl. Harris (1998), der in seinem Modell, das die Auswirkungen der GPT Internet auf die Faktormärkte untersucht, genau diesen Sachverhalt im Blick hat. Eine Beschreibung des Modells findet sich oben auf S. 204.

eingesetzt werden, um den gesamten Transportprozeß zu optimieren.[319] In faktisch allen Handelsbetrieben könnte das Beschaffungsmanagement über das Netz abgewickelt werden.

Daneben dient das Netz als Handelsplattform für die unterschiedlichsten Produkte. Digitalisierbare Güter können direkt verkauft werden: Software, Musik, Filme oder E-Books kommen hierbei in Betracht. Daneben dienen die Marktplätze dem Vertrieb von physischen Produkten: Die wichtigsten Beispiele sind hier die „Amazon-Güter" Bücher, CDs, DVDs und Videokassetten. Neuerdings wird der Vertrieb von verschreibungspflichtigen Arzneimitteln diskutiert. Aber auch Reisen und Finanzgeschäfte werden über das Internet abgewickelt. Der Bankensektor erlebt eine fundamentale Transformation. Bisher genutzte Absatzkanäle (Bankfiliale mit persönlicher Beratung des Kunden durch einen Angestellten) werden durch virtuelle ersetzt. So ist es mittlerweile problemlos möglich, alle Finanzgeschäfte bei einer deutschen Universalbank *online* durchzuführen. Die zur Beratung notwendigen Informationen werden dazu im Netz bereitgestellt.

Die Möglichkeiten für den Verkauf von Waren auf der Einzelhandelsebene scheinen unbegrenzt. Auch wenn der Anteil des Internetverkaufs bisher eher gering sein dürfte und viele der Onlineeinzelhändler noch nicht profitabel arbeiten[320], zeigen doch die Reaktionen der etablierten Unternehmen, daß ein tiefgreifender Wandel stattfindet. Sowohl die Musikindustrie als auch der Buchhandel wehren sich gegen die neue Konkurrenz aus dem Internet. Die Musikindustrie geht gegen die ihrer Meinung nach illegale Verbreitung von Musik vor.[321] Dabei dürften allerdings auch marktstrategische Überlegungen eine Rolle spielen. Wenn der legale Vertrieb von Musik über das Internet zunähme, dann ginge der Einfluß der Plattenfirmen vermutlich zurück. Ihr Anteil an der gesamten Wertschöpfung würde geringer, was natürlich entsprechende Auswirkungen auf Umsatz und Gewinn hätte. Der etablierte Buchhandel sieht das Internet ebenfalls als Bedrohung an. Der Einsatz für die Beibehaltung

---

[319] So war es dem Verfasser beim Erwerb eines Notebooks bei einem Internethändler möglich, den Weg des Rechners von der Auslieferung beim Hersteller bis zur Bestimmungsadresse zu verfolgen. Logistikunternehmen nutzen die Möglichkeiten des Netzes natürlich nicht nur zur Information der Kunden. Am wichtigsten dürfte das Potential zur Optimierung der eigenen Abläufe sein.

[320] Amazon, dem bekanntesten B2C-Anbieter, ist es fast gelungen, die Gewinnschwelle zu erreichen. Das operative Geschäft schreibt nach Angaben des Unternehmens schwarze Zahlen. Vgl. o. V. (2002a). Bei aller Vorsicht, mit der solche Mitteilungen von Unternehmen zu interpretieren sind, scheint es doch wahrscheinlich, daß Amazon als reiner Internethändler langfristig profitabel arbeiten wird.

[321] Vgl. Holtz/Pander (2002).

der Buchpreisbindung[322] dürfte zumindest ebenso stark durch wirtschaftliche Interessen wie durch die Sorge um das Kulturgut Buch motiviert sein.

Schließlich ist das Internet noch ein eigenständiges Endprodukt. Es ist in Analogie zum Fernsehen, zum Radio und zu den Printmedien ein Massenmedium. Dieses wird zur Unterhaltung und zur Informationsbeschaffung genutzt. Daneben dient es auch noch zur persönlichen Kommunikation. Es tritt dabei an die Stelle von Telefon und Briefverkehr.

Da das Internet vor allem ein Mittel ist, um Informationen zu übermitteln, kann es neben den genannten Anwendungen auch im Bildungssektor eingesetzt werden. Das Netz ist zur Vermittlung von Wissen gut geeignet. Mit zunehmender Bandbreite wird die audio-visuelle Übertragung von Inhalten stets besser möglich. Im Bildungsbereich kann daher ein großes Potential des WWW liegen.

All diese Überlegungen verdeutlichen, daß das Internet auch die zweite Anforderung an eine Mehrzwecktechnologie erfüllt. Dazu gehört, daß die Zahl der Nutzungsmöglichkeiten im Zeitablauf zunimmt. Die Skepsis, die sich momentan bezüglich des ökonomischen Potentials des Internets eingestellt hat, scheint vor diesem Hintergrund nicht berechtigt. Selbst wenn die Anteile des *E-Business* an der Gesamtwirtschaft noch relativ gering sind, spricht dies eher dafür, daß sich die Mehrzwecktechnologie Internet erst am Anfang ihrer Entwicklung befindet. Es steht zu erwarten, daß die Nutzungsmöglichkeiten weiter zunehmen werden und damit die ökonomische Bedeutung des Netzes an Gewicht gewinnt.

Das dritte Kriterium für eine GPT ist die Verwendung in einem Großteil der Sektoren einer Volkswirtschaft.[323] Wie oben ausgeführt, besteht zwischen diesem und dem vorhergehenden Charakteristikum ein enger Zusammenhang.[324] Jetzt geht es darum, daß eine Mehrzwecktechnologie in möglichst vielen Bereichen einer Wirtschaft Verwendung findet. Ein Technologie kann nur dann zum herrschenden Paradigma werden, wenn ihre Verbreitung in möglichst vielen Branchen gegeben ist. Das ist eine zentrale Voraussetzung für umfassende ökonomische Wirkungen. Auch hier gilt, daß die Verbreitung einer GPT im Zeitablauf zunimmt. Mit fortschreitender Dauer des Lebenszyklus werden immer mehr Sektoren erfaßt. Wie oben bei der Beschreibung der Modelle dargestellt, ist es das wesentliche Kennzeichen des Diffusionsprozesses, daß eine Mehrzwecktechnologie zunächst nur eine beschränkte Wirkungsbreite hat. Erst wenn es genug komplementäre Innovationen gibt, findet eine Technologie sektorübergreifende Verbreitung und wird somit zur GPT.

322 Mittlerweile wird ein Gesetz vorbereitet, das die Buchpreisbindung in Deutschland festschreibt. Damit ist der wettbewerbspolitische Konflikt mit Brüssel entschieden. Vgl. Mueller (2002).

323 „Wide range of use", Lipsey et al. (1998b, S. 40).

324 Vgl. oben S. 166.

Die Entwicklung des Internets nahm ziemlich präzise diesen Verlauf. Es fing als eine Technik an, die nur für Akademiker von Interesse war. Mittlerweile ist sie in beinahe allen Sektoren der westlichen Industrienationen präsent. Litan und Rivlin (2001b) unternahmen eine Untersuchung von acht Sektoren der US-amerikanischen Wirtschaft[325], die zusammen mehr als 70% des gesamten Bruttoinlandsprodukt ausmachen. Dabei kommen sie zum Ergebnis, daß das Internet in allen diesen Sektoren gegenwärtig ist und einen signifikanten Einfluß auf die Ökonomie ausübt.[326]

Auch die Ausführungen zum dritten Kriterium haben deutlich werden lassen, daß das Internet mittlerweile Eingang in viele Bereiche der Wirtschaft gefunden hat. Insbesondere ist hervorzuheben, daß es mittlerweile nicht mehr nur auf die typischen Internetunternehmen der *New Economy* beschränkt ist, sondern vielmehr anfängt, auch in der *Old Economy* seine Wirkung zu entfalten. Die langfristigen gesamtwirtschaftlichen Effekte des Internets – vor allem auf die Wachstumsrate der Produktivität – werden davon abhängen, welche Bedeutung dem Netz in diesen Sektoren zukommen wird. Nach dem, was die bisherigen Untersuchungen gezeigt haben, spricht vieles dafür, daß die Effekte der Netzwirtschaft eher größer als kleiner sein werden.[327]

Das vierte Kriterium einer GPT bezieht sich auf Komplementaritätsbeziehungen zu anderen Technologien.[328] Dazu gehört sowohl die preisliche als auch die technologische Komplementarität. Im ersten Fall geht es um die Kreuzpreiselastizität: Wie reagiert die Nachfrage nach beliebigen Inputs, wenn der Preis eines anderen Inputs – eben der der GPT – sich ändert? Mit der technologischen Komplementarität werden Zusammenhänge zwischen verschiedenen Technologien erfaßt, die dadurch kennzeichnet sind, daß eine neue Mehrzwecktechnologie erst dann ihre volle produktive Wirkung entfalten kann, wenn komplementäre Kapitalgüter so angepaßt sind, daß sie mit der neuen Technik zusammenarbeiten können. Entscheidend dabei ist, daß die auftretenden Veränderungen im Kapitalstock nicht als Effekte von relativen Preisänderungen dargestellt werden können.[329]

---

325 Es handelt sich dabei um die folgenden Bereiche: Verarbeitendes Gewerbe, Automobilindustrie, Finanzdienstleistungen, LKW-Transport-Gewerbe, Einzelhandel, Gesundheitsindustrie, öffentlicher Sektor und weiterführende Bildung. Vgl. Litan/Rivlin (2001b, S. viif.).

326 Vgl. Litan/Rivlin (2001c, S. 19f.).

327 Litan/Rivlin (2001a, S. 117 – 119, sowie 2001c, S. 27) kommen zu ganz ähnlichen Ergebnissen, auch wenn sie das Konzept der GPT nicht verwenden. Ihre Prognose ist zudem etwas zurückhaltender als die hier vertretene These.

328 „Strong complementarities with existing or potential new technologies", Lipsey et al. (1998b, S. 40).

329 Zu den Details vgl. oben S. 167f.

Beide Formen der Komplementarität liegen beim Internet vor. Die über den Preismechanismus vermittelte Komplementarität zeigt sich z.B. im Zusammenwirken des Internets mit anderen Informations- und Kommunikationstechnologien. Die immer preiswertere Verfügbarkeit des Internets hat dazu geführt, daß die Nachfrage nach anderen IKT fortlaufend angestiegen ist: So verstärkte sich beispielsweise die Diffusion von PCs. Ebenso stieg die Nachfrage nach hochwertigen Telekommunikationsanschlüssen (ISDN, xDSL) an, wofür insbesondere Deutschland ein herausragendes Beispiel darstellt.

Die technologische Komplementarität ergibt sich aus den strukturellen Veränderungen des Kapitalstocks, die das Internet induziert. Wenn das Netz eine Mehrzwecktechnologie ist, dann wird sich auf Grund ihres zunehmenden Einsatzes die gesamtwirtschaftliche Produktionsfunktion ändern. An erster Stelle ist hier wiederum der B2B-*E-Commerce* zu nennen. Darauf wurde schon weiter oben eingegangen, so daß die Details hier nicht weiter erwähnt zu werden brauchen.[330] In diesem Bereich liegt ein großes Potential für technologische Komplementaritäten. Das Internet kann in vielen Branchen die Wertschöpfungskette ganz neu ausrichten. Ein weiteres Beispiel für die technologische Komplementarität sind die Auswirkungen, die das Internet auf zuvor nicht handelbare unternehmensnahe Dienstleistungen hat.[331] Das wird dazu führen, daß sich die internationale Arbeitsteilung neu ausrichten wird.[332] Standortentscheidungen von Unternehmen werden anders ausfallen, die räumliche Allokation des Faktors Arbeit wird variieren. Diese strukturellen Veränderungen sind nicht sinnvoll aus Verschiebungen in den relativen Preisen von Inputgütern erklärbar.

Auch für die Komplementaritätsbeziehungen gilt, daß sie im Lebenszyklus einer GPT Veränderungen unterworfen sind: Sie nehmen im Zeitablauf zu. Erst wenn eine ausreichende Zahl passender Komplementärgüter entwickelt worden ist, kann eine GPT in eine Wachstumsphase übergehen. Je stärker sich eine neue Mehrzwecktechnologie durchsetzt, desto umfangreicher werden die Komplementaritätsbeziehungen. Für das Internet läßt sich diese Entwicklung im Verlauf seiner Geschichte sehr gut nachvollziehen. Anfänglich war es beschränkt auf einen engen Kreis von Computerwissenschaftlern. Erst als komplementäre Güter, die den einfachen Netzzugang ermöglichten (PCs, leistungsfähige Modems), zur Verfügung standen, wurde das Internet zu einem (Beinahe-)Massenmedium. In Relation zur *Old Economy* nahm die Komplementarität im Zeitablauf ebenfalls zu. Erst nach und nach entstand das organisa-

---

330 Vgl. oben ab S. 230.

331 Vgl. dazu das Modell von Harris (1998) und dessen Analyse ab S. 204.

332 Netzwerkökonomisch betrachtet handelt es sich hierbei um die Ersetzung einer kleineren Nachbarschaft durch eine neue, größere und effizientere: Die an dem Netzwerk beteiligten Agenten erweitern mit Hilfe des Internets die Zahl ihrer ökonomischen Verbindungen. Vgl. dazu Erber/Hagemann (2002b, S. 279f.). Das Internet verknüpft zuvor getrennte Netzwerke.

torische Wissen, das den Einsatz der neuen Mehrzwecktechnologie in den Produktionsprozeß ermöglichte.[333]

Insgesamt zeigt sich also, daß das Internet alle Anforderungen, die in der Literatur für das Vorliegen einer Mehrzwecktechnologie postuliert werden, erfüllt. Mithin kann festgehalten werden: Das Internet ist eine General Purpose Technology, alle notwendigen und hinreichenden Bedingungen sind erfüllt. Die folgende Abbildung erläutert die Stellung des Internets.

Abb. 5.14: Das Internet als GPT

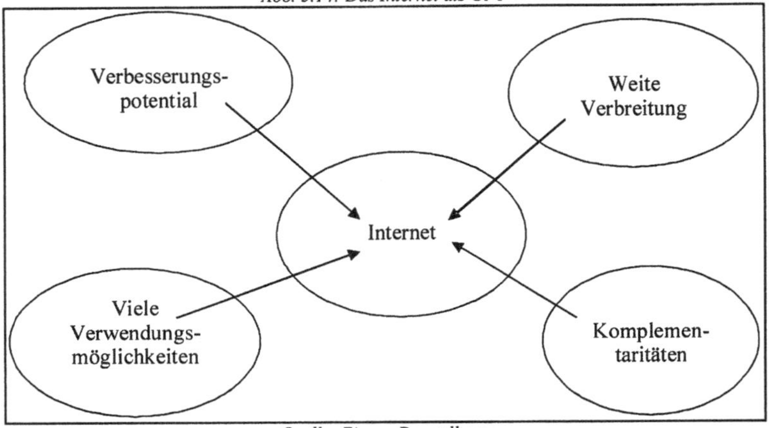

Quelle: Eigene Darstellung.

Allerdings ist an dieser Stelle darauf zu verweisen, daß es sich hierbei zunächst meist nur um Potentiale handelt. Inwieweit diese wirklich ausgenutzt werden, wird erst die Zukunft weisen. Das zeigt hier sich in den Ausführungen konkret darin, daß der Abschnitt über das erste Kriterium für das Vorliegen einer GPT am ausführlichsten und detailliertesten ausgefallen ist. Die technischen Entwicklungen, die sich abzeichnen, sind klar. Es kann heute bereits recht präzise prognostiziert werden, welche Richtung der technische Fortschritt nehmen wird.[334] Bei der Frage, ob diese Potentiale ökonomisch auch ausgeschöpft werden, herrscht ein größerer Unsicherheitsgrad. Reflex dieser Tatsache ist der Umstand, daß vieles, was zu den drei anderen Kriterien in bezug auf das Internet gesagt wurde, notwendigerweise zum Großteil hypothetisch bleiben mußte. Die unterschiedlichen Anwendungsmöglichkeiten und die umfassende Verbrei-

---

333 Lipsey et al. (1998b, S. 45f.) schließen „organizational technologies“, also die Gestaltung von Produktionsprozessen, ausdrücklich in ihre Liste der GPTs mit ein.

334 Das schließt unerwartete Innovationen natürlich nicht aus. Gleichwohl herrscht bezüglich der technologischen Potentiale weitgehend Konsens in der Literatur, weshalb eine relativ sichere Prognose möglich scheint.

tung über den Großteil aller Sektoren einer Volkswirtschaft hinweg bleiben zumindest bis heute teilweise nur Visionen, die zwar realisierbar erscheinen, deren Umsetzung aber noch nicht gewährleistet ist. Ähnliches ist über die Komplementaritätsbeziehungen des Internets zum Rest der Ökonomie zu sagen. Es ist zu erwarten, daß es strukturelle Anpassungen des Kapitalstocks induzieren wird. Allerdings zeigt sich das in der Realität bisher allenfalls nur in Ansätzen.

Trotz dieser Einschränkungen wird in dieser Arbeit die These vertreten, daß die Chancen des Internets größer sind als dessen Risiken. Das Netz wird als herausragende Technologie für die Struktur moderner Volkswirtschaften bestimmend sein; es wird die zentrale Grundlage für die Wissensgesellschaft[335] werden. Nach dem, was in diesem Kapitel über das Internet und seine ökonomischen Aspekte herausgearbeitet wurde, spricht sehr viel dafür, daß es langfristig positive Wirkungen haben wird; es werden sich dauerhafte, produktivitätssteigernde Effekte einstellen. Allerdings muß betont werden, daß es sich dabei um eine zukunftsbezogene Prognose handelt, die mit einer gewissen Unsicherheit behaftet ist. Wenn sich die Politik also dazu entschließt, industriepolitisch für das Internet tätig zu werden, dann muß sie sich darüber im klaren sein, daß sie damit auch das Risiko des Scheiterns eingeht.

5.3 Industriepolitische Implikationen

5.3.1 Die Grundidee: Netzwerkorientierte Industriepolitik

Mit den Ausführungen im Abschnitt 5.2 sind die theoretischen Grundlagen für die industriepolitische Behandlung des Internets gelegt. Die wesentlichen ökonomischen Implikationen des Internets wurden analysiert. Am Beispiel des B2C-*E-Commerce* konnte auf mikroökonomischer Ebene gezeigt werden, daß es und welche Auswirkungen es auf die Strukturen von Märkten und deren Funktionieren geben kann. Aus makroökonomischer Perspektive konnte die potentiell herausragende Bedeutung des Internets für das Wachstum einer Volkswirtschaft gezeigt werden. Beide Betrachtungsweisen werden miteinander durch die netzwerkökonomischen Charakteristika des Netzes verbunden. Sowohl für die über das Netz vertriebenen Inhalte als auch für das Netz als Infrastruktur der Wissensgesellschaft gilt: Um adäquate Politikmaßnahmen

---

[335] Der Begriff der Wissensgesellschaft macht deutlich, daß es neben den in dieser Arbeit im Zentrum stehenden technischen und vor allem wirtschaftlichen Aspekten noch weitergehende Folgen des Internets geben wird bzw. geben kann, die z.B. die Lebensqualität und die Möglichkeiten zur demokratischen Partizipation betreffen. Litan/Rivlin (2001a, S. 102) verweisen zu Recht auf diesen zentralen Aspekt: Das Internet zeigt sich nicht nur in den Zahlen der Ökonomen.

ableiten zu können, ist die netzwerkökonomische Perspektive im Auge zu behalten.

Aus der theoretischen Analyse ergibt sich die Zielrichtung für mögliches industriepolitisches Handeln. Allgemein gesprochen lautet die These, daß es Ziel einer zukunftsorientierten Industriepolitik sein muß, die sich aus dem Internet ergebenden Chancen zu nutzen und dabei ein wettbewerbliches Umfeld zu erhalten.[336] Bei der Untersuchung der Wirkungen des Internets auf die Effizienz von Märkten waren zwei Punkte klar geworden: Zum einen gibt es erhebliche Potentiale für Preissenkungen und die damit verbundenen Effizienzsteigerungen. Diese können aber durch Preisdifferenzierungsstrategien und den Aufbau von Reputation durch die Anbieter konterkariert werden. Zum anderen ist es für eine abschließende Bewertung der Ergebnisse noch zu früh, da die Diffusion des Internets noch nicht weit genug fortgeschritten ist. Die theoretische Debatte um das Internet als Mehrzwecktechnologie hatte gezeigt, daß vieles dafür spricht, daß im Laissez-Faire-Gleichgewicht zu wenig in innovative Aktivitäten zur Verbesserung der Technologie und der komplementären Anwendungen investiert wird. Das führt in dynamischer Perspektive dazu, daß die Rate der Diffusion einer GPT und daraus abgeleitet die gesamtwirtschaftliche Wachstumsrate zu niedrig ist. Beide Betrachtungsweisen können sinnvoll mit den Ergebnissen der netzwerkökonomischen Analyse verknüpft werden. Auf Grund von Netzwerkexternalitäten läuft – wie gezeigt – der Wettbewerbsprozeß auf besondere Art und Weise ab, so daß die Wettbewerbspolitik adäquat reagieren muß.

Damit ergibt sich eine doppelte Aufgabe für die Industriepolitik, die auf das Internet gerichtet ist. Zum einen ist sie Wachstumspolitik: Die Diffusion ist zu fördern; sie ist aus wohlfahrtstheoretischer Sicht zu niedrig. Die positiven Effekte der neuen Mehrzwecktechnologie sollten mit Hilfe von staatlichem Handeln schneller realisiert werden. Zum anderen ist Industriepolitik im recht verstandenen Sinne auch Wettbewerbspolitik. Netzwerkexternalitäten und *Lock-In*-Effekte bergen die Gefahr in sich, zu einer Abschottung von Märkte und einer Behinderung von Wettbewerb zu führen. Dem ist entgegenzuwirken, um sowohl die mikro- als auch die makroökonomischen Potentiale des Netzes nutzbar machen zu können. Eine solche Politik kann als netzwerkbasierte Industriepolitik gekennzeichnet werden.[337]

---

336 Das war ein zentrales Anliegen bei der Neuausrichtung der europäischen Industriepolitik Anfang der 1990er Jahre. Vgl. dazu oben ab S. 15.

337 Der Begriff wurde von Erber/Hagemann (2002c, S. 357) geprägt. Er wird dort auf die Politik der USA bezogen: Die USA erlaubten die freie weltweite Verbreitung der internetrelevanten Technologie und des dazugehörigen *Know-Hows* im Vertrauen darauf, daß der Vorsprung der US-amerikanischen Unternehmen so groß sei, daß sie von den Externalitäten infolge des vergrößerten Netzwerks überproportional profitieren würden.

Im folgenden werden nun einzelne industriepolitische Maßnahmen zur Förderung des Internets abgeleitet. Dabei wird zur Strukturierung auf das 3-Ebenen-Modell von Seite 219 zurückgegriffen. Für die vorliegende Arbeit ist es zweckmäßig, jeweils getrennt für die verschiedenen Bereiche des Netzes die wirtschaftspolitischen Implikationen darzustellen. Auf jeder Ebene sind wachstums- und wettbewerbspolitische Aspekte relevant, so daß an dieser Stelle dieser Vorgehensweise gegenüber einer an Politikfeldern orientierten Einteilung der Vorzug gegeben wird.

Die Analyse geschieht dabei selbstredend nicht im luftleeren Raum. Sowohl auf deutscher als auch auf europäischer Ebene sind bereits entsprechende Initiativen zur Förderung der internetbasierten Informationsgesellschaft ins Leben gerufen worden. Als Beispiel ist dabei die europäische Initiative *eEurope* zu nennen, die es sich zum Ziel gesetzt hat, die Potentiale des Internets umfassend zu nutzen und eine europäische Informationsgesellschaft auf den Weg zu bringen.[338] Die Grundidee für dieses Konzept stammt noch aus der Phase der größten Internet-Euphorie. Deshalb sind die von der Kommission geäußerten Erwartungen und Hoffnungen aus heutiger Sicht mit Zurückhaltung zu interpretieren. Gleichwohl liefert das Konzept wichtige Hinweise für die richtige wirtschaftspolitische Beschäftigung mit dem Internet. Zusätzlich kann sie als Beispiel für den umfassenden industriepolitischen Ansatz der Union nach Maastricht gewertet werden. Die deutsche Bundesregierung hat ebenfalls ein umfangreiches Aktionsprogramm auf den Weg gebracht.[339] Dessen Schwerpunkt liegt in der Förderung der Informationsgesellschaft zum Zwecke der Sicherung zukunftsfähiger Beschäftigung in Deutschland im 21. Jahrhundert. Auch hier gilt das zum Programm der EU Gesagte: Die großen Erwartungen, die im Programm des Wirtschafts- und des Forschungsministeriums zum Ausdruck kommen, sind mittlerweile einer deutlich zurückhaltenderen Einschätzung gewichen. Dennoch sind die vorgeschlagenen Politiken nach wie vor sinnvoll. Auf beide Programmentwürfe wird im Laufe der folgenden Betrachtungen eingegangen werden.

5.3.2 Infrastrukturebene

Der Kern des Internets besteht aus den sogenannten *Backbones*, den von verschiedenen Unternehmen betriebenen Kernnetzen des Internets. Jedes Backbonenetz stellt für sich ein eigenständiges und funktionsfähiges Netzwerk dar. Das Internet als Netz der Netzwerke entsteht erst dadurch, daß die verschiedenen *Backbones* miteinander verknüpft werden.[340] Der Aufbau, wozu auch die Proto-

[338] Vgl. hierzu Europäische Kommission (1999, 2002a).
[339] Vgl. BMWi/BMBF (1999).
[340] Vgl. zum folgenden Bailey (1996), Srinagesh (1996) und Wiseman (2001, S. 77 – 83).

kollschicht gehört, ist seit den Anfängen des ARPANETs so gestaltet, daß alle Rechner, die an das Netz angeschlossen sind, von allen anderen Teilnehmern erreichbar sind. Seinem Wesen nach ist das Internet also darauf ausgerichtet, maximale Netzwerkeffekte zu realisieren. Dieser Umstand erklärt mithin sein rasantes Wachstum seit Anfang der 1990er Jahre, nachdem die kritische Masse an Benutzern erreicht worden war.

Im Gegensatz zu den Anfängen besteht das Netz heute nicht mehr aus einem Kern, wo durch zentrale Administration die allseitige Erreichbarkeit garantiert werden konnte. Die Backbones – und damit das eigentliche Netz – werden mittlerweile von einer Vielzahl meist profitorientierter Unternehmen betrieben. Allgemeine Erreichbarkeit ist heute nur dann gewährleistet, wenn sich die Netzbetreiber dazu bereit erklären, ihre Netze zusammenzuschalten. Kompatibilität ist in diesem Netzwerk dadurch gewährleistet, daß die offenen Standards der Protokollschicht den Datenaustausch gewährleisten, sofern eine physikalische Verbindung besteht.[341]

Die Zusammenschaltung von IP-*Backbones* wird als *Peering* bezeichnet, wobei diese in der Regel nicht mit Zahlungen zwischen den Peeringpartnern verbunden sind. Es fallen jeweils nur die Kosten für die technische Infrastruktur an, die aus sog. *Routern* und den Leitungen bestehen. Die *Router* sorgen dafür, daß die Datenpakete entsprechend ihres Bestimmungsortes in einem bzw. zwischen verschiedenen *Backbones* weitergeleitet werden. *Peerings* können auf unterschiedliche Art und Weise realisiert werden. So gibt es z.B. sogenannte Privatpeerings, bei denen die *Backbones* zweier *Provider* direkt miteinander zusammengeschaltet werden. Eine andere Möglichkeit sind zentrale Peeringpunkte, wo in einem Rechenzentrum die *Backbones* verschiedener Anbieter miteinander verknüpft werden. In den USA sind die wichtigsten CIX (*Commercial Internet Exchange*) und MAE (*Metropolitan Area Ethernet*)-West und -East.[342]

---

[341] Genau genommen müßte man bei der Untersuchung die Infrastrukturebene noch weiter differenzieren. Unterhalb der durch das Internetprotokoll TCP/IP bestimmten Schicht gibt es noch eine weitere physikalische Ebene. Auf dieser findet die technisch-physikalische Verknüpfung der verschiedenen Netzwerke statt. Die dabei verwendeten Technologien können von Betreiber zu Betreiber verschieden sein. Für einen ersten Einblick vgl. Srinagesh (1996, S. 3 – 6). Eine Berücksichtigung dieser Aspekte würde den Rahmen der vorliegenden Untersuchung sprengen. Zudem würde sich der zusätzliche Erkenntnisgewinn vor allem auf technische Aspekte beschränken. Auf ihre Betrachtung kann deshalb hier verzichtet werden. Für eine an ökonomischen Fragestellungen interessierte Untersuchung ist die Beschränkung auf die Zusammenschaltung der Netze auf der TCP/IP-Ebene völlig ausreichend.

[342] Vgl. Worldcom (2002). Anders als beim CIX und beim DE-CIX beinhaltet die Teilnahme an den Peeringpunkten MAE-East und -West nicht automatisch eine Verknüpfung aller beteiligter *Backbones*. Dazu müssen jeweils noch Verträge zwischen den einzelnen Anbietern abgeschlossen werden. Diese Details werden an dieser Stelle nur deshalb erwähnt, um die Vielfalt der Möglichkeiten bei der Ausgestaltung der *Peerings* aufzuzeigen.

Über sie läuft der Großteil des US-amerikanischen Internetverkehrs. In Deutschland gibt es in Frankfurt einen entsprechenden Austauschpunkt, den sogenannten DE-CIX, (Deutscher *Commercial Internet Exchange*). An diesem *peeren* die wichtigsten deutschen *Backbones* mit Ausnahme der Deutschen Telekom AG miteinander.[343]

Aus dem Gesagten ist die Bedeutung der *Backbones* bzw. deren Zusammenschaltung deutlich geworden. Das Funktionieren des Internets hängt davon ab, daß es hierbei zu keinen Beschränkungen kommt. Wenn das Internet die Effizienz von Märkten erhöhen soll, wenn es als ubiquitäre Mehrzwecktechnologie in einer Volkswirtschaft zum Einsatz kommen soll, wenn dabei umfassende Netzwerkeffekte genutzt werden sollen, dann muß der bisher erreichte Offenheitsgrad erhalten bleiben. Bis zum heutigen Zeitpunkt scheinen hier keine Probleme zu liegen. Es könnten jedoch in Zukunft für ein marktbeherrschendes Netzwerk verstärkte Anreize bestehen, Kunden anderer Backboneanbieter den Zugang zu Rechnern im eigenen Netzwerk zu verwehren. Das würde dann Sinn machen, wenn es ein marktbeherrschendes Unternehmen erreicht, attraktive Inhalte bereitzustellen bzw. Drittanbieter von Inhalten zum Anschluß an das eigene Netzwerk zu bewegen. Damit könnten die Netzwerkeffekte für das eigene Angebot genutzt werden: Als großer *Backboneprovider* bietet man Dritten eine große Kundenbasis, die an diese ihre Produkte verkaufen können. Gleichzeitig ist ein umfassendes Angebot für Privatkunden ein weiterer Anreiz, den Internetzugang beim Marktführer zu erwerben. Bisher wurde dieses Szenario jedoch noch nicht umgesetzt.

Daß solche Überlegungen nicht von der Hand zu weisen sind, zeigen die Auflagen bei der Fusion von MCI und Worldcom im Jahr 1998.[344] Auch hier spielten netzwerkökonomische Überlegungen eine entscheidende Rolle. Worldcom wurde verpflichtet, die eigenen Backboneaktivitäten an den Konkurrenten Cable&Wireless zu verkaufen. Ohne diese Auflage hätte das fusionierte Unternehmen einen Marktanteil zwischen 40 und 75% gehabt.[345] Vor der Fusion sah die Struktur des Marktes in den USA folgendermaßen aus: Es gab (bzw. gibt auch heute noch) eine kleine Anzahl von nationalen *Backboneprovidern*, die ihre Netze kostenfrei zusammenschalteten. Daneben gab es Anbieter, die zwar auch landesweit präsent aber deutlich kleiner als die großen waren. Sie mußten für die Zusammenschaltung mit den Netzen der großen *Backboneprovider* entsprechend dem erzeugten Internetverkehr zahlen. Schließlich existierten noch

---

[343] Vgl. Decix (2000).

[344] Vgl. Robinson (1999), die einen interessanten Überblick aus der Perspektive des US Justizministeriums gibt.

[345] Die Abgrenzung des relevanten Marktes war nicht trivial. Selbst im für MCI/Worldcom günstigsten Fall hätte der Marktanteil 40% betragen. Die CR_2 wäre 75% gewesen. Der nach der Fusion dann drittgrößte Wettbewerber hätte lediglich einen Marktanteil von ca. 4% gehabt. Vgl. Robinson (1999, S. 10f.).

regionale Anbieter mit deutlich kleineren Netzen und ISPs ohne eigenes Netz. Beide mußten für die Benutzung der *Backbones* anderer ebenfalls zahlen. Für die großen Anbieter bestand in dieser Situation ein Anreiz, mit den Wettbewerbern auf der gleichen Ebene kostenfrei zu *peeren*, um für die eigene Kundschaft die Erreichbarkeit aller Ziele im Internet sicherzustellen. Die Fusion von MCI und Worldcom hätte jedoch zu einer Asymmetrie geführt. Mit dem dann deutlich größeren Marktanteil wären die anderen Anbieter viel stärker auf das fusionierte Unternehmen angewiesen gewesen als umgekehrt. Das neue Unternehmen wäre in der Lage gewesen, die Peeringvereinbarungen zu seinen Gunsten zu verändern: Es hätte von den ehemals gleichberechtigten Partnern Geld für den Netzzusammenschluß verlangen können. Dadurch wären die Wettbewerber zu Kunden geworden. Deren Kosten wären angestiegen, während das neue Unternehmen seine Leistungen billiger anbieten und so den ganzen Markt erobern hätte können. Eine andere Möglichkeit wäre gewesen, die Kompatibilität zumindest teilweise dadurch aufzugeben, daß die *Peerings* mit anderen Anbietern nicht mehr ausgebaut werden. Das hätte zu vermehrten Überfüllungseffekten geführt, unter denen vor allem die Wettbewerber zu leiden gehabt hätten. Die Netzwerke wären teilweise voneinander getrennt gewesen; das größte Netzwerk hätte davon auf Grund der größten Netzwerkexternalitäten profitiert. Deshalb wurde MCI auferlegt, das eigene *Backbone* zu verkaufen.

Eine ähnliche Konstellation ergab sich im Jahr 2000, als das jetzt fusionierte Unternehmen MCI Worldcom, den Wettbewerber Sprint übernehmen wollte. Nachdem das US-Justizministerium angekündigt hatte, die Fusion blockieren zu wollen, zog das Unternehmen seinen Antrag zurück. Im selben Jahr wurde der Fusion von Bell Atlantic und GTE nur unter der Auflage zugestimmt, daß GTE die Internetaktivitäten verkauft.[346]

Die Marktentwicklung ist im Bereich der Backbonebetreiber außerordentlich dynamisch. War MCI Worldcom im geschilderten Fall noch als Bedrohung für einen funktionsfähigen Wettbewerb betrachtet worden, so befindet sich das Unternehmen heute selber in einer existentiellen Notlage. Es wurde von der Krise der Telekommunikationsbranche voll erfaßt. Die Schuldenhöhe könnte existenzbedrohend werden.[347] Global Crossing, einer der großen weltweiten Datennetzbetreiber, hat im Januar 2002 Konkurs angemeldet.[348] Das macht deutlich, daß Wettbewerbspolitik in diesem Umfeld sehr kompliziert ist. Beim Microsoft-Prozeß war einer der Streitpunkte die Frage, ob nicht die schnelle Weiterentwicklung des Marktes der Wettbewerbspolitik eine stärkere Zurückhaltung auferlegen würde. Das verdeutlicht das Dilemma, vor dem die Wettbewerbspolitik steht: Auf der einen Seite ist es ihre Aufgabe, funktionsfähigen

---

[346] Vgl. zu beiden Fällen Washington Internet Project (2002).
[347] Vgl. Petzke (2002).
[348] Vgl. Fiutak (2002b).

Wettbewerb zu erhalten, auf der anderen Seite soll sie nicht zu sehr in das Entdeckungsverfahren des Wettbewerbs eingreifen.

In Deutschland sieht die Situation folgendermaßen aus: Hier ist die Deutsche Telekom AG eindeutiger Marktführer. Informationen über Marktanteile der Backbonebetreiber sind nicht erhältlich. Lediglich die für die Zugangsbetreiber, die ihren Endkunden die Einwahl in das Internet ermöglichen, liegen vor. Daraus sind dennoch Rückschlüsse auf den Backbonemarkt zulässig, da die wichtigsten Anbieter jeweils andere Backboneprovider nutzen. Anläßlich der Etablierung eines gemeinsamen Internetauftritts von T-Online und der Bildzeitung untersuchte das Bundeskartellamt den Markt für Internetzugangsanbieter. Es kam dabei zu dem Ergebnis, daß T-Online einen Marktanteil von über 50% besitzt. Der nächstkleinere Anbieter ist AOL Deutschland mit ca. 20%, gefolgt von Freenet, der Internettochter von Mobilcom, mit 10% sowie Tiscali und Arcor mit jeweils unter 10%. Die restlichen Anteile von unter 5% teilen sich ungefähr 100 weitere Anbieter auf. [349] T-Online nutzt den *Backbone* der Deutschen Telekom AG, AOL den von Mediaways, Freenet, Tiscali und Arcor jeweils den eigenen. Damit ist davon auszugehen, daß die Deutsche Telekom AG auch auf dem Markt für *Backboneprovider* eine marktbeherrschende Stellung besitzt.[350] Allerdings ist diese weniger problematisch, als es der hohe Marktanteil zu indizieren scheint. Dieser rührt überwiegend aus den Erfolgen im Privatkundengeschäft. Die Telekom hat es dagegen nicht geschafft, denselben Erfolg bei Inhalteanbietern zu wiederholen. Auch deutschsprachige Angebote nutzen häufig andere *Backbones* als die der Telekom. Darüber hinaus

---

[349] Vgl. Bundeskartellamt (2002, S. 7f.). Die Zahlen sind nicht ganz eindeutig. So geht das Kartellamt von einer Kundenzahl T-Onlines in Deutschland von ca. 12 Mio. aus. Gemäß T-Online (2002b) waren es zum 31.3.2002 aber lediglich 9,2 Mio. Als Gesamtzahl aller Internetnutzer nennt die Behörde 23 Mio. Gemäß der oben S. 133 zitierten ARD/ZDF-Onlinestudie nutzten 2001 knapp 25 Mio. Deutsche das Internet. Danach käme T-Online auf einen Marktanteil von ca. 40%, was aber am Urteil des Kartellamts, daß T-Online eine marktbeherrschende Stellung innehat, nichts ändert. Genaue Zahlen sind ohnehin sehr schwer zu ermitteln, da die Kundenzahlen der Anbieter lediglich die Zahl der Nutzer angibt, zu der eine vertragliche Kundenbeziehung bestand bzw. die den Dienst aktiv nutzten. Wieviele Menschen einen solchen Zugang tatsächlich nutzen, ist damit nicht zu ermitteln. Insbesondere bei breitbandigen Internetanschlüssen ist davon auszugehen, daß sich mehrere Nutzer einen Anschluß teilen. In diesem Marktsegment hat T-Online ungefähr 2 Mio. Kunden. Das entspricht einem Marktanteil von über 95%. Vgl. Griebnitz (2002) und o. V. (2002h).

[350] Diese These ist mit einigen Einschränkungen zu interpretieren. Bei den Marktanteilszahlen werden die universitären und geschäftlichen Internetzugänge nicht erfaßt. Um eine exakte Marktanalyse durchführen zu können, müßten auch die Internetverkehre dieser beiden Bereiche einbezogen werden. Das *Backbone* der deutschen Universitäten wird von der Deutschen Telekom betrieben. Vgl. DFN (2001a). Deshalb spricht viel dafür, daß die These von der Marktbeherrschung der Telekom im Bereich der *Backboneprovider* in Deutschland zutreffend ist.

finden sich wichtige Inhalte in großer Anzahl in den USA. Damit hat die Telekom keinen Anreiz, ihr Netz nach außen abzuschließen. Ihren hohen Marktanteil wird sie nur dann halten oder ausbauen können, wenn sie weiterhin weltweite Konnektivität bereitstellt und für leistungsfähige *Peerings* sorgt. Die aktuelle Situation in Deutschland ist für die Existenz eines offenen Netzwerks also anreizkompatibel.[351] Problematisch ist eher die Peeringpolitik der Deutschen Telekom AG. Wie erwähnt, beteiligt sich die Telekom in Deutschland nicht am großen Peeringpunkt DE-CIX in Frankfurt, sondern unterhält ausschließlich direkte *Peerings* mit den anderen Backboneanbietern. Hierbei verlangt sie, daß diese stets eine Leitung zur Telekom legen. Da solche Verbindungen in Deutschland zum größten Teil von der Telekom selber bereitgestellt werden, verdient sie an diesen Verbindungen, die eigentlich für die Beteiligten kostenfrei sind. Das ist der Telekom nur auf Grund ihrer spezifischen Rolle auf dem deutschen Markt für Telekommunikationsdienstleistungen möglich.

Aus diesem Marktüberblick können industriepolitische Handlungsoptionen abgeleitet werden. Zunächst ist festzuhalten, daß sich seit der Privatisierung des Internets in den USA[352] ein privat organisierter Backbonemarkt sowohl in den USA als auch in Europa eigenständig entwickelt hat. Dieser Prozeß wurde durch staatliche Forschungsförderung unterstützt. So förderte die Bundesregierung den Aufbau des sogenannten Internet2 in Deutschland. In Baden-Württemberg erfolgte die gleiche Entwicklung parallel im BelWü mit Hilfe der Landesregierung.[353] Die Politik erfüllte damit ihre wachstumspolitische Aufgabe. Sie unterstützt mit diesen Projekten Forschungsanstrengungen und betreibt damit klassische F&E-Politik. Auf der anderen Seite tritt die öffentliche Hand über die öffentlichen Bildungseinrichtungen, allen voran die Universitäten, auch als großer und verläßlicher Nachfrager auf, so daß für die Anbieter dieser Technologien konstante Rahmenbedingungen vorhanden sind. Gleichzeitig sind die Nutzungsbedingungen sehr frei gehalten, es finden keine Einschränkungen bei den Anwendungen statt. Das Prinzip der Offenheit der Standards wird voll respektiert, so daß der spezifische Charakter des Internets voll gewahrt und gefördert wird. Das hängt selbstverständlich damit zusammen, daß das Internet im akademischen Bereich entstanden ist. Weiterhin ist an dieser Politik bemerkenswert, daß es den Nutzern der universitären Internetzugänge

351 Die Telekom versucht, diesem Umstand durch die Etablierung neuartiger Angebote entgegenzuwirken. So errichtet die Internettochter T-Online mit etablierten Anbietern der deutschen Medienwirtschaft verschiedene thematische Portale. Als Beispiele sind zu nennen: www.auto.t-online.de (Zusammenarbeit mit der „Motor-Presse Stuttgart"), www.bild.t-online.de (mit dem Axel Springer Verlag) und www.heute.t-online.de (mit dem ZDF).

352 Vgl. oben S. 124.

353 Vgl. DFN (2001a) für Deutschland bzw. Ministerium für Wissenschaft und Kunst (2000) für Baden-Württemberg.

ebenfalls möglich ist, Dienste in Anspruch zu nehmen, die wenig oder nichts mit ihren akademischen Tätigkeiten zu tun haben. Das ist als Humankapitalförderung zu interpretieren. Das Erlernen von internetspezifischen Fähigkeiten erhöht den berufsverwertbaren Wissensbestand; gleichzeitig werden durch die mit dem Humankapital verbundenen positiven Externalitäten Wachstumsimpulse erzeugt.[354]

Neben diesen wachstumsorientierten Maßnahmen, die die Wirtschaftspolitik richtigerweise ergriffen hat, sind zusätzlich wettbewerbspolitische Aspekte zu berücksichtigen. Wie oben dargestellt, hat die US-amerikanische Wettbewerbspolitik die Herausforderung erkannt und angenommen. In Deutschland bzw. Europa hat sich das Problem bisher so noch nicht gestellt.[355] In der Alten Welt steht vor allem die Deregulierung und die Privatisierung der ehemaligen Staatsmonopolisten im Vordergrund der Wettbewerbs- und Regulierungspolitik, die sich mit Informations- und Kommunikationstechnologien beschäftigt. Dieser Bereich spielt bei der Frage des Zugangs zum Internet – dem zweiten, wichtigen Bereich der Infrastrukturebene – ebenfalls eine herausragende Rolle. Deshalb wird darauf im folgenden Abschnitt ausführlich eingegangen.

Entscheidend für eine weitere Verbreitung des Internets ist die Frage des Zugangs zum Netz. Qualität und Preis werden für die Diffusion der Mehrzwecktechnologie bestimmend sein.[356] Da der Zugang in Deutschland überwiegend über das öffentliche Telefonnetz der Deutschen Telekom AG erfolgt, ist nun im folgenden näher auf die Wettbewerbssituation auf dem deutschen Telekommunikationsmarkt einzugehen.[357]

Zum 1. Januar 1998 wurde in Deutschland das Monopol der Deutschen Telekom für Sprachtelefoniedienste aufgehoben.[358] Dieses Ereignis löste einen umfassenden Anpassungsprozeß der gesamten Telekommunikationsindustrie in Deutschland aus und führte zu einem sehr weitgehenden Preisverfall. Zwei

---

[354] Das quantitative Ausmaß des Humankapitaleffekts sollte nicht überbewertet werden. Gleichwohl stellt diese indirekte staatliche Förderung des Humankapitals eine sinnvolle Maßnahme dar.

[355] Die Europäische Kommission hat allerdings bei der Fusionsentscheidung MCI Worldcom in enger Abstimmung mit den US-amerikanischen Behörden mitgewirkt, so daß von einem entsprechenden Problembewußtsein auszugehen ist. Vgl. Robinson (1999, S. 8).

[356] Vgl. z.B. Holznagel et al. (2001, S. 4), die den Preis an erster Stelle möglicher Akzeptanzhürden des Internets nennen. Welfens/Jungmittag (1999, S. 13) verweisen neben dem Preis u.a. noch auf die zu geringe Bandbreite, die im traditionellen Telefonnetz zur Verfügung steht. Daneben wird in beiden Veröffentlichungen noch auf das Problem fehlender attraktiver Inhalte verwiesen. Darauf wird weiter unten ab S. 261 eingegangen.

[357] Der Überblick wird sich dabei auf die wesentlichen ökonomischen Rahmendaten beschränken. Eine detaillierte Darstellung der Zusammenhänge, insbesondere aus technischer Sicht, würde den Rahmen dieser Untersuchung sprengen.

[358] Vgl. Dittberner (2000).

Aspekte kennzeichnen die Liberalisierung: zum einen nunmehr die freie Wahl des Verbindungsnetzbetreibers (VNB), zum anderen die des Teilnehmernetzbetreibers (TNB). Als VNB wird der Telekomanbieter bezeichnet, der eine Verbindung zwischen zwei Kunden für die Dauer eines Gesprächs herstellt. Ein TNB ist ein Unternehmen, das den dauerhaften Anschluß des Teilnehmers an das Telefonnetz gewährleistet.

Der Wechsel des VNB ist ziemlich einfach möglich. Er kann in Deutschland im Rahmen des sogenannten *Call-by-Call*-Verfahrens durch das Wählen der anbieterspezifischen Vorwahl vor jedem Telefonat durchgeführt werden. Beim sogenannten *Preselection*-Verfahren wird der VNB für Gespräche, die mit einer 0 beginnen, also alle Gespräche außerhalb des eigenen Ortsnetzes, fest eingestellt.[359] Damit die Verbindungen zwischen den Netzwerken der verschiedenen Anbieter funktionieren, müssen sie zusammengeschaltet werden. Dabei entstehen für die Telefongesellschaften Kosten für die Inanspruchnahme des Netzes des jeweiligen Wettbewerbers, mit dem das eigene Netz zusammengeschaltet wird. Da die ganz überwiegende Zahl der Telefonnutzer ihren Anschluß bei der Deutschen Telekom AG hat, ist diese in den allermeisten Fällen Empfängerin dieser Zahlungen. Da sie eine marktbeherrschende Stellung innehat, werden die Zusammenschaltungsentgelte von der Regulierungsbehörde für Telekommunikation und Post (RegTP) im Wege der ex-ante-Regulierung festgelegt. Dabei ist die Telekom verpflichtet, ihr Netz mit den Wettbewerbern zusammenzuschalten; es existiert für das marktbeherrschende Unternehmen ein Kontrahierungszwang.

Der Wechsel des TNB ist aus technischen Gründen wesentlich komplizierter. Da die Wettbewerber der Telekom überwiegend keine eigenen Leitungen verlegen, müssen sie die Teilnehmeranschlußleitung (TAL)[360] von der Deutschen Telekom AG mieten. Um die Kunden an das eigene Netz anschließen zu können, müssen sie in der Vermittlungsstelle der Telekom Räume (Kollokationen) anmieten, in denen die eigene Technik installiert werden kann. Von dort aus erfolgt dann der Übergang ins eigene Netz. Damit Verbindungen hergestellt werden können, müssen auch in diesem Fall die verschiedenen Netze zusammengeschalten werden. Die Miete für die TAL und für die Kollokationsräume werden ebenfalls von der RegTP festgelegt. Die folgende schematisch Abbildung verdeutlicht die Zusammenhänge.[361]

---

[359] Theoretisch wäre das auch für Ortsgespräche möglich. Das ist aber in Deutschland nach gängiger Rechtslage noch nicht realisierbar. Es soll Ende 2002 in Deutschland eingeführt werden. Vgl. BMWi (2002c).

[360] Häufig wird die Leitung von der Vermittlungsstelle zum Kunden auch als „letzte Meile“ bezeichnet.

[361] Bei WIK (2000a, b) findet sich eine sehr detaillierte Darstellung des Aufbaus eines Telefonnetzes. Die schematische Darstellung verfolgt hier lediglich den Zweck, die grundlegende Funktionsweise zu erläutern, um so die Auswirkungen der Regulierungsentscheidungen bewerten zu können.

Abb. 5.15: Schematische Darstellung des Telefonnetzes

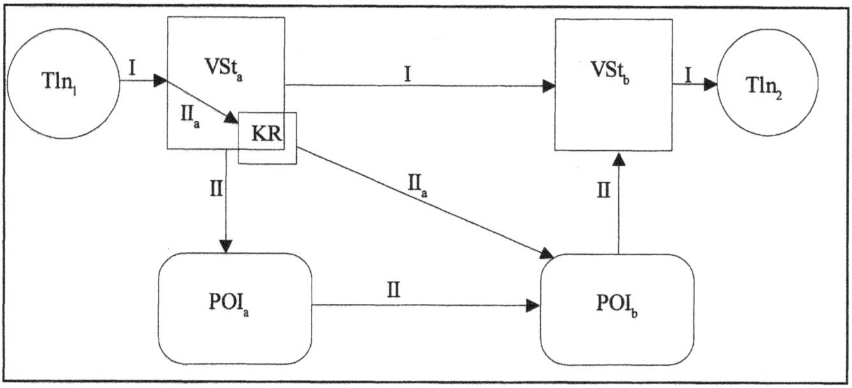

Quelle: Eigene Darstellung.

Die beiden Vermittlungsstellen a und b (VSt_a und VSt_b) werden von einem Anbieter, der Deutschen Telekom AG betrieben. Wenn ein Kunde der Telekom einen anderen anruft, dann verläuft das Telefonat entlang der Linie I. Es sei dabei unterstellt, daß die beiden Teilnehmer in unterschiedlichen Städten, z.B. Stuttgart und Wiesbaden, wohnen. Sofern nun Teilnehmer 1 (Tln_1) mittels *Call-by-Call* oder *Preselection* seinen VNB wechselt, so läuft der Verkehr ab dem Zusammenschaltungspunkt POI_a[362] bis zum POI_b über das Netz des alternativen Telekomunternehmens (z.B. Arcor) entlang der Linie II, zwischen den Teilnehmern Tln_1 und Tln_2 und den Vermittlungsstellen VSt_a und VSt_b entlang der Linien I. Der Kunde zahlt den gesamten Rechnungsbetrag für das Telefonat an Arcor. Dieses Unternehmen muß an die Telekom Interconnectionentgelte dafür entrichten, daß es das Netz der Telekom vom Teilnehmer bis zu den POIs in Anspruch genommen hat. Für den Fall, daß Teilnehmer 1 Arcor als seinen TNB gewählt hat, sieht der Ablauf anders aus. Die Verbindung verläuft über die gemietete TAL in den Kollokationsraum (KR) Arcors direkt weiter in dessen Fernverkehrsnetz (Verbindungen II_a). Erst am POI_b wird das Gespräch wieder in das Netz der Telekom übergeben. Dementsprechend ergeben sich andere Zahlungsströme: Der Tln_1 zahlt an Arcor sowohl eine monatliche Grundgebühr als auch den Preis für das getätigte Telefonat. Arcor entrichtet an die Telekom die monatliche TAL-Miete, sowie das Zusammenschaltungsentgelt für die Nutzung des Telekomnetzes vom POI_b bis zum Tln_2. Die Interconnectiongebühren sind in diesem Fall niedriger, da nur einmal die Infrastruktur der Telekom in Anspruch genommen wurde. Daneben entstehen noch die Investitionskosten für

[362] POI: *Point of Interconnection;* Fachbegriff für den Ort, an denen Telefonnetze zusammengeschaltet werden.

die technische Ausrüstung, die im Kollokationsraum installiert wird. Ein wichtiges Unterscheidungsmerkmal der beiden TNB (Telekom und Arcor) ist die Tatsache, daß über die Deutsche Telekom AG jeder *Call-by-Call*-Anbieter erreichbar ist, über den alternativen TNB (Arcor) in der Regel nur das Netz der Telekom. Mit der Wahl eines anderen TNB als der Telekom verzichtet ein Kunde also auf die Möglichkeit, seinen VNB wechseln zu können.

Mit obiger schematischer Darstellung sind nun die wettbewerbspolitischen Handlungsoptionen sichtbar geworden. Die RegTP bestimmt die TAL-Miete, die Miete der Kollokationsräume und die Zusammenschaltungsentgelte. Je nach deren Ausgestaltung wird sich der Wettbewerb stärker auf den Bereich der Verbindungsnetzbetreiber oder der Teilnehmernetzbetreiber konzentrieren. Dabei hat das Regulierungsregime auch Auswirkungen auf den Zugang zum Internet. Für die Entwicklung der Zugangspreise sind nämlich faktisch dieselben Regulierungsentscheidungen von Belang. Das zeigt sich in der folgenden schematischen Darstellung der technischen Aspekte des Internetzugangs.

Abb. 5.16: Schematische Darstellung der technischen Aspekte des Internetzugangs

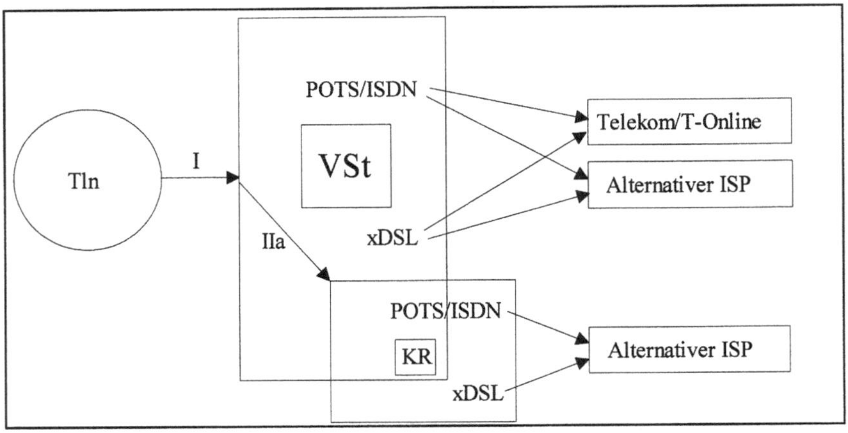

Quelle: Eigene Darstellung.

Auch beim Internetzugang sind grundsätzlich die beiden obigen Alternativen zu unterscheiden. Entweder hat der Teilnehmer die Telekom als TNB oder einen alternativen Anbieter. Im ersten Fall wickelt der Kunde seinen Internetverkehr über die Vermittlungsstelle der Telekom ab, im zweiten über den in der VSt befindlichen Kollokationsraum der anderen Telefongesellschaft. Der Pfeil I bezeichnet die letzte Meile vom Kunden bis zur Vermittlungsstelle, Pfeil IIa zeigt die Übergabe ins Netz des Wettbewerbers der Telekom über den Kollokationsraum, wenn dieser die letzte Meile von der Telekom gemietet hat. Der Zugang zum Internet kann nun über verschiedene Konstellationen erfolgen. Ein

Kunde der Telekom kann sich über einen analogen oder einen ISDN-Anschluß ins Internet einwählen. Dabei hat er die Möglichkeit, sich zwischen dem ISP der Telekom (T-Online) und anderen ISPs zu entscheiden. Im letzteren Fall wird der Zugang im Prinzip auf die gleiche Art und Weise durchgeführt wie die Telefonate über *Call-by-Call* oder *Preselection* im oben dargestellten Telefonnetz. Abrechnungstechnisch wird das so gehandhabt, daß der Kunde das Entgelt vollständig an den ISP entrichtet. Dieser muß dann für die Inanspruchnahme der Infrastruktur der Telekom pro „Internetanruf" ein Zusammenschaltungsentgelt entrichten. Es kann auch das breitbandige T-DSL-Angebot der Telekom genutzt werden. Dabei besteht grundsätzlich ebenfalls die Möglichkeit, zwischen der Telekom und alternativen Anbietern zu wählen. Allerdings ist die Wahlfreiheit in diesem Fall eingeschränkt. Aus technischer Sicht stellt eine xDSL-Verbindung keine Wahlverbindung im herkömmlichen Sinne dar. Der Zugang zu einem alternativen ISP ist technisch aufwendiger zu regeln. Deshalb sind in der Praxis nur einige wenige andere Anbieter (vor allem AOL und 1&1[363]) über T-DSL zu erreichen, wohingegen bei einer Nutzung der analogen bzw. ISDN-Zugangstechnologie im Prinzip jeder ISP erreichbar ist.[364]

Bei einem Wechsel des TNB ergibt sich die bereits aus der Telefonie bekannte Situation. Die Teilnehmeranschlußleitung wird von der Telekom gemietet. Im Kollokationsraum in der Vermittlungsstelle installieren die Wettbewerber ihre eigene Technik. Ab diesem Punkt wird der gesamte Internetverkehr ins Netz des alternativen Anbieters geführt. Dabei besteht auch die Möglichkeit, zwischen einem „traditionellen" Zugang über normale Telefontechnik und einem breitbandigen DSL-Zugang zu wählen. Als ISP kommt dabei in der Regel nur der Zugang der Telefongesellschaft in Frage.[365] Als Kosten fallen hier wiederum die TAL-Miete und die Investitionskosten an.

Die Regulierung hat zwei Problemfelder zu entscheiden: Das eine betrifft die Zusammenschlußentgelte, das andere die Miete für die Überlassung der Teilnehmeranschlußleitung. Die einzelnen Schritte der Regulierungsentscheidungen brauchen hier nicht im einzelnen nachvollzogen werden. Die Richtung der Regulierung wird deutlich, wenn man sich die folgenden Aspekte verdeutlicht.

---

363 Zu den Angeboten dieser Unternehmen vgl. www.aol.de und www.einsundeins.com.

364 In jüngster Vergangenheit hat sich eine technische Neuerung entwickelt, die stärkeren Wettbewerb ermöglicht. Es ist nunmehr möglich, über den T-DSL Zugang der Telekom ISPs anzuwählen, die gänzlich unabhängig von der Telekom sind. Zu den technischen Details vgl. Mansmann (2002, S. 151). Es erscheint jetzt möglich, daß auf dem Markt für breitbandige Internetzugänge Wettbewerb entsteht.

365 AOL und T-Online sind auch bei alternativen TNB über POTS/ISDN erreichbar. Neben den geschilderten Fällen gibt es auch noch Internetzugangsanbieter, die ausschließlich einen breitbandigen Zugang zum Internet ermöglichen, aber keine Möglichkeit zur Sprachtelefonie anbieten. Ein Beispiel hierfür ist das Angebot der Firma QSC AG. Vgl. hierzu www.qdsl.de.

Auf der einen Seite beträgt der monatliche Grundpreis eines Analoganschlusses bei der Telekom 13,33 €, die Miete für die Überlassung der reinen Kupferdoppelader für die Konkurrenten der Deutschen Telekom AG 14,47 € pro Monat. Auf der anderen Seite kostet im Standardtarif der Telekom ein Ferngespräch in der Hauptverkehrszeit 12,3 Cent/Minute, wobei die Zusammenschaltungsgebühren zur selben Zeit zwischen 1,5 und 4,3 Cent/Minute betragen.[366] Vor diesem Hintergrund ist es klar, daß sich der Wettbewerb bisher vor allem auf die Vermittlung von Gesprächen konzentriert hat; die Übernahme der letzten Meile trat dagegen in den Hintergrund. So hatten die Wettbewerber der Telekom zum Jahreswechsel 2000/2001 bei Ferngesprächen einen Marktanteil zwischen 35 und 40%, bei Auslandsverbindungen sogar zwischen knapp 40 und etwas über 50%. Die Preise für Ferngespräche und für den Internetzugang sind dadurch innerhalb kürzester Zeit gesunken. Hatte ein Ferngespräch bei der Telekom vor der Liberalisierung 60 Pfg./min. in der Hauptzeit gekostet, so liegt der Preis momentan beim billigsten *Call-by-Call*-Anbieter bei ca. 2 Cent/min. Die Preise für den Internetzugang bewegen sich zur Zeit in ähnlichen Größenordnungen.[367] Bei den Ortsgesprächen lag der Anteil der Wettbewerber der Telekom dagegen nur bei 2,9 bzw. 2,2%.[368] Diese schwache Marktstellung spiegelt sich auch in den Zahlen der Festnetzanschlüsse wider. Im Jahre 2001 hatten die Wettbewerber lediglich einen Marktanteil von 3%.[369]

Dieses Marktergebnis war Resultat der Regulierungspolitik; es kann als gewolltes Ergebnis gedeutet werden. Aus politökonomischer Sicht ist dies sehr gut nachvollziehbar. Durch die Festlegung der Iinterconnection-Entgelte auf niedrigem Niveau sanken die Telefon- und Internetgebühren sehr schnell. Die Politik konnte gegenüber dem Wähler sehr rasch ein positives Ergebnis der

[366] Die Details zu den einzelnen Interconnection-Entgelten sowie zur Höhe der TAL-Miete finden sich in RegTP (2001a) und RegTP (2002a). Die tatsächliche Höhe der zu zahlenden Interconnection-Entgelte hängt davon ab, wie stark der VNB sein eigenes Netz ausgebaut hat. Ein Anbieter, der flächendeckend Übergabepunkte (POIs) zum Netz der Telekom hat, braucht lediglich die niedrigsten Gebühren zu zahlen. Zu den Preisen der Telekom vgl. Deutsche Telekom (2002a). Eine sehr gute Beschreibung der Entwicklung des Telekommunikationsmarktes (einschließlich der Preise und der Marktanteile) findet sich im Jahresbericht 2001 der Regulierungsbehörde. Vgl. hierzu RegTP (2002b, S. 13 – 19).

[367] Vgl. RegTP (2002b, S. 18). Ein Überblick über die sich häufig verändernden Preise findet sich im Internet z.B. unter www.teltarif.de.

[368] Vgl. hierzu Kruse (2001) und Monopolkommission (2001). Die Differenzen in den Zahlen ergeben sich durch die unterschiedliche Marktbetrachtung: Während Kruse (2001, S. 7) nur die Verbindungsminuten ausweist, berichtet die Monopolkommission (2001, S. 44 – 46) auch über die Umsätze. Da die Preise der Telekomwettbewerber niedriger sind, fällt der nach Verbindungsminuten ermittelte Marktanteil höher aus.

[369] Vgl. RegTP (2002b, S. 13). Ende des Jahres 2001 hatte die Telekom lediglich 623.624 Teilnehmeranschlußleitungen an die Konkurrenz vermietet. Vgl. ebenda, S. 14. Diese Situation wird von der RegTP als unbefriedigend empfunden, weshalb sie einen Sonderbericht zur Lage im Ortsnetzbereich veröffentlicht hat. Vgl. RegTP (2001b).

Liberalisierung des Telekommunikationsmarktes vorweisen, das so bei mehr Wettbewerb um die letzte Meile nicht zu erreichen gewesen wäre. Gleichzeitig stärkte diese Variante der Regulierung mittel- bis langfristig die Position der Telekom. Nur als Kunde dieses Unternehmens kann man die vielfältigen Möglichkeiten des *Call-by-Call*-Verfahrens nutzen; aus netzwerkökonomischer Sicht ein positiver *Lock-in*-Effekt zugunsten der Telekom. Auch dieses Ergebnis liegt im Interesse der Politik. Ein hoher Marktanteil und damit verbunden eine hohe Profitabilität der Telekom wird dazu führen, daß der Wert des Unternehmens steigt. Für das fiskalische Interesse des Staates ist dies uneingeschränkt positiv. Hohe Gewinne der Telekom führen mutmaßlich zu einem hohen Aktienkurs, der hohe Privatisierungserlöse für den Fiskus zur Folge haben. Man kann die beiden Zielsetzungen der Regulierung – niedrige Telefongebühren und starke Stellung der Telekom – auch als aufeinanderfolgende Phasen der Regulierungspolitik interpretieren, die an den Präsidenten der Regulierungsbehörde festzumachen sind. Der ehemalige Präsident Scheuerle stand für den Preisverfall, der jetzige Kurth für die Stärkung der Telekom.

Kurzfristig war die Regulierung also sehr wirksam; es gab einen sehr intensiven Preiswettbewerb. Dieser hat ganz sicher auch dazu beigetragen, daß sich das Internet so schnell in Deutschland verbreitet hat.[370] Allerdings wurde der rasche Preisverfall damit erkauft, daß im Bereich der Telefonanschlüsse der Wettbewerb noch kaum voran gekommen ist. Das ist nicht ohne Rückwirkungen auf die Marktentwicklung im Bereich breitbandiger Internetzugänge geblieben. Hier ist die Telekom fast alleiniger Anbieter. Ihr Marktanteil beträgt 95%. Die Differenz von zwei Prozentpunkten im Vergleich zu den Telefonanschlüssen ergibt sich daraus, daß in geringem Umfang auch alternative Breitbandanschlüsse, vor allem das TV-Kabel, genutzt werden.[371] Diese Entwicklung ist nicht ausschließlich negativ zu beurteilen. Die Telekom hat ihre starke Stellung bei den Telefonanschlüssen genutzt, um ihr DSL-Angebot mit einem sehr niedrigen Preis in den Markt einzuführen. Das hat ihr einerseits ermöglicht, ihr Quasi-Monopol bei den Festnetzanschlüssen auch auf den Breitbandbereich zu übertragen. Andererseits führte der niedrige Preis zu einer sehr raschen Diffusion der neuen Technologie. T-DSL wurde von der Deutschen Telekom AG 1999 eingeführt. Im Jahr 2000 gab es lediglich 200.000 Anschlüsse, gegenwärtig sind es bereits 2,4 Mio.[372] Diese Vormachtstellung führte jedoch zu Bedenken aus wettbewerbspolitischer Sicht. So strengte die RegTP auf Grund von Beschwerden von Wettbewerbern ein Verfahren wegen mutmaßlichen Preisdumpings gegen die Telekom an. Nach deren Ankündigung, die Preise zum 1. Mai 2002 anzuheben, wurde das Verfahren wieder eingestellt.[373] An der beherr-

[370] Zur schnellen Diffusion vgl. oben S. 133.
[371] Vgl. RegTP (2002b, S. 13).
[372] Vgl. OECD (2001. S. 13) sowie Deutsche Telekom (2002b).
[373] Vgl. o. V. (2002f).

schenden Stellung dürfte sich trotzdem in naher Zukunft nichts ändern. Um dem Monopol der Telekom im Bereich des breitbandigen Internets mittel- bis langfristig entgegenzuwirken, hat die RegTP zudem das sogenannte *Line Sharing* eingeführt.[374] Das besagt, daß die Telekom nunmehr verpflichtet ist, nicht mehr nur die ganze TAL an einen Wettbewerber zu vermieten, sondern lediglich bestimmte Frequenzbereiche, über die breitbandige Internetdienste angeboten werden können. Die monatliche Miete hierfür wurde mit 4,77 € festgesetzt. Ursprünglich wurden damit große Hoffnungen auf einen stärkeren Wettbewerb verbunden. Bisher hat sich allerdings noch kein Anbieter gefunden, der auf Grundlage dieser neuen Technologie seine Dienste realisiert.

Die breitbandigen DSL-Zugänge zum Internet sind deshalb so wichtig, da es für die zukünftige Entwicklung des Internets als Ganzes entscheidend sein wird, wie schnell diese Breitbandtechnologie diffundiert. Das Breitbandinternet stellt aus technischer Sicht die nächste Entwicklungsstufe der Mehrzwecktechnologie Internet dar. Mit ihm entsteht das Potential für viele neue Dienste und Anwendungen. Die Verbreitung von Informationen wird noch schneller erfolgen können. Dadurch könnten wiederum Produktivitätsfortschritte möglich sein.

Die OECD hat sich mit dem Sachverhalt auseinandergesetzt und dazu ein Arbeitspapier veröffentlicht, das sich mit der Rolle des Staates bei der Installation der Infrastruktur beschäftigt.[375] Dabei wird betont, daß die erste Aufgabe des Staates darin bestünde, Wettbewerb zu ermöglichen. Damit würden niedrigere Preise und eine gute Qualität erreicht. Lediglich in den Bereichen, in denen nicht mit einem marktlichen Angebot zu rechnen sei, vor allem in ländlichen Regionen, würden direkte staatliche Interventionen notwendig.

Interessant ist ein weiterer Aspekt des Papiers. Es setzt sich ausführlich mit den Potentialen auseinander, die sich aus dem nun anstehenden Entwicklungsschritt ergeben. Grundlegend für die neuen Möglichkeiten sei der technische Aspekt des Breitbandzugangs. Zum einen würde die erhöhte Geschwindigkeit die Netznutzung attraktiver gestalten. Das „Online-Erlebnis" würde positiver werden und die Verweildauer würde zunehmen. Zum anderen könnten Breitbandzugänge aus technischen Gründen anders tarifiert werden. Im Gegensatz zu den traditionellen Einwahlzugängen würden sie meist als dauerhafte Verbindungen realisiert. Die Abrechnung erfolge daher unabhängig von der Nutzungsdauer, in den überwiegenden Fällen als Pauschaltarife (sogenannte *Flatrates*). Auch das führe dazu, daß das Internet zukünftig länger genutzt werden wird.

Um den Themenkreis *Flatrate* hat sich in der Literatur und in der regulierungspolitischen Praxis eine heftige Kontroverse entwickelt. Welfens und Jungmittag (1999) fordern die Einführung eines Pauschaltarifs für die Nutzung des Internets über POTS/ISDN. Sie erhoffen sich davon einen positiven Arbeits-

[374] Vgl. RegTP (2002c).
[375] Vgl. Umino (2002).

platzeffekt von bis zu 400.000, der durch die infolge einer *Flatrate* zu erwartenden stärkeren Nutzung des Internets induziert werden soll. Auch die Wettbewerber der Deutschen Telekom AG haben von dieser gefordert, auf Großhandelsebene einen Pauschaltarif (Großhandelsflatrate – GHF) anzubieten, der sie in die Lage versetzen würde, ein entsprechendes Angebot für die Kunden bereitzustellen. Vor diesem Hintergrund hat die RegTP (2000) die Telekom verpflichtet, eine sogenannte Großhandelsflatrate anzubieten. Diese Verfügung wurde per Gerichtsbeschluß wieder aufgehoben.[376] Die Telekom bietet mittlerweile zwar einen entsprechenden Tarif an, den aber nur die eigene Tochter T-Online nutzt. Pauschale Endkundentarife gibt es im Schmalbandbereich hingegen nicht. Im Juli 2002 hat die RegTP die Telekom erneut dazu verpflichtet, eine GHF anzubieten. Zusätzlich wurde über technische Details entschieden, was zur Folge hat, daß nun auch andere Anbieter in der Lage sein werden, den Pauschaltarif zu nutzen.[377] Allerdings wurde diese Anordnung erneut durch das Verwaltungsgericht Köln aufgehoben.[378] Damit bleibt die regulierungspolitische Situation des Internetzugangs beim Status Quo. Der Streit wird allerdings mit der zunehmenden Diffusion von Breitbandzugängen obsolet werden. Wie erwähnt sind hier Pauschaltarife für die Endkunden aus technischen Gründen die Regel. Unter der Voraussetzung, daß es weiterhin Wettbewerb in diesem Bereich geben wird, dürfte sich an dieser Lage nichts ändern.[379]

Die höhere Bandbreite und die längere Nutzung werden eine Reihe von neuen Angeboten ermöglichen, sowohl ökonomische als auch soziale. Zu nennen sind neue Möglichkeiten im *E-Commerce*, in der Bildung, in der Gesundheitsvorsorge, in der Unterhaltung und im *E-Government*, also in der

[376] Vgl. o. V. (2001a).

[377] Vgl. RegTP (2002d). Die technische Regulierung besagt, daß die Zahl der Übergabepunkte zwischen dem Telekomnetz und dem Netz des ISP deutlich geringer als beim aktuellen Angebot der Telekom für eine GHF sein wird. Es wird nurmehr nötig sein, eine Zusammenschaltung an den 475 Regionalvermittlungstellen herzustellen. Die Telekom verlangt das momentan an ca. 1.600 lokalen Vermittlungsstellen.

[378] Vgl. Maetsch (2002).

[379] Die hier skizzierten Vorteile von Pauschaltarifen übersteigen die möglichen Nachteile, auf die Wiseman (2001, S. 16 – 18) hinweist. Ein Nutzer, der einen Pauschalpreis zahlt, wird keinen Anreiz haben, seine Nutzung einzuschränken. Damit sind in verkehrsstarken Zeiten Kapazitätsengpässe möglich. Diesem Problem könnte man durch die Einführung von Obergrenzen bei den Pauschaltarifen entgegenwirken. Diese wären so zu wählen, daß die breite Masse der normalen Nutzer keine Einschränkungen erfährt. Lediglich die sogenannten *Heavy-User*, die für den Großteil der Kapazitätsengpässe verantwortlich sind, würden dadurch veranlaßt, ihre Nutzung zu reduzieren. T-Online scheint sich inzwischen entschlossen zu haben, diesen Weg zu gehen. Neben einer Verteuerung seiner sog. „T-Online dsl flat“ führt das Unternehmen zum 1. November 2002 Tarife ein, die bei zeitlich unbegrenzter Nutzungsdauer Obergrenzen des übertragenen Datenvolumens vorsehen, ab denen der Nutzer für seine Inanspruchnahme des Netzes aufzukommen hat. Vgl. T-Online (2002a).

Abwicklung staatlicher Aufgaben über das Internet.[380] Insbesondere im Bereich des B2B-*E-Commerce* sind größere Potentiale zu vermuten. Erstmals können sich auch kleine und mittlere Unternehmen eine breitbandige Anbindung an das Internet leisten. Damit steht zu erwarten, daß Produktivitätsgewinne durch das Netz nicht nur für Großunternehmen realisierbar sind, sondern auch den Mittelstand erreichen werden. Dies ist ein Umstand, der für die Diffusion der GPT nicht zu unterschätzen ist. Klar wird allerdings auch, daß die gegenwärtige Übergangsphase mit großen Unsicherheiten behaftet ist. Es ist momentan keine Anwendung bzw. kein Inhalteangebot in Sicht, das gewährleisten kann, daß das Breitbandinternet ein durchschlagender Erfolg wird. Damit wiederholt sich ein Phänomen, das zu Zeiten des ARPANETs bereits einmal aufgetreten ist: Die technische Infrastruktur ist – zumindest potentiell – vorhanden, es fehlt jedoch ein Dienst, der zu ihrer Auslastung führt. Damals war es der Dienst E-Mail, der eine persönliche und öffentliche Kommunikation ermöglichte und so die vorhandene Technik sinnvoll nutzen ließ.[381] Allerdings besteht jetzt ein wesentlicher Unterschied zur damaligen Situation. Das Netzwerk war damals als Forschungseinrichtung aus öffentlichen Geldern finanziert worden ohne Rücksicht auf dessen kommerzielle Verwertbarkeit. Heute wird die Breitbandtechnologie überwiegend aus privaten Mitteln finanziert. Die Bereitschaft, größere Finanzmittel zu investieren, wird nur dann vorhanden sein, wenn absehbar ist, daß eine Refinanzierung möglich sein wird. Die wird aber nur dann gelingen, wenn es entsprechende Inhalte gibt, für die die Konsumenten bereit sein werden zu zahlen. Solche Dienste werden aber nur dann bereitgestellt werden (können), wenn es die dafür notwendige Infrastruktur gibt.

Auch die Europäische Kommission hat sich des Themas angenommen und ihre *eEurope-Initiative* im Hinblick auf das Breitbandinternet weiterentwikkelt.[382] Bemerkenswert am Aktionsprogramm der Kommission ist die Verknüpfung der verschiedenen Ebenen des Internets. Damit ergibt sich eine hohe Übereinstimmung mit dem in dieser Arbeit verfolgten Ansatz. Ähnlich wie die OECD hebt die Kommission zutreffend den Zusammenhang zwischen der Infrastruktur und der darüber transportierten Inhalte hervor. Es gilt dabei eine Wechselwirkung zu beachten: Neue Dienste bzw. Inhalte werden nur dann angeboten, wenn es eine leistungsfähige Infrastruktur gibt. Die für diese notwendigen Investitionen werden aber nur dann getätigt, wenn absehbar ist, daß die Infrastruktur mit entsprechenden Inhalten ausgelastet sein wird. Insofern besteht eine enge Wechselwirkung zwischen der Angebots- und der Nachfrageseite des Internets, die dessen Entwicklung maßgeblich prägt.

Für die deutsche Situation ergibt sich aus dem Gesagten wiederum eine doppelte industriepolitische Aufgabenstellung. Die Förderung breitbandiger Infra-

[380] Vgl. Umino (2002, S. 9 – 11).
[381] Vgl. oben S. 120.
[382] Vgl. hierzu Europäische Kommission (2002a).

strukturen ist eine genuin wachstumspolitische Aufgabe. Der Übergang vom jetzigen zum breitbandigen Internet stellt eine weitere Entwicklungsstufe der GPT dar. Entsprechend der gewonnenen theoretischen Erkenntnisse werden die Wachstums- und Produktivitätspotentiale um so größer sein, je schneller die Diffusion der neuen Mehrzwechnologie abläuft. Da alternative Technologien wie TV-Kabel und *Powerline* derzeit in Deutschland nur sehr begrenzt zur Verfügung stehen[383], wird das Telefonnetz auch in Zukunft hier von entscheidender Bedeutung sein. Auf Grund der überragenden Marktstellung der Telekom schließt der Wechsel zur neuen Technologie dementsprechend auch eine wettbewerbspolitische Komponente mit ein. Die Regulierung wird in diesem kritischen Infrastrukturbereich fortgeführt werden müssen. Überlegungen zur Beendigung der Regulierung erscheinen vor diesem Hintergrund zumindest für den Bereich der Festnetzanschlüsse und der damit untrennbar verbundenen xDSL-basierten Breitbandzugänge obsolet. Eine Neujustierung der Regulierungspolitik wird erforderlich. Sie hat sich in Zukunft darauf zu konzentrieren, daß die Bedingungen für potentielle Wettbewerber der Deutschen Telekom AG besser werden. Das betrifft vor allem eine neue Austarierung der Zusammenschaltungsentgelte und der TAL-Miete. Letztere muß deutlich niedriger angesetzt werden, um funktionsfähigen Wettbewerb zu ermöglichen. Die getroffene Entscheidung, ab Herbst des Jahres 2002 das *Call-by-Call* – Verfahren auch für Ortsgespräche zuzulassen, ist als falsch zu charakterisieren.[384] Ein Wechsel des TNB wird für die Kunden wesentlich unattraktiver, da die freie Wahl des VNB – jetzt auch im Ortsbereich – nur bei der Telekom möglich ist. Damit wird das Monopol der Telekom bei der letzten Meile weiter verfestigt werden. Die Einführung des Line-Sharings war hingegen eine richtige Maßnahme. Sofern in Zukunft Wettbewerber dieses Instrumentarium nutzen wollen, wird die RegTP darauf zu achten haben, daß die Telekom hier ihren Verpflichtungen rasch nachkommt.[385]

Gleichzeitig wird die Politik darauf aus sein müssen, so weit wie möglich Anreize zu setzen, damit sich alternative Technologien entgegen der derzeitigen

---

[383] Zu den Gründen vgl. oben S. 224.

[384] Allerdings muß darauf hingewiesen werden, daß ein Spielraum der deutschen Politik in diesem Bereich nicht vorhanden war. Die Einführung des *Call-by-Call* im Ortsnetz geht auf eine europarechtliche Verpflichtung zurück. Zuletzt hatte der Bundesregierung sogar ein Vertrags-Verletzungsverfahren gedroht. Vgl. o. V. (2001c).

[385] Die Bundesregierung hat die Bedeutung breitbandiger Zugänge erkannt und entsprechende Anpassungen für den Regulierungsrahmen angekündigt. Vgl. BMWi/BMBF (2002a, S. 46 – 48). Allerdings lehnt sie die Ausdehnung der ex-ante-Regulierung auf die Datenkommunikation ab. Vgl. BMWi (2002b, S. 16). Damit verzichtet die Politik auf ein wichtiges Instrument zur Kontrolle der Deutschen Telekom AG im Bereich des Internetzugangs. Die bei der Einführung von T-DSL verfolgte Strategie, die eigene Monopolstellung durch (mutmaßliche) Unterkostenpreise zu sichern, wird damit auch in Zukunft möglich sein.

Lage doch noch etablieren können.[386] Möglichkeiten hierfür gibt es auch in Deutschland trotz der aktuell ungünstigen Lage. An erster Stelle ist das TV-Kabel zu nennen. Auf die Details wurde bereits eingegangen.[387] Nachdem die Übernahme durch den amerikanischen Investor Malone gescheitert ist, wird es nun darauf ankommen, alternative Käufer zu finden. Hier könnte eine Aufgabe des Bundes liegen, in dem er die Telekom bei der Suche nach einem Käufers unterstützt. Gleichzeitig könnte dabei dann darauf geachtet werden, daß die Bedingungen des Vertrages so sind, daß einer Übernahme keine kartellrechtlichen Bedenken entgegenstehen. Auch aus politökonomischer Sicht könnte eine solche Vorgehensweise anreizkompatibel zu sein. Der Bund als Hauptaktionär der Deutschen Telekom AG ist aus fiskalischen Gründen an einem hohen Aktienkurs interessiert. Angesichts des sehr hohen Schuldenstandes der Telekom würde ein Verkauf des TV-Kabels zu einer deutlichen Verbesserung ihrer Stellung an den internationalen Kapitalmärkten beitragen. Das hätte wiederum Rückwirkungen auf den Aktienkurs. Ein erfolgreicher Abschluß des Verkaufs liegt also im ureigenen Interesse der Politik.

Bei den weiteren Technologien, die für den breitbandigen Internetzugang in Frage kommen, ist in erster Linie die 3. Generation des Mobilfunks (UMTS) zu nennen. Damit wird es möglich sein, Daten mit einer Bandbreite zwischen 384 KBit/sec. und 2 MBit/sec. zu übertragen. Es entsteht ein Potential, das dem heute erhältlicher Festnetzanschlüsse entspricht. Durch die Versteigerung der Lizenzen erhielten sechs Unternehmen den Zutritt zu diesem Markt. Damit herrscht eine hohe Wettbewerbsintensität. Dies läßt hoffen, daß auf diesem Markt innovative Dienste zu günstigen Preisen angeboten werden. Allerdings ist die derzeitige wirtschaftliche Situation der Anbieter von hohen Schulden geprägt, so daß es möglich erscheint, daß einzelne Anbieter aus dem Markt austreten.[388]

Der Regulierungspolitik verbleibt hier lediglich eine passive Rolle: Sie hat auf die Einhaltung der Lizenzbedingungen zu achten. Sie ist dabei den Anbietern bereits entgegengekommen und erlaubt die gemeinsame Nutzung der Infrastruktur, sofern es dadurch nicht zu kollusivem Marktverhalten kommt.[389] Dieser richtige Politikansatz ist weiterzuverfolgen.

---

[386] Umino (2002, S. 15) verweist zurecht darauf, daß sich die Kommunikationstechnologien weiterentwickeln werden, so daß die derzeitige Fixierung auf xDSL-Technologien nicht das letzte Wort sein wird.

[387] Vgl. oben S. 224.

[388] Bei Quam, der deutschen Tochter der spanischen Telefonica und der finnischen Sonera, scheint sich dieses Szenario zu bewahrheiten. Mittlerweile wurde die Vermarktung der eigenen GSM-Dienste eingestellt. Ob das UMTS-Netz gebaut wird, scheint mehr als zweifelhaft. Vgl. Quam (2002). Auch bei Mobilcom bestehen erheblich Zweifel, ob der UMTS-Betrieb je starten wird. Vgl. ftd.de (2002b).

[389] Vgl. BMWi/BMBF (2002a, S. 34f.).

Die Breitbandtechnologie der Zukunft wird voraussichtlich die Glasfasertechnologie sein.[390] Diese Technologie wird momentan vor allem in den *Backbones* eingesetzt. Über optische Leitungen können Bandbreiten von bis zu 10 GBit/sec. erzielt werden. Das geht weit über das hinaus, was heute realisiert wird. Sofern Glasfaser beim Zugang zum Internet eingesetzt wird, wird es zur Konvergenz aller Kommunikationsformen kommen. Fernsehen, Radio und (Bild-)Telefonie werden über eine Infrastruktur abgewickelt werden können. Die Informationsgesellschaft wird dann wirklich Realität sein. Allerdings stellt sich hier die Frage der finanziellen Umsetzbarkeit. Während z.B. die xDSL-Technologien vergleichsweise geringe Investitionskosten erfordern – es sind nur Änderungen in der Vermittlungsstelle und beim Kunden erforderlich –, werden für die Realisierung des Glasfaserprojekts weitergehende Investitionen erforderlich sein. Dazu gehört vor allem die Neuverlegung des gesamten Telefonnetzes. Bis auf weiteres wird kein privates Unternehmen willens und in der Lage sein, das durchzuführen. Aus staatlicher Sicht stellt sich die Frage, ob zum gegenwärtigen Zeitpunkt bereits ein Engagement angebracht ist. Aus der jetzigen Perspektive scheint hier Zurückhaltung angebracht, nicht zuletzt wegen der immensen fiskalischen Kosten.[391] Noch ist nicht sicher, in welche Richtung sich die Mehrzwecktechnologie Internet entwickeln wird. Nach wie vor ist die Möglichkeit nicht auszuschließen, daß sich das Internet als weniger wichtig erweisen wird als dies z.B. in dieser Arbeit angenommen wird. Angesichts gescheiterter Technologien wie die des Schnellen Brüters oder des mehr als fraglichen Erfolgs der Magnetschwebebahn muß Industriepolitik darauf bedacht sein, das Wiederholen solcher Fehler zu vermeiden. Deshalb sollte die Wirtschaftspolitik in diesem Bereich mit Zurückhaltung agieren. Gleichwohl ergeben sich hier staatliche Aufgaben. Die Entwicklung ist zu beobachten; u. U. sind Pilotprojekte ins Auge zu fassen. Die Forschung auf dem Gebiet des Internets ist zu fördern. Die Grundlagen hierfür sind von der Bundesregierung bereits gelegt worden.[392]

Zusammenfassend läßt sich also festhalten, daß die industriepolitische Aufgabe des Staates im Bereich der physikalischen Infrastruktur vor allem in der Ermöglichung von Wettbewerb zu sehen ist. Die Politik hat Rahmenbedingungen zu schaffen, damit sich neben dem Telefonnetz noch andere, alternative Infrastrukturen entwickeln, die für den breitbandigen Internetzugang genutzt werden können. Daneben hat die Politik allerdings auch darauf zu achten, daß eine digitale Spaltung (*digital divide*) vermieden wird. Sofern in peripheren

---

[390] Vgl. Umino (2002, S. 14).

[391] Grobe Schätzungen gehen von ca. 100 Mrd. € aus.

[392] Vgl. BMWi/BMBF (2002a, S. 35 – 37). Die Rolle der Glasfasertechnologie für den breitbandigen Internetzugang wird von der Bundesregierung in ihrem Fortschrittsbericht allerdings nicht explizit erwähnt. Es wird hierin nur allgemein auf optische Netzwerke abgehoben.

Räumen kein marktliches Angebot an breitbandiger Infrastruktur zustande kommt, könnte sich hier in Zukunft ein regionalpolitisches Betätigungsfeld ergeben.

Das dritte Element der Infrastrukturebene betrifft die Protokollschicht. Sie ist für das Funktionieren des Datenaustausches verantwortlich. Aus netzwerktheoretischer Sicht entscheidet sie darüber, ob das Internet ein offenes Netzwerk mit umfassenden Netzwerkeffekten bleibt oder ob sich proprietäre Protokolle etablieren können, die einzelnen Unternehmen gehören.

Die Regelung der Internetprotokolle unterliegt einer sehr komplexen Administration. Eine Internetverwaltung im eigentlichen Sinne gibt es nicht, was dem dezentralen Charakter des Netzes entspricht. Zwei Organisationen sind hervorzuheben: Die *Internet Corporation for Assigned Numbers and Names* (ICANN) und die *Internet Engineering Task Force* (IETF).[393]

Die ICANN ist für die Organisation des DNS und die Zuweisung von IP-Adressen verantwortlich.[394] Damit verwaltet die ICANN die Kerninfrastruktur des Netzes. Das DNS ist entscheidend für dessen Funktionieren. Da das Internet in Amerika erfunden wurde, ist der Einfluß der US-amerikanischen Regierung sehr groß, auch wenn es mittlerweile einige Schritte hin zu einer Internationalisierung gegeben hat. Im Rahmen ihrer Tätigkeit entscheidet die ICANN auch über die Einführung sogenannter generischer *Top-Level-Domains*. So wurden seit Herbst vergangenen Jahres unter anderem die *Domains* .biz, .info und .museum gestartet.[395] Damit übt sie einen direkten Einfluß auf mögliche Entwicklungen im *E-Commerce* aus. Die Knappheit von Domainnamen ist dabei einer der kritischen Faktoren. Für die Europäische Union ist die Einführung der *Top-Level-Domain* .eu geplant. Die Europäische Kommission hat sich des Themas bereits im Jahr 2000 angenommen.[396] Die Umsetzung steht allerdings immer noch aus. Es wäre wichtig, dieses Vorhaben möglichst rasch umzusetzen, um die Präsenz Europas im Internet zu stärken. Die Vorteil einer neuen *Domain* .eu lägen vor allem darin, den Inhabern einen europaweit einheitlichen Internetauftritt zu ermöglichen. Zudem könnte die neue *Domain* als Gegengewicht gegen die US-amerikanische Dominanz im Internet dienen. Eine weitere wichtige Aufgabe liegt darin, europäische Interessen in der ICANN allgemein – und nicht nur in bezug auf die TLD .eu – stärker als zuvor zur Geltung zu bringen. Ein bedeutsamer Aspekt ist dabei die Frage der Zuweisung der IP-Adressen. Auf die einseitige Bevorzugung Nordamerikas ist bereits verwiesen worden.[397]

---

[393] Zu den Aufgaben der ICANN vgl. ICANN Channel (2002b), zur IETF vgl. IETF (2002).
[394] Zu den technischen Details vgl. oben S. 123.
[395] Vgl. ICANN Channel (2002a).
[396] Vgl. Europäische Kommission (2000b).
[397] Vgl. oben S. 227.

Die Bundesregierung hat sich dieses Ziel ausdrücklich zu eigen gemacht.[398] Das politische Engagement europäischer Regierungen ist auf diesem Gebiet sehr wichtig, da die derzeitige Reorientierung der US-amerikanischen Politik hin zu einem Unilateralismus auch bei der Internetverwaltung ihre Spuren hinterläßt. So wird gegenwärtig darüber diskutiert, die ICANN wieder in das Verwaltungssystem der US-amerikanischen Bundesregierung zu integrieren.[399]

Die IETF ist dagegen für die technische Weiterentwicklung des Internets zuständig. In Arbeitsgruppen werden die Änderungen diskutiert, die bestimmen, in welche Richtung sich das Internet entwickelt. Eines der wichtigsten Themen in diesem Zusammenhang ist die bereits erwähnte Implementierung des IPv6, also der nächsten Stufe des Internetprotokolls. Auch auf diesem Gebiet ist die Europäische Kommission bereits aktiv geworden.[400] Sie hebt die Bedeutung insbesondere für die neue Mobilfunkgeneration UMTS hervor. Diese Initiative ist begrüßenswert. Sie sollte von den Mitgliedsstaaten aufgenommen werden.

5.3.3 Dienste- und Inhalteebene

Die beiden Ebenen der Dienste und der Inhalte können gemeinsam analysiert werden, da sie eng miteinander verbunden sind. Die im Internet erhältlichen Dienste gewinnen ihre Bedeutung aus den von ihnen transportierten Inhalten. Dazu sei nochmals auf das Beispiel der E-Mail verwiesen: Der Dienst wurde deshalb so erfolgreich, weil damit die persönliche und fachliche Kommunikation zwischen (Computer-)Wissenschaftlern erleichtert bzw. erst ermöglicht wurde. Der heute im Internet wichtigste Dienst des WWW zieht seine Popularität daraus, daß damit Inhalte wie z.B. Nachrichten oder wissenschaftliche Präsentationen zielgruppenadäquat angeboten werden können. Der neueste Dienst des *Peer-to-Peer*-Netzwerks (P2P) wird nur in dem Maße erfolgreich bleiben, als es dafür entsprechende Inhalte gibt. Sollte es der Musik- und Filmindustrie gelingen, den Vertrieb von Musik und Filmen an den Rechteinhabern vorbei zu unterbinden, wird die Bedeutung von P2P deutlich abnehmen.

Die Bereitstellung von Inhalten ist zunächst grundsätzlich Aufgabe des privaten Sektors der Volkswirtschaft. Ob und gegebenenfalls welche Inhalte im Internet angeboten werden, braucht nicht Gegenstand staatlicher Aktivitäten zu sein. Es hat bisher bereits ein umfangreiches Angebot aus privater Initiative heraus

[398] Vgl. BMWi/BMBF (2002a, S. 43).

[399] Vgl. Patalong (2002). Dort wird ein möglicher Gesetzentwurf des amerikanischen Senators Burns für den Herbst 2002 diskutiert. Burns verweist zutreffend auf Fehler und Schwächen ICANNs, die durch die Reform beseitigt werden sollen. Allerdings kann es nicht im deutschen bzw. europäischen Interesse liegen, die Verwaltung des Internets ausschließlich US-amerikanischer Politik zu überlassen.

[400] Vgl. Europäische Kommission (2002b).

gegeben. Das Internet zeichnete sich unter anderem schon immer dadurch aus, daß umfangreiche Inhalte einer interessierten Öffentlichkeit zur Verfügung gestellt wurden und werden, ohne daß damit direkte kommerzielle Interessen verfolgt wurden. Ähnliches gilt für die Inhalteangebote, die zum Zwecke der Gewinnerzielung gemacht werden: Sie sind sehr umfangreich vorhanden. Irgendeine Art von Marktversagen ist nicht zu erkennen.

Allerdings besteht für den Staat in diesem Bereich trotzdem eine Aufgabe. Er hat als Ermöglicher (*enabler*) zu fungieren. Gleichzeitig kommen spezifische wettbewerbspolitische Anforderungen auf ihn zu. Im ersten Fall geht es darum, die Rahmenbedingungen so zu setzen, daß sich die vorhandenen Inhalte weiterentwickeln bzw. neue entstehen können. Dies gilt insbesondere für den gesamten Bereich des E-Commerce. In Europa ist der B2B-*E-Commerce* deutlich weiter entwickelt als der Bereich des B2C-*E-Commerce*.[401] Das ist zunächst positiv zu bewerten, da es indiziert, daß die europäischen Unternehmen die produktivitätssteigernden Effekte des Internets nutzen. Allerdings deuten die Zahlen auch darauf hin, daß Europa das Potential, das der Onlinehandel für Privatkunden bietet, noch nicht vollständig ausnutzt. Die Ursachen hierfür sind vielfältig.[402] Auf die zu geringen Bandbreiten und das Fehlen eines zeitlich ungetakteten Zugangs zum Internet wurde schon im Rahmen der Analyse der Infrastrukturebene verwiesen.[403] Weitere wichtige Probleme für die Endkunden sind die Sicherheit der Transaktionen im Netz und der Datenschutz. Hier bestehen noch wesentliche Hürden für einen größeren Erfolg des elektronischen Handels. Die Bundesregierung hat mit den gesetzlichen Grundlagen schon die wesentlichen Voraussetzungen geschaffen, daß diese Widerstände überwunden werden können. So wurde das Teledienstdatenschutzgesetz und das Signaturgesetz verabschiedet.[404] Beim Datenschutz geht es darum, das Recht der Bürger auf informationelle Selbstbestimmung einerseits und die wirtschaftlichen Interessen der Unternehmer auf Verwertung der personenbezogenen Daten andererseits in Ausgleich zu bringen. Die Praxis wird zeigen, inwiefern dieses Ziel erreicht werden kann und ob damit zu einer weiteren Verbreitung des B2C-*E-Commerce* beigetragen wird. Die Zielsetzung des Signaturgesetzes besteht darin, im elektronischen Handel ein gleichwertiges Äquivalent zur Unterschrift zu schaffen. Für das Funktionieren des elektronischen Handels wird das einer der zentralen Erfolgsfaktoren sein.

Auffällig ist in beiden Fällen, daß das, was aus theoretischer und empirischer Sicht notwendig erscheint, um dem *E-Commerce* zum Durchbruch zu verhelfen,

[401] Der Anteil des B2B-*E-Commerce* beträgt in Westeuropa 85-86% am gesamten Internethandel, die restlichen 14-15% fallen auf den B2C-*E-Commerce*. Vgl. EITO (2001, S. 344). Westeuropa umfaßt dabei die EU sowie die Schweiz und Norwegen.

[402] Holznagel et al. (2001, S. 4 – 6) diskutieren einige mögliche Ursachen.

[403] Vgl. oben S. 254.

[404] Vgl. BMWi/BMBF (2002a, S. 26 – 28).

bereits umgesetzt ist. Die erhofften Wirkungen haben sich jedoch noch nicht in vollem Umfang eingestellt. Auch daran wird deutlich, daß sich das Internet als GPT nach dem Ende des Booms und dem Platzen der Spekulationsblase derzeit in einer Umbruchphase befindet.

Bei den Sicherheitsaspekten spielt der sichere Zahlungsverkehr eine herausragende Rolle. Die geringere Verbreitung von Kreditkarten in Deutschland im Vergleich z.B. zu den USA ist ebenfalls ein Grund dafür, daß der elektronische Handel hierzulande noch nicht so weit verbreitet ist. Dieser Punkt fehlt im Aktionsprogramm der Bundesregierung. Hier läge ein Ansatzpunkt für staatliches Handeln, um gegebenenfalls zusammen mit dem Bankgewerbe Impulse zu geben, die zu einer höheren Akzeptanz elektronischer Zahlungsvorgänge führen, wobei Kreditkarten nicht das alleinige Mittel der Wahl sein müssen.

Da der Staat aber auch Inhalteanbieter ist, besitzt er weitere Möglichkeiten, um auf der Inhalteebene aktiv zu werden. Staatliche Dienstleistungen können über das Internet abgewickelt werden. Dabei ergeben sich für die öffentliche Hand Einspar- und Produktivitätspotentiale, die den Auftritt des Staates im Netz sinnvoll erscheinen lassen. Ein Stichwort wäre hier das öffentliche Beschaffungswesen (*E-Procurement*). Ähnlich wie bei Unternehmen kann hier die staatliche Wertschöpfungskette optimiert werden. Daneben tritt der Staat in vielerlei Weise in Kontakt mit seinen Bürgern. Eine Ausweitung der G2C-Beziehung kann dazu beitragen, die Akzeptanz für die Abwicklung wichtiger Transaktionen über das Internet zu erhöhen.[405] Die Bundesregierung hat die Bedeutung dieses Instrumentariums zur Förderung des Netzes erkannt und dementsprechende Projekte initiiert.[406] Als Beispiele sind dabei die elektronische Steuererklärung, die elektronische Anmeldung von Kfz und in Zukunft auch die Durchführung von Online-Wahlen zu nennen. Dem Gesundheitswesen wird dabei ebenfalls eine wichtige Rolle zugemessen.[407] Verschiedene Anwendungen sowohl für den Anbieter (Arzt) als auch den Nachfrager (Patient) kommen dabei in Betracht. Der Staat spielt hier über seine Gesetzgebungskompetenz eine wichtige Rolle.

Im Abschnitt über die Infrastrukturebene war der enge Zusammenhang zwischen Angebot (technischer Fortschritt) und Nachfrage (Inhalte) und deren Wechselwirkung für die Entwicklung der Breitbandtechnologie hervorgehoben worden.[408] Als Inhalteanbieter kommt dem Staat eine besondere Rolle zu:

[405] Die Bedeutung der elektronischen Signatur sollte dadurch zukünftig stärker zur Geltung kommen. Zur Durchführung hoheitlicher Akte wird diese zwingend benötigt. Von deren Nutzung in der G2C-Relation ist ein positiver *Spill-over*-Effekt auf den B2C-*E-Commerce* zu erwarten. Die Einführung der digitalen Signatur ist momentan allerdings ins Stocken geraten. Vgl. Krempl (2002). Politik und Wirtschaft können sich nicht auf eine gemeinsame Vorgehensweise einigen.

[406] Vgl. BMWi/BMBF (2002a, S. 37 – 40).

[407] Vgl. ebenda, S. 32.

[408] Vgl. oben S. 256.

Dadurch, daß er online geht, setzt er ein Zeichen für den privaten Sektor, der sich an den längerfristigen Vorgaben der öffentlichen Hand orientieren kann. Dadurch erzeugt er Investitionssicherheit. Gleichzeitig wird er mit seinen Angeboten dafür sorgen, daß eine gewisse Auslastung der Infrastruktur auch tatsächlich gegeben sein wird. Diese so skizzierte Rolle des Staates stimmt mit den Überlegungen aus der Theorie der GPT überein: Bresnahan und Trajtenberg hatten auf die Bedeutung großer Nachfrager bei der Diffusion von Mehrzwecktechnologien verwiesen.[409]

Daneben obliegen dem Staat wiederum wettbewerbspolitische Aufgaben. Dabei kann auf das weiter oben zur ökonomischen Netzwerktheorie und zur Effizienz von Märkten Gesagte rekurriert werden. Wie dargestellt, dient das Internet als Grundlage für virtuelle Netzwerke.[410] Unternehmen können die große vorhandene Kundenzahl nutzen, um eigene Netzwerke zu etablieren. Der offene Charakter des Internets kommt ihnen dabei entgegen. Ein Beispiel hierfür ist die erfolgreiche Übertragung der dominanten Stellung der Firma Microsoft auf dem Markt für Betriebssysteme auf den Markt für *Webbrowser*. Eine ähnliche Strategie versucht Microsoft gegenwärtig bei Chatprogrammen[411] und bei Programmen zum Abspielen multimedialer Inhalte[412] zu implementieren. AOL als weltweit größter ISP will durch vertikale Integration seine Stellung im Internet nutzen bzw. ausbauen. Die Übernahme von Time Warner als einem der bedeutendsten Inhalteanbieter verdeutlicht das Ziel: Durch die Verknüpfung von Zugang und exklusiven Inhalten soll ein virtuelles Netzwerk geschaffen werden, das die Kunden an das eigene Unternehmen bindet. An und für sich sind solche Strategien lediglich Ausdruck unternehmerischer Freiheit und als solche nicht zu beanstanden. Problematisch werden sie dann, wenn das angestrebte *managed Lock-in* dazu führt, daß übernormale Profite erwirtschaftet werden können. Deren Identifikation ist allerdings nicht trivial, da eine Abgrenzung zu den als positiv zu bewertenden Schumpeter-Profiten nicht eindeutig möglich ist. Allerdings besteht hier eine neue, netzwerkspezifische Aufgabe für die Wettbewerbspolitik.[413]

Bei der Betrachtung der Effizienzwirkungen des Internets hatte sich gezeigt, daß nicht davon auszugehen ist, daß sich ausschließlich wettbewerbsfördernde Effekte einstellen. Vielmehr können auch unternehmerische Strategien gewählt

---

[409] Vgl. zu den Einzelheiten oben S. 184.

[410] Vgl. oben S. 143.

[411] Hierbei handelt es sich um Programme, mit denen Nutzer in Echtzeit miteinander kommunizieren können. Das beschränkt sich bisher auf schriftliche Kommunikation. Chatprogramme sind somit in gewisser Weise Nachfolger der E-Mail. Mit den zunehmenden Bandbreiten wird aber auch die Bildkommunikation möglich werden.

[412] Microsoft hat den *Windows Mediaplayer* zum Bestandteil des Betriebssystems gemacht. Der *Mediaplayer* dient dem Abspielen von Filmen und Musikstücken. Auch diese Anwendungen werden mit zunehmender Übertragungsgeschwindigkeit an Bedeutung gewinnen.

[413] Vgl. hierzu grundlegend Erber/Hagemann (2002b, S. 287 – 289).

werden, die zu einer Reduzierung der Wettbewerbsintensität führen. Insbesondere Preisdiskriminierungsstrategien sind hierbei zu nennen.[414] Durch die Internettechnologie ergeben sich vielfältige neue Möglichkeiten, unterschiedlichen Kunden unterschiedliche Preise in Rechnung zu stellen. Vor allem die bei Transaktionen über das Netz anfallenden Informationen über das Kaufverhalten eines Kunden können von Anbietern genutzt werden, um ihre Produkte und deren Preise sehr zielgenau auf die potentiellen Kunden abzustimmen. Neben wettbewerbspolitischen Fragen spielen hier auch solche des Datenschutzes eine Rolle. Es ist nicht unumstritten, ob die Wettbewerbspolitik wegen der Preisdiskriminierungsstrategien aktiv werden muß.[415] Sie hat die Entwicklung auf jeden Fall aufmerksam zu verfolgen, da sich die Wettbewerbssituation im Internet auf Grund der technischen Gegebenheiten von der in der realen Welt abhebt.[416] Für die weitere Diffusion des Internets stellt sich darüber hinaus die Frage, ob durch die Verwendung von Informationen über das Kaufverhalten der Kunden für Zwecke der Preispolitik nicht das Mißtrauen der Nachfrager erzeugt wird und diese dann vor Käufen im Netz zurückschrecken. Das läge weder im Interesse der Anbieter noch in dem der Politik, die sich um eine Weiterentwicklung der Netzwirtschaft bemüht.

5.3.4 Sonstige Handlungsoptionen

In der Literatur werden noch weitere Aspekte staatlichen Handelns zugunsten des Internets diskutiert. Die beiden wichtigsten Politikfelder betreffen die Humankapitalbildung in einer Volkswirtschaft und die Besteuerung.

Bei der Frage des Humankapitals kann an die Grundlagen der Neuen Wachstumstheorie angeknüpft werden. Wie dargestellt, ist die Höhe des Humankapitalbestandes entscheidend für die Wachstumsrate einer Volkswirtschaft. Lucas (1988) lieferte den Anstoß zur wissenschaftlichen Debatte um das Konzept im Rahmen der Neuen Wachstumstheorie.[417] Auch für das Internet als Mehrzwecktechnologie ist der Humankapitalbestand von Belang. Ein umfassender Einsatz ist nur dann möglich, wenn die Menschen die Technologie nutzen können. Diese Erkenntnis ist unumstritten. Die Bundesregierung räumt der Förderung der Fähigkeiten der Menschen richtigerweise einen hohen Stellenwert ein.[418] Dabei verfolgt sie eine doppelte Zielsetzung. Zum einen sollen möglichst breite Schichten der Bevölkerung einen Anteil an den Möglichkeiten des Internets

[414] Vgl. oben S. 154. Bailey (1998c) hat sich ausführlich damit beschäftigt.

[415] Für eine Gegenposition vgl. Wiseman (2001, S. 55).

[416] Auf Grund des globalen Charakters des Internets muß Wettbewerbspolitik zukünftig noch mehr als bisher darauf aus sein, international zusammenzuarbeiten. Die WTO bietet sich dafür als geeignetes Forum an.

[417] Zur Beschreibung des Modells von Lucas vgl. oben S. 174.

[418] Vgl. BMWi/BMBF (2002a, S. 21 – 26).

haben. Das ist sowohl ein gesellschaftliches Ziel zur Überwindung einer möglichen digitalen Teilung als auch ein ökonomisches, da mit einer weiteren Verbreitung des Internets die Größe des Marktes zunimmt. Zum anderen erfordern die mit der Digitalisierung der Wirtschaft einhergehenden Veränderungen der Arbeitswelt eine Anpassung des Produktionsfaktors Humankapital. Wenn die Wissensgesellschaft Realität werden soll, dann müssen die Träger des Wissens – die Menschen – in die Lage versetzt werden, die Infrastruktur des Wissens bedienen zu können. Eine wesentliche Maßnahme auf diesem Gebiet war das Projekt „Schulen ans Netz", das dafür gesorgt hat, daß mittlerweile fast jede Schule in Deutschland über einen Internetanschluß verfügt.[419] Es wird darauf hingearbeitet, daß in jeder Schule ein Breitbandzugang realisiert wird. Wie mehrfach erwähnt ist die Anbindung bundesdeutscher Hochschulen an das Internet vorbildlich. Die Politik muß darauf aus sein, diesen Stand zu erhalten und weiter auszubauen. Ein Problem stellt dabei der Mangel an IT-Fachkräften dar. Um alle Potentiale der Netzwerkökonomie nutzen zu können, bedarf es einer Vielzahl hochqualifizierter Arbeitnehmer, die die Informations- und Kommunikationstechnologien beherrschen. Um dem Mangel kurzfristig abzuhelfen, hat die Bundesregierung das sogenannte *Green-Card*-Projekt initiiert, mit Hilfe dessen innerhalb eines Jahres mehr als 10.000 ausländische Fachkräfte angeworben werden konnten.[420]

Diese Maßnahme war nicht unumstritten, dürfte allerdings langfristig wegen der demographischen Entwicklung in Deutschland richtig gewesen sein. Die Debatten um die Einführung eines *Numerus Clausus* für den Studiengang Informatik machen jedoch deutlich, daß in Deutschland noch nicht alle Potentiale ausgenutzt wurden bzw. werden.[421] Auf dem Gebiet des dualen Ausbildungssystems haben Bundesregierung und Länder gemeinsam mehrere Ausbildungsgänge neu eingeführt und bestehende reformiert. Die Praxis wird zeigen, ob die damit gesteckten Ziele, bis zum Jahr 2005 250.000 zusätzliche Fachkräfte zu gewinnen, erreicht werden.

Das Thema der Besteuerung wird für die Entwicklung des Internets zunehmend wichtiger. Es sind Befürchtungen laut geworden, daß der elektronische Handel zu einer Erosion der Steuerbasis führen könnte. Über das Internet können digitale Güter direkt verkauft werden – das betrifft z.B. Software und Musik –, ohne daß Zugriffsmöglichkeiten seitens des Fiskus bestehen. Wenn sich immer größere Teile des Einzelhandels ins Internet verlagern, wird dies zu einem größeren Problem für die Finanzierung der öffentlichen Haushalte füh-

---

[419] Vgl. SAN (2001, S. 6). Die Deutsche Telekom AG stellt im Rahmen dieses Projekts jeder Schule kostenlos einen Internetzugang zur Verfügung.

[420] Vgl. Fiutak (2002a).

[421] Vgl. o. V. (2001e). Die Universität Karlsruhe hatte auf die Umsetzung eines ursprünglich beschlossenen Numerus Clausus letztlich doch verzichtet. Dieses Ereignis wirft ein bezeichnendes Licht auf die Situation der universitären Bildung in Deutschland.

ren. Insbesondere die Verkaufssteuern der Bundesstaaten und der Kommunen in den USA können auf diesem Wege umgangen werden. Die dortige Literatur hat sich deshalb intensiver mit dem Problem auseinander gesetzt.[422] Aber auch aus deutscher bzw. europäischer Sicht ist das Problem von großer Relevanz, ist doch die Mehrwertsteuer[423] eine wichtige Finanzierungsquelle für das öffentliche Budget. Deshalb hat die Debatte auch hier ihren Widerhall gefunden.[424] Der grundsätzliche Zielkonflikt besteht darin, daß einerseits die Grundsätze einer neutralen Besteuerung erfordern, daß bestimmte Transaktionen nicht gegenüber anderen bevorzugt werden. Auf der anderen Seite kann die Steuerfreiheit im Internet dazu führen, daß der dortige Handel gefördert wird. Der Internethandel wäre in diesem Sinne dann eine *infant industry*, die mittels Steuerbefreiung unterstützt werden könnte. Bestimmte Angebote werden deshalb im Internet etabliert, weil dort ein Vorsprung gegenüber der realen Welt besteht. Insofern könnte eine asymmetrische Steuerpolitik als ein wachstumsförderndes Instrument eingesetzt werden. Diese Option steht allerdings nur kurz- bis mittelfristig zur Verfügung. Langfristig wird man sowohl aus Gründen der Effizienz als auch der Notwendigkeit einer ausreichenden Finanzierung des öffentlichen Budgets nicht umhin kommen, auch den Handel im Internet zu besteuern. Dazu wird eine internationale Zusammenarbeit notwendig sein, um das Entstehen digitaler Steueroasen soweit wie möglich zu unterbinden.[425]

5.4 Zusammenfassung

Die ausführliche Analyse des Internets hat seine Bedeutung für eine Theorie und Praxis der Industriepolitik aufgezeigt. Die netzwerktheoretische Betrachtung machte die wettbewerbspolitischen Aufgaben deutlich, die sich einer zukunftsorientierten Industriepolitik stellen. Ähnliche Erkenntnisse ließen sich aus der Untersuchung der Effizienzwirkungen des Internets gewinnen. Das Hauptaugenmerk des Kapitels lag auf den wachstumstheoretischen und -politischen Implikationen des Internets. Dessen Analyse mit Hilfe des Paradigmas der *General Purpose Technologies* legte die Relevanz des weltweiten Netz-

---

[422] Für einen Überblick vgl. Wiseman (2001, S. 87 – 105).

[423] Der Autor konnte die aus fiskalischer Sicht problematische Lage selbst nachvollziehen. Beim Erwerb eines Softwareprogramms über das Internet fiel keine Mehrwertsteuer an. Amazon.co.uk berechnet beim Versand nach Deutschland hingegen die britische Mehrwertsteuer.

[424] Vgl. z.B. Erber/Hagemann (2002b, S. 304).

[425] Diese Überlegungen stellen selbstverständlich nur einen ersten groben Überblick über das Thema dar. Eine eingehendere Untersuchung würde allerdings den Rahmen der vorliegenden Arbeit sprengen. Es sollte deutlich geworden sein, daß die Frage der Besteuerung im Bewußtsein der Politik bleiben muß. Allerdings handelt es sich hierbei eher um ein finanzwissenschaftliches denn industriepolitisches Thema.

werks offen. Das Internet ist eine Allzwecktechnologie, die umfassende Bedeutung in der gesamten Ökonomie erlangt hat bzw. noch erlangen wird. Als neueste informationstechnische Innovation wird es zum bestimmenden technologischen System der Gegenwart und der näheren Zukunft. Daraus ergeben sich vielfältige industriepolitische Herausforderungen. Ziel muß die möglichst rasche Diffusion der neuen Technologien und die Gewährleistung eines funktionierenden Wettbewerbs sein, um damit die ökonomischen Vorteile der neuen Technologien am besten nutzen zu können. Das Drei-Ebenen-Modell des Internets bietet dabei den Hintergrund für die jeweils angemessene Politik.

Die Betrachtung des Internets lieferte aber auch Erkenntnisse, die für die Konzeption einer zukunftsorientierten Industriepolitik von herausragender Bedeutung sind. Die sogenannte Neue Wachstumstheorie konnte als Grundlage für Industriepolitik identifiziert werden, die nicht sektorspezifisch ist, sondern die Industrie bzw. Ökonomie als Ganzes betrifft. Darüber hinaus zeigte sich, daß das theoretische Konstrukt der *General Purpose Technologies* gut geeignet ist, um Bereiche in der Volkswirtschaft zu identifizieren, die mutmaßlich zukünftig für die wirtschaftliche Entwicklung entscheidend sein werden. Daher wird eine Industriepolitik, deren Ziel es ist, Wachstumschancen und -potentiale zu erschließen, versuchen, an diese Branchen anzuknüpfen und ihre Entwicklung zu fördern. In der nun folgenden zusammenfassenden Analyse aller relevanten Theorien wird auf diese Aspekte ausführlicher eingegangen.

6 Grundzüge einer industriepolitischen Konzeption

Die vorstehenden Analysen haben gezeigt: Es war gängige Praxis, industriepolitische Maßnahmen unterschiedlichster Ausprägung einzusetzen. Industriepolitik wurde und wird in der Europäischen Union, in Deutschland und in den USA praktiziert. Trotz vielfältiger Widerstände aus der Wissenschaft gegen eine solche Art von Politik ist im Zeitablauf kein Rückgang der entsprechenden Aktivitäten festzustellen. Deshalb kann festgehalten werden: Industriepolitik war, ist und wird aller Wahrscheinlichkeit nach auch zukünftig fester Bestandteil der Wirtschaftspolitik bleiben. Die Erwartung der Wissenschaft, Industriepolitik werde verschwinden, scheint vor dem Hintergrund der durchgeführten historischen Analyse nicht realistisch zu sein. Wenn wirtschaftspolitische Beratung bei den Entscheidungsträgern gehört werden will, dann hat sie darauf zu reagieren.

Ein weiteres einheitliches Charakteristikum ist deutlich geworden: Industriepolitik wurde und wird häufig fast zufällig implementiert. Es fehlt ein Entwurf, der die Grundlagen und Ziele von Industriepolitik als Ergebnis eines politischen Konsenses formuliert. Daraus ergibt sich folgerichtig, daß es auch keine systematische Ausarbeitung zur Anwendung des Instrumentariums gibt, welche eine erfolgsorientierte Kontrolle der industriepolitischen Praxis ermöglichen würde. Wie bereits erwähnt ist einer der Gründe hierfür die industriepolitische Abstinenz der wissenschaftlichen Beratung. Da diese aus grundsätzlichen Erwägungen Industriepolitik ablehnte, konnte sie in der Praxis nicht die ihr eigentlich zukommende Funktion eines Korrektivs erfüllen.

Die gesamte Untersuchung führt zu einem dritten Ergebnis. Die beiden Fallstudien zukunftsorientierter Industriepolitik weisen darauf hin, daß diese grundsätzlich sinnvoll und möglich ist. Es konnten zwei Politikfelder identifiziert werden: das eine eine spezifische Branche, das andere eine die gesamte Ökonomie betreffende Mehr- bzw. Allzwecktechnologie. In beiden Fällen konnte festgestellt werden, daß Industriepolitik sowohl theoretisch rechtfertigbar als auch erfolgreich im Sinne des Erreichens gesetzter Ziele sein kann.[1]

[1] Sicherlich ist dieses Ergebnis der beiden Fallstudien nicht unumstritten. Dennoch wird hier die These vertreten, daß das Airbusprojekt – trotz aller Probleme im einzelnen – als erfolgreiches und in gewissem Sinne schon abgeschlossenes Beispiel für sektorspezifische Industriepolitik gelten kann. Zu den Begründungen im einzelnen vgl. oben Kapitel 4 ab S. 55. Bei der Beurteilung der netzwerkorientierten Industriepolitik für das Internet verhält es sich ähnlich. Für den Fall der USA konnte gezeigt werden, daß die Politik erfolgreich war. Vgl. dazu oben ab S. 48. Im Kapitel 5 ab S. 115 wurden die theoretischen Grundlagen und die wirtschaftspolitischen Implikationen erörtert: Das Internet als technologisches System, das alle Bereiche der Wirtschaft betrifft, kann Gegenstand staatlicher industriepolitischer Aktivitäten sein. Sofern die Wirtschaftspolitik umsichtig handelt, wird sie auch in der Bundesrepublik erfolgreich sein.

Aus dem Gesagten ergibt sich die Notwendigkeit – darauf ist schon des öfteren verwiesen worden – und vor allem auch die Möglichkeit des Entwurfs einer einheitlichen Konzeption für die Industriepolitik. Um das zu leisten, werden im folgenden zunächst die theoretischen Grundlagen überblicksweise dargestellt. Dazu kann zum Teil auf die Vorarbeiten in den Fallstudien zurückgegriffen werden. Im Anschluß daran werden die wesentlichen Elemente eines industriepolitischen Konzepts für die Bundesrepublik Deutschland dargestellt. Den Abschluß des Kapitels bildet der Verweis auf die Grenzen dieser Konzeption.

6.1 Theoretische Grundlagen

Die Fallstudien hatten sich neben der Beschäftigung mit den zwei Politikfeldern auch mit den beiden wesentlichen in der Literatur diskutierten theoretischen Grundlagen für Industriepolitik auseinandergesetzt: die Theorie der Strategischen Handelspolitik und die Neue Wachstumstheorie. Sie werden im folgenden nochmals kurz dargestellt. Daneben ist noch auf die Theorie des Strukturwandels einzugehen. Es gehört zu den stilisierten Fakten des wirtschaftlichen Wachstumsprozesses, daß dieser nicht strukturneutral verläuft. Vielmehr geht er mit umfangreichen Veränderungen in der strukturellen Zusammensetzung einer Volkswirtschaft einher. Um eine tragfähige industriepolitische Konzeption entwerfen zu können, ist es notwendig, die wesentlichen Elemente der Strukturwandeltheorie zu skizzieren.[2] Abschließend wird nochmals auf die Theorie der *General Purpose Technology* rekurriert. Sie verknüpft wachstumstheoretische Überlegungen mit solchen des strukturellen Wandels.

6.1.1 Theorie der Strategischen Handelspolitik

Auf die Details der theoretischen Überlegungen wurde bereits weiter oben eingegangen.[3] Es ist an dieser Stelle deshalb ausreichend, die wesentlichen Ergebnisse und ihre Bedeutung für eine industriepolitische Konzeption ins Gedächtnis zu rufen.

Die Theorie der Strategischen Handelspolitik stellt eine Weiterentwicklung der traditionellen Außenhandelstheorie dar. Die Annahme der vollständigen Konkurrenz wurde aufgegeben. Statt dessen wurden Modelle monopolistischer und oligopolistischer Konkurrenz aus der Industrieökonomik als Grundlage der Außenhandelstheorie herangezogen. *Economies of scale* rückten dabei ins Zentrum der neuen Sicht der internationalen Arbeitsteilung. Die Bedeutung dieses

---

[2] Die spezifische Ausprägung deutscher Industriepolitik (Förderung des Steinkohlebergbaus und der Landwirtschaft) orientierte sich zudem schon immer am Strukturwandel.

[3] Vgl. oben ab S. 65 und die dortigen bibliographischen Hinweise.

Paradigmenwechsels liegt darin, daß die zuvor unbedingt geltende These von der Optimalität des Freihandels nicht länger haltbar ist. Internationaler Handel ist jetzt nicht mehr nur geprägt durch Spezialisierung auf Grund komparativer Kostenvorteile, sondern auch durch den Kampf um Marktanteile zwischen den beteiligten Handelspartnern.

Die Analyse des Verhaltens in diesem neuartigen Marktumfeld zeigt ein interdependentes „Spiel" zwischen den Unternehmen. Forschungs- und Entwicklungsausgaben werden als strategisches Mittel eingesetzt, um vom Wettbewerber Marktanteile zu gewinnen und um dadurch einen höheren Gewinn zu erzielen. Diese strategische Vorgehensweise wird von allen am Spiel teilnehmenden Akteuren verfolgt, so daß sich als Ergebnis ein Gefangenendilemma einstellt, bei dem sich die Produzenten besser stellen würden, wenn sie auf den Einsatz strategischer Mittel verzichteten.

Vor dem Hintergrund dieser Modellkonstellation entsteht für den Staat eine neue Rolle im Außenhandel. Ihm wird nun die Aufgabe und die Fähigkeit zugewiesen, die strategische Machtbalance im Spiel so zu verändern, daß sich das Ergebnis verändert. Auf Grund seiner höheren Glaubwürdigkeit kann der Staat seine Mittel dazu einsetzen, um die eigenen Unternehmen auf dem Weltmarkt in eine bessere Situation zu bringen. Dabei kommen im Rahmen des Modells sowohl Subventionen für F&E-Aktivitäten als auch direkte Unterstützung für Exporte in Betracht. Wenn der Staat eine finanzielle Verpflichtung (*commitment*) zugunsten heimischer Anbieter eingeht, wird das dazu führen, daß diese die Position des „Stackelbergführers" erreichen und die „gegnerischen" Anbieter das Spiel verloren geben. Ein höherer Marktanteil, ein größerer Gewinn und mithin ein Rententransfer vom Ausland ins Inland ist die Folge. Dieses Ergebnis gilt allerdings dann nicht mehr, wenn es dem unterlegenen Unternehmen gelingt, die eigene Regierung im Sinne der Theorie der Strategischen Handelspolitik zur Unterstützung zu bewegen. Dann ergibt sich ein Gefangenendilemma auf höherer Ebene. Beide Seiten haben sich schlechter gestellt.

Trotz der letztgenannten Einschränkung ist klar, daß dieser Ansatz für die wirtschaftspolitische Praxis sehr attraktiv ist, eignet er sich doch gut für den überwiegend in Nationalstaaten ablaufenden politischen Diskurs. Gleichzeitig entspricht er auch dem in der öffentlichen Meinung vorherrschenden Verständnis vom internationalen Handel: Die Idee, daß vom Güteraustausch zwischen verschiedenen Handelspartnern alle Beteiligten Gewinne erzielen können und nicht nur die eine Seite auf Kosten der anderen, daß der Außenhandel also ein Positiv- und kein Nullsummenspiel ist, konnte sich im öffentlichen Bewußtsein nie durchsetzen.[4] Vor diesem Hintergrund ist diese Art von (Außen-)Wirt-

---

4 Ein direkter Beleg für diese These kann nicht geliefert werden. Als indirekte Unterstützung mag die dargestellte Position der „Protektionisten" in der Diskussion der US-amerikanischen Industriepolitik dienen. Vgl. dazu oben ab S. 47. Ziel der Protagonisten dieses

schaftspolitik für die staatlichen Entscheidungsträger im politischen (Wahl-)Kampf sehr gut kommunizierbar. Sie eignet sich für die Abgrenzung gegen ausländische Staaten, ein Motiv, das bei der Gewinnung von Wählerstimmen stets eine wichtige Rolle spielt. Die Profiteure der Politik (Kapitaleigner, Management sowie Arbeitnehmer und deren Vertreter) konzentrieren sich häufig auf eine Branche bzw. im Extremfall sogar auf ein Unternehmen und unter Umständen auch auf eine Region, sofern es Agglomerationseffekte in der Produktion gibt. Damit ergibt sich ein weiterer Vorteil: Die Gewinner stellen häufig eine homogene Gruppe dar; sie sind für Politiker als Wähler direkt ansprechbar. Die große Gruppe der Steuerzahler, die zunächst nur die Kosten in Form des Steueraufkommens zu zahlen hat, wird schwerlich Widerstand dagegen organisieren können.[5] Die Grenze einer solchen Politik wird jedoch dort liegen, wo das Ausland mit Vergeltungsmaßnahmen reagiert. Sobald die dadurch verursachten wirtschaftlichen und politischen Kosten den ursprünglich erhofften Nutzen aus der Förderung einer Branche übersteigen, wird sich die Politik neu orientieren müssen.

Die Untersuchung des Airbus hat gezeigt, daß eine Industriepolitik, die sich auf die Ideen der Theorie der Strategischen Handelspolitik stützt, prinzipiell funktionieren kann. Wie oben dargestellt, ist die Unterstützung des europäischen Flugzeugbaus als Erfolg zu werten. Es stellt sich nun das Problem, ob daraus eine grundsätzliche Empfehlung für ein industriepolitisches Konzept abgeleitet werden kann.

Für den Erfolg der Airbusförderung gab es viele Erfolgsfaktoren. Entscheidend waren vor allem die drei folgenden:

- Die enge Zusammenarbeit der Europäer:
  Die für europäische Verhältnisse große Geschlossenheit erhöhte die Glaubwürdigkeit der Förderpolitik. Zudem war die europäische Ebene die adäquate staatliche Ebene für die Durchführung der Strategischen Handelspolitik.
- Die Vermeidung eines Handelskrieges:
  Die USA als Heimatland des von Airbus „angegriffenen" Unternehmens

Politikansatzes war die Schaffung eines fairen Außenhandelsregimes: Als Ausgleich für die Gewährung des Marktzutritts ausländischer Anbieter wurde das gleiche Recht für die heimische Wirtschaft eingefordert. Daß Importe selber einen Vorteil darstellen könnten, kam nicht ins Blickfeld der Argumentation.

5 Diese Argumentation erinnert selbstverständlich an die Unterstützung des Steinkohlebergbaus in Deutschland. Vgl. dazu oben ab S. 27. Ein Unterschied besteht allerdings darin, daß im Falle der Steinkohle die Kosten und Nutzen recht exakt prognostizierbar sind. Im Falle einer Strategischen Handelspolitik, die auf Zukunftsbranchen ausgerichtet ist, ergibt sich hingegen das Problem, daß der wirtschaftliche Erfolg des geförderten Unternehmens bzw. der Branche ex ante nicht gesichert ist.

Boeing verzichteten darauf, umfangreiche Vergeltungsmaßnahmen gegen die Europäer umzusetzen. Das lag zum einen daran, daß die europäischen Regierungen meist sehr flexibel agierten und ihre Unterstützungsmaßnahmen den Erfordernissen anpaßten. Zum anderen konnte sich auf der US-amerikanischen Seite keine einheitliche Position entwickeln, die einen Handelskrieg riskiert hätte. Zudem basierte die US-amerikanische Flugzeugindustrie zu nicht unerheblichen Anteilen ebenfalls auf staatlichen Unterstützungen. Insofern hätte sich die US-amerikanische Politik im Fall einer forcierten Handelsauseinandersetzung in einem Dilemma befunden.

- Die Identifikation einer geeigneten Branche:
  Der Markt für zivile Großraumflugzeuge erfüllte als enges Oligopol ungewöhnlich gut die Voraussetzungen, die für das Gelingen der Strategischen Handelspolitik in der Literatur genannt werden.

Diese drei Punkte stellen Voraussetzungen für Industriepolitik mit dem Instrumentarium der Strategischen Handelspolitik dar. Der erste Punkt bedeutet abstrakter formuliert, daß für diese Art der Politik die richtige Ebene der wirtschaftspolitischen Entscheidungsträger gewählt werden muß.[6] Für eine auf den Weltmarkt abzielende Politik wird sich die nationale Ebene in der Regel als zu „niedrig" erweisen.

Ob eine Konstellation vorstellbar ist, bei der wieder alle drei Bedingungen erfüllt sind, ist aus heutiger Perspektive nur schwer zu sagen. Aktuell scheint es kein einschlägiges Handlungsfeld zu geben, das sich für Strategische Handelspolitik eignen würde. Darüber hinaus spricht angesichts der seit den 1970er und 1980er Jahren, als über den Erfolg von Airbus entschieden wurde, nochmals gestiegenen internationalen Verflechtung viel dafür, mit Maßnahmen, die an merkantilistischen Traditionen anzuknüpfen scheinen und die Gefahr eines Handelskrieges heraufbeschwören könnten, sehr zurückhaltend zu sein. Sofern andere Bereiche als die geförderten in Mitleidenschaft gezogen werden, sind die potentiellen Wohlfahrtsverluste beträchtlich.

Allerdings sollte der Ansatz nicht prinzipiell ad acta gelegt werden. Insbesondere kann die Möglichkeit nicht ausgeschlossen werden, daß ein anderes Land zu Lasten der eigenen Wirtschaft versucht, Renten zu transferieren. Aus der Theorie lassen sich geeignete Abwehrmaßnahmen ableiten. Das Beispiel der USA im Zusammenhang mit Airbus macht deutlich, daß eine angemessene Antwort des „angegriffenen" Landes entscheidend für den Ausgang einer handelspolitischen Auseinandersetzung ist. Gleichzeitig zeigt die theoretische Analyse, daß sich die an einem Handelskrieg beteiligten Länder insgesamt schlechter

---

[6] In gewisser Weise erinnert diese Überlegung an die Debatte in der Finanzwissenschaft, die dort unter dem Titel des fiskalischen Föderalismus geführt wurde. Dabei ging es um die Frage, welche staatliche Ebene für die Bereitstellung öffentlicher Güter zuständig sein sollte. Ein sehr guter Überblick zum Thema findet sich bei Oates (1977).

stellen. Eine Ex-ante-Koordination erscheint deshalb vor dem Hintergrund der theoretischen Erörterungen als logisch richtiger Schritt.

6.1.2 Neue Wachstumstheorie

Die sogenannte Neue Wachstumstheorie ist eine der, wenn nicht sogar die zentrale Theorierichtung, die für die Rechtfertigung einer neuen Industriepolitik diskutiert wird.[7] Die Grundzüge ihrer Entwicklung wurden bereits im Rahmen der Analyse der Mehrzwecktechnologien dargestellt.[8] Deshalb ist an dieser Stelle ein zusammenfassender Überblick ausreichend.

Die Grundidee der Neuen Wachstumstheorie war es, den Wachstumsprozeß moderner Ökonomien zu endogenisieren. Das Problem der traditionellen neoklassischen Wachstumstheorie hatte darin bestanden, daß zur Erklärung einer positiven Wachstumsrate auf exogene Größen wie das Bevölkerungswachstum oder den exogenen technischen Fortschritt, der sich wie Manna vom Himmel auf die Volkswirtschaft legte, zurückgegriffen werden mußte. Im neuen Theorieansatz sollte sich das Wachstum nicht mehr „von selbst“ einstellen. Vielmehr sollte es aus dem Rationalkalkül der Wirtschaftssubjekte erklärt werden können. Um dieses Ziel zu erreichen, wurden unterschiedliche Modelle entwickelt.[9] Dabei kristallisierten sich die folgenden Schwerpunkte heraus: die Einführung der zusätzlichen Produktionsfaktoren Humankapital und Wissen sowie die Analyse von Prozeß- und Produktinnovationen.

Humankapital ist in den einschlägigen Modellen der Neuen Wachstumstheorie der Wachstumsmotor, der einen anhaltenden Expansionsprozeß ermöglicht, ohne auf exogene Faktoren angewiesen zu sein. Investitionen in die Erweiterung des Humankapitals unterliegen nie abnehmenden Grenzerträgen, so daß der Anreiz für Humankapitalakkumulation stets erhalten bleibt. Bei der Bildung von Humankapital gibt es einen internen und einen externen Effekt: Investitionen erhöhen zunächst den individuellen Humankapitalbestand und führen zu einem höheren Einkommensstrom des Investierenden. Gleichzeitig profitieren aber auch die anderen Wirtschaftssubjekte. Die Produktivität der übrigen Produktionsfaktoren wird positiv beeinflußt vom durchschnittlichen Humankapital-

[7] Vgl. dazu z.B. Hahn (1993, S. 11 – 16). Nicht umsonst lautet der Untertitel der Untersuchung von Erber/Hagemann/Seiter (1998) „Industriepolitische Implikationen der Neuen Wachstumstheorie“.

[8] Vgl. oben S. 173 – 182 sowie die dort genannten Verweise auf die relevante Literatur.

[9] Die Details der Modelle brauchen hier nicht zu interessieren. So ist für den Zweck dieser Untersuchung, die sich vor allem auf industriepolitische Implikationen konzentriert, z.B. nachrangig, inwieweit das Vorliegen von steigenden Skalenerträgen in der gesamtwirtschaftlichen Produktionsfunktion für die Möglichkeit endogenen Wachstums essentiell ist.

bestand einer Volkswirtschaft. Eine individuelle Investitionsentscheidung führt dazu, daß die restlichen Produzenten ein höheres Produktivitätsniveau erreichen. Der einzelne Investor wird für diesen Effekt nicht entlohnt, so daß er diesen nicht in seiner Entscheidung berücksichtigt. Mithin ist im Wettbewerbsgleichgewicht das Niveau der Humankapitalinvestitionen zu niedrig, was eine zu geringe gleichgewichtige Wachstumsrate zur Folge hat. Damit ist die Wirtschaftspolitik gefordert, um das soziale Optimum zu erreichen. Die Neue Wachstumstheorie liefert also ein zentrales Aufgabengebiet für den Staat im Bereich der Wachstumspolitik: die Förderung der Bildung seiner Bevölkerung. Ein höherer Bildungsstand begünstigt das gesamtwirtschaftliche Pro-Kopf-Wachstum und damit das Wohlstandsniveau einer Gesellschaft.[10] Diese Erkenntnis ist nicht sonderlich neu; sie war bereits vor dem Auftreten der Neuen Wachstumstheorie allgemein bekannt und anerkannt. Die theoretische Auseinandersetzung mit ihr ist dennoch gerechtfertigt und notwendig, wie die Mängel deutlich machen, die durch die PISA-Studie offengelegt worden sind.

Das in einer Volkswirtschaft zur Verfügung stehende Wissen beeinflußt gemäß den Aussagen der Neuen Wachstumstheorie ebenfalls die Produktivität des einzel- und des gesamtwirtschaftlichen Produktionsprozesses. Je höher das vorhandene Wissen ist, desto höher ist ceteris paribus der Output, sowohl für das einzelne Unternehmen als auch für die Ökonomie als Ganzes. Die spezifische Ausgestaltung der Wissensgenerierung in den Modellen ist dafür verantwortlich, daß auch hier der Anreiz zum Investieren nicht zum Erliegen kommt. Auf Grund zunehmender Grenzerträge des Wissens ist gewährleistet, daß ein sich selbsttragender Wachstumsprozeß in Gang kommt: Wissen ermöglicht dauerhaftes Wachstum. Eine weitere Besonderheit des Produktionsfaktors Wissen liegt darin, daß bei seiner Herstellung externe Effekte auftreten. Alle Wirtschaftssubjekte, die in die Wissensvermehrung investieren, nützen nicht nur sich selber sondern auch allen anderen, die am Wirtschaftsprozeß teilnehmen. Für diesen positiven externen Effekt werden die Wissensproduzenten nicht entlohnt, so daß sie auch zu wenig in neues Wissen investieren. Unter Wettbewerbsbedingungen ist deshalb die gesamtwirtschaftliche Wissensproduktion und damit das Wachstum suboptimal niedrig. Hierin liegt wiederum der Ansatzpunkt für staatliches Handeln. Da Wissen positiv für die Gesellschaft ist, im marktlichen Allokations- und Wachstumsprozeß aber in zu geringem Umfang

[10] Reich (1992) hat diesen Gedanken aufgenommen und weitergeführt. Er ging der Frage nach, wie in einer globalisierten Welt Wirtschaftspolitik für das eigene Land – in seinem Fall die USA – bzw. für die Wettbewerbsfähigkeit der heimischen Wirtschaft gemacht werden kann. Er kam zu dem Ergebnis, daß nicht mehr die Förderung vermeintlich US-amerikanischer Großunternehmen, die in Wahrheit schon lange weltweite Unternehmen sind, sondern die Förderung der Fähigkeiten der US-amerikanischen Arbeitnehmer im Vordergrund stehen müsse.

bereitgestellt wird, sollte der Staat die Bildung von neuem Wissen unterstützen. Im Vordergrund stehen dabei Maßnahmen der Forschungsförderung. Diese können dazu beitragen, die Externalitäten zu internalisieren.

Die Analyse von Prozeß- und Produktinnovationen ist der letzte Schwerpunkt der Neuen Wachstumstheorie, der hier erörtert werden soll. Im Vordergrund dieser Modelle stand nicht mehr die Betrachtung der Bedingung der Möglichkeit endogenen Wachstums. Es ging jetzt um die Frage, wie der als endogen verstandene technische Fortschritt am besten interpretiert werden kann.

Hierzu wurden unterschiedliche Modellvarianten entwickelt. Es wurden Produktinnovationen im Zwischengüterbereich analysiert, die ihrerseits als Prozeßinnovationen in die Endgüterproduktion eingingen. Aber auch Veränderungen bei Konsumgütern wurden untersucht: Sowohl eine erhöhte Produktvielfalt als auch verbesserte Produktqualitäten wurden betrachtet. Im Vordergrund stand dabei in allen Fällen das Wissen, das die Innovationen ermöglicht. Das Wissen, das bei der Herstellung der Güter Anwendung findet bzw. in diese inkorporiert ist, hat den Charakter eines öffentlichen Gutes, so daß wieder positive Externalitäten auftreten. Die Wissensproduktion wird zu niedrig ausfallen, da wiederum alle Wirtschaftssubjekte vom neuen bzw. zusätzlichen Wissen profitieren, die Investoren für diesen positiven Effekt nicht entlohnt werden. Die *Spill-over*-Effekte treten dabei auch in intertemporaler Perspektive auf. Zukünftige Forschergenerationen profitieren von heutigen Anstrengungen im F&E-Bereich, da ihnen das einmal erstellte Wissen unentgeltlich zur Verfügung steht.

Die Dynamik des Innovationsprozesses und damit des Wachstums einer Ökonomie ist von vielen Einflußfaktoren abhängig. Als wichtigste im Rahmen dieser Modelle, die sich mit den Details des Forschungsprozesses beschäftigt haben, wurden die Produktivität der F&E-Aktivitäten, die Bereitschaft zum Konsumverzicht und die Diffusionsgeschwindigkeit der Erfindungen identifiziert. Je ertragreicher die Forschung ist, desto größer ist die Zahl und Geschwindigkeit, mit der neue Güter auf den Markt gebracht bzw. Prozeßinnovationen umgesetzt werden. Die Abhängigkeit der Innovationsdynamik von der Bereitschaft der Individuen zur Ersparnisbildung wurde dadurch erreicht, daß ein Teil der Arbeit, die in den Modellen in die Produktionsfunktion integriert wurde, sowohl in der Forschung als auch in der Produktion verwendet werden konnte. Damit entscheidet die jeweilige Zeitpräferenzrate über die Wachstumschancen. Geduldige Gesellschaften, die auf kurzfristigen Konsum verzichten, werden langfristig ein höheres Innovations- und damit auch ein höheres Wachstumsniveau erreichen. Je schneller Erfindungen auf dem Markt umgesetzt werden und nicht mehr nur theoretische Erfindungen bleiben, desto positiver sind die Rückwirkungen auf den Wachstumsprozeß.

Die Modelle haben aber auch gezeigt, daß das Wachstum mit Friktionen verbunden sein kann. Im Anschluß an Schumpeters Idee der schöpferischen Zerstörung wurde dargelegt, daß Innovationen zwar Neues schaffen, gleichzeitig aber auch Altes zerstören. Unternehmen, die neue Produkte auf den Markt bringen, vernichten damit die Profite etablierter Anbieter. Das stellt eine negative Externalität dar, die nicht ins Kalkül der Innovierenden eingeht. Insofern kan zu viel Forschung und Entwicklung stattfinden.

Darüber hinaus besteht die Gefahr einer Wachstumsfalle. Ein Erfinder wird nur dann bereit sein, in ein neues Produkt oder einen neuen Prozeß zu investieren, wenn er sicher sein kann, daß er für einen ausreichenden Zeitraum ein temporäres Monopol haben wird, um seine Ausgaben refinanzieren zu können. Wird nun erwartet, daß in Zukunft (zu) viel Forschung stattfindet, so wird sie heute unterbleiben, weil sie aus der gegenwärtigen Perspektive als unrentabel erscheint. Im Endeffekt wird es folglich gar keine Innovationen geben. Eine Ökonomie befindet sich dann in einem stationären Zustand der Stagnation.

Auch aus dieser letzten Gruppe der betrachteten Modelle lassen sich Handlungsanweisungen für die Wirtschaftspolitik ableiten. Da auch hier die positiven Externalitäten eine wichtige Rolle spielen, ergibt sich für den Staat die Aufgabe, Forschungs- und Entwicklungstätigkeit zu unterstützen. Die Tatsache, daß gemäß der Grundidee Schumpeters die Erlangung eines temporären Monopols als ein wichtiges Motiv für Innovationen ausgemacht werden konnte, verweist auf die Notwendigkeit eines effektiven Patentschutzes. Damit könnte auch dem Problem der Wachstumsfalle entgegengewirkt werden. Wenn die Gefahr des zu raschen Verlustes des temporären Monopols nicht mehr besteht, dann wird die Innovationsneigung zunehmen. Allerdings muß die Patentpolitik so gestaltet sein, daß der Schutz nicht zu umfangreich ausfällt, da sonst die negativen Effekte eines Monopols die positiven aus gesamtwirtschaftlicher Sicht wieder überkompensieren. Insgesamt indizieren die Modelle die Notwendigkeit einer Forschungspolitik. Da Prozeß - und Produktinnovationen grundlegend wichtig für das Wachstumspotential einer Volkswirtschaft sind, ist eine Wirtschaftspolitik notwendig, die diesem Sachverhalt Rechnung trägt. Die Bundesregierung hat mit ihrem Programm „Innovationspolitik – Mehr Dynamik für zukunftsfähige Arbeitsplätze“ erkennen lassen, daß sie sich dessen bewußt ist. Insbesondere die Förderung der angewandten Forschung, von Forschungskooperationen, von regionalen Innovationsclustern und der internationalen Forschungszusammenarbeit scheinen in die richtige Richtung zu weisen.[11] Das Ziel dieser Maßnahmen ist vor allen Dingen die raschere Umsetzung von neuen Erkenntnissen in marktfähige Produkte; ein Ansatz, der eine gewisse theoretische Untermauerung dadurch findet, daß die beschriebenen Modelle der Diffusionsgeschwindigkeit von Erfindungen eine wichtige Rolle für das Wachstum zuschreiben.

[11] Vgl. dazu ausführlicher oben S. 37 – 39.

Ein Problem ergibt sich allerdings aus den diskutierten Modellen: der Profitzerstörungseffekt. Er deutet darauf hin, daß es auch zuviel Forschung geben kann. In diesem Fall bestünde für den Staat die Aufgabe darin, mittels der Besteuerung von Entwicklungsaktivitäten das niedrigere optimale Niveau zu erreichen. Eine grundsätzliche Schwierigkeit besteht darin, daß die Modelle keine Auskunft über das Ausmaß der jeweiligen Effekte geben. So ist aus ihnen nicht abzuleiten, ob die positiven oder die negativen Externalitäten dominieren. Wirtschaftspolitik wird vor diesem Hintergrund deutlich komplexer. Eine Möglichkeit, darauf zu reagieren, könnte darin bestehen, jegliche forschungspolitischen Aktivitäten einzustellen. Diese Option scheint angesichts der im geschichtlichen Überblick gemachten Beobachtung, daß industriepolitische Aktivitäten steter Bestandteil des wirtschaftspolitischen Instrumentariums sind, wenig realistisch. Ein weiterer Aspekt muß bei der Beurteilung des Profitzerstörungseffekts berücksichtigt werden. Wenn der Effekt vor dem Hintergrund internationaler Konkurrenz betrachtet wird, ändert sich möglicherweise die Beurteilung. Im internationalen Wettbewerb könnte sich die Konstellation ergeben, daß ein ausländisches Unternehmen im Innovationswettlauf erfolgreich ist und die Profite heimischer Unternehmen zerstört. Dann käme es aus Sicht der Wirtschaftspolitik, die ihre Ziele und Maßnahmen an den Interessen des eigenen Landes ausrichtet, einer *second best*-Lösung gleich, wenn statt des ausländischen ein anderes inländisches Unternehmen die Profite übernähme. Das Problem einer zu intensiven Forschung, die unter Umständen sogar zu stark durch den Staat gefördert wird, scheint aus dieser Perspektive weniger dringlich zu sein. Gleichzeitig ist die Forschungspolitik mit einem offenen Handelsregime kompatibel, da Möglichkeiten zur Unterstützung der Forschung allen Ländern offen stehen.[12]

Kennzeichen aller diskutierten Modelle war die Existenz externer Effekte; darauf ist verschiedentlich eingegangen worden. Als Alternative zu den dargestellten Fördermaßnahmen wird in der Literatur die Möglichkeit der Einrichtung von Institutionen diskutiert, die im Anschluß an Coase (1937, 1992) die Internalisierung externer Effekte ermöglichen sollen.[13] Als Beispiele werden Unternehmensverbände, regionale Agglomerationen von ganzen Industrien und andere Einrichtungen genannt, die den Wissenstransfer zwischen Wirtschaft und Wissenschaft erleichtern. Solche Institutionen gibt es bereits; die Aufgabe des Staates bestünde dann darin, diese zu unterstützen bzw. die Errichtung neuer Institutionen wie z.B. *business parks* in *High-Tech*-Branchen voranzutreiben. Auch bei der diskriminierungsfreien Bereitstellung von relevanten Informatio-

[12] Im Fall der Airbusförderung haben sich die EU und die USA auf eine Vereinbarung geeinigt, die Forschungsförderung zuläßt, gleichzeitig aber Obergrenzen vorsieht. Vgl. oben S. 100. Mit diesen Überlegungen ergibt sich ein Berührungspunkt zwischen der Neuen Wachstumstheorie und der Theorie der Strategischen Handelspolitik.

[13] Vgl. z.B. Hahn (1993, S. 26 – 29) und Seiter (1997, S. 263f.).

nen könnte der Staat eine wichtige Rolle übernehmen. Dieser Ansatz stellt eine sinnvolle Ergänzung der „traditionellen" Forschungsförderung dar. Er besitzt auch einen gewissen Novitätscharakter und kann deshalb als neue Erkenntnis der Neuen Wachstumstheorie bezeichnet werden. Die Pflege des Ausbildungssystems, die Gewährleistung eines effizienten Patentsystems und die allgemeine und spezielle Forschungsförderung gab es bereits vor der Neuen Wachstumstheorie.

6.1.3 Theorien des Strukturwandels

Zu den stilisierten Fakten des Wachstumsprozesses moderner Volkswirtschaften gehört die Tatsache, daß mit der gesamtwirtschaftlichen Expansion strukturelle Veränderungen in der Ökonomie einhergehen: Es gibt Sektoren, deren Bedeutung im Zeitablauf abnimmt, während andere wichtiger werden. Am bekanntesten ist in diesem Zusammenhang die durch Fourastié populär gewordene Drei-Sektoren-Hypothese.[14] Dennoch haben sich die gängigen theoretischen Entwürfe der Wachstumstheorie darauf beschränkt, in ihren Modellen das Wachstum strukturkonstant auf höchstem Aggregationsniveau darzustellen.[15] Während diese Vorgehensweise für gesamtwirtschaftliche Wachstumsprobleme durchaus adäquat ist, erscheint sie für eine an industriepolitischen Fragestellungen interessierte Untersuchung nicht ausreichend. Sowohl bei der empirischen Betrachtung der Strukturpolitik der Bundesrepublik Deutschland[16] als auch bei der theoretischen Analyse der GPTs[17] hatte sich gezeigt, daß struktureller Wandel für das Verständnis und die Implementierung industriepolitischer Maßnahmen von grundlegender Bedeutung ist. Im folgenden wird deshalb kurz auf verschiedene Theorien des Strukturwandels eingegangen. Es kann dabei an dieser Stelle nur ein einführender Überblick gegeben werden. Eine detaillierte Analyse

[14] Vgl. Fourastié (1954).

[15] Vgl. Knottenbauer (2000, S. 57 – 59). Das gilt auch für die Modelle der Neuen Wachstumstheorie. Auch wenn dort mehrere Sektoren unterschieden werden, bleibt das vorherrschende Forschungsinteresse trotzdem das strukturkonstante gesamtwirtschaftliche Wachstum.

[16] Vgl. oben S. 30f.

[17] Vgl. oben S. 191. Dort konnte gezeigt werden, daß mit Hilfe des Paradigmas der GPTs nicht strukturneutrale Wirkungen des technischen Fortschritts in die (Neue) Wachstumstheorie integriert werden können. Damit besteht eine gewisse Nähe dieses Ansatzes zum Anliegen von Herdzina (1981), der darauf aus war, die Trennung zwischen Wachstums- und Strukturwandeltheorie (und Wettbewerbstheorie) in der Wissenschaft aufzuheben, um damit die gesamtwirtschaftliche Entwicklung als Ganzes zu erfassen. Eine solche Vorgehensweise erscheint auch für eine zukunftsorientierte und sektorübergreifende Industriepolitik angemessen.

würde den Rahmen dieser Arbeit sprengen.[18] Im Zentrum des Interesses stehen dabei die wirtschafts- bzw. industriepolitischen Implikationen, die sich aus den Theorien ableiten lassen.

Einer der ersten Ansätze zur Erklärung des Strukturwandels[19] ist die bereits erwähnte Drei-Sektoren-Hypothese. Sie hatte ihre Anfänge zu Beginn des 20. Jahrhunderts.[20] Die verschiedenen Autoren[21], die zu ihrer Ausformulierung beigetragen haben, betonen als Charakteristikum des säkularen Wandels moderner Volkswirtschaften, daß sich der Schwerpunkt der Produktion und Beschäftigung im Zeitablauf von einem primären über einen sekundären hin zu einem tertiären Sektor verschiebt. Im Mittelpunkt der Diskussion standen die Frage der richtigen Abgrenzung sowie die Ursachen des Strukturwandels einschließlich der damit verbundenen Friktionen und daraus abgeleitet mögliche wirtschaftspolitische Implikationen. Im letzten Punkt liegt die Ursache für die Beschäftigung mit den Theorien des Strukturwandels in dieser Arbeit. Sie liefern Erklärungsmuster für den sektoralen Wandel und leiten daraus Maßnahmen für die Wirtschaftspolitik ab. Diese stellen einen Teilbereich der Industriepolitik dar, wie sie hier verstanden wird.

Die Abgrenzung der drei Sektoren erfolgt in der Literatur auf unterschiedliche Art und Weise; dabei hat sich die von Clark (1957) durchgesetzt.[22] Clark unterscheidet die drei Sektoren, wie sie allgemein bekannt geworden sind. Der primäre Sektor umfaßt die Land- und Forstwirtschaft, der sekundäre das Verarbeitende Gewerbe und der tertiäre den Dienstleistungssektor als Restgröße.[23] Die Kriterien für die Abgrenzung der einzelnen Sektoren sind nicht ganz unproblematisch.[24] So ist z.B. die Zuordnung von Unternehmen, in denen sowohl Waren produziert als auch Dienstleistungen erbracht werden, nicht eindeutig. Die Ausgliederung einzelner Bereiche ändert die sektorale Aufteilung der

---

18 Bei Herdzina (1981, S. 118 – 214) und bei Knottenbauer (2000) finden sich jeweils umfassende Überblicke über den Stand der Forschung zum Strukturwandel. Neben der Beschreibung des Strukturwandels ist eines der Hauptziele der verschiedenen Theorieansätze die Offenlegung seiner Determinanten. Vgl. dazu Herdzina (1981, S. 175 – 214) und Knottenbauer (2000, S. 336 – 347).

19 Strukturwandel wurde bereits in der Klassik bei Smith, Ricardo und Marx thematisiert. Vgl. Erber/Hagemann/Seiter (1998, S. 161), Herdzina (1981, S. 136 – 138) und Pasinetti (1993, S. 2). Die Vorstellung eines strukturkonstanten Wachstums war den Klassikern fremd. Ihnen war klar, daß die Entwicklung einer Wirtschaft mit ökonomischen, strukturellen und sozialen Veränderungen einhergehen muß.

20 Knottenbauer (2000, S. 61f.) bietet einen kurzen Überblick über die Dogmengeschichte der Hypothese.

21 Bei Herdzina (1981, S. 146 – 149) und Knottenbauer (2000, S. 64 – 77) finden sich überblicksartige Darstellungen der unterschiedlichen Vertreter.

22 Vgl. Herdzina (1981, S. 147).

23 Vgl. Clark (1960, S. 490 – 508).

24 Vgl. Knottenbauer (2000, S. 69 – 71).

gesamten Volkswirtschaft, ohne daß sich in der ökonomischen Realität Veränderungen ergeben hätten. Dennoch hat sich diese Abgrenzung durchgesetzt, nicht zuletzt, weil sie institutionell recht leicht darstellbar ist. Im folgenden wird auf die beiden wichtigsten Vertreter der Drei-Sektoren-Hypothese – Fisher und Fourastié – eingegangen. Deren Sektorenabgrenzung unterscheidet sich in Details zwar von der Clarks, im großen und ganzen besteht aber eine weitgehende Vereinbarkeit und Übereinstimmung.

Fisher geht davon aus, daß sich im Laufe der Zeit die Beschäftigungsschwerpunkte in einer Volkswirtschaft hin zum tertiären Sektor verschieben.[25] Als Ursache macht er den technischen Fortschritt und die Veränderungen in der Nachfragestruktur der Konsumenten aus.[26] Technischer Fortschritt induziert Veränderungen in der Einkommens- und Preisstruktur, welche wiederum Rückwirkungen auf die Nachfrage haben. Daraus erwächst dann der Strukturwandel in Form sich wandelnder Beschäftigungsanteile der drei Sektoren. Technischer Fortschritt, verstanden als Prozeßinnovation, führt dazu, daß die Kosten der Herstellung der Produkte zurückgehen. Der Produktivitätsanstieg wird bei Wettbewerb in niedrigeren Preisen weitergegeben. Der technische Fortschritt fällt in den verschiedenen Branchen bzw. Sektoren unterschiedlich stark aus. Der Strukturwandel entsteht nun aus der unterschiedlichen direkten Preiselastizität der Nachfrage nach den in den verschiedenen Branchen hergestellten Produkten. Ist die Preiselastizität sehr hoch, dann führen niedrige Preise zu einer deutlich höheren Nachfrage. Die Produktivitätseffekte werden überkompensiert, die Beschäftigung in dem relevanten Bereich steigt an. Ist die Preiselastizität dagegen niedrig, wird die Nachfrage nur geringfügig ansteigen, und die Beschäftigung wird auf Grund des Produktivitätseffekts abgebaut. Der Strukturwandel ist mit Friktionen und Krisen verbunden. Ursache hierfür sind kumulative Effekte. Wenn in einer Branche Arbeitskräfte auf Grund des Zusammenwirkens von technischem Fortschritt und Preiselastizität der Nachfrage freigesetzt werden, dann geht deren Einkommen zurück, was wiederum Rückwirkungen auf andere Bereiche der Wirtschaft hat: Diese werden vom technischen Fortschritt indirekt negativ betroffen, da auch sie einen Rückgang der Nachfrage nach ihren Produkten erfahren. Hier wirkt nun der Einkommenseffekt. Es kann sich unter bestimmten Voraussetzungen eine Abwärtsspirale einstellen.[27] An dieser Stelle sieht Fisher den Ansatzpunkt für staatliche Interventionen. Eine Krise kann dann vermieden werden, wenn die Anpassung

[25] Vgl. zum folgenden Fisher (1947) und Knottenbauer (2000, S. 78 – 86).

[26] Interessant ist in diesem Zusammenhang der Vergleich mit dem Engelschen Gesetz. Danach ist die Struktur der Güternachfrage der Haushalte abhängig von deren Einkommen. Vgl. Herdzina (1981, S. 145f.). Fisher benutzt dagegen die direkte Preiselastizität der Nachfrage, um Strukturwandel zu erklären. Vgl. Knottenbauer (2000, S. 79f.).

[27] Mit dieser Argumentation liefert Fisher einen bemerkenswerten Beitrag zur Debatte um die Freisetzungs- und Kompensationseffekte des technischen Fortschritts.

der Strukturen rasch genug erfolgt: Die freigesetzten Produktionsfaktoren müssen realloziiert werden. Aufgabe des Staates ist es, dafür Sorge zu tragen, daß der Strukturwandel mit ausreichender Geschwindigkeit ablaufen kann. Seine Verlangsamung oder die Konservierung bestehender Strukturen kommt dabei nicht in Betracht. Im Vordergrund seiner Empfehlungen steht der Faktor Arbeit; die Reallokation des Kapitals wird als nicht problematisch angesehen. Zur Förderung der Mobilität von Arbeitnehmern schlägt Fisher eine Mischung aus sozialer Sicherung und aus Weiterbildungsmaßnahmen vor. Erstere mildert die Auswirkungen des Strukturwandels ab, letztere sollen zur beschleunigten Weiter- bzw. Neubeschäftigung von Arbeitern beitragen. Daneben soll der Staat auch in die Güterstruktur eingreifen und hier insbesondere die Produktion von Gütern im dritten Sektor fördern. Zudem soll er verstärkt Güter aus diesem Bereich nachfragen.[28]

Durch die Arbeit von Fourastié ist die Drei-Sektoren-Hypothese populär geworden. Er untersucht den säkularen Wandel, den die Länder des Westens von einer agrarisch geprägten Gesellschaft über ein industrielles Zwischenstadium hin zur Dienstleistungsgesellschaft durchschreiten.[29] Strukturwandel wird sowohl angebots- als auch nachfrageseitig induziert. Auf der Angebotsseite entsteht Strukturwandel durch unterschiedliche Produktivitätsentwicklungen. Die Wachstumsrate der Arbeitsproduktivität ist im sekundären Sektor am größten, danach folgt der primäre, wohingegen sie im tertiären Sektor am geringsten ist. Bei unterstelltem konstanten Arbeitseinsatz in allen drei Sektoren ergibt sich im Strukturwandel eine relativ starke Zunahme der Produktion im sekundären Sektor; im primären nimmt sie leicht zu. Der tertiäre Sektor verliert relativ betrachtet. Demgegenüber steht die Strukturentwicklung auf der Nachfrageseite, die in Anlehnung an das Engelsche Gesetz beschrieben wird. Ursache für eine Veränderung der Nachfragestruktur ist der Anstieg des Einkommens im Zeitablauf. Durch den technischen Fortschritt, der sich in der Zunahme der Arbeitsproduktivität manifestiert, steigt das Einkommen an, was eine Verschiebung der Nachfrage im Engelschen Sinne induziert. Wenn das Einkommen ein bestimmtes Niveau überstiegen hat, stagniert die Nachfrage nach den Erzeugnissen des ersten Sektors (Lebensmittel). An deren Stelle treten jetzt die Produkte aus dem sekundären Sektor (industrielle Konsumgüter wie z.B. das Auto). Schließlich treten die Dienstleistungen aus dem tertiären Sektor in den Vordergrund der Nachfrage. Im Gegensatz zu Fishers Modell spielt bei Fourastié die Preisentwicklung der Güter keine Rolle. Im Zentrum der Überlegungen steht vielmehr

---

[28] Auch hier erinnert die Fishersche Argumentation an die Kompensationsdebatte des technischen Fortschritts. Wenn man die marktendogenen Kompensationsmechanismen eher skeptisch beurteilt, wird man mit Fisher eine erhöhte staatliche effektive Nachfrage fordern, um der technologischen Arbeitslosigkeit entgegenwirken zu können.

[29] Vgl. zum folgenden Fourastié (1954), Herdzina (1981, S. 147 – 149) und Knottenbauer (2000, S. 90 – 105).

die Einkommenselastizität der Nachfrage. Es ist augenscheinlich, daß die strukturellen Veränderungen auf der Angebots- und der Nachfrageseite divergieren. Langfristig setzt sich nach Fourastié die Nachfrageseite durch. Sektoraler Strukturwandel ist demnach die Folge von Nachfragestrukturveränderungen, die durch Einkommenszuwachs induziert werden, welcher auf den technischen Fortschritt zurückzuführen ist. Die Unterschiede zwischen Angebots- und Nachfrageseite sind die Ursache für Friktionen und Krisen, die – jetzt wieder in Übereinstimmung mit Fisher – mit dem Strukturwandel einhergehen. Fourastié versteht den Wandel von der Agrar- zur Dienstleistungsgesellschaft als umfassenden sozialen Prozeß, in dessen Verlauf sich grundlegende Veränderungen nicht nur in der Wirtschaft sondern auch in der Lebensqualität der Menschen vollziehen. Dabei handelt es sich um einen teliologischen Prozeß, an dessen Ende ein neues Gleichgewicht steht. Den Ausgangspunkt stellte die Agrargesellschaft dar, auch sie repräsentierte ein Gleichgewicht. Durch den während der Industriellen Revolution einsetzenden technischen Fortschritt wurde das Gleichgewicht gestört und die sekundäre Übergangsphase eingeleitet. Das hatte zum einen einen steigenden Lebensstandard zur Folge: Die Nachfrage begann sich wegen des höheren Einkommens auf die Produkte des sekundären Sektors zu verschieben. Zum anderen wurden allerdings auch die Lebensumstände der Menschen verändert. Arbeitnehmer mußten den primären Sektor verlassen, es kam dort zu Freisetzungen. Technologische Arbeitslosigkeit war die Folge. Allerdings ergaben sich im sekundären Sektor dann neue Beschäftigungsmöglichkeiten. Mit dem weiteren Expansionsprozeß führt der Einkommensanstieg dazu, daß auch die Nachfrage nach den sekundären Produkten stagniert und eine Verschiebung zugunsten des tertiären Sektors stattfindet. Damit kommt der Prozeß zu seinem Ziel. Am Ende der Entwicklung erreicht das Gesamtsystem ein neues Gleichgewicht, einen neuen Ruhezustand. Ursache hierfür ist, daß der nunmehr dominierende tertiäre Sektor kaum noch Möglichkeiten für den technischen Fortschritt bietet; die Ökonomie erreicht einen stationären Zustand. Damit nimmt Fourastié das bekannte Motiv der Klassiker auf. Allerdings ist der Endzustand keinesfalls negativ zu beurteilen. An die Stelle des Strebens nach höherem quantitativem Lebensstandard tritt die Möglichkeit, eine qualitativ höhere Lebensqualität zu erreichen, die sich in einem Mehr an Freizeit und an kulturellen Möglichkeiten manifestiert. Wie erwähnt geht der Prozeß bei Fourastié ebenfalls mit Krisen einher. Es gibt technologische Arbeitslosigkeit, sowohl im primären als auch im sekundären Sektor. Daneben bringt der rasche technische Fortschritt Wettbewerbsprozesse mit sich, die an Schumpeters Idee der schöpferischen Zerstörung erinnern. Die Probleme des Strukturwandels sind dann auch Fourastié Ansatzpunkte für wirtschaftspolitische Interventionen des Staates. An erster Stelle steht dabei die Politik zu Gunsten des Faktors Arbeit. Probleme entstehen dadurch, daß die intersektorale Reallokation nicht rasch genug stattfindet. Ursache sind unter anderem die zu geringe räumliche Mobilität der Arbeitskräfte und ein qualifikatorischer *Mismatch*. Wirtschaftspolitik hat hier die Aufgabe, korrigierend einzugreifen. Darüber hinaus kommt der Förderung des technischen Fortschritts eine gewisse Bedeutung zu. Da dieser die Ursache für die Produktivitätssteigerungen darstellt, die ihrerseits wiederum zum Anstieg des Einkommens führen, sollen Rahmenbedingungen geschaffen werden, die einem innovativen Klima in der Gesellschaft zuträglich sind. Ansonsten wird die Rolle des Staates eher zurückhaltend gesehen. Da der Strukturwandel Ausdruck des Wirkens von natürlichen Kräften der Wirtschaft und Gesellschaft ist, soll der Staat all das unterlassen, was den Strukturwandel hemmt, denn ein solches Vorgehen würde nur den Anstieg des Lebensstandards abbremsen. Eine Beschleunigung ist aber auch nicht zu empfehlen, da damit die temporäre technologische Arbeitslosigkeit verstärkt würde.

Die verschiedenen Ausprägungen der Drei-Sektoren-Hypothese sind verschiedentlich der Kritik unterzogen worden.[30] Insbesondere die präzise Vorhersage zukünftiger Anteile der einzelnen Sektoren hat sich als nicht zutreffend erwiesen. Ebenso ist die Prognose eines neuen stationären Endzustands durch die Empirie bisher nicht bestätigt worden. Auch ist die Ablösung des industriellen Sektors durch die Dienstleistungen bis heute noch nicht erfolgt.

Neuere Ansätze gehen daher davon aus, daß der tertiäre Sektor bis auf weiteres nicht an die Stelle des sekundären treten wird. Vielmehr bestehe zwischen beiden eine Komplementaritätsbeziehung, die dafür spreche, daß es in absehbarer Zukunft eine gleichgerichtete Entwicklung zwischen beiden Sektoren geben wird.[31] Dies wird vor allem deutlich, wenn man den Dienstleistungssektor disaggregiert. Dabei zeigt sich, daß die sogenannten sonstigen Dienstleistungen und da insbesondere die unternehmensnahen Dienstleistungen die größten Wachstumsraten in der Vergangenheit erwirtschaftet haben und für die Zukunft die größten Wachstumschancen aufweisen.[32] Die gestiegene Bedeutung der unternehmensnahen Dienstleistungen ergibt sich aus den veränderten Strukturen der Wertschöpfung. Zunehmend werden industrielle Produktionsgüter nicht mehr nur allein vertrieben sondern mit besonderen Dienstleistungen angereichert. Dabei entstehen komplexe Angebotsbündel, die sich aus industriellen Produkten und den jeweils dazugehörenden individuellen Dienstleistungen zusammensetzen: „Die Verknüpfung eines industriellen Produkts mit einer dazugehörigen Dienstleistung ist für die moderne Industrieproduktion kennzeichnend."[33] Ein weiterer Trend, der für eine enge Komplementarität zwischen sekundärem und tertiärem Sektor spricht, ist das Phänomen des *Outsourcing*. Industrieunternehmen lagern bestimmte Dienstleistungstätigkeiten aus, um

---

30 Vgl. z.B. Herdzina (1981, S. 148f.).

31 Vgl. Knottenbauer (2000, S. 107 – 109).

32 Vgl. Krämer (1999, S. 2 – 9).

33 Krämer (1999, S. 10).

Kosten zu sparen. Daraus ergibt sich dann zunächst der statistische Effekt, daß der tertiäre zu Lasten des sekundären Sektors profitiert, ohne daß sich an der tatsächlichen Produktionsstruktur etwas geändert hätte. Allerdings entstehen durch Ausgründungen auch komplett neue Produktionsstrukturen im Dienstleistungssektor, so daß nicht nur statistische Effekte, sondern auch tatsächliche strukturelle Veränderungen induziert werden. Beide Effekte – die zunehmende Bedeutung von Dienstleistungen bei der industriellen Produktion und das *Outsourcing* – haben eine engere Verknüpfung des sekundären und des tertiären Sektors zur Folge. Da die unternehmensnahen Dienste gleichzeitig – nicht zuletzt auf Grund der „IKT-Revolution" und der Globalisierung – weiter an Bedeutung innerhalb des Dienstleistungssektor gewinnen werden, spricht viel für die These, daß zukünftig die Komplementarität zwischen beiden Sektoren weiter zunehmen wird. Eine Ablösung des einen durch den anderen steht nicht zu erwarten.[34]

Aus diesen Beobachtungen der Zusammenhänge zwischen dem zweiten und dem dritten Sektor lassen sich Anforderungen an die Wirtschaftspolitik ableiten.[35] Diese können recht gut mit den bereits im Zusammenhang mit den einzelnen Varianten der Drei-Sektoren-Hypothese dargestellten wirtschaftspolitischen Aufgaben in Einklang gebracht werden. Im Vordergrund steht wieder das Postulat, alle Hemmnisse, die den Strukturwandel behindern, aus dem Weg zu räumen. Dabei spielt auch hier der Faktor Arbeit eine wichtige Rolle. Auf Grund der neuen Anforderungen an die berufliche Qualifikation kommt der Aus- und Weiterbildung von Arbeitnehmern eine große Bedeutung zu. Um die Wachstumsmöglichkeiten, die die sektorale Komplementarität bietet, nutzen zu können, werden zunehmend Arbeitskräfte benötigt, die dem erhöhten Komplexitätsgrad unternehmensnaher Dienstleistungen gewachsen sind. Zudem muß die Fähigkeit verbessert werden, sich auf neue Anforderungen einstellen zu können. Das Stichwort lautet hier lebenslanges Lernen. Im Einklang mit den erläuterten Vorstellungen der Bundesregierung[36] stellt des weiteren die Deregulierung von Dienstleistungsmärkten einen wichtigen Aspekt der Wirtschaftspolitik dar. Dadurch kann die Wettbewerbsintensität erhöht werden, was positive Rückwirkungen auf die Zukunftsfähigkeit der auf diesen Märkten tätigen Unternehmen haben wird.[37] Schließlich soll eine Flexibilisierung der Arbeitsbedingungen und des allgemeinen unternehmerischen Umfeldes eine schnellere Umsetzung des strukturellen Wandels ermöglichen. Insgesamt kommt der Wirtschaftspolitik also die Aufgabe zu, Rahmenbedingungen zu schaffen, die dem Strukturwandel zuträglich sind.

---

[34] Vgl. Krämer (1999, S. 10 – 15).

[35] Vgl. Krämer (1999, S. 16f.), der diese aus der Unternehmensperspektive formuliert.

[36] Vgl. oben S. 35.

[37] Die bereits weitgehend erfolgte Liberalisierung des Telekommunikationsmarktes ist hierfür ein überwiegend positives Beispiel.

Neben diesen an den empirischen Beobachtungen des faktischen Strukturwandels ausgerichteten Modellen hat es weitere Ansätze gegeben, die sich aus theoretischer Sicht mit dem Phänomen des Strukturwandels auseinandersetzen. Einen wichtigen Beitrag hierzu hat Pasinetti geleistet. Sein Ausgangspunkt war die Kritik an der mangelnden empirischen Relevanz strukturkonstanter Wachstumstheorien alter und neuer Provenienz. Diese Modelle vernachlässigen das leicht zu beobachtende Faktum, daß der wirtschaftliche Wachstumsprozeß mit grundlegenden Veränderungen in der strukturellen Zusammensetzung realer Ökonomien verbunden ist.[38] Um dem Phänomen, daß Wachstum und Strukturwandel untrennbar miteinander einhergehen sind, gerecht zu werden, entwirft er ein eigenes Modell, das das neoklassische Paradigma überwindet und auf die Ideen der Klassiker zurückgreift. Dem neoklassischen Modell einer Tauschwirtschaft wird das klassisch inspirierte einer Produktionswirtschaft entgegengestellt.[39] Die detaillierte Analyse der Beiträge Pasinettis würde den Rahmen dieser Arbeit sprengen. Im folgenden soll nur ein äußerst knapper Überblick über sein Werk gegeben werden. Ziel der Betrachtung ist wiederum, die wirtschaftspolitischen Implikationen seiner Theorie für die Aufgabe, die Grundzüge einer industriepolitischen Konzeption zu formulieren, nutzbar zu machen.[40]

In Pasinettis Modellwelt spielt das Lernen eine herausragende Rolle. Sowohl auf der Angebots- als auch auf der Nachfrageseite ist es entscheidend für die strukturelle Dynamik der gesamten Ökonomie. Auf der Angebotsseite ist Lernen ursächlich für den technischen Fortschritt.[41] Dieser besteht dabei in erster Linie nicht aus großen Entdeckungen, sondern vielmehr aus der Summe aller Verbesserungen im Produktionsprozeß, die dazu führen, daß dessen Produktivität stetig zunimmt. Lernen geschieht durch tägliche Erfahrungen, durch Experimentieren und durch stetiges Durchdenken aller produktiven Aktivitäten. Dabei ist festzuhalten, daß die Wachstumsrate der Produktivität sektoral divergiert. In einzelnen Sektoren kann sie sogar negativ sein, die Produktivität also zurückgehen. Auf gesamtwirtschaftlicher Ebene ist insgesamt aber stets eine Zunahme zu konstatieren. Lernen bzw. technischer Fortschritt führt allerdings nicht nur zu einer erhöhten Produktivität, sondern auch zum Entstehen neuer und besserer Produkte und damit zu neuen Sektoren in der Volkswirtschaft. Technischer Fortschritt bewirkt also angebotsseitig einen sektoralen Strukturwandel. Auf der

---

[38] Vgl. Pasinetti (1981, S. xi) und ders. (1993, S. 3 – 8). Nicht umsonst lauten die Titel seiner beiden Hauptwerke „Structural change and economic growth..." (1981) bzw. „Structural economic dynamics..." (1993). Zwar unterscheiden sich die Modellvarianten, die Pasinetti in seinen beiden Monographien entwickelt hat, dennoch bleiben die grundlegenden Ideen dieselben. Aus diesem Grunde ist es angemessen, von dem Modell Pasinettis zu sprechen.

[39] Vgl. Pasinetti (1981, S. 23f.) und ders. (1993, S. xivf.).

[40] Bei Knottenbauer (2000, S. 172 – 265) findet sich eine umfassende Darstellung und Würdigung des Werkes Pasinettis.

[41] Vgl. Pasinetti (1981, S. 3 und S. 66 – 68).

Nachfrageseite ist Lernen ebenfalls von großer Bedeutung.[42] Lernen geschieht hier im Konsum. Durch Ausprobieren von neuen Gütern, durch Auswertung von Erfahrungen und durch Experimentieren bildet sich ein Konsummuster bei den Nachfragern heraus. Deren Präferenzstruktur ist im Zeitablauf nicht konstant, sondern ist im Entwicklungsprozeß der Volkswirtschaft einem ständigen Wandel unterworfen. Strukturwandel findet somit auch nachfrageseitig statt.[43] Auslöser hierfür ist der Anstieg des Pro-Kopf-Einkommens. Durch den stetigen Anstieg der Produktivität infolge des technischen Fortschritts nimmt das Einkommen zu. Das hat Rückwirkungen auf das Konsumverhalten der Nachfrager. In einem Lernprozeß passen sie ihr Nachfrageverhalten an. Dabei hat Pasinetti eine Hierarchie der Bedürfnisse im Kopf, die er aus dem Engelschen Gesetz ableitet. Zuerst werden bei niedrigem Einkommen die grundlegenden Bedürfnisse befriedigt; das Überleben steht zunächst im Vordergrund. Mit steigendem Einkommen verändert sich das Konsummuster, da nicht einfach eine proportionale Erhöhung der Nachfrage stattfindet. Vielmehr verschieben sich die Anteile der einzelnen Güter am Gesamtkonsum. Mit steigendem Einkommen treten die Güter des täglichen Grundbedarfs in den Hintergrund, höherwertige werden wichtiger. Dabei gilt, daß jedes Gut früher oder später sein Sättigungsniveau erreicht. Damit ist klar, daß strukturelle Veränderungen auch auf der Nachfrageseite stattfinden: Im dynamischen Prozeß verändert sich die Zusammensetzung der Konsumstruktur.

Damit ist der Strukturwandels eindeutig beschrieben.[44] Die Verbindung von beiden Seiten der Volkswirtschaft – Angebot und Nachfrage – liefert die Begründung und die Analyse der strukturellen Dynamik, um die es Pasinetti geht. Der technische Fortschritt führt von der Angebotsseite her über den Produktivitätszuwachs zu einem Anstieg des Pro-Kopf-Einkommens. Dadurch wandelt sich das Verhalten auf der Nachfrageseite. Die strukturelle Komposition der Nachfrage ändert sich entsprechend den Vorstellungen des Engelschen Gesetzes. Die Bedeutung einzelner Branchen nimmt ab, die anderer zu. Dieser Prozeß geht immerfort weiter, so daß eine dynamische Expansion ohne Strukturwandel nicht vorstellbar ist. Dabei gelingt Pasinetti eine kongeniale Verbindung von Angebot und Nachfrage. Die angebotsseitigen Entwicklungen (technischer Fortschritt) sind die Ursache für den Wachstumsprozeß; sie lösen den Strukturwandel aus. Die Nachfrageseite determiniert die Richtung des Strukturwandels. Die Entscheidungen der Konsumenten auf Grund und infolge ihres Lernprozesses bestimmen, welche Sektoren an Bedeutung gewinnen und welche verlieren.

---

42 Vgl. Pasinetti (1981, S. 75f.).

43 Vgl. ebenda, S. 68 – 75 und 76f.

44 Knottenbauer (2000, S. 181 – 183) verweist noch auf eine weitere Einflußgröße: das Bevölkerungswachstum.

Vor dem Hintergrund dieses Verständnisses des Strukturwandels kann Pasinetti die Bedingungen für Vollauslastung und Vollbeschäftigung in einer Volkswirtschaft formulieren, die durch die strukturelle Dynamik gekennzeichnet sind.[45] Der Gleichgewichtsprozeß ist kein *Steady State* im Sinne der Neoklassik, sondern ein Pfad, auf dem die strukturelle Zusammensetzung der Ökonomie einem ständigen Wandel unterworfen ist. Damit das so definierte Gleichgewicht im Zeitablauf erhalten bleibt, müssen zwei grundlegende Bedingungen erfüllt sein. Die eine betrifft die Kapitalakkumulation, die andere die effektive Nachfrage. Auch hier werden also wiederum Angebots- und Nachfrageseite miteinander verknüpft. Die Kapitalakkumulationsbedingung postuliert, daß die Produktionskapazität so stark expandieren muß, daß die infolge des höheren Pro-Kopf-Einkommens und der wachsenden Bevölkerung steigende Nachfrage akkommodiert werden kann. Die effektive Nachfragebedingung garantiert die Vollauslastung der Kapazität und die Vollbeschäftigung. Pasinetti ist allerdings skeptisch, was die tatsächliche Möglichkeit anbelangt, daß ständig Vollbeschäftigung herrscht.[46] Das wäre nur dann möglich, wenn sich die sektorspezifischen Wachstumsraten der Arbeitsproduktivität und der Nachfrage ausgleichen würden. Dann träte der Fall ein, daß der technische Fortschritt, der bewirkt, daß weniger Arbeit benötigt wird, durch den Anstieg der Nachfrage in jedem Sektor exakt ausgeglichen würde. Das ist aber praktisch unmöglich. Die Begründung liegt in der unterschiedlichen Dynamik der beiden Größen. Während für das Wachstum der Arbeitsproduktivität in den meisten Fällen keine Grenze nach oben besteht, ist dies bei der Nachfrage anders. Gemäß der verallgemeinerten Form des Engelschen Gesetzes wird die Nachfrage nach jedem Gut, also die Nachfrage in jedem Sektor, zu irgendeinem Zeitpunkt mit steigendem Einkommen eine Sättigungsgrenze erreichen. Damit ist klar, daß sich langfristig Arbeitslosigkeit einstellen wird. Es gibt zwar zwei Effekte, die dieser Form der technologischen Arbeitslosigkeit entgegenwirken: nämlich die Schaffung neuer Sektoren infolge der Entwicklung neuer Produkte und damit einhergehend „neuer“ Nachfrage, sowie die Möglichkeit, das Arbeitsvolumen entweder durch Arbeitszeitverkürzungen oder durch eine Reduktion der Erwerbstätigenquote zu verringern. Allerdings spricht aus Sicht Pasinettis nichts dafür, daß die Kompensationseffekte automatisch zu Vollbeschäftigung führen. Daher kommt er zu dem Schluß, „... that the structural dynamics of the economic system tend to generate what has rightly been called *technological* unemployment.“[47]

Auch in der Modellwelt Pasinettis ist der Strukturwandel mit Friktionen verbunden, und zwar in erster Linie mit technologischer Arbeitslosigkeit. Daneben

---

45 Vgl. dazu Pasinetti (1981, S. 85 – 87) sowie Erber/Hagemann/Seiter (1998, S. 163f.) und Knottenbauer (2000, S. 176f.).

46 Vgl. Pasinetti (1981, S. 87 – 91).

47 Pasinetti (1981, S. 90).

erfordert die *strukturelle Dynamik* eine ständige Reallokation der Arbeiter aus den schrumpfenden hin zu den wachsenden Sektoren.[48] In der Produktion selber treten aber auch Verwerfungen auf, die zu Ineffizienzen führen können und so möglicherweise das Wachstum beschränken.[49] Unternehmen sind dann am effizientesten, wenn sie gleichmäßig wachsen, wenn sie also einem konstanten Expansionsprozeß unterworfen sind. Wie gezeigt, ist die Nachfrageentwicklung, der sich die Produzenten gegenübersehen, allerdings nicht gleichmäßig; ihr Wachstumsprozeß ist Schwankungen unterworfen. Die Diskrepanz zwischen angebotsseitiger Notwendigkeit konstanter Entwicklung und nachfrageseitigen Schwankungen wird folglich stets dazu beitragen, daß die Entwicklung moderner Industrienationen mit Ungleichgewichten und Anpassungsproblemen verbunden ist.[50]

An diesen Friktionen des Strukturwandels knüpfen dann auch die von Pasinetti vorgebrachten wirtschaftspolitischen Implikationen an.[51] Im Vordergrund stehen Maßnahmen, die dem Problem der technologischen Arbeitslosigkeit entgegenwirken. Dabei werden sowohl kurzfristige als auch langfristige Politiken vorgeschlagen. In der kurzen Frist wird eine Nachfragepolitik à la Keynes notwendig sein, um die gesamtwirtschaftliche effektive Nachfrage auf ein vollbeschäftigungskompatibles Niveau zu heben. Langfristig stehen zwei grundlegende Optionen zur Verfügung: Zum einen eröffnet der technische Fortschritt die Möglichkeit, den Arbeitnehmern mehr Freizeit zu zuzubilligen, wie erwähnt entweder in Form geringerer Arbeitszeit oder in Form einer niedrigeren Erwerbsquote. Zum anderen spielen neue Produkte bei der Generierung zusätzlicher Nachfrage eine wichtige Rolle. Insofern läßt sich aus Pasinettis Modellwelt die Innovationsförderung als wichtige staatliche Aufgabe ableiten.

Lernen spielt für Pasinetti die zentrale Rolle; darauf ist bereits verwiesen worden. Nachfrager müssen neue Konsummuster lernen, während Anbieter lernen müssen, ihr Angebot an die veränderten Konsumstrukturen anzupassen. Ebenso das das Entwickeln von Prozeß- und Produktinnovationen nichts anderes als einen Lernprozeß dar. Insofern sind Informationsprobleme ursächlich für die Friktionen des strukturellen Wandels. Dem Staat käme somit die Aufgabe zu, den Informationsaustausch zwischen Angebots- und Nachfrageseite zu erleichtern bzw. zu ermöglichen. Eine bessere Informationsverarbeitung könnte zu schnellerem und besserem Lernen führen.

---

[48] Vgl. Pasinetti (1981, S. 226 – 229), der die Mobilität des Faktors Arbeit aber recht hoch einschätzt: Systemimmanente Ausgleichsmechanismen werden aus seiner Sicht dazu führen, daß die mit der Reallokation der Arbeit verbundenen Probleme gering bleiben.

[49] Vgl. ebenda, S. 222 – 225.

[50] An anderer Stelle führt Pasinetti aus, daß diese Divergenz für wiederkehrende Schwankungen der Konjunktur verantwortlich ist. Nicht nur der Trend, sondern auch der Zyklus hat seine Ursache im technischen Fortschritt. Vgl. Pasinetti (1981, S. 232 – 236).

[51] Vgl. Pasinetti (1981, S. 91), sowie Erber/Hagemann/Seiter (1998, S. 164f.) und Knottenbauer (2000, S. 250 – 254).

Ein weiterer wichtiger Aspekt ist die Problematik des qualifikatorischen *Mismatch*, der mit dem Strukturwandel einhergeht.[52] Die Reallokation des Faktors Arbeit von einem Sektor zum anderen wird dadurch erschwert, daß die Fähigkeiten der Arbeitskräfte häufig (sektor-)spezifischer Natur sind. Ein in einem schrumpfenden Sektor entlassener Arbeiter kann nicht ohne weiteres in einem wachsenden eingestellt werden. Sofern es keine endogenen Mechanismen gibt, die für die Lösung dieses Problems sorgen, kommt der Wirtschaftspolitik die Aufgabe zu, in die Qualifikation der Menschen zu investieren, oder, um es in der Sprache der Neuen Wachstumstheorie auszudrücken, den individuellen wie gesamtwirtschaftlichen Humankapitalbestand zu erhöhen.

Abschließend sei noch auf eine weitere Feststellung Pasinettis verwiesen, die im Zusammenhang mit einer zukunftsorientierten Industriepolitik von zentraler Bedeutung ist.[53] Eine Lösung des Problems der technologischen Arbeitslosigkeit kann nicht darin liegen, den technischen Fortschritt aufhalten zu wollen. Damit würde man sich all der Chancen berauben, die mit dem Fortschrittsprozeß einhergehen. Ebensowenig wird es helfen, als Reaktion auf die gesteigerte Arbeitsproduktivität die Löhne zu senken, um so einen Substitutionsprozeß zugunsten des Faktors Arbeit zu induzieren. Zu Ende gedacht hieße das, daß mit anhaltendem technischen Fortschritt die Löhne gegen null sinken müßten. Einer defensiven und rückwärtsgewandten Politik ist deshalb eine Absage zu erteilen. Weder macht es ökonomischen Sinn, den Strukturwandel aufhalten zu wollen, noch ist es angebracht, auf ihn mit einer allgemeinen Lohnsenkung zu reagieren. Vielmehr, und damit wird der Kern des Anliegens dieser Arbeit getroffen, ist eine auf die Zukunft ausgerichtete Politik die einzig angemessene. Sie besteht darin, zum einen auf neue innovative Produkte zu setzen und zum anderen auf das Arbeitskräftepotential einzuwirken. Bei Pasinetti stand dabei die Reduktion des Arbeitsvolumens im Vordergrund. Für die bundesdeutsche Situation einer schrumpfenden Bevölkerung wäre dieses Ergebnis neu zu interpretieren. Hier steht die Frage der Qualifizierung im Vordergrund. Damit könnte die Reallokation der Arbeit beschleunigt werden. Darin läge zum einen die Chance, die technologische Arbeitslosigkeit zu reduzieren, zum anderen könnten Arbeitskräftemangelerscheinungen in bestimmten Sektoren abgemildert werden. Langfristig gerät dann noch zusätzlich die Einwanderungspolitik ins Blickfeld der Wirtschaftspolitik.

Insgesamt liefert Pasinettis Ansatz damit wichtige Impulse für die Debatte um eine zukunftsorientierte Industriepolitik. Auch wenn im einzelnen am Modell vielfältige Kritik möglich ist,[54] bleibt dennoch als Verdienst seiner Ana-

[52] Knottenbauer (2000, S. 253f.) verweist zu recht darauf, daß Pasinettis Annahme, das Problem sei nur von geringerer Bedeutung bzw. lasse sich durch endogene Mechanismen lösen, optimistisch erscheint.

[53] Vgl. Pasinetti (1981, S. 229 – 232).

[54] Vgl. dazu den Überblick bei Knottenbauer (2000, S. 254 – 265).

lyse, auf wichtige Aspekte des Wachstumsprozesses moderner Industriegesellschaften hingewiesen zu haben. Wachstum ist nicht strukturkonstant, sondern es finden ständig strukturelle Veränderungen im ökonomischen System statt. Dabei treten Friktionen auf, wobei nicht ohne weiteres erwartet werden kann, daß sie durch endogene Marktmechanismen beseitigt werden. Daraus ergeben sich dann Anknüpfungspunkte für die Wirtschaftspolitik. Im Vordergrund steht die Notwendigkeit der Zukunftsorientierung; allen strukturkonservierenden Politiken ist eine Absage zu erteilen.[55] Das Problem der technologischen Arbeitslosigkeit, die seit Ricardos Kapitel „*On Machinery*" auf der Tagesordnung der Wirtschaftswissenschaften steht, wird als Begleiterscheinung des Entwicklungsprozesses erkannt. Als Gegenmittel kommen Qualifizierungsmaßnahmen bzw. Arbeitszeitverkürzung als angebotsseitige und die Schaffung neuer Märkte als nachfrageseitige Politiken in Betracht.

Zusammenfassend betrachtet liefern die verschiedenen Theorien des Strukturwandels interessante Ergebnisse, die – bei allen Unterschieden in den Einzelheiten – viele Gemeinsamkeiten aufweisen. Allen Ansätzen ist gemein, daß Strukturwandel mit Friktionen verbunden ist. Es wird stets Anpassungsprobleme geben; der Prozeß der strukturellen Adaption wird nie problemlos ablaufen. Dennoch stimmten alle Modelle darin überein, daß es eine falsche Reaktion wäre, den Strukturwandel verlangsamen oder gar aufhalten zu wollen. Vielmehr ist dafür zu sorgen, daß er problemlos ablaufen kann. Fisher fordert sogar von der Politik, den Wandel zu beschleunigen. Dem Faktor Arbeit kommt in allen betrachteten Modellen eine besondere Bedeutung zu. Er trägt die Hauptanpassungslast des Strukturwandels. Technologische Arbeitslosigkeit ist dessen stetige Begleiterscheinung. Deshalb hat die Politik dem Faktor Arbeit spezielle Aufmerksamkeit zu widmen. Um die Reallokation der Arbeit zu beschleunigen, müssen Qualifizierungsmaßnahmen durchgeführt werden. Daneben wird die Förderung des technischen Fortschritts diskutiert, am ausführlichsten bei Pasinetti, der die herausragende Bedeutung neuer Produkte betont. In den anderen Modellen steht eher die Schaffung fortschrittsfreundlicher Rahmenbedingungen im Vordergrund. Pasinettis Betonung des Lernens und Experimentierens macht zudem deutlich, daß der Prozeß des Strukturwandels eine Entwicklung unter Unsicherheit darstellt. Der exakte Verlauf der zukünftigen Entwicklung läßt sich nicht ex ante vorhersagen. Ein *Trial-and-error*-Prozeß wird dabei ablaufen, auch das gehört zum nicht strukturkonstanten Expansionsprozeß dazu. Damit werden zugleich die Grenzen industriepolitischer Implikationen deutlich. Der Staat wird nicht in der Lage sein, zukünftige Entwicklungen besser als die pri-

[55] Wirtschafts- bzw. Industriepolitik, die versucht, alte Branchen zu erhalten, wie das z.B. in Deutschland lange Zeit der Fall war, kann sich somit nicht auf Theorien wie die Pasinettis berufen, die die mit dem Strukturwandel einhergehenden Probleme hervorheben und sich nicht auf die Marktkräfte zur Problemlösung verlassen.

vaten Akteure vorherzusagen. Deshalb wird er sich schwer tun, das Muster des Strukturwandels wirtschaftspolitisch vorwegzunehmen. Die industriepolitische Antwort hierauf wird allerdings auch keine vollständige Abstinenz sein – wie dargestellt, scheidet diese Option vor dem Hintergrund der durchgeführten empirischen Untersuchungen aus. Vielmehr wird die Aufgabe darin bestehen, im Rahmen der Forschungsförderung möglichst mehreren potentiellen Zukunftsbranchen eine Entwicklungschance zu geben. Einen Hinweis, welche Technologien in Zukunft die „Gewinner" des Strukturwandels sein werden, liefert die Theorie der *General Purpose Technologies*. Auf diese wird im nächsten Abschnitt eingegangen.

6.1.4 Theorie der General Purpose Technologies

Die theoretische Analyse der Mehrzwecktechnologien erfolgte bereits sehr ausführlich.[56] Deshalb reicht an dieser Stelle ein kurzer Abriß der Debatte aus, um die industriepolitischen Implikationen abzuleiten.

Die Modelle, die die Allzwecktechnologien zum Gegenstand haben, stellen den Versuch dar, eine weitere Facette des technischen Fortschritts in die Neue Wachstumstheorie zu integrieren. Der Versuch kann als weitgehend gelungen und abgeschlossen gelten. Durch die Ansätze von Bresnahan/Trajtenberg (1995), Helpman/Trajtenberg (1998a, b), Aghion/Howitt (1998) und Howitt (1998) ist der Ansatz der Mehrzwecktechnologien in den theoretischen Rahmen der Neuen Wachstumstheorie, der unter anderem von Romer (1990), Grossman/Helpman (1991) und Aghion/Howitt (1990 bzw. 1992) abgesteckt wurde, integriert worden. Dabei geht es um das Phänomen, daß technologische Entwicklungen nicht nur in kleinen Schritten ablaufen, sondern bisweilen auch in großen Schüben stattfinden. Gleichzeitig findet in der Idee der *General Purpose Technologies* der Sachverhalt seinen Niederschlag, daß ganze Zeitabschnitte der wirtschaftlichen Entwicklung von einem technologischen Paradigma bestimmt werden. In Zeiträumen, die mehrere Jahrzehnte umfassen, herrscht eine Technologie bzw. ein Technologiesystem vor und bestimmt den sozio-ökonomischen Rahmen einer Gesellschaft.

Die zitierten Modelle unterscheiden sich in ihren Details, weisen aber wesentliche Gemeinsamkeiten auf, nicht zuletzt im Hinblick auf die Ergebnisse. GPTs stellen Wachstumsmotoren dar; sie sind Ursache für das Wachstum einer Volkswirtschaft. Vier Charakteristika sind in der Literatur herausgearbeitet worden: Eine Mehrzwecktechnologie ist verbesserungsfähig. Wenn sie nicht mehr weiterentwickelt werden kann, ist sie am Ende ihres Lebenszyklus angelangt und

[56] Vgl. oben S. 182 – 218 und die dort genannten Verweise auf die relevante Literatur.

wird durch eine andere abgelöst. Sie ist weiterhin dadurch gekennzeichnet, daß sie in weiten Teilen einer Ökonomie und in vielen verschiedenen Verwendungen zum Einsatz kommt. Und schließlich bestehen enge Komplementaritätsbeziehungen zu anderen Technologien und zum Kapitalstock der Volkswirtschaft.

Mit jeder Ankunft einer neuen Mehrzwecktechnologie wird ein neuer Wachstumszyklus eingeläutet. Der Auslöser für das Auftreten eines neuen Paradigmas bleibt weitgehend im Dunkeln. Es ist eine exogene Größe, die nicht durch die Parameter der Modelle erklärt wird. Es wird zwar deutlich, daß eine neue GPT nicht völlig zusammenhanglos vom Himmel fällt, sondern ihre Ursache sehr wohl in den Forschungsanstrengungen von Wirtschaft und Gesellschaft hat. Dennoch ist der Vorgang der Erfindung einer GPT in keinem der analysierten Modelle detaillierter beschrieben. Was auch immer der Auslöser für eine neue Allzwecktechnologie sein mag, eines steht auf jeden Fall fest: Mit ihr beginnt ein neues ökonomisches Zeitalter.

Wie dieses abläuft, hängt davon ab, wie die neue Technologie diffundiert. Sie verteilt sich nicht gleichmäßig über alle Bereiche der Ökonomie, vielmehr werden nach und nach verschiedene Sektoren betroffen. Entscheidend sind dabei die Komplementaritäten im Innovationsprozeß. Die GPT wird zuerst in denjenigen Sektoren zum Einsatz kommen, in denen als erstes eine ausreichende Zahl von kompatiblen Komponenten zur Verfügung steht. Je schneller sich die Technologie durchsetzt, je höher also ihre Diffusionsgeschwindigkeit ist, desto größer werden ihre wachstumssteigernden Effekte sein. Der Erfolg eines neuen Paradigmas ist somit davon abhängig, inwiefern es der Ökonomie gelingt, sich an dieses anzupassen. Die Diffusion einer GPT kann auch als Lernprozeß verstanden werden. Insofern besteht hier eine interessante Parallele zu Pasinettis Überlegungen. Je mehr Akteure in verschiedenen Sektoren lernen, die neue GPT zu nutzen, sie anzuwenden und Komplementärgüter für sie zu entwickeln, desto weiter wird ihre Diffusion voranschreiten.

Mit der Modellierung von GPTs wird auch die Vorstellung eines konstanten *Steady-State*-Wachstums aufgegeben. Statt dessen ist die Entwicklung durch den Wechsel von Auf- und Abschwungphasen geprägt. Insbesondere zu Beginn eines neuen Zeitalters ist es möglich, daß es zu einer Krisensituation kommt. Dabei handelt es sich um eine typische Übergangsphase zwischen zwei Paradigmen, die mit Unsicherheiten verbunden ist. Das alte technologische Muster ist nicht mehr, das neue noch nicht bestimmend. Dabei wird das Ausmaß einer Krise um so größer sein, je grundlegender der Umbruch ist, der mit der neuen Mehrzwecktechnologie einhergeht. Eine solche Krise hat auch Rückwirkungen auf den Faktor Arbeit: technologische Arbeitslosigkeit wird möglich, ebenso asymmetrische Verteilungswirkungen auf unterschiedlich qualifizierte Arbeitskräfte. Auch der Produktionsfaktor Kapital wird betroffen sein: Teile des Kapitalstocks können obsolet werden, sofern er nicht mehr für die neue Technologie nutzbar gemacht werden kann.

In den verschiedenen GPT-Wachstums-Modellen finden sich mehrere Ansatzpunkte für industriepolitische Maßnahmen. Bei der Besprechung der Modelle wurde bereits auf diese eingegangen. Sie werden hier nochmals zusammengefaßt.

An erster Stelle stehen die positiven Externalitäten, die mit Mehrzwecktechnologien verbunden sind. Sie treten sowohl zwischen der GPT und den Anwendungssektoren, als auch zwischen den Anwendungssektoren selbst auf. Das führt dazu, daß im allgemeinen zu wenig in die Weiterentwicklung der Allzwecktechnologie investiert wird. Dem Staat kommt deshalb die Aufgabe zu, die Forschung in diesem Bereich zu unterstützen. Eine weitere Möglichkeit, die in der Literatur zur Internalisierung der Externalitäten angesprochen wird, zielt auf große Nachfrager ab. Da sie einen großen Wert auf qualitativ hochwertige Technologie legen (können), werden sie bereit sein, hohe Preise zu bezahlen, was dann dazu führt, daß doch in die neue GPT investiert wird. Damit rückt der Staat als großer Nachfrager ins Blickfeld. Das Pentagon und die NASA haben in der Vergangenheit in den USA diese Rolle übernommen. Eine weitere Möglichkeit zur Internalisierung sind Kooperationen zwischen Unternehmen. Damit können die positiven -Effekte in die Kalkulation der privaten Nutzer mit einbezogen werden. Allerdings ergibt sich hier unter Umständen ein Zielkonflikt mit der Wettbewerbspolitik, der nicht ohne weiteres lösbar ist.[57] Schließlich ist auf die bereits im Zusammenhang mit der Neuen Wachstumstheorie erwähnten sogenannten Coase-Institutionen verwiesen worden.[58] Sie eignen sich ebenfalls zur Internalisierung und können demnach auch im Rahmen der Theorie der GPT gerechtfertigt werden. Daß diese Institutionen hier wieder auftauchen deutet zum einen auf ihre große Bedeutung hin. Zum anderen machen sie aber auch schlicht die Verwandtschaft zwischen den beiden in Rede stehenden theoretischen Ansätzen deutlich.

Ein eher konventionelles Ergebnis der Modelle besteht darin, daß eine erhöhte Ersparnis dazu führt, daß die gesamtwirtschaftliche Wachstumsrate zunimmt. Ersparnis bedeutet Konsumverzicht durch Reallokation von Arbeit aus der Produktion in die Forschung. Auch hier liegen die Parallelen zur Neuen Wachstumstheorie auf der Hand.

Daneben haben die Modelle gezeigt, daß bei der Diffusion von GPTs Verzögerungen auftreten können, die ihre Verbreitung verlangsamen. Diese können nicht als Ausdruck marktlicher Optimalität oder Effizienz gewertet werden. Vielmehr führen sie dazu, daß sich die gleichgewichtige Wachstumsrate verlangsamt. Die Ursache für die verminderte Diffusionsgeschwindigkeit liegt in der Notwendigkeit, vor der Nutzung einer GPT komplementäre Komponenten

---

[57] Ein möglicher Lösungsansatz läge vielleicht darin, in den Anfangszeiten einer GPT unternehmerische Kooperationen eher großzügiger zu behandeln. Mit der fortschreitenden Etablierung einer Mehrzwecktechnologie wird dies dann nicht mehr notwendig sein.

[58] Vgl. dazu oben S. 278f.

entwickeln zu müssen. Das ist zunächst nicht zu vermeiden und insofern auch nicht problematisch. Wenn allerdings die wirtschaftliche Entwicklung auch von Erwartungen über das Verhalten der Wettbewerber abhängig ist, dann könnten sich alle Unternehmen in einem Gefangenendilemma wiederfinden. Informationsaustausch und Kooperationen zwischen den beteiligten Unternehmen könnten hier Abhilfe schaffen.

Weiterhin ist klar geworden, daß die Neueinführung einer GPT mit Wirtschaftskrisen verbunden sein kann. Insbesondere Arbeitslosigkeit und soziale Probleme werden damit möglich. Unter Umständen können diese die Akzeptanz neuer Technologien in der Bevölkerung mindern und so dazu beitragen, daß der Diffusionsprozeß weiter verlangsamt wird, was weitere Wachstumsverluste zur Folge hätte. Insofern wäre eine Politik, die zum Abbau der (technologischen) Arbeitslosigkeit beiträgt, auch Wachstumspolitik.

An dieser Stelle ist noch eine Bemerkung angebracht, die über den rein ökonomischen Bereich hinausgeht. Mehrzwecktechnologien stellen die umfassendste Form des technischen Wandels dar. Dieser ist nicht immer nur vorteilhaft, sondern kann auch mit Nachteilen für die Bevölkerung einer Gesellschaft verbunden sein. Als Beispiel sei auf die möglichen Gefahren des Mobilfunks verwiesen. Seine weitere Verbreitung in der dritten Generation (UMTS) wird ein wichtiger Baustein bei der Diffusion der GPT Internet sein. Allerdings ergeben sich mittlerweile Akzeptanzprobleme aus Angst vor der Strahlung, die zu einer echten Gefährdung der kommerziellen Durchführbarkeit der neuen Technik werden können. Daran wird deutlich, daß eine Allzwecktechnologie nur dann erfolgreich sein kann, wenn sie durch die Gesellschaft nicht abgelehnt wird. Deshalb gehört zu einer zukunftsorientierten Industriepolitik, die auf neue Technologien setzt, unabdingbar eine Technikfolgenabschätzung. Daneben muß bei erwiesener Unbedenklichkeit die Öffentlichkeit dann aber auch darüber informiert werden, um unbegründete Ängste zu zerstreuen. Im Hinblick auf die UMTS-Technologie bedeutet das, daß bereits vor der Versteigerung der Lizenzen eine umfangreiche Analyse der potentiellen Gefahren durch Mobilfunkstrahlung hätte durchgeführt werden müssen. Daß die Auseinandersetzung erst danach erfolgt, spricht nicht für eine vorausschauende Politik. Bei der Gentechnologie, die unter Umständen ebenfalls das Potential einer Mehrzwecktechnologie hat, ist hingegen die Debatte zeitiger und umfassender geführt worden. Hier war klar, daß ein gesellschaftlicher Konsens notwendig ist, um die wirtschaftliche Nutzung zu ermöglichen.

Wie bei jeder Politik, die versucht, mögliche Zukunftsbranchen zu fördern, stellt sich auch hier das Problem der Information. Woran soll die Politik erkennen, daß es sich bei einer Technologie um eine GPT handelt? Sind die Informationsprobleme nicht so groß, daß die daraus folgende Gefahr des Scheiterns einen Verzicht auf entsprechende Maßnahmen nahelegt? Das Risiko des Scheiterns wird sich bei jeder Art von Politik nie vermeiden lassen. Im Falle der GPT ist zunächst auf die in der Literatur entwickelte Definition zu verweisen. Die vier Charakteristika einer GPT bieten der Politik einen Analyserahmen. Zudem ist, anders als in den Modellen angenommen, meist davon auszugehen, daß nie nur eine GPT zu einem Zeitpunkt im Einsatz ist. Damit ergibt sich die Möglichkeit, das Risiko des Scheiterns auf mehrere Objekte zu verteilen. Aktuell wäre es z.B. falsch, alleine auf das Internet oder die Informations- und Kommunikationstechnologien zu setzen. Gentechnologie oder Nanotechnologie sind weitere Kandidaten für eine Mehrzwecktechnologie. Um das Risiko einer Fehlentscheidung weiter zu minimieren, wäre es angebracht, die Analyse der zukünftigen Technologieentwicklung zu institutionalisieren. Wenn sich ein gesellschaftlicher Konsens darüber erzielen läßt, im Rahmen einer zukunftsorientierten Industriepolitik mögliche GPTs zu fördern, dann wäre ein Dialog zwischen Politik, Wissenschaft, Wirtschaft und Gesellschaft zu initiieren. Dieser würde zum einen der Informationsbeschaffung dienen. Davon könnten sowohl die Politik im Rahmen der Technologieförderung als auch die Unternehmen, die ihrerseits mit Informationsdefiziten zu kämpfen haben, profitieren. Zum anderen wäre es auch möglich, die Gesellschaft als Ganzes in den technologischen Entwicklungsprozeß einzubinden, um so die Akzeptanz zu erhöhen.

Wenn man die Theorie der GPT mit den zuvor besprochenen theoretischen Ansätzen vergleicht, zeigt sich, daß interessante Verbindungslinien bestehen. Die Nähe zur sogenannten Neuen Wachstumstheorie ist augenscheinlich. Aber auch mit den Theorien des sektoralen Strukturwandels bestehen Gemeinsamkeiten. So ist in beiden Ansätzen der Wachstums- und Entwicklungsprozeß mit Friktionen und Anpassungsproblemen verbunden. Krisenphänomene sind in beiden Theoriewelten notwendige Begleiter der wirtschaftlichen Entwicklung.

Wichtiger ist allerdings die Beobachtung, daß die Theorie der *General Purpose Technologies* selber in gewissem Sinne eine Theorie des sektoralen Strukturwandels ist. Branchen sind in unterschiedlichem Maße von einer neuen Allzwecktechnologie betroffen. Verschiedene Sektoren sind auch nur in unterschiedlichem Ausmaß in der Lage, die produktivitätssteigernden Effekte der neuen Technologie zu nutzen. Zudem entstehen mit einer neuen Allzwecktechnologie ganz neue Anwendungen, die dazu führen, daß gänzlich neue Sektoren entstehen. Damit wird die strukturkonstante Welt der bisherigen Wachstumstheorie verlassen. Allerdings – und darauf ist schon oben verwiesen worden – gilt dies für einen Teil der Modelle lediglich für den Diffusionsprozeß der GPT. Im *Steady-State*-Gleichgewicht ist die Strukturneutralität wieder hergestellt.[59] Dennoch ist die GPT-Theorie aus theoriegeschichtlicher Sicht von großer Bedeutung. Macht doch ihr Forschungsprogramm deutlich, daß eine Verknüp-

[59] Vgl. dazu die Diskussion um die Frage des Strukturwandels in den Modellen von Helpman/Trajtenberg (1998a, b) oben S. 191 und 197.

fung von Strukturwandel- und Wachstumstheorien sowohl angemessen als auch möglich ist. Damit kann sie einen Beitrag dazu leisten, die Trennung der beiden Zweige der Ökonomik aufzuheben.[60] Der Entwicklungsprozeß moderner Volkswirtschaften, deren Expansion überwiegend durch den technischen Fortschritt verursacht wird, kann somit den empirischen Fakten entsprechend angemessener erfaßt werden. Auch wenn dieser theoretische Ertrag damit erkauft wird, daß die letzte Ursache wirtschaftlichen Wachstums – die Mehrzwecktechnologien – ihren Ursprung außerhalb des Modells hat, stellt dieses spezifische Charakteristikum einen bleibenden Verdienst der GPT-Theorien dar.

Daraus ergibt sich dann im nächsten Schritt die Relevanz dieser Theorie für eine zukunftsorientierte Konzeption industriepolitischen Handelns. Wie gesehen, sind sowohl Neue Wachstumstheorie als auch Strukturwandeltheorie wichtige theoretische Grundlagen für Industriepolitik. Dadurch, daß die Theorie der GPT die Anliegen beider Theorierichtungen zumindest konzeptionell aufnimmt, wird sie zur Grundlage für den in dieser Arbeit zu entwickelnden Ansatz. Zukunftsorientierte Industriepolitik orientiert sich demnach am gesamtwirtschaftlichen Entwicklungsprozeß einer Ökonomie. Dabei berücksichtigt sie die Ergebnisse der theoretischen Analyse der Mehrzwecktechnologien. Zusätzlich behält sie noch die beiden folgenden Aspekte im Blick:

- die Grundlagen des Wachstumsprozesses, wie sie in der Neuen Wachstumstheorie herausgearbeitet worden sind, sowie
- die mit dem Wachstumsprozeß einhergehenden sektoralen Veränderungen, wie sie in den Strukturwandeltheorien analysiert worden sind.

Damit ist ein Fundament gelegt, auf dem eine zukunftsorientierte industriepolitische Konzeption aufgebaut werden kann. Deren Grundzüge werden im folgenden Abschnitt dargestellt.

6.2 Industriepolitische Handlungsoptionen

Im folgenden werden die Grundzüge einer zukunftsorientierten industriepolitischen Konzeption entworfen. Damit wird der Anspruch erhoben, einen Beitrag zu einem Entwurf zu leisten, der anders als die bisher in der Realität beobachteten Ad-hoc-Ansätze als mittel- bis langfristige Grundlage für wirtschaftspolitisches Handeln dienen kann. Insofern transzendiert er die wirtschaftspolitische Tagesordnung. Allerdings muß sich wirtschaftspolitische Beratung, sofern sie darauf abzielt, von der Praxis ernst genommen zu werden, immer auch an der aktuellen Problemlage orientieren. Diese läßt sich durch ein persistent hohes

---

[60] Vgl. hierzu Herdzina (1981, insbesondere S. 17 – 20). Wie gesehen, spielte dieses Anliegen bei Pasinettis *structural dynamics* auch eine wichtige Rolle.

Niveau der Arbeitslosigkeit und eine Wachstumsschwäche der deutschen Volkswirtschaft im Vergleich zur US-amerikanischen charakterisieren. Jede Wirtschaftspolitik, so auch das hier untersuchte Feld der Industriepolitik, wird sich daran messen lassen müssen, inwiefern sie einen Beitrag zur Behebung dieser Probleme leisten kann. Damit sind die Ziele einer zukunftsorientierten Industriepolitik offengelegt: Es geht darum, die Voraussetzungen dafür zu schaffen, daß ein höherer Wachstumspfad erreicht wird und gleichzeitig ein nachhaltiger Rückgang der Arbeitslosigkeit gelingt. Die theoretischen Grundlagen für eine solche Politik wurden in den vorhergehenden Abschnitten gelegt. Die Verknüpfung von Wachstums- und Strukturwandeltheorie hat sich als geeigneter Ansatz erwiesen, um den dynamischen Entwicklungsprozeß einer Volkswirtschaft zu beschreiben. Deshalb liefert diese theoretische Konstellation die Grundlage für die im folgenden zu entwickelnde Konzeption.

Ein wichtiger Aspekt ist dabei noch nachzutragen, der sich sowohl in der politischen Praxis als auch in der Theorie findet. Die Europäische Kommission erkannte in ihrer Mitteilung aus dem Jahr 1990, die die industriepolitische Wende in Europa einläutete, ein wettbewerbsorientiertes Umfeld als Voraussetzung für die Wiedererlangung der Wettbewerbsfähigkeit der europäischen Industrie. Sie verwies darauf, daß eine moderne Industriepolitik darauf angewiesen sei, daß Wettbewerb herrsche. Die alte, rückwärtsgewandte und strukturkonservierende Form sei abzulösen.[61] Herdzina (1981), der neben Pasinetti (1981, 1993) die enge Verknüpfung von Wachstum und Strukturwandel hervorgehoben hat, verweist zusätzlich auf den Wettbewerb als drittes Element, das notwendigerweise in die Betrachtung zu integrieren sei, um so den Blick auf das Ganze der Ökonomie (und Ökonomik) zu erhalten. Aus dieser Sicht ist demzufolge für die vorliegende Konzeption noch der Wettbewerb zu integrieren.[62]

Ihm kommt eine besondere Rolle zu, deshalb ist er zuerst zu analysieren. Im nächsten Schritt sind dann die weiteren industriepolitischen Implikationen der betrachteten Theorien abzuarbeiten. Die Analyse der GPT-Theorie hat dabei gezeigt, daß die industriepolitische Aufgabe eine doppelte ist: Es geht sowohl um eine allgemeine Wachstumsförderung als auch um sektorspezifische Politik. Damit wird die Industriepolitik dem Sachverhalt gerecht, daß der Expansionsprozeß, dessen Förderung das zentrale Ziel ist, beide Aspekte umfaßt. Institutionelle Überlegungen runden den Abschnitt ab.

---

[61] Vgl. oben S. 15 – 17 zum Entwurf der Europäischen Kommission.

[62] Überraschenderweise hat das von Herdzina und Pasinetti vertretene Anliegen, Wettbewerb, Wachstum und Strukturwandel als gemeinsame Charakteristika des dynamischen Entwicklungsprozesses moderner Volkswirtschaften zu verstehen, bisher noch keinen entsprechenden Widerhall im wissenschaftlichen *Mainstream* gefunden. Das ist um so erstaunlicher, als es zu deren Verständnis der ökonomischen Entwicklung eigentlich keine sinnvolle Alternative gibt.

6.2.1 Wettbewerbspolitik

Dem Wettbewerb kommt als grundlegendes Prinzip marktwirtschaftlicher Ökonomien eine zentrale Bedeutung zu. Er ist nicht nur eine zu erreichende Zielsetzung wie optimales Wachstum oder Strukturwandel. Vielmehr stellt Wettbewerb den Rahmen dar, der Wachstum und Strukturwandel ermöglicht.[63] Deshalb ist es sachgemäß, daß die Europäische Kommission in ihrer Veröffentlichung im Jahr 1990 den Wettbewerb zur Grundlage ihres industriepolitischen Konzepts gemacht hat.

Damit ist klar, daß es entsprechend dem hier entwickelten Entwurf einer zukunftsorientierten Industriepolitik zentrale wirtschaftspolitische Aufgabe ist, ein wettbewerbliches Umfeld zu ermöglichen bzw. zu schaffen. Diese ist dem „eigentlichen" industriepolitischen Kern eine Stufe vorgelagert. Daraus ergibt sich folgerichtig, daß Wettbewerbspolitik Teil der Industriepolitik ist. Damit ist aber nicht gemeint, daß sich Wettbewerbspolitik der Industriepolitik unterzuordnen hätte, wie das vielfach der Europäischen Industriepolitik vorgeworfen worden ist. Wettbewerbspolitik schafft vielmehr die Grundlage, auf der die anderen Teile der Politik aufbauen können.

Im einzelnen ergeben sich eine Vielfalt von Maßnahmen, die zum geforderten wettbewerblichen Umfeld beitragen. An erster Stelle ist dabei das „klassische" Feld der traditionellen Wettbewerbspolitik zu nennen. Ihre Aufgabe ist es, für funktionsfähigen Wettbewerb zu sorgen. Dazu stehen ihr in Deutschland die Mittel, wie sie das GWB vorsieht, in Europa die Mittel des Vertrags und der Fusionskontrollverordnung zur Verfügung. Es ist offensichtlich, daß diese äußerst knappe Skizzierung der Aufgaben der Wettbewerbspolitik der Komplexität des Themas nicht gerecht wird.[64] Das Thema der Wettbewerbspolitik steht in dieser Arbeit nicht an erster Stelle. Eine umfassendere Analyse würde den Rahmen sprengen. Ein Verweis auf den Sachverhalt erschien aber trotzdem notwendig, da Wettbewerbs- und Industriepolitik häufig als Gegensatz begriffen werden.[65] Wie die Vergangenheit gezeigt hat, gab es in der Tat häufig Konflikte

---

[63] Vgl. Herdzina (1981, S. 285f.), der zwar eine zirkuläre Verknüpfung zwischen den drei Aspekten feststellt, gleichzeitig aber auf die zentrale Rolle des Wettbewerbs verweist: Sofern zielgerichtete Wirtschafts- und Wettbewerbspolitik einen dynamischen Wettbewerbsprozeß initiieren helfen, wird dieser einen Expansions- und Entwicklungsprozeß anstoßen, der Strukturwandel und Wachstum umfaßt. Interessant fällt in diesem Zusammenhang der Vergleich mit Pasinettis Entwurf aus. Anders als Herdzina berücksichtigt er den Wettbewerb nicht. Das hängt damit zusammen, daß er die Charakteristika und die Funktionsweise des „natürlichen" ökonomischen Systems herausarbeiten will, das unabhängig von den Institutionen, die eine Gesellschaft gewählt hat, besteht und deshalb unabhängig von ihnen analysiert werden kann. Damit fällt natürlich der Wettbewerb als Institution aus dem Analyserahmen heraus. Vgl. Pasinetti (1981, S. 153 – 155).

[64] Erste Einblicke in die Materie finden sich z.B. bei Herdzina (1999) und Schmidt (1993).

[65] Vgl. dazu exemplarisch Schmidt (1998) und Schmidt (1995).

zwischen den beiden politischen Ansätzen. Nicht zuletzt die strukturkonservierende Politik in Deutschland im Bereich des Steinkohlebergbaus und der Landwirtschaft ist hierfür Beleg. In beiden Fällen wurde bzw. wird versucht, Branchen an den Realitäten des Wettbewerbs vorbei am Leben zu erhalten. Die jetzige Analyse soll deutlich machen, daß ein Widerspruch zwischen den beiden Politiken nicht in jedem Fall notwendig ist. Statt dessen wird hier die These vertreten, daß wettbewerbsorientierte Ausrichtung und zukunftsorientierte Industriepolitik zugleich möglich sind. Wie der kurze theoretische Exkurs gezeigt hat, ist funktionsfähiger Wettbewerb in der langen Frist Voraussetzung dafür, daß eine Industriepolitik, die am Wachstum und am Strukturwandel ansetzt, erfolgreich sein kann.

Weitere Maßnahmen betreffen den Bereich der Außenwirtschaftspolitik. Eine Öffnung des Binnenmarktes gegenüber ausländischen Konkurrenten erhöht die Wettbewerbsintensität und steigert langfristig die Wettbewerbsfähigkeit der Unternehmen. Auf die Europäische Kommission ist in diesem Zusammenhang bereits des öfteren verwiesen worden. Sie hat das Binnenmarktprogramm genau in diesem Sinne als industriepolitische Maßnahme verstanden. Die Bundesregierung hat sich diesen Ansatz zu eigen gemacht.[66] Somit ist auch in dieser Konzeption Außenwirtschaftspolitik ein fester Bestandteil der Industriepolitik. Damit besteht eine gewisse Nähe zu den Ideen der Theorie der Strategischen Handelspolitik. Allerdings wird hier ein Schritt weiter gegangen. Im Vordergrund steht nicht mehr der handelspolitische Antagonismus in merkantilistischer Tradition, sondern die internationale Zusammenarbeit. Da durch das GATT und die WTO die internationale Arbeitsteilung einer Verrechtlichung unterzogen wurde, haben sich die Zielsetzungen der Außenhandelspolitik geändert. Die Idee, die dahinter steht, ist natürlich die, daß Außenhandelsaufnahme kein Nullsummen- sondern ein Positivsummenspiel ist. Wenn alle Länder gleichermaßen am Handel teilnehmen und ihre Märkte öffnen, dann können sowohl in statischer als auch in dynamischer Perspektive Wohlfahrtsgewinne für alle Seiten realisiert werden. Deshalb ist es Aufgabe der Industriepolitik, aktiv in den Gremien, die Auswirkungen auf die Ausgestaltung der internationalen Arbeitsteilung haben, mitzuwirken. An erster Stelle steht dabei selbstverständlich die WTO.[67] Um in diesem Gremium Gewicht zu erlangen, ist auf europäischer Ebene eine einheitliche Position zu finden. Vor allem im Bereich der

---

[66] Vgl. hierzu oben S. 35: (Internationale) Marktöffnung ist Kern der innovationspolitischen Konzeption der Bundesregierung.

[67] Das Ziel wird dabei sein, auf ein Außenhandelsregime hinzuarbeiten, das den internationalen Wettbewerb intensiviert. Die Debatte um die Folgen der Globalisierung, die in jüngster Vergangenheit akut wurde, macht allerdings deutlich, daß Gerechtigkeitsüberlegungen wesentlicher Bestandteil des Konzeptes der Weltwirtschaftsordnung sein müssen. Auch hier gilt: Ein gesellschaftlicher Konsens ist notwendig, um ein wirtschaftspolitisches Programm umzusetzen.

Landwirtschaft werden hier Änderungen notwendig sein. Die anstehende Osterweiterung bietet hierfür einen passenden Anlaß. Bei der Analyse der Strategischen Handelspolitik ist deutlich geworden, daß deren Instrumentarium, das auf Gewinne zu Lasten anderer abzielt, nur noch in Ausnahmefällen anwendbar scheint.[68] Einem multilateralen Vorgehen ist der Vorzug zu geben. Die US-amerikanische Neigung seit den Ereignissen des 11. Septembers 2001, sich auf die eigene Stärke zu verlassen und weniger Rücksicht auf die Interessen der Partner und auf internationale Regeln und Institutionen zu nehmen, läßt allerdings die Möglichkeit einer eher konfrontativen außenhandelspolitischen Situation wieder deutlich realistischer erscheinen. Deutsche bzw. europäische Politik sollte darauf vorbereitet sein.

In eine ähnliche Richtung zielt die Öffnung von Gütermärkten im inländischen Kontext: Deregulierungspolitik ist der nächste Baustein der Industriepolitik. Durch diese Art von Politik wird der Wettbewerb ebenfalls intensiviert. Effizienzreserven werden offengelegt, und es wird möglich, ein höheres Produktivitätsniveau zu erreichen. Gleichzeitig können durch offenere Märkte neue Produkte, neue Sektoren und neue Ideen entstehen. Damit wird die Fortschrittsfunktion des Wettbewerbs gestärkt: Wettbewerb wird zur Grundlage für den Strukturwandel und für das Wachstum. Durch das Entstehen neuer Märkte werden Entwicklungspotentiale freigelegt, die der Zukunftsorientierung dieses Ansatzes entsprechen: Der Schwerpunkt liegt auf der Schaffung neuer Strukturen und auf der Ermöglichung von Wachstum. Diese Politik entspricht der Schumpeterschen Vision des Wettbewerbs als dynamischem Prozeß der kreativen Zerstörung, in dessen Verlauf neue Strukturen geschaffen, alte zerstört und damit Wachstumspotentiale ausgenutzt werden können. Wettbewerb ist dabei im Sinne Hayeks Entdeckungsverfahren für eine neue strukturelle Komposition der Volkswirtschaft. In der Bundesrepublik sind in der Vergangenheit mehrere Bereiche dereguliert und für den Wettbewerb geöffnet worden. Als Beispiele sind die Telekommunikation und das Postwesen bereits erwähnt worden. Ähnliche Entwicklungen gab es in den Bereichen der Strom- und Gasversorgung. Die Wirkungen sind dabei jeweils doppelter Natur. Zum einen entstehen auf diesen Märkten Produktivitätsgewinne und neue Produkte. Zum anderen ergeben sich auf Grund der Vorleistungsverflechtungen dieser Industrien Rückwirkungen auf andere Bereiche der Wirtschaft, deren Wettbewerbsfähigkeit durch die mit der Deregulierung einhergehenden niedrigeren Preise steigt.

In gewisser Weise scheint der Begriff der Deregulierung in den genannten Bereichen nicht vollständig angebracht zu sein. Es hat sich nämlich gezeigt, daß nachhaltiger Wettbewerb in diesen Branchen nicht einfach durch Aufhebung der alten Monopole und durch den Rückzug des Staates durch Privatisierungen zu erreichen ist. Vielmehr belegt das Beispiel der RegTP und der Telekommunikation, daß ein sich selbsttragender Wettbewerb nur schwer zu erzielen ist.

[68] Vgl. oben S. 273.

Regulierung zur Ermöglichung von Wettbewerb bleibt daher eine wichtige industriepolitische Aufgabe.[69] Die Monopolkommission beschäftigt sich in ihrem jüngsten Hauptgutachten mit dieser Frage bei sogenannten Netzwerkindustrien, bei denen die Wettbewerber auf die Nutzung von Teilen der Infrastruktur des alten Monopolisten angewiesen sind.[70] Sie untersucht dabei neben der Telekommunikation und der Post auch die Bereiche Bahn, Strom und Gas. Auf der Basis einer eingehenden Analyse der Ex-ante-Regulierung im Telekommunikations- und Postbereich sowie einer Analyse der Ex-post-Regulierung mit den Mitteln des allgemeinen Kartellrechts in den anderen Bereichen der Wirtschaft kommt sie zu dem Schluß, daß die Ex-ante-Regulierung zur Ermöglichung von Wettbewerb die überlegene Lösung darstellt. Deshalb fordert sie die generelle Einführung von Regulierungsbehörden bei Netzindustrien. Dies wird vor allem dort notwendig sein, wo auch auf Dauer nicht damit zu rechnen ist, daß alternative Infrastrukturen erstellt werden. Das trifft mit Ausnahme des Postwesens auf alle genannten Bereiche zu. Um der Gefahr der zu großen Abhängigkeit einer sektoralen Regulierungsbehörde von der regulierten Branche bzw. den Unternehmen zu begegnen, wird gefordert, eine allgemeine Regulierungsbehörde für Netzindustrien einzurichten. Zusätzlich werden besondere institutionelle Arrangements vorgeschlagen, um die Unabhängigkeit der Behörde zu gewährleisten. Auch wenn an dieser Stelle eine umfassende Erörterung der Vorschläge der Monopolkommission nicht möglich ist[71], so spricht *prima facie* viel für diesen neuen Regulierungsansatz. Die Schaffung von Wettbewerb ist ein wichtiger Bestandteil der Industriepolitik; deshalb ist das Anliegen der Monopolkommission in die industriepolitische Konzeption aufzunehmen. Damit wird nochmals deutlich, daß der behauptete Widerspruch zwischen Wettbewerbs- und Industriepolitik nicht zwingend notwendig ist.

Die Idee Schumpeters vom Wettbewerb als dynamischem Prozeß verweist schließlich noch auf die Bedeutung des Unternehmers als wesentlicher Akteur. Als Aufgabe staatlicher Politik, die die Stärkung des Wettbewerbs im Blick hat, kommt somit noch die Verpflichtung hinzu, freies Unternehmertum zu fördern. Das ist zum einen eine kulturelle Frage, die gesellschaftliche Einstellungen betrifft und nur langfristig beeinflußbar ist. Zum anderen geht es auch um die Beseitigung bürokratischer Hindernisse, die die Entfaltung von Kreativität und Selbständigkeit einschränken können.

---

69 Vgl. dazu oben S. 247 – 254 die Beschreibung der Situation im Bereich der Telekommunikation bzw. des Internets in Deutschland.

70 Vgl. zum folgenden Monopolkommission (2002, S. 45 – 56).

71 Im einzelnen wäre vor allem noch zu untersuchen, inwiefern eine neue Behörde nicht auch bürokratische Probleme mit sich bringt und wie gegebenenfalls die Abstimmung mit dem Kartellamt auszugestalten wäre.

6.2.2 Wachstums- und Strukturwandelpolitik

Nachdem im vorigen Abschnitt die wettbewerbspolitische Komponente der Industriepolitik abgearbeitet wurde, können jetzt darauf aufbauend die wachstums- und strukturpolitischen Maßnahmen dargestellt werden. Dabei kann auf die verschiedenen theoretischen Ansätze, die in der Arbeit analysiert wurden, rekurriert werden.

Im Vordergrund der Neuen Wachstumstheorie stand die Bedeutung des Humankapitals und des Wissens für das gesamtwirtschaftliche Wachstum. Demzufolge sind die Bildungspolitik und die Forschungsförderung zentraler Bestandteil der Industriepolitik.

Die Bildungspolitik umfaßt alle Bereiche des Bildungswesens. Damit wird die große Reichweite der Politik deutlich. Bildungspolitik ist auch unter dem Gesichtspunkt ihrer Wachstumswirkungen zu betreiben. Im 5. Kapitel war ausgeführt worden, daß sich durch das Aufkommen des Internets als Allzwecktechnologie die westlichen Industriegesellschaften in einem Übergang zu einer Wissensgesellschaft befinden. Die wichtigsten Rohstoffe hierbei sind die Fähigkeiten und Fertigkeiten der Wirtschaftssubjekte, die diese Volkswirtschaften ausmachen. Vor diesem Hintergrund erscheint die Förderung der Humankapitalbildung noch dringlicher. Eine Volkswirtschaft wie die Bundesrepublik Deutschland wird es sich auf Dauer nicht leisten können, ihr Bildungssystem zu vernachlässigen, ohne dadurch negative Rückwirkungen auf die eigene Wachstums- und Wettbewerbsfähigkeit erwarten zu müssen. Dabei wird von Seiten der Wirtschaftspolitik auch darauf zu achten sein, die Effizienz des Bildungssystems zu erhöhen. Ziel wird nicht nur sein, mehr Geld zu investieren. Vielmehr müssen die vorhandenen Mittel besser eingesetzt werden. Allerdings wird es sich langfristig nicht vermeiden lassen, die Ausgaben für Bildung zu erhöhen. Die Erkenntnisse der Neuen Wachstumstheorie lassen allerdings erwarten, daß es sich dabei um echte Investitionen handelt, die sich im Zeitablauf rentieren werden. Die durch die Pisa-Studie offengelegten Mängel des bundesdeutschen Erziehungswesens sollten vor diesem Hintergrund als Chance verstanden werden. Jetzt ist es möglich, eine grundlegende Analyse und Überarbeitung der bestehenden Strukturen durchzuführen. Dabei besteht eine besondere Herausforderung darin, die bereits seit einiger Zeit ablaufenden Reformbemühungen im Hochschulbereich mit den Reformnotwendigkeiten im schulischen Bereich zu verknüpfen. Weiterhin spielt für die deutsche Situation das duale Bildungssystem eine wichtige Rolle. Wie oben dargestellt, ist es eine der Ursachen für den wirtschaftlichen Erfolg Deutschlands nach dem 2. Weltkrieg.[72] Dessen Weiterentwicklung wird für die Humankapitalakkumulation und damit für die Wachstumsperspektiven von ebenso großer Bedeutung sein wie der Schul- und

[72] Vgl. oben S. 32 – 33.

Hochschulbereich. Die Relevanz einer Bildungsreform liegt dabei nicht nur in ihrer ökonomischen Auswirkung, sondern auch darin, daß Bildung ein zentrales Anliegen einer liberalen Gesellschaft ist, deren wesentliches Element die Verwirklichung von Chancengleichheit für alle Bürger ist. Ein weiteres Problem ergibt sich bei der Betrachtung von Bildung aus rein ökonomischer Sicht: Es besteht die Gefahr, daß der Bildungsauftrag auf die rein wirtschaftliche Ebene beschränkt wird. Bildung betrifft aber auch nicht-ökonomische Aspekte der menschlichen Existenz. Der *homo oeconomicus* ist nicht das Maß aller Dinge. Dieser Aspekt sollte bei aller Betonung der Bedeutung der Humankapitalbildung für das Wachstum nicht aus den Augen verloren werden.

Forschungspolitik ist ein weiterer wichtiger Teil der Industriepolitik. Die Notwendigkeit staatlicher Förderung von (Grundlagen-)Forschung ist weithin anerkannt; sie wird deshalb auch praktiziert. Die Neue Wachstumstheorie hat den Blick darauf gelenkt, daß neben der allgemeinen Förderung ein Schwerpunkt auch auf die Effizienz der Forschung gelegt werden muß. Insbesondere wurde deutlich, daß es entscheidend für das Wachstum einer Volkswirtschaft ist, wie schnell Forschungsergebnisse in marktreife Produkte umgesetzt werden und wie schnell dann die Diffusion der neuen Technologie erfolgt. Die Bundesregierung hat diesen Aspekt bereits aufgenommen. Ergänzt wird das durch eine mittelstandsspezifische und regionalpolitisch orientierte Forschungsförderung.[73] Ein weiterer wichtiger Aspekt ist die Frage nach einer angemessenen Patentpolitik. Hier spielt vor allem die internationale Komponente eine wichtige Rolle. Im Rahmen der WTO sollten solche Regeln gefunden werden, die den Interessen sowohl der Ersteller als auch der Nutzer von Patenten gerecht wird.[74] Im Zusammenhang mit der Analyse der Externalitäten bei der Wissensgenerierung und -verbreitung ist auf eine alternative Methode der Internalisierung hingewiesen worden, die sogenannten Coase-Institutionen.[75] Ziel dieser Einrichtungen ist es, einen Wissensaustausch zwischen den am Forschungsprozeß beteiligten Akteuren in Gang zu bringen. Informationsnetzwerke, regionale oder lokale Kompetenzzentren und Technologieparks (als „Gewerbegebiete der Wissensgesellschaft“) wären hierfür denkbare und geeignete Mittel. Auch dies ist in Ansätzen der Politik bereits vorhanden. Die aktuelle Aufgabe der Forschungspolitik besteht darin, die verschiedenen richtigen Elemente, die bereits bestehen, miteinander zu verknüpfen und zielgerichtet fortzuentwickeln.

Als weitere traditionell wachstumspolitisch orientierte Maßnahme ist noch die Errichtung und Erhaltung einer öffentlichen Infrastruktur zu nennen. Die Infrastruktur, die zur Produktivität der sie nutzenden Wirtschaftsbereiche beiträgt, ist damit auch Bestandteil einer zukunftsorientierten Industriepolitik. Beispiele hierfür sind vor allem die Verkehrs- und Telekommunikations-

[73] Vgl. oben S. 37 – 39.

[74] Vgl. dazu ausführlicher Erber/Hagemann/Seiter (1998, S. 186f.).

[75] Vgl. oben S. 278f.

infrastruktur, daneben auch noch die Energieversorgung.[76] Die Parallele zum dargestellten Ansatz der Monopolkommission ist augenfällig. Das macht deutlich, daß die Infrastruktur nicht notwendigerweise im öffentlichen Eigentum betrieben werden muß, alternative Bereitstellungsmodelle sind vorstellbar. Gleichzeitig folgt daraus aber auch, daß hier eine staatliche Aufgabe liegt. Im Bereich der Verkehrsinfrastruktur scheint der größte Mangel zu bestehen. Sowohl das Straßen- als auch das Eisenbahnnetz erscheinen in Deutschland in großen Teilen erneuerungsbedürftig zu sein. Die Bedeutung einer funktionierenden Infrastruktur für das wirtschaftliche Wachstums kann nicht unterschätzt werden. Im Kapitel 5 wurde das Internet einer eingehenden Untersuchung unterzogen. Aus der Perspektive dieses Abschnitts wäre zu ergänzen, daß eine öffentliche Politik in bezug auf das Internet auch deshalb notwendig ist, weil sie die Infrastruktur der Wissensgesellschaft darstellt.

Beim Strukturwandel – darin sind sich alle untersuchten theoretischen Ansätze einig – besteht die Aufgabe des Staates darin, diesen nicht zu behindern oder zu verzögern, sondern, sofern möglich, dessen Ablauf zu beschleunigen. Das impliziert zwei mögliche politische Herangehensweisen: die passive Begleitung und die aktive Gestaltung. Die passive Begleitung ergibt sich aus der Tatsache, daß Strukturwandel mit Friktionen verbunden ist. Daraus entstehen sowohl ökonomische als auch soziale Probleme: Produktionsfaktoren werden durch Strukturbrüche obsolet, Teile des Kapitalstocks werden ökonomisch unbrauchbar, strukturelle Arbeitslosigkeit tritt auf. Wenn technischer Fortschritt Triebfeder des Wandels ist, dann kommt technologische Arbeitslosigkeit hinzu. Die Reallokation des Faktors Kapital wird in den diskutierten Ansätzen nicht als problematisch angesehen, weswegen sich die wirtschaftspolitischen Empfehlungen auf den Faktor Arbeit konzentrieren. Dabei betrifft die eine Gruppe der vorgeschlagenen Maßnahmen die soziale Absicherung. Da es überwiegend Arbeitnehmer sind, die wegen des Strukturwandels Einbußen zu erleiden haben, sind diese sozial abzusichern. Diese Vorgehensweise ist deshalb sinnvoll, weil sie dazu beitragen kann, Vorbehalte gegen den Strukturwandel abzubauen. Gleichzeitig ist in die Qualifikation der Arbeitnehmer zu investieren. Die Anpassung an die Veränderungen fällt dann am leichtesten, wenn Fähigkeiten und Qualifikationen vorhanden sind, die den Einsatz in anderen Sektoren ermöglichen. Ziel ist es also, den qualifikatorischen Mismatch, den der Strukturwandel hervorruft, zu beseitigen. Dabei ist es wichtig, daß lebenslanges Lernen zum Gegenstand der Weiterbildung gemacht wird. Damit wird eine Anpassungsfähigkeit erreicht, die auch mehrere Veränderungen ermöglicht. Daneben kann eine Förderung der räumlichen Mobilität ebenfalls dazu beitragen, die Flexibilität des Faktors Arbeit zu erhöhen. Mit diesen Schlußfolgerungen ist die Strukturwandeltheorie

---

[76] In gewissem Sinne könnte unter diesem Punkt auch die Bildungsinfrastruktur subsumiert werden.

sehr nahe bei der Neuen Wachstumstheorie und deren wirtschaftspolitischen Implikationen. Es handelt sich hierbei mit um die wichtigste Aufgabe für den Staat. Wenn es ihm gelingt, die Kosten des Strukturwandels kurzfristig durch Sozialpolitik und mittel- bis langfristig durch Weiterbildungspolitik zu bewältigen, dann entfällt die Notwendigkeit, die strukturellen Anpassungen zu verzögern.

Um wieder das Beispiel der Bergbauförderung aufzugreifen: Anstatt den Abbau entgegen den wettbewerblichen Gegebenheiten zu subventionieren, wäre es sinnvoller gewesen, in die Weiterbildung der in diesen Branchen beschäftigten Arbeitnehmer zu investieren. Damit wären die Chancen im Vergleich zur jetzigen Situation zumindest höher gewesen, daß der Strukturwandel schneller hätte bewältigt werden können. Es ist einzuräumen, daß der gesamte Sachverhalt der Steinkohleförderung sehr komplex ist. Damit der Wechsel zu zukunftsorientierten Strukturen möglich ist, sind weitere Bedingungen zu erfüllen. So ist vor allen Dingen natürlich entscheidend, daß es gelingt, neue Branchen zu finden und anzusiedeln. Dieser Ansatz wurde allerdings wegen der praktizierten Förderung der bestehenden Produktion über längere Zeit gar nicht verfolgt. Diese Analyse trifft im übrigen *mutatis mutandis* auf die Landwirtschaft zu.

Die aktive Gestaltung des Strukturwandels begnügt sich nicht damit, dessen reibungslosen Ablauf zu ermöglichen. Hier geht es vielmehr darum, den Strukturwandel zu beschleunigen und gegebenenfalls in seine Entwicklung einzugreifen. Als Ausgangspunkt, und damit ergeben sich erneut Verbindungslinien zur Wachstumstheorie, läßt sich aus den theoretischen Ergebnissen ableiten, daß ein innovationsfreundliches Klima dazu beiträgt, den Strukturwandel zu beschleunigen und seine negativen Auswirkungen zu minimieren. Durch die Entwicklung neuer Produkte entstehen neue Märkte, für die zusätzliche Arbeitskräfte nachgefragt werden. Industriepolitik wird sich also auch aus dieser Perspektive veranlaßt sehen, anwendungsorientierte Forschung sowie die raschere Umsetzung und Diffusion von neuen Erkenntnissen in marktfähige Produkte zu unterstützen.

Die hier vorgeschlagene Konzeption geht aber noch einen Schritt weiter. Die Verknüpfung von Wachstums- und Strukturwandeltheorie, insbesondere wie sie die Theorie der Mehrzwecktechnologie zumindest in Ansätzen geleistet hat, legt es nahe, nicht nur allgemein, sondern auch spezifisch neue Märkte und neue Produkte zu fördern. Technischer Fortschritt ist nie nur eine allgemeine Zunahme des Produktivitätsniveaus, sondern manifestiert sich in bestimmten Produkten und Märkten. Wenn es also Ziel ist, den Strukturwandel zu beschleunigen und dabei Innovationen eine herausragende Bedeutung zukommt, dann wird Wirtschaftspolitik folgerichtig auch versuchen, die Märkte und Branchen zu identifizieren, die als Triebfeder für den Fortschritt in Frage kommen.[77] Als Ansatzpunkt für die entsprechende Auswahl kommen dabei die konstituierenden Kriterien einer Mehrzwecktechnologie in Betracht. Wie oben ausführlich dargelegt wurde, erfüllt das Internet alle Anforderungen an eine GPT. Deshalb ist das Internet zum Gegenstand einer umfassenden Politik zu machen.[78] Um zu vermeiden, daß die Wirtschaftspolitik nur auf eine Technologie setzt, sind weitere Entwicklungslinien des technischen Fortschritts zu ermitteln. Es ist eine Art „Zukunftsforschung" zu etablieren, die der Frage nachgeht, welche Branchen zukünftig die Rolle einer Allzwecktechnologie einnehmen können. Neben dem Internet und den Informations- und Kommunikationstechnologien kommen die Nanotechnologie, die Gentechnologie oder auch das Gesundheitswesen angesichts einer alternden Bevölkerung in Betracht. Dazu wird es notwendig sein, einen Dialog zwischen Politik, Wissenschaft und Wirtschaft zu etablieren, damit gemeinsame Zukunftsperspektiven erarbeitet werden können.

Sofern sich andeutet, daß ein Sektor das Potential hat, die Keimzelle einer neuen GPT zu sein, ist das gesamte hier dargestellte Instrumentarium anzuwenden. Zunächst sollte die Forschung intensiviert werden. Ebenso ist zu überprüfen, inwieweit Investitionen in das Humankapital notwendig sind, um die Fertigkeiten des Produktionsfaktors Arbeit an das neue Paradigma anpassen zu können. Damit werden zuerst allgemeine Maßnahmen durchgeführt, die nur ein relativ geringes Maß an Spezifität aufweisen, so daß – wenn notwendig – aus der Förderung einer Branche ausgestiegen werden kann. Wenn sich dann im Zeitablauf herausstellt, daß sich eine Technik wirklich zu einer GPT entwickelt, dann kann die Förderungsintensität erhöht werden: Sowohl die Forschungsförderung kann dazu verwendet werden als auch die Möglichkeiten, die dem Staat als Nachfrager zur Verfügung stehen. Damit kann er die Diffusion des neuen technologischen Systems fördern.[79] Wenn eine neue Allzwecktechnologie identifiziert worden ist, ist entsprechend vorzugehen. Dabei ist jeweils im Einzelfall zu prüfen, welche Maßnahmen adäquat sind. Da jede GPT *ex definitione* einzigartig ist, kann im voraus keine exakte industriepolitische Handlungsregel entworfen werden. Es ist jeweils eine eigene Analyse von Nöten, wobei die hier entwickelten theoretischen Grundlagen den Rahmen vorgeben.

---

[77] Bei Volkswirtschaften, die in der Entwicklung noch deutlich hinter den führenden Ökonomien zurückliegen, bieten sich unter Umständen auch Strategien an, die sich am technologischen und industriellen Stand weiterentwickelter Nationen orientieren. Damit kommen theoretische und politische Aspekte ins Blickfeld, die unter dem Titel *catching-up* diskutiert werden. Der *locus classicus* hierfür ist der Artikel von Abramovitz (1986).

[78] Die notwendigen Maßnahmen finden sich im einzelnen oben S. 239 – 267.

[79] Exemplarisch sei wieder auf die industriepolitischen Implikationen zur Förderung des Internets oben ab S. 239 verwiesen.

6.2.3 Institutionelle Konsequenzen

Um das skizzierte Konzept umsetzen zu können, werden bestimmte Anpassungen im institutionellen Gefüge der Wirtschaftspolitik notwendig werden. An erster Stelle steht dabei die Erkenntnis, daß ein gesellschaftlicher Konsens darüber zu erzielen ist, daß und wie eine solche Politik zu implementieren ist. Darüber hinaus ist noch zu untersuchen, inwieweit bürokratische Veränderungen vorzunehmen sind.

Es ist im Gang dieser Untersuchung schon mehrfach darauf verwiesen worden, daß empirisch beobachtbare Industriepolitik häufig als Ad-hoc-Politik betrieben wird. Es war das Ziel dieser Arbeit, diesem Mangel abzuhelfen. Damit dies auch in der politischen Praxis erreichbar ist, muß zunächst ein gesellschaftlicher Konsens darüber erzielt werden, daß ein solcher Politikansatz verfolgt werden soll. Erst wenn im politischen Raum Einigkeit über die einzuschlagende Richtung der Wirtschaftspolitik existiert, besteht Aussicht, daß das vorgeschlagene Konzept in die Praxis umgesetzt werden kann. Deshalb muß ein öffentlicher Diskurs über das Thema geführt werden, der dann in eine entsprechende Praxis mündet. Dasselbe gilt, wenn darüber entschieden wird, ob eine bestimmte Mehrzwecktechnologie gefördert werden soll. Wenn die Politik hier nachhaltig wirken soll, dann muß sie entsprechend langfristig angelegt sein. Einschneidende Richtungsänderungen mit einer Bestandsdauer von nur einer Legislaturperiode werden nicht dazu führen, daß von der Politik positive Rückwirkungen auf das wirtschaftliche Geschehen ausgehen. Allzwecktechnologien bestimmten über Jahrzehnte das ökonomisch-technische Klima. Die Politik sollte diesem Sachverhalt Rechnung tragen.

Damit eine solche Politik geplant und umgesetzt werden kann, wird es notwendig sein, diese auch institutionell zu fundieren. Im Bundeswirtschaftsministerium ist die Abteilung IV „Gewerbliche Wirtschaft; Industrie, Umweltschutz" derzeit für „grundsätzliche Fragen der Industriepolitik auf nationaler, europäischer und internationaler Ebene"[80] zuständig. Die Koordinierung der umfangreichen industriepolitischen Konzeption wäre in dieser Abteilung anzusiedeln; eine grundsätzliche Reorganisation erscheint nicht notwendig zu sein. Gegebenenfalls wären Änderungen in den Kompetenzabgrenzungen zu anderen Abteilungen notwendig.[81]

Im Rahmen dieser institutionellen Neuausrichtung wäre auch noch zu klären, inwiefern zwei weitere Aspekte, die zur Industriepolitik wesentlich dazu gehö-

---

[80] BMWI (2002a).

[81] Damit sollte klar sein, daß für Deutschland eine Art MITI weder notwendig noch zielführend ist. Die Übernahme dieser speziellen japanischen institutionellen Lösung wäre in der Öffentlichkeit zudem wohl nicht vermittelbar.

ren, verankert werden können. Es ist darauf verwiesen worden, daß die Frage der Akzeptanz einer neuen Technologie in der Gesellschaft für den Erfolg einer zukunftsorientierten Politik entscheidend ist.[82] Dieser Sachverhalt ist bei der Planung der jeweiligen Politiken zu berücksichtigen. Die Akademie für Technikfolgenabschätzung in Baden-Württemberg könnte hierfür ein Vorbild sowohl in inhaltlicher als auch in institutioneller Hinsicht sein.[83] Schließlich gehört zu einer Politik, die einer umfassend formulierten Konzeption folgt, auch eine Erfolgskontrolle dazu. Auch diese Frage wird bei der Implementierung zu berücksichtigen sein. Nur wenn die Politik an ihrer Zielerreichung gemessen wird, kann sie langfristig erfolgreich sein.

6.3 Grenzen der Industriepolitik

Das beschriebene Konzept einer zukunftsorientierten Industriepolitik hat selbstverständlich auch seine Grenzen. Sowohl aus theoretischer als auch aus politischer Sicht lassen sich Einwände vorbringen. Zum einen sind das Kritikpunkte, die an der theoretischen Fundierung ansetzen, zum anderen grundsätzliche Vorbehalte, die das Konzept als Ganzes in Frage stellen.

6.3.1 Kritik an der theoretischen Fundierung

Die Theorie der GPT hat sich als grundlegend für die theoretische Fundierung erwiesen. Sie verknüpft Aspekte des Wachstums und des Strukturwandels miteinander und stellt somit ein geeignetes Mittel dar, um darauf aufbauend industriepolitische Ansätze zu entwickeln. Allerdings gibt es im Bereich der Theorie auch noch fehlende Bausteine. Ein solcher ist die Frage nach den Ursachen von GPTs. Wie mehrmals erwähnt wurde, klären die Modelle nicht, warum und wie eine neue Mehrzwecktechnologie auftritt. Sie wird als exogener Schock modelliert, der auf eine Ökonomie trifft und dann seine grundlegenden Wirkungen entfaltet. Dabei wird sehr genau diesen Effekten und ihrer Bedeutung für das Wachstum nachgegangen. Was fehlt, sind allerdings theoretische Ausführungen darüber, wie eine GPT initiiert wird. Ohne das Wissen darüber werden die politischen Maßnahmen nur unvollständig bleiben können. Wenn die Ursachen für das Auftreten eines neuen technologischen Paradigmas im Dunkeln bleiben, dann hat das natürlich Rückwirkungen auf die anzuwendende Politik. Wenn es umfangreiche Kenntnisse darüber gäbe, warum sich eine Allzwecktechnologie entwickelt, dann könnte man sie besser identifizieren und damit auch gezielter fördern. Ebenso ließen sich unter dieser Voraussetzung die entsprechenden

---

[82] Vgl. oben S. 295f.

[83] Vgl. Akademie für Technikfolgenabschätzung (2002).

Maßnahmen bereits früher implementieren. Die Exogenität des technischen Fortschritts in diesen Modellen ist Ausdruck des Informationsdefizits, das jede Politik betrifft und auf das weiter unten noch einzugehen sein wird.

Eine weitere Frage, die die Theorie noch nicht ausreichend beantwortet hat, ist die Diffusion einer Allzwecktechnologie. Zwar sind Helpman und Trajtenberg (1998a, b) darauf eingegangen, dennoch kann dieser Zweig der Forschung noch nicht als abgeschlossen gelten. Es gibt in der Theorie eine eigene Forschungsrichtung, die sich mit der Frage der Diffusion von Technologien auseinandersetzt.[84] Als zukünftiges Forschungsfeld scheint deshalb die Verknüpfung mit der Diffusionstheorie lohnend zu sein. Gegebenenfalls ergeben sich hierdurch neue Erkenntnisse, die die Wirkungen einer GPT besser verstehen helfen. Damit wären dann auch Rückschlüsse für die Politik möglich.

Ein ähnliches theoretisches Defizit ergibt sich bei der Frage nach der technologischen Arbeitslosigkeit. Auch hierzu existiert eine reiche Literatur zum Thema.[85] Das Phänomen der Arbeitslosigkeit wurde in der theoretischen Analyse der Allzwecktechnologien ebenfalls diskutiert. Eine Verknüpfung mit den umfangreichen Ergebnissen der Freisetzungs- und Kompensationsdebatte hat aber bisher noch nicht stattgefunden. Dieser Mangel ist um so nachteiliger, als eine GPT eine „große" Technologie darstellt. Insofern böte es sich an, eine ausführlichere Analyse der Beschäftigungswirkungen des technischen Fortschritts gerade in diesem Bereich durchzuführen.

Die Weiterarbeit an diesen Lücken der Theorie der GPTs wäre aus zweierlei Hinsicht lohnend. Zum einen würde damit ein Beitrag zu dem Projekt geleistet, Wachstum, Strukturwandel und Wettbewerb aus theoretischer Sicht miteinander zu verbinden. Neue Erkenntnisse auf den Gebieten der Entstehung einer GPT, ihrer Diffusion und ihrer Wirkungen auf die Beschäftigung würden dazu beitragen, die strukturelle Dynamik des Expansionsprozesses moderner Volkswirtschaften besser zu verstehen. Zum anderen gäbe es auch neue Einsichten für die Politik. Das Wissen über die Ursprünge einer GPT würde deren Identifikation und im Gefolge auch ihre Förderung erleichtern. Die Geschwindigkeit der Diffusion hat Auswirkungen auf die gesamtwirtschaftliche Wachstumsrate. Ein genaueres Verständnis dieser Zusammenhänge wäre für die Politik von großer Bedeutung. Schließlich ist technologische Arbeitslosigkeit eines der Probleme, vor der die Wirtschaftspolitik momentan steht. Ein tieferer Einblick in diese Wirkungszusammenhänge wäre deshalb hilfreich.

Ein grundsätzliches Problem aller hier betrachteten Modelle ist die Tatsache, daß sie sich in ihren Analysen ausschließlich auf die Angebotsseite beschränken. Nachfragetheoretische und -politische Aspekte werden dagegen weitgehend vernachlässigt.[86] Das liegt teilweise am Beobachtungsgegenstand.

[84] Holwegler (2000) bietet einen Überblick.
[85] Für eine detaillierte Darstellung vgl. Hagemann (1985).
[86] Pasinetti bildet freilich die Ausnahme. Vgl. dazu oben S. 289.

Allerdings muß eine Verbindung zu theoretischen Überlegungen, die Nachfrageaspekte aufgreifen, hergestellt werden. Wenn die Kreislaufzusammenhänge ernst genommen werden, kann auf die Betrachtung der Nachfrageseite nicht verzichtet werden. Die Friktionen im Prozeß der strukturellen Dynamik, die mit technologischer Arbeitslosigkeit einhergehen, und ergänzend dazu die Ergebnisse der Kompensationsdebatte indizieren, daß der theoretische Ausweg des Sayschen Theorems nicht zur Verfügung steht. Insofern ist eine nachfragetheoretische Fundierung notwendig. Die Politik wird es sich nicht leisten können, lediglich auf angebotsseitige Maßnahmen zu setzen. Die Anpassungsprobleme, die mit dem Entwicklungsprozeß, wie er im Hintergrund der hier skizzierten Konzeption steht, einhergehen, werden, das ist die Erkenntnis Pasinettis, durch einen Mangel an effektiver Nachfrage gekennzeichnet sein. Der (Wachstums-)Trend und der (konjunkturelle) Zyklus sind weder empirisch noch theoretisch voneinander zu trennen. Sie stellen beide konstituierende Elemente eines Prozesses dar. Deshalb wird staatliche Politik zur Anregung der effektiven Nachfrage nicht nur notwendig sein, um eine kurzfristige Unterauslastung des gesamtwirtschaftlichen Produktionspotentials zu beseitigen. Vielmehr wird sie Teil der Politik sein, die den Prozeß der strukturellen Dynamik zukunftsorientiert gestaltet. Es ist bereits darauf verwiesen worden, daß der Staat als großer Nachfrager eine Rolle bei der Förderung von Mehrzwecktechnologien besitzt. Hier liegt also bereits in den angebotsorientierten Modellen ein Verbindungspunkt zur Nachfrageseite der Volkswirtschaft.

6.3.2 Grundsätzliche Kritik

Neben den genannten modellimmanenten Kritikpunkten ist abschließend noch auf zwei weitere Einwände einzugehen, die die Möglichkeit der Entwicklung und Umsetzung eines zukunftsorientierten industriepolitischen Konzeptes generell in Frage stellen. Der erste setzt an der Informationsbasis der Politik an, der zweite an der Zielfunktion der handelnden politischen Akteure.

Um im Sinne der in dieser Arbeit vorgeschlagenen Konzeption Politik betreiben zu können, bedarf es umfangreicher Informationen. Die adäquate Förderung der Humankapitalbildung sowie der Wissensgenerierung und -diffusion erfordert aus theoretischer Sicht die exakte Kenntnis der Art und des Ausmaßes der positiven Externalitäten, die mit den genannten Aktivitäten einhergehen. Nur so kann die Politik in der Lage sein, die Defizite der marktlichen Allokation bzw. das Marktversagen zu korrigieren. Ziel einer rationalen Politik muß es sein, das suboptimale Laissez-faire-Gleichgewicht zu überwinden und das soziale Optimum zu erreichen. Es erscheint jedoch mehr als zweifelhaft, ob die hierfür notwendigen Informationen erhältlich sind. Ähnliches gilt bei der Förderung einer

Mehrzwecktechnologie. Auch hier treten positive Externalitäten auf, die nur schwer zu quantifizieren sind.[87] Außerdem ist die Identifikation einer neuen GPT mit Schwierigkeiten verbunden; darauf ist bereits eingegangen worden. Wenn Politik erfolgreich sein will, dann muß sie schon frühzeitig mit der Förderung beginnen. In der frühen Entstehungsphase ist aber das Risiko des Scheiterns auf Grund falscher Informationen noch besonders hoch. Aus erkenntnistheoretischer Sicht kommt erschwerend hinzu, daß eine zukunftsorientierte Politik eben mit der Zukunft zu tun hat. Diese ist offen und nicht präzise vorhersagbar – vollkommene Voraussicht existiert nicht. Deshalb gehören Fehler zu dieser Art von Politik hinzu.[88]

Bei einer Wirtschaftspolitik, die versucht, externe Effekte zu internalisieren, um die allokative Effizienz eines ökonomischen Systems zu erhöhen, ergibt sich als zusätzliches Problem, daß die Finanzierung staatlichen Handelns in der Regel selber mit allokativen Verzerrungen verbunden sein wird. Die Annahme, die Maßnahmen könnten mit einer neutralen Pauschalsteuer finanziert werden, erscheint wenig realistisch. Deshalb müssen zu dem Nutzen der Politik noch die negativen Effekte der Steuererhebung hinzugerechnet werden.

All diese Argumente sprechen dafür, die Möglichkeiten der Entwicklung und Umsetzung eines industriepolitischen Konzeptes zurückhaltend zu betrachten. Falls es trotz aller Schwierigkeiten dennoch implementiert wird, wird sich kein schneller Erfolg einstellen. Die Begrenztheit menschlicher Erkenntnis manifestiert sich auch hier. Allerdings bleibt damit weiterhin die grundlegende Frage unbeantwortet, welche wirtschaftspolitischen Konsequenzen daraus zu ziehen sind. Eine Möglichkeit bestünde darin, gänzlich auf industriepolitische Interventionen zu verzichten und zu versuchen, sich darauf zu beschränken, die allgemeinen Rahmenbedingungen zu setzen; eine These, die in der Literatur recht verbreitet ist.[89] Allerdings sprechen gegen diese Schlußfolgerung vor allem zwei Argumente: Zum einen trifft das erkenntnistheoretische Problem der unvollständigen Information auch auf eine Politik zu, die nur den Rahmen setzen will. Auch hier sind Entscheidungen für die Zukunft zu treffen, die infolge der Ungewißheit der Zukunft dem selben Risiko des Scheiterns unterliegen.[90]

---

[87] Verschärft wird das ganze Problem noch dadurch, daß es in einem Teil der Modelle den Profitzerstörungseffekt als negative Externalität gibt. Aus theoretischer Sicht ist dann nicht mehr eindeutig bestimmbar, ob ein Wettbewerbsgleichgewicht als sub- oder supraoptimal zu charakterisieren ist.

[88] Daraus folgt allerdings auch, daß jede Art von Wirtschaftspolitik mit dieser Unsicherheit behaftet ist. Das ist dann kein besonderer Mangel der Industriepolitik mehr. Jede politische Maßnahme, die versucht, Weichen für die Zukunft zu stellen, wird das Risiko des Scheiterns akzeptieren müssen.

[89] Vgl. z.B. Berg/Schmidt (1998, S. 934 – 937), die diese Position am Beispiel der Industriepolitik der Europäischen Union darlegen.

[90] Einziger Vorteil einer solchen Politik mag ihre niedrigere Eingriffsintensität sein. Allerdings wird auch diese Politik zu Entscheidungen führen, die nicht reversibel sind und so

Zum anderen hat die Analyse der verschiedenen Länder bzw. Politikfelder recht eindrücklich gezeigt, daß Industriepolitik stets integraler Bestandteil der Wirtschaftspolitik war und ist. Industriepolitische Abstinenz scheint vor diesem Hintergrund eher ein theoretischer Referenzrahmen zu sein, der wenig praktische Relevanz besitzt. Der Kern der Argumentation pro Industriepolitik ist letztlich ein politökonomischer: Den Staat als Institution wird es in der einen oder anderen Form immer geben und mit ihm auch Politiker. Auf Grund ihrer spezifischen Zielfunktionen wird auch zukünftig davon auszugehen sein, daß sie Industriepolitik einsetzen werden, um ihre vielfältigen Ziele erreichen zu können. Aus dieser Sicht erscheint es angemessener, im Rahmen der wissenschaftlichen Politikberatung nicht darauf zu verzichten, einen Vorschlag für ein industriepolitisches Konzept zu machen, das sich statt den bisherigen vergangenheitsorientierten Entwürfen an der Zukunft ausrichtet. Dies hätte damit den Charakter einer *Second-best*-Lösung.[91] Im folgenden Abschnitt ist daher noch auf die politökonomischen Implikationen einzugehen.

Eine der grundlegendsten Erkenntnisse der sogenannten Neuen Politischen Ökonomie ist die Einsicht in die spezifische Motivation der handelnden politischen Akteure.[92] Politiker verfolgen nicht ausschließlich das Ziel der Maximierung des Gemeinwohls. Vielmehr gehen auch sie den eigenen Interessen nach: An erster Stelle steht dabei die Wahl bzw. Wiederwahl, also die Erlangung und Erhaltung von Macht, ohne die politische Zielvorstellungen überhaupt nicht durchsetzbar sind. Es ist offensichtlich, daß dieser Aspekt bei der Formulierung und Umsetzung von Industriepolitik eine wichtige Rolle spielt. Die bisherige Praxis der Förderung schrumpfender Branchen wie der Landwirtschaft oder des Bergbaus ist mit den Analyseinstrumenten der Neuen Politischen Ökonomie gut erklärbar. Sowohl die Begünstigten der Bergbau- als auch die der Landwirtschaftsförderung waren bzw. sind klar abgrenzbare Gruppen, die zudem räumlich konzentriert sind. Als solche sind sie für Politiker direkt ansprechbar und somit für Wahlkampfzwecke sehr nützlich. Die Persistenz der Förderung erklärt sich nicht zuletzt daraus, daß das gewerkschaftlich organisierte Milieu des Bergbaus – vor allem im Ruhrgebiet – und das bäuerliche Milieu – z.B. in Baden-Württemberg und Bayern – wichtige Stammwählerreservoirs für die beiden wichtigsten Parteien der bundesdeutschen Nachkriegsgeschichte darstellen.

Pfadabhängigkeiten zur Folge haben, die das Erkenntnisdefizit nicht minder akut erscheinen lassen.

91 N.B.: Die in dieser Arbeit vertretene Position geht davon aus, daß trotz aller Probleme, die mit Industriepolitik verbunden sind, die theoretischen Argumente ausreichen, um eine entsprechende Politik zu rechtfertigen. Das politökonomisch fundierte *Second-best*-Argument dient hier lediglich der Unterstützung.

92 Zeitlos hat das Downs (1957, insbes. S. 24 – 31) festgehalten. Vgl. auch Mueller (1979, insbes. S. 68 – 89) und Kirsch (1997, S. 234 – 249). Berg/Schmidt (1998, S. 864 – 868) wenden die politökonomischen Ideen auf die Industriepolitik an.

Diese knappe Skizze macht deutlich, warum es Industriepolitik schon immer gegeben hat und auch weiter geben wird. Die von der Wissenschaft geforderte Abstinenz scheint vor diesem Hintergrund sehr unrealistisch zu sein, es sei denn, man wollte eine grundlegende Umgestaltung der politischen Entscheidungsfindungsprozesse durchführen. Aber auch dieser Ansatz ist momentan zumindest wohl wenig praxisrelevant. Als Konsequenz verbleibt dann nur die Möglichkeit, die in dieser Arbeit vorgeschlagene zukunftsorientierte Konzeption so auszugestalten, daß sie für stimmenmaximierende Politiker attraktiver und anreizkompatibler ist als die vergangenheitsorientierten Ansätze. Dieser letzte Punkt ergibt einen weiteren wichtigen Bestandteil des Forschungsprogramms, das sich an diese Arbeit anschließen muß. Es wäre in einer gesonderten Untersuchung zu analysieren, welche Maßnahmen hierbei in Betracht kämen, um die Umsetzung der Konzeption zu ermöglichen.

Die geschilderten Grenzen der Industriepolitik weisen über den Rahmen dieser Arbeit hinaus auf mögliche Ansatzpunkte für eine Weiterarbeit. Im wesentlichen geht es darum, die theoretischen Grundlagen zu verbessern: Wie kann eine *General Purpose Technology* endogen modelliert werden? Welche Prozesse laufen bei ihrer Diffusion ab, welche Auswirkungen hat dies alles auf die Beschäftigung? Und schließlich: Wie können die Ansätze der Neuen Politischen Ökonomie in die Überlegungen integriert werden?

7 Schlußbetrachtung

Diese Arbeit beschäftigte sich mit den Möglichkeiten und Grenzen von Industriepolitik. Als erstes Ergebnis der empirischen Analyse der EU, Deutschlands und der USA konnte festgehalten werden, daß Industriepolitik ständiger Bestandteil wirtschaftspolitischen Handelns war und ist. Besonders prägnant wurde das für die Vereinigten Staaten belegt: Trotz einer am Idealbild der freien Marktwirtschaft ausgerichteten Rhetorik ist der steuernde Eingriff zugunsten einzelner Branchen eine der großen Konstanten US-amerikanischer Wirtschaftspolitik, unabhängig von der Ausrichtung der jeweiligen Administration. Vor diesem Hintergrund erscheint die in weiten Teilen der Wissenschaft erhobene Forderung nach gänzlicher industriepolitischer Abstinenz nicht realitätsadäquat. Sie stieß deshalb bisher in der Politik nur auf begrenzten Widerhall. Kennzeichen vor allem deutscher industriepolitischer Praxis ist die Orientierung an alten Branchen, an Industrien also, die am Ende ihres Lebenszyklus angelangt sind. Häufig diente Industriepolitik dazu, den Strukturwandel zu verlangsamen und die mit ihm einhergehenden sozialen Härten abzufedern. Darüber hinaus ist allen betrachteten Ländern bzw. Ländergruppen gemein, daß es keine entwikkelte Grundkonzeption gibt, die eine zielorientierte Politik ermöglicht und anhand derer eine Effizienz- und Effektivitätskontrolle stattfinden könnte.

Um dieses Ziel zu erreichen und damit einen Beitrag zur Verbesserung der industriepolitischen Praxis leisten zu können, wurden in der Arbeit im nächsten Schritt zwei Fallstudien durchgeführt. Beiden gemein ist die Tatsache, daß es sich um Branchen handelt, denen aus heutiger Perspektive im Zukunft ein großes Wachstumspotential zu bescheinigen ist. Es steht zu erwarten, daß sie langfristig aus sich selbst heraus ohne staatliche Unterstützung existieren können.

Die erste Fallstudie betraf das Airbusprojekt. Hierbei handelt es sich um ein Untersuchungsfeld, das in der Literatur schon weitgehend bearbeitet worden ist. Gleichzeitig ist die wirtschaftspolitische Förderung mittlerweile zu einem gewissen Abschluß gekommen, da nunmehr mit dem Programmstart der A380 die Angebotspalette abgeschlossen ist. Damit ist eine Bewertung der politischen Vorgehensweise möglich. Die Airbusförderung läßt sich als sektorspezifische Unterstützung einer einzelnen Industrie charakterisieren. Im Vordergrund stand der Wettbewerbsgedanke mit den USA. Ziel der Politik war die Umlenkung von monopolistischen Knappheitsrenten aus den USA nach Europa. Begründet wurde das theoretisch mit den Argumenten der Theorie der Strategischen Handelspolitik.

Insgesamt, das zeigt die Fallstudie deutlich, ist die Förderung des Airbus als Erfolg zu werten. Die wesentlichen Ziele wurden erreicht: Es gelang, einen technologisch ebenbürtigen Wettbewerber zu etablieren, der mittlerweile auch wirtschaftlich erfolgreich geworden ist. Der Vergleich verschiedener Studien zu den Wirkungen aus wohlfahrtstheoretischer Sicht lassen den Schluß zu, daß nach anfänglichen Problemen der Rententransfer durchaus gelungen ist. Ursächlich hierfür ist die Tatsache, daß die Airbusproduktion inzwischen profitabel geworden ist.

Wie dies für eine Konzeption einer zukunftsorientierten Industriepolitik zu werten ist, ist allerdings nicht eindeutig abzuleiten. Zwei Aspekte legen es nahe, die Ergebnisse zurückhaltend auf andere Industrien zu übertragen. Zum einen sind die Rahmenbedingungen auf dem Markt für Großraumflugzeuge so spezifisch, daß es zumindest fraglich erscheint, ob auf einem anderen Markt die Voraussetzungen zur erfolgreichen Anwendung der Strategischen Handelspolitik im gleichen Maße gegeben sind. Zum anderen birgt die Anwendung dieses wirtschaftspolitischen Instrumentariums stets die Gefahr in sich, daß es zu handelspolitischen Auseinandersetzungen kommt, an deren Ende ein Verlust steht, der ungleich größer ist als der mögliche Rententransfer. Gleichwohl hat die Theorie und das entsprechende Instrumentarium eine bleibende Bedeutung: Sollte das internationale handelspolitische Klima wieder konfrontativer werden, so bieten sich verschiedene Möglichkeiten zu Abwehrmaßnahmen an, sofern eine andere Abhilfe z.B. über die WTO nicht möglich ist.

Die zweite Fallstudie beschäftigte sich eingehend mit dem Internet. Trotz aller Euphorie, mit der es im vergangenen Jahrzehnt bedacht wurde, fand eine Auseinandersetzung aus industriepolitischer Perspektive bisher noch nicht statt. Deshalb wurde das Gebiet einer eingehenden Analyse unterzogen. Anders als die Airbusförderung ist die Wirtschaftspolitik gegenüber dem Netz nicht darauf ausgerichtet, dieses als einzelne Branche zu fördern, um dadurch z.B. Renten aus dem Ausland zu transferieren. Vielmehr besteht die Zielrichtung darin, das Internet als grundlegende Infrastruktur der Wissensgesellschaft zu fördern und wirtschaftspolitisch zu begleiten. Damit handelt es sich hier um Industriepolitik, die branchenübergreifend ausgerichtet ist. Gleichzeitig, das ergibt sich aus der Natur des Internets, ist die Politik zukunftsorientiert. Es geht nicht darum, den Strukturwandel zu verlangsamen; vielmehr versucht die Wirtschaftspolitik, dessen zukünftige Entwicklung vorwegzunehmen.

Im einzelnen wurde das Internet aus drei verschiedenen theoretischen Blickwinkeln analysiert: netzwerktheoretisch, mikroökonomisch hinsichtlich der Auswirkungen auf die Effizienz von Märkten und makroökonomisch in bezug auf die gesamtwirtschaftlichen Effekte. Dabei konnte gezeigt werden, daß prinzipiell bedeutende positive Auswirkungen des Internets möglich sind. So kann sich die Effizienz von Gütermärkten erhöhen, da durch das Internet eine größere Markttransparenz möglich wird. Allerdings stehen den Unternehmen wettbewerbsbeschränkende Maßnahmen, die internetspezifisch sind, zur Verfügung, die den positiven Wirkungen entgegenstehen können. Daher besteht eine der wichtigsten Aufgaben einer Industriepolitik für das Internet darin, für wettbewerbliche Strukturen auf den Internetmärkten zu sorgen. Die ökonomische Netzwerktheorie bietet hierfür wichtige Einsichten. Die gesamtwirtschaftlichen Chancen der Netzwerkökonomie liegen darin, daß das Internet als Allzwecktechnologie einen Beitrag zum Anstieg der Wachstumsrate der Produktivität und des Bruttoinlandsprodukts liefern kann. Trotz der inzwischen verflogenen Euphorie bestehen hier nach wie vor große Potentiale, die zu einer bedeutenden gesamtwirtschaftlichen und -gesellschaftlichen Wohlstandssteigerung beitragen können. Der Wirtschaftspolitik kommt dabei eine gewichtige Rolle zu. Auf Grund von Externalitäten, die im Entwicklungsprozeß einer GPT auftreten, ist davon auszugehen, daß in der Laissez-Faire-Situation die gesamtwirtschaftliche Innovations- und Wachstumsrate zu niedrig ist. Das volle Potential einer Allzwecktechnologie kann nur dann ausgenutzt werden, wenn die Wirtschaftspolitik dazu beiträgt, die positiven externen Effekte zu internalisieren.

Die Untersuchung der industriepolitischen Praxis in der EU, in Deutschland und in den USA sowie die beiden Fallstudien machten deutlich, welche Elemente Teil einer Konzeption für eine zukunftsorientierte Industriepolitik sein müssen. Wesentliche Grundidee ist die Verknüpfung von Wettbewerb, Wachstum und Strukturwandel. Wie in der Betrachtung gezeigt werden konnte, stellen diese drei Teilaspekte der ökonomischen Analyse die entscheidenden Ansatzpunkte für industriepolitisches Handeln des Staates dar. Sie liefern die theoretische Fundierung für das industriepolitische Konzept und erschließen gleichzeitig Handlungsoptionen für die wirtschaftspolitische Praxis.

Mit diesem Ansatz gelingt es, das Anliegen von Herdzina (1981) und Pasinetti (1981), das bis dato in der theoretischen Literatur noch keinen umfassenden Widerhall gefunden hat, aufzunehmen und für die wirtschaftspolitische Praxis fruchtbar zu machen. Der dynamische Entwicklungsprozeß einer Volkswirtschaft läßt sich adäquat nur beschreiben, wenn die Elemente Wettbewerb, Wachstum und Strukturwandel zusammen als Teile des einen dynamischen Entwicklungsprozesses betrachtet werden. Die hier vorgeschlagene Konzeption orientiert sich an dieser grundlegenden theoretischen Einsicht: Zukunftsorientierte Industriepolitik ist Wettbewerbs-, Wachstums- und Strukturwandelpolitik.

Es ist in der Arbeit schon mehrfach darauf eingegangen worden: Eine rückwärtsgerichtete Politik, die auf die Bewahrung bestehender Strukturen ausgerichtet ist, erfüllt nicht die hier vorgetragenen Anforderungen an eine zukunftsorientierte Politik. Traditionellerweise wurde für diese konservierende Politik in der wissenschaftlichen Diskussion der Begriff der Industriepolitik gebraucht. Insofern könnte die Frage aufgeworfen werden, inwiefern der Gebrauch des Begriffs „Industriepolitik“ für den hier vorgeschlagenen Politikansatz angemessen ist. Letztlich entscheiden Zweckmäßigkeitsüberlegungen über brauchbare Definitionen. Da – wie ausführlich im geschichtlichen Teil gezeigt wurde – der Terminus der Industriepolitik auch für zukunftsorientierte Politiken verwendet wurde, erscheint es sinnvoll, das hier entwickelte Konzept auch unter dem Begriff der Industriepolitik zu subsumieren.

Die Analyse in dieser Arbeit hat auch deutlich gemacht, daß die Möglichkeiten dieser Art von Industriepolitik mit Grenzen behaftet sind. Informationsdefizite und politökonomische Erwägungen indizieren, daß die Umsetzung der Konzeption mit Schwierigkeiten verbunden sein wird. Gleichwohl stellt der Vorschlag, wie er in dieser Arbeit vorgestellt wurde, einen bedeutenden Fortschritt gegenüber der heutigen industriepolitischen Praxis dar.

Literaturverzeichnis

Abramovitz, Moses (1986), Catching up, forging ahead, and falling behind, in: Journal of Economic History, Bd. 46, S. 385 – 406, wieder abgedruckt in: ders. (1989), Thinking about growth, S. 220 – 242.

Abramovitz, Moses (1989), Thinking about growth and other essays on economic growth and welfare, Cambridge.

Aghion, Philippe und Peter Howitt (1990), A model of growth through creative destruction, NBER Working Paper, Nr. 3223, wieder abgedruckt in: Econometrica, (1992), Bd. 60, S. 535 – 541.

Aghion, Philippe und Peter Howitt (1992), The Schumpeterian approach to technical change and growth, in: Horst Siebert (Hrsg.), Economic growth in the world economy, S. 55 – 76.

Aghion, Philippe und Peter Howitt (1998), On the macroeconomic effects of major technological change, in: Elhanan Helpman (Hrsg.), General purpose technologies and economic growth, S. 121 – 144.

Ahlert, Christian (2000), Eine Geschichte über Milosevic, Zensur und ICANN, in: Telepolis, Quelle: http://www.telepolis.de/deutsch/inhalt/te/8869/1.html, Abrufdatum: 25. Juli 2001.

Akademie für Technikfolgenabschätzung (2002), Auftrag. Akademie für Technikfolgenabschätzung in Baden-Württemberg: Ein Experiment macht Schule, Quelle: http://www.ta-akademie.de/deutsch/ueberuns/auftrag.asp?SID=2361246464-122412-18062002-801319180, Abrufdatum: 18. Juni 2002.

Amazon.com (2001), About Amazon.com, Quelle: http://www.amazon.com/exec/obidos/subst/misc/company-info.html/ref=gw_bt_aa/104-9937556-7090333, Abrufdatum: 21. November 2001.

Akerlof, George A. (1970), The market for „lemons“: Quality uncertainty and the market mechanism, in: Quarterly Journal of Economics, Bd. 84, S. 488 – 500.

Airbus (2000), Global market forecast, Quelle: http://www.airbus.com/pdf/media/gmf2000.pdf, Abrufdatum: 22. Juli 2002.

Airbus (2001), Orders and deliveries November 2001, Quelle: http://www.airbus.com/doc/media/ordersndeliveries/od_nov01.xls (URL wird monatlich aktualisiert), Abrufdatum: 17. Januar 2001.

Airbus (2002a), About Airbus – history, Quelle: http://www.airbus.com/about/history.asp, Abrufdatum: 17. Juli 2002.

Airbus (2002b), Annual review – commercial results, Quelle: http://www.airbus.com/media/commercial_results.asp, Abrufdatum: 23. Juli 2002.

Airbus (2002c), Orders and deliveries, Quelle: http://www.airbus.com/media/orders_n_deliveries.asp, Abrufdatum: 18. Juli 2002.

Airbus Military Company (2002), A400M – Why A400M, Quelle: http://www.airbusmilitary.com/requirement.html, Abrufdatum: 17. Juli 2002.

Arcor (2002), Video on demand, Quelle: http://www.arcor.de/vod/vod_1_0.jsp, Abrufdatum: 24. Mai 2002.

Arrow, Kenneth J. (1962), The economic implications of learning by dg, in: Review of Economic Studies, Bd. 29, S. 155 – 173.

Arthur, W. Brian (1989), Competing technologies, increasing returns, and lock-in by historical events, in: Economic Journal, Bd. 99, S. 116 – 131.

Arthur, W. Brian (1994), Increasing returns and path dependence in the economy, Ann Arbor.

Audretsch, David B. (1991), Industrial policy in the 1990s: An international comparison, Wissenschaftszentrum Berlin für Sozialforschung, Forschungsschwerpunkt Marktprozeß und Unternehmensentwicklung, Discussion Paper FS IV 91 – 32.

Bailey, Joseph P. (1996), Economics and internet interconnection agreements, in: Journal of Electronic Publishing, Bd. 2, Quelle: http://www.press.umich.edu/jep/works/BailEconAg.html, Abrufdatum: 24. Mai 2002.

Bailey, Joseph P. (1998a), Electronic commerce: prices and consumer issues for three products: Books, compact discs, and software, Organisation for Economic Co-Operation and Development, OCDE/GD(98)4, Quelle: http://www.oecd.org/dsti/sti/it/ec/prod/ie98-4.pdf, Abrufdatum: 4. Oktober 2001.

Bailey, Joseph P. (1998b), Intermediation and electronic markets: Aggregation and pricing in internet commerce," Dissertation, Massachusetts Institute of Technology, Quelle: http://www.rhsmith.umd.edu/lbpp/jbailey/pub/phdthesis.pdf, Abrufdatum: 4. Oktober 2001.

Bailey, Joseph P. (1998c), Internet price discrimination: Self regulation, public policy, and global electronic commerce, Quelle: http://www.rhsmith.umd.edu/lbpp/jbailey/pub/discrimination.pdf, Abrufdatum: 4. Oktober 2001.

Bain, Joe S. (1965), Barriers to new competition, Cambridge, Mass.

Bakos, J. Yannis (1991), A strategic analysis of electronic marketplaces, in: MIS Quarterly, Bd. 15, S. 295 – 310.

Bakos, J. Yannis (1997), Reducing buyer search costs: Implications for electronic marketplaces, in: Management Science, Bd. 43, S. 1676 – 1692.

Baldwin, Richard E. (1988a), Evaluating strategic trade policies, in: Aussenwirtschaft, Bd. 43, S. 207 – 230.

Baldwin, Robert E. (Hrsg., 1988b), Trade policy issues and empirical analysis, Chicago und London.

Baldwin, Richard und Paul Krugman (1988), Industrial policy and international competition in wide-bodied jet aircraft, in: Robert E. Baldwin (Hrsg.), Trade policy issues and empirical analysis, Chicago und London, S. 45 – 77.

Bangemann, Martin (1993), Gibt es eine marktwirtschaftliche Industriepolitik?, in: ifo-Schnelldienst, 17-18/93, S. 26 – 29.

Barnes & Noble.com (2001), Help desk: About Barnes & Noble.com, Quelle: http://www.barnesandnoble.com/help/a_bn_com.asp?userid=1BNGIEA-DUA, Abrufdatum: 21. November 2001.

Baumol, William J., John C. Panzar und Robert D. Willig (1988), Contestable markets and the theory of industry structure, 2. Auflage, San Diego et al.

Bayerische Staatskanzlei (2002), High-Tech-Offensive, Quelle: http://www.bayern.de/Wirtschaftsstandort/High-Tech-Offensive/HTO/, Abrufdatum: 18. Juni 2002.

BBN (2001a), BBN Technologies, Quelle: http://www.bbn.com/, Abrufdatum: 29. Juni 2001.

BBN (2001b), The arpanet, Quelle: http://www.bbn.com/arpanet/index.html, Abrufdatum: 29. Juni 2001.

Beck, Hanno (2001), What is the price of the future? The valuation of internet-companies: Some suggestions, Quelle: http://www.berlecon.de/services/en/iew3/papers/beck.pdf, Abrufdatum 6. März 2001.

Beck, Hanno und Aloys Prinz (2001), The economics of business-to-business e-commerce: A preliminary framework, in: Thorsten Wichmann (Hrsg.), Economics and the internet II. Proceedings from the 4th Berlin Internet Workshop, Berlecon Research Documents 02/2001, S. 51 – 58.

BelWü (2002a), GigaBit-Ausbau des BelWü-Netzes, Quelle: http://www.bel-wue.de/netz/gbit.html, Abrufdatum: 27. April 2002.

BelWü (2002b), Was ist das BelWü?, Quelle: http://www.belwue.de/institution/definition.html, Abrufdatum: 27. April 2002.

Bender, Dieter (1992), Außenhandel, in: Ders. et al. (Hrsg.), Vahlens Kompendium der Wirtschaftstheorie und Wirtschaftspolitik, München, S. 417 – 477.

Bender, Dieter (1994), Neuere Entwicklungen der Theorie internationaler Handelsbeziehungen. Anstöße zur Neuorientierung der Handelspolitik, in: Jahrbuch für Sozialwissenschaft, Bd. 45, S. 1 – 49.

Berg, Hartmut und Jens Müller (1997), Advantage Boeing: Der Zusammenschluß Boeing/McDonnell Douglas und seine Konsequenzen für die Wettbewerbsposition von Airbus Industrie, in: List Forum für Wirtschafts- und Finanzpolitik, Bd. 23, S. 1 – 9.

Berg, Hartmut und Frank Schmidt (1998), L. Industriepolitik, in: Paul Klemmer (Hrsg.), Handbuch Europäische Wirtschaftspolitik, München, S. 849 – 943.

Berg, Hartmut und Notburga Tielke-Hosemann (1988), Von Glanz und Elend staatlicher Technologieförderung: Das Projekt „Airbus", in: Armin Gutowksi und Bruno Molitor (Hrsg.), Hamburger Jahrbuch für Wirtschafts- und Gesellschaftspolitik, Tübingen, S. 121 – 140.

Berg, Hartmut und Notburga Tielke-Hosemann (1989), Luftfahrtindustrie, in: Peter Oberender (Hrsg.), Marktökonomie: Marktstruktur und Wettbewerb in ausgewählten Branchen der Bundesrepublik Deutschland, München, S. 109 – 166.

Berners-Lee, Tim (1989), Information management: A proposal, Quelle: http://www.w3.org/History/1989/proposal.html, Abrufdatum: 30. Juli 2001.

Berners-Lee, Tim, L. Masinter und M. McCahill (1994), Uniform Resource Locators (URL), RFC 1738.

Berners-Lee, Tim (1999), Der Web-Report. Der Schöpfer des World Wide Webs über das grenzenlose Potential des Internets, München.

Berners-Lee, Tim und Robert Cailliau (1990), WorldWideWeb: Proposal for a hypertext project, Quelle: http://www.w3.org/Proposal.html, Abrufdatum: 30. Juli 2001.

Blaug, Mark (1976), The empirical status of human capital theory. A slightly jaundiced survey, in: Journal of Economic Literature, Bd. 14, S. 827 – 855.

Blaug, Mark (1996), Economic theory in retrospect, 5. Auflage, Cambridge, New York und Melbourne.

Bletschacher, Georg und Henning Klodt (1992), Strategische Industriepolitik: theoretische Grundlagen, Branchenanalysen und wettbewerbspolitische Implikationen, Tübingen.

Boeing (2000b), 707 family, Quelle: http://www.boeing.com/commercial/707family/index.html, Abrufdatum: 1. September 2000.

Boeing (2001), Current market outlook, Quelle: http://www.boeing.com/commercial/cmo/cmo2001.pdf, Abrufdatum: 22. Juli 2002.

Boeing (2002), Commercial airplanes orders and deliveries, order summary by year – as of June 2002, Quelle: http://www.boeing.com/commercial/orders/ordsumbyyear.html, Abrufdatum: 22. Juli 2002.

Bohne, Andreas (2000), Airbus-Industrie startet mit A 3XX durch, in: Handelsblatt, Nr. 120, Mo. 26. Juni 2000, S. 17.

Brander, James A. (1986), Rationales for strategic trade policy and industrial policy, in: Paul Krugman (Hrsg.), Strategic trade policy and the new international economics, Cambridge, Mass., S. 23 – 46.

Brander, James A. und Barbara J. Spencer (1981), Tariffs and the extraction of foreign monopoly rents under potential entry, in: Canadian Journal of Economics, Bd. 14, S. 371 – 389.

Brander, James A. und Barbara J. Spencer (1983), Strategic commitment with R&D: the symmetric case, in: The Bell Journal of Economics, Bd. 14, S. 225 – 235.

Brander, James A. und Barbara J. Spencer (1985), Export subsidies and international market share rivalry, in: Journal of International Economics, Bd. 18, S. 83 – 100.

Brandner, Scott O. (1996), The internet standards process – Revision 3, RFC 2026.

Bredahl, Maury E., Philip C. Abbott und Michael R. Reed (Hrsg., 1994), Competitiveness in international food markets, Boulder und Oxford.

Bresnahan, Timothy F. und M. Trajtenberg (1992), General purpose technologies: "Engines of growth"?, NBER Working Paper, Nr. 4148.

Bresnahan, Timothy F. und M. Trajtenberg (1995), General purpose technologies: "Engines of growth"?, in: Journal of Econometrics, Bd. 65, S. 83 – 108.

Brösse, Ulrich (1996), Industriepolitik, München und Wien.

Brown, Jeffrey R. und Austan Goolsbee (2000), Does the internet make markets more competitive? Evidence from the life insurance industry, Quelle: http://papers.ssrn.com/sol3/delivery.cfm?cfid=393488&cftoken=1459322&abstractid=253795, Abrufdatum: 21. Februar 2001.

Brynjolfsson, Erik und Michael D. Smith (2000), Frictionless commerce? A comparison of internet and conventional retailers, Quelle: http://ecommerce.mit.edu/papers/friction/friction.pdf, Abrufdatum: 8. Februar 2001.

Bugos, Glenn E. (1993), The airbus matrix: the reorganisation of the postwar European aircraft industry, Berlin.

Bundesanstalt für Arbeit (o. J.), Beschäftigtenstatistik 1998, Quelle: http://www.bremen.de/info/statistik/biz99/08199.htm, Abrufdatum: 11. September 2000.

Bundeskartellamt (2001), Beschluss in dem Verwaltungsverfahren Arbed SA, Corus UK Ltd., ThyssenKrupp Aktiengesellschaft, Usinor S. A., Quelle: http://www.bundeskartellamt.de/B5-24-01.pdf, Abrufdatum: 3. Mai 2002.

Bundeskartellamt (2002), Beschluss in dem Verwaltungsverfahren T-Online International AG, Deutsche Telekom AG, Axel Springer Verlag AG, Bild.de AG, Bild.de/T-Online AG, Quelle: http://www.bundeskartellamt.de/B6-144-01.pdf, Abrufdatum: 27. Mai 2002.

Bundesministerium für Wirtschaft und Technologie (2001), Strukturanalyse der deutschen Zulieferindustrie im Luft- und Raumfahrzeugbau vor dem Hintergrund sich entwickelnder europäischer Industriestrukturen und globaler Märkte – Management Summary, Quelle: http://www.bmwi.de/textonly/Homepage/download/Luftfahrtanalyse1.pdf, Abrufdatum: 31. Juli 2002.

Bundesministerium für Wirtschaft und Technologie (2002a), Das Ministerium – Abteilung IV – Gewerbliche Wirtschaft; Industrie, Umweltschutz, Quelle: http://www.bmwi.de/textonly/Homepage/Das%20Ministerium/Struktur%20%26%20Aufgaben/abt4.jsp, Abrufdatum: 14. Juli 2002.

Bundesministerium für Wirtschaft und Technologie (2002b), Eckpunkte Telekommunikation des Bundesministeriums für Wirtschaft und Technologie für eine Stellungnahme der Bundesregierung zum Tätigkeitsbericht der Regulierungsbehörde für Telekommunikation und Post 2000/2001 und zum Sondergutachten der Monopolkommission „Wettbewerbsentwicklung bei Telekommunikation und Post 2001: Unsicherheit und Stillstand“, Quelle: http://www.bmwi.de/Homepage/download/telekommunikation_post/EckpunkteTK.pdf, Abrufdatum: 27. April 2002.

Bundesministerium für Wirtschaft und Technologie (2002c), Kabinett macht den Weg für Call-by-Call im Ortsnetz frei, Pressemitteilung vom 17. April

2002, Quelle: http://www.bmwi.de/Homepage/Presseforum/Pressemitteilungen/2002/2417prm2.jsp, Abrufdatum: 28. Mai 2002.

Bundesministerium für Wirtschaft und Technologie und Bundesministerium für Bildung und Forschung (1999), Innovation und Arbeitsplätze in der Informationsgesellschaft des 21. Jahrhunderts, Quelle: http://www.bmwi.de/Homepage/download/akproginfgesellsch.pdf, Abrufdatum: 7. Mai 2002.

Bundesministerium für Wirtschaft und Technologie und Bundesministerium für Bildung und Forschung (2002a), Informationsgesellschaft Deutschland, Innovation und Arbeitsplätze in der Informationsgesellschaft des 21. Jahrhunderts, Fortschrittsbericht zum Aktionsprogramm der Bundesregierung, Quelle: http://www.bmwi.de/Homepage/download/infogesellschaft/Fortschrittsbericht.pdf, Abrufdatum: 28. Mai 2002.

Bundesministerium für Wirtschaft und Technologie und Bundesministerium für Bildung und Forschung (2002b), Innovationspolitik – Mehr Dynamik für zukunftsfähige Arbeitsplätze, Quelle: http://www.bmwi.de/textonly/Homepage/download/technologie/Innovationspolitik.pdf, Abrufdatum: 15. Juni 2002.

Bundesverband der Deutschen Luft- und Raumfahrtindustrie (BDLI) (2000a), http://www.bdli.de/pdf/teil1a.pdf, Abrufdatum: 11. September 2000.

Bundesverband der Deutschen Luft- und Raumfahrtindustrie (BDLI) (2000b), Quelle: http://www.bdli.de/pdf/teil4.pdf, Abrufdatum: 11. September 2000.

Bundesverband der Deutschen Luft- und Raumfahrtindustrie (BDLI) (2000c), Quelle: http://www.bdli.de/stat1.htm, Abrufdatum: 5. September 2000.

Bundesverband der Deutschen Luft- und Raumfahrtindustrie (BDLI) (2000d), Quelle: http://www.bdli.de/stat2.htm, Abrufdatum: 11. September 2000.

Bundesverband der Deutschen Luft- und Raumfahrtindustrie (BDLI) (2000e), Quelle: http://www.bdli.de/stat4.htm, Abrufdatum: 5. September 2000.

Bundesverband der Deutschen Luft- und Raumfahrtindustrie (BDLI) (2002), Entwicklung von Umsatz und Beschäftigung der deutschen Luft- und Raumfahrtindustrie, Quelle: http://www.bdli.de/bdli/presse/anzeige_statistik.cfm?id_nr=1#, Abrufdatum: 30. Juli 2002.

Bush, Vannevar (1945), As we may think, Quelle: http://www.w3.org/History/1945/vbush/vbush-all.shtml, Abrufdatum: 30. Juli 2001.

Cerf, Vinton G. (1995), Foreword, in: Salus, Peter H., Casting the net: from ARPANET to internet and beyond, Reading, Mass. et al., S. vii – xii.

Cheliotis, Giorgos (2000), Bandwidth trading in the real world: Findings and implications for commodities brokerage, Quelle: http://www.berlecon.de/services/en/iew3/papers/cheliotis.pdf, Abrufdatum: 6. März 2001.

Chen, Pei-Yu und Lorin M. Hitt (2001), Brand awareness and price dispersion in electronic markets, Quelle: http://grace.wharton.upenn.edu/~lhitt/awareness.pdf, Abrufdatum: 13. September 2001.

Clark, Colin (1960), The conditions of economic progress, 3. Auflage, London.

Clay, Karen, Ramayya Krishnan, Eric Wolff und Danny Fernandes (1999), Retail strategies on the web: price and non-price competition in the online book industry,
Quelle: http://www.heinz.cmu.edu/~kclay/retailstrategies.pdf, Abrufdatum: 23. Mai 2001.

Clay, Karen, Ramayya Krishnan und Eric Wolff (2000), Pricing strategies on the web: evidence from the online book industry, Quelle: http://www.heinz.cmu.edu/~kclay/bookpricing.pdf, Abrufdatum: 23. Mai 2001.

Clemons, Eric K., Il-Horn Hann und Lorin M. Hitt (2001), Price dispersion and differentiation in on-line travel: An empirical investigation, Quelle: http://grace.wharton.upenn.edu/~lhitt/etravel.pdf, Abrufdatum: 13. September 2001.

Coase, Ronald H. (1937), The nature of the firm, in: Economica, Bd. 4., S. 386 – 405.

Coase, Ronald H. (1992), The firm, the market, and the law, Chicago.

Collins, Doreen E. (1990), History and institutions of the EC, in: Ali M. El-Agraa (Hrsg.), The economics of the European Community, S. 21 – 43.

Covisint (o. J.), Accelerating the pace of business, Quelle: http://www.covisint.com/downloads/print/overview.pdf, Abrufdatum: 3. Mai 2002.

David, Paul A. (2000), Understanding digital technology's evolution and the path of measured productivity growth: Present and future in the mirror of the past, Quelle: http://siepr.stanford.edu/papers/pdf/99-11.pdf, Abrufdatum: 22. Januar 2002.

Decix (2002), DE-CIX mit neuem Standort, Quelle: http://www.de-cix.net/information/history.htm, Abrufdatum: 25. Mai 2002.

Degeratu, Alexandru, Arvind Rangaswamy und Jianan Wu (1999), Consumer choice behavior in online and traditional supermarkets: The effects of brand name, price, and other search attributes, Quelle: http://ecommerce.mit.edu/papers/ERF/ERF44.pdf, Abrufdatum: 9. Oktober 2001.

Deken, Jean Marie (1997), First in the web, but where are the pieces?, Quelle: http://www.slac.stanford.edu/welcome/slac-pub-7636.html, Abrufdatum: 2. August 2001.

DeLong, J. Bradford und Lawrence H. Summers (2001), How important will the information economy be?: Some simple analytics, Quelle: http://econ161.berkeley.edu/Econ_Articles/summers_jh_2001/jh_analytics.pdf, Abrufdatum: 19. Januar 2002.

Deutscher Bundestag (1968), Grundsätze der sektoralen und regionalen Strukturpolitik, Bundestagsdrucksache V/4564, Bonn.

Deutscher Bundestag (1970), Grundsätze einer Strukturpolitik für kleinere und mittlere Unternehmen, Bundestagsdrucksache VI/1666, Bonn.

Deutsche Telekom (2002a), T-Net Standardtarif, Quelle: http://www.telekom.de/dtag/home/portal/0,14925,10556,00.html, Abrufdatum: 30. Mai 2002.

Deutsche Telekom (2002b), Umsatzsteigerung auf 48,3 Milliarden Euro im Geschäftsjahr 2001, Pressemitteilung zur Hauptversammlung am 28. Mai 2002,
Quelle: http://www.telekom.de/dtag/presse/artikel/0,1018,x1637,00.html, Abrufdatum: 30. Mai 2002.

DFN (2001a), Das Gigabit-Wissenschaftsnetz, Quelle: http://www.dfn.de/win/gwin/ueberblick.html, Abrufdatum: 27. Mai 2002.

DFN (2001b), Porträt des DFN-Verein, Quelle: http://www.dfn.de/dfn/dfn-portraet.html, Abrufdatum: 27. April 2002.

Dittberner, Karl-Heinz (2000), Entwicklung der Telekommunikation in Deutschland, Quelle: http://www.kefk.net/xDSL/Chronik/, Abrufdatum: 28. Mai 2002.

Dixit, Avinash K. und Gene M. Grossman (1986), Targeted export promotion with several oligopolistic industries, in: Journal of International Economics, Bd. 21, S. 233 – 249.

Dornan, Andy (2002), Fast forward to 4G?, Quelle: http://www.networkmagazine.com/article/NMG20020304S0010, Abrufdatum: 29. April 2002.

Downs, Anthony (1957), An economic theory of democracy, New York.

EADS (2002), EADS – the world's first trinational aerospace company, Quelle: http://www.eads.com/eads/en/index.htm?/xml/en/eads/eads_about/eads_about.xml&eads, Abrufdatum: 18. Juli 2002.

Eaton, Jonathan und Gene M. Grossman (1986), Optimal trade and industrial policy under oligopoly, in: Quarterly Journal of Economics, Bd. 101, S. 383 – 406.

Economides, Nicholas (1995), The economics of networks, Quelle: http://www.stern.nyu.edu/networks/94-24.pdf, Abrufdatum: 9. Mai 2002.

Ehlermann, Claus-Dieter (1994), Industriepolitik aus europäischer Sicht, in: Peter Oberender (Hrsg.), Industriepolitik im Widerstreit mit der Wettbewerbspolitik, Schriften des Vereins für Socialpolititk, N. F., Bd. 231, Berlin, S. 107 – 125.

Eimeren, Birgit van, Heinz Gerhard und Beate Frees (2001), ARD/ZDF-Online-Studie 2001: Internetnutzung stark zweckgebunden, Quelle: http://www.br-online.de/br-intern/medienforschung/md_mm/online2001_01.pdf, Abrufdatum: 10. September 2001.

EITO (Hrsg., 2001), European information technology observatory 2001, Frankfurt am Main.

El-Agraa, Ali M. (Hrsg., 1990), The economics of the European Community, 3rd Edition, New York, London, Toronto, Sydney, Tokio und Singapur.

Erber, Georg und Harald Hagemann (2002a), New Economy in der Krise?, in: Wirtschaftsdienst, Bd. 82, S. 23 – 32.

Erber, Georg und Harald Hagemann (2002b), Netzwerkökonomie, in: Zimmermann, Klaus F. (Hrsg.), Neue Entwicklungen in der Wirtschaftswissenschaft, S. 277 – 319.

Erber, Georg und Harald Hagemann (2002c), Wachstum, Strukturwandel und Beschäftigung, in: Zimmermann, Klaus F. (Hrsg.), Neue Entwicklungen in der Wirtschaftswissenschaft, S. 321 – 369.

Erber, Georg, Harald Hagemann und Stephan Seiter (1998), Zukunftsperspektiven Deutschlands im internationalen Wettbewerb: industriepolitische Implikationen der neuen Wachstumstheorie, Heidelberg.

Ergas, Henry (1999), Internet peering: A case study of the ACCC's use of its powers under part XIB of the trade practices Act, 1974, Quelle: http://www.berlecon.de/services/en/iew3/papers/ergas.pdf, Abrufdatum: 6. März 2001.

Ethier, Wilfred J. (1994), Conceptual foundations from trade, multinational firms, and foreign direct investment theory, in: Maury E. Bredahl, Philip C. Abbott, Michael R. Reed (Hrsg.), Competitiveness in international food markets, Boulder und Oxford, S. 105 – 128.

Europäische Gemeinschaften (2002), Die Geschichte der Europäischen Union, chronologische Übersicht von 1946 bis 2002, Quelle: http://europa.eu.int/abc/history/index_de.htm, Abrufdatum: 6. Juni 2002.

Europäische Kommission (1970), Die Industriepolitik in Europa, Brüssel, zitiert nach: Berg, Hartmut und Frank Schmidt (1998), Industriepolitik, S. 916f.

Europäische Kommission (1985), Vollendung des Binnenmarktes, Weißbuch der Kommission an den Europäischen Rat, Luxemburg.

Europäische Kommission (1990), Industriepolitik in einem offenen und wettbewerbsorientierten Umfeld: Ansätze für ein Gemeinschaftskonzept, in: Bulletin der Europäischen Gemeinschaften, Beilage 3/91, Luxemburg, S. 7 – 25.

Europäische Kommission (1993), Growth, competitiveness, and employment: The challenges and ways forward into the 21st century – Weißbuch, KOM(93) 700, Quelle: http://europa.eu.int/comm/off/white/index_de.htm#1994, Abrufdatum: 8. Juni 2002.

Europäische Kommission (1994), Eine Politik der industriellen Wettbewerbsfähigkeit für die Europäische Union, Mitteilung der Kommission, Kom (94) 319, in: Bulletin der Europäischen Union, Beilage 3/94, Luxemburg, S. 5 – 107.

Europäische Kommission (1999), eEurope – Eine Informationsgesellschaft für alle, Quelle: http://europa.eu.int/information_society/eeurope/news_library/pdf_files/initiative_de.pdf, Abrufdatum: 8. Juni 2002.

Europäische Kommission (2000a), eEurope 2002 – Eine Informationsgesellschaft für alle, Aktionsplan, Quelle: http://europa.eu.int/information_society/eeurope/action_plan/pdf/actionplan_de.pdf, Abrufdatum: 8. Juni 2002.

Europäische Kommission (2000b), Internetbereichsnamensystem – Einführung der Bezeichnung .eu als Bereichsname oberster Stufe, KOM (2000) 421 endgültig, Quelle: http://www.eu-kommission.de/pdf/dokumente/doteu.pdf, Abrufdatum: 2. Juni 2002.

Europäische Kommission (2000c), Shaping the new Europe, strategic objectives 2000 – 2005, Commission Communication, Com (2000) 44, 9. Januar 2000, Quelle: http://europa.eu.int/comm/external_relations/news/01_00/doc_00_4.htm, Abrufdatum: 8. Juni 2002.

Europäische Kommission (2002a), eEurope 2005: Eine Informationsgesellschaft für alle, Quelle: http://europa.eu.int/information_society/eeurope/news_library/documents/eeurope2005/eeurope2005_de.pdf, Abrufdatum: 30. Mai 2002.

Europäische Kommission (2002b), Kommission für das Internet der nächsten Generation, Pressemitteilung vom 21. Februar 2002, Quelle: http://www.europa.eu.int/rapid/start/cgi/guesten.ksh?p_action.getfile=gf&doc=IP/02/284|0|AGED&lg=DE&type=PDF, Abrufdatum: 1. Mai 2002.

Farrel, Joseph and Garth Saloner (1986), Installed base and compatibility: Innovation, product preannouncement, and predation, in: American Economic Review, Bd. 76, S. 940 – 955.

Feenstra, Robert C. (Hrsg., 1989), Trade policies for international competitiveness, Chicago.

Feese-Zolotnitski, Manuela (2000), Multinational enterprises, the internet and national economic policy, Quelle: http://www.berlecon.de/services/en/iew3/papers/feese.pdf, Abrufdatum: 6. März 2001.

Fielding, R., J. Gettys, J. Mogul, H. Frystyk und T. Berners-Lee (1997), Hypertext Transfer Protocol – HTTP/1.1, RFC 2068.

Fielding, R. , J. Gettys, J. Mogul, H. Frystyk, L. Masinter, P. Leach und T. Berners-Lee (1999), Hypertext Transfer Protocol – HTTP/1.1, RFC 2616.

Fiutak, Martin (2002a), Bitkom zieht positive Greencard-Bilanz, Quelle: http://news.zdnet.de/story/0,,t101-s2120124,00.html, Abrufdatum: 25. August 2002.

Fiutak, Martin (2002b), Globalcrossing vor der Pleite, Quelle: http://news.zdnet.de/story/0,,t101-s2103319,00.html, Abrufdatum: 27. Mai 2002.

Fisher, Allan G. B. (1947), Fortschritt und soziale Sicherheit, Bern.

Flam, Harry und M. June Flanders (Hrsg., 1991), Heckscher-Ohlin trade theory, Cambridge, Mass. und London.

Fourastié, Jean (1954), Die große Hoffnung des zwanzigsten Jahrhunderts, Köln-Deutz.

Fox, Eleonor M. (1998), Antitrust regulation across national borders: the United States of Boeing against the European Union of Airbus, in: The Brookings Review, Bd. 16, S. 30 – 32.

Frank, Björn (2002), Technischer Fortschritt bei Kloppstock & Co – Elektronischer Handel mit antiquarischen Büchern und seine Folgen, in: DIW-Wochenbericht, Bd. 69, S. 213 – 217.

Frank, Björn und Guntram Hepperle (2001), The internet's impact on the market for antiquarian books. Some unexpected empirical results, in: Thorsten Wichmann (Hrsg.), Economics and the internet II. Proceedings from the 4th Berlin Internet Workshop, Berlecon Research Documents 02/2001, S. 59 – 63.

Franzmeyer, Fritz (1987), Länderbericht USA, in: Franzmeyer, Fritz, Siegfried Schultz, Bernhard Seidel, Eirik Svindland und Joachim Volz (Hrsg.), Industriepolitik im westlichen Ausland – Rahmenbedingungen, Strategien, Außenhandelsaspekte, Band II: Länderberichte, Deutsches Institut für Wirtschaftsforschung, Beiträge zur Strukturforschung, Heft 92/II, Berlin, S. 25 – 70.

Freeman, Chris und Francisco Louçã (2001), As time goes by: the information revolution and the industrial revolution in historical perspective, Oxford und New York.

Freeman, Richard B. (1995), Are your wages set in Beijing?, in: The Journal of Economic Perspectives, Bd. 9, S. 15 – 32.

Friese, Ulrich (2002), Airbus kämpft mit Boeing um die Vorherrschaft, in: Frankfurter Allgemeine Zeitung, Nr. 168, Dienstag, 23. Juli 2002, S. 16.

ftd.de (2001), Deutsche Telekom: Kabelnetz in Baden-Württemberg verkauft, Quelle: http://www.ftd.de/tm/tk/1270534.html?nv=se, Abrufdatum: 29. April 2002.

ftd.de (2002), EADS buhlt um Arbeitskräfte von Fairchild, Quelle: http://www.ftd.de/ub/in/1025792152684.html?nv=5wn, Abrufdatum: 31. Juli 2002.

ftd.de (2002b), Mobilcom friert offenbar UMTS-Vorbereitungen ein, Quelle: http://www.ftd.de/tm/tk/1032530828347.html?nv=se, Abrufdatum: 19. Oktober 2002.

Gelauf, George und Paul de Bijl (2000), The renewing economy, in CPB-Report 2000/1, S. 19 – 24, Quelle: http://www.cpb.nl/eng/cpbreport/2000_1/contents.pdf, Abrufdatum: 17. Januar 2002.

Gilbert, Richard J. und Michael L. Katz (2001), An economists guide to *U.S. v. Microsoft*, in: Journal of Economic Perspectives, Bd. 15, S. 25 – 44.

Gray, Matthew (1996), Web growth summary, Quelle: http://www.mit.edu/people/mkgray/net/web-growth-summary.html, Abrufdatum: 10. September 2001.

Grajczyk, Andreas und Annette Mende (2001), ARD/ZDF-Offline-Studie 2001: Nichtnutzer von Online: Internet für den Alltag (noch) nicht wichtig, Quelle: http://www.br-online.de/br-intern/medienforschung/md_mm/offline2001.pdf, Abrufdatum: 10. September 2001.

Griebnitz, René (2002), T-Online reduziert Verluste, Quelle: http://www.ftd.de/tm/it/1014399124555.html?nv=nl, Abrufdatum: 26. Mai 2002.

Gries, Thomas und Lena Suhl (Hrsg., 1999), Economic aspects of digital information technologies, Wiesbaden.

Grossman, Gene M. und Elhanan Helpman (1991), Innovation and growth in a global economy, Cambridge, Mass.

Gu, Bin und Lorin M. Hitt (2001), Transaction costs and market efficiency, Quelle: http://grace.wharton.upenn.edu/~lhitt/tcme.pdf, Abrufdatum: 13. September 2001.

Günther, Armin und André Hahn (2000), Suchmaschinen, Robots und Agenten: Informationssuche im WWW, Quelle: http://www.hogrefe.de/buch/online/netpsycho/lprobe/kap5.pdf, Abrufdatum: 10. Mai 2001, wieder abgedruckt in: Bernad Batinic (Hrsg.), Internet für Psychologen, 2., überarbeitete und erweiterte Auflage, Göttingen, S. 85 – 123.

Gurbaxani, Indira (1996), Industriepolitik in den Vereinigten Staaten, Darstellung und ordnungspolitische Bewertung, in: ORDO, Jahrbuch für die Ordnung der Wirtschaft und Gesellschaft, Bd. 47, Stuttgart, S. 353 – 376.

Haan, Marco (2000), The economics of free internet access, Quelle: http://www.eco.rug.nl/medewerk/haanma/internet.pdf, Abrufdatum: 6. März 2001.

Hafner, Katie und Matthew Lyon (2000), ARPA Kadabra oder die Geschichte des Internet, 2. Auflage, Heidelberg.

Hagemann, Harald (1985), Freisetzungs- und Kompensationseffekte neuer Technologien: Zur Gefahr einer technologischen Arbeitslosigkeit, in: Friedrich Buttler, Jürgen Kühl und Bernd Rahmann (Hrsg.), Staat und Beschäftigung, Angebots- und Nachfragepolitik in Theorie und Praxis, Beiträge zur Arbeitsmarkt- und Berufsforschung 88, Nürnberg, S. 291 – 335.

Hahn, Franz R. (1993), Theoriegrundlagen moderner Industriepolitik, Wien, WIFO Working Papers, Nr 60.

Handelsblatt (2001), EU und USA suchen Lösung für Airbus Beihilfen, in: Handelsblatt Nr. 9, Fr./Sa. 12./13. Januar 2001, S. 9.

Harris, Richard G. (1998), The internet as a GPT: Factor market implications, in: Helpman, Elhanan (Hrsg.), General purpose technologies and economic growth, Cambridge, Mass. und London, S. 145 – 166.

Hartley, Keith (1993), Aerospace: The political economy of an industry, in: Hendrik W. De Jong (Hrsg.), The structure of European industry, Dordrecht, Boston und London, S. 307 – 335.

Hauff, Michael von (1991), Industriepolitik in der Bundesrepublik Deutschland: zur Kontroverse ihrer Einordnung und Relevanz, in: Ders. (Hrsg.), Moderne Industriegesellschaft: Herausforderungen und Perspektiven, Ludwigsburg und Berlin, S. 101 – 115.

Hauff, Michael von (Hrsg., 1991), Moderne Industriegesellschaft: Herausforderungen und Perspektiven, Ludwigsburg und Berlin.

Heckscher, Eli F. (1919), Utrikeshandelns verkan pa inkomstfördelningen. Nagra teoretiska grundlinjer, in: Ekonomisk Tidskrift, Bd. 21, S. 497 – 512.

Heckscher, Eli F. [1919] (1991), The effect of foreign trade on the distribution of income, englische Übersetzung des Originals, in: Harry Flam und M. June Flanders (Hrsg.), Heckscher-Ohlin trade theory, S. 39 – 69.

Helpman, Elhanan (Hrsg., 1998), General purpose technologies and economic growth, Cambridge, Mass. und London.

Helpman, Elhanan und Manuel Trajtenberg (1998a), A time to sow and a time to reap: Growth based on general purpose technologies, in: Helpman, Elhanan (Hrsg.), General purpose technologies and economic growth, Cambridge, Mass. und London, S. 55 – 83.

Helpman, Elhanan und Manuel Trajtenberg (1998b), Diffusion of general purpose technologies, in: Helpman, Elhanan (Hrsg.), General purpose technologies and economic growth, Cambridge, Mass. und London, S. 85 – 119.

Herdzina, Klaus (1981), Wirtschaftliches Wachstum, Strukturwandel und Wettbewerb, Questiones Oeconomicae, Bd. 7, Berlin.

Herdzina, Klaus (1999), Wettbewerbspolitik, 5., vollständig überarbeitete Auflage, Stuttgart.

Hesse, Helmut (1977), Außenhandel I: Determinanten, in: Willi Albers et al. (Hrsg.), Handwörterbuch der Wirtschaftswissenschaft, Bd. 1, Stuttgart, S. 364 – 388.

Hornschild, Kurt (1992), Wettbewerbsfähigkeit im europäischen Großflugzeugbau, Deutsches Institut für Wirtschaftsforschung, Beiträge zur Strukturforschung, Heft 128, Berlin.

Hornschild, Kurt (2002), Acquiring the A 400M: a political decision – good for industry as well?, Deutsches Institut für Wirtschaftsforschung, Economic Bulletin, 4/2002, Quelle: http://www.diw.de/english/publikationen/bulletin/docs/eb02/n02_04apr_e.html, Abrufdatum: 9. Mai 2002.

Horstmann, Ignatius J. und James R. Markusen (1986), Up the average cost curve: Inefficient entry and the new protectionism, in: Journal of International Economics, Bd. 20, S. 225 – 247.

Howitt, Peter (1998), Measurement, obsolescence, and general purpose technologies, in: Helpman, Elhanan (Hrsg.), General purpose technologies and economic growth, Cambridge, Mass. und London, S. 219 – 251.

Holtz, Matthias und Natalia Pander (2002), US-Musikindustrie: Raubkopien sorgen für rückläufige Zahlen, Quelle: http://www.heise.de/newsticker/data/jk-26.02.02-000/, Abrufdatum: 4. Mai 2002.

Holwegler, Bernhard (2000), Implikationen der Technologiediffusion für die technologische Arbeitslosigkeit, Schriftenreihe des Promotionsschwerpunkts Makroökonomische Diagnosen und Therapien der Arbeitslosigkeit, Nr. 13/2000, Stuttgart-Hohenheim.

Holznagel, Bernd, Miriam Meckel und Klaus Kamps (2001), Akzeptanzhürden des Internets in Deutschland, politische Strategien und Daten zur Internetnutzung, Quelle: http://www.uni-muenster.de/Jura.tkr/aktuell/akzeptanzhuerden.pdf, Abrufdatum: 8. Dezember 2001.

Huffschmid, Jörg (1994), Industriepolitik: warum, wozu und wie? Begründungen und Orientierungen in der aktuellen Diskussion, in: Memo – Forum der Arbeitsgruppe Alternative Wirtschaftspolitik, Nr. 21, S. 30 – 39.

Hummel, Marlies (1993), Industriepolitik – kontrovers, ifo Schnelldienst 17-18/93, S. 3 – 6.

ICANN Channel (2002a), Domains, Quelle: http://www.icannchannel.de/tlds/index.htm, Abrufdatum: 2. Juni 2002.

ICANN Channel (2002b), FAQ: ICANN für Neueinsteiger, Quelle: http://www.icannchannel.de/einsteiger.htm, Abrufdatum: 2. Juni 2002.

IETF (2002), Overview of the IETF, Quelle: http://www.ietf.org/overview.html, Abrufdatum: 2. Juni 2002.

Karadeniz, Besim (2000a), Aufbau des Internets, Quelle: http://www.netplanet.org/aufbau/netzwerk.html, Abrufdatum: 10. Mai 2001.

Karadeniz, Besim (2000b), Die Geschichte des Internets, Quelle: http://www.netplanet.org/geschichte/index.html, Abrufdatum: 10. Mai 2001.

Karadeniz, Besim (2000c), Dienste im Internet – Netnews, Quelle: http://www.netplanet.org/netnews/index.html, Abrufdatum: 2. August 2001.

Katz, Michael L. und Carl Shapiro (1987), Network externalities, competition, and compatibility, in: American Economic Review, Bd. 75, S. 424 – 440.

Katz, Michael L. und Carl Shapiro (1994), Systems competition and network effects, in: Journal of Economic Perspectives, Bd. 8, S. 93 – 115.

Katz, Lawrence F. und Lawrence H. Summers (1989), Can interindustry wage differentials justify strategic trade policy?, in: Robert C. Feenstra (Hrsg.), Trade policies for international competitiveness, S. 85 – 116.

Khare, R. und S. Lawrence (2000), Upgrading to TLS within HTTP/1.1, RFC 2817.

Kierzkowski, Henryk (Hrsg., 1984), Monopolistic competition and international trade, Oxford.

Kirsch, Guy (1997), Neue Politische Ökonomie, Düsseldorf.

Klemmer, Paul (Hrsg., 1998), Handbuch Europäische Wirtschaftspolitik, München.

Klepper, Gernot (1990), Entry into the market for large transport aircraft, in: European Economic Review, Bd. 34, S. 775 – 803.

Klepper, Gernot (1994), Industrial policy in the transport aircraft industry, in: Paul Krugman und Alasdair Smith (Hrsg.), Empirical studies of strategic trade policy, Chicago und London, S. 101 – 129.

Knottenbauer, Karin (2000), Theorien des sektoralen Strukturwandels, Marburg.

Kokalj, Ljuba und Horst Albach (1987), Industriepolitik in der Marktwirtschaft – Ein internationaler Vergleich, Schriften zur Mittelstandsforschung, N. F., Nr. 20, Stuttgart.

Kondratieff, Nikolai D. (1926), Die langen Wellen der Konjunktur, in: Archiv für Sozialwissenschaft und Sozialpolitik, Bd. 56, S. 573 – 609.

Koopmann, Georg, Christoph Kreienbaum und Christine Borrmann (1997), Industrial and trade policy in Germany, Veröffentlichungen des HWWA-Institut für Wirtschaftsforschung – Hamburg, Baden-Baden.

Krakowski, Michael, Wolfgang Henne, Dietmar Keller, Christoph Kreienbaum, Peter Plötz, Eberhard Thiel, Cora Wacker-Theodorakopoulos, Manfred Weilepp, Diana Winkler-Büttner (1992), Die deutsche Wirtschaft im Anpassungsschock, Analyse der strukturellen Entwicklung der deutschen Wirtschaft – Strukturbericht 1991 – Forschungsauftrag des Bundesministers für Wirtschaft, Veröffentlichungen des HWWA-Institut für Wirtschaftsforschung, Hamburg.

Krämer, Hagen (1999), Dienstleistungen: Motor für Wachstum und Beschäftigung in Deutschland?, Schriftenreihe des Promotionsschwerpunkts Makroökonomische Diagnosen und Therapien der Arbeitslosigkeit, Nr. 5/1999, Stuttgart-Hohenheim.

Krempl, Stefan (2002), Heftiger Streit um den Stillstand bei der digitalen Signatur, Quelle: http://www.heise.de/newsticker/data/jk-06.06.02-002/, Abrufdatum: 6. Juni 2002.

Krugman, Paul (1984), Import protection as export promotion: International competition in the presence of oligopoly and economics of scale, in: Kierzkowski, Henryk (Hrsg.), Monopolistic competition and international trade, S. 180 – 193.

Krugman, Paul (Hrsg., 1986), Strategic trade policy and the new international economics, Cambridge, Mass.

Paul Krugman und Alasdair Smith (Hrsg., 1994), Empirical studies of strategic trade policy, Chicago und London.

Kruse, Jörn (2001), Entgeltregulierung bei Fern- und Auslandsverbindungen?, Quelle: http://www.unibw-hamburg.de/WWEB/vwl/kruse/forschung/download/6EntgeltregFern.pdf, Abrufdatum: 17. Mai 2002.

Landesstiftung Baden-Württemberg (2002), Wissenschaft und Forschung, Quelle: http://www.landesstiftung-bw.de/projekte/wissenschaft.php, Abrufdatum: 18. Juni 2002.

Lechner, Herbert und Wolfgang Adlwarth (2001), GfK-Webscope, http://www.gfk.de/produkte/eigene_pdf/WebScope2deuro.pdf, Abrufdatum: 13. September 2001.

Lee, Ho Geun (1998), Do electronic marketplaces lower the prices of goods? in: Communications of the ACM, Bd. 41, S. 73 – 80.

Lee, Michael J. (2000), A comparative analysis of pharmaceutical pricing, Quelle: http://www.berlecon.de/services/en/iew3/papers/lee.pdf, Abrufdatum: 22. Februar 2001.

Leibowitz, S. J. und Stephen E. Margolis (1994), Network externality: An uncommon tragedy, in: Journal of Economic Perspectives, Bd. 8, S. 133 – 154.

Leitner, Felix von (o. J.), IP Version 6, Quelle: http://www.fefe.de/ct/ipv6.txt, Abrufdatum: 1. Mai 2002.

Leitner, Felix von (2000), IP Version 6, Quelle: http://www.fefe.de/ipv6/ipv6.pdf, Abrufdatum: 1. Mai 2002.

Licklider, Joseph C. R. (1960), Man-computer symbiosis, in: IRE Transactions on Human Factors in Electronics, Bd. 1, S. 4 – 11.

Lipsey, Richard G., Cliff Bekar und Kenneth Carlaw (1998a), The consequences of changes in GPTs, in: Helpman, Elhanan (Hrsg.), General purpose technologies and economic growth, Cambridge, Mass. und London, S. 193 – 218.

Lipsey, Richard G., Cliff Bekar und Kenneth Carlaw (1998b), What requires explanation?, in: Helpman, Elhanan (Hrsg.), General purpose technologies and economic growth, Cambridge, Mass. und London, S. 15 – 54.

List, Friedrich (1959), Das nationale System der politischen Ökonomie; im Auftrag der List Gesellschaft e.V. herausgegeben und eingeleitet von Artur Sommer, Basel und Tübingen.

Litan, Robert E. und Alice M. Rivlin (2001a), Beyond the dot.coms. The economic promise of the internet, Washington, D.C.

Litan, Robert E. und Alice M. Rivlin (Hrsg., 2001b), The economic payoff from the internet revolution, Washington, D.C.

Litan, Robert E. und Alice M. Rivlin (2001c), The economy and the internet: What lies ahead?, in: Dies. (Hrsg.), The economic payoff from the internet revolution, Washington, D.C., S. 1 – 28.

Little, Iain, Eric Ralph, Tony Warren und Julian Wright (2000), Welfare analysis of international and domestic markets for internet access services, Quelle: http://www.berlecon.de/services/en/iew3/papers/little.pdf, Abrufdatum: 6. März 2001.

Lucas, Robert E. (1988), On the mechanics of economic development, in: The Journal of Monetary Economics, Bd. 22, S. 3 – 42.

Lutterbeck, Bernd (o. J.), Geldökonomie, Online-Ökonomie und die Sicherheit des Zahlungsverkehrs. Einige Thesen über ein vernachlässigtes Problem, Quelle: http://ig.cs.tu-berlin.de/bl/027/, Abrufdatum: 11. September 2001.

Maenning, Wolfgang und Katharina Hölzer (1999), Zur aktuellen deutschen Förderung der Airbus-Industrie, in: Wirtschaftsdienst, Bd. 79, S. 191 – 200.

Maetsch, Matthias (2002), Deutsche Telekom: Großhandelsflatrate nicht rechtmäßig, Quelle: http://www.teltarif.de/arch/2002/kw41/s9013.html, Abrufdatum: 12. Oktober 2002.

Mansmann, Urs (2002), Am Platzhirsch vorbei. Schneller surfen – Kosten sparen, in: c't, Magazin für Computertechnik, Heft 21, S. 155 – 150.

Marczak, Alexander (1999), Boeing 707, Quelle: http://www.sphynx.de/html/707.html, Abrufdatum: 23. Juli 2002.

Marczak, Alexander (2000), Airbus A330 / A340, Quelle: http://www.sphynx.de/html/a_330_40.html, Abrufdatum: 23. Juli 2002.

McGuire, Steven (1997), Airbus industrie. Conflict and corporation in US-EC trade relations, London und New York.

Medienspiegel Online (2000), Online-Markt. Mit viel Dynamik, Quelle: http://www.iwkoeln.de/MS/m-archiv/ms03-00/m03-00-5.htm, Abrufdatum: 10. September 2001.

Meyer, Egbert (1998), Klärendes Schlußwort, Das Anti-Trust-Verfahren gegen Microsoft geht in die letzte Runde, in: c't 21/98, S. 32, Quelle: http://www.heise.de/ct/98/21/032/, Abrufdatum: 9. August 2001.

Ministerium für Wissenschaft und Kunst Baden-Württemberg (2000), GigaBit-Ausbau [des] BelWü-Netzes, Pressemitteilung Nr. 135/2000 des MWK vom 25. Juli 2000, Quelle: http://www.belwue.de/gbit/presse.html, Abrufdatum: 27. Mai 2002.

Missal, Alexander (2002), UMTS-Generalprobe auf der CeBIT, Quelle: http://www.heise.de/newsticker/data/anw-13.03.02-000/, Abrufdatum: 3. Mai 2002.

Monopolkommission (2001), Wettbewerbsentwicklung und Post 2001: Unsicherheit und Stillstand, Sondergutachten der Monopolkommission gemäß § 81 Abs. 3 Telekommunikationsgesetz und § 44 Postgesetz, Quelle: http://www.monopolkommission.de/sg_33/text_s33.pdf, Abrufdatum: 8. Dezember 2001.

Monopolkommission (2002), Netzwettbewerb durch Regulierung. Vierzehntes Hauptgutachten der Monopolkommission – 2000/2001 – Kurzfassung, Quelle: http://www.monopolkommission.de/haupt_14/sum_h14.pdf, Abrufdatum: 9. Juli 2002.

Mueller, Dennis C. (1979), Public choice, Cambridge, London, New York, Melbourne.

Mueller, Dietmar (2002), Buchpreisbindung bleibt, Quelle: http://news.zdnet.de/story/0,,t109-s2107039,00.html, Abrufdatum: 4. Mai 2002.

Mühlbauer, Peter (2001), Die Glasfaser in ihrem Lauf ... hält DSL im Osten auf, Quelle: Telepolis, http://www.heise.de/tp/deutsch/inhalt/te/4885/1.html, Abrufdatum: 29. April 2002.

Münz, Stefan (1997), Hypertext / zum Begriff und Thema, Quelle: http://www.ik.fh-hannover.de/tr/specials/Hypertext/htxt101.htm, Abrufdatum: 30. Juli 2001.

Musch, Jochen (2000), Die Geschichte des Netzes: ein historischer Abriß, Quelle: http://www.hogrefe.de/buch/online/netpsycho/lprobe/kap3.pdf, Abrufdatum: 10. Mai 2001, abgedruckt in: Bernad Batinic (Hrsg.), Internet für Psychologen, 2., überarbeitete und erweiterte Auflage, Göttingen, S. 15 – 37.

Myint, Hla (1977), Adam Smith's theory of international trade in the perspective of economic development, in: Economica, Bd. 44, S. 231 – 248.

Nefiodow, Leo A. (1998), Der sechste Kondratieff. Die großen neuen Märkte des 21. Jarhhunderts, in: Hans Thomas und Leo A. Nefiodow (Hrsg.), Kondratieffs Zyklen der Wirtschaft. An der Schwelle neuer Vollbeschäftigung?, Herford, S. 155 – 196.

Neven, Damien und Paul Seabright (1995), European industrial policy: the Airbus case, in: Economic Policy, Bd. 21, 315 – 358.

Oates, Wallace E. (Hrsg., 1977), The political economy of fiscal federalism, Lexington, Mass.

Oberender, Peter und Frank Daumann (1995), Industriepolitik, München.

OECD (2001), The development of broadband access in OECD countries, Quelle: http://www.oecd.org/pdf/M00020000/M00020255.pdf, Abrufdatum: 30. Mai 2002.

Oelrich, Christiane (2000), Die Steckdose als Tor zum Internet, Quelle: http://www.heise.de/newsticker/data/jk-28.12.00-004/, Abrufdatum: 29. April 2002.

Ohlin, Bertil (1924), Handelns Teori, Stockholm.

Ohlin, Bertil (1933), Interregional and international trade, 3. Druck 1957, Cambridge, Mass.

Ohlin, Bertil [1924], (1991), The theory of trade, englische Übersetzung des Originals, in: Harry Flam und M. June Flanders (Hrsg.), Heckscher-Ohlin trade theory, S. 71 – 214.

Opitz, Rudolf (2001), 3,2 Terabit/s über bestehendes Glasfasernetz, Quelle: http://www.heise.de/newsticker/data/prak2-20.03.01-000/, Abrufdatum: 29. April 2002.

O. V. (2000a), DaimlerChrysler gründet E-Business-Holding, Quelle: http://www.heise.de/newsticker/data/chr-21.06.00-000/, Abrufdatum: 3. Mai 2002.

O. V. (2000b), Regulierungsbehörde gibt Startschuss zur dritten Mobilfunk-Generation, Quelle: http://www.regtp.de/aktuelles/pm/01505/index.html, Abrufdatum: 29. April 2002.

O. V. (2000c), Geschafft: Sechs UMTS-Lizenzen vergeben, Quelle: http://www.heise.de/newsticker/data/chr-17.08.00-003/, Abrufdatum: 29. April 2002.

O. V. (2000d), Startschuss für den Super-Airbus A380, in: Handelsblatt, Nr. 246, Mittwoch, 20. Dezember 2000, S. 15.

O. V. (2001a), Gericht: Telekom muss vorerst keine Großhandels-Flatrate anbieten, Quelle: http://www.heise.de/newsticker/data/axv-16.03.01-000/, Abrufdatum: 1. Juni 2002.

O. V. (2001b), IBM liefert Technik für "World Wide Grid" in Großbritannien, Quelle: http://www.heise.de/newsticker/data/cgl-02.08.01-001/, Abrufdatum: 1. Mai 2002.

O. V. (2001c), Ortsnetz-Monopol fällt Ende 2002, Quelle: http://www.heise.de/newsticker/data/daa-04.07.01-000/, Abrufdatum: 1. Juni 2002.

O. V. (2001d), Powerline-Anbieter wundern sich über Siemens-Ausstieg,Quelle: http://www.heise.de/newsticker/data/klp-22.03.01-000/, Abrufdatum: 29. April 2002.

O. V. (2001e), Uni Karlsruhe ohne Numerus Clausus bei Informatik, Quelle: http://www.heise.de/newsticker/data/anm-14.08.01-000/, Abrufdatum: 4. Juni 2002.

O. V. (2002a), Amazon kann Verluste abbauen, Quelle: http://www.heise.de/newsticker/data/cp-24.04.02-000/, Abrufdatum: 4. Mai 2002.

O. V. (2002b), Bundeswahlleiter fordert mehr Wahlen per Internet, Quelle: http://www.heise.de/newsticker/data/wst-18.04.02-000/, Abrufdatum: 1. Mai 2002.

O. V. (2002c), EU-Kommission fordert schnelle Einführung des Internet-Protokolls Version 6, Quelle: http://www.heise.de/newsticker/data/pmz-21.02.02-000/, Abrufdatum: 1. Mai 2002.

O. V. (2002d), Großbritannien will Heimvernetzung fördern, Quelle: http://www.heise.de/newsticker/data/anm-06.04.02-002/, Abrufdatum: 6. April 2002.

O. V. (2002e), Kartellamt begründet Entscheidung gegen Liberty, Quelle: http://www.heise.de/newsticker/data/anw-26.02.02-001/, Abrufdatum: 26. Februar 2002.

O. V. (2002f), Regulierungsbehörde stellt Verfahren wegen T-DSL-Preisen ein, Quelle: http://www.heise.de/newsticker/data/axv-23.01.02-000/, Abrufdatum: 30. Mai 2002.

O. V. (2002g), Stellenabbau bei ish-Partnern, Quelle: http://www.heise.de/newsticker/data/tol-14.05.02-001/, Abrufdatum: 24. Mai 2002.

O. V. (2002h), Telecom-Regulierer steht weiter in der Kritik, Quelle: http://www.heise.de/newsticker/data/axv-04.02.02-000/, Abrufdatum: 27. Mai 2002.

Pasinetti, Luigi L. (1981), Structural change and economic growth. A theoretical essay on the dynamics of the wealth of nations, Cambridge.

Pasinetti, Luigi L. (1993), Structural economic dynamics. A theory of the economic consequences of human learning, Cambridge.

Pastore, Michael (2001), Number of U.S. internet subscribers drops again, Quelle: http://www.internetnews.com/isp-news/article/0,,8_924691,00.html, Abrufdatum: 29. April 2002.

Petersdorff, Winand von (2002), Die Kohle stimmt nicht, in: Frankfurter Allgemeine Sonntagszeitung, 9. Juni 2002, Nr. 23, S. 8.

Petzke, Kai (2002), Globales Netz fast zu verschenken: Die Krise von Worldcom, Quelle: http://www.teltarif.de/arch/2002/kw21/s7993.html, Abrufdatum: 26. Mai 2002.

Picot, Arnold, Ralf Reichwald, Rolf T. Wigand (2001), Die grenzenlose Unternehmung. Information, Organisation und Management, 4., vollständig überarbeitete und erweiterte Auflage, Wiesbaden.

Pomfret, Richard (1991), The new trade theories, rent-snatching and jet aircraft, in: The World Economy, Bd. 14, S. 269 – 287.

Porter, Michael E. (1999), Wettbewerbsvorteile, 5., durchgesehene und erweiterte Auflage, Frankfurt.

Preissl, Brigitte, Georg Erber und Oliver Kreh (2000), Arbeitsmarkteffekte und Electronic Commerce. Gutachten im Auftrag der Akademie für Technikfolgenabschätzung Baden-Württemberg. Deutsches Institut für Wirtschaftsforschung, Berlin.

Primacom (2002), Highspeed Internet, Quelle: http://www.primacom.de/de/produkte/highspeed_internet/index.php, Abrufdatum: 29. April 2002.

Quam (2002), Quam stoppt aktuelles operatives Geschäft in Deutschland, Quelle: http://www.quam.de/, Abrufdatum: 25. August 2002.

Radke, Marc-Peter (2002), Law and economics of Microsoft vs. U.S. Department of Justice: New paradigm for antitrust in network markets or inefficient lock-in of antitrust policy? Schriftenreihe des Promotionsschwerpunkts Globalisierung und Beschäftigung, Nr. 16/2002, Stuttgart-Hohenheim, 2., revidierte Version.

Regulierungsbehörde für Telekommunikation und Post (2000), Deutsche Telekom AG muss ab 1. Februar 2001 Flatrate als Vorprodukt anbieten – Verbindungspreise müssen ab 15. Dezember 2000 diskriminierungsfrei sein, Pressemitteilung vom 16. November 2000,
Quelle: http://www.regtp.de/aktuelles/pm/00284/index.html, Abrufdatum: 20. Februar 2001.

Regulierungsbehörde für Telekommunikation und Post (2001a), Klare Orientierung für den Telekommunikationsmarkt; Regulierungsbehörde fällt vier grundlegende Entscheidungen, Pressemitteilung vom 30. März 2001, Quelle: http://www.regtp.de/aktuelles/pm/00470/index.html, Abrufdatum: 30. Mai 2002.

Regulierungsbehörde für Telekommunikation und Post (2001b), Ortsnetzwettbewerb 2000, Situationsbericht zum deutschen Ortsnetzwettbewerb, Quelle: http://www.regtp.de/imperia/md/content/aktuelles/ON-Wettbewerb.pdf, Abrufdatum: 8. Dezember 2001.

Regulierungsbehörde für Telekommunikation und Post (2002a), Interconnection Grundangebot 2002, Quelle: http://www.regtp.de/reg_tele/01434/00/index.html, Abrufdatum: 30. Mai 2002.

Regulierungsbehörde für Telekommunikation und Post (2002b), Jahresbericht 2001, Marktbeobachtungsdaten der Regulierungsbehörde für Telekommunikation und Post, Quelle: http://www.regtp.de/imperia/md/content/aktuelles/jahresb2001.pdf, Abrufdatum: 5. Februar 2002.

Regulierungsbehörde für Telekommunikation und Post (2002c), Regulierer entscheidet über Line-Sharing-Entgelte – Line Sharing-Miete beträgt 4,77 €, Quelle: http://www.regtp.de/aktuelles/pm/02500/index.html, Abrufdatum: 25. August 2002.

Regulierungsbehörde für Telekommunikation und Post (2002d), Regulierer entscheidet über technische Rahmenbedingungen einer Vorleistungs-Flatrate für schmalbandigen Internet-Verkehr, Quelle: http://www.regtp.de/aktuelles/start/fs_03.html, Abrufdatum: 25. August 2002.

Reich, Robert B. (1992), The work of nations: preparing ourselves for the 21st century capitalism, New York.

Rems-Murr-Kreis (o. J.), KFZ-Zulassung online, Quelle: http://ww3.kdrs.de/laikra-online/hinweis.html, Abrufdatum: 27. April 2002.

Ricardo, David (1817/1821), The principles of political economy and taxation, London und Rutland, Vermont, 1992.

Rieger, Susanne (2001), Kartellrechts-Urteil: Microsoft wird nicht zerschlagen, Quelle: http://news.zdnet.de/story/0,,s2090297,00.html, Abrufdatum: 9. August 2001.

Robinson, Constance K. (1999), Network effects in telecommunications mergers: MCI WorldCom merger: Protecting the future of the internet, Address before the Practicing Law Institute, San Francisco, 23.8.1999, Quelle: http://www.usdoj.gov/atr/public/speeches/3889.pdf, Abrufdatum: 24. Mai 2002.

Rohlfs, Jeffrey (1974), A theory of interdependent demand for a communication service, in: Bell Journal of Economics, Bd. 5, S. 16 – 37.

Romer, Paul M. (1986), Increasing returns and long-run growth, in: The Journal of Political Economy, Bd. 94, S. 1002 – 1037.

Rothschild, Michael (1974), Searching for the lowest price when the distribution of prices is unknown, in : The Journal of Political Economy, Bd. 82, S. 689 – 711.

Rosen, Sherwin (1988), Human Capital, in: Eatwell, John, Murray Milgate und Peter Newman (Hrsg.), The New Palgrave, a Dictionary of Economics, Bd. 2, S. 681 – 690.

Rosenberg, Nathan (1998), Chemical engineering as general purpose technology, in: Helpman, Elhanan (Hrsg.), General purpose technologies and economic growth, Cambridge, Mass. und London, S. 167 – 192.

Rosenthal, Frank (1993), Die nationale Luft- und Raumfahrtindustrie: Aspekte staatlichen Engagements in Hochtechnologiebranchen, Frankfurt am Main u. a.

Ruhrkohle AG (2002), Karl Starzacher: EU-Ministerrat schafft Planungssicherheit und Perspektive für den deutschen Steinkohlenbergbau, Pressemitteilung Nr. 6 vom 7. Juni 2002, Quelle: http://www.rag.de/rag%5Cpresse.nsf/Presseservice/9F8B2A2A898B4E9AC1256BD10030EC56?OpenDocument, Abrufdatum: 13. Juni 2002.

Salus, Peter H. (1995), Casting the net: from ARPANET to internet and beyond, Reading, Mass. et al.

Schechler, Jürgen M. (2002), Sozialkapital und Netzwerkökonomik, Frankfurt am Main et al.

Scherrer, Walter (1996), Lange Wellen, neue Technologien und Beschäftigung – ein Überblick, in: Wirtschaftspolitische Blätter, Bd. 43, S. 132 – 141.

Schild, Christian (2001), IPv6 auf dem Vormarsch, in: Zentrum für Informationsverarbeitung der Universität Münster (Hrsg.), Inforum, Jahrgang 25, Nr. 3, Quelle: http://www.uni-muenster.de/ZIV/inforum/2001-3/a03.html, Abrufdatum: 1. Mai 2002.

Schlecht, Otto (1992), Europäische Industriepolitik: Ordnungspolitik statt Dirigismus, in: Orientierungen zur Wirtschafts- und Gesellschaftspolitik, Bd. 51, S. 14 – 18.

Schmidt, André (1998), Ordnungspolitische Perspektiven der europäischen Integration im Spannungsfeld von Wettbewerbs- und Industriepolitik, Frankfurt am Main.

Schmidt, Andreas (1997), Flugzeughersteller zwischen globalem Wettbewerb und internationaler Kooperation: der Einfluß von Organisationsstrukturen auf die Wettbewerbsfähigkeit von Hochtechnologie-Unternehmen, Berlin.

Schmidt, Ingo (1993), Wettbewerbspolitik und Kartellrecht: eine Einführung. 4., neubearbeitete Auflage, Stuttgart, Jena, New York.

Schmidt, Ingo (1995), Europäische Industriepolitik – ein Widerspruch zur Wettbewerbsordnung?, in: Wirtschaft und Wettbewerb, Bd. 45, S. 971 – 985.

Schmidt, U. (2001), US-Budget 2002, Forschung und Entwicklung, IT-Programme, Quelle: http://www.iid.de/informationen/FuEpolitikUS/budget2002/budget2002.pdf, Abrufdatum: 21. Juni 2002.

Schnabel, Patrick (2001), Voice-over-IP (VoIP), Quelle: http://www.e-online.de/sites/kom/0503131.htm, Abrufdatum: 22. Juni 2001.

Schnabel, Patrick (2002a), Mobilfunk, Quelle: http://www.e-online.de/sites/kom/0406221.htm, Abrufdatum: 29. April 2002.

Schnabel, Patrick (2002b), Powerline Kommunikation, Quelle: http://www.e-online.de/sites/kom/0310061.htm, Abrufdatum: 29. April 2002.

Schnabel, Patrick (2002c), VDSL (Very High Data Rate DSL), Quelle: http://www.e-online.de/sites/kom/0305237.htm, Abrufdatum: 29. April 2002.

Schnabel, Patrick (2002d), Wireless LAN – WLAN, Quelle: http://www.e-online.de/sites/kom/0610051.htm, Abrufdatum: 29. April 2002.

Schnabel, Patrick (2002e), xDSL, Quelle: http://www.e-online.de/sites/kom/0305231.htm, Abrufdatum: 27. April 2002.

Schneider, Stefan (2000), Mikroökonomische Aspekte der Internet Economy, in: Deutsche Bank Research (Hrsg.), Economics – Internet revolution and „new economy“, 9. August 2000, Quelle: http://www.dbresearch.de/PROD/566%3A3b758572%3Ad659f15e5111868b/PROD0000000000017184.pdf, Abrufdatum: 11. März 2001.

Schreyer, Markus (2000), Wachstum und Beschäftigung vor dem Hintergrund des Solowschen Produktivitätsparadoxons, Schriftenreihe des Promotionsschwerpunkts Makroökonomische Diagnosen und Therapien der Arbeitslosigkeit, Nr. 14/2000, Stuttgart-Hohenheim.

Schulen ans Netz e.V. (2001), Jahresbericht 2001, Quelle: http://www.san-ev.de/jahresbericht/jahresbericht2001.pdf, Abrufdatum: 4. Juni 2002.

Schumann, Jochen (1985), Grundzüge der mikroökonomischen Theorie, 5., revidierte und erweiterte Auflage, Berlin et al.

Schumann, Jochen, Ulrich Meyer und Wolfgang Ströbele (1999), Grundzüge der mikroökonomischen Theorie, 7., neubearbeitete und erweiterte Auflage, Berlin et al.

Schumpeter, Joseph Alois (1939), Business cycles: A theoretical, historical, and statistical analysis of the capitalist process, New York.

Schumpeter, Joseph Alois (1961), Konjunkturzyklen: eine theoretische, historische und statistische Analyse des kapitalistischen Prozesses, Göttingen.

Seiter, Stephan (1997), Der Beitrag Nicholas Kaldors zur Neuen Wachstumstheorie. Eine vergleichende Studie vor dem Hintergrund der Debatte über den Verdoorn-Zusammenhang, Frankfurt am Main et al.

Seitz, Konrad (1992), Brauchen wir eine strategische Hochtechnologiepolitik?, in: Wirtschaftsdienst, Bd. 72, S. 231 – 235.

Shamrock Software GmbH (o. J.), Geschichte der EDV und Kommunikation, Quelle: http://www.shamrock.de/dfu/dfu9.htm, Abrufdatum: 29. April 2002.

Shapiro, Carl und Hal R. Varian (1999), Information rules. A Strategic guide to the network economy, Boston.

Shy, Oz (2001), The economics of network industries, Cambridge, Mass.

Siebert, Horst (1994), Außenwirtschaft, 6., völlig überarbeitete Auflage, Stuttgart und Jena.

Siegel, Günter (o. J.), Die Geschichte von Hypertext, Quelle: http://www.tfh-berlin.de/~siegel/hypermed/Hypert_Gesch.html, Abrufdatum: 30. Juli 2001.

Simons, Jürgen (1997), Industriepolitik: Theorie, Praxis und politische Kommunikation, Stuttgart.

Smith, Adam (1776), An inquiry into the nature and causes of the wealth of nations, Oxford 1976.

Smith, Michael D., Jospeh Bailey und Erik Brynjolfsson (1999), Understanding digital markets: Review and assessment, Quelle: http://ecommerce.mit.edu/papers/ude/ude.pdf, Abrufdatum: 25. Januar 2001.

Spencer, Barbara und James A. Brander (1983), International R&D rivalry and industrial strategy, in: Review of Economic Studies, Bd. 50, S. 707 – 722.

Speyer, Bernhard (2000), The internet – a new general purpose technology?, in: Deutsche Bank Research (Hrsg.), Economics – Internet revolution and „new economy", 15. August 2000, Quelle: http://www.dbresearch.de/PROD/566%3A3b758572%3Ad659f15e5111868b/PROD0000000000017371.pdf, Abrufdatum: 11. August 2001.
Auch auf deutsch erhältlich: Das Internet – eine neue Basistechnologie?, in: Deutsche Bank Research (Hrsg.), Economics – Internet revolution and „new economy", 9. August 2000, Quelle: http://www.dbresearch.de/PROD/566%3A3b758572%3Ad659f15e5111868b/PROD0000000000017173.pdf, Abrufdatum: 11. August 2001.

Srinagesh, Padmanabhan (1996), Internet cost structures and interconnection agreements, in: Journal of Electronic Publishing, Bd. 2, Quelle: http://www.press.umich.edu/jep/works/SrinCostSt.html, Abrufdatum: 24. Mai 2002.

Stadler, Manfred (2000), Lange Wellen der wirtschaftlichen Entwicklung?, in: IAW-Mitteilungen, Bd. 28, S. 4 – 14.

Stahl, Dale O. (1989), Oligopolistic pricing with sequential consumer search, in: The American Economic Review, Bd. 79, S. 700 – 712.

Staley, Charles E. (1992), A history of economic thought. From Aristotle to Arrow, Cambridge, Mass. und Oxford.

Statistisches Bundesamt (1978ff.), Fachserie 4, Reihe 4.1.1, Wiesbaden.

Statistisches Bundesamt (2000), Erwerbstätigkeit – Deutschland, Erwerbspersonen, Nichterwerbspersonen, Erwerbstätige, Quelle: http://www.statistik-bund.de/basis/d/erwerb/erwerbtab1.htm, Abrufdatum 4. August 2002.

Statistik der Kohlewirtschaft e.V. (2002a), Belegschaft im Steinkohlenbergbau ab 1945, Quelle: http://www.ruhrbergbau.de//sections.php?op=viewarticle&artid=32, Abrufdatum: 13. Juni 2002.

Statistik der Kohlewirtschaft e.V. (2002b), Zahl der fördernden Bergwerke ab 1945, Quelle:http://www.ruhrbergbau.de/sections.php?op=viewarticle&artid=31, Abrufdatum. 13. Juni 2002.

Steel24-7 (2002), Willkommen bei Steel24-7, Quelle: http://www.steel24-7.com/portal/de/html/about.htm, Abrufdatum: 3. Mai 2002.

Stigler, George J. (1961), The economics of information, in: The Journal of Political Economy, Bd. 69, S. 213 – 225.

Swann, Dennis (1992), The economics of the Common Market, 7. Auflage, London.

T-Online (2002a), Neue Tarife zum 1.11.2002, Quelle: http://service.t-online.de/t-on/kund/anme/star/cc-anmeldung-1102.html, Abrufdatum: 25. August 2002.

T-Online (2002b), T-Online verbessert Konzern-EBITDA um rund 79 Prozent, Pressemitteilung vom 23. Mai 2002, Quelle: http://ueber.t-online.de/uebe/pres/arti/CP/ar-020523.html, Abrufdatum: 27. Mai 2002.

Thomas, Hans und Leo A. Nefiodow (Hrsg., 1998), Kondratieffs Zyklen der Wirtschaft. An der Schwelle neuer Vollbeschäftigung?, Herford.

Umino, Atsushi (2002), Broadband infrastructure deployment: The role of government assistance, STI Working Paper, OECD Directorate for Science, Technology and Industry, DSTI/DOC (2002) 15, Quelle: http://www.olis.oecd.org/olis/2002doc.nsf/43bb6130e5e86e5fc12569fa005d004c/42158ef983225772c1256bc100560c01/$FILE/JT0012 6526.PDF, Abrufdatum: 30. Mai 2002.

Vahs, Dietmar und Ralf Burmester (2002), Innovationsmanagement, 2., überarbeitete Auflage, Stuttgart.

Varian, Hal R. (1999), Intermediate Microeconomics. A modern approach, 5. Auflage, New York und London.

Venables, Anthony J. (1985), Trade and trade policy with imperfect competition: The case of identical products and free entry, in: Journal of International Economics, Bd. 19, S. 1 – 19.

Vetter, Tobias (o. J.), Die Geschichte des Internets, Quelle: http://www.phil-fak.uni-duesseldorf.de/mmedia/web/index2.html, Abrufdatum: 10. Mai 2001.

Viag Interkom (o. J.), UMTS (Universal mobile telecommunications system), Quelle: http://www.viaginterkom.de/download/VI_UMTS_0301.pdf, Abrufdatum: 1. Juni 2002.

Washington Internet Project (2002), Backbone, Quelle: http://www.cybertelecom.org/backbone.htm, Abrufdatum: 25. Mai 2002.

Webmethods (2001), Webmethods Integrationslösungen optimieren Geschäftsprozesse – Chemische Industrie setzt auf E-Business, Pressemitteilung Webmethods, Inc., Quelle: http://www.webmethods.com/press_release_detail/1,1075,1080-2001-271,00.html, Abrufdatum: 24. Oktober 2002.

Weimann, Joachim (2001), Wirtschaftspolitik, Allokation und kollektive Entscheidung, 2., überarbeitete und erweiterte Auflage, Berlin et al.

Welfens, Paul J. J. und André Jungmittag (1999), Auswirkungen einer Internet-Flat-rate auf Wachstum und Beschäftigung in Deutschland, Quelle: http://www.euroeiiw.de/telekom/telflatwj.pdf, Abrufdatum: 11. Januar 2001.

White, Lawrence J. (1999), U.S. public policy toward network industries, AEI-Brookings Joint Center for Regulatory Studies, Washington D.C., Quelle: http://www.aei.brookings.org/publications/books/us_public_policy.pdf, Abrufdatum: 23. Mai 2002.

Wimmer, Helmut (1997), Zur Konvergenz von Technologie und Denken, Hypertext und Internet, Diplomarbeit Universität Wien, Quelle: http://members.tripod.de/rapidwien/KOMPLETT.PDF, Abrufdatum: 25. Juli 2001.

Wintermann, Jürgen H. (2002), US-Zölle lösen Empörung aus, Quelle: http://www.welt.de/daten/2002/03/07/0307wi318702.htx, Abrufdatum: 21. Juni 2002.

Wirtschaftsbehörde Hamburg (o. J.), Jahresbericht 1998, Quelle: http://www.hamburg.de/WiHaVe/DServices/Download/komplett.zip, Abrufdatum: 11. September 2000.

Wiseman, Alan E. (2001), The internet economy: access, taxes, and market structure, Washington, D.C.

Wissenschaftliches Institut für Kommunikationsforschung (WIK) (2000a), Analytisches Kostenmodell Anschlussnetz – Referenzdokument 2.0, Quelle: http://www.regtp.de/imperia/md/content/reg_tele/analytkost/16.pdf, Abrufdatum: 28. Mai 2002.

Wissenschaftliches Institut für Kommunikationsforschung (WIK) (2000b), Analytisches Kostenmodell nationales Verbindungsnetz – Referenzdokument 2.0, Quelle: http://www.regtp.de/imperia/md/content/reg_tele/analytkost/12.pdf, Abrufdatum: 28. Mai 2002.

Zakon, Robert H. (1997), Hobbes' Internet Timeline, RFC 2235.

Zakon, Robert H. (2001), Hobbes' Internet Timeline, Quelle: http://www.zakon.org/robert/internet/timeline/, Abrufdatum: 4. September 2001.

Zedrick, Axel, Arnold Picot, Klaus Schrape, Alexander Artopé, Klaus Goldhammer, Ulrich Lange, Eckart Vierkant, Esteban López-Excobar und Roger Silverstone (1999), Die Internet-Ökonomie, Strategien für die digitale Wirtschaft, European Communication Council Report, Berlin und Heidelberg.

Zimmermann, Klaus F. (Hrsg., 2002), Neue Entwicklungen in der Wirtschaftswissenschaft, Heidelberg.

Zorell, Helmut (2002), Sprücheklopfer Döring – FDP stimmte heute gegen Privatisierung von LBBW-Landesanteilen, Pressemitteilung der SPD-Landtagsfraktion Baden-Württemberg vom 24. Januar 2002, Quelle: http://spd.landtag-bw.de/aktuell/presse/presse_1119.html, Abrufdatum: 18. Juni 2002.

HOHENHEIMER VOLKSWIRTSCHAFTLICHE SCHRIFTEN

Band 1 Walter Deffaa: Anonymisierte Befragungen mit zufallsverschlüsselten Antworten. Die Randomized-Response-Technik (RRT). Methodische Grundlagen, Modelle und Anwendungen. 1982.

Band 2 Thomas Michael Baum: Staatsverschuldung und Stabilisierungspolitik in der Demokratie. Zur neoinstitutionalistischen Kritik der keynesianischen Fiskalpolitik. 1982.

Band 3 Klaus Schröter: Die wettbewerbspolitische Behandlung der leitungsgebundenen Energiewirtschaft. Dargestellt am Beispiel der Fernwärmewirtschaft der Bundesrepublik Deutschland. 1986.

Band 4 Hugo Mann: Theorie und Politik der Steuerreform in der Demokratie. 1987.

Band 5 Max Christoph Wewel: Intervallarithmetische Dependenzanalyse in der Ökonometrie. Ein konjekturaler Ansatz. 1987.

Band 6 Heinrich Pascher: Die U.S.-amerikanische Deregulation Policy im Luftverkehrs- und Bankenbereich. 1987.

Band 7 Harald Lob: Die Entwicklung der französischen Wettbewerbspolitik bis zur Verordnung Nr. 86-1243 vom 01. Dezember 1986. Eine exemplarische Untersuchung der Erfassung der Behinderungsstrategie auf der Grundlage des Konzepts eines wirksamen Wettbewerbs. 1988.

Band 8 Ulrich Kirschner: Die Erfassung der Nachfragemacht von Handelsunternehmen. Eine Analyse der ökonomischen Beurteilungskriterien und der wettbewerbsrechtlichen Instrumente im Bereich der Verhaltenskontrolle.1988.

Band 9 Friedhelm Herb: Marktwirtschaftliche Innovationspolitik. 1988.

Band 10 Claus Schnabel: Zur ökonomischen Analyse der Gewerkschaften in der Bundesrepublik Deutschland. Theoretische und empirische Untersuchungen von Mitgliederentwicklung, Verhalten und Einfluß auf wirtschaftliche Größen. 1989.

Band 11 Jan B. Rittaler: Industrial Concentration and the Chicago School of Antitrust Analysis. A Critical Evaluation on the Basis of Effective Competition. 1989.

Band 12 Thomas Märtz: Interessengruppen und Gruppeninteressen in der Demokratie. Zur Theorie des Rent-Seeking. 1990.

Band 13 Andreas Maurer: Statistische Verfahren zur Ermittlung von oligopolistischen Strukturen. 1990.

Band 14 Peter Mendler: Zur ökonomischen und politisch-institutionellen Analyse öffentlicher Kredithilfen. 1992.

Band 15 Heinrich J. Engelke: Die Interpretation der Rundfunkfreiheit des Grundgesetzes: Eine Analyse aus ökonomischer Sicht. 1992.

Band 16 Thomas Fischer: Staat, Recht und Verfassung im Denken von Walter Eucken. Zu den staats- und rechtstheoretischen Grundlagen einer wirtschaftsordnungspolitischen Konzeption. 1993.

Band 17 Stefan Elßer: Innovationswettbewerb. Determinanten und Unternehmensverhalten. 1993.

Band 18 Reinhard Scharff: Regionalpolitik und regionale Entwicklungspotentiale. Eine kritische Analyse. 1993.

Band 19 Karin Beckmann: Probleme der Regionalpolitik im Zuge der Vollendung des Europäischen Binnenmarktes. Eine ökonomische Analyse. 1995.

Band 20 Bernd Nolte: Engpaßfaktoren der Innovation und Innovationsinfrastruktur. Eine theoretische und empirische Analyse für ländliche Wirtschaftsräume in Baden-Württemberg. 1996.

Band 21 Klaus-Rainer Brintzinger: Die Nationalökonomie an den Universitäten Freiburg, Heidelberg und Tübingen 1918 - 1945. Eine institutionenhistorische, vergleichende Studie der wirtschaftswissenschaftlichen Fakultäten und Abteilungen südwestdeutscher Universitäten. 1996.

Band 22 Steffen Binder: Die Idee der Konsumentensouveränität in der Wettbewerbstheorie. Teleokratische vs. nomokratische Auffassung. 1996.

Band 23 Alexander Burger: Deregulierungspotentiale in der Gesetzlichen Rentenversicherung. Reformnotwendigkeiten versus Reformmöglichkeiten. 1996.

Band 24 Burkhard Scherer: Regionale Entwicklungspolitik. Konzeption einer dezentralisierten und integrierten Regionalpolitik. 1997.

Band 25 Frauke Wolf: Lorenzkurvendisparität. Neuere Entwicklungen, Erweiterungen und Anwendungen. 1997.

Band 26 Hans Pitlik: Politische Ökonomie des Föderalismus. Föderative Kompetenzverteilung im Lichte der konstitutionellen Ökonomik. 1997.

Band 27 Stephan Seiter: Der Beitrag Nicholas Kaldors zur Neuen Wachstumstheorie. Eine vergleichende Studie vor dem Hintergrund der Debatte über den Verdoorn-Zusammenhang. 1997.

Band 28 André Schmidt: Ordnungspolitische Perspektiven der europäischen Integration im Spannungsfeld von Wettbewerbs- und Industriepolitik. 1998.

Band 29 Bernd Blessin: Innovations- und Umweltmanagement in kleinen und mittleren Unternehmen. Eine theoretische und empirische Analyse. 1998.

Band 30 Oliver Letzgus: Die Ökonomie internationalen Umweltschutzes. 1999.

Band 31 Claudia Hafner: Systemwettbewerb versus Harmonisierung in Europa. Am Beispiel des Arbeitsmarktes. 1999.

Band 32 Jürgen Kulle: Ökonomie der Musikindustrie. Eine Analyse der körperlichen und unkörperlichen Musikverwertung mit Hilfe von Tonträgern und Netzen. 1998.

Band 33 Michael Ganske: Intertemporale Aspekte von Staatsverschuldung und Außenhandel. 1999.

Band 34 Margit Ströbele: Die Deregulierungswirkungen der europäischen Integration. Das Beispiel der Sondermärkte. 1999.

Band 35 Marion Benesch: Devisenmarktinterventionen in Theorie und Praxis. Eine umfassende Analyse ihrer Zielsetzungen, Wirkungsweisen und wirtschaftspolitischen Bedeutung. 1999.

Band 36 Torsten Gruber: Unterschiedliche geldpolitische Transmissionsmechanismen und Stabilitätskulturen als mögliche Ursachen geldpolitischer Spannungen in der Europäischen Währungsunion. 2000.

Band 37 Bertram Melzig-Thiel: Arbeit in der Informationsgesellschaft. Chancen und Risiken neuer Informations- und Kommunikationstechnologien für die Beschäftigung. 2000.

Band 38 Annette Fritz: Die Entsorgungswirtschaft im Spannungsfeld zwischen Abfallpolitik und Kartellrecht. Eine industrieökonomische Branchenstudie. 2001.

Band 39 Harald Strotmann: Arbeitsplatzdynamik in der baden-württembergischen Industrie. Eine Analyse mit amtlichen Betriebspaneldaten. 2002.

Band 40 Dietrich Benner: Qualitätsungewißheit bei Gütern mit Vertrauenseigenschaften. Entwicklung und Anwendung eines entscheidungstheoretisch fundierten Analyserahmens. 2002.

Band 41 Jürgen M. Schechler: Sozialkapital und Netzwerkökonomik. 2002.

Band 42 Kay-Uwe May: Haushaltskonsolidierung durch Ausgabekürzungen. Restriktionen und Strategien. 2002.

Band 43 Peter Kühnl: Der Wechselkurs als Zwischenziel der Geldpolitik im Aufholprozess. Die monetärkeynesianische Entwicklungsstrategie der Berliner Schule vor dem Hintergrund der makroökonomischen Entwicklung ausgewählter Länder Mittel- und Osteuropas. 2003.

Band 44 Steffen Wirth: Nichtparametrische Analyse von Bildungsertragsraten. Neuere Entwicklungen und Anwendungen. 2003.

Band 45 Bernhard Holwegler: Innovation, Diffusion und Beschäftigung. Die ökonomische Theorie der Technologiediffusion und ihr Beitrag zur Erklärung technologischer Arbeitslosigkeit. 2003.

Band 46 Guntram R. M. Hepperle: Zukunftsorientierte Industriepolitik. Möglichkeiten und Grenzen. 2004.

Band 47 Udo Vullhorst: Stabilisierungspolitik bei supranationaler Geldpolitik und nationaler Fiskalpolitik. Eine spieltheoretische Betrachung. 2004.

Band 48 Matthias Rösch: Die Bedeutung von Investivlöhnen und Gewinnbeteiligungen für Einkommensverteilung und Beschäftigung. 2004.

www.peterlang.de

Kolibri 360 GmbH
Ferdinand-Jühlke-Straße 7
99095 Erfurt, Deutschland
produktsicherheit@kolibri360.de

Druck:
CPI Druckdienstleistungen GmbH
im Auftrag der
Kolibri 360 GmbH
Ferdinand-Jühlke-Str. 7
99095 Erfurt